誠意伯秘授天官五星玄徹通旨

滴天髓闡微 下
적천수천미

六親論

국립중앙도서관 출판시도서목록(CIP)

적천수천미. 下, 육친론/증주 : 임철초 ; 찬집 : 원수산 ; 역
주 : 홍보환. ― 서울 : 西以苑, 2011
    p. ;   cm

원표제 : 滴天髓闡微 : 誠意伯秘授天官五星玄澈通旨
원저자명 : 任鐵樵, 袁樹珊
중국어 원작을 한국어로 번역
ISBN 978-89-964592-3-1 04150 : ₩35000
ISBN 978-89-964592-1-7(전2권)

명리학[命理學]

188.5-KDC5
133.32-DDC21   CIP2011001020

誠意伯秘授天官五星玄徹通旨

滴天髓闡微 下

적천수천미

六親論

任鐵樵 增注
袁樹珊 撰輯

洪輔煥 譯註

西以苑

머 리 말

『적천수(滴闡髓)』는 경도(京圖)가 지었고, 명(明)나라 초기 정치가이며 명리학자인 유백온이 주(註)를 달았는데 원문과 주가 난해(難解)하여 이것을 청(淸)나라 초 임철초 선생이 증주하여 그 뜻을 확실하게 한 책이다. 임철초 선생이 증주한 책을 다른 책과 구별하여 『적천수천미(滴闡髓闡微)』라 한다. 경도(京圖)에 대하여는 어느 시대 사람인지, 무엇을 하였는지에 대하여 알려진 것이 없다.

『적천수천미』는 내용을 깊이 들어가 보면 명리서라기보다는 생활지침서이고 인격 수양서(修養書)에 더 가깝다 할 수 있다. 『적천수천미』는 자연의 이치와 순환의 차서(次序), 인과(因果)의 결과를 명리(命理)의 기본으로 하는 책이다. 이것을 명리서로만 본다면 하나는 얻으나 둘은 잃는 것이고, 한 치〔一寸〕는 보나 한 자〔一尺〕는 보지 못하는 우(愚)를 범하는 것이다.

『적천수천미』에 이르기를, "모든 것을 사주로 다 정할 수는 없다. 사주 위에 서는 것이 있으니 세덕(世德)과 심전(心田)이다. 세덕으로 내려온 사주는 사주로서는 볼 수 없다" 하고, 또 "마음 씀에 따라 화(禍)와 복(福)이 줄기도 하고 늘기도 한다" 하였으며, 일체의 신살(神煞)을 배제하고 생극제화(生克制化)의 원리에 입각하여 사주를 설명하고 있다. 그래서 사주의 설명이 간결하면서 적확(的確)하다.

현재 『적천수천미』의 번역본은 수십 권에 이르나, 어떤 번역본은 원문보다 더 난해(難解)하고, 어떤 번역본은 원문의 뜻을 심히 왜곡하고, 어떤 번역본은 원문을 많이 생략하여 "적천수"를 공부하는 사람들을 더욱 어지럽게 한다.

『적천수천미』는 명리학의 지식이 많다고 하여 번역할 수 있는 책이 아니다. 명리학뿐만 아니라 한문학에도 깊은 지식이 있어야 하고 또 중국의 역사와 문화의 이해 없이는 해석할 수 없는 고전(古典)이다.

이 책을 번역하면서 자전(字典)에서도 찾지 못하여 모르는 것들은 성균관대학교(成均館大學校) 한문학 교수이셨던 이기환 선생과 성균관(成均館) 전례연구위원 김구백 선생으로부터 많은 도움을 받았다. 깊이 감사드린다.

역자는 한문학의 실력도 짧고 문재(文才)도 빈약하나 원문을 왜곡하거나 생략하지는 않았다. 역자의 우의(愚意)로 5년을 예상하고 번역을 시작하였는데, 어언 10년을 넘겨 겨우 마무리하였으나 미진한 부분이 많아 아쉬움이 남는다. "적천수"를 공부하는 분들에게 조금이라도 도움이 되었으면 하는 마음이다.

바쁘신 중에도 교정을 보아주신 하정(霞亭) 한순순(韓順淳) 선생과 인재(仁齋) 권희연(權希娟) 선생께 감사를 드리며, 책을 펴냄에 아낌없는 격려와 도움을 주신 서이원출판사(西以苑出版社) 윤영만(尹英晩) 사장과 편집부 직원 여러분께 깊은 감사를 드린다.

2011년 3월

홍보환(洪輔煥)

일러두기

『적천수천미』를 번역하는데, 원본은 『滴天髓闡微』〔(誠意伯秘授天官五星玄澈通旨), 任鐵樵 增注, 袁樹珊 撰輯〕, 武陵出版有限公司, 中華民國 75년 판으로 하였다.

번역하면서 의문이 있는 문장은 역자주에서 설명하였는데, 주로 『滴天髓徵義』(徐樂吾 編註, 武陵出版有限公司, 1998년)를 참고하였다.

그 외 역자주와 한문 풀이에 참고한 책들은 다음과 같다.

漢韓大字典, 民衆書林, 1991.

大漢韓辭典, 博文出版社, 1975.

大漢和辭典 卷1～卷14, 大修館書店, 昭和 60년.

大漢和辭典 補卷, 大修館書店, 平成 12년.

虛詞大辭典, 成輔社 부설 傳統醫學硏究所, 2001.

韓國名著大熱全集 熱河日記(上, 中), 大洋書籍, 1982.

중국고전이야기(첫째권－선진시대부터 당대까지), 소나무, 2002.

문심조룡(文心雕龍), 민음사, 2002.

中國古代神話, 育文社, 1993.

新譯 莊子(內篇), 弘新文化社, 1989.

詩經, 명지대학교 출판부, 2001.

新譯 詩經, 弘新文化社, 1989.

차 례

〔六親論〕
육 친 론

상권 차례

通神論
통 신 론

誠意伯秘授天官五星玄徹通旨
성 의 백 비 수 천 관 오 성 현 철 통 지

滴天髓闡微
적 천 수 천 미

六親論
육 친 론

夫 妻부처

夫妻因緣宿世來. 喜神有意傍天財.
부 처 인 연 숙 세 래　　희 신 유 의 방 천 재

부부(夫婦)의 인연은 전생으로부터 온 것이니 희신(喜神)의 뜻은 천재(天財)
곁에 있다.

*因(인)-인할 인. 말미암을 인. 인연 인.
*緣(연)-가선 연. 가 연. 말미암을 연. 좇을
　연.
*因緣(인연)-서로 알게 되는 기회. 연분(緣
　分). 사물을 성립시키는 근원인 인(因)과 이
　를 발생시키는 힘인 연(緣)과의 관계.

*宿(숙)-묵을 숙. 편안할 숙. 지킬 숙. 주막
　숙.
*宿世(숙세)-전생의 세상. 전세(前世).
*傍(방)-곁 방. 의할 방.
*意(의)-뜻 의. 헤아릴 의.
*財(재)-재물 재. 재산. 보물. 녹봉(祿俸)

原注원주

妻與子一也. 局中有喜神. 一生富貴在于是. 妻子在于是. 大率依財看
처 여 자 일 야　 국 중 유 희 신　 일 생 부 귀 재 우 시　 처 자 재 우 시　 대 솔 의 재 간

妻. 如喜神卽是財神. 其妻美而且富貴. 喜神與財神不相妒忌亦好. 否
처　 여 희 신 즉 시 재 신　 기 처 미 이 차 부 귀　 희 신 여 재 신 불 상 투 기 역 호　 부

則剋妻. 亦或不美. 或欠和. 然看財神. 又須活法.
즉 극 처　 역 혹 불 미　 혹 흠 화　 연 간 재 신　 우 수 활 법

【원주】

처와 자식은 하나이니 국(局) 중에 희신으로 있으면 일생의 부귀가 이에 있는 것이
고 처자도 이에 있는 것이다. 대체로 재(財)로써 처를 보는 것이니 희신이 재신이면
그 처가 아름답고 또한 부귀하다.

희신과 재신이 서로 투기(妒忌)하지 않아야 또한 좋다. 그렇지 않으면 극처(剋妻)
하거나 혹 불미(不美)하거나 혹 화목하지 못하다. 그러나 재신을 보는데 모름지기 넓

게 보아야 한다.

*率(솔. 률. 수)-거느릴 솔. 좇을 솔. 대강 솔. 율 률(數 등의 비례). 제한 률. 우두머리 수.

*妬(투)-투기할 투. 강새암할 투. 시새울 투.

*依(의)-의지할 의. 좇을 의.

*欠(흠)-하품 흠. 모자랄 흠.

*看(간)-볼 간. 지킬 간.

*活(활. 괄)-살 활. 살릴 활. 물 괄괄 흐를 괄.

如財神薄. 須用助財. 財旺身弱. 又喜比刦. 財神傷印者. 要官星. 財薄
여 재신박 수용조재 재왕신약 우희비겁 재신상인자 요관성 재박

官多者. 要傷官. 財氣未行. 要沖者沖. 泄者泄. 財氣流通. 要合者合. 庫
관다자 요상관 재기미행 요충자충 설자설 재기유통 요합자합 고

者庫. 若財神泄氣太重. 比刦透露. 及身旺無財者. 必非夫婦全美者也.
자고 약재신설기태중 비겁투로 급신왕무재자 필비부부전미자야

至於財旺身强者. 必富貴而多妻妾. 看者當審辨輕重何如.
지 어 재왕신강자 필부귀이다처첩 간자당심변경중하여

가령 재신이 박(薄)하면 모름지기 용신은 재(財)를 돕는 것이어야 하고, 재가 왕하고 신약하면 비겁이 희신이고, 재성이 인수를 손상하면 관성이 있어야 하고, 재가 박(薄)하고 관성이 많으면 상관이 있어야 하고, 재의 기운이 아직 나타나지 않았을 때는 충(沖)이 마땅하면 충을 하고 설(泄)할 것은 설하여야 재기가 유통한다.

합(合)이 마땅한 것은 합을 하고 고(庫)가 마땅한 것은 고에 수장(收藏)되어야 한다. 만약 재신의 설기가 태중(太重)하고 비겁이 천간에 나타나 있거나 또 신왕한데 재가 없으면 반드시 부부가 다 아름답지 못하다.

재왕하고 신강하면 반드시 부귀하고 처첩(妻妾)이 많다. 명(命)을 보는 자는 마땅히 재신(財神)의 경중을 자세히 살펴 처자(妻子)가 어떠한가를 보아야 한다.

*薄(박)-숲 박. 발 박. 얇을 박. 적을 박. 낮을 박.

*助(조)-도울 조. 도움 조.

*傷(상)-다칠 상. 해칠 상. 근심할 상.

*沖(충)-빌 충. 비다. 공허하다.

*泄(설)-샐 설. 섞을 설. 없앨 설. 설사할 설.

*流(유. 류)-흐를 유. 물이 낮은 데로 흐르다. 시간이 지나가다.

*審(심)-살필 심. 자세히 심.

任氏曰임씨왈,

子平之法以財爲妻, 財是我剋, 人以財來侍我, 此理出於正論, 又
자 평 지 법 이 재 위 처   재 시 아 극   인 이 재 래 시 아   차 리 출 어 정 론   우

以財爲父者乃後人之謬也, 若據此爲碻論, 則翁婦同宗, 豈不失倫
이 재 위 부 자 내 후 인 지 류 야   약 거 차 위 확 론   즉 옹 부 동 종   기 불 실 륜

常乎,
상 호

　임 선생님이 말씀하였다.

　자평(子平)의 법은 재를 처로 삼으니 재(財)는 내가 극하는 것으로 사람에 있어
재는 나를 섬기기 때문이다. 이 이치는 정론(正論)에서 나온 것이다. 또 재를 아버
지로 하는 것은 후세 사람들의 잘못이다.

　만약 이것이 확실한 이론(理論)이라면 시아버지와 며느리가 동종(同宗)이 되니
이는 윤상(倫常)을 잃은 것이 아니겠는가.

*侍(시)-모실 시. 기를 시. 임할 시.
*謬(류)-그릇될 류. 어긋날 류. 속일 류.
*據(거)-의거할 거. 웅거할 거. 의거 거.
*碻(확)-단단할 확. 확실할 확. 確과 仝.
*翁(옹)-늙은이 옹. 아버지 옹. 시아버지
　옹. 장인 옹.

*婦(부)-지어미 부. 아내 부. 며느리 부.
*翁婦(옹부)-시아버지와 며느리.
*同宗(동종)-일가. 같은 겨레. 동성(同姓).
*倫(륜)-인륜 륜. 차례 륜.
*倫常(윤상)-사람이 지켜야 할 길. 인륜(人
　倫). 인도(人道). 윤기(倫紀)와 仝.

雖分偏正之說, 究竟勉强, 財之偏正, 無非陰陽之別, 並不換他氣,
수 분 편 정 지 설   구 경 면 강   재 지 편 정   무 비 음 양 지 별   병 불 환 타 기

且世無犯上之理, 宜辨而闢之, 如果財爲父, 官爲子, 則人倫滅矣,
차 세 무 범 상 지 리   의 변 이 벽 지   여 과 재 위 부   관 위 자   즉 인 륜 멸 의

不特翁婦同宗, 而顯然祖去生孫, 有是理乎,
불 특 옹 부 동 종   이 현 연 조 거 생 손   유 시 리 호

　비록 편정(偏正)으로 나누어 말하나 끝내는 억지로 끌어다 붙인 것이다. 재(財)를
편재와 정재로 하는 것은 단지 음양의 구분에 지나지 않을 뿐 재성이 타기(他氣)로
바뀌는 것은 아니다. 또 세상에는 위〔上〕를 범(犯)하는 이치는 없는 것이니 마땅히

분별하여 잘못됨을 파헤쳐야 할 것이다.

만약 재(財)를 父로 하고 관(官)을 子로 한다면 인륜(人倫)이 파멸(破滅)될 뿐만 아니라 시아버지와 며느리가 동종(同宗)이고 할아버지가 손자를 낳는 것이니 이것이 어찌 이치(理致)이겠는가.

*究竟(구경)－극진함. 끝남. 끝. 궁극(窮極). 마침내. 필경.
*勉(면)－힘쓸 면. 권할 면.
*勉强(면강)－힘씀. 힘써 함.
*並(병)－나란히 설 병. 나란히 할 병. 아우를 병.
*換(환)－바꿀 환. 갈 환. 고칠 환.
*犯(범)－범할 범. 침범할 범. 범죄 범.

*辨(변)－나눌 변. 분별할 변. 구별 변.
*闢(벽)－열 벽. 열릴 벽. 피할 벽.
*果(과)－실과 과. 과단성 있을 과. 마침내 과. 부사어로는 마침내. 결국. 과연. 진실로. 확실히. 도대체 등으로 해석.
*滅(멸)－멸망할 멸. 다할 멸. 멸할 멸. 죽을 멸.
*不特(불특)－부사어로 ～뿐만 아니라.

是以六親之法, 今當更定, 生我者爲父母, 偏正印綬是也, 我生者
시이육친지법 금당갱정 생아자위부모 편정인수시야 아생자
爲子女, 食神傷官是也, 我剋者爲婦妾, 偏正財星是也, 剋我者爲
위자녀 식신상관시야 아극자위부첩 편정재성시야 극아자위
官鬼, 祖父是也, 同我者爲兄弟, 比肩刦財是也, 此理正名順, 乃
관귀 조부시야 동아자위형제 비견겁재시야 차리정명순 내
不易之法, 夫財以妻論, 財神淸, 則中饋賢能, 財神濁, 則河東獅
불역지법 부재이처론 재신청 즉중궤현능 재신탁 즉하동사
吼, 淸者, 喜神卽是財星, 不爭不妒是也, 濁者, 生煞壞印, 爭妒無
후 청자 희신즉시재성 부쟁불투시야 탁자 생살괴인 쟁투무
情是也,
정시야

이러므로 육친(六親)의 법을 지금 다시 정하니, 나를 낳아준 이는 父母이니 편정(偏正) 인수이고, 내가 낳은 것은 자식이니 식신과 상관이고, 내가 극하는 것은 처첩(妻妾)이니 편정(偏正) 재성이고, 나를 극하는 것은 관(官)이니 조부(祖父)이고, 나와 같은 것은 형제이니 비견과 겁재이다. 이 이치가 바른 이름이며 순리(順理)로 바꿀 수 없는 법칙이다.

대저 재(財)를 처로 논하니 재신이 청하면 중궤현능(中饋賢能)하고 재신이 탁하면 하동사후(河東獅吼)이다. 청(淸)하다는 것은 희신이 재성으로 쟁투(爭妬)를 벌이지 않는 것이고, 탁(濁)하다 하는 것은 살(殺)을 생하고 인수를 극하며 쟁투(爭妬)하여 무정한 것이다.

*饋(궤) — 보낼 궤(음식을 보내 줌). 선사 궤. 권할 궤.

*中饋(중궤) — 주부가 부엌 안에서 한집안의 식사를 주관하는 일. 전하여 아내를 일컬음.

*賢能(현능) — 덕이 있는 사람과 재능이 있는 사람.

*獅(사) — 사자 사.

*吼(후) — 울 후(짐승이 성내어 욺. 으르렁거림).

*妬(투) — 강새암할 투. 시샘할 투. 妒와 소.

역자주 河東獅吼(하동사후): 하동사자후(河東獅子吼)라고 하는 말로 황하(黃河)의 동쪽 언덕에서 사자가 으르렁거린다는 뜻으로, 아내가 사나워 남편에게 큰 소리로 욕설을 하는 것을 이르는 말이다. 소동파(蘇東坡)의 벗 진조(陳慥)의 아내 유씨(柳氏)는 하동(河東) 사람으로 성질이 포악하여 손님이 올 때마다 남편을 큰 소리로 꾸짖었으므로 소동파가 이를 조롱하여 지은 시(詩)에 이른 말이다.

舊書不管日主之衰旺, 總以陽刃刦財主剋妻, 究其理則實非, 須分
구 서 불 관 일 주 지 쇠 왕 총 이 양 인 겁 재 주 극 처 구 기 리 즉 실 비 수 분

日主衰旺喜忌之別, 四柱配合活看爲是, 如財神輕而無官, 比刦多,
일 주 쇠 왕 희 기 지 별 사 주 배 합 활 간 위 시 여 재 신 경 이 무 관 비 겁 다

主剋妻, 財神重而身弱, 無比刦, 主剋妻, 官殺旺而用印, 見財星,
주 극 처 재 신 중 이 신 약 무 비 겁 주 극 처 관 살 왕 이 용 인 견 재 성

主妻陋而剋, 官殺輕而身旺, 見財星, 遇比刦, 主妻美而剋, 刦刃重,
주 처 루 이 극 관 살 경 이 신 왕 견 재 성 우 비 겁 주 처 미 이 극 겁 인 중

財星輕, 有食傷, 逢梟印, 主妻遭凶死,
재 성 경 유 식 상 봉 효 인 주 처 조 흉 사

옛날 책에는 일주의 쇠왕에 관계없이 한마디로 양인과 겁재는 극처한다 하였는데, 살펴보건대 그 이치는 그렇지 않다. 모름지기 일주의 쇠왕과 희기(喜忌)를 분별하여 사주의 배합을 넓게 보아야 한다.

가령 재가 가볍고 관이 없는데 비겁이 많으면 극처(剋妻)하게 되고, 또한 재가

많고 신약한데 비겁이 없으면 극처하게 되며, 관살이 왕하여 인수가 용신인데 재성을 보게 되면 그 처가 비루(鄙陋)하고 극하게 된다.

관살이 가볍고 신왕할 때 재성이 있는데 비겁을 만나면 그 처는 아름다우나 극하게 된다. 비겁과 양인이 많고 재성은 가벼운데 식상이 있을 때 인수를 만나면 그 처가 흉사(凶死)를 당하게 된다.

*陋(루. 누)-좁을 루. 못생길 루. 작을 루. 거칠 루

*梟(효)-올빼미 효. 목 베어 달 효. 영웅 효.
*遭(조)-만날 조. 두를 조.

財星微, 官殺旺, 無食傷, 有印綬, 主妻有弱病, 刦刃旺而無財, 有
재 성 미　관 살 왕　무 식 상　유 인 수　주 처 유 약 병　겁 인 왕 이 무 재　유

食傷, 妻賢必剋, 妻陋不傷, 刦刃旺而財輕, 有食傷, 妻賢不剋, 妻
식 상　처 현 필 극　처 루 불 상　겁 인 왕 이 재 경　유 식 상　처 현 불 극　처

陋必亡, 官星弱, 遇食傷, 有財星, 妻賢不剋, 官星輕, 食傷重, 有
루 필 망　관 성 약　우 식 상　유 재 성　처 현 불 극　관 성 경　식 상 중　유

印綬, 遇財星, 妻陋不剋,
인 수　우 재 성　처 루 불 극

재성이 미미(微微)하고 관살이 왕한데 식상은 없고 인수가 있으면 처가 병약(病弱)하고, 비겁과 양인이 왕하고 재(財)는 없고 식상이 있으면, 처가 현명하면 반드시 극하게 되고 처가 비루(鄙陋)하면 극하지 않는다.

비겁과 양인이 왕하고 재(財)가 가벼운데 식상이 있으면, 처가 현명하면 극하지 않고 처가 비루하면 반드시 사망한다. 관성이 약한데 식상을 만났을 때 재성이 있으면 처가 현명하며 또한 극하지도 않는다. 관성이 가볍고 식상이 무거울 때 인수가 있는데 재성을 만나면 처가 비루하나 극하지는 않는다.

*微(미)-작을 미. 정묘할 미. 천할 미.
*綬(수)-끈 수. 끈. 인끈(실을 땋은 끈).
*弱(약)-약할 약. 쇠할 약. 젊을 약.

*剋(극)-이길 극. 엄할 극.
*輕(경)-가벼울 경. 가벼이 여길 경.
*遇(우)-만날 우. 대접할 우. 뜻밖에 우.

身强煞淺, 財星滋殺, 官輕傷重, 財星化傷, 印綬重疊, 財星得氣
신 강 살 천　재 성 자 살　관 경 상 중　재 성 화 상　인 수 중 첩　재 성 득 기

者, 主妻賢而美, 或得妻財致富, 殺重身輕, 財星黨殺, 官多用印, 財
자　주 처 현 이 미　혹 득 처 재 치 부　살 중 신 경　재 성 당 살　관 다 용 인　재

星壞印, 傷官佩印, 財星得局者, 主妻不賢而陋, 或因妻招禍, 傷身,
성 괴 인　상 관 패 인　재 성 득 국 자　주 처 불 현 이 루　혹 인 처 초 화　상 신

일주가 강하고 살이 약할 때 재성이 살을 생하거나, 관이 가볍고 상관이 중(重)할
때 재성이 상관을 화(化)하거나, 인수가 중첩할 때 재성이 득기(得氣)하면 처가 어
질고 아름답다. 혹 처를 얻어 치부(致富)하기도 한다.

살이 중하고 일주는 약한데 재성이 무리를 이루고 살을 생하거나, 관이 많아
인수를 용(用)하는데 재성이 인수를 극하거나, 상관패인(傷官佩印)에 재성이 국(局)
을 이루면 그 처가 현명치 못할 뿐만 아니라 비루(鄙陋)하다. 혹 처로 인하여 화(禍)
를 초래하거나 몸을 상하게 된다.

*煞(살)-죽일 살. 殺(살)과 仝.
*淺(천)-얕을 천. 얕아질 천. 엷을 천.
*疊(첩)-겹쳐질 첩. 포개질 첩.
*賢(현)-어질 현. 어진이 현.
*致(치)-이를 치. 부를 치. 전할 치.

*黨(당)-마을 당. 무리 당. 일가 당. 도울 당.
*壞(괴)-무너뜨릴 괴. 무너질 괴.
*佩(패)-노리개 패. 찰 패. 두를 패.
*陋(루. 누)-좁을 루. 못생길 루. 거칠 루.
*招(초)-부를 초. 구할 초. 묶을 초.

日主坐財, 財爲喜用者, 必得妻財, 日主喜財, 財合閑神而化財者,
일 주 좌 재　재 위 희 용 자　필 득 처 재　일 주 희 재　재 합 한 신 이 화 재 자

必得妻力, 日主喜財, 財合閑神而化忌神者, 主妻有外情, 日主忌財,
필 득 처 력　일 주 희 재　재 합 한 신 이 화 기 신 자　주 처 유 외 정　일 주 기 재

財合閑神而化財者, 主琴瑟不和, 皆以四柱情勢日主喜忌而論,
재 합 한 신 이 화 재 자　주 금 슬 불 화　개 이 사 주 정 세 일 주 희 기 이 론

若財星浮泛, 宜財庫以收藏, 財星深伏, 宜沖動而引助, 須細究之,
약 재 성 부 범　의 재 고 이 수 장　재 성 심 복　의 충 동 이 인 조　수 세 구 지

일주가 재(財) 위에 있는데 재가 희신이나 용신이면 반드시 처의 재물을 얻는다.
일주가 재를 기뻐할 때 재가 한신(閑神)을 합하여 재로 化하면 반드시 처의 조력(助

力)을 얻는다.

일주가 재를 기뻐할 때 재가 한신(閑神)과 합하여 기신(忌神)으로 化하면 처가 외정(外情)이 있다. 일주가 재를 꺼릴 때 재가 한신과 합하여 재로 化하면 부부간 금슬(琴瑟)이 불화(不和)하다.

다 사주의 정세와 일주의 희기로 논하여야 한다. 만약 재가 뿌리가 없이 떠 있으면 고(庫)에 수장(收藏)하여야 하고 재성이 깊이 감추어져 있으면 마땅히 충동(沖動)하여 이끌어내어야 하는 것이니 모름지기 자세하게 탐구하여야 한다.

*閑(한)—한가할 한 등한히 할 한. 마구간
　한. 닫을 한.
*琴(금)—거문고 금.
*瑟(슬)—큰 거문고 슬. 많을 슬. 엄숙할 슬.
*琴瑟(금슬)—거문고와 큰 거문고. 전(轉)하
　여 부부(夫婦). 부부의 사이.

*浮(부)—뜰 부. 가벼울 부.
*泛(범)—뜰 범. 넓을 범.
*浮泛(부범)—물 위에 뜸. 뱃놀이를 함.
*藏(장)—감출 장. 서장 장.
*深(심)—깊을 심. 깊게 할 심.
*伏(복)—엎드릴 복. 숨을 복. 숨길 복.

$$
\begin{array}{cccc}
丁 & 庚 & 乙 & 癸 \\
丑 & 申 & 丑 & 卯
\end{array}
$$

$$
\begin{array}{cccccc}
己 & 庚 & 辛 & 壬 & 癸 & 甲 \\
未 & 申 & 酉 & 戌 & 亥 & 子
\end{array}
$$

此造寒金坐祿, 印綬當權, 足以用火敵寒, 所忌者, 年干癸水剋丁
차 조 한 금 좌 록　인 수 당 권　족 이 용 화 적 한　소 기 자　년 간 계 수 극 정

爲病, 全賴月干乙木通根, 洩水生火, 此喜神卽是財星也, 更喜財
위 병　전 뢰 월 간 을 목 통 근　설 수 생 화　차 희 신 즉 시 재 성 야　갱 희 재

星逢合, 謂財來就我, 其妻賢淑勤能, 生三子, 皆就書香,
성 봉 합　위 재 래 취 아　기 처 현 숙 근 능　생 삼 자　개 취 서 향

이 명조는 한금(寒金)이 좌하에 녹(祿)을 두고 인수가 당권하니 족히 火를 써서 한기(寒氣)를 대적하는데 꺼리는 것은 年干의 癸水가 丁火를 극하니 癸水가 병(病)이다. 丁火가 의지하는 바는 月干의 乙木이 통근(通根)되고 水를 설하여 火를

생하니 이에 희신은 곧 재성이다.

더욱 기쁜 것은 재성이 합하여 오니 소위 재래취아(財來就我)로 그의 처는 현숙하고 근면하였으며 세 아들을 두었는데 다 학문을 잘했다.

*賴(뢰. 뇌)-의뢰할 뢰. 힘입을 뢰. 의뢰 뢰.   *賢淑(현숙)-여자가 현명하고 숙덕(淑德)이
*就(취)-이룰 취. 좇을 취.   있음.
*淑(숙)-착할 숙. 맑을 숙. 사모할 숙.   *勤(근)-부지런할 근. 힘쓸 근.

癸 丁 乙 丁
卯 酉 巳 未

己 庚 辛 壬 癸 甲
亥 子 丑 寅 卯 辰

丁火生於孟夏, 柱中梟刧當權, 一點癸水不足相制, 最喜坐下酉
金, 沖去卯木, 生起癸水, 出身貧寒, 癸運入學, 又得妻財萬仞, 壬
運登科, 辛丑選知縣, 仕至郡守, 此造若無酉金, 不但無妻財, 而
且名亦不成矣,

丁火가 맹하에 생하였는데 사주 중에 효신과 겁재가 당권하여 일주가 왕하다. 일점 癸水는 왕한 火를 제(制)하기는 부족한데 가장 기쁜 것은 좌하에 酉金을 둔 것으로 酉金이 卯木을 충거하고 癸水를 생하는 것이다. 출신은 비록 한미(寒微)하였으나 癸 대운에 입학하고 재물이 많은 처를 얻고 壬 대운에 등과하였으며 辛丑 대운에 지현(知縣)에 올랐고 벼슬이 군수에 이르렀다.

이 명조에서 만약 酉金이 없다면 처재(妻財)가 없을 뿐만 아니라 명예도 이루지 못했을 것이다.

*仞(인)－길 인(팔 척). 찰 인(가득함).　　　*選(선)－가릴 선. 선택 선. 잠깐 선.

壬　丙　庚　乙
辰　申　辰　亥

甲乙丙丁戊己
戌亥子丑寅卯

丙火生於季春, 印綬通根生旺, 日主坐財, 時干又透壬水, 必以乙
병화생어계춘　인수통근생왕　일주좌재　시간우투임수　필이을

木爲用, 可嫌者, 乙庚化金, 生殺壞印, 其妻不賢, 妒悍異常, 無子
목위용　가혐자　을경화금　생살괴인　기처불현　투한이상　무자

而絶, 財之爲害, 可畏哉,
이절　재지위해　가외재

　丙火가 계춘에 생하였는데 인수인 乙木이 통근되고 생을 받으며 왕하다. 일주는 좌하가 재이고 시간에 壬水가 투출하여 신약하니 반드시 乙木이 용신이다. 혐오스런 것은 乙庚이 합하여 金으로 화(化)하여 살을 생하고 인수를 무너뜨리는 것이다.

　그의 처는 질투가 심하고 사나움이 보통이 아니었으며 자식을 두지 못해 절손(絶孫)되었다. 재(財)의 해로움은 가히 두렵다 하겠다.

*妒(투)－강새암할 투. 시샘할 투.　　　*妒悍(투한)－질투심이 강하고 사나움.
*悍(한)－사나울 한.　　　　　　　　　*畏(외)－두려워할 외. 두려움 외.

子 女자녀

子女根枝一世傳. 喜神看與殺相連.
자 녀 근 지 일 세 전　희 신 간 여 살 상 련

　자녀는 뿌리와 가지로 한 세대를 전하는 것이니 희신(喜神)과 살(殺)이 서로 연결되어 있는지 살펴야 한다.

原注원주

大率依官看子. 如喜神卽是官星. 其子賢俊. 喜神與官星不相妒亦好.
대 솔 의 관 간 자　여 희 신 즉 시 관 성　기 자 현 준　희 신 여 관 성 불 상 투 역 호
否則無子. 或不肖. 或有尅. 然看官星. 又要活法. 如官輕須要助官. 殺
부 즉 무 자　혹 불 초　혹 유 극　연 간 관 성　우 요 활 법　여 관 경 수 요 조 관　살
重身輕. 只要印比. 無官星. 只論財. 若官星阻滯. 要生扶沖發. 官星洩
중 신 경　지 요 인 비　무 관 성　지 론 재　약 관 성 조 체　요 생 부 충 발　관 성 설
氣太重. 須合助遙會. 若殺重身輕. 而無制者多女.
기 태 중　수 합 조 요 회　약 살 중 신 경　이 무 제 자 다 녀

【원주】

　대체로 관(官)을 자식으로 보는데 가령 관성이 희신이면 자식이 뛰어나고 희신과 관성이 서로 투기하지 않아야 좋은 것이다. 그렇지 않으면 아들이 없거나 혹 불초(不肖)하거나 혹 극(尅)한다.

　그러나 관성을 살핌에 중요한 것은 넓게 보아야 한다. 가령 관성이 가벼우면 반드시 관성을 부조(扶助)하여야 하고, 살이 중(重)하고 일주가 경(輕)하면 인수나 비겁이 있어야 하고, 관성이 없으면 재로 논한다.

　만약 관성이 막혔으면 생부(生扶)하거나 충하여 움직이게 하여야 하고, 관성의 설기(氣)가 태과하면 모름지기 합하여 돕거나 회국을 이루어야 하고, 만약 살이 중(重)하고 일주가 가벼운데 살을 제(制)하지 못하면 딸이 많다.

*率(솔. 률. 수)-거느릴 솔. 좇을 솔. 대강 솔.
율 률(數 등의 비례). 제한 률. 우두머리 수.
*俊(준)-뛰어날 준. 준걸 준.
*妒(투)-강새암할 투. 시샘할 투. 妬와 소.
*肖(초. 소)-닮을 초. 쇠할 소. 흩어질 소.
*不肖(불초)-아버지를 닮지 않아 미련함.
전(轉)하여 미련함. 자기의 겸칭(謙稱).

*阻(조)-험할 조. 떨어질 조. 저상할 조. 막
을 조.
*滯(체)-막힐 체. 쌓일 체. 남을 체. 머무를
체.
*須(수)-모름지기 수. 수염 수. 기다릴 수.
*遙(요)-멀 요. 아득할 요. 멀리 요. 거닐 요.
*制(제)-마를 제. 지을 제. 금할 제.

任氏曰임씨왈,

以官爲子之說, 細究之, 終有犯上之嫌, 夫官者, 管也, 朝廷設官,
이 관 위 자 지 설 세 구 지 종 유 범 상 지 혐 부 관 자 관 야 조 정 설 관

管治萬民, 則不敢妄爲, 循守規矩, 家庭必以尊長爲管, 出入動作,
관 치 만 민 즉 불 감 망 위 순 수 규 구 가 정 필 이 존 장 위 관 출 입 동 작

皆遵祖父之訓, 是也,
개 준 조 부 지 훈 시 야

임 선생님이 말씀하였다.

관(官)으로서 자식을 삼는다는 말은 세밀히 연구하여 보면 결국은 위를 범하는
혐의가 있다. 대저 관(官)이란 관(管)인 것이니 조정에서는 관(官)을 설치하여 만민
을 다스리니 감히 망령된 행동을 하지 못하며 법규를 지키는 것이다.

가정에서는 반드시 존장(尊長)이 다스리니 출입과 행위에 다 존장의 훈도를 지
키는 것이 옳은 것이다.

*說(설)-말씀 설.
*嫌(혐)-싫어할 혐. 의심할 혐. 미움 혐.
*管(관)-관 관. 붓대 관. 맡을 관(주관함).
*敢(감)-굳셀 감. 결단성 있을 감. 감히 할
감. 감히 감.
*不敢(불감)-감히 하지 못함.
*妄(망)-허망할 망. 거짓 망. 무릇 망.

*循(순)-좇을 순. 돌아다닐 순.
*循守(순수)-좇아서 지킴. 준수(遵守)함.
*規(규)-법 규. 경계할 규. 동그라미 규.
*矩(구)-법 구. 모서리 구.
*規矩(규구)-법도(法度). 정규(定規)와 자[尺].
*遵(준)-따라갈 준. 좇을 준.
*訓(훈)-가르칠 훈. 가르침 훈.

不服官府之治者, 則爲賊寇, 不遵祖父之訓者, 則爲逆子, 夫命者
불 복 관 부 지 치 자　즉 위 적 구　불 준 조 부 지 훈 자　즉 위 역 자　부 명 자

理也, 豈可以官爲子而犯上乎, 莫非論命竟可無君無父乎, 諺云, 父
리 야　기 가 이 관 위 자 이 범 상 호　막 비 론 명 경 가 무 군 무 부 호　언 운　부

在子不得自專, 若以官爲子, 父反以子爲管治, 顯見父不得自專矣,
재 자 부 득 자 전　약 이 관 위 자　부 반 이 자 위 관 치　현 견 부 부 득 자 전 의

故俗以剋父剋母爲是, 有是理乎,
고 속 이 극 부 극 모 위 시　유 시 리 호

　관청의 다스림에 불복하는 자는 도적인 것이고, 조부의 훈도를 지키지 않는
자는 패륜아인 것이다. 대저 명(命)이란 도리(道理)인데 어찌 관을 자식으로 하여
위를 범한단 말인가. 명(命)을 논함에 끝내는 임금도 없고 아비도 없다고 하지
않겠는가.

　언(諺)에 이르데, 아버지가 집안에 계시면 자식은 제멋대로 하지 못한다 하였는
데, 만약 관(官)이 자식이라면 아비가 도리어 자식의 다스림을 받는 것이 되니 아버
지는 스스로는 어떠한 일도 할 수 없게 된다.

　그러므로 세속에서 아비를 극한다거나 어미를 극한다는 말이 옳은 것으로 아니
이것이 어찌 이치이겠는가.

*服(복) -옷 복. 직책 복. 입을 복. 다스릴 복.
*不服(불복) -복종하지 아니함. 복죄(服罪)
　하지 아니함.
*府(부) -곳집 부. 마을 부. 도읍 부.
*賊(적) -도둑 적. 도둑질할 적. 학대할 적.
*寇(구) -도둑 구. 원수 구. 노략질할 구.
*逆(역) -거스를 역. 허물 역. 맞을 역.
*理(리) -다스릴 리. 도리 리. 이치 리. 매개
　리.
*豈(기) -어찌 기. 그 기.

*竟(경) -끝날 경. 마침 경. 끝 경.
*莫(막) -없을 막. 아득할 막. 부사어로는 ~
　할 사람이 없다. ~한 것이 없다. ~이 아니
　다. 대개. 대략 등으로 해석.
*莫非(막비) -~아닌 경우가 없다. ~아닌
　사람이 없다.
*諺(언) -상말 언.
*專(전) -오로지 전. 전일할 전.
*顯(현) -밝을 현. 나타날 현. 드러날 현.
*治(치) -다스릴 치. 관리하다.

今更定以食傷爲子女, 書云, 食神有壽妻多子, 時逢七煞本無兒,
금 갱 정 이 식 상 위 자 녀   서 운   식 신 유 수 처 다 자   시 봉 칠 살 본 무 아

食神有制定多兒, 此兩說, 可謂碻據矣, 然此亦死法, 倘局中無食
식 신 유 제 정 다 아   차 양 설   가 위 확 거 의   연 차 역 사 법   당 국 중 무 식

傷無官殺者, 又作何論, 故命理不可執一, 總要變通爲是, 先將食
상 무 관 살 자   우 작 하 론   고 명 리 불 가 집 일   총 요 변 통 위 시   선 장 식

傷認定, 然後再看日主之衰旺, 四柱之喜忌而用之, 故喜神看與殺
상 인 정   연 후 재 간 일 주 지 쇠 왕   사 주 지 희 기 이 용 지   고 희 신 간 여 살

相連者, 乃通變之至論也,
상 연 자   내 통 변 지 지 론 야

이제 다시 정하노니 식상으로 자녀를 삼는다. 서(書)에 이르기를 식신이 있으면 수(壽)하고 처가 있으며 자식이 많다고 하고, 時에 칠살을 만나면 본래는 자식이 없으나 식신이 제(制)하면 자식이 많다는 두 설은 확실히 근거 있는 말이긴 하나 그러나 역시 사법(死法)이다.

만약 원국에 식상과 관살이 없다면 어떻게 논하여야 하는가. 그러므로 명리(命理)는 한 가지만 고집하는 것은 불가한 것이다.

전체적으로 중요한 것은 통변에 있는 것이다. 먼저 식상을 인정한 후에 다시 일주의 쇠왕과 사주의 희기를 살펴서 쓰는 것이니, 그러므로 희신과 살(殺)이 서로 연결하고 있는가를 같이 보는 것이 통변의 지극한 이치인 것이다.

*更(갱. 경)-다시 갱. 고칠 경
*壽(수)-나이 수. 수할 수.
*碻(확)-단단할 확. 확실할 확. 確과 소.
*據(거)-의거할 거. 웅거할 거. 의거 거.
*死法(사법)-실제로 시행되지 아니하는 법.
*倘(당)-혹시 당. 부사어로는 아마도. 만약. 만일 등으로 해석.
*作(작)-지을 작. 짓다. 일어나다.
*何(하)-어찌 하. 무엇. 얼마.
*要(요)-부사어로는 늘. 결국. 응당. 반드시.

*總(총)-거느릴 총. 합칠 총. 모두 총. 부사 어로는 모두. 갑자기. 돌연히. 언제나. 늘. 설령 ~일지라도. 설사 ~하더라도 등으로 해석.
*變(변)-변할 변. 변고 변.
*通(통)-통할 통. 온통 통.
*將(장)-장수 장. 장차 장. 청컨대 장. 부사 어로는 단지. 오직. 곧 ~하려 한다. 장차 ~하려 한다. 반드시 ~일 것이다 등으로 해석.
*連(련. 연)-이을 련. 이어질 련.

如日主旺, 無印綬, 有食傷, 子必多, 日主旺, 印綬重, 食傷輕, 子
여 일 주 왕 무 인 수 유 식 상 자 필 다 일 주 왕 인 수 중 식 상 경 자

必少, 日主旺, 印綬重, 食傷輕, 有財星, 子多而賢, 日主旺, 印綬
필 소 일 주 왕 인 수 중 식 상 경 유 재 성 자 다 이 현 일 주 왕 인 수

多, 無食傷, 有財星, 子多而能, 日主弱, 有印綬, 無食傷, 子必多,
다 무 식 상 유 재 성 자 다 이 능 일 주 약 유 인 수 무 식 상 자 필 다

가령 일주가 왕하고 식상이 있을 땐 인수(印綬)가 없어야 자식이 많고, 일주가
왕하고 인수가 중(重)할 때 식상이 경(輕)하면 자식이 반드시 적다.

일주가 왕하고 인수가 중할 때 식상이 경(輕)하여도 재성이 있으면 자식이 많고
현명하다. 일주가 왕하고 인수가 많고 식상이 없을 때 재성이 있으면 자식이 많고
능력이 있다. 일주가 약하고 인수가 있을 때 식상이 없어야 자식이 많다.

日主弱, 印綬輕, 食傷重, 子必少, 日主弱, 印綬輕, 有財星, 子必
일 주 약 인 수 경 식 상 중 자 필 소 일 주 약 인 수 경 유 재 성 자 필

無, 日主弱, 食傷重, 印綬無, 亦無子, 日主弱, 食傷輕, 無比刦,
무 일 주 약 식 상 중 인 수 무 역 무 자 일 주 약 식 상 경 무 비 겁

有官星, 子必無, 日主弱, 官殺重, 印綬輕, 微伏財, 必多女,
유 관 성 자 필 무 일 주 약 관 살 중 인 수 경 미 복 재 필 다 녀

일주가 약하고 인수(印綬)가 가벼울 때 식상이 중(重)하면 자식이 반드시 적다.
일주가 약하고 인수가 가벼운데 재성이 있으면 반드시 자식이 없다. 일주가 약하
고 식상이 중한데 인수가 없으면 역시 자식이 없다.

일주가 약하고 식상이 가볍고 비겁이 없을 때 관성이 있으면 자식이 반드시
없다. 일주가 약하고 관살이 중한데 인수가 가볍고 재성이 적으나마 복(伏)되어
있으면 반드시 딸이 많다.

*少(소)-적을 소. 적다. 약간. 조금. 얼마간.   *比(비)-견줄 비. 따를 비. 무리 비.
*綬(수)-끈 수. 인끈 수.   *輕(경)-가벼울 경. 가벼이 여길 경.
*賢(현)-어질 현. 어진이 현.   *微(미)-작을 미. 정묘할 미. 천할 미.

日主弱, 七殺重, 食傷輕, 有比刦, 女多子少, 日主弱, 官殺重, 無
일주약 칠살중 식상경 유비겁 여다자소 일주약 관살중 무

印比, 子必無, 日主旺, 食傷輕, 逢印綬, 遇財星, 子少孫多, 日主
인비 자필무 일주왕 식상경 봉인수 우재성 자소손다 일주

旺, 印綬重, 官殺輕, 有財星, 子雖克而有孫,
왕 인수중 관살경 유재성 자수극이유손

일주가 약하고 칠살(七殺)이 중(重)하고 식상이 경하고 비겁이 있으면 딸이 많고 아들이 적다. 일주가 약하고 관살이 중한데 인수가 없으면 반드시 자식이 없다. 일주가 왕하고 식상이 경한데 인수(印綬)와 재성을 만나면 자식은 적으나 손자는 많다. 일주가 왕하고 인수가 중한데 관살이 경하고 재성이 있으면 자식은 비록 극하나 손자(孫子)는 있다.

日主弱, 食傷旺, 有印綬, 遇財星, 雖有若無, 日主弱, 官殺旺,
일주약 식상왕 유인수 우재성 수유약무 일주약 관살왕

有印綬, 遇財星, 有子必逆, 又有日主旺, 無印綬, 食傷伏, 有官殺,
유인수 우재성 유자필역 우유일주왕 무인수 식상복 유관살

子必多者, 又有日主旺, 比刦多, 無印綬, 食傷伏, 子必多者,
자필다자 우유일주왕 비겁다 무인수 식상복 자필다자

일주가 약하고 식상이 왕할 때 인수(印綬)가 있는데 재성을 만나면 비록 있기는 하나 없는 것과 같고, 일주가 약하고 관살이 왕할 때 인수가 있는데 재성을 만나면 자식이 있으나 반드시 거역하는 자식이다. 또 일주가 왕하고 인수가 없고 식상이 복(伏)되었을 때 관살이 있으면 자식이 반드시 많다. 또 일주가 왕하고 비겁이 많고 인수가 없으며 식상이 복(伏)되면 자식이 반드시 많다.

*孫(손)─손자 손. 손자. 자손. 후손.　　*殺(살)─죽일 살.
*遇(우)─만날 우. 대접할 우. 뜻밖에 우.　　*逆(역)─거스를 역. 맞을 역.
*雖(수)─비록 수. 오직 수.　　*刦(겁)─겁탈할 겁.
*若(약. 야)─같을 약. 만일 약. 반야 야.　　*伏(복)─엎드릴 복. 숨을 복. 숨길 복.

蓋母多滅子之意也, 故木多火熄, 金尅木則生火, 火多土焦, 水尅
개 모 다 멸 자 지 의 야   고 목 다 화 식   금 극 목 즉 생 화   화 다 토 초   수 극

火則生土, 土重金埋, 木尅土則生金, 金多水滲, 火尅金則生水,
화 즉 생 토   토 중 금 매   목 극 토 즉 생 금   금 다 수 삼   화 극 금 즉 생 수

水多木浮, 土尅水則生木,
수 다 목 부   토 극 수 즉 생 목

　모다멸자(母多滅子)의 뜻이 있으니 木이 많으면 火가 꺼지는데 金이 木을 극하
여야 木生火가 되고, 火가 많으면 土가 말라 터지는데 水가 火를 극하여야 火生
土가 되고, 土가 많으면 金이 묻히는데 木이 土를 극하여야 土生金이 되고, 金이
많으면 水가 스며들게 되는데 火가 金을 극하여야 金生水가 되고, 水가 많으면
木이 뜨게 되는데 土가 水를 극하여야 水生木이 된다.

　　*滅(멸)－멸망할 멸. 다할 멸.　　　　*埋(매)－묻을 매. 묻힐 매.
　　*熄(식)－꺼질 식. 사라질 식.　　　　*滲(삼)－밸 삼(물이 뱀. 물이 스미어 들어감).
　　*焦(초)－그슬릴 초. 탈 초. 태울 초.　*浮(부)－뜰 부. 넘칠 부.

以官殺爲子者, 此之謂也, 明雖以官殺爲子, 暗仍以食傷爲子,
이 관 살 위 자 자   차 지 위 야   명 수 이 관 살 위 자   암 잉.이 식 상 위 자

此逆局反尅相生之法, 非竟以官殺爲子也, 大率身旺財爲子, 身衰
차 역 국 반 극 상 생 지 법   비 경 이 관 살 위 자 야   대 솔 신 왕 재 위 자   신 쇠

印作兒, 此皆余之試驗者, 故敢更定, 仔細推之, 無不應也,
인 작 아   차 개 여 지 시 험 자   고 감 갱 정   자 세 추 지   무 불 응 야

　관살로 자식을 삼는다는 것은 이것을 이르는 것이다. 비록 관살로 자식을 삼는
다고 밝히고 있으나 안으로는 식상으로 자식을 삼는다. 이는 역국반극상생지법(逆
局反尅相生之法)이니 끝내 관살(官殺)이 자식이라고 하는 것은 아니다.

　대체로 신왕하면 재(財)를 자식으로 하고 신약하면 인수를 자식으로 한다. 이는
다 내가 시험한 것이다. 그러므로 감히 다시 정하니 자세히 추리하라. 맞지 않음이
없다.

역자주 逆局反剋相生之法(역국반극상생지법): 반생극(反生剋)이라고 하는 것으로 극(剋)이 생(生)이 되고, 생이 극이 되는 것을 말한다.

$$癸 \quad 戊 \quad 辛 \quad 辛$$
$$丑 \quad 戌 \quad 丑 \quad 丑$$

$$乙 \quad 丙 \quad 丁 \quad 戊 \quad 己 \quad 庚$$
$$未 \quad 申 \quad 酉 \quad 戌 \quad 亥 \quad 子$$

此造日主旺, 比刦多, 年月傷官並透通根, 丑爲溼土, 能生金蓄水,
차조일주왕 비겁다 년월상관병투통근 축위습토 능생금축수

戌爲火庫, 日主臨之, 不致寒凍也, 是以家業富厚, 更喜運走西方
술위화고 일주임지 불치한동야 시이가업부후 갱희운주서방

不悖, 余雖斷其多子, 實不敢定其數目, 詢之云, 自十六歲生子,
불패 여수단기다자 실불감정기수목 순지운 자십육세생자

每年得一子, 連生十六子, 並無損傷, 此因命之美, 印星不現, 辛
매년득일자 연생십육자 병무손상 차인명지미 인성불현 신

金明潤不雜, 木火之妙也,
금명윤부잡 목화지묘야

이 명조는 비겁이 많아 일주가 왕하다. 年과 月에 상관이 나란히 투출하고 통근하였다. 丑土는 습토로 능히 金을 생하고 水를 축장(蓄藏)하고 있다. 戌은 火의 고(庫)로 일주가 임하여 있으니 한동(寒凍)에는 이르지 않는다. 이러므로 가업이 부후하였다. 더욱 기쁜 것은 운이 서방으로 달려 어그러지지 않는 것이다.

나는 그가 자식이 많다고 비록 단정할 수는 있으나 그 수는 정하지는 못하였는데 순지(詢之)가 말하길, 16세에 아들을 낳기 시작하여 매년 아들을 낳아 연달아 열여섯을 낳았는데 하나도 잃지 않고 다 길렀다.

이는 명국이 아름다움에 기인한 것으로 인수가 나타나지 않고 辛金이 명윤(明潤)하고 혼잡이 없으며 木火가 없는 묘(妙)에 기인한 것이다.

*蓄(축)-쌓을 축. 모을 축. 저축 축.   *悖(패. 발)-거스를 패. 우쩍 일어날 발.

*庫(고)-곳집 고.
*厚(후)-두터울 후. 두터이 할 후.

*斷(단)-끊을 단. 결단할 단.
*潤(윤)-젖을 윤. 윤택할 윤.

$$
\begin{array}{cccc}
癸 & 丁 & 甲 & 癸 \\
卯 & 酉 & 子 & 亥
\end{array}
$$

$$
\begin{array}{cccccc}
戊 & 己 & 庚 & 辛 & 壬 & 癸 \\
午 & 未 & 申 & 酉 & 戌 & 亥
\end{array}
$$

此造殺官當令, 嫌其甲木透干, 不能棄命從殺, 只得殺重用印, 則
차 조 살 관 당 령　혐 기 갑 목 투 간　불 능 기 명 종 살　지 득 살 중 용 인　즉

忌卯酉逢沖, 去甲木之旺地, 雖天干有情, 家業頗豐, 而地支不協,
기 묘 유 봉 충　거 갑 목 지 왕 지　수 천 간 유 정　가 업 파 풍　이 지 지 불 협

所以妻生八女, 妾生八女, 竟無子, 所謂身衰印作兒, 此財星壞印
소 이 처 생 팔 녀　첩 생 팔 녀　경 무 자　소 위 신 쇠 인 작 아　차 재 성 괴 인

之故也,
지 고 야

　이 명조는 관살이 당령하였는데 꺼리는 바는 甲木이 천간에 투출하여 살로 종(從)하지 못하는 것이다. 단지 살이 무거우니 인수가 용신이다. 꺼리는 것은 卯酉 충으로 甲木의 왕지인 卯木이 충거되는 것이다.

　비록 천간은 살인상생으로 유정하니 가업은 자못 풍요로웠으나 지지가 불협(不協)하니 이러므로 처가 딸만 여덟을 낳았는데 첩도 딸만 여덟을 낳았을 뿐 끝내 아들을 두지 못하였다. 이른바 신약하면 인수가 자식인데 이 명조는 재성이 인수를 극하는 연고이다.

*嫌(혐)-싫어할 혐. 미움 혐.
*棄(기)-버릴 기.
*逢(봉)-만날 봉. 맞을 봉.
*頗(파)-치우칠 파. 자못 파.

*衰(쇠)-쇠할 쇠. 줄 쇠.
*兒(아)-아이 아. 아이. 어버이에 대한 아이의 자칭(自稱). 남을 낮잡아 이르는 말.
*壞(괴)-무너뜨릴 괴. 무너질 괴.

$$丁 \quad 戊 \quad 辛 \quad 乙$$
$$巳 \quad 戌 \quad 巳 \quad 未$$

$$乙 \quad 丙 \quad 丁 \quad 戊 \quad 己 \quad 庚$$
$$亥 \quad 子 \quad 丑 \quad 寅 \quad 卯 \quad 辰$$

戊土生於巳月, 柱中火土本旺, 辛金露而無根, 兼之巳時, 丁火獨
무토생어사월 주중화토본왕 신금로이무근 겸지사시 정화독

透剋辛, 局中全無溼氣, 更嫌年干乙木, 助火之烈, 所以剋兩妻,
투극신 국중전무습기 갱혐년간을목 조화지열 소이극양처

生十二子, 刑過十子, 現存二子,
생십이자 형과십자 현존이자

戊土가 사월에 생하였는데 원국에 火土가 왕하다. 辛金이 투출하였으나 뿌리가 없고 겸하여 巳時인데 丁火조차 투출하여 辛金을 극하고 있다. 원국에 습기라고는 전혀 없는데 더욱 꺼리는 것은 年干에 乙木이 맹렬한 火를 돕고 있는 것이다. 이런 까닭에 양처(兩妻)를 극하고 열두 아들을 두었으나 열을 잃고 현재는 두 아들만 남았다.

*於(어) — 어조사 어. ~에. ~에서(처소격). ~보다(비교격). ~를(목적격). ~에게(여격). 있어서. 이에.

*露(로) — 이슬 로. 적실 로. 드러날 로. 나타날 로.

*根(근) — 뿌리 근. 근본 근.

*兼(겸) — 겸할 겸. 아울러.

*獨(독) — 홀로 독. 부사어로는 특히. 유달리 ~조차. 홀로 등으로 해석.

*透(투) — 뛸 투. 던질 투. 환할 투.

*全(전) — 온통 전. 온전할 전.

*溼(습) — 축축할 습. 습기 습.

*嫌(혐) — 싫어할 혐. 의심 혐. 미움 혐.

*烈(렬. 열) — 세찰 렬. 사나울 렬. 굳셀 렬.

*刑(형) — 형벌 형. 법 형.

*過(과) — 지날 과. 지나칠 과. 예전 과. 잘못할 과.

*存(존) — 있을 존. 살아 있다. 안부를 묻다.

역자주 丁火獨透(정화독투)는 "丁火가 홀로 투출하여"라고 해석하여도 되나, "丁火조차 투출하여"라고 해석하는 것이 이해가 쉽다.

```
甲 壬 癸 戊
辰 戌 亥 子

己 戊 丁 丙 乙 甲
巳 辰 卯 寅 丑 子
```

壬水生於孟冬, 喜其無金, 食神獨透, 所以書香小就, 甲寅入泮,
임수생어맹동 희기무금 식신독투 소이서향소취 갑인입반

有十子皆育, 其不刑妻者, 無財之妙也, 秋闈不利者, 支無寅卯也,
유십자개육 기불형처자 무재지묘야 추위불리자 지무인묘야

此造如戌土換之以木, 青雲得路矣,
차조여술토환지이목 청운득로의

壬水가 맹동(孟冬)에 생하였는데 기쁜 것은 金이 없는 것이다. 식신이 홀로 투출하여 글공부는 적게나마 성취하였다. 甲寅에 입반(入泮)하고 열 자식을 두었는데 다 잘 길렀다.

처를 극하지 않은 것은 재(財)가 원국에 없어서 좋게 된 것이고 향시(鄕試)에 불리한 것은 지지에 寅卯가 없어서이다. 이 명조에서 가령 戌土가 寅木이었다면 청운의 길을 걸었을 것이다.

*孟(맹)-우두머리 맹. 첫 맹.
*孟冬(맹동)-초겨울. '음력(陰曆) 시월(十月)'을 달리 일컫는 말
*香(향)-향기 향. 향기로울 향.
*就(취)-이룰 취. 좇을 취.
*泮(반)-물가 반. 녹을 반.
*入泮(입반)-반궁(泮宮)에 들어감.
*皆(개)-다 개.
*育(육)-기를 육. 자랄 육.
*妙(묘)-묘할 묘. 예쁠 묘.
*闈(위)-문 위. 대궐 위. 과장 위.
*秋闈(추위)-가을에 치르는 과거(小科).

*此(차)-이 차. 이에 차.
*造(조)-지을 조. 시작할 조. 처음 조.
*如(여. 이)-같을 여. 말 이을 이. 같다. 비슷하다. 어찌. 가령(假令). 만일(萬一). 마땅히. 곧. 이것이. ~과. ~와 함께.
*換(환)-바꿀 환. 바뀔 환.
*以(이)-써 이. ~로써. 부터. ~에서. 까닭.
*青(청)-푸를 청. 푸르다. 푸른빛.
*雲(운)-구름 운.
*得(득)-얻을 득. 만족할 득.
*路(로)-길 로. 고달플 로.

辛　辛　丙　庚
卯　亥　戌　寅

壬　辛　庚　己　戊　丁
辰　卯　寅　丑　子　亥

辛金生於戌月，印星當令，又寅拱丙生天干，比刦不能下生亥水，
신 금 생 어 술 월　　인 성 당 령　　우 인 공 병 생 천 간　　비 겁 불 능 하 생 해 수

又亥卯拱木，四柱皆成財官，二妻四妾，生三子皆剋，生十二女又
우 해 묘 공 목　　사 주 개 성 재 관　　이 처 사 첩　　생 삼 자 개 극　　생 십 이 녀 우

剋其九，還喜秋金有氣，家業豐隆，
극 기 구　　환 희 추 금 유 기　　가 업 풍 륭

　辛金이 戌月에 생하니 인성이 당령하였는데 寅木과 합으로 천간의 丙火를 돕
고 있다. 비겁인 庚金이나 辛金이 아래의 亥水를 생하지 못하고 또 亥卯 공목(拱
木)하니 사주가 다 재관을 이룬다.

　그러므로 두 처와 네 첩을 극하고 세 아들을 두었으나 다 극하였으며 딸을 열둘
이나 낳았는데 그중 아홉을 극하였다. 그러나 기쁜 것은 가을의 金으로 유기(有氣)
하여 가업은 넉넉하였다.

*能(능)－곧 능. 재능 능. 능할 능. 능히 능.
　부사어로는 바로. 곧. 어찌 ～하겠는가. 게
　다가. 뿐만 아니라 등으로 해석.
*皆(개)－다 개.
*拱(공)－두 손 마주잡을 공. 껴안을 공.
*成(성)－이룰 성. 이루어질 성.
*妾(첩)－첩 첩.
*剋(극)－이길 극. 엄할 극.

*其(기)－그 기.
*還(환)－돌아올 환. 돌아갈 환. 두를 환.
*喜(희)－기쁠 희. 기쁘다. 즐겁다.
*秋(추)－가을 추.
*氣(기)－기운 기. 절후 기.
*業(업)－업 업. 일. 사업. 직업.
*豐(풍)－풍년들 풍. 우거질 풍.
*隆(륭. 융)－높을 륭.

```
丁 戊 丁 丁
巳 戌 未 酉

辛 壬 癸 甲 乙 丙
丑 寅 卯 辰 巳 午
```

土生夏令, 重疊印綬, 四柱全無水氣, 燥土不能洩火生金, 克三妻
토 생 하 령　중 첩 인 수　사 주 전 무 수 기　조 토 불 능 설 화 생 금　극 삼 처

五子, 至丑運, 溼土晦火生金, 又會金局, 得一子方育, 由此數造
오 자　지 축 운　습 토 회 화 생 금　우 회 금 국　득 일 자 방 육　유 차 수 조

觀之, 食神傷官爲子也, 明矣, 凡子息之有無, 命中有一定之理,
관 지　식 신 상 관 위 자 야　명 의　범 자 식 지 유 무　명 중 유 일 정 지 리

命中子只有五數, 水一火二木三金四土五也, 當令者倍之, 休囚者
명 중 자 지 유 오 수　수 일 화 이 목 삼 금 사 토 오 야　당 령 자 배 지　휴 수 자

減半, 除加減之外而多者, 此秉賦之故也,
감 반　제 가 감 지 외 이 다 자　차 병 부 지 고 야

土가 하령(夏令)에 태어났는데 인수 또한 중첩하다. 사주에 수기(水氣)가 하나도 없으니 조토(燥土)는 火를 설하지 못할 뿐만 아니라 生金도 못한다. 그러므로 부인을 셋이나 극하고 아들도 다섯을 극하였다. 丑 운에 이르러 습토가 화기를 설하고 金을 생하며 또 금국(金局)을 이루니 아들 하나를 낳고 길렀다. 이상 여러 명조를 본바, 식신과 상관으로 자식을 삼는 것이 확실하다.

대저 자식이 있고 없고는 명(命)에 일정한 법칙이 있으며, 명(命) 중에 자식의 수는 다섯 수가 있으니, 水一 火二 木三 金四 土五인데 당령한 것은 배(倍)로 하고 휴수된 것은 감(減)하여 반으로 하는데 가감(加減) 이외에도 작용하는 것이 많다. 이는 가문의 성쇠(盛衰) 등의 연고이다.

*疊(첩)-겹쳐질 첩. 포개질 첩.
*燥(조)-마를 조. 말릴 조.
*洩(설. 예)-샐 설. 줄 설. 훨훨 날 예. 바람 따를 예.

*晦(회)-그믐 회. 밤 회. 어두울 회.
*秉(병)-잡을 병. 자루 병.
*賦(부)-읊을 부. 지을 부. 문체이름 부.

```
丁 甲 辛 辛
卯 辰 卯 卯

乙 丙 丁 戊 己 庚
酉 戌 亥 子 丑 寅
```

此造春木雄壯, 金透無根, 喜其丁火透露傷其辛金, 所以己丑戊子
차 조 춘 목 웅 장　 금 투 무 근　 희 기 정 화 투 로 상 기 신 금　 소 이 기 축 무 자

運中, 不但得子不育, 而且財多破耗, 丁亥支拱木而干透火, 丁財
운 중　 부 단 득 자 불 육　 이 차 재 다 파 모　 정 해 지 공 목 이 간 투 화　 정 재

並益, 丙戌愈美, 生五子, 家業增新, 由此觀之, 凡八字之用神卽
병 익　 병 술 유 미　 생 오 자　 가 업 증 신　 유 차 관 지　 범 팔 자 지 용 신 즉

是子星,
시 자 성

　이 명조는 봄철의 木으로 웅장한데 金은 투출하였으나 무근(無根)으로 용신으
로는 부족하다. 기쁜 것은 丁火가 투출하여 辛金을 극하는 것이다. 이러므로 己丑
戊子 운에 비단 자식을 얻었으나 기르지 못하였고 또 재물의 손실도 많았다.

　丁亥 대운에 지지에 亥卯 공목(拱木)하고 丁火가 투출하니 재산이 많이 늘었다.
丙戌 운은 더욱 아름다워 다섯 아들을 낳았고 가업도 더욱 늘었다. 이로써 볼 때
무릇 팔자의 용신이 곧 자식인 것이다.

*雄(웅)-수컷 웅. 굳셀 웅. 뛰어날 웅.
*壯(장)-씩씩할 장. 장할 장. 왕성할 장.
*透(투)-뛸 투. 던질 투. 환할 투.
*露(로)-이슬 로. 적실 로. 드러날 로. 나타
　날 로.
*但(단)-단지. 다만. 공연히. 쓸데없이. 그
　러나 등으로 해석.
*破(파)-깨뜨릴 파.

*耗(모)-벼 모. 덜 모. 耗는 재물이 흩어짐
　을 이름.
*益(익)-더할 익. 이로울 익. 많을 익.
*拱(공)-두 손 마주잡을 공. 껴안을 공.
*愈(유)-나을 유. 더할 유. 고칠 유.
*增(증)-불을 증. 더할 증.
*新(신)-새 신. 새롭게 할 신.
*觀(관)-볼 관. 나타낼 관.

如用神是火, 其子必在木火運得, 或木火流年得, 如不是木火運年
여용신시화　기자필재목화운득　혹목화유년득　여불시목화운년

得, 必子息命中多木火, 或木火日主, 否則難招, 或不肖, 試之屢
득　필자식명중다목화　혹목화일주　부즉난초　혹불초　시지루

驗, 然命內用神, 不特妻財子祿, 而窮通壽夭, 皆在用神一字定之,
험　연명내용신　불특처재자록　이궁통수요　개재용신일자정지

其可忽諸,
기 가 홀 제

　가령 용신이 火이면 그 자식은 반드시 木火 운에 얻거나 혹 木火 유년(流年)에 얻거나 하는데 만약 木火 운이나 木火 유년 운에 얻지 않았으면 반드시 자식의 명(命) 중에 木火가 많거나 혹 木火 일주일 것이다.

　그렇지 아니하면 자식을 얻기 어렵거나 혹 불초(不肖)할 것이다. 시험하여 본 바 모두 다 맞았다.

　그러나 사주의 용신은 처(妻), 재(財), 자(子), 녹(祿)뿐만 아니라 궁(窮), 통(通), 수(壽), 요(夭)가 다 용신이라는 한 자〔一字〕에 의하여 결정되니 용신을 어찌 가벼이 하겠는가.

*運(운)-돌 운. 궁리할 운. 운 운.

*流(유. 류)-흐를 유. 물이 낮은 데로 흐르다. 시간이 지나가다.

*息(식)-숨 식. 쉴 식. 그칠 식.

*命(명)-목숨 명. 운수. 운. 명하다.

*難(난)-어려울 난. 근심할 난. 재앙 난.

*招(초)-부를 초. 구할 초.

*肖(초)-닮을 초. 닮게 할 초.

*試(시)-시험할 시. 시험하다. 맛보다. 간을 보다. 시험 삼아 해보다. 조사하다. 점검하다. 찾다. 점검하다.

*屢(루. 누)-여러 루. 번거로울 루.

*驗(험)-증좌 험(증거). 조짐 험. 증험할 험.

*然(연)-그러할 연. 그리하여.

*特(특)-특히 특. 유다를 특. 다만 특.

*祿(록. 녹)-녹 록. 복 록. 녹줄 녹.

*窮(궁)-궁구할 궁. 궁할 궁. 다할 궁.

*通(통)-통할 통. 온통 통.

*壽(수)-나이 수. 수할 수.

*夭(요)-일찍 죽을 요. 무성할 요. 예쁠 요.

*定(정)-정할 정. 머무를 정. 꼭 정. 부사어로는 확실히. 정말로.

*忽(홀)-홀연 홀. 소홀히 할 홀.

*諸(제)-모든 제. 여러 제.

父 母 부모

父母或隆與或替. 歲月所關果非細.
부 모 혹 융 여 혹 체　　세 월 소 관 과 비 세

부모가 혹 융성하고 혹 막히는 것은 세(歲)와 월(月)에 관계되는 바가 결코
적지 않다.

原注원주

子平之法. 以財爲父. 以印爲母. 以斷其吉凶. 十有九驗. 然看歲月爲緊.
자 평 지 법　이 재 위 부　이 인 위 모　이 단 기 길 흉　십 유 구 험　연 간 세 월 위 긴

歲氣有益于月令者. 及歲月不傷夫喜神者. 父母必昌. 歲月財氣斷喪於時
세 기 유 익 우 월 령 자　급 세 월 불 상 부 희 신 자　부 모 필 창　세 월 재 기 착 상 어 시

干者. 先剋父. 歲月印氣斷喪於時支者. 先剋母. 又須活看其局中之大勢.
간 자　선 극 부　세 월 인 기 착 상 어 시 지 자　선 극 모　우 수 활 간 기 국 중 지 대 세

不可專論財印. 中間有隱露其興亡之機. 而不必在於財印者. 與財生印
불 가 전 론 재 인　중 간 유 은 로 기 흥 망 지 기　이 불 필 재 어 재 인 자　여 재 생 인

生之神. 而損益舒配得所. 及陰陽多寡之論. 無有不驗.
생 지 신　이 손 익 서 배 득 소　급 음 양 다 과 지 론　무 유 불 험

【원주】

자평(子平)의 법은 재(財)를 아버지로 하고 인(印)을 어머니로 하는데 길흉을 판단
하면 열에 아홉은 맞는다. 그러나 年과 月을 긴요(緊要)히 보아야 하니 태세(太歲)가
월령에 도움이 되고 또 年과 月이 희신을 손상하지 않으면 부모가 반드시 창성(昌盛)
하다.

年과 月의 재성을 時干이 손상하면 父를 먼저 극하고 年과 月의 인수를 時支가
손상하면 母를 먼저 극하게 되는데, 그러나 모름지기 원국의 대세를 넓게 봐야 하며
오로지 재와 인수만을 논하면 안 된다.

중간에 숨고 나타난 것은 흥망의 기미(機微)이니 반드시 재인(財印)에만 있는 것이 아니며 재가 생하는 것과 인수가 생하는 것의 손익과 배합의 마땅함과 음양의 많고 적음 등으로 논하면 맞지 않는 것이 없다.

*看(간) - 볼 간. 지킬 간.
*昌(창) - 창성할 창. 아름다울 창.
*斲(착) - 깎을 착.
*專(전) - 오로지 전. 전일할 전.

*隱(은) - 숨을 은. 숨길 은. 가엾어할 은.
*舒(서) - 펼 서. 조용할 서. 실마리 서.
*配(배) - 짝지을 배. 귀양 보낼 배.
*寡(과) - 적을 과. 홀어미 과.

역자주 │ 원주에서 年과 月의 재를 時干에서 손상하면 아버지를 먼저 극하고 인수를 時支에서 손상하면 어머니를 먼저 극한다고 하였는데, 만약 年과 月에 재와 인수가 없으면 어떻게 판단하여야 하는가. 또 年과 月의 재를 時支가 극하면 어떻게 되고 인수를 時干이 극하면 어떻게 되는가. 여기에 대한 설명은 없다. 원주의 설명은 애매모호(曖昧模糊)한 것이 많다.

任氏曰임씨왈,

父母者, 生身之根本, 是以歲月所關, 知其興替之不一, 可謂正理
부 모 자 생 신 지 근 본 시 이 세 월 소 관 지 기 흥 체 지 불 일 가 위 정 리

不易之法也, 原注竟以財印分屬父母, 又論剋父剋母之說, 茫無把
불 역 지 법 야 원 주 경 이 재 인 분 속 부 모 우 론 극 부 극 모 지 설 망 무 파

握, 仍惑於俗書之謬也,
악 잉 혹 어 속 서 지 류 야

임 선생님이 말씀하였다.

부모는 나를 낳아주신 근본이니 年과 月이 이에 해당하는 것이다. 세(歲)와 月로 부모의 흥체(興替)가 같지 아니함을 아는 것이니 이것이 가히 바꿀 수 없는 바른 이치인 것이다. 원주에서 끝내 재(財)와 인수(印綬)로 부모를 구분하고 또 논하길 극부(剋父)니 극모(剋母)니 하는 설은 정신이 아득하여 이해하지 못하겠으며 속서(俗書)의 잘못된 것에 미혹된 것이라 하겠다.

*興(흥) - 일 흥. 일어날 흥. 흥할 흥.
*替(체) - 폐할 체. 쇠할 체.
*興替(흥체) - 흥(興)함과 쇠(衰)함.

*茫(망) - 아득할 망. 망망할 망. 멍할 망(어리둥절한 모양).
*茫無(망무) - 정신이 망연(茫然)함.

夫父母豈可以剋字加之, 當更定喪親刑妻剋子爲至理, 如年月官
부 부 모 기 가 이 극 자 가 지　당 갱 정 상 친 형 처 극 자 위 지 리　여 년 월 관

印相生, 日時財傷不犯, 則上叨蔭庇, 下受兒榮, 年月官印相生,
인 상 생　일 시 재 상 불 범　즉 상 도 음 비　하 수 아 영　년 월 관 인 상 생

日時刑傷沖犯, 則破蕩祖業, 敗壞門風,
일 시 형 상 충 범　즉 파 탕 조 업　패 괴 문 풍

대저 부모에게 어찌 극(剋) 자字)를 쓸 수 있는가. 마땅히 다시 정하니 상친(喪親), 형처(刑妻), 극자(剋子)가 지당한 이치이다.

가령 年月이 관인으로 상생하고 日時에서 재와 상관이 관인을 극하지 않으면 위로 조상의 음덕이 있고 아래로 자손의 영광이 있다. 年月이 관인으로 상생하나 日時에서 충이 있거나 극이 있으면 조업을 파하고 가문의 명예를 실추시킨다.

*叨(도)-탐할 도. 욕되게 할 도.	*蕩(탕)-쓸 탕. 움직일 탕. 흐르게 할 탕. 넓
*蔭(음)-그늘 음. 해 그림자 음. 가릴 음.	을 탕. 방자할 탕.
*庇(비)-덮을 비. 감쌀 비.	*敗(패)-패할 패. 썩을 패.
*犯(범)-범할 범. 침범할 범.	*壞(괴)-무너뜨릴 괴. 무너질 괴.

年官月印, 月官年印, 祖上清高, 日主喜官, 時日逢財, 日主喜印,
년 관 월 인　월 관 년 인　조 상 청 고　일 주 희 관　시 일 봉 재　일 주 희 인

時日逢官, 必勝祖强宗, 日主喜官, 時日逢傷, 日主喜印, 時日逢
시 일 봉 관　필 승 조 강 종　일 주 희 관　시 일 봉 상　일 주 희 인　시 일 봉

財, 必敗祖辱宗,
재　필 패 조 욕 종

年이 관이고 월이 인수이거나 월이 관이고 年이 인수이면 조상이 청고하다. 일주가 관을 기뻐할 때 時나 日에서 재(財)를 만나고 일주가 인수를 기뻐할 때 時나 日에서 관을 만나면 반드시 선대보다 더욱 영화로울 것이다.

일주가 관을 기뻐할 때 時나 日에서 상관을 만나고 일주가 인수를 기뻐할 때 時나 日에서 재를 만나면 조업을 파하고 조상을 욕 먹인다.

年財月印, 日主喜印, 時日逢官印者, 知其幫父興家, 年傷月印,
년 재 월 인　일 주 희 인　시 일 봉 관 인 자　지 기 방 부 흥 가　년 상 월 인

日主喜印, 時日逢官者, 知其父母創業, 年印月財, 日主喜印, 時
일 주 희 인　시 일 봉 관 자　지 기 부 모 창 업　년 인 월 재　일 주 희 인　시

上遇官者, 知其父母破敗, 時日逢印者, 知其自創成家,
상 우 관 자　지 기 부 모 파 패　시 일 봉 인 자　지 기 자 창 성 가

年이 재(財)이고 月은 인수(印綬)인데 일주가 인수를 기뻐할 때 時나 日에서 관이나 인(印)을 만나면 아버지를 도와 집안을 일으킨 것을 알 수 있고, 年이 상관이고 月은 인수인데 일주가 인수를 기뻐하는 경우 時나 日에서 관을 만나면 그 부모가 창업하였음을 알 수 있다.

年이 인수(印綬)이고 月이 재(財)인데 일주가 인수를 기뻐하는 경우 時에서 관을 만나면 그 부모가 재산을 탕진한 사람이다. 時나 日에서 인수(印綬)를 만나면 자신이 창업하여 집안을 일으킨 사람임을 알 수 있다.

年官月印, 日主喜官, 時日逢財, 出身富貴, 守成之造, 年傷月刧,
년 관 월 인　일 주 희 관　시 일 봉 재　출 신 부 귀　수 성 지 조　년 상 월 겁

年印月刧, 日主喜財, 時日逢財, 或傷者, 出身寒窘, 創業之命,
년 인 월 겁　일 주 희 재　시 일 봉 재　혹 상 자　출 신 한 군　창 업 지 명

年이 관이고 月이 인수인데 일주가 관을 기뻐하면 출신이 부귀하고 그것을 능히 지킬 수 있는 사람이다.

年이 상관이고 月이 겁재이거나 年이 인수이고 月이 겁재인데 일주가 재(財)를 기뻐하는데 時나 日에서 혹 재를 만나면 출신은 한미(寒微)하나 창업하는 명조이다.

*幫(방)-도울 방.
*創(창)-비롯할 창. 비롯하다. 만들다.

*守(수)-지킬 수. 지키다. 직무. 지조.
*窘(군)-군색할 군. 괴로울 군. 괴롭힐 군.

年刼月財, 日主喜財, 遺緒豐盈, 日主喜刼, 淸高貧寒, 年官月傷,
년 겁 월 재   일 주 희 재   유 서 풍 영   일 주 희 겁   청 고 빈 한   년 관 월 상

日主喜官, 時日逢官, 必跨竈, 時日遇刼, 必破敗, 總之財官印綬,
일 주 희 관   시 일 봉 관   필 과 조   시 일 우 겁   필 파 패   총 지 재 관 인 수

在于年月, 爲日主之喜, 父母不貴亦富, 爲日主之忌, 不貧亦賤,
재 우 년 월   위 일 주 지 희   부 모 불 귀 역 부   위 일 주 지 기   불 빈 역 천

宜詳察之,
의 상 찰 지

　年이 겁재이고 月이 재인데 일주가 재를 기뻐하면 유업이 많고, 일주가 겁재를
기뻐하면 조상은 청고(淸高)하나 빈한하다. 年이 관이고 月이 상관인데 일주가 관
을 기뻐하는 경우 時나 日에서 관을 만나면 자식이 아비보다 뛰어나나 時나 日에
서 겁재를 만나면 반드시 파패(破敗)한다.

　한마디로 말하여 財 官 印이 年이나 월에 있고 일주가 이것을 기뻐하면 부모가
귀(貴)하거나 부(富)하고 일주가 이를 꺼리면 가난하거나 천하다. 마땅히 자세히
살펴야 한다.

*遺(유)-남을 유. 남길 유. 빠질 유. 물릴 유
*緒(서)-실마리 서. 실 서. 찾을 서.
*盈(영)-찰 영. 남을 영.
*刼(겁)-겁탈할 겁.
*淸(청)-맑을 청. 깨끗할 청.
*貧(빈)-가난할 빈. 가난 빈.
*寒(한)-찰 한(추움). 추위 한. 천할 한.
*逢(봉)-만날 봉. 맞을 봉.
*跨(과)-넘을 과. 걸터앉을 과.
*竈(조)-부엌 조. 부엌귀신 조.
*跨竈(과조)-양마(良馬). 자식이 아비보다
　더 잘남.

*破(파)-깨뜨릴 파.
*印(인)-도장 인.
*綬(수)-끈 수. 인끈 수.
*總(총)-거느릴 총. 합칠 총. 모두 총. 대강
　총. 부사어로는 모두. 갑자기. 돌연히. 언제
　나. 늘 등으로 해석.
*貴(귀)-귀할 귀. 귀히 여길 귀.
*亦(역)-또한 역. 모두 역.
*忌(기)-미워할 기. 시기할 기. 꺼릴 기.
*賤(천)-천할 천. 천히 여길 천.
*詳(상)-복(福) 상. 조짐 상. 자세할 상.
*察(찰)-살필 찰. 자세할 찰.

```
己 丙 乙 癸
丑 子 丑 卯
```

```
己 庚 辛 壬 癸 甲
未 申 酉 戌 亥 子
```

此造官印透而得祿, 財星藏而歸庫, 格局未嘗不美, 所嫌者, 丑時
차조관인투이득록   재성장이귀고   격국미상불미   소혐자   축시

傷官肆逞, 官星退氣, 日主衰弱, 全賴乙木生火而衛官, 年月官印
상관사령   관성퇴기   일주쇠약   전뢰을목생화이위관   년월관인

相生, 亦出身官家, 至亥運入泮, 壬戌水不通根, 破耗異常, 加捐
상생   역출신관가   지해운입반   임술수불통근   파모이상   가연

出任, 不守淸規, 至酉運, 財星壞印, 竟伏國刑,
출임   불수청규   지유운   재성괴인   경복국형

　이 명조는 관과 인수가 투출하였는데 인수는 녹(祿)을 두고 재성은 암장되어
있으며 丑土에 귀고(歸庫)하니 격국이 아름답지 않은 것은 아니다. 꺼리는 것은
丑時로 상관이 사령(肆逞)하고 관성이 퇴기이며 일주가 약한 것이다. 오로지 의지
하는 바는 乙木이 水를 보호하고 火를 생하는 것이다. 年月이 관인상생으로 아름
다워 벼슬하는 집안에 태어났다. 亥 운에 입반(入泮)하였다.

　壬戌 운은 水가 통근되지 못하니 파모(破耗)가 많았다. 연납(捐納)으로 벼슬길에
나갔으나 관청의 규율을 지키지 않다가 酉 운에 이르러 재성이 인성을 무너뜨리
니 결국 국형(國刑)을 받았다.

*藏(장)-감출 장. 서장 장.	*賴(뢰)-의뢰할 뢰. 힘입을 뢰. 의뢰 뢰.
*未嘗不(미상불)-과연 아닌 게 아니라.	*退(퇴)-물러날 퇴. 물리칠 퇴.
*嫌(혐)-싫어할 혐. 미움 혐.	*入泮(입반)-반궁(泮宮)에 들어감.
*肆(사)-방자할 사. 마구간 사.	*破耗(파모)-재산이 줊.
*逞(령. 영)-왕성할 령. 쾌할 령.	*捐(연)-기부 연. 버릴 연.
*肆逞(사령)-방자하게 날뛰는 모양.	*淸規(청규)-관청의 계율(戒律). 스님이 지
*衛(위)-막을 위. 방위 위.	키는 계율.

丙 戊 丁 乙
辰 午 亥 卯

辛 壬 癸 甲 乙 丙
巳 午 未 申 酉 戌

戊土生于孟冬, 財星臨旺, 官印雙淸坐祿, 日元臨旺逢生, 四柱純
무토생우맹동 재성임왕 관인쌍청좌록 일원임왕봉생 사주순

粹可觀, 五行生化有情, 喜用皆有精神, 所以行運不能破局, 身出
수가관 오행생화유정 희용개유정신 소이행운불능파국 신출

官家, 連登科甲, 生五子皆登仕籍, 富貴福壽之造也,
관가 연등과갑 생오자개등사적 부귀복수지조야

　　戊土가 맹동(孟冬)에 생하였다. 재성이 왕지에 임하고 관인이 쌍청(雙淸)하고 일
원이 왕한데 또한 생을 만나니 사주가 순수하고 아름답다.

　　오행이 생화유정(生化有情)하고 희신과 용신이 다 정신이 있으니 이런 까닭
으로 운에서 파국하지 못한다. 관가(官家) 출신으로 연달아 과거에 급제하고
다섯 아들을 두었는데 다 사적(仕籍)에 이름이 올랐다. 부귀 복수(福壽)의 명조
이다.

*臨(임. 림)-임할 임(림).
*雙(쌍)-쌍 쌍. 견줄 쌍.
*祿(록. 녹)-복 록. 녹 록. 녹줄 녹.
*柱(주)-기둥 주. 버틸 주.
*純粹(순수)-아주 정(精)하여 조금도 다른
　것이 섞이지 아니함. 사념(邪念)이나 사욕
　이 없음. 완전하여 조금도 흠이 없음. 제일
　(齊一)하여 한쪽에 치우치지 아니함.

*觀(관)-볼 관. 보일 관. 점칠 관.
*情(정)-뜻 정. 인정 정. 사랑 정. 실상 정.
*精(정)-자세할 정. 찧을 정. 아름다울 정.
　깨끗할 정.
*科(과)-과정 과. 과정. 조목. 품등. 그루.
*仕(사)-벼슬할 사. 일로 삼다. 섬기다.
*籍(적)-문서 적. 올릴 적.
*造(조)-지을 조. 시작할 조. 처음 조.

戊 戊 辛 丁
午 子 亥 巳

乙 丙 丁 戊 己 庚
巳 午 未 申 酉 戌

此造柱中三火二土, 似乎旺相, 不知亥子當權, 沖壞印綬, 天干火
차 조 주 중 삼 화 이 토　사 호 왕 상　부 지 해 자 당 권　충 괴 인 수　천 간 화

土虛脫, 其祖上大富, 至父輩破敗, 兼之初運西方金地, 生助旺水,
토 허 탈　기 조 상 대 부　지 부 배 파 패　겸 지 초 운 서 방 금 지　생 조 왕 수

半生顚連不遇, 及交丁未, 運轉南方, 接連丙午二十年, 大遂經營
반 생 전 련 불 우　급 교 정 미　운 전 남 방　접 연 병 오 이 십 년　대 수 경 영

之願, 發財十餘萬,
지 원　발 재 십 여 만

　이 명조는 주(柱) 중에 火가 셋에 土가 둘로 왕하다 하겠으나 이는 亥子가 당권
하여 인수를 충괴(沖壞)하여 천간이 허탈한 것을 모르고 하는 말이다. 조상은 대부
(大富)였으나 아버지 대에 이르러 파패(破敗)하였다.

　겸하여 초(初) 운이 서방 金地로 왕한 水를 생하니 반평생 실패만 거듭하고 좋
은 운을 만나지 못하였다. 丁未, 丙午 이십 년간 남방운에 경영하는 일이 크게
따라주어 십여 만의 재물을 일으켰다.

*似(사)−같을 사. 이을 사.
*沖(충)−빌 충. 비다. 공허하다.
*壞(괴)−무너뜨릴 괴. 무너질 괴.
*虛(허)−빌 허(아무것도 없음. 쓸모가 없음). 허
　공 허. 하늘 허.
*脫(탈)−벗을 탈. 벗다. 여위다.
*輩(배)−무리 배. 짝 배.
*敗(패)−패할 패. 썩을 패.
*兼(겸)−겸할 겸. 아울러.

*初(초)−처음 초.
*半(반)−반 반. 반. 한창. 절정. 조각.
*顚(전)−넘어질 전. 뒤집을 전. 거꾸로 할
　전. 머리 전. 이마 전.
*轉(전)−구를 전. 옮길 전. 넘어질 전.
*接(접)−접할 접. 가까이할 접. 대접할 접.
*遂(수)−이룰 수. 따를 수.
*願(원)−원할 원. 원하다. 바라다.
*餘(여)−나머지 여. 남을 여.

癸　丙　辛　乙
巳　辰　巳　亥

乙　丙　丁　戊　己　庚
亥　子　丑　寅　卯　辰

此造支逢兩祿乘權，年干印透通根，凡推命者，作旺論用，以財星
차조지봉양록승권　년간인투통근　범추명자　작왕론용　이재성

斷其名利收雙，然丙火生于孟夏，火氣方進，年干印綬被月干財星
단기명리수쌍　연병화생우맹하　화기방진　년간인수피월간재성

所壞，巳亥逢沖，破祿去火，則金水反得生扶，木火失勢矣，
소괴　사해봉충　파록거화　즉금수반득생부　목화실세의

　이 명조는 지지에 양록(兩祿)이 당권하고 年干에 인수가 투출하여 통근하였으
니 대체로 추명하는 사람들은 일주가 왕하여 재성을 씀으로 명리를 다 거둘 것이
라고 할 것이다.

　그러나 丙火가 맹하(孟夏)에 태어나 화기(火氣)가 바야흐로 나아갈 때이나 年干
의 인수는 月干의 재성한테 파괴당하고 巳亥가 충하니 녹(祿)을 파하고 火를 제거
하니 金水는 도리어 생부를 받고 木火는 세(勢)를 잃는다.

*逢(봉) - 만날 봉. 맞을 봉.　　　*推(추. 퇴) - 옮을 추. 밀 추. 밀 퇴.
*乘(승) - 탈 승. 오를 승.　　　　*雙(쌍) - 쌍 쌍. 견줄 쌍.

又坐下辰土，竊去命主元神，時干癸水蓋頭，巳火亦傷，必作弱推，
우좌하진토　절거명주원신　시간계수개두　사화역상　필작약추

用以巳火，初運東方木土，出身遺業豐厚，丙子火不通根，官星得地，
용이사화　초운동방목토　출신유업풍후　병자화불통근　관성득지

定多破耗，丑運生金洩火，刑剋異常，家業十去八九，夫婦皆亡，
정다파모　축운생금설화　형극이상　가업십거팔구　부부개망

　또 좌하에 辰土가 있어 일주의 원신을 설기하고 시간에 癸水가 개두하여 巳火
역시 손상을 입는다. 반드시 약하다고 추리하여 巳火를 용신으로 하여야 한다.

초(初) 운이 동방 木土로 유업이 넉넉하였으나 丙子 운은 火가 통근치 못하고 관성이 득지하니 파모(破耗)가 많았다.

丑 운은 金을 생하고 화기를 설하니 형극(刑剋)이 많았고 가업이 십중팔구 기울고 부부가 다 사망하였다.

*竊(절)―훔칠 절. 도둑질 절. 도둑 절.
*蓋(개)―덮을 개. 뚜껑 개. 일산 개. 대개 개. 어찌 개.
*弱(약)―약할 약. 쇠할 약. 젊을 약.
*豊(풍)―풍년들 풍. 우거질 풍.
*厚(후)―두터울 후. 두터이 할 후.

*破(파)―깨뜨릴 파.
*耗(모)―벼 모. 덜 모. 耗는 재물이 흩어짐을 이름.
*洩(설. 예)―샐 설. 줄 설. 훨훨 날 예. 바람 따를 예.

역자주 | 위 사주 설명 중 밑줄 친 곳은 대운이 바뀌어 설명되어 있다.

『적천수징의』에는 "丑運生金洩火, 刑耗異常, 丙子火不通根, 官星得地, 定多破耗, 家業十去八九, 夫婦皆亡(축운생금설화, 형모이상, 병자화불통근, 관성득지, 정다파모, 가업십거팔구, 부부개망)"으로 되어 있다. 『적천수징의』의 설명이 옳은 것 같다.

丑 運에는 火氣를 洩하고 金을 생하니 재산이 많이 기울고 子 運에 사망하였다. 丑 運에 사망하였으면 子 運까지 가지 않는다.

兄 弟 형제

> 兄弟誰廢與誰興. 提用財神看重輕.
> 형제수폐여수흥　제용재신간중경

형제가 잘되고 못되는 것은 월령과 재성의 무겁고 가벼운 것을 보아라.

原注원주

敗財比肩羊刃. 皆兄弟也. 要在提綱之神. 與財神喜神較其重輕. 財官
패재비견양인　개형제야　요재제강지신　여재신희신교기중경　재관

弱. 三者顯其攘奪之迹. 兄弟必强. 財官旺. 三者出其助主之功. 兄弟
약　삼자현기양탈지적　형제필강　재관왕　삼자출기조주지공　형제

必美. 身與財官兩平. 而三者伏而不出. 兄弟必貴. 比肩重而傷官財殺亦
필미　신여재관양평　이삼자복이불출　형제필귀　비견중이상관재살역

旺者. 兄弟必富. 身弱而三者不顯. 有印. 而兄弟必多. 身旺而三者又顯.
왕자　형제필부　신약이삼자불현　유인　이형제필다　신왕이삼자우현

無官. 而兄弟必衰.
무관　이형제필쇠

【원주】

패재, 비견, 양인은 다 형제이다. 중요한 것은 월령이니 재와 희신의 경중을 비교하여 판단하여야 한다. 재관이 약한데 삼자(三者)가 나타나 양탈(攘奪)하는 자취가 있으면 형제가 반드시 강하고 재관이 왕한데 삼자(三者)가 일주를 돕는 공(功)이 있으면 형제가 반드시 아름답다.

일주와 재관이 균정하고 삼자(三者)가 은복되고 출현하지 않으면 형제가 반드시 귀(貴)히 된다. 비견이 중하고 상관과 재살이 역시 왕하면 형제가 반드시 부자이다.

신약한데 삼자(三者)가 나타나지 않고 인수가 있으면 형제가 반드시 많다. 신왕하고 삼자(三者)가 나타나고 관이 없으면 형제가 반드시 쇠(衰)하다.

*敗財(패재) - 겁재(刦財)를 이름.

*攘(양) - 물리칠 양(쫓아버림). 덜 양(제거함).

*攘奪(양탈) - 탈취하는 것을 막음.

*三者(삼자) - 여기서 삼자(三者)란 비견, 겁재, 양인 셋을 말함.

*肩(견) - 어깨 견. 견디다. 이겨내다.

任氏曰임씨왈,

比肩爲兄, 敗財爲弟, 祿刃亦同此論, 如殺旺無食, 殺重無印, 得
비견위형 패재위제 녹인역동차론 여살왕무식 살중무인 득

敗財合殺, 必得弟力, 殺旺食輕, 印弱逢財, 得比肩敵殺, 必得兄
패재합살 필득제력 살왕식경 인약봉재 득비견적살 필득형

力, 官輕傷重, 比刦生傷, 制殺太過, 比刦助食, 必遭兄弟之累, 財
력 관경상중 비겁생상 제살태과 비겁조식 필조형제지루 재

輕刦重, 印綬制傷, 不免司馬之憂, 財官失勢, 刦刃肆逞, 恐有周
경겁중 인수제상 불면사마지우 재관실세 겁인사령 공유주

公之慮,
공지려

임 선생님이 말씀하였다.

비견을 형으로 하고 겁재를 아우로 하는데 녹(祿)이나 양인 역시 이와 같이 논한
다. 가령 살(殺)이 왕한데 식상이 없고 살이 중한데 인수가 없을 때 겁재가 합살(合
殺)하면 반드시 아우의 도움이 있고, 살이 왕하고 식상은 가벼운데 인수가 약하고
재성을 만났을 때 비견이 살을 대적하면 반드시 형의 도움이 있다.

관(官)이 가볍고 상관이 중한데 비겁이 상관을 생하고, 살을 제(制)함이 지나칠
때 비겁이 식신을 도우면 반드시 형제로 인한 누(累)가 있다.

재(財)가 가볍고 비겁이 중(重)한데 인수가 상관을 극하면 사마(司馬)의 근심을
면할 수 없다. 재관(財官)이 실세하고 겁재와 양인이 날뛰면 주공(周公)의 근심이
있을까 두렵다.

*祿(녹) - 녹은 비견이니 형으로 봄.

*陽刃(양인) - 양인은 겁재이니 아우로 봄.

*累(누. 루) - 포갤 루. 층 루. 누끼칠 루. 폐(弊)나 우환(憂患)을 이름.

*憂(우) - 근심 우. 병(病) 우.

*肆(사) - 방자할 사. 펼 사. 가게 사.

*逞(령. 영) - 왕성할 령. 쾌할 령.

*慮(려) - 생각할 려. 근심 려.

○ 司馬之憂(사마지우): 사마(司馬)는 사마천(司馬遷)을 이르는 말인데 사마천은 전한(前漢)의 사가(史家)로 자(字)는 자장(子長)이다. 태사령(太史令) 사마담(司馬談)의 아들이다. 무제(武帝) 때 흉노에게 항복한 이능(李陵) 장군의 일족을 멸살(滅殺)하려는 논의가 있자 그의 충신(忠信)과 용전(勇戰)을 변호하다가 무제(武帝)의 격노를 사서 궁형(宮刑)을 당하고 그 후에 중서령(中書令)이 되었다. 부친 사마담이 끝내지 못한 수사(修史)의 업을 계승하여 백삼십 편이나 되는 거작(巨作)『사기』(史記)를 지었다.
흉노와의 전쟁으로 국가의 경제(經濟)가 어려워 벌금을 내면 형(刑)을 면제하여 주는 제도가 있었는데 사마천은 가난하여 벌금을 내지 못하여 형을 받았다. 여기서는 가난함을 비유한 말이다.

○ 周公之慮(주공지려): 주공의 근심. 주공은 주(周)나라 무왕(武王)의 동생으로 이름은 단(旦)이다. 무왕이 죽고 칠세(七歲)된 성왕(成王)이 등극하였는데 무왕이 죽기 전 주공을 불러 어린 성왕을 잘 보살펴 달라고 부탁하였다. 주공은 어린 성왕을 업고 섭정(攝政)하였다. 이때 무왕의 배다른 동생 관숙(管叔)과 채숙(蔡叔)이 형인 주공을 모함하였는데 주공은 자기의 결백함을 후세에라도 알아달라고 결백시(潔白詩)를 지어 능(陵)에 묻었는데 후에 천재지변으로 그 시(詩)가 나와 주공의 충성스런 마음을 알게 되었다. 周公之慮(주공지려)는 형제간의 불화나 모함을 일컫는 말이다.

財生殺黨, 比刼幇身, 大被可以同眠, 殺重無印, 主衰傷伏, 鴒原
재생살당 비겁방신 대피가이동면 살중무인 주쇠상복 령원

能無興歎, 殺旺印伏, 比肩無氣, 弟雖敬而兄必衰, 官旺印輕, 財星
능무흥탄 살왕인복 비견무기 제수경이형필쇠 관왕인경 재성

得氣, 兄雖愛而弟無成, 日主雖衰, 印旺月提, 兄弟成羣, 身旺逢梟,
득기 형수애이제무성 일주수쇠 인왕월제 형제성군 신왕봉효

刼重無官, 獨自主持,
겁중무관 독자주지

재(財)가 무리지어 있는 살을 생할 때 비견겁이 일주를 도우면 형제간 우애가 있고, 살이 중한데 인수는 없으며 일주는 쇠(衰)하고 상관이 복(伏)되어 있으면 형제 중에 잘 되는 사람이 없음을 한탄케 된다.

살(殺)이 왕한데 인수는 복(伏)되어 있고 비견이 무기(無氣)하면 아우는 비록 형을 공경하나 형은 반드시 어렵고, 관이 왕하고 인수가 가벼울 때 재성이 득기(得氣)하면 형은 비록 아우를 사랑하나 아우는 성공하지 못한다.

일주가 비록 쇠(衰)하나 월령이 인수로 왕하면 형제가 많다. 신왕하고 편인이

있으며 비겁이 많은데 관이 없으면 각자 독립하여 지낸다.

*鴿(령)-할미새 령.
*歎(탄)-한숨쉴 탄. 한숨 탄. 칭찬할 탄.
*羣(군)-무리 군. 군(群)과 仝.

*梟(효)-올빼미 효. 목 베어 달 효. 영웅 효.
여기서는 효신을 말함이니, 즉 편인을 말함.

역자주 鴿原能無興歎(령원능무흥탄) : 할미새는 걸어 다닐 때 항상 꽁지를 아래위로 흔들어 화급(火急)한 일을 고하는 것 같으므로 위급이나 고난의 의미로 쓰인다. 鴿原(령원)은 鶺鴒在原(척령재원)의 준말로 척(鶺) 字는 '할미새 척(鶺)' 字인데 형제가 급한 일이나 어려운 일을 당하여 서로 돕는다는 의미로 쓰이는 말이다. 여기에서는 능무흥탄(能無興歎)이니 형제 중에 잘되는 사람이 없음을 한탄한다는 말이다.

財輕刦重, 食傷化刦, 可無斗粟尺布之謠,
재 경 겁 중 식 상 화 겁 가 무 두 속 척 포 지 요

재(財)는 가볍고 비겁이 중할 때 식상이 비겁을 化하면 두속척포(斗粟尺布)의 노래는 부르지 않는다.

*舂(용)-찧을 용(곡식을 절구에 넣고 찧음). 春(춘) 자와 비슷하여 혼동하기 쉬움.
*縫(봉)-꿰맬 봉(바느질함). 기울 봉.

*粟(속)-조 속. 녹미 속. 곡식 속.
*布(포, 보)-베 포. 펼 포. 보시 보.
*謠(요)-노래할 요. 노래 요.

역자주 斗粟尺布之謠(두속척포지요) : 두속척포(斗粟尺布)의 노래란 한(漢) 문제(文帝) 때 회남왕(淮南王) 장(長)은 방자하여 법도를 지키지 않았다. 이에 문제가 장(長)을 촉의 엄도(嚴道)로 귀양을 보내 굶어 죽게 하였다. 문제와 회남왕은 형제인데 그 후 백성들이 형제의 불화를 비유하여 아래와 같은 노래를 지어 부른데서 유래한 것이다.

一斗粟 尙可舂(일두속 상가용)
一尺布 尙可縫(일척포 상가봉)
兄弟二人 不能尙容(형제이인 불능상용)

위의 노래를 해석하면,
한 말[斗]의 조[粟]도 또한 방아를 찧을 수 있고
한 자[尺]의 베[布]도 또한 바느질할 수 있는데
형제는 둘인데 오히려 용서치 못하네.

여기서는 가무[可無]라 하였으니 이러한 노래는 부르지 않는다는 뜻이다.

財輕遇刦, 官星明顯, 不作煮豆燃箕之詠,
재 경 우 겁 관 성 명 현 부 작 자 두 연 기 지 영

재(財)가 가벼운데 비겁을 만날 때 관성이 명현(明顯)하면 자두연기(煮豆燃箕)의
시(詩)는 읊지 않는다.

*煮(자)-끓일 자. 삶을 자. 익힐 자.   *箕(기)-콩대 기(콩을 털고 난 줄기나 잎). 풀
*燃(연)-탈 연. 사를 연.   이름 기. 위 문장의 箕는 其의 誤字.
*箕(기)-삼태기 기(물건을 담는 농구(農具)]. *詠(영)-읊을 영(詩歌를 노래함). 시가(詩歌)
  키 기(곡식을 까부는 기구).   영.

역자주 煮豆燃箕之詠(자두연기지영): 煮豆燃箕(자두연기)란 煮豆燃豆其(자두연두기)의 준말이다.
콩을 삶는데 콩깍지를 땐다는 말이다. 이 말은 후한 말(後漢末) 위왕(魏王)에 오른 조조(曹
操)의 아들인 조비(曹丕)와 조식(曹植)의 고사에서 유래한 말이다. 여기에서 箕는 '其'라야
맞다.
　조비(曹丕)와 조식(曹植)은 다 같이 시문(詩文)이 뛰어나 당대에 명성을 떨쳤다. 조조가 죽
자 형인 조비는 왕위에 올라 자기보다 문장이 뛰어난 조식을 시기하여 죽이고자 하였으나
마땅한 구실이 없자 조식의 문장을 구실로 하였다.
　"세상에서 너의 문장이 제일이다 하는데 그것이 사실인지 확인을 하여야 하겠다. 공연히
헛소문만 내었다면 살아남지 못할 것이다. 내가 시제(詩題)를 내면 일곱 걸음을 걷는 사이
에 시(詩)를 지어야 한다. 할 수 있겠는가?"
　조식이 답(答)하길 "할 수 있다" 하니 조비가 시제를 주는데 형제(兄弟)란 뜻으로 시(詩)를
지으라는 것이다. 그것도 일곱 걸음을 걷는 짧은 시간에 말인 것이다. 조비의 말이 떨어지
자 즉석에서 지은 시(詩)가 아래의 시다.

　　煮豆燃豆其(자두연두기)-콩을 삶는데 콩깍지를 때니
　　豆在釜中泣(두재부중읍)-콩이 솥 안에서 울고 있네.
　　本是同根生(본시동근생)-본시 한 뿌리에서 태어났건만
　　相煎何太急(상전하태급)-어찌 이다지도 급히 볶아대는가.

콩과 콩깍지로 형제를 비유하여 글을 짓자 조비는 진심으로 뉘우치고 형제간 우애롭게 지
내려고 하였으나 이내 마음이 변하여 조식을 궁궐에서 내쫓고 다시는 궁(宮)에 들어오지
못하게 하였다.
　이 시를 일러 칠보시(七步詩)라 한다.
　조비의 자(字)는 환(桓)이고 위(魏) 문제(文帝)이다. 조식의 자(字)는 자건(子建)이며 건안
시대(建安時代)의 대표적 문인이다. 문집으로는 『조자건집(曹子建集)』10권이 있다. 이 칠
보시는 그의 문집에는 없으나 다른 시집에 전해 내려온다. 시인 사이에 우상화(偶像化)되기
도 했던 조식은 형의 미움으로 한(恨)과 울분의 세월을 보내다 41세로 한 많은 일생을 마치
었다.

위에서 보듯 煮豆燃萁(자두연기)는 콩을 삶는데 콩깍지를 때는 것이니 형제간 불화(不和)함을 비유하는 말인데, 여기에서는 부작(不作)이라 하였으니 형제간 불화가 없다는 뜻이다. 재성이 가볍고 비겁이 많다면 식상이 있든지 관성이 있어야 재성이 손상되지 않는다. 그러므로 형제간 다툼이 없게 된다. 『적천수천미』 원문에서는 萁(기)가 箕(기)로 되어 있는데 '箕(기)'는 곡물을 까부는 키나 곡물을 담는 삼태기를 뜻하는 것이고, '萁(기)'는 콩을 털고 난 줄기나 잎을 말하는 콩대 기이다. 아마 필사 과정에서 잘못일 것이다.

어떤 책에는,

　　煮豆持作羹(자두지작갱)－콩을 쪄 마실 죽 만들고
　　漉菽以爲汁(록숙이위즙)－콩을 삶아 먹을 즙 만든다.
　　萁在釜下燃(기재부하연)－콩깍지는 솥 아래서 불타고
　　豆在釜重泣(두재부중읍)－콩은 솥 안에서 운다.
　　本自同根生(본자동근생)－본래 같은 뿌리에서 태어났건만
　　相煎何太急(상전하태급)－삶아댐이 어찌 이리 급한가.

라고 되어 있기도 하다. 이 시는 『조자건집(曹子建集)』에 실려 있지 않고 동화(童話)나 야사(野史) 등을 모아 기록한 『세설신어(世說新語)』에 실려 있어 사실 여부는 불분명하다. 조비는 차남이었으나 장남이 일찍 사망하여 태자가 되었으며 조조가 죽자 왕위에 올랐다.

梟比重逢, 財輕殺伏, 未免折翎之悲啼, 主衰有印, 財星逢刼, 反
효 비 중 봉　재 경 살 복　미 면 절 령 지 비 제　주 쇠 유 인　재 성 봉 겁　반

許棠棣之競秀, 不論提綱之喜忌, 全憑日主之愛憎, 審察宜精, 斷
허 당 체 지 경 수　불 론 제 강 지 희 기　전 빙 일 주 지 애 증　심 찰 의 정　단

無不驗,
무 불 험

효신과 비겁을 거듭 만나고 재성은 가벼운데 살이 은복(隱伏)되면 절령지비제(折翎之悲啼)를 면치 못한다. 일주가 약한데 인수가 있고 재성이 비겁을 만나면 도리어 형제가 다 아름답다.

제강(提綱)의 희기로 논하는 것이 아니라 오로지 일주의 애증(愛憎)에 의지하는 것이니 마땅히 자세히 살펴보면 맞지 않음이 없다.

*折(절)－꺾을 절(부러뜨림). 꺾일 절.　　*許(허)－허락할 허. 편들 허.
*翎(령)－깃 령(새의 날개의 깃털).　　　*棠(당)－팥배나무 당. 산앵도나무 당.
*悲(비)－슬플 비. 슬퍼할 비.　　　　　*棣(체)－산앵도나무 체. 통할 체.

*嘀(제) - 울 제(소리를 내어 움).
*折鴒之悲嘀(절령지비제) - 날개를 부러뜨리고 슬피 우는 것이니, 형제를 꺾는다는 말임.

*競(경) - 다툴 경. 굳셀 경. 나아갈 경.
*憑(빙) - 기댈 빙. 의지할 빙. 증거 빙. 붙을 빙.
*憎(증) - 미워할 증. 미움 증.

丁　丙　壬　丁
酉　子　寅　亥

丙　丁　戊　己　庚　辛
申　酉　戌　亥　子　丑

丙火生于春初, 謂相火有焰, 不作旺論, 月干壬水通根, 亥子殺旺
병화생우춘초　위상화유염　부작왕론　월간임수통근　해자살왕

無制, 喜其丁壬寅亥合而化印, 以難爲恩, 時支財星, 生官壞印,
무제　희기정임인해합이화인　이난위은　시지재성　생관괴인

又得丁火蓋頭, 使其不能剋木, 所以同胞七人, 皆就書香, 而且兄
우득정화개두　사기불능극목　소이동포칠인　개취서향　이차형

愛弟敬,
애제경

　丙火가 춘초(春初)에 생하여 상(相)에 해당하여 불꽃은 있으나 왕하다고 논할 수는 없다. 월간의 壬水가 통근하고 亥子 살이 왕한데 제(制)함이 없어 위태하나 기쁜 것은 丁壬 합과 寅亥 합으로 살(殺)을 인수로 화(化)하니 어려움이 은혜롭게 된 것이다.

　時支의 재성은 관을 생하고 인수를 극하나 또한 丁火가 개두(蓋頭)하여 木을 극하지 못하게 하니 이러므로 일곱 형제가 다 학문을 마치었고 형은 아우를 사랑하고 아우는 형을 공경하였다.

역자주 │ 相火有焰(상화유염): 　여기서 상화(相火)란 "丙火가 寅月에 생하니 왕상휴수(旺相休囚)에서 상(相)에 해당한다"는 뜻이고 유염(有焰)은 "木生火하여 불꽃이 있다"라는 뜻이다.

庚　丙　戊　癸
寅　午　午　巳

壬　癸　甲　乙　丙　丁
子　丑　寅　卯　辰　巳

此造羊刃當權, 又逢生旺, 更可嫌者, 戊癸合而化火, 財爲衆刦所奪,
차 조 양 인 당 권　우 봉 생 왕　갱 가 혐 자　무 계 합 이 화 화　재 위 중 겁 소 탈

兄弟六人, 皆不成器, 遭累不堪, 余造年月日皆同, 換一壬辰時, 弱
형 제 육 인　개 불 성 기　조 루 불 감　여 조 년 월 일 개 동　환 일 임 진 시　약

殺不能相制, 亦有六弟, 得力者早亡, 其餘皆不肖, 以致拖累破家,
살 불 능 상 제　역 유 육 제　득 력 자 조 망　기 여 개 불 초　이 치 타 루 파 가

摠之刦刃太旺, 財官無氣, 兄弟反少, 縱有, 不如無也, 然官殺太
총 지 겁 인 태 왕　재 관 무 기　형 제 반 소　종 유　불 여 무 야　연 관 살 태

旺亦傷殘, 必須身財並旺, 官印通根, 可敦友愛之情,
왕 역 상 잔　필 수 신 재 병 왕　관 인 통 근　가 돈 우 애 지 정

　이 명조는 양인이 당권하고 또 생을 만나 왕하다. 더욱 나쁜 것은 戊癸가 합이
되어 火로 화(化)하니 재가 비겁의 무리로부터 겁탈되니 형제 여섯 명이 다 쓸모
있는 그릇이 못되고 형제들로 인한 근심이 심했다.

　나의 명조와 年 月 日이 다 같고 壬辰 時로 하나만 바뀌었는데 약한 살이 왕한
火를 제(制)하지 못한다. 역시 여섯 형제였는데 뛰어난 자는 일찍 죽고 나머지는
다 불초하여 형제간에 누(累)를 끼치고 파가(破家)하였다.

　한마디로 말하여 겁인(刦刃)이 태왕한데 재관이 무기하면 형제가 오히려 적고
비록 있다 하여도 없는 것만 못하다. 그러나 관살이 태왕하여도 역시 상잔(傷殘)
하니 모름지기 일주와 재가 같이 왕하고 관인(官印)이 통근되면 우애의 정이 돈
독하다.

*成器(성기) − 완성한 그릇. 쓸모 있는 그릇　　*傷(상) − 다칠 상. 해칠 상. 근심할 상.
　이 됨. 훌륭한 인물.　　　　　　　　　　　　*殘(잔) − 해칠 잔. 죽일 잔. 사나울 잔.
*不堪(불감) − 심(甚)함. 감당치 못함.　　　　*傷殘(상잔) − 동족(同族) 간에 서로 싸우고
*拖(타) − 끌 타(잡아 끌어당김).　　　　　　　해침.

何 知 章 하지장

何知其人富. 財氣通門戶.
하 지 기 인 부　　재 기 통 문 호

그 사람이 부자인지를 어떻게 아는가. 재기(財氣)가 문호(門戶)에 통했다.

原注원주

財旺身强. 官星衛財. 忌印而財能壞印. 喜印而財能生官. 傷官重而財
재 왕 신 강　 관 성 위 재　 기 인 이 재 능 괴 인　 희 인 이 재 능 생 관　 상 관 중 이 재

神流通. 財神重而傷官有限. 無財而暗成財局. 財露而傷亦露者. 此皆
신 유 통　 재 신 중 이 상 관 유 한　 무 재 이 암 성 재 국　 재 로 이 상 역 로 자　 차 개

財氣通門戶. 所以富也. 夫論財與論妻之法. 可相通也. 然有妻賢而財
재 기 통 문 호　 소 이 부 야　 부 론 재 여 론 처 지 법　 가 상 통 야　 연 유 처 현 이 재

薄者. 亦有財富而妻傷者. 看刑沖會合. 但財神淸而身旺者妻美. 財神
박 자　 역 유 재 부 이 처 상 자　 간 형 충 회 합　 단 재 신 청 이 신 왕 자 처 미　 재 신

濁而身旺者家富.
탁 이 신 왕 자 가 부

【원주】

재(財)가 왕하고 일주도 왕할 때는 관성이 재를 보호하고, 인수를 꺼릴 때는 재가 인수를 극하고, 인수를 기뻐할 때는 재가 관을 생하고, 상관이 중첩하였을 때는 재가 상관을 유통(流通)하고, 재가 중첩하면 상관이 유한(有限)하고, 재가 없을 때는 암처(暗處)에서 재국을 이루고, 재가 노출하였으면 상관 역시 노출하면 이는 다 재기(財氣)가 문호(門戶)에 통한 것이니 이러하면 부자인 것이다.

대저 재(財)를 논하는 것이나 처(妻)를 논하는 법은 상통하나, 그러나 처는 현명한데 재는 박(薄)하고 재물은 부(富)한데 처를 상(傷)하는 것은 형(刑), 충(沖), 회(會), 합(合)을 봐야 한다. 단, 재신(財神)이 청(淸)하고 신왕하면 처가 아름답고 재신이 탁하

고 신왕하면 부자이다.

*衛(위)—막을 위. 방비 위.
*壞(괴)—무너뜨릴 괴. 무너질 괴.
*露(로)—이슬 로. 드러날 로. 나타날 로.
*門戶(문호)—자기에게 찬동하는 파(派). 집
  안에 드나드는 문. 문벌(門閥).

*通(통)—통할 통. 온통 통.
*賢(현)—어질 현. 어진이 현.
*薄(박)—숲 박. 발 박. 적을 박. 낮을 박. 박
  할 박.
*濁(탁)—흐릴 탁.

任氏曰임씨왈,

財旺身弱無官者, 必要有食傷, 身旺財旺無食傷者, 必須有官有殺,
재 왕 신 약 무 관 자　필 요 유 식 상　신 왕 재 왕 무 식 상 자　필 수 유 관 유 살

身旺印旺食傷輕者, 財星得局, 身旺官衰印綬重者, 財星當令, 身
신 왕 인 왕 식 상 경 자　재 성 득 국　신 왕 관 쇠 인 수 중 자　재 성 당 령　신

旺刦旺, 無財印而有食傷者, 身弱財重, 無官印而有比刦者, 皆財
왕 겁 왕　무 재 인 이 유 식 상 자　신 약 재 중　무 관 인 이 유 비 겁 자　개 재

氣通門戶也,
기 통 문 호 야

  임 선생님이 말씀하였다.

  재왕하고 신약한데 관(官)이 없으면 식상이 있어야 하고, 신왕하고 재왕한데 식
상이 없으면 반드시 관이나 살이 있어야 하고, 신왕하고 인수도 왕한데 식상이
가벼우면 재성이 국(局)을 이루어야 한다.

  신왕하고 관이 약한데 인수가 중(重)하면 재성이 당령하여야 하고, 신왕하고 비
겁이 왕한데 재성이 없을 땐 식상이 있어야 하고, 신약하고 재성이 중할 때 관성이
나 인수가 없고 비겁이 있으면 이는 다 재기(財氣)가 문호에 통한 것이다.

역자주 | 밑줄 "財旺身弱無官者, 必要有食傷(재왕신약무관자, 필요유식상)"이라고 한 말은 잘못된 것
이다. 해석하면 "재가 왕하고 일주는 약한데 관이 없으면 반드시 식상이 있어야 한다"는
것인데, 이러하면 일주는 더욱 약해지는데 어찌 이것이 財氣通門戶(재기통문호)에 해당하
는가. 바꾸어 말하면 재왕하고 신왕할 때는 관이 있거나 식상이 있어야 재가 보호되니, 여
기서는 財旺身旺(재왕신왕)이라야 맞는 말이다. 또한 財輕刦重(재경겁중)의 경우도 관이 있
거나 식상이 있어야 한다.

밑줄 財旺身弱(재왕신약)은 財旺身旺(재왕신왕)인데 필사자의 오기(誤記)일 것이다. 財가 旺하고 일주가 弱할 때 官이 없으면 식상이 있어야 한다는 이론은 종(從)한 사주라면 맞는 말이나, 여기서는 종격(從格)을 논하는 장(章)이 아니니 틀린 것이 확실하다.

財卽是妻, 可以通論也, 若淸則妻美, 濁則家富, 其理雖正, 尙未
재 즉 시 처　 가 이 통 론 야　 약 청 즉 처 미　 탁 즉 가 부　 기 리 수 정　 상 미

深論之也, 如身旺有印, 官星洩氣, 四柱不見食傷, 得財星生官,
심 론 지 야　 여 신 왕 유 인　 관 성 설 기　 사 주 불 견 식 상　 득 재 성 생 관

無食傷, 則財星亦淺, 主妻美而財薄也,
무 식 상　 즉 재 성 역 천　 주 처 미 이 재 박 야

　재(財)를 처로 하는 것은 통론(通論)이다. 가령 재가 청하면 처가 아름답고 탁하면 부자라는 것은 비록 바른 이치이기는 하나 아직 깊은 이치에는 이르지 못한 것이다. 가령 신왕하고 인수가 있어 관성이 설기될 때 사주에 식상은 나타나지 않고 재성이 관을 생하면 재성이 역시 엷으니 처는 아름다우나 재물은 박(薄)하다.

*尙(상)-오히려 상. 바랄 상. 숭상할 상. 　　*淺(천)-얕을 천. 엷을 천.
*深(심)-깊을 심. 깊게 할 심. 　　　　　　*薄(박)-얇을 박. 박할 박. 숲 박. 、

역자주	재(財)를 처로 본다면 처는 아름답고 재는 박(薄)하니 어떤 것이 처이고 어떤 것이 재물인 가? 사주는 변통에 묘(妙)함이 있으니 한 가지만을 고집하여서는 안 되는 것이다.

身旺無印, 官弱逢傷, 得財星化傷生官, 則亦通根, 官亦得助, 不特
신 왕 무 인　 관 약 봉 상　 득 재 성 화 상 생 관　 즉 역 통 근　 관 역 득 조　 불 특

妻美, 而且富厚, 身旺官弱食傷重見, 財星不與官通, 家雖富而妻
처 미　 이 차 부 후　 신 왕 관 약 식 상 중 견　 재 성 불 여 관 통　 가 수 부 이 처

必陋也, 身旺無官, 食傷有氣, 財星不與刦連, 無印而妻財並美,
필 누 야　 신 왕 무 관　 식 상 유 기　 재 성 불 여 겁 련　 무 인 이 처 재 병 미

有印則財旺妻傷, 此四者宜細究之,
유 인 즉 재 왕 처 상　 차 사 자 의 세 구 지

　신왕하고 인수가 없을 때 관이 있으나 약한데 식상을 만나면 재성이 있어 식상을 화(化)하여 관을 생하면 관이 통근이 되는 것이며 관이 재성의 생조(生助)를

받게 되어 처가 아름다울 뿐만 아니라 또한 부자(富者)이다. 신왕하고 관이 약한데 식상이 거듭 있을 때 재성이 관성과 통하지 않으면 집은 비록 부자이나 처는 반드시 비루(鄙陋)하다.

신왕하고 관성이 없으며 식상이 유기(有氣)하고 재성이 비겁으로부터 겁탈되지 않을 때 인수가 없으면 처와 재물이 다 아름답고, 인수가 있으면 재물은 많으나 처를 극하게 된다. 이 네 가지는 마땅히 깊이 연구하여야 한다.

*不特(불특)-부사어로, ~뿐만 아니라.　　*陋(루. 누)-좁을 루. 못생길 루. 추할 루. 거칠 루.
*厚(후)-두터울 후. 두터이 할 후.

```
辛 壬 丙 甲
亥 寅 子 申

壬 辛 庚 己 戊 丁
午 巳 辰 卯 寅 丑
```

壬水生于仲冬, 羊刃當權, 年月木火無根, 日支食神沖破, 似乎平常,
임수생우중동　양인당권　년월목화무근　일지식신충파　사호평상

然喜日寅時亥, 乃木火生地, 寅亥合, 則木火之氣愈貫, 子申會,
연희일인시해　내목화생지　인해합　즉목화지기유관　자신회

則食神反得生扶, 所謂財氣通門戸也, 富有百餘萬, 凡巨富之命, 財
즉식신반득생부　소위재기통문호야　부유백여만　범거부지명　재

星不多, 只要生化有情, 卽是財氣通門戸, 若財臨旺地, 不宜見官,
성부다　지요생화유정　즉시재기통문호　약재림왕지　불의견관

日主失令, 必要比刼助之, 斯爲美也,
일주실령　필요비겁조지　사위미야

壬水가 중동(仲冬)에 생하니 양인이 당권한 계절인데 年月의 木火는 무근이고 일지의 식상이 충파되니 보통의 명조 같으나, 그러나 기쁜 것은 日支가 寅이고 時가 亥時로 木火의 생지이며 더욱 寅亥 합이 있어 木火의 기운이 더욱 튼튼하

게 된 것이다. 子申이 공회(拱會)한즉 식신이 도리어 생부를 받아 이른바 재기통문호(財氣通門戶)를 이루니 부(富)가 백여 만에 이르렀다.

대저 거부의 사주는 재성이 많은 것이 아니고 단지 생화유정하고 곧 재기통문호를 이루어야 하는 것이다. 만약 재(財)가 왕지에 임하였으면 관성이 없어야 하고, 일주가 실령하였으면 반드시 비겁의 도움이 있어야 아름답게 되는 것이다.

戊　癸　丙　壬
午　亥　午　申

壬　辛　庚　己　戊　丁
子　亥　戌　酉　申　未

癸水生于仲夏, 又逢午時, 財官太旺, 喜其日元得地, 更妙年干刧
계 수 생 우 중 하　우 봉 오 시　재 관 태 왕　희 기 일 원 득 지　갱 묘 년 간 겁

坐長生, 財星有氣, 尤羨五行無木, 則水不洩而火無助, 壬水可用,
좌 장 생　재 성 유 기　우 선 오 행 무 목　즉 수 불 설 이 화 무 조　임 수 가 용

且運走西北, 金水得地, 遺緒不豊, 自創四五十萬, 一妻四妾八子,
차 운 주 서 북　금 수 득 지　유 서 불 풍　자 창 사 오 십 만　일 처 사 첩 팔 자

癸水가 중하(仲夏)에 생하였는데 또 午時로 재관이 태왕하다. 기쁜 것은 일원이 득지하고 또한 年干 壬水가 장생에 앉아 있는 것이 더욱 아름답다. 재성이 유기(有氣)한데 더욱 아름다운 것은 오행에 木이 없어 水가 설기되지 않고 火는 도움이 없는 것이다.

壬水를 용(用)하는데 운이 서북으로 달리어 金水가 득지하니 유업은 많지 않았어도 본인이 창업하여 4～5십만의 부(富)를 이루고 일처(一妻) 사첩(四妾)에 여덟 자식을 두었다.

*尤(우)-더욱 우. 허물 우. 나무랄 우.　　*緖(서)-실마리 서. 줄 서(계통).
*羨(선)-부러워할 선.　　　　　　　　　*創(창)-비롯할 창. 비롯하다. 만들다.

何知其人貴. 官星有理會.
하 지 기 인 귀　관 성 유 리 회

그 사람이 귀(貴)한 것을 어떻게 아는가. 관성이 이회(理會)함이다.

原注원주

官旺身旺. 印綬衛官. 忌刦而官能去刦. 喜印而官能生印. 財神旺而官
관 왕 신 왕　인 수 위 관　기 겁 이 관 능 거 겁　희 인 이 관 능 생 인　재 신 왕 이 관

星通達. 官星旺而財神有氣. 無官而暗成官局. 官星藏而財神亦藏者.
성 통 달　관 성 왕 이 재 신 유 기　무 관 이 암 성 관 국　관 성 장 이 재 신 역 장 자

此皆官星有理會. 所以貴也. 夫論官與論子之法可相通也. 然有子多而
차 개 관 성 유 리 회　소 이 귀 야　부 론 관 여 론 자 지 법 가 상 통 야　연 유 자 다 이

無官者. 身顯而無子者. 亦看刑沖會合. 但官星清而身旺者必貴: 官星
무 관 자　신 현 이 무 자 자　역 간 형 충 회 합　단 관 성 청 이 신 왕 자 필 귀　관 성

濁而身旺者必多子. 至於得象得氣得局得格者. 妻子富貴兩全.
탁 이 신 왕 자 필 다 자　지 어 득 상 득 기 득 국 득 격 자　처 자 부 귀 양 전

【원주】

　관왕하고 신왕하면 인수(印綬)가 관을 호위하고, 겁재가 기신일 땐 관성이 겁재를 제거하고, 인수가 희신일 땐 관이 인수를 생하고, 재성이 왕할 땐 관성이 소통하고, 관성이 왕할 땐 재성이 유기(有氣)하고, 관(官) 없으면 지지에 관국(官局)을 이루고, 관성이 암장되었으면 재신 역시 암장되고, 이것이 관성이 이회(理會)한 것으로 귀(貴)하게 되는 것이다.

　대저 관을 논하는 것과 자식을 논하는 법은 상통하는데 그러나 자식은 많은데 벼슬이 없는 자도 있고, 벼슬은 높은데 자식이 없는 사람도 있으니 그것은 형(刑), 충(沖), 회(會), 합(合)을 보아야 한다. 단, 관성이 청하고 신왕하면 반드시 귀(貴)히 될 것이요 관성이 탁하고 신왕하면 반드시 자식이 많다. 상(象)을 얻고 기(氣)를 얻고 국(局)을 얻고 격(格)을 얻은 자는 처자와 부귀가 양전하다.

*顯(현)－밝을 현. 나타날 현.　　*象(상)－코끼리 상. 모양 상. 꼴 상.
*看(간)－볼 간. 뵐 간.　　　　*格(격)－격식 격. 지위. 인격. 바로잡다.

任氏曰임씨왈,

身旺官弱, 財能生官, 官旺身弱, 官能生印, 印旺官衰, 財能壞印,
신왕관약　재능생관　관왕신약　관능생인　인왕관쇠　　재능괴인

印衰官旺, 財星不現, 刦重財輕, 官能去刦, 財星壞印, 官能生印,
인쇠관왕　재성불현　겁중재경　관능거겁　재성괴인　관능생인

用官, 官藏財亦藏, 用印, 印露官亦露者, 皆官星有理會, 所以貴顯也,
용관　관장재역장　용인　인로관역로자　개관성유리회　소이귀현야

　　임 선생님이 말씀하였다.

　　신왕하고 관이 약할 때 재(財)가 관을 생하고, 관이 왕한데 일주가 약하면 관이
인수를 생하고, 인수가 왕한데 관이 쇠약하면 재가 인수를 극하고, 인수는 약한데
관이 왕하면 재성이 나타나지 않고, 비겁이 중(重)한데 재가 경(輕)하면 관성이 비
겁을 제거하고, 재성이 인수를 극하면 관이 인수를 생하고, 관을 용(用)하는데 관이
암장되었으면 재 역시 암장되고, 인수를 용(用)하는데 인수가 노출되었으면 관 역
시 노출된 것은 다 관성이 이회(理會)한 것으로 귀(貴)히 되는 것이다.

如身旺官旺印亦旺, 格局最淸, 而四柱食傷, 一點不混, 財星又不
여신왕관왕인역왕　격국최청　이사주식상　일점불혼　재성우불

出現, 官星之情, 依乎印, 印之情, 依乎日主, 只生得一箇本身,
출현　관성지정　의호인　인지정　의호일주　지생득일개본신

所以有官無子也, 縱使稍雜食傷, 亦被印星所剋, 子亦艱難,
소이유관무자야　종사초잡식상　역피인성소극　자역간난

　　가령 신왕하고 관왕하고 인수 역시 왕하면 격국은 가장 좋으나 사주에 식상이
한 점도 없고 재성 또한 없으면 관성의 정은 인수에게 가고 인수의 정은 일주에게
가니 단지 일주 하나의 몸만 생하는 것이니 이러하면 벼슬은 하나 자식이 없다. 설사
식상이 있어도 아주 약하면 왕한 인수에 극파되니 역시 자식을 보기가 어렵다.

*最(최)－가장 최. 모두 최. 우두머리 최.　　*稍(초)－점점 초. 작을 초. 벼 줄기 끝 초.
*點(점)－점 점. 흠 점. 점찍을 점.　　　　　*雜(잡)－섞일 잡. 섞을 잡.
*混(혼)－섞일 혼. 섞을 혼.　　　　　　　　*被(피)－이불 피. 덮을 피. 입을 피.

*依(의) - 의지할 의.
*箇(개) - 낱 개. 이 개. 어조사 개.
*縱(종) - 늘어질 종. 놓아둘 종. 방종할 종.
부사어로는 설령, 비록 등으로 해석.

*艱(간) - 어려울 간. 괴로울 간. 고생 간. 당
고 간.
*難(난) - 어려울 난. 근심할 난. 근심 난.
*艱難(간난) - 艱苦(간고). 고생.

如身旺官旺印弱, 食傷暗藏, 不傷官星, 不受印星所克, 自然貴而
여 신 왕 관 왕 인 약　　식 상 암 장　　불 상 관 성　　불 수 인 성 소 극　　자 연 귀 이

有子, 必身旺官衰, 食傷有氣, 有印而財能壞印, 無財而暗成財局,
유 자　　필 신 왕 관 쇠　　식 상 유 기　　유 인 이 재 능 괴 인　　무 재 이 암 성 재 국

不貴而子多必富, 如身旺官衰, 食傷旺而無財, 有子必貧, 如身弱
불 귀 이 자 다 필 부　　여 신 왕 관 쇠　　식 상 왕 이 무 재　　유 자 필 빈　　여 신 약

官旺, 食傷旺而無印, 貧而無子, 或有印逢財, 亦同此論,
관 왕　　식 상 왕 이 무 인　　빈 이 무 자　　혹 유 인 봉 재　　역 동 차 론

　가령 신왕하고 관왕한데 인수(印受)가 약할 때 식상이 암장되어 관성을 손상하
지 않고 식상도 인수로부터 손괴(損壞)되지 않으면 자연 귀(貴)히 될 뿐 아니라
자식도 있다.

　신왕하고 관이 쇠(衰)하고 식상이 유기(有氣)할 때 인수가 있으면 재성이 인수를
극하고 재(財)가 없으면 지지로 재국(財局)을 이루면 귀(貴)히 되지는 않아도 자식
이 많고 부자이다.

　가령 신왕한데 관이 쇠(衰)하고 식상이 왕한데 재성이 없으면 자식은 있으나
반드시 가난하다. 가령 신약한데 관이 왕하고 식상이 또한 왕할 때 인수(印受)가
없으면 가난하고 자식이 없다. 혹 인수가 있으나 재성을 만나면 역시 이와 같이
논한다.

*藏(장) - 감출 장. 서장 장.
*衰(쇠) - 쇠할 쇠. 줄 쇠.

*貧(빈) - 가난할 빈. 가난 빈.
*逢(봉) - 만날 봉. 맞을 봉.

辛　丁　癸　癸
亥　卯　亥　卯

丁　戊　己　庚　辛　壬
巳　午　未　申　酉　戌

此造官殺乘權，原可畏也，然喜支拱印局，巧借栽培，流通水勢，
차 조 관 살 승 권　원 가 외 야　연 희 지 공 인 국　교 차 재 배　유 통 수 세

官星有理會也，第嫌初運庚申辛酉，生殺壞印，偃蹇功名，己未支
관 성 유 리 회 야　제 혐 초 운 경 신 신 유　생 살 괴 인　언 건 공 명　기 미 지

全印局，干透食神，雲程直上，仕至尚書，然有其命，必得其運，如
전 인 국　간 투 식 신　운 정 직 상　사 지 상 서　연 유 기 명　필 득 기 운　여

不得其運，一介寒儒矣，
부 득 기 운　일 개 한 유 의

이 명조는 관살이 당권하여 본디 두려우나 그러나 기쁜 것은 지지에서 亥卯
합으로 인국(印局)을 이루어 아름답게 재배(栽培)하여 수세(水勢)를 유통하니 관성
이 이회(理會)되었다.

나쁜 것은 초운이 庚申 辛酉로 살을 생하고 인수를 극(剋)하니 공명을 이룰 수
없었다. 己未 운은 亥卯未 인국(印局)을 이루고 천간으로 식신이 투출하여 벼슬이
곧바로 올라 상서(尙書)에 이르렀다.

이렇듯 그 명(命)에는 반드시 그에 맞는 운을 만나야지, 그 운을 얻지 못하면
일개 한유(寒儒)일 뿐이다.

*偃(언)－쓰러질 언. 누울 언.
*蹇(건)－절뚝발 건. 굼뜰 건.
*偃蹇(언건)－교만한 모양. 젠체하고 거드
　럭거리는 모양. 여기서는 일의 성사가 안
　됨을 뜻함.

*巧(교)－공교할 교. 예쁠 교. 재주 교.
*尙書(상서)－서경(書經)의 별칭. 당(唐)나라
　관제(官制)로 육부의 장관.
*儒(유)－선비 유. 유교 유. 약할 유.

```
壬 丙 丁 癸
辰 午 巳 酉

辛 壬 癸 甲 乙 丙
亥 子 丑 寅 卯 辰
```

丙火生于孟夏, 坐祿臨旺, 喜其巳酉拱金, 財生官, 官制刦, 更
병화생우맹하　좌록임왕　희기사유공금　재생관　관제겁　갱

妙時透壬水, 助起官星, 以成旣濟, 三旬外運走北方水地, 登科
묘시투임수　조기관성　이성기제　삼 ·순외운주북방수지　등과

發甲, 名利雙輝, 勿以官殺混雜爲嫌也, 身旺者, 必要官殺混雜而
발갑　명리쌍휘　물이관살혼잡위혐야　신왕자　필요관살혼잡이

發也,
발 야

　丙火가 맹하(孟夏)에 생하고 좌하에 녹(祿)을 두니 왕한데 기쁜 것은 巳酉가 공
금(拱金)하고 재(財)가 관을 생하는 것이다. 더욱 묘(妙)한 것은 時에 壬水가 투출하
여 관성을 돕는 것이다. 이러므로 기제(旣濟)를 이루었다.

　삼순(三旬)이 지나 운이 북방 수지(水地)로 들어 과거에 장원으로 등과하고 명리
가 빛났다. 관살이 혼잡되어 나쁘다고 하면 안 된다. 신왕하면 반드시 관살이 혼잡
되어야 발전이 있는 것이다.

*旣(기) - 이미 기. 다할 기.　　　　　*雙(쌍) - 쌍 쌍. 견줄 쌍.
*濟(제) - 건널 제. 이룰 제. 도울 제.　*輝(휘) - 빛 휘. 빛날 휘.
*旣濟(기제) - 육십사괘의 하나. 곧, 감(坎,　*勿(물) - 없을 물. 말 물.
　☵) : 上, 이(離, ☲) : 下. 일이 이미 이루어진　*混(혼) - 섞일 혼. 흐릴 혼.
　상(象).

己 辛 丙 甲
丑 酉 寅 午

壬 辛 庚 己 戊 丁
申 未 午 巳 辰 卯

此造財臨旺地, 官遇長生, 日主坐祿, 印綬通根, 天干四字, 地支
차조재림왕지　관우장생　일주좌록　인수통근　천간사자　지지

皆臨祿旺, 五行無水, 清而純粹, 春金雖弱, 喜其時印通根得用, 庚
개림녹왕　오행무수　청이순수　춘금수약　희기시인통근득용　경

運幫身, 癸酉年登科, 午運殺旺, 病晦刑喪, 辛運己卯年發甲入詞
운방신　계유년등과　오운살왕　병회형상　신운기묘년발갑입사

林, 後運金水幫身, 仕路未可限量也,
림　후운금수방신　사로미가한량야

　이 명조는 재(財)가 왕지에 임하고 관은 장생을 만나고 일주는 좌하에 녹(祿)을
두고 인수는 통근되었다. 천간의 네 자[四字]는 지지에 다 녹왕(祿旺)을 두고 있다.
오행에 水가 없어 맑고 순수하다. 춘금(春金)이 비록 약하나 기쁜 것은 時에 인수
가 통근하고 있어 용신으로 하는 것이다.

　庚 운은 일주를 돕는 운으로 癸酉 유년(流年)에 등과하였다. 午 운은 살이 왕하
여 일신에 병(病)이 심했고 형상을 겪었다. 辛 대운 己卯 년에 발갑(發甲)하여 사
림(詞林)에 들었다. 후운(後運)이 金水로 흘러 일주를 도우니 벼슬길이 한량없이
좋다.

*遇(우)-만날 우. 대접할 우. 뜻밖에 우.　　*科(과)-과정 과. 과정. 조목. 품등. 그루.
*印(인)-도장 인.　　　　　　　　　　　　　*晦(회)-그믐 회. 밤 회. 어두울 회.
*綬(수)-끈 수. 인끈 수.　　　　　　　　　　*詞(사)-고할 사. 말 사. 시문 사.
*粹(수)-순수할 수. 정밀할 수.　　　　　　　*仕(사)-벼슬할 사. 일로 삼다. 섬기다.
*幫(방)-도울 방.　　　　　　　　　　　　　*限(한)-한계 한. 지경. 경계. 구역.

```
甲 庚 辛 乙
申 辰 巳 巳

乙 丙 丁 戊 己 庚
亥 子 丑 寅 卯 辰
```

庚金生于立夏前五日, 土當令, 火未司權, 庚金之生坐實, 且辰支
경금생우입하전오일 토당령 화미사권 경금지생좌실 차진지

申時, 生扶並旺, 身強殺淺, 嫌其財露無根逢刦, 所以出身貧寒, 一
신시 생부병왕 신강살천 혐기재로무근봉겁 소이출신빈한 일

交丁運, 官星元神發露, 戊寅己卯兩年, 財星得地, 喜用齊來,
교정운 관성원신발로 무인기묘양년 재성득지 희용제래

科甲聯登, 又入詞林, 書云, 以殺化權, 定顯寒門貴客, 此之謂也,
과갑연등 우입사림 서운 이살화권 정현한문귀객 차지위야

庚金이 입하(立夏) 5일 전에 생하여 土가 당령하였고 火는 아직 당권에 이르지 못하였다. 庚金은 좌하에서 생을 받으니 실한데 또 日과 時에 辰과 申이 있어 생부(生扶)함이 왕하여 일주는 왕하고 살이 약하다. 혐의가 되는 것은 재(財)가 무근으로 노출되어 겁재를 만나니 이러므로 빈한한 집에서 태어났다.

丁 운으로 바뀌어 관성의 원신이 발로(發露)하여 기쁜데 戊寅 己卯 양년(兩年)은 재성이 득지하니 희신과 용신 운이라 과거에 연달아 급제하고 또 사림(詞林)에 들었다.

서(書)에 이르데 살(殺)로써 권세를 이루니 한문(寒門)에 귀(貴)함이 나타난다는 것은 이를 이르는 것이다.

역자주 밑줄 친 곳을 잠시 살펴보자.
庚金이 입하 전 5일에 생하였다고 하였는데 그렇다면 아직 입하가 들어오지 않았다는 말 아닌가. 그렇다면 辰月이니 庚辰 月이어야 맞다. 여기서 辛巳 月이라 한 것을 보면 입하 후가 맞다. 필사 과정에서 잘못되었을 것으로 생각된다. 『적천수징의』에는 입하(立夏) 후(後) 5일로 되어 있다.

何知其人貧. 財神反不眞.
하 지 기 인 빈   재 신 반 부 진

그 사람이 가난한 것을 어떻게 아는가. 재신이 도리어 부진(不眞)한 것이다.

原注원주

財神不眞者. 不但洩氣被刦也. 傷輕財重氣淺. 財輕官重財氣洩. 傷重
재 신 부 진 자 부 단 설 기 피 겁 야   상 경 재 중 기 천   재 경 관 중 재 기 설   상 중

印輕身弱. 財重刦輕身弱. 皆爲財神不眞也. 中有一味淸氣. 則不賤.
인 경 신 약   재 중 겁 경 신 약   개 위 재 신 부 진 야   중 유 일 미 청 기   즉 불 천

【원주】

　재신이 부진(不眞)하다는 것은 재신이 설기되거나 비겁으로 탈재되는 것만을 말하는 것은 아니다.

　상관이 가볍고 재(財)가 무거워 기(氣)가 얕고, 재가 가볍고 관성이 무거워 재신의 기(氣)가 설기되고, 상관이 무겁고 인수가 가벼워 신약하고, 재성이 무겁고 비겁이 가벼워도 신약이 되니 이러한 것은 다 재신이 부진(不眞)한 것이다. 그러나 원국에 하나라도 청기(淸氣)가 있으면 천(賤)하지는 않다.

任氏曰임씨왈,

財神不眞者有九, 如財重而食傷多者, 一不眞也, 財輕喜食傷而印
재 신 부 진 자 유 구   여 재 중 이 식 상 다 자   일 부 진 야   재 경 희 식 상 이 인

旺者, 二不眞也, 財輕刦重, 食傷不現, 三不眞也, 財多喜刦, 官星
왕 자   이 부 진 야   재 경 겁 중   식 상 불 현   삼 부 진 야   재 다 희 겁   관 성

制刦, 四不眞也,
제 겁   사 부 진 야

　임 선생님이 말씀하였다.

　재신이 부진(不眞)한 것이 아홉이다. 가령 재가 중(重)하고 식상이 많은 것이 그 하나이고, 재(財)가 가벼워 식상을 기뻐하는데 인수가 왕한 것이 두 번째이고, 재가

가볍고 비겁이 중(重)한데 식상이 없는 것이 세 번째이고, 재가 많아 비겁이 좋은데 관성이 겁재를 제거하는 것이 네 번째이다.

喜印而財星壞印, 五不眞也, 忌印而財星生官, 六不眞也, 喜財而
희인이재성괴인 오부진야 기인이재성생관 육부진야 희재이

財合閑神而化者, 七不眞也, 忌財而財合閑神化財者, 八不眞也,
재합한신이화자 칠부진야 기재이재합한신화재자 팔부진야

官殺旺而喜印, 財星得局者, 九不眞也,
관살왕이희인 재성득국자 구부진야

인수가 기쁠 때 재성이 인수를 극하는 것이 다섯 번째이고, 인수를 꺼릴 때 재가 관을 생하는 것이 여섯 번째이다. 재가 희신인데 재가 한신과 합하여 타신(他神)으로 화(化)하는 것이 일곱 번째이고, 재가 기신인데 재가 한신을 합하여 재로 화(化)하는 것이 여덟 번째이고, 관살이 왕하여 인수를 기뻐하는데 재국(財局)을 이루는 것이 아홉 번째이다.

此九者, 財神不眞之正理也, 然貧者多而富者少, 故貧有幾等之貧,
차구자 재신부진지정리야 연빈자다이부자소 고빈유기등지빈

富有幾等之富, 不可槪定, 有貧而貴者, 有貧而正者, 有貧而賤者,
부유기등지부 불가개정 유빈이귀자 유빈이정자 유빈이천자

宜分辨之,
의분변지

이 아홉 가지가 재신이 부진(不眞)한 정론(正論)이다. 그러나 가난한 사람은 많고 부자는 적다.

그러므로 가난한 것에도 가난한 등급이 있고 부자에도 부자의 등급이 있으나 이를 하나같이 다 정할 수는 없다. 가난하여도 귀(貴)한 사람이 있고 가난하나 바르게 사는 사람이 있고 가난하면서 천(賤)한 사람이 있다. 마땅히 분별하여야 한다.

如財輕官衰, 逢食傷而見印綬者, 或喜印, 財星壞印, 得官星解者,
여 재 경 관 쇠 봉 식 상 이 견 인 수 자 혹 희 인 재 성 괴 인 득 관 성 해 자

此貴而貧也, 官殺旺而身弱, 財星生助官殺, 有印則一衿易得, 無
차 귀 이 빈 야 관 살 왕 이 신 약 재 성 생 조 관 살 유 인 즉 일 금 이 득 무

印則老於儒冠, 此淸貧之格, 所爲皆正也,
인 즉 노 어 유 관 차 청 빈 지 격 소 위 개 정 야

가령 재(財)가 가볍고 관이 약한 경우 식상을 만나는데 인수를 보거나 혹 인수가 희신인데 재성이 인수를 극할 때 관성이 있어 재성의 극을 해구(解求)하면 이는 귀(貴)하긴 하나 가난하다.

관살이 왕하고 신약한데 재성이 관살을 생조(生助)할 때 인수가 있으면 과거에 등과(登科)할 수 있으나 인수가 없으면 늙도록 선비에 그치고 말 것이다. 이러한 사람들은 청빈한 격으로 바르게 사는 사람들이다.

*幾(기)-빌미 기. 기틀 기. 거의 기. 가까울 기. 얼마 기. 어찌 기.
*貧(빈)-가난할 빈. 가난 빈.
*辨(변. 판. 편)-나눌 변. 분별할 변. 갖출 판. 두루 편.
*槪(개)-대개 개. 절개 개. 개탄할 개.
*衿(금)-옷깃 금. 맬 금.
*儒(유)-선비 유. 유교 유. 약할 유.
*冠(관)-갓 관. 어른 관. 으뜸 관.
*儒冠(유관)-학자가 쓰는 갓.

財多而心志必欲貪之, 官旺而心事必欲求之, 非合而合, 不從而從,
재 다 이 심 지 필 욕 탐 지 관 왕 이 심 사 필 욕 구 지 비 합 이 합 부 종 이 종

合之不化, 從之不眞, 此等之命, 見富貴而生諂容, 遇財利而忘恩
합 지 불 화 종 지 부 진 차 등 지 명 견 부 귀 이 생 첨 용 우 재 리 이 망 은

義, 謂貧而賤也, 卽僥倖致富, 亦不足貴也,
의 위 빈 이 천 야 즉 요 행 치 부 역 부 족 귀 야

사주에 재(財)가 많으면 그 마음이 반드시 재물을 탐(貪)함이 지나치고 관이 왕하면 그 마음이 반드시 벼슬을 하려고 한다.

합이 마땅치 않은데 합을 하고, 종(從)이 마땅치 않은데 종을 하고, 합은 하였으되 화(化)하지 않고, 종(從)하였으되 참되지 않으면 이러한 명조들은 부귀에 아첨하

고 재물을 보면 은의를 망각하니 소위 가난하면서도 천하다. 설령 요행으로 치부 (致富)하여도 귀(貴)함에는 이르지 못한다.

*貪(탐)-탐할 탐.
*諂(첨)-아첨할 첨. 아첨 첨.
*容(용)-얼굴 용. 모습 용. 꾸밀 용.
*僥(요)-요행 요.

*倖(행)-다행 행. 요행 행.
*僥倖(요행)-뜻밖에 얻는 행복. 늘 이(利)를 구하는 모양.
*致(치)-이를 치. 다할 치. 부를 치.

凡敗業破家之命, 初看似乎佳美, 非財官雙美, 即干支雙清, 非殺
범패업파가지명　초간사호가미　비재관쌍미　즉간지쌍청　비살

印相生, 即財臨旺地, 不知財官雖可養命榮身, 必先要日主旺相,
인상생　즉재림왕지　부지재관수가양명영신　필선요일주왕상

方能任其財官, 若太過不及, 皆爲不眞, 能散能耗則有之, 終不能
방능임기재관　약태과불급　개위부진　능산능모즉유지　종불능

致富貴也, 此等格局最多, 難以枚擧, 宜細究之,
치부귀야　차등격국최다　난이매거　의세구지

　대체로 재물을 탕진하고 파가(破家)하는 명조는 처음 보기에는 아름답게 보인 다. 재관이 쌍미(雙美)하다든지 살인상생이 되면 다 좋게 보나 그보다는 천간과 지지가 쌍청(雙淸)하고 재가 왕지에 임하여야 하는 것이다.

　재관이 비록 부귀를 이루게 하나 그보다 먼저 일주가 왕해야 능히 재관을 감당 하여 부귀하게 되는 것을 모르고 하는 말이다. 만약 지나치게 많거나 지나치게 부족하면 이는 다 재가 부진(不眞)한 것으로 재물이 흩어지고 모아지지 않으니 끝내 부귀에 이르지 못한다.

　이러한 격국이 참으로 많아 일일이 들어 말하기 어렵다. 마땅히 자세하게 살펴 야 한다.

*養(양)-기를 양. 봉양 양.
*榮(영)-영화 영. 꽃 영. 빛 영. 성할 영.

*枚(매)-낱 매. 낱낱이 매. 채찍 매.
*擧(거)-들 거. 올릴 거. 날 거. 빼앗을 거.

$$辛 \quad 戊 \quad 戊 \quad 壬$$
$$酉 \quad 戌 \quad 申 \quad 子$$

$$甲 \quad 癸 \quad 壬 \quad 辛 \quad 庚 \quad 己$$
$$寅 \quad 丑 \quad 子 \quad 亥 \quad 戌 \quad 酉$$

戊土生于孟秋, 支類西方, 秀氣流行, 格局本佳, 出身大富, 所嫌
무 토 생 우 맹 추   지 류 서 방   수 기 유 행   격 국 본 가   출 신 대 부   소 혐

者, 年干壬水通根會局, 則財星反不眞矣, 兼之運走西北金水之
자   년 간 임 수 통 근 회 국   즉 재 성 반 부 진 의   겸 지 운 주 서 북 금 수 지

地, 所以輕財重義, 耗散異常, 惟戌運入泮, 得子, 辛亥壬子, 貧乏
지   소 이 경 재 중 의   모 산 이 상   유 술 운 입 반   득 자   신 해 임 자   빈 핍

不堪,
불 감

戊土가 맹추(孟秋)에 생하여 지지가 西方으로 수기(秀氣)가 유행하니 격국은 본디 아름다워 선대(先代)는 대부(大富)이었다. 꺼리는 것은 年干의 壬水가 통근하고 또한 회국(會局)하여 설기가 심하여 재성이 도리어 부진(不眞)한데 겸하여 운이 서북 金水로 달리는 것이다.

재물을 가볍게 보고 의(義)를 중(重)히 여기니 재물이 많이 소진(消盡)되었다. 오직 戌 운에 입반(入泮)하고 아들을 얻었다. 辛亥 壬子 운은 빈핍(貧乏)이 심했다.

*佳(가)-아름다울 가. 좋을 가.
*嫌(혐)-싫어할 혐. 미움 혐.
*乏(핍)-떨어질 핍. 모자랄 핍. 빌 핍.

*耗(모)-벼 모. 덜 모.
*泮(반)-물가 반. 녹을 반.
*堪(감)-견딜 감. 맡을 감.

己　丁　甲　癸
酉　巳　寅　卯

戊　己　庚　辛　壬　癸
申　酉　戌　亥　子　丑

此造財藏殺露，殺印相生，又聯珠相生，似乎貴格，所以祖業二十
차 조 재 장 살 로　살 인 상 생　우 연 주 상 생　사 호 귀 격　소 이 조 업 이 십

餘萬，不知年干之殺無根，其菁華盡被印綬竊去，不用癸水明矣，
여 만　부 지 년 간 지 살 무 근　기 청 화 진 피 인 수 절 거　불 용 계 수 명 의

必用酉金之財，蓋頭覆之以土，似乎有情，但木旺土虛，相火逢生，
필 용 유 금 지 재　개 두 부 지 이 토　사 호 유 정　단 목 왕 토 허　상 화 봉 생

則巳酉不會，財不眞矣，一交壬子，洩金生木，一敗如灰，至亥運，
즉 사 유 불 회　재 부 진 의　일 교 임 자　설 금 생 목　일 패 여 회　지 해 운

印遇長生，竟遭餓死，
인 우 장 생　경 조 아 사

　이 명조는 재(財)는 지지에 암장되고 살(殺)은 천간에 투출하였다. 또 살인상생으
로 구슬을 꿴 듯 상생하니 귀격(貴格) 같다. 이러므로 유업(遺業)이 이십 여만이었
다. 年干의 살은 뿌리가 없는데 그 빼어난 기운을 인수에 의해 설기(洩氣)되어 뺏
기니 살(殺)인 癸水가 용신이 아닌 것이 확실한데 이것을 모르니 귀격(貴格)으로
보는 것이다.

　반드시 酉金 재(財)가 용신인데 천간의 己土가 덮고 있어 유정한 것 같으나 木
이 왕하여 土가 허하고 火가 생을 만나 巳酉가 합이 되지 않으니 재가 부진(不眞)
하다. 壬子 운으로 바뀌어 金을 설(洩)하고 木을 생하니 한 번의 실패로 잿더미가
되었는데 辛亥 운에 이르러 인수가 장생(長生)을 만나 끝내 굶어 죽었다.

*聯(련. 연)−연할 련. 나란히 할 련.

*菁(청. 정)−우거질 청. 화려할 정. 부추꽃
　정.

*華(화)−꽃 화. 빛 화. 번성할 화.

*竊(절)−훔칠 절. 몰래 절. 도둑질할 절.

*菁華(청화)−빛. 광채. 사물 중의 가장 뛰어
　나고 화미(華美)한 부분. 精華(정화)와 소.

*蓋(개)−덮개 개. 뚜껑 개. 일산 개. 대개 개.
　어찌 개.

*灰(회)−재 회. 재로 될 회.

*覆(복. 부)-엎어질 복. 넘어질 복. 덮을 부.   *餓(아)-굶주림 아. 주릴 아.
  덮개 부.   *竟(경)-끝날 경. 마침 경. 끝 경.

$$
\begin{matrix}
庚 & 丙 & 壬 & 庚 \\
寅 & 寅 & 午 & 午
\end{matrix}
$$

$$
\begin{matrix}
戊 & 丁 & 丙 & 乙 & 甲 & 癸 \\
子 & 亥 & 戌 & 酉 & 申 & 未
\end{matrix}
$$

此夏火逢金, 財滋弱殺, 兩支不雜, 殺刃神淸, 定然名利雙輝, 不
차하화봉금　재자약살　양지부잡　살인신청　정연명리쌍휘　부

知地支木火, 不載金水, 杯水車薪, 不但不能制火, 反洩財星之氣,
지지지목화　부재금수　배수거신　부단불능제화　반설재성지기

夏月庚金敗絶, 財之不眞可知矣, 早運癸未甲申乙酉土金之地, 豐
하월경금패절　재지부진가지의　조운계미갑신을유토금지지　풍

衣足食, 一交丙戌, 支全火局, 刑妻剋子, 破耗異常, 數萬家業, 盡
의족식　일교병술　지전화국　형처극자　파모이상　수만가업　진

付東流, 丁亥合壬寅而化木, 孤苦不堪而死,
부동류　정해합임인이화목　고고불감이사

　이 명조는 여름에 태어난 火가 金을 만나 약한 살(殺)을 재성이 생하고 있고
양(兩) 지지가 혼잡되지 않고 살과 양인이 청하니 확실히 명리가 다 빛날 것이라고
할 것이다. 그러나 그것은 지지의 木火가 金水를 싣지 않으니 마치 잔(盞)의 물로
섶을 가득 실은 마차의 불을 끄는 것과 같아 불을 끄지는 못하고 오히려 재성의
기(氣)만 설하는 것을 모르고 하는 말이다. 하절은 庚金이 패절지(敗絶地)로 재(財)
가 부진(不眞)되었음을 가히 알 수 있다.

　초년 운이 癸未 甲申 乙酉로 土金으로 흘러 의식이 풍부하였으나 丙戌 운으로
바뀌어 지지가 화국을 이루니 부인과 자식을 극하고 재산이 많이 축났다. 수만의
가업이 물에 씻은 듯 다 흩어졌다. 丁亥 운에 들어 丁壬 합하고 寅亥 木이 되어
고독하고 고생이 심하더니 끝내 사망하였다.

*滋(자)-불을 자. 우거질 자. 번식할 자. *車(거)-수레 거. 수레. 수레의 바퀴. 도르래.
*杯(배)-잔 배. 대접 배. *薪(신)-땔나무 신. 나무할 신.

$$壬 \quad 庚 \quad 乙 \quad 乙$$
$$午 \quad 寅 \quad 酉 \quad 卯$$

$$己 \quad 庚 \quad 辛 \quad 壬 \quad 癸 \quad 甲$$
$$卯 \quad 辰 \quad 巳 \quad 午 \quad 未 \quad 申$$

秋金乘令, 財官並旺, 食神吐秀, 大象觀之, 富貴之命, 第財星太
추금승령 재관병왕 식신토수 대상관지 부귀지명 제재성태

重, 官星拱局, 日主反弱, 不任其財官, 全賴刦刃扶身, 被卯沖午
중 관성공국 일주반약 불임기재관 전뢰겁인부신 피묘충오

尅, 時干壬水, 不能尅火, 反洩日元之氣, 則財星不眞矣, 初運甲申,
극 시간임수 불능극화 반설일원지기 즉재성부진의 초운갑신

祿旺, 早年入泮, 其後運走南方, 貧乏不堪,
록왕 조년입반 기후운주남방 빈핍불감

가을에 태어난 金이 월령을 타고 있고 재관도 다 왕하고 식신이 빼어나니 대체로 볼 때 부귀의 명조로 보인다. 그러나 재성이 태중한데 관성으로 공국(拱局)하니 일주는 도리어 약하다.

재관을 감당키 어려워 오직 겁재인 酉金 양인(陽刃)의 도움에 의지하는데 卯가 충하고 午가 극한다. 시간의 壬水는 火는 극하지는 못하고 도리어 일주의 기(氣)만 설한다. 그런고로 재성이 부진(不眞)하다.

초운(初運)인 甲申 대운은 金의 녹왕지로 일찍이 입반(入泮)하였는데 그 후 운이 남방 火地로 가니 빈핍(貧乏)을 감당키 어려웠다.

*吐(토)-토할 토. *祿(녹. 록)-복 녹. 행복. 녹봉.
*拱(공)-두 손 마주잡을 공. 껴안을 공. *貧(빈)-가난할 빈. 가난 빈.
*賴(뢰. 뇌)-의뢰할 뢰. 의뢰 뢰. *乏(핍)-떨어질 핍. 모자랄 핍.
*扶(부)-도울 부. 붙들 부. *堪(감)-견딜 감. 맡을 감.

庚　癸　丙　辛
申　巳　申　丑

庚辛壬癸甲乙
寅卯辰巳午未

此財星坐祿, 一殺獨淸, 似乎佳美, 所嫌者, 印星太重, 丑土生金
차 재성좌록　일살독청　사호가미　소혐자　인성태중　축토생금

洩火, 丙辛合而化水, 以財爲刦, 申又合巳, 則財更不眞, 初運乙
설화　병신합이화수　이재위겁　신우합사　즉재갱부진　초운을

未甲午, 木火並旺, 祖業頗豐, 一交癸巳, 皆從申合, 一敗如灰, 竟
미갑오　목화병왕　조업파풍　일교계사　개종신합　일패여회　경

爲乞丐,
위 걸 개

이 명조는 재성이 지지에 녹(祿)을 두고 독살(獨殺)이 청하니 아름다운 명조 같
다. 꺼리는 것은 인성이 태중하고 丑土가 金을 생하고 火를 설하며 丙辛 합이
水로 화(化)하여 재가 비겁으로 化하며 또 申이 巳와 합하니 재가 더욱 부진(不眞)
하다.

초운 乙未 甲午 대운은 木火가 다 왕하니 유업이 자못 풍성하였으나 癸巳 운으
로 바뀌어 다 巳申 합이 되어 한 번의 실패로 잿더미가 되었다. 이후 걸인(乞人)이
되었다.

*洩(설. 예)－샐 설. 줄 설. 훨훨 날 예. 바람　　*灰(회)－재 회. 재로 될 회.
　따를 예.　　　　　　　　　　　　　　　　*乞(걸)－빌 걸. 청할 걸. 거지 걸.
*頗(파)－치우칠 파. 자못 파.　　　　　　　*丐(개)－빌 개. 거지 개.
*從(종)－좇을 종. 종사할 종. 따를 종.　　　*乞丐(걸개)－거지. 걸인.

```
乙  丁  乙  庚
巳  丑  酉  辰

辛  庚  己  戊  丁  丙
卯  寅  丑  子  亥  戌
```

丁火日元, 時逢旺地, 兩印生身, 火焰金疊, 似乎富格, 不知月干
정화일원   시봉왕지   양인생신   화염금첩   사호부격   부지월간

乙木, 從庚而化, 支會金局, 四柱皆財, 反不眞矣, 祖業亦豐, 初運
을목   종경이화   지회금국   사주개재   반부진의   조업역풍   초운

丙戌丁亥, 比刧幫身, 財喜如心, 戊子己丑, 生金晦火, 財散人離,
병술정해   비겁방신   재희여심   무자기축   생금회화   재산인리

竟凍餓而死,
경동아이사

　丁火 일원이 시에 왕지(旺地)를 만나고 양(兩) 인수가 일주를 생하니 火가 염염
하고 金이 첩첩하여 마치 부격(富格)같으나 月干의 乙木은 庚金을 따라 金으로
화(化)하고 지지가 金局으로 사주가 다 재성이니 도리어 재가 부진(不眞)한 것을
모르고 하는 말이다.

　유업은 역시 많았다. 초운이 丙戌 丁亥로 비겁이 도우니 재물이 마음대로 되어
기뻤으나 戊子 己丑 운으로 들어 火를 설하고 金을 생하니 재물이 흩어지고 사람
도 떠나 끝내는 추위와 굶주림으로 죽었다.

*焰(염)－불꽃 염.
*疊(첩)－겹쳐질 첩. 포개질 첩.
*似(사)－같을 사. 이을 사.
*幫(방)－도울 방.

*晦(회)－그믐 회. 어두울 회.
*離(리)－떠날 리. 떨어질 리. 이괘 리.
*凍(동)－얼 동. 얼음 동.
*餓(아)－주릴 아. 굶길 아. 굶주림 아.

何知其人賤. 官星還不見.
하 지 기 인 천   관 성 환 불 견

그 사람이 천한 것을 어떻게 아는가. 관성이 도리어 보이지 않음이다.

原注원주

官星不見者. 不但失令被傷也. 身輕官重. 官輕印重. 財重無官. 官重
관성불견자 부단실령피상야 신경관중 관경인중 재중무관 관중

無印者. 皆是官星不見也. 中有一味濁財. 則不貧. 至于用神無力而忌
무인자 개시관성불견야 중유일미탁재 즉불빈 지우용신무력이기

神太過. 敵而不受降. 助旺欺弱. 主從失宜. 歲運不輔者. 旣貧且賤.
신 태 과 적 이 불 수 항 조 왕 기 약 주 종 실 의 세 운 불 보 자 기 빈 차 천

【원주】

관성이 보이지 않는다는 것은 관이 실령하고 상해를 입은 것뿐만 아니라 일주가 경(輕)하고 관이 중(重)하거나, 관이 경한데 인수가 중하거나, 재가 중한데 관이 없거나, 관이 중한데 인수가 없거나 하는 것 등은 다 관성불견(官星不見)인 것이다. 그 가운데 하나의 탁재(濁財)라도 있으면 가난하지는 않다.

용신이 무력하고 기신이 태과(太過)하여 적을 항복시키지 못하고, 왕한 것을 돕고 약한 것을 업신여기고, 주종(主從)이 마땅치 않으며, 세운에서 도움이 없으면 이는 곧 가난하면서도 천하다.

任氏曰임씨왈,

此段原注太略, 然富貴之中, 未嘗無賤, 貧賤之中, 未嘗無貴, 所以
차단원주태략 연부귀지중 미상무천 빈천지중 미상무귀 소이

賤之一字, 不易知也, 如身弱官旺, 不用印綬化之, 反以傷官強制,
천지일자 불이지야 여신약관왕 불용인수화지 반이상관강제

如身弱印輕, 不以官星生印, 反以財星壞印, 如財重身輕, 不以比
여신약인경 불이관성생인 반이재성괴인 여재중신경 불이비

刦幫身, 反忌比刦奪財, 合此格者, 忘却聖賢明訓, 不思祖父積德,
겁방신 반기비겁탈재 합차격자 망각성현명훈 불사조부적덕

以致災生不測, 殃及子孫,
이 치 재 생 불 측   앙 급 자 손

임 선생님이 말씀하였다.

이 단원의 원주는 많이 생략되어 있다. 그러나 부귀한 중에도 천(賤)함이 있고 빈천한 중에도 귀(貴)함이 있는 것이니 천(賤)이란 한 자[一字]가 쉽지 않다.

가령 신약하고 관이 왕한데 인수로 화살(化殺)치 못하고 도리어 상관으로 제살(制殺)하거나, 신약하고 인수가 가벼운데 관성이 인수는 생하지 아니하고 도리어 재성이 인수를 극하거나, <u>재가 중(重)하고 신약한데 비겁이 일주는 돕지 아니하고 도리어 비겁이 탈재(奪財)함을 꺼리는 것</u> 등의 이러한 명조들은 성현의 밝은 가르침을 망각하고 조부의 적덕(積德)을 생각지 않으니 재앙을 예측할 수 없으며 그 화(禍)가 자손에까지 미친다.

*奪(탈)-빼앗을 탈. 빼앗길 탈.   *忘却(망각)-잊어버림.
*忘(망)-잊을 망. 건망증 망.   *測(측)-잴 측. 재어질 측.
*却(각)-물러날 각. 물리칠 각. 어조사 각. *殃(앙)-재앙 앙. 해칠 앙.

역자주 밑줄의 마지막 문장은 말이 좀 이상하다. 해석하면 "가령 재가 무겁고 신약한데 비겁이 일주는 돕지 않고 도리어 비겁이 탈재(奪財)함을 꺼린다." 이런 말인데 財多身弱(재다신약)한 명조에서 비겁이 일주는 돕지 않는다고 하였는데 어떤 이유로 비겁이 일주를 돕지 않는지 그것의 설명이 없다. 혹 관성의 극을 만나 비겁이 일주를 돕지 못하는 것인지 아니면 비겁이 재성과 합이 되어 일주를 돌아보지 않는지 설명이 모호하다.

역자(譯者)의 견해는 反忌比刦奪財(반기비겁탈재)가 아니고 反忌比刦合財(반기비겁합재)인 듯하다. 비겁이 재와 합하여 재성으로 化하거나 아니면 기반(羈絆)이 되는 경우를 설명한 것 같다. 예를 들면, 甲木 일주가 戊己 土나 辰戌丑未의 土가 많아 신약한데 비견인 甲木이 己土와 합으로 土로 化하거나 卯木이 戌土와 합하여 火로 化하거나 기반(羈絆)이 되는 경우를 설명한 것이 아닌가 생각된다.

如身弱印輕, 官旺無財, 或身旺官弱, 財星不現, 合此格者, 處貧
여신약인경　관왕무재　혹신왕관약　재성불현　합차격자　처빈

困不改其節, 遇富貴不易其志, 非禮不行, 非義不取, 故知貪財帛
곤불개기절　우부귀불역기지　비례불행　비의불취　고지탐재백

而戀金谷者, 竟遭一時之顯戮, 樂簞瓢而甘敝縕者, 終受千載之令名,
이련금곡자　경조일시지현륙　락단표이감폐온자　종수천재지령명

　가령 신약한데 인수가 가볍고 관왕한데 재가 없거나, 혹 신왕하고 관이 약한데 재성이 나타나지 않았거나, 이러한 명조들은 빈곤하여도 절개를 지키고 부귀하여도 뜻을 변치 않으며 예(禮)가 아니면 행하지 아니하고 의(義)가 아니면 취하지 않는다.

　고로 재백(財帛)을 탐하고 금곡(金谷)을 사모하는 자는 결국 현륙(顯戮)을 당하게 될 것이요, 한 주먹의 밥과 한 바가지의 물로 즐기며 해진 삼베옷도 달게 여기는 자는 끝내 천세(千歲)에 이름을 남길 것이다.

*帛(백)－비단 백. 명주. 폐백(幣帛).
*戀(련, 연)－그리워할 련. 그리움 련.
*金谷(금곡)－진(晉)나라 석숭(石崇)의 별장이 있던 지명. 부(富)의 상징임.
*竟(경)－끝날 경. 마칠 경. 부사어로는 의외로. 도리어. 마침내. 결국 등으로 해석.
*一時(일시)－동작이나 행위가 매우 빨리 발생하는 것을 나타냄. 부사어로 쓰이며, 즉시. 곧 등으로 해석.

*顯(현)－밝을 현. 나타낼 현.
*戮(륙)－죽일 륙. 육시할 륙. 욕보일 륙.
*顯戮(현륙)－죄인을 죽여 그 시체를 공중(公衆)에게 보이는 형벌.
*簞(단)－밥그릇 단(밥을 담는 대그릇). 호리병 박 단.
*瓢(표)－바가지 표(박으로 만든 그릇).
*縕(온)－헌솜 온. 삼베 온. 주황빛 온.
*載(재)－실을 재. 탈 재.

역자주　밑줄의 설명은 틀린 것은 아니나 뜻이 명쾌하지 않다. 자세히 살펴보자.
　　신왕하고 관이 약한데 재성이 나타나지 않았으면 예(禮)가 아니면 행(行)하지 않고 의(義)가 아니면 취하지 않는다고 하였는데, 관이 약한데 재가 나타나지 않아서 예의가 있다는 말은 틀린 말은 아니나 그것보다는 식상이 없어야 예의가 있다고 하는 것이 옳은 설명일 것 같다.
　　『적천수천미』(滴天髓闡微)는 임철초 선생께서 증주(增註)하였지만 그분이 책으로 출간한 것은 아니다. 『적천수천미』 서문에 임철초 선생께서 증주하신 원본을 해녕(海寧) 진씨가 (陳氏家)에서 소장하고 있던 것을 관복거사(觀復居士)가 그 책을 빌려 필사하여 필사본을 만들었고 관복거사의 필사본이 세상에 나타나 필사에 필사를 거치고 하다가 그 필사본으로 영인(影印)하여 책으로 나오게 된 것이라고 하였다.

처음으로 책이 나온 것이 중화민국 22년이다. 민국 22년은 1933년이니 지금으로부터 70여 년 전이다. 필사하는 과정에서 오자나 탈자(脫字)도 있을 수 있고 필사자의 사견(私見)이 첨삭(添削)되지 않았다고 하기는 어렵다.

임철초 선생의 글이 아닌 것이 있게 된 연유이다. 임철초 선생은 건륭 38년 생이니 곧 1773년생이다. 지금으로부터 230년 전이다. 임철초 선생께서 증주한 원본은 소실되어 전하여지지 않는다. 현재 있는 것은 필사본뿐이다. 독자들은 참고하기 바란다. 관복거사의 일생에 대하여는 전하여지는 것이 없다. 진씨가(陳氏家)는 『명리약언(命理約言)』을 지은 진소암(陳素庵) 선생의 후예인 듯하다.

是以有三等官星不見之理, 如官輕印重而身旺, 或官重印輕而身弱,
시 이 유 삼 등 관 성 불 견 지 리   여 관 경 인 중 이 신 왕   혹 관 중 인 경 이 신 약

或官印兩平而日主休囚者, 此上等官星不見也, 如官輕刦重無財,
혹 관 인 양 평 이 일 주 휴 수 자   차 상 등 관 성 불 견 야   여 관 경 겁 중 무 재

或官殺重無印, 或財輕刦重官伏者, 此中等官星不見也,
혹 관 살 중 무 인   혹 재 경 겁 중 관 복 자   차 중 등 관 성 불 견 야

이러므로 관성불견(官星不見)의 이치에는 세 등급이 있다. 가령 관성이 경(輕)하고 인수는 무거우며 신왕한 것, 혹 관성이 중(重)하고 인수가 경(輕)하며 신약한 것, 혹 관과 인수가 서로 평등한데 일주가 휴수(休囚)한 것 등은 상등(上等) 관성불견(官星不見)이다.

가령 관이 경(輕)하고 비겁이 무거운데 재(財)가 없거나, 혹 관살이 중(重)한데 인수가 없거나, 혹 재가 경(輕)하고 비겁이 중(重)한데 관이 복(伏)되어 있는 것 등은 중등(中等) 관성불견(官星不見)이다.

如官旺喜印, 財星壞印, 或官殺重無印, 食傷强制, 或官多忌財, 財
여 관 왕 희 인   재 성 괴 인   혹 관 살 중 무 인   식 상 강 제   혹 관 다 기 재   재

星得局, 或喜官星, 而官星合他神化傷者, 或忌官星, 他神合官星
성 득 국   혹 희 관 성   이 관 성 합 타 신 화 상 자   혹 기 관 성   타 신 합 관 성

又化官者, 此下等官星不見也, 細究之, 不但貴賤分明, 而賢不肖
우 화 관 자   차 하 등 관 성 불 견 야   세 구 지   부 단 귀 천 분 명   이 현 불 초

亦了然矣,
역 요 연 의

가령 관이 왕하여 인수를 기뻐하는데 재성이 괴인(壞印)하거나, 혹 관살이 중한데 인수가 없고 식상이 강제(强制)하거나, 혹 관이 많아 재성을 꺼리는데 재성이 국(局)을 이루었거나, 혹 관성을 기뻐하는데 관성이 타신과 합하여 상관으로 化하거나, 혹 관성을 꺼리는데 타신이 관성과 합하여 관으로 化하는 것 등은 하등(下等) 관성불견(官星不見)인 것이다.

자세히 궁구하면 귀천이 분명할 뿐만 아니라 현명한 것과 불초(不肖)한 것도 확실하다.

| 역자주 | 이 장에서 견(見)은 현(見)으로 읽어도 되고 뜻도 통한다.

甲　丁　壬　丁
辰　亥　子　丑

丙　丁　戊　己　庚　辛
午　未　申　酉　戌　亥

丁火生于仲冬, 干透壬水, 支全亥子丑北方, 官星旺格, 辰乃溼土,
정화생우중동　간투임수　지전해자축북방　관성왕격　진내습토

不能制水, 反能晦火, 日主虛弱, 甲木凋枯, 自顧不暇, 且溼木不
불능제수　반능회화　일주허약　갑목조고　자고불가　차습목불

能生無焰之火, 謂淸枯之象, 官星反不眞也, 喜其無金, 氣勢純淸,
능생무염지화　위청고지상　관성반부진야　희기무금　기세순청

其爲人學問眞醇, 處世無苟, 訓蒙度日, 苦守淸貧, 上等官星不見也,
기위인학문진순　처세무구　훈몽도일　고수청빈　상등관성불견야

丁火가 중동(仲冬)에 생하였는데 천간으로 壬水가 투출하고 지지가 亥子丑 북방으로 관성이 왕한 격(格)이다. 辰은 습토로 제수(制水)는 못하고 도리어 화기만 설하니 일주가 허약하다.

甲木은 조고(凋枯)하여 자고불가(自顧不暇)이고 또한 습목으로 연기 없는 밝은 불을 생할 수 없으니 청고지상(淸枯之象)으로 관성이 도리어 부진(不眞)하다.

기쁜 것은 金이 없어 기세가 순청하여 사람됨이 학문이 깊고 처세가 구차하지 않으며 후학을 가르치며 어려운 살림에도 청빈함을 지키니 상등(上等) 관성불견(官星不見)에 해당하는 사주이다.

*凋(조)－시들 조. 느른할 조.
*枯(고)－마를 고(초목이 마름). 마른나무 고 (말라서 죽은 나무).
*凋枯(조고)－시들어 마름.
*自顧不暇(자고불가)－자신을 돌보기에도 여가가 없다. 즉, 남을 도와줄 수 없는 처지 를 이름.

*暇(가)－겨를 가. 한가할 가.
*醇(순)－전국술 순. 순수할 순. 醇과 소. 『적천수징의』에는 醇으로 씀.
*苟(구)－구차할 구. 진실로 구. 겨우 구. 단 지 구.
*蒙(몽)－소나무겨우살이 몽. 입을 몽. 어릴 몽.

$$壬\ 丙\ 庚\ 丙$$
$$辰\ 午\ 寅\ 辰$$

$$丙\ 乙\ 甲\ 癸\ 壬\ 辛$$
$$申\ 未\ 午\ 巳\ 辰\ 卯$$

此造財絶無根, 官又無氣, 兼之運走東南之地, 幼年喪父, 依母轉
차 조 재 절 무 근   관 우 무 기   겸 지 운 주 동 남 지 지   유 년 상 부   의 모 전

嫁他姓, 數年母死, 牧牛度日, 少長則賣力傭工, 後雙目失明, 不
가 타 성   수 년 모 사   목 우 도 일   소 장 즉 매 력 용 공   후 쌍 목 실 명   불

能傭作, 求乞自活,
능 용 작   구 걸 자 활

이 명조는 재(財)가 절(絶)되고 무근이며 관 또한 무기(無氣)한데 겸하여 운이 동남으로 가니 어려서 아버지가 돌아가셨고 어머니가 타성(他姓)으로 재가(再嫁)하는데 따라갔으나 수년 후 어머니가 돌아가시자 소를 치며 지내다가 조금 자라서 는 노동을 하였다. 후에 두 눈을 실명(失明)하여 노동도 못하고 구걸로 생활하였다.

*喪(상)－망할 상. 잃을 상. 복 입을 상.
*轉(전)－구를 전. 넘어질 전. 옮길 전.

*傭(용)－품팔이할 용. 품팔이꾼 용. 천할 용.

*嫁(가)—시집갈 가. 시집보낼 가.   *雙(쌍)—쌍 쌍. 견줄 쌍.

*賣(매)—팔 매.   *乞(걸)—빌 걸. 구걸할 걸. 거지 걸.

역자주 이 명조는 자세히 음미(吟味)하여야 할 것 같다.

丙火 일주가 신왕하긴 하여도 사주에 木火土金水가 다 있고 年과 時에 辰土를 두었는데 巳午未 남방 운에 쌍목(雙目)을 실명(失明)하고 또 걸인(乞人)이 될 만큼의 나쁜 사주로 보기는 어렵다. 재성이 약하나 관성이 있고 관이 무기(無氣)하여도 고(庫)에 통근하였는데 巳午未 남방 火 운에 이렇게까지 나쁠까 하는 의문이 든다.

혹 時가 辰時가 아니고 卯時가 아닐까 하는 의문이 든다. 卯時의 사주는 아래와 같다.

$$辛\ 丙\ 庚\ 丙$$
$$卯\ 午\ 寅\ 辰$$

$$丙\ 乙\ 甲\ 癸\ 壬\ 辛$$
$$申\ 未\ 午\ 巳\ 辰\ 卯$$

이 사주는 지지가 寅卯辰 동방을 이루니 年支의 辰土도 金의 인수가 안 되고, 時도 辛卯 시가 되니 庚金이나 辛金이 절지(絶地)에 있어 재(財)가 극도로 쇠약한데 운이 巳午未로 흘러 실명(失明)하고 걸인이 되지 않았나 생각된다. 독자의 판단에 맡긴다.

$$癸\ 辛\ 甲\ 丁$$
$$巳\ 亥\ 辰\ 卯$$

$$戊\ 己\ 庚\ 辛\ 壬\ 癸$$
$$戌\ 亥\ 子\ 丑\ 寅\ 卯$$

此春金逢火, 理宜用印化殺, 財星壞印, 癸水克丁, 亥水沖巳, 似乎
차춘금봉화 리의용인화살 재성괴인 계수극정 해수충사 사호

制殺有情, 不知春水休囚, 木火並旺, 不但不能剋火, 反去生木洩
제살유정 부지춘수휴수 목화병왕 부단불능극화 반거생목설

金, 財官本可榮身, 而日主不能勝任, 雖心志必欲求之, 亦何益哉,
금 재관본가영신 이일주불능승임 수심지필욕구지 역하익재

이 명조는 봄에 태어난 金이 火를 만나니 이치로 보면 인수를 써서 살(殺)을 火하여야 한다. 그러나 혐의가 되는 것은 재성이 인수(印綬)를 극하는 것이다. 또한 癸水는 丁火를 극하고 亥水는 巳火를 충거하니 살을 제(制)함이 유정한 것 같으

나 水는 춘절(春節)의 水로 휴수(休囚)되고 木火는 왕하여 火를 극하지 못할 뿐만 아니라 도리어 金의 기운을 설하고 木을 생하는 이치를 모르고 하는 말이다.

　재관(財官)은 본시 나의 몸을 영화롭게 하지만 일주가 감당하지 못하면 비록 마음은 재나 관을 얻으려 하나 일주가 감당치 못하니 무슨 이익이 되겠는가.

出身本屬微賤, 初習梨園, 後因失音隨官, 人極伶俐, 且極會趨逢,
출신본속미천　초습이원　후인실음수관　인극영리　차극회추봉

隨任數年, 發財背主, 竟捐納從九出仕, 作威作福, 無所不爲, 後
수임수년　발재배주　경연납종구출사　작위작복　무소불위　후

因犯事革職, 依然落魄,
인범사혁직　의연낙백

　출신이 본시 미천하여 어려서 이원(梨園)에 들어가 공부를 하였는데 후에 실음(失音)하여 관리의 수행원으로 따라다녔다. 사람이 지극히 영리하여 아첨을 잘하여 관리를 따라다닌 지 수년 만에 재물을 모아 주인을 배반하고 연납(捐納)으로 종구품(從九品)으로 출사하였다.

　세도를 부려 재물을 긁어모음에 못하는 짓이 없더니 후에 죄를 범하여 면직(免職)당한 후 전과 다름없이 어렵게 지냈다.

*伶(령. 영) - 영리할 령. 영리하다.
*俐(리. 이) - 똑똑할 리(이).
*梨園(이원) - 악공이나 궁녀에게 음악이나 무용을 가르치는 곳.
*失音(실음) - 목이 쉼. 목소리가 쉬어 나옴.
*趨(추. 촉) - 추창할 추. 향할 추. 재촉할 촉.

*革職(혁직) - 청대(淸代)의 제도로 관직을 면(免)함.
*依然(의연) - 전과 다름이 없는 모양.
*魄(백. 박. 탁) - 넋 백. 몸 백. 재강 박. 찌꺼기 박. 영락할 탁.
*落魄(낙백) - 낙탁(落魄). 영락(零落)함.

何知其人吉. 喜神爲輔弼.
하 지 기 인 길　희 신 위 보 필

그 사람이 길(吉)함을 어떻게 아는가. 희신(喜神)이 보필(輔弼)함이다.

原注원주

柱中所喜之神. 左右終始. 皆得其力者必吉. 然大勢平順. 内體堅厚. 主
주 중 소 희 지 신　좌 우 종 시　개 득 기 력 자 필 길　연 대 세 평 순　내 체 견 후　주

從得宜. 縱有一二忌神. 適來攻擊. 亦不爲凶. 譬之國内安和. 不愁外寇.
종 득 의　종 유 일 이 기 신　적 래 공 격　역 불 위 흉　비 지 국 내 안 화　불 수 외 구

【원주】

사주에서 희신이 좌우에서 처음부터 끝까지 힘이 있으면 길하다. 그러나 대세가
평순(平順)하고 내체(内體)가 견후(堅厚)하며 주종(主從)이 마땅하면 설사 한둘의 기신
이 공격하여도 흉(凶)하지 않다. 비유하자면 나라 안이 안화(安和)하면 외구(外寇)를
걱정하지 않는 것과 같은 것이다.

*輔(보)－도울 보. 재상 보.　　　　*愁(수. 추)－근심할 수. 근심 수.
*弼(필)－도울 필.　　　　　　　　*擊(격)－칠 격. 부딪칠 격.
*堅(견)－굳을 견. 굳어질 견.　　　*譬(비)－비유할 비. 비유컨대 비.
*攻(공)－칠 공. 다스릴 공.　　　　*寇(구)－도둑 구. 원수 구.

> 역자주　適來攻擊(적래공격):　여기에 '適(적)'은 '敵(적)'이어야 한다. 필사 과정에서 잘못된 것으
> 로 생각된다.

任氏曰임씨왈,

喜神者, 輔用助主之神也, 凡八字先要有喜神, 則用神有勢, 一生
희 신 자　보 용 조 주 지 신 야　범 팔 자 선 요 유 희 신　즉 용 신 유 세　일 생

有吉無凶, 故喜神乃吉神也, 若柱中有用神而無喜神, 歲運不逢忌
유 길 무 흉　고 희 신 내 길 신 야　약 주 중 유 용 신 이 무 희 신　세 운 불 봉 기

神無害, 一遇忌神必凶,
신 무 해　일 우 기 신 필 흉

임 선생님이 말씀하였다.

희신(喜神)이란 용신을 돕고 일주를 보좌하는 신(神)이다. 무릇 八字에는 먼저 희신이 있어야 하니 그래야만 용신이 힘이 있게 되어 일생 길(吉)은 있으나 흉(凶)은 없다. 고로 희신이 길신인 것이다.

만약 사주에 용신은 있는데 희신이 없으면 세운에서 기신을 만나지 않으면 해로움이 없으나 기신을 만나면 반드시 흉(凶)함이 발생한다.

如戊土生於寅月, 以寅中甲木爲用神, 忌神必是庚辛申酉之金, 日
여무토생어인월　이인중갑목위용신　기신필시경신신유지금　일

主元神厚者, 以壬癸亥子爲喜神, 則金見水而貪生, 不來剋木矣,
주원신후자　이임계해자위희신　즉금견수이탐생　불래극목의

日主元神薄者, 以丙丁巳午爲喜神, 則金見火而畏, 亦不來剋木矣,
일주원신박자　이병정사오위희신　즉금견화이외　역불래극목의

가령 戊土가 寅月에 생하고 寅中의 甲木이 용신이면 기신은 반드시 庚辛 申酉金인데 일주의 원신이 후(厚)하면 壬癸나 亥子가 희신이 되는 것이니 그러한즉 金이 水를 보면 탐생망극(貪生忘剋)으로 木을 극하지 않는다.

일주의 원신이 박(薄)하다는 것은 丙丁 巳午를 희신으로 하는 것으로 그러한즉 金이 火를 보면 두려워하여 木을 극하지 못하는 것이다.

如身弱以寅中丙火爲用神, 喜天干透出, 以水爲忌神, 以比剋爲喜
여신약이인중병화위용신　희천간투출　이수위기신　이비겁위희

神, 所以用官用印有別, 用官者, 身旺可以財爲喜神, 用印身弱有
신　소이용관용인유별　용관자　신왕가이재위희신　용인신약유

剋, 而後用官爲喜神, 使其剋去財星, 則印綬不傷, 官星無助之意也,
겁　이후용관위희신　사기겁거재성　즉인수불상　관성무조지의야

가령 신약하여 寅中 丙火가 용신일 때는 丙火가 천간에 투출함을 기뻐하는데 이때는 水가 기신이고 비겁이 희신이 된다.

관을 쓰고 인수를 쓰는 데는 분별이 있으니 관을 씀에는 신왕하여 쓰는 것이니 재가 희신이고 인수를 씀에는 신약하여 쓰는 것이니 비겁이 있은 후(後)에라야 관이 희신이 된다. 이는 비겁이 재성을 극하여 인수를 보호하여야 인수가 상해를 입지 않으며 재성으로 하여금 관성을 생조하지 못하게 하는 그러한 뜻이다.

*厚(후)-두터울 후. 두터이 할 후. *畏(외)-두려워할 외. 두려움 외.
*貪(탐)-탐할 탐. *透(투)-뛸 투. 던질 투. 환할 투.
*薄(박)-얇을 박. 박할 박. 숲 박. *綬(수)-끈 수. 인끈 수.

如原局有用神, 無喜神, 而用神得時秉令, 氣象雄壯, 大勢堅固,
여 원국유용신 무희신 이용신득시병령 기상웅장 대세견고
四柱安和, 用神緊貼, 不爭不妒者, 卽遇忌神, 亦不爲凶, 如原局無
사주안화 용신긴첩 부쟁불투자 즉우기신 역불위흉 여원국무
喜神, 有忌神, 或暗伏或出現, 或與用神緊貼, 或爭或妒, 或用神不
희신 유기신 혹암복혹출현 혹여용신긴첩 혹쟁혹투 혹용신부
當令, 或歲運引出忌神, 助起忌神, 譬之國家有奸臣, 私通外寇,
당령 혹세운인출기신 조기기신 비지국가유간신 사통외구
兩來夾攻, 其凶立見, 論土如此, 餘皆例推,
양래협공 기흉입견 논토여차 여개예추

가령 원국에 용신은 있는데 희신이 없을 때 용신이 득시(得時) 병령(秉令)하고 기상(氣象)이 웅장하며 대세가 견고하고 사주가 안화하며 용신이 긴첩하고 부쟁(不爭) 불투(不妒)하면 곧 기신을 만나도 역시 흉(凶)하지 않다.

가령 원국에 희신은 없고 기신이 있는데 혹 복(伏)되어 있거나, 혹 출현하였거나, 혹 용신과 긴첩(緊貼)하여 있거나, 혹 쟁극하거나, 혹 투기(妒忌)하거나, 혹 용신이 당령하지 못하였거나, 혹 세운에서 기신을 인출하거나, 기신을 생조하여 일으키거나 하는 것은 비유하면 국가에 간신이 있어 외구(外寇)와 사사로이 내통하는 것과 같아 양면(兩面)으로 협공을 받는 것과 같으니 흉(凶)함이 속히 나타난다. 土를 논함이 이와 같으니 나머지도 다 이와 같이 추리하라.

*秉(병)-볏뭇 병. 잡을 병. 자루 병. *貼(첩)-붙을 첩. 붙일 첩.

*雄(웅)−수컷 웅. 굳셀 웅. 뛰어날 웅.

*雄壯(웅장)−씩씩하고 기운 참. 용감하고 굳셈.

*堅(견)−굳을 견. 굳어질 견.

*緊(긴)−굳을 긴. 급할 긴. 팽팽할 긴.

*妒(투)−강새암할 투. 시새울 투. 妬와 仝.

*譬(비)−비유할 비. 비유컨대 비. 비유 비.

*奸(간)−범할 간. 간음할 간. 간악할 간.

*寇(구)−도둑 구. 원수 구. 노략질할 구.

*夾(협)−낄 협. 가까울 협. 좁을 협.

```
己　戊　丙　甲
未　寅　寅　子
```

```
甲癸壬辛庚己戊丁
戌酉申未午巳辰卯
```

春初土虛, 殺旺逢財, 以丙火爲用, 喜其財印相隔, 生生不悖, 更
춘 초 토 허　살 왕 봉 재　이 병 화 위 용　희 기 재 인 상 격　생 생 불 패　갱

妙未時幫身爲喜, 四柱純粹, 主從得宜, 所以早登甲第, 一生有吉
묘 미 시 방 신 위 희　사 주 순 수　주 종 득 의　소 이 조 등 갑 제　일 생 유 길

無凶, 仕至觀察, 後退歸優游林下, 生六子皆登科第, 夫婦齊眉,
무 흉　사 지 관 찰　후 퇴 귀 우 유 림 하　생 육 자 개 등 과 제　부 부 제 미

壽越八旬,
수 월 팔 순

춘초(春初)의 土로 허하다. 살(殺)은 왕한데 재성을 만나니 丙火로써 용신을 삼는다. 기쁜 것은 재와 인수가 상격(相隔)되어 재는 살을 생하고 살은 인수를 생하니 생생(生生)이 어그러지지 않은데 더욱 묘(妙)한 것은 未時로 일주를 돕는 것이 기쁘다.

사주가 순수하고 주종(主從)이 마땅하여 일찍이 과거에 급제하고 일생에 흉함이 없이 좋은 일만 있었다. 벼슬이 관찰(觀察)에 이르고 퇴임 후는 향리에 돌아와 유유자적하게 지냈다. 여섯 아들이 모두 등과(登科)하고 부부가 다 아름다웠으며 팔순(八旬)을 넘게 살았다.

*隔(격)−막을 격. 막이 격.

*眉(미)−눈썹 미.

*優(우)-넉넉할 우. 뛰어날 우.　　　　*壽(수)-나이 수. 수할 수.

*游(유)-헤엄칠 유. 뜰 유. 놀 유. 놀이 유.　*越(월)-넘을 월. 지날 월.

*齊(제)-가지런할 제. 같을 제.　　　　*旬(순)-열흘 순. 열 번 순.

戊　庚　己　丙
寅　辰　亥　申

丁　丙　乙　甲　癸　壬　辛　庚
未　午　巳　辰　卯　寅　丑　子

此寒金喜火, 得時支寅木之生, 則火有焰, 然用財殺, 必先身旺,
차 한 금 희 화　득 시 지 인 목 지 생　즉 화 유 염　연 용 재 살　필 선 신 왕

妙在年支坐祿, 三印貼生, 更妙亥水當權, 申金貪生忘沖, 無火則
묘 재 년 지 좌 록　삼 인 첩 생　갱 묘 해 수 당 권　신 금 탐 생 망 충　무 화 즉

土凍金寒, 無木則水旺火虛, 以火爲用, 以木爲喜, 木火兩字, 缺
토 동 금 한　무 목 즉 수 왕 화 허　이 화 위 용　이 목 위 희　목 화 양 자　결

一不可, 所以生平無凶無險, 登科發甲, 宦海無波, 後裔濟美, 壽至
일 불 가　소 이 생 평 무 흉 무 험　등 과 발 갑　환 해 무 파　후 예 제 미　수 지

八旬之外,
팔 순 지 외

　　이 명조는 맹동(孟冬)의 차가운 金이 火를 기뻐하는데 丙火가 時支에 寅木을 얻어 생을 받으니 불꽃이 있다. 그러나 재살(財殺)을 쓰려면 반드시 신왕하여야 하는데 묘(妙)한 것은 年支에 녹(祿)이 있고 세 개의 인수가 일주 가까이서 생하는 것이다. 더욱 묘(妙)한 것은 亥水가 당권하여 申金이 생을 탐하여 충을 하지 않는 것이다. 火가 없으면 土가 얼고 金이 차갑게 되고 木이 없으면 水가 왕하여 火도 허(虛)하다.

　　이러므로 火가 용신이고 木이 희신이다. 木火 두 자(字)는 한 자(字)라도 없어서는 안 된다. 일생 동안 흉험(凶險)이 없었고 과거에 장원으로 급제하고 벼슬길이 평탄하였으며 후손이 다 아름다웠으며 수는 팔순(八旬)을 넘겼다.

*焰(염)-불꽃 염.

*貼(첩)-붙을 첩. 붙일 첩.

*缺(결)-이지러질 결. 없어질 결. 나오지 않을 결.

*宦(환)-벼슬살이 환. 벼슬 환. 내시 환.

*裔(예)-자락 예. 가지 예. 후예 예.

*後裔(후예)-후손(後孫).

*濟(제)-건널 제. 이를 제. 더할 제.

何知其人凶. 忌神輾轉攻.
하 지 기 인 흉　　기 신 전 전 공

그 사람이 흉한 것을 어떻게 아는가. 기신(忌神)이 돌아가며 공격하는 것이다.

原注원주

財官無氣. 用神無力. 不過無所發達而已. 亦無刑凶也. 至於忌神太多.
재 관 무 기　용 신 무 력　불 과 무 소 발 달 이 이　역 무 형 흉 야　지 어 기 신 태 다

或刑或沖. 歲運助之. 輾轉攻擊. 局內無備禦之神. 又無主從. 不免刑
혹 형 혹 충　세 운 조 지　전 전 공 격　국 내 무 비 어 지 신　우 무 주 종　불 면 형

傷破敗. 犯罪受難. 到老不吉.
상 파 패　범 죄 수 난　도 로 불 길

【원주】

재관이 무기(無氣)하고 용신이 무력(無力)한 것은 발달이 없는데 불과한 것으로 그러나 흉험(凶險)은 없다.

기신이 지나치게 많거나 혹 형(刑)이 있고 혹 충이 있는데 세운에서 돕고 기신이 돌아가며 공격하는데 원국에 방어하는 신(神)이 없으며, 또한 주종(主從)이 없으면 형상(刑傷)과 파패(破敗)를 면치 못할 뿐만 아니라 범죄를 범하고 어려움을 겪으며 늙도록 길함이 없다.

*輾(전)-돌 전. 구를 전.

*轉(전)-구를 전. 넘어질 전. 바꿀 전.

*輾轉(전전)-잠이 오지 않아 누워서 엎치락뒤치락함. 여기서는 '돌아가면서'란 뜻.

*攻(공)-칠 공. 다스릴 공.

*擊(격)-칠 격. 부딪칠 격.

*備(비)-갖출 비. 예방 비.

*禦(어)-막을 어. 방어 어.

任氏曰임씨왈,

忌神者, 損害體用之神也, 故八字先要有喜神, 則忌神無勢, 以忌
기신자　손해체용지신야　고팔자선요유희신　즉기신무세　이기

神爲病, 以喜神爲藥, 有病有樂, 則吉, 有病無藥, 則凶, 一生吉少
신위병　이희신위약　유병유락　즉길　유병무약　즉흉　일생길소

凶多者, 皆忌神得勢之故耳,
흉다자　개기신득세지고이

　임 선생님이 말씀하였다.

　기신이란 체용(體用)을 손상하는 신(神)을 일컫는 것이다. 고로 八字에는 먼저 희신이 있어야 되는 것이니 그러면 기신이 힘이 없게 된다. 그러므로 기신은 병(病)인 것이고 희신은 약(藥)인 것이다.

　병(病)이 있을 때 약(藥)이 있으면 길(吉)하나 병이 있는데 약이 없으면 흉(凶)한 것이다. 일생에 길한 것은 적고 흉함이 많은 것은 다 기신이 득세하였기 때문인 것이다.

如寅月生人, 不用甲木而用戊土, 則甲木爲當令之忌神, 看日主之
여인월생인　불용갑목이용무토　즉갑목위당령지기신　간일주지

意向, 或喜火以化之, 或用金以制之, 安頓得好, 又逢歲運扶喜抑
의향　혹희화이화지　혹용금이제지　안돈득호　우봉세운부희억

忌, 亦可轉凶爲吉, 歲運又不來扶喜抑忌, 又不與忌神結黨者, 不
기　역가전흉위길　세운우불래부희억기　우불여기신결당자　불

過終身碌碌, 無所發達而已,
과종신녹녹　무소발달이이

　가령 寅月에 태어난 사람이 甲木을 쓰지 못하고 戊土를 쓴다면 甲木은 당령한 기신이 된다.

　일주의 의향을 보아 혹 火로서 화(化)하거나 혹 金으로 제(制)하면 안돈되어 좋은 것이며 또 세운에서 희신을 부조하고 기신을 억제하면 흉을 길로 바꿀 수 있으나, 세운에서 희신을 부조하지 않고 기신을 억제하지도 못하면 기신이 무리를 짓

지 않아도 종신토록 녹록(碌碌)한 삶을 살 것이며 발전이 없다.

*看(간)-볼 간. 지킬 간.
*頓(돈)-조아릴 돈.
*扶(부)-도울 부. 붙들 부.
*轉(전)-구를 전. 옮길 전. 넘어질 전.

*抑(억)-누를 억. 문득 억. 또한 억.
*黨(당)-마을 당. 무리 당. 혹시 당.
*碌(록. 녹)-푸른빛 록. 용렬할 록.
*達(달)-통할 달. 달할 달.

若無火之化, 金之制, 又遇水之生, 歲運又黨助忌神, 傷我喜神,
약 무 화 지 화　금 지 제　우 우 수 지 생　세 운 우 당 조 기 신　상 아 희 신

輾轉相攻, 凶禍多端, 到老不吉, 論木如此, 餘可例推,
전 전 상 공　흉 화 다 단　도 로 불 길　논 목 여 차　여 가 예 추

　만약 火의 化함이 없고 金의 제(制)함도 없으며 水의 생을 만나고 세운에서 또 무리를 지어 기신을 돕게 되면 일주의 희신을 손상하고 돌아가며 공격하는 것이니 흉화(凶禍)가 다단(多端)하여 늙도록 길함이 없다. 木을 논함이 이와 같으니 나머지도 이와 같이 추리하라.

*若(약. 야)-좇을 약(따름). 너 약. 같을 약.
　이 같을 약. 및 약(그 밖에. 또). 이에 약. 어조
　사 약. 반야 야.
*制(제)-지을 제. 만들 제. 누를 제. 금할 제.
*遇(우)-만날 우. 대접할 우. 뜻밖에 우.
*傷(상)-다칠 상. 해칠 상. 근심할 상.
*輾(전)-돌 전. 구를 전.

*攻(공)-칠 공. 다스릴 공.
*禍(화)-재앙 화. 재화(災禍)내릴 화.
*端(단)-바를 단. 실마리 단.
*此(차)-이 차. 이에 차.
*餘(여)-나머지 여. 남을 여.
*例(예. 례)-법식 예. 대개 례. 보기. 대부분.
*推(추. 퇴)-옮을 추. 밀 추. 밀 퇴.

甲　丙　戊　乙
午　子　寅　亥

壬　癸　甲　乙　丙　丁
申　酉　戌　亥　子　丑

丙火生于寅月, 印星當令, 時逢刃旺, 甲乙並旺透, 四柱無金, 寅
병화생우인월　인성당령　시봉인왕　갑을병왕투　사주무금　인

亥化木, 子水沖破, 官星無用, 必以月干戊土爲用, 忌神卽是甲木,
해화목　자수충파　관성무용　필이월간무토위용　기신즉시갑목

亥子之水, 反生旺木, 所謂忌神輾轉攻也, 初交丁丑, 生助用神, 祖
해자지수　반생왕목　소위기신전전공야　초교정축　생조용신　조

業十餘萬, 其樂自如, 一交丙子, 火不通根, 父母雙亡, 連遭回祿,
업십여만　기락자여　일교병자　화불통근　부모쌍망　연조회록

乙亥水木並旺, 又遭回祿, 剋三妻四子, 赴水而亡,
을해수목병왕　우조회록　극삼처사자　부수이망

　　丙火가 寅月에 생하였다. 인성(印星)이 당령하고 시에 양인이 왕하고 甲乙 木이
다 왕하며 천간에 투출하였다. 사주에 金이 없고 寅亥 합은 木으로 화하며 子水는
충파되니 관성은 쓸 수 없다. 반드시 월간의 戊土가 용신이다. 이러므로 甲木이
곧 기신인데 亥子 水는 도리어 왕한 木을 생하니 소위 기신이 돌아가며 공격하는
꼴이다.

　　초년 丁丑 운은 용신을 생조하니 조업(祖業)이 십여 만으로 즐거움이 많았으나
丙子 운으로 바뀌어 火가 통근치 못하니 부모가 다 돌아가시고 연달아 화재를
만났다. 乙亥 운은 水木이 다 왕하여 또 화재를 만나고 세 부인과 네 자식을 극하
였으며 물에 빠져 사망하였다.

*當(당)－마땅 당. 맡다. 대적하다.　　　*業(업)－업 업. 일. 사업. 직업.
*逢(봉)－만날 봉. 맞을 봉.　　　　　　　*回祿(회록)－화신(火神). 전(轉)하여 화재(火
*透(투)－뜰 투. 던질 투. 환할 투.　　　　災).
*破(파)－깨뜨릴 파.　　　　　　　　　　*赴(부)－다다를 부. 알릴 부.

己 丙 庚 辛
丑 辰 寅 巳

甲 乙 丙 丁 戊 己
申 酉 戌 亥 子 丑

丙火生寅, 木嫩火相, 未爲旺也, 生丑時, 竊去命主元神, 以寅木
병화생인 목눈화상 미위왕야 생축시 절거명주원신 이인목

爲用, 所嫌庚金當頭之忌, 木嫩逢金, 火虛見洩, 初交己丑戊子,
위용 소혐경금당두지기 목눈봉금 화허견설 초교기축무자

生金洩火, 幼喪父母, 孤苦不堪, 丁亥丙戌, 火在西北, 不能去盡
생금설화 유상부모 고고불감 정해병술 화재서북 불능거진

忌神, 所以歷盡風霜, 稍成家業, 一交乙酉, 干支皆化忌神, 刑妻
기신 소이력진풍상 초성가업 일교을유 간지개화기신 형처

剋子, 遭水厄而亡,
극자 조수액이망

丙火가 寅月에 생하여 木은 아직 어리고 火는 생부(生扶)를 받으나 왕하지는
않다. 丑時로 일주의 원신을 빼앗아 가니 寅木이 용신이다. 혐오스러운 것은 庚金
이 당두(當頭)하여 나쁘게 되었고, 어린나무가 金을 만나고 火가 설(洩)되어 허약
한 것이다.

초년 己丑 戊子 운은 金을 생하고 火를 설하니 어려서 부모를 잃고 고생이
심했다. 丁亥 丙戌 운은 火가 西北에 있어 기신을 다 극거(剋去)치 못하니 온갖
풍상(風霜)을 겪었으나 그래도 조금이나마 가업을 이루었다. 乙酉 운으로 바뀌어
干支가 다 기신으로 化하니 처자를 형극(刑剋)하고 수액(水厄)을 당해 사망하였다.

*嫩(눈)-어릴 눈.   *歷(력. 역)-지낼 력. 다닐 력.
*竊(절)-훔칠 절. 도둑질 절.   *霜(상)-서리 상. 흴 상. 엄할 상.
*嫌(혐)-싫어할 혐. 의심 혐. 미움 혐.   *稍(초)-점점 초. 작을 초. 벼 줄기 끝 초.
*虛(허)-빌 허. 공허 허. 하늘 허.   *遭(조)-만날 조. 두를 조.
*堪(감)-견딜 감. 맡을 감.   *厄(액)-재앙 액.

何知其人壽. 性定元神厚.
하 지 기 인 수   성 정 원 신 후

그 사람이 장수(長壽)할 것을 어떻게 아는가. 성품이 안정되고 원신이 후(厚)하다.

原注원주

靜者壽. 柱中無沖無合. 無缺無貪. 則性定矣. 元神厚者. 不特精氣神
정 자 수   주 중 무 충 무 합   무 결 무 탐   즉 성 정 의   원 신 후 자   불 특 정 기 신

氣皆全之謂也. 官星不絶. 財神不滅. 傷官有氣. 身弱印旺. 提綱輔主.
기 개 전 지 위 야   관 성 부 절   재 신 불 멸   상 관 유 기   신 약 인 왕   제 강 보 주

用神有力. 時上生根. 運無絶地. 皆是元神厚處. 細究之.
용 신 유 력   시 상 생 근   운 무 절 지   개 시 원 신 후 처   세 구 지

【원주】

정(靜)하여야 수(壽)를 누리는 것이다. 사주에 충이나 합이 없고 결함도 없으며 탐낼 것도 없는 것을 성정(性定)이라 하는 것이다. 원신이 후(厚)하다는 것은 정기(精氣)와 신기(神氣)가 다 완전한 것을 이르는 것이 아니고 관성이 부절(不絶)하고, 재성이 불멸(不滅)하며, 상관이 유기하고, 신약하면 인수가 왕하고, 월령이 일주를 돕고, 용신이 유력하며, 時上에서 뿌리를 생하고, 운이 절지(絶地)에 이르지 않는 것 등이 다 원신이 후(厚)한 것이다. 자세히 탐구하여야 한다.

大率甲乙寅卯之氣. 不遇沖戰洩傷. 偏旺浮泛. 而安頓得所者必壽. 木
대 솔 갑 을 인 묘 지 기   불 우 충 전 설 상   편 왕 부 범   이 안 돈 득 소 자 필 수   목

屬仁. 仁者壽. 每每有驗. 故敢施之於筆. 若貧賤之人而亦壽者. 以其
속 인   인 자 수   매 매 유 험   고 감 시 지 어 필   약 빈 천 지 인 이 역 수 자   이 기

稟得一個身旺. 或身弱而運行生地. 小小與他食祿不缺故耳.
품 득 일 개 신 왕   혹 신 약 이 운 행 생 지   소 소 여 타 식 록 불 결 고 이

대체로 甲乙 寅卯의 기(氣)가 충(沖), 전(戰), 설(洩), 상(傷)이나 한쪽으로 치우쳐 왕하거나 부범(浮泛)을 만나지 않고 안돈하여 마땅한 바를 얻으면 수(壽)를 누린다.

木은 인(仁)에 속하니 인자(仁者)는 수(壽)를 누리는 것을 매번 증험한 것으로 고로 여기에 기록하는 바이다. 만약 빈천한 자가 수(壽)를 누리는 것은 신왕하다는 한 가지만이라도 품수(稟受)받았거나 혹 신약하면 운이 생지로 행하기 때문이다. 소소한 여타의 것은 식록(食祿)이 결핍되지 않았기 때문이다.

*靜(정)-조용할 정. 깨끗할 정.
*壽(수)-나이 수. 수할 수.
*缺(결)-이지러질 결. 모자랄 결.
*貪(탐)-탐할 탐.
*提(제)-끌 제. 거느릴 제.
*綱(강)-벼리 강. 대강 강.
*輔(보)-도울 보. 도움 보. 재상 보.

*浮(부)-뜰 부. 띄울 부.
*泛(범. 핍)-뜰 범. 넓을 범. 물소리 핍.
*頓(돈)-조아릴 돈.
*稟(품. 름)-바탕 품. 받을 품. 곳집 름. 廩과 소.
*與(여)-더불 여. 줄 여. 베풀다. 동아리가 되다. 따르다. 돕다. 허락하다. 좋아하다.

任氏曰임씨왈,

仁靜寬德厚, 此五者, 皆壽徵也, 四柱得地, 五行停勻, 所合者皆
인 정 관 덕 후　차 오 자　개 수 징 야　사 주 득 지　오 행 정 균　소 합 자 개

閑神, 所化者皆用神, 沖去者皆忌神, 留存者皆喜神, 無缺無陷,
한 신　소 화 자 개 용 신　충 거 자 개 기 신　유 존 자 개 희 신　무 결 무 함

不偏不枯, 則性定矣, 性定不生貪戀之私, 不作苟且之事, 爲人寬
불 편 불 고　즉 성 정 의　성 정 불 생 탐 련 지 사　부 작 구 차 지 사　위 인 관

厚和平, 仁德兼資, 未有不富貴福壽者也,
후 화 평　인 덕 겸 자　미 유 불 부 귀 복 수 자 야

임 선생님이 말씀하였다.

인(仁), 정(靜), 관(寬), 덕(德), 후(厚) 이 다섯은 다 수(壽)를 누릴 징조이다. 사주가 득지(得地)하고 오행이 균정하고 합하는 것은 다 한신이고 化하는 것은 다 용신이며 충하여 버리는 것은 다 기신이고 머물러 남는 것은 다 희신이고 결함이 없고 편고되지 않은 것이 성정(性定)인 것이다.

성정(性定)하면 사사로운 것을 탐하지 않고 구차한 짓을 하지 않으며 사람됨이 너그럽고 후덕하며 화평하다. 인덕(仁德)을 바탕에 갖추어 부귀복수(富貴福壽)를 누리지 않는 자가 없다.

*靜(정)-조용할 정. 깨끗할 정.

*寬(관)-너그러울 관. 넓을 관.

*德(덕)-덕 덕. 복 덕.

*厚(후)-두터울 후.

*徵(징)-부를 징. 조짐 징.

*停(정)-머무를 정. 멈출 정.

*勻(균)-고를 균. 가지런할 균.

*留(류. 유)-머무를 류. 뒤질 류.

*缺(결)-이지러질 결. 모자랄 결. 나오지 않을 결.

*陷(함)-빠질 함. 함정 함.

*缺陷(결함)-완전하지 못하여 흠이 됨. 부족. 불비(不備).

*貪(탐)-탐할 탐.

*戀(련. 연)-그리워할 련. 그리움 련.

*資(자)-재물 자. 비발 자. 노비(路費) 자.

元神厚者, 官弱逢財, 財輕遇食, 身旺而食傷發秀, 身弱而印綬當
원신후자 관약봉재 재경우식 신왕이식상발수 신약이인수당

權, 所喜者皆提綱之神, 所忌者皆失令之物, 提綱與時支有情, 行
권 소희자개제강지신 소기자개실령지물 제강여시지유정 행

運與喜用不悖, 是皆元神厚處, 宜細究之, 清而純粹者, 必富貴而
운여희용불패 시개원신후처 의세구지 청이순수자 필부귀이

壽, 濁而混雜者, 必貧賤而壽,
수 탁이혼잡자 필빈천이수

원신(元神)이 후하다는 것은 관이 약하면 재(財)를 만나고, 재가 가벼우면 식상을 만나고, 신왕하면 식상이 발수(發秀)하고, 신약하면 인수가 당권하고, 기뻐하는 것은 제강지신(提綱之神)이고, 꺼리는 것은 다 실령한 것들이고, 월령과 時支가 유정하고, 행운과 용신이 어그러지지 않은 것 등은 다 원신이 후한 것이다. 마땅히 자세히 살펴야 한다.

청하고 순수하면 반드시 부귀하고 수(壽)를 누리며, 탁하고 혼잡하면 반드시 빈천한 가운데에 수를 누릴 것이다.

丙　甲　癸　辛
寅　子　巳　丑

乙　丙　丁　戊　己　庚　辛　壬
酉　戌　亥　子　丑　寅　卯　辰

此從巳火起源頭，生丑土，丑土生辛金，辛生癸，癸生甲，甲生丙
차종사화기원두　생축토　축토생신금　신생계　계생갑　갑생병

火，甲祿居寅，癸祿居子，丙祿居巳，官坐財地，財逢食生，五行元
화　갑록거인　계록거자　병록거사　관좌재지　재봉식생　오행원

神皆厚，四柱通根生旺，左右上下有情，爲人剛柔相濟，仁德兼資，
신개후　사주통근생왕　좌우상하유정　위인강유상제　인덕겸자

貴至三品，富有百萬，子十三人，壽至百歲，無疾而終，
귀지삼품　부유백만　자십삼인　수지백세　무질이종

　이 명조는 巳火에서 원두(源頭)가 일어나 丑土를 생하고 丑土는 辛金을 생하고
辛金은 癸水를 생하고 癸水는 甲木을 생하고 甲木은 丙火를 생하고 있다.

　甲木은 녹(祿)인 寅이 있고 癸水는 녹인 子水가 있고 丙火는 녹인 巳火가 있다.
관은 재위에 앉아 있고 재는 식상을 만나고 오행의 원신이 다 후하다. 사주가 통근
하고 왕하며 좌우상하가 유정하다.

　사람됨이 강유(剛柔)가 조화롭고 인덕을 갖추고 귀(貴)는 삼품(三品)에 이르렀으
며 부(富)가 백만이었다. 자식이 열 셋에 수(壽)는 백세에 이르고 병(病)이 없이 일
생을 마치었다.

*從(종)-좇을 종. 종사할 종. 따를 종.　　*柔(유)-부드러울 유. 편안히 할 유.
*起(기)-일어날 기. 다시 기.　　　　　　*濟(제)-건널 제. 이를 제. 더할 제.
*源(원)-수원 원. 근원 원.　　　　　　　*兼(겸)-겸할 겸. 아울러.
*頭(두)-머리 두. 우두머리 두. 첫머리 두.　*終(종)-끝 종. 끝날 종. 마칠 종. 마침내 종.
*剛(강)-굳셀 강. 억셀 강.

戊 丙 乙 己
子 寅 亥 酉

丁 戊 己 庚 辛 壬 癸 甲
卯 辰 巳 午 未 申 酉 戌

此以酉金爲源頭, 生亥水, 亥水合寅而生丙, 丙火生戊土, 元神皆
차 이 유 금 위 원 두   생 해 수   해 수 합 인 이 생 병   병 화 생 무 토   원 신 개

厚, 鄕榜出身, 仕至觀察, 爲人寬厚端方, 九子二十四孫, 富有百
후   향 방 출 신   사 지 관 찰   위 인 관 후 단 방   구 자 이 십 사 손   부 유 백

餘萬, 壽至百二十歲, 無疾而終,
여 만   수 지 백 이 십 세   무 질 이 종

　이 명조는 酉金에서 원두가 일어나 亥水를 생하고 亥水는 寅木과 합하여 丙火
를 생하고 丙火는 戊土를 생하니 원신이 다 후하다. 향방(鄕榜) 출신으로 벼슬이
관찰에 이르렀다.

　위인(爲人)이 너그럽고 후덕하였으며 행동이 반듯하였다. 아홉 아들에 스물넷의
손자를 두었으며 부(富)가 백여 만에 백 이십까지 살았는데 병이 없이 일생을 마치
었다.

*鄕(향)—마을 향. 대접할 향.　　　　*厚(후)—두터울 후. 두터이 할 후.
*榜(방)—방 붙일 방. 고시하다. 매질하다.　*端(단)—바를 단. 실마리 단.
*寬(관)—너그러울 관. 넓을 관.　　　*疾(질)—병 질. 괴로움 질. 투기할 질.

壬　壬　辛　己
寅　寅　未　酉

癸　甲　乙　丙　丁　戊　己　庚
亥　子　丑　寅　卯　辰　巳　午

此以未土爲源頭,生辛金,辛金生壬水,壬水生寅木,四柱生化有情,
차 이 미 토 위 원 두　생 신 금　신 금 생 임 수　임 수 생 인 목　사 주 생 화 유 정

元神厚而純粹,所喜者,火喜其包藏不露,早登科甲,仕至三品,
원 신 후 이 순 수　소 희 자　화 희 기 포 장 불 로　조 등 과 갑　사 지 삼 품

爲人品行端方,謙和仁厚,八子十九孫,壽至九旬有六,
위 인 품 행 단 방　겸 화 인 후　팔 자 십 구 손　수 지 구 순 유 육

이 명조는 未에서 원두가 일어나 辛金을 생하고 辛金은 壬水를 생하고 壬水는
寅木을 생하니 사주가 생하고 화(化)함이 유정하고 원신이 후하고 순수하다. 기쁜
것은 火가 암장되어 노출되지 않은 것이다.

일찍이 과거에 급제하고 벼슬이 삼품(三品)에 이르고 품행이 단정하고 겸손하고
화평하였으며 인자하고 후덕하였다. 여덟 아들에 손자가 열아홉이었으며 수(壽)는
구순(九旬)을 넘기고도 여섯이었다.

*情(정)－뜻 정. 인정 정. 사랑 정. 실상 정.
*純(순)－실 순. 순수할 순. 생사(生絲).
*粹(수)－순수할 수. 같을 수〔齊一(제일)함〕.
　정밀할 수.
*所(소)－바 소. 것. 곳. 일정한 곳이나 지역.
　처소(處所). 지위. 자리. 위치.
*科(과)－과정 과. 과정. 조목. 품등. 그루.

*包(포)－쌀 포(보자기 따위로 물건을 쌈). 꾸러
　미 포.
*藏(장)－감출 장. 서장 장.
*早(조)－이를 조. 이르다. 서두르다. 젊다.
　일찍. 서둘러. 젊어서. 새벽.
*壽(수)－나이 수. 수할 수.
*旬(순)－열흘 순. 열 번 순.

丙　庚　庚　丁
子　辰　戌　未

甲　乙　丙　丁　戊　己
辰　巳　午　未　申　酉

此以丁火爲源頭, 生土, 土生金, 兩藏財庫, 身旺用官, 中年行運
차 이 정 화 위 원 두　생 토　토 생 금　양 장 재 고　신 왕 용 관　중 년 행 운

不背, 所以早登鄉榜, 名利雙輝, 爲人有剛明決斷之本, 無刻薄欺
불 배　소 이 조 등 향 방　명 리 쌍 휘　위 인 유 강 명 결 단 지 본　무 각 박 기

瞞之意, 惜乎無木, 火之元神不足, 孫枝雖旺, 子息未免多損之憂,
만 지 의　석 호 무 목　화 지 원 신 부 족　손 지 수 왕　자 식 미 면 다 손 지 우

　이 명조는 丁火에서 원두가 일어나 土를 생하고 土는 金을 생하고 재성은 암장
되어 있고 신왕하니 관성이 용신이다. 중년(中年)의 운이 어그러지지 않아 일찍
향방(鄉榜)에 들고 명리(名利)가 다 빛났다.

　사람됨이 강명(剛明)하고 결단력이 있으며 각박하거나 기만하는 마음이 없다.
안타까운 것은 火의 원신이 부족하여 손자는 비록 많으나 자식은 여럿을 잃는
근심을 면치 못하였다.

*背(배)-등 배. 배반할 배.
*雙(쌍)-쌍 쌍. 견줄 쌍.
*輝(휘)-빛 휘. 빛날 휘.
*斷(단)-끊을 단. 결단할 단.
*刻(각)-새길 각. 깎을 각. 각박할 각.
*薄(박)-숲 박. 발 박. 얇을 박. 적을 박.
*刻薄(각박)-잔인하고 인정이 없음.

*欺(기)-속일 기. 거짓 기.
*瞞(만. 문)-흐릴 만. 속일 만. 부끄러워할 문.
*欺瞞(기만)-속임.
*惜(석)-아낄 석. 아까워할 석. 애처롭게 여
　길 석.
*枝(지)-가지 지. 초목의 가지. 버팀목. 버
　티다. 지지하다.

```
庚 乙 戊 乙
辰 卯 寅 未
```

```
庚辛壬癸甲乙丙丁
午未申酉戌亥子丑
```

此支類東方, 正曲直仁壽格, 大勢觀之, 財官有氣, 名利裕如, 第
차지류동방 정곡직인수격 대세관지 재관유기 명리유여 제

五行火不出現, 財之元神虛脫, 寅卯辰東方木旺, 官星之根亦薄,
오행화불출현 재지원신허탈 인묘진동방목왕 관성지근역박

所以一生操勞剝削, 資囊未滿先傾, 且平生仗義疎財, 爲人無驕諂,
소이일생조로박삭 자낭미만선경 차평생장의소재 위인무교첨

存古道, 苦守淸貧, 生四子皆得力, 壽至九十四歲,
존고도 고수청빈 생사자개득력 수지구십사세

이 명조는 지지가 동방을 이루어 정곡직인수격(正曲直仁壽格)이다. 대세를 살펴보건대, 재관이 유기(有氣)하여 명리가 유여(裕餘)하다 하겠다. 그러나 오행에 火가 출현하지 않으니 재(財)의 원신이 허탈하다. 寅卯辰 동방으로 목왕하여 관성의 뿌리 역시 박(薄)하다.

이러므로 일생에 노력을 많이 하여도 살림은 어려웠으며 주머니가 차기 전에 돈이 나가곤 하였다. 평생에 의리(義理)를 앞세우고 재물을 가볍게 보았으며 사람됨이 교만하거나 아첨함이 없고 성현의 도를 지켜 청빈(淸貧)을 지키며 살았다. 네 아들이 다 성공하였고 수(壽)는 94세까지 살았다.

*操(조)—잡을 조(쥠). 부릴 조. 풍치 조.
*剝(박)—벗길 박. 다칠 박. 깎을 박.
*削(삭. 초)—깎을 삭. 빼앗을 삭. 모질 삭. 칼집 초.
*剝削(박삭)—벗기고 깎음. 벗기어 빼앗음.
*囊(낭)—주머니 낭. 주머니에 넣을 낭.
*傾(경)—기울 경. 기울어질 경.

*仗(장)—지팡이 장. 병장기 장. 기댈 장.
*仗義(장의)—의리를 행동의 기본으로 삼음. 정도(正道)를 행함.
*疎(소)—疏와 소. 트일 소. 멀 소. 멀리할 소.
*驕(교)—씩씩할 교. 교만할 교.
*諂(첨)—아첨할 첨. 아첨 첨.

역자주 이 명조는 정곡직인수격(正曲直仁壽格)은 아니다. 지류(支類)가 東方이나 金의 혼잡(混雜)

이 있으니 곡직인수격이라 하기 어렵다. 수(壽)를 누렸다고 하여 설명하다 보니 그리된 것이 아닌가 한다. 『적천수징의』에는 곡직인수격이라고만 하였는데 혹 가(假) 곡직인수격이라고 하면 말이 될 듯하나, 그러나 이 말은 없는 것이 좋을 듯하다.

庚　戊　甲　癸
申　戌　寅　丑

戊　己　庚　辛　壬　癸
申　酉　戌　亥　子　丑

戊戌日, 逢庚申時, 食神有力, 殺旺無印, 足以强制, 生八九子, 有
무술일　봉경신시　식신유력　살왕무인　족이강제　생팔구자　유

三四子貴顯而授一品之誥封者, 土金有情之妙也, 其爲人貪惡兩備
삼사자귀현이수일품지고봉자　토금유정지묘야　기위인탐악양비

者, 不能化殺之故也, 淫靡無禮者, 火不現, 水得地之故也,
자　불능화살지고야　음미무례자　화불현　수득지지고야

戊戌 일주가 庚申 時에 나니 식신이 유력하다. 살(殺)이 왕한데 인수가 없으니 마땅히 강제(强制)하여야 한다. 8~9명의 아들을 두었는데 3~4명이 귀(貴)가 일품(一品)에 봉하여지니 이는 土金이 유정하여 아름답기 때문이다.

　위인(爲人)이 탐악(貪惡) 두 가지를 다 가지고 있는 것은 왕한 살을 化하지 못하기 때문이고 음미(淫靡)하고 무례한 것은 火가 출현하지 않고 水가 득지(得地)하였기 때문이다.

*誥(고)-고할 고. 가르침 고.
*封(봉)-봉할 봉. 흙더미 쌓을 봉.
*誥封(고봉)-明, 淸代 오품관(五品官) 이상을 임명할 때 수여하는 사령. 직첩(職牒).
*貪(탐)-탐할 탐.
*惡(악. 오)-모질 악. 나쁠 악. 미워할 오. 헐뜯을 오. 부끄러워할 오.

*貪惡(탐악)-욕심이 많고 마음씨가 나쁨.
*備(비)-갖출 비. 예방할 비. 비품 비.
*淫(음)-담금 음. 음란할 음. 방탕할 음.
*靡(미)-쓰러질 미. 화려할 미.
*淫靡(음미)-음탕함. 음탕하고 사치함.
*禮(례. 예)-예 례. 예우할 례.

蓋寅申沖, 則丙火必壞, 丑戌刑則丁火亦傷, 兼之癸水透, 則日主
개인신충 즉병화필괴 축술형즉정화역상 겸지계수투 즉일주

之心志, 必欲合, 而求之不顧, 寅戌支藏之火, 暗中剋盡, 夫火司
지심지 필욕합 이구지불고 인술지장지화 암중극진 부화사

禮, 爲人豈可無禮, 無禮則無所不爲矣, 設使年干癸水, 換於丁火,
례 위인기가무례 무례즉무소불위의 설사년간계수 환어정화

未有不仁德者也, 其富貴福壽, 皆申時之力, 亦祖德宗功所致也,
미유불인덕자야 기부귀복수 개신시지력 역조덕종공소치야

後生落頭疽而亡, 由己積惡多端, 而天誅之矣,
후생락두저이망 유기적악다단 이천주지의

寅申이 충하면 丙火가 반드시 손상되고 丑戌이 형(刑)하면 丁火가 역시 손상되는데 겸하여 癸水가 투출하여 일주의 마음은 반드시 합하고자 하나 돌아보지 않는다. 寅과 戌에 암장되어 있는 火가 암중에 다 손상되었다.

대저 火는 예(禮)를 주관하니 위인이 어찌 무례하지 않겠으며 무례한즉 못하는 것이 없다. 가령 年干의 癸水가 丁火로 바뀌었으면 어찌 인덕(仁德)을 갖추지 않았겠는가.

부귀와 복수(福壽)는 다 申時의 힘이나 역시 조종(祖宗)의 공덕의 소치이다. 자손이 종기로 죽은 것은 악행이 많아 하늘이 벌을 내린 것이다.

*壞(괴)－무너뜨릴 괴. 무너질 괴.
*志(지)－뜻 지. 마음. 본심. 희망. 뜻하다.
*欲(욕)－하고자 할 욕.
*司(사)－맡을 사. 벼슬 사. 벼슬아치 사. 마을 사.
*豈(기)－어찌 기. 그 기.
*設(설)－베풀 설. 세우다. 설립하다.

*使(사)－하여금 사. 부릴 사. 가령. 만일. 설사(設使).
*後生(후생)－자손(子孫). 또는 후배. 남에 대한 자기의 겸칭(謙稱).
*疽(저)－종기 저.
*誅(주)－벨 주. 베다. 죄인을 죽이다. 치다.
*積(적)－쌓을 적. 쌓다. 모으다. 저축하다.

역자주 "亦祖德宗功所致也(역조덕종공소치야)"는 『적천수징의』에는 없다. 이 문장에 있어도 말이 안 되는 것은 아니나 명리(命理)로 추리하기는 어려운 이야기다.

戊 己 庚 戊
辰 卯 申 辰

丙乙甲癸壬辛
寅丑子亥戌酉

此土金傷官, 辰中癸水, 正財歸庫, 申中壬水, 正財逢生, 刧雖旺,
차 토 금 상 관　진 중 계 수　정 재 귀 고　신 중 임 수　정 재 봉 생　겁 수 왕

而不能奪, 且土氣盡歸于金, 傷官化刧, 暗處生財, 兼之獨殺爲權,
이 불 능 탈　차 토 기 진 귀 우 금　상 관 화 겁　암 처 생 재　겸 지 독 살 위 권

故爲人權謀異衆, 地支皆陰溼之氣, 作事詭譎多端, 一生所重者財,
고 위 인 권 모 이 중　지 지 개 음 습 지 기　작 사 궤 휼 다 단　일 생 소 중 자 재

而少仁義, 至四旬無子, 娶兩妾又無子, 壽至九旬外, 惜財如命,
이 소 인 의　지 사 순 무 자　취 양 첩 우 무 자　수 지 구 순 외　석 재 여 명

卒後家業四十餘萬, 分奪而盡,
졸 후 가 업 사 십 여 만　분 탈 이 진

이 명조는 土金 상관격이다. 재성인 癸水는 辰 중에 있으니 고장(庫藏)에 들어 있고 申 중의 壬水도 재성인데 생을 만나고 있다. 비견겁이 비록 왕하나 재성이 다 암장되어 있어 탈재(奪財)가 안 된다. 또 土의 기운은 金에 다 돌아가니 상관(傷官)이 비견겁을 화(化)하고 있다. 암처(暗處)에서 재(財)를 생하고 독살(獨殺)이 권세를 행하니 그러므로 위인(爲人)이 권모가 남달랐다.

지지가 다 음습한 기운들로 되어 있어 하는 일마다 간사하고 속임이 많으며 일생에 중히 여기는 것은 재물로 인의(仁義)는 적었다. 사십이 넘도록 자식을 두지 못하여 첩을 둘이나 들였으나 또 아들을 두지 못하였는데 수(壽)는 구순(九旬)을 넘었다. 재물 아끼기를 목숨과 같이하였는데 죽은 후 가업이 사십 여만이었으나 다 찢어가 하나도 남은 것이 없었다.

*詭(궤)-속일 궤. 간사할 궤.
*譎(휼)-속일 휼. 간사할 휼.
*詭譎(궤휼)-교묘하고 간사하게 속임.

*惜(석)-아낄 석. 아까워할 석. 애처롭게 여길 석.
*謀(모)-꾀할 모. 꾀 모.

細究之, 皆因財星過于藏蓄, 不得流行之故也, 財不流行, 秋金逢
세 구 지   개 인 재 성 과 우 장 축   부 득 유 행 지 고 야   재 불 유 행   추 금 봉

土而愈堅, 生意遂絶耳, 大凡財厚無子者, 皆類此格, 故無子之人,
토 이 유 견   생 의 수 절 이   대 범 재 후 무 자 자   개 류 차 격   고 무 자 지 인

其性情必多鄙吝, 不知財散則民聚, 倘使富人無子, 能輕其財于親
기 성 정 필 다 비 린   부 지 재 산 즉 민 취   당 사 부 인 무 자   능 경 기 재 우 친

族之中, 分多潤寡, 何患無子哉, 卽如此造金氣太堅, 水不露頭,
족 지 중   분 다 윤 과   하 환 무 자 재   즉 여 차 조 금 기 태 견   수 불 로 두

未得生生之妙, 能散其財, 則金自流行, 子必招矣,
미 득 생 생 지 묘   능 산 기 재   즉 금 자 류 행   자 필 초 의

자세히 살펴보면 다 재성이 지나치게 축장(蓄藏)되어 유행이 안 되기 때문이다.
재(財)가 유행치 않으니 가을의 金이 土를 만나 더욱 견고하여 생의(生意)가 절(絶)
되었다. 대체로 재물은 많으나 자식이 없는 것은 다 이러한 종류의 격(格)들이다.
고로 아들이 없는 사람은 그 성정(性情)이 반드시 심히 인색하다.

재물을 나누어 주면 사람이 모이는 것을 모르고 만약 부자인 사람이 자식이
없으면 재물을 가볍게 보고 그 친족(親族) 중의 가난한 사람에게 나누어 주어 가난
을 면하게 하여 주면 어찌 자식이 없음을 근심하겠는가.

이와 같은 명조는 金氣가 너무 견고한데 水가 천간으로 나타나지 않아 生生의
묘(妙)가 없기 때문이다. 모름지기 그 재물을 나누어 주면 金氣가 유행하게 되어
자식이 반드시 있게 된다.

*鄙(비)-더러울 비. 인색할 비.
*吝(린)-인색할 린. 아낄 린.
*散(산)-흩을 산.
*聚(취)-모일 취.
*寡(과)-적을 과.

*堅(견)-굳을 견.
*招(초)-부를 초. 구할 초.
*倘使(당사)-부사어로 만약. 만일. 가설(假
 說)을 나타내는 말임.

然散亦有功過, 散財于僧道, 有過無功, 散財于親族, 有功無過, 修
연산역유공과　산재우승도　유과무공　산재우친족　유공무과　수

德獲報, 人事原可挽回, 作善降祥, 天心詎難感召, 壽本五福之首,
덕획보　인사원가만회　작선강상　천심거난감소　수본오복지수

壽而無子, 終于無益, 與其富壽而無子, 不若貧壽而有子也,
수이무자　종우무익　여기부수이무자　불약빈수이유자야

　그러나 재물을 쓰는 데에도 공과(功過)가 있으니 재물을 종교에 쓰는 것은 유과
무공(有過無功)이고 친족에 쓰는 것은 유공무과(有功無過)인 것이다.

　덕을 베풀면 하늘의 보답을 받는 것이니 인간사 모든 일이 바로 돌아가게 된
다. 선(善)을 행하면 상서로움이 내리는 것이니 하늘의 감소(感召)함이 어찌 어렵
겠는가.

　수(壽)는 오복의 으뜸이나 자식이 없이 수를 누리는 것은 끝내 유익함이 없는
것이니 자식이 없이 부자로 수를 누리는 것은 가난하더라도 자식이 있이 수를
누리는 것만 못하다.

*獲(획)－얻을 획. 맞힐 획.   *詎(거)－어찌 거. 몇 거.
*挽(만)－당길 만. 끌 만. 만(輓) 仝.   *感召(감소)－감화(感化). 또는 감응(感應).
*挽回(만회)－바로잡아 돌이킴.   *祥(상)－복 상. 재앙 상. 자세할 상.

역자주 | 五福(오복)： 수(壽), 부(富), 강녕(康寧), 유호덕(攸好德), 고종명(考終命) 또는 수(壽), 부
(富), 귀(貴), 강녕(康寧), 자손중다(子孫衆多)를 말한다.

何知其人夭. 氣濁神枯了.
하 지 기 인 요　 기 탁 신 고 료

　그 사람이 일찍 죽을 것을 어떻게 아는가. 기(氣)가 탁하고 신고(神枯)하기
때문이다.

原注원주

氣濁神枯之命. 極易看. 印綬太旺. 日主無着落. 財殺太旺. 日主无依
기 탁 신 고 지 명   극 이 간   인 수 태 왕   일 주 무 착 락   재 살 태 왕   일 주 무 의

倚. 忌神與喜神雜而戰. 四柱與用神反而絶. 沖而不和. 旺而無制. 濕
의   기 신 여 희 신 잡 이 전   사 주 여 용 신 반 이 절   충 이 불 화   왕 이 무 제   습

而滯. 燥而鬱. 精流氣洩. 月悖時脫. 此皆無壽之人也.
이 체   조 이 울   정 류 기 설   월 패 시 탈   차 개 무 수 지 인 야

【원주】

기(氣)가 탁하고 신(神)이 마른 사주는 보기가 쉽다. 인수가 태왕하여 일주가 뿌리
내릴 곳이 없거나 재살이 태왕하여 일주가 의지할 곳이 없거나, 기신과 희신이 섞여
서 전극(戰剋)하고 있거나, 사주와 용신이 도리어 절(絶)되어 있거나, 충(沖)하여 불화
하고, 왕한데 제(制)함이 없고, 습(濕)하여 막히고, 조(燥)하여 답답하고, 정기(精氣)가
설기되고, 월령이 어그러지고, 時가 이탈하는 것들은 다 수명이 짧은 것들이다.

*依(의) - 의지할 의. 좇을 의.
*倚(의) - 기댈 의. 믿을 의. 기이할 기.
*滯(체) - 막힐 체. 쌓일 체. 남을 체.
*燥(조) - 마를 조. 말릴 조.

*鬱(울) - 산앵도나무 울. 우거질 울. 막을
울. 막힐 울.
*悖(패. 발) - 어그러질 패. 우쩍 일어날 발.
勃(발)과 통용.

任氏曰임씨왈,

氣濁神枯之命, 易中之難看者, 氣濁神枯四字, 可分言之, 濁字作
기 탁 신 고 지 명   이 중 지 난 간 자   기 탁 신 고 사 자   가 분 언 지   탁 자 작

一弱字論, 氣濁者, 日主失令, 用神淺薄, 忌神深重, 提綱與時支
일 약 자 론   기 탁 자   일 주 실 령   용 신 천 박   기 신 심 중   제 강 여 시 지

不照, 年支與日支不和, 喜沖而不沖, 忌合而反合, 行運與喜用
부 조   년 지 여 일 지 불 화   희 충 이 불 충   기 합 이 반 합   행 운 여 희 용

無情, 反與忌神結黨, 雖不壽而有子,
무 정   반 여 기 신 결 당   수 불 수 이 유 자

임 선생님이 말씀하였다.

기탁(氣濁) 신고(神枯)한 명은 쉬운 가운데 보기가 어려우니 기탁(氣濁), 신고(神
枯) 이 네 자는 나누어 말하여야 한다.

탁은 약하다고 논할 수 있으니 기가 탁하다는 것은 일주가 실령(失令)하고, 용신이 천박(淺薄)하고, 기신이 심중(深重)하고, 제강(提綱)과 時支가 돕지 않고, 年支와 日支가 불화하고, 충이 기쁜데 충하지 않고, 합을 꺼리는데 합을 하고, 행운(行運)이 희신이나 용신에게 무정하고, 도리어 기신이 무리를 이루는 것 등은 비록 수(壽)하지는 못해도 자식은 둔다.

神枯者, 身弱而印綬太重, 身旺而剋洩全無, 然重用印, 而財星壞
신 고 자　신 약 이 인 수 태 중　신 왕 이 극 설 전 무　연 중 용 인　이 재 성 괴

印, 身弱無印, 而重疊食傷, 或金寒水冷而土濕, 或火焰土燥而木
인　신 약 무 인　이 중 첩 식 상　혹 금 한 수 냉 이 토 습　혹 화 염 토 조 이 목

枯者, 皆夭而無子也,
고 자　개 요 이 무 자 야

신고(神枯)라고 하는 것은 신약한데 인수(印綬)가 태중한 것, 신왕한데 극설(剋洩)이 전무(全無)한 것, 인수가 용신인데 재성이 극하는 것, 신약에 인수가 없는 것, 식상이 중첩한 것, 혹 금한(金寒) 수냉(水冷)하고 토습(土濕)한 것, 혹 화염(火焰) 토조(土燥)하고 목고(木枯)한 것 등은 다 자식을 두지 못할 뿐더러 요사(夭死)한다.

*枯(고)-마를 고(초목이 마름). 마른나무 고　*疊(첩)-겹쳐질 첩. 포개질 첩.
　(말라서 죽은 나무).　　　　　　　　　　　*焰(염)-불꽃 염.
*綬(수)-끈 수. 인끈 수.　　　　　　　　　　*燥(조)-마를 조. 말릴 조.
*壞(괴)-무너뜨릴 괴. 무너질 괴.　　　　　　*夭(요)-일찍 죽을 요. 무성할 요. 예쁠 요.

```
辛 丙 乙 乙
卯 辰 酉 丑

己 庚 辛 壬 癸 甲
卯 辰 巳 午 未 申
```

此造三印扶身, 辰酉合而不沖, 四柱無水, 似乎中格, 第支皆溼土,
차조삼인부신 진유합이불충 사주무수 사호중격 제지개습토

晦火生金, 辰乃木之餘氣, 與酉合財, 木不能托根, 與酉化金, 則
회화생금 진내목지여기 여유합재 목불능탁근 여유화금 즉

木反被其損, 天干兩乙, 地支不載, 凋可知矣, 由此推之, 日元虛
목반피기손 천간양을 지지부재 조가지의 유차추지 일원허

弱, 至午運, 破酉衛卯, 得一子, 辛巳全會金局壞印, 則元氣大傷,
약 지오운 파유위묘 득일자 신사전회금국괴인 즉원기대상

會財則財極必反, 夫婦雙亡,
회재즉재극필반 부부쌍망

이 명조는 세 개의 인수가 일주를 생하고 辰酉 합이 있어 충이 해소되고 사주에 水가 없으니 마치 중격(中格)은 되는 것 같으나 그러나 지지가 다 습토로 火를 설하여 金을 생하고 있다.

辰은 木의 여기(餘氣)이나 酉와 합하여 재(財)로 돌아가니 木이 뿌리내리기 어려운데 金으로 돌아간즉 木이 도리어 손상을 입는다. 천간의 양(兩) 乙木은 지지에서 싣지 않아 木이 조고(凋枯)함을 가히 알 수 있다.

이와 같이 볼 때 일주가 허약하다. 午 운에 이르러 酉金을 극하여 卯木을 보호하니 아들을 하나 낳았다. 辛巳 대운은 巳酉丑 金局을 이루어 인수를 극하니 원기가 크게 손상되는데 재국(財局)을 이루면 재(財)가 너무 강해져 반드시 일주가 감당할 수 없게 되니 부부가 다 사망하였다.

*托(탁) - 맡길 탁.　　　　　　　　　*衛(위) - 막을 위. 방위 위.
*凋(조) - 시들 조. 느른할 조.　　　　*雙(쌍) - 쌍 쌍. 견줄 쌍.

$$戊 \quad 辛 \quad 戊 \quad 己$$
$$戌 \quad 亥 \quad 辰 \quad 丑$$

$$壬 \quad 癸 \quad 甲 \quad 乙 \quad 丙 \quad 丁$$
$$戌 \quad 亥 \quad 子 \quad 丑 \quad 寅 \quad 卯$$

此重重厚土, 埋藏脆嫩之金, 五行無木, 未得疏揚之利, 一點亥水
차 중 중 후 토　매 장 취 눈 지 금　오 행 무 목　미 득 소 양 지 리　일 점 해 수

剋絶, 支藏甲乙, 無從引助, 然春土氣虛, 藏財可用, 初運東方木
극 절　지 장 갑 을　무 종 인 조　연 춘 토 기 허　장 재 가 용　초 운 동 방 목

地, 庇蔭有餘, 寅運得一子, 乙丑運, 土又通根而夭,
지　비 음 유 여　인 운 득 일 자　을 축 운　토 우 통 근 이 요

이 명조는 후중한 土가 겹겹이 많으니 약한 金이 매장되는 형국이다. 사주에 木이 없어 소토(疏土)하는 이로움을 얻지 못하고 있다. 일점 亥水는 土에 의하여 극절되어 지지에 암장되어 있는 甲乙 木을 인조(引助)치 못하고 있다.

그러나 春土는 기가 허(虛)하니 암장된 재성을 용신으로 한다. 초년 운이 동방 木地로 선대의 음덕이 넉넉하였다. 寅 운에 아들 하나를 낳았다. 乙丑 운에 土가 또 통근하니 요절하였다.

*脆(취)-무를 취. 연할 취.
*嫩(눈)-어릴 눈.
*疏(소)-트일 소. 틀 소. 멀 소. 疏(소)와 仝.
*揚(양)-오를 양. 날릴 양. 나타날 양.
*絶(절)-끊을 절. 끊어질 절. 뛰어날 절.
*庇(비)-덮을 비. 감쌀 비.
*蔭(음)-그늘 음. 해 그림자 음. 가릴 음.
*通(통)-통할 통. 온통 통.

```
壬 甲 壬 壬
申 寅 寅 寅

戊 丁 丙 乙 甲 癸
申 未 午 巳 辰 卯
```

春木重逢祿, 支得申時, 似乎時殺留淸, 不知木旺金缺, 必要有火
춘 목 중 봉 록   지 득 신 시   사 호 시 살 유 청   부 지 목 왕 금 결   필 요 유 화

爲佳, 天干三壬, 寅中丙火受剋, 神枯可知, 至丙運, 逢三壬回剋,
위 가   천 간 삼 임   인 중 병 화 수 극   신 고 가 지   지 병 운   봉 삼 임 회 극

家業敗盡, 夭而無子, 凡水木並旺無土者, 最忌火運, 卽不傷身,
가 업 패 진   요 이 무 자   범 수 목 병 왕 무 토 자   최 기 화 운   즉 불 상 신

刑耗異常, 若俗論必用申金, 丙火剋金之故也, 如丙火剋金爲害,
형 모 이 상   약 속 론 필 용 신 금   병 화 극 금 지 고 야   여 병 화 극 금 위 해

則前之乙巳運, 緊剋申金, 而且三刑, 何反美乎,
즉 전 지 을 사 운   긴 극 신 금   이 차 삼 형   하 반 미 호

춘목이 거듭 녹(祿)을 만나고 지지에 申金이 있으니 마치 時의 살이 청(淸)하게
머무른 것 같으나 그것은 木이 왕하여 金이 이지러지는 것을 모르고 하는 말이다.
반드시 火가 있어야 아름답다. 천간으로 壬水가 세 개가 있어 寅中의 丙火가 극
을 받으니 신고(神枯)함을 가히 알 수 있다. 丙 대운에 이르러 세 개의 壬水가
丙火를 극하니 가업을 패진(敗盡)하고 아들도 두지 못하고 요사(夭死)하였다.

대저 水木이 함께 왕한데 원국에 土가 없으면 화운(火運)을 제일로 꺼리니 곧
몸을 상하지 않으면 형모가 대단하다. 만약 속론(俗論)하여 申金으로 용신을 삼는
다면 丙火가 金을 극하여 일어난 변고라고 할 것이다. 丙火가 金을 극하여 일어난
해(害)라면 앞서 乙巳 대운은 申金을 바로 가까이서 극하며 또 삼형(三刑)이 이루
어지는데 어찌 도리어 아름다웠는가.

*留(유. 류)-머무를 유. 정지하다. 뒤지다.　　*刑(형)-형벌 형. 법 형.
　지체하다. 늦다.　　　　　　　　　　　　*耗(모)-벼 모. 덜 모. 耗는 재물이 흩어짐
*盡(진)-다할 진. 다 진. 가령 진.　　　　　　을 이름.
*夭(요)-일찍 죽을 요. 무성할 요. 예쁠 요.　*緊(긴)-굳을 긴. 급할 긴. 팽팽할 긴.

癸　癸　辛　辛
丑　酉　丑　丑

乙　丙　丁　戊　己　庚
未　申　酉　戌　亥　子

此重重溼土, 疊疊寒金, 癸水濁而且凍, 所謂陰之甚, 寒之至者也,
차 중 중 습 토　첩 첩 한 금　계 수 탁 이 차 동　소 위 음 지 심　한 지 지 자 야

毫無生發, 氣濁神枯, 故其人愚昧不堪, 一事無成, 至戊戌運, 生
호 무 생 발　기 탁 신 고　고 기 인 우 매 불 감　일 사 무 성　지 무 술 운　생

金剋水而夭, 以俗論之, 兩干不雜, 金水雙清, 地支三朋, 殺印相
금 극 수 이 요　이 속 론 지　양 간 부 잡　금 수 쌍 청　지 지 삼 붕　살 인 상

生之美, 定爲貴格, 前則春木帶嫩金, 斲削成大器, 皆作名利兩全
생 지 미　정 위 귀 격　전 즉 춘 목 대 눈 금　착 삭 성 대 기　개 작 명 리 양 전

之格也, 不知夭命, 皆類此格, 學者宜深究之,
지 격 야　부 지 요 명　개 류 차 격　학 자 의 심 구 지

　이 명조는 습토(溼土)가 겹겹이고 한금(寒金)이 첩첩(疊疊)인데 癸水는 탁하고 또
얼어 있어 소위 음(陰)이 깊고 한(寒)이 지극하다. 터럭만큼도 생발(生發)의 기운이
없으니 기탁(氣濁), 신고지상(神枯之象)이다. 고로 사람이 우매하기 그지없고 하나도
이룬 것이 없다. 戊戌 운에 이르러 金을 생하고 水를 극하니 요절(夭折)하였다.
　속론하면 양간(兩干)이 부잡(不雜)하고 金水가 쌍청(雙清)하며 지지론 삼붕(三朋)
이 살인상생하니 사주가 아름다워 귀격이 확실하다고 할 것이다.
　앞의 사주는 春木이 약한 金을 만나 木을 다듬어 큰 그릇을 이루니 다 명리가
양전(兩全)한 격이라 할 것이나 그러나 일찍 죽는 명조는 다 이러한 격들이니 배우
는 자는 마땅히 깊이 연구하여야 한다.

*疊(첩)-겹쳐질 첩. 포개질 첩.
*毫(호)-잔털 호. 조금 호. 무게나 길이의
　단위. 1리(釐)의 10분의 1.
*昧(매)-어두울 매. 탐할 매.
*堪(감)-견딜 감. 맡을 감.

*帶(대)-띠 대. 두를 대. 찰 대.
*嫩(눈)-어릴 눈.
*斲(착)-깎을 착.
*削(삭)-깎을 삭. 빼앗을 삭.

女命章여명장

論夫論子要安祥. 氣靜平和婦道章. 三奇二德虛好語. 咸
논 부 논 자 요 안 상　　기 정 평 화 부 도 장　　삼 기 이 덕 허 호 어　　함

池驛馬半推詳.
지 역 마 반 추 상

　　지아비를 논하거나 자식을 논함에는 안상(安祥)함을 요(要)하고 기가 고요하고 화평하면 부도(婦道)가 유순하다. 삼기(三奇)나 이덕(二德)은 말만 좋을 뿐 허황한 것이다. 함지(咸池)나 역마(驛馬)는 반만 참작하라.

原注원주

局中官星明順. 夫貴而吉. 理自然矣. 若官星太旺. 以傷官爲夫. 官星
국 중 관 성 명 순　　부 귀 이 길　이 자 연 의　　약 관 성 태 왕　　이 상 관 위 부　　관 성

太微. 以財爲夫. 比肩旺而無官. 以傷官爲夫. 傷官旺而無財官. 以印
태 미　이 재 위 부　　비 견 왕 이 무 관　　이 상 관 위 부　　상 관 왕 이 무 재 관　　이 인

爲夫. 滿局官星欺日主者. 喜印綬而夫不剋身也. 滿局印綬洩官星之氣
위 부　만 국 관 성 기 일 주 자　　희 인 수 이 부 불 극 신 야　　만 국 인 수 설 관 성 지 기

者. 喜財星而身不剋夫也.
자　희 재 성 이 신 불 극 부 야

【원주】

　　사주에 관성이 맑고 좋으면 지아비가 자연 귀(貴)히 되며 길(吉)하다. 만약 관성이 태왕하면 상관(傷官)을 지아비로 삼고, 관성이 지극히 미약하면 재(財)를 지아비로 한다. 비견이 왕한데 관이 없으면 상관(傷官)을 지아비로 삼고, 상관이 왕한데 재관(財官)이 없으면 인수(印綬)를 지아비로 한다.

　　사주에 관성이 가득하여 일주를 깔볼 때 인수가 있어 기쁘게 되면 지아비가 일주를 극하지 않는다. 사주에 인수가 가득하여 관성의 기를 설(洩)할 때 재성이 있어

기쁘게 되면 일주는 지아비를 극하지 않는다.

大體與男命論子論貴之理相似. 局中傷官清顯. 子貴而親. 不必言也.
대체여남명논자논귀지리상사 국중상관청현 자귀이친 불필언야

若傷官太旺. 以印爲子. 傷官太微. 以比肩爲子. 印綬旺而無傷官者.
약상관태왕 이인위자 상관태미 이비견위자 인수왕이무상관자

以財爲子也. 財神旺而洩食傷者. 以比肩爲子也. 不必專執官星而論夫.
이재위자야 재신왕이설식상자 이비견위자야 불필전집관성이론부

專執傷食而論子. 但以安祥順靜爲貴. 二德三奇不必論. 咸池驛馬縱有
전집상식이론자 단이안상순정위귀 이덕삼기불필론 합지역마종유

驗. 總之于理不長. 其中究論. 不可不詳.
험 총지우리부장 기중구론 불가불상

　　대체로 남명(男命)과 더불어 (女命에서도) 자식과 귀(貴)를 보는 것은 같다. 사주에
상관이 청현(淸顯)하면 자식이 귀(貴)히 되고 친한 것은 말할 필요가 없다.

　　만약 상관이 태왕하면 인수를 자식으로 하고 상관이 태미(太微)하면 비견을 자식
으로 한다. 인수가 왕한데 상관이 없으면 재(財)를 자식으로 하고 재가 왕한데 식상
이 설하면 비견을 자식으로 한다.

　　오로지 관성(官星)만을 지아비로 고집하여서는 안 되며 또한 식상만을 자식이라고
논하여도 안 되는 것이다. 단지 안상(安祥)되고 순정(順靜)함을 귀(貴)로 하는 것이다.

　　이덕(二德)이나 삼기(三奇)는 논할 필요가 없고 함지(咸池)나 역마(驛馬)가 비록 응
험(應驗)이 있다 하여도 한마디로 말하여 그 이치는 거리가 먼 것이니 사주 중에서
탐구하고 논하여야 하며 자세히 보지 않으면 안 된다.

任氏曰임씨왈,

女命者, 先觀夫星之盛衰, 則知其貴賤也, 次察格局之清濁, 則知
여명자 선관부성지성쇠 즉지기귀천야 차찰격국지청탁 즉지

其賢愚也, 淫邪嫉妒, 不離四柱之情, 貞靜端莊, 總在五行之理,
기현우야 음사질투 불리사주지정 정정단장 총재오행지리

是以審察宜精,
시이심찰의정

임 선생님이 말씀하였다.

여명(女命)은 먼저 부성(夫星)의 성쇠(盛衰)를 보아 귀천을 알 수 있고 다음은 격국의 청탁을 살펴 그 사람의 현우(賢愚)를 아는 것이다.

음사(淫邪)와 질투도 사주의 정황에 달려있는 것이고 정숙하고 고요하며 행동이 바른 것도 오로지 오행의 이치인 것이니 이러므로 정확하고 깊이 있게 살펴야 한다.

貞婦不遭謬妄, 詳究宜確, 淫穢難逃正論, 二德三奇, 乃好事之妄造,
정부부조류망　상구의확　음예난도정론　이덕삼기　내호사지망조

咸池驛馬, 是後人之謬言, 不孝翁姑, 只爲財輕刼重, 不敬丈夫,
함지역마　시후인지류언　불효옹고　지위재경겁중　불경장부

皆因官弱身强, 官星明顯, 夫主崢嶸, 氣靜和平, 婦道柔順,
개인관약신강　관성명현　부주쟁영　기정화평　부도유순

정숙한 지어미는 류망(謬妄)을 만나지 않으니 자세히 궁구하여 마땅히 확실하여야 한다. 음예(淫穢)도 정론을 벗어날 수 없는 것이다. 이덕(二德), 삼기(三奇) 등은 호사가들이 망령되이 만들어낸 것들이고 함지(咸池), 역마(驛馬) 등도 후인들의 잘못된 말이다.

시부모에게 불효하는 것은 단지 재(財)가 가볍고 비견겁이 중(重)한 때문이고 지아비를 공경치 않는 것은 다 관(官)이 약하고 일주가 강하기 때문이다. 관성이 명현(明顯)하면 지아비가 뛰어나고 기(氣)가 고요하고 화평하면 부도(婦道)가 유순하다.

*謬(류)-그릇될 류. 어긋날 류.　　*淫穢(음예)-음란하고 더러움.
*妄(망)-허망할 망. 거짓 망.　　*崢(쟁)-가파를 쟁.
*淫(음)-담글 음. 방탕할 음. 음란할 음.　　*嶸(영)-가파를 영.
*穢(예)-거칠 예. 더러울 예.　　*崢嶸(쟁영)-험준한 모양. 가파른 모양.

若乃官星太旺, 無比刦以印爲夫, 有比刦而無印綬者, 以傷食爲夫,
약 내 관 성 태 왕　 무 비 겁 이 인 위 부　 유 비 겁 이 무 인 수 자　 이 상 식 위 부

官星太弱, 有傷官, 以財爲夫, 無財星而比刦旺者, 亦以傷食爲夫,
관 성 태 약　 유 상 관　 이 재 위 부　 무 재 성 이 비 겁 왕 자　 역 이 상 식 위 부

滿盤比刦而無印無官者, 又以傷食爲夫, 滿局印綬而無官無傷者, 以
만 반 비 겁 이 무 인 무 관 자　 우 이 상 식 위 부　 만 국 인 수 이 무 관 무 상 자　 이

財爲夫, 傷官旺, 日主衰, 以印爲夫,
재 위 부　 상 관 왕　 일 주 쇠　 이 인 위 부

관성이 태왕하고 비겁이 없으면 인수(印綬)로 지아비를 삼고, 비겁이 있고 인수가 없으면 식상으로 지아비를 삼는다. 관성이 태약하고 상관이 있으면 재(財)로 지아비를 삼고, 재성이 없고 비겁이 왕하면 역시 식상으로 지아비를 삼는다.

사주에 비겁이 가득한데 인수나 관이 없으면 또한 식상(食傷)으로 지아비를 삼는다. 사주에 인수가 가득한데 관이나 상관이 없으면 재로 지아비를 삼고, 상관이 왕하고 일주가 쇠(衰)하면 인수로 지아비를 삼는다.

日主旺, 食傷多, 以財爲夫, 官星輕, 印綬重, 亦以財爲夫, 財乃夫
일 주 왕　 식 상 다　 이 재 위 부　 관 성 경　 인 수 중　 역 이 재 위 부　 재 내 부

之恩星, 女命身旺無官, 財星得令得局者, 上格也, 若論刑傷, 又
지 은 성　 여 명 신 왕 무 관　 재 성 득 령 득 국 자　 상 격 야　 약 론 형 상　 우

有生剋之理存焉, 官星微, 無財星, 日主强, 傷官重, 必剋夫, 官星
유 생 극 지 리 존 언　 관 성 미　 무 재 성　 일 주 강　 상 관 중　 필 극 부　 관 성

微, 無財星, 比刦旺, 必欺夫, 官星微, 無財星, 日主旺, 印綬重, 必
미　 무 재 성　 비 겁 왕　 필 기 부　 관 성 미　 무 재 성　 일 주 왕　 인 수 중　 필

欺夫剋夫,
기 부 극 부

일주가 왕하고 식상이 많으면 재(財)로 지아비를 삼고, 관성이 경하고 인주가 중하면 역시 재(財)로 지아비를 삼는다. 재(財)는 부(夫)의 은성(恩星)이다. 여명(女命)에 신왕하고 관이 없어도 재성이 득령하였거나 국(局)을 이루었으면 상격(上格)이다. 형상(刑傷)을 논함에 오직 생극의 이치가 있을 뿐이다.

관성이 미약한데 재성이 없고 일주가 강하고 상관이 중(重)하면 반드시 극부(剋夫)한다. 관성이 미약하고 재성이 없는데 비겁이 왕하면 반드시 지아비를 깔본다. 관성이 약하고 재성이 없는데 일주가 왕하고 인수가 중(重)하면 반드시 지아비를 깔볼뿐더러 극부(剋夫)한다.

*刑傷(형상)-극부(剋夫)와 극자(剋子)를 이르는 말임.
*微(미)-작을 미. 정묘할 미. 천할 미.

*欺(기)-속일 기. 거짓말할 기. 업신여길 기〔陵也〕. 속을 기.

官星弱, 印綬多, 無財星, 必剋夫, 比刦旺而無官, 印旺無財, 必剋
관 성 약　인 수 다　무 재 성　필 극 부　비 겁 왕 이 무 관　인 왕 무 재　필 극

夫, 官星旺, 印綬輕, 必剋夫, 比刦旺, 無官星, 有傷官, 印綬重,
부　관 성 왕　인 수 경　필 극 부　비 겁 왕　무 관 성　유 상 관　인 수 중

必剋夫, 食神多, 官星微, 有印綬, 遇財星, 必剋夫, 凡女命之夫星,
필 극 부　식 상 다　관 성 미　유 인 수　우 재 성　필 극 부　범 여 명 지 부 성

卽是用神, 女命之子星, 卽是喜神, 不可專論官星爲夫, 傷食爲子,
즉 시 용 신　여 명 지 자 성　즉 시 희 신　불 가 전 론 관 성 위 부　상 식 위 자

관성이 약하고 인수가 많은데 재성이 없으면 반드시 극부(剋夫)한다. 비겁이 왕한데 관이 없고 인수가 왕한데 재(財)가 없으면 반드시 극부(剋夫)한다. 관성이 왕한데 인수가 경(輕)하면 반드시 극부(剋夫)한다. 비겁이 왕한데 관성이 없고 상관이 있는데 인수가 중(重)하면 반드시 극부(剋夫)한다.

식신이 많고 관성이 미미(微微)할 때 인수가 있는데 재성을 만나면 반드시 극부(剋夫)한다.

대저 여명(女命)에 있어 부성(夫星)은 곧 용신이고 여명(女命)에서 자식은 곧 희신이니 오로지 관성을 지아비로 하고 식상을 자식으로 논하면 안 된다.

*遇(우)-만날 우. 대접할 우. 뜻밖에 우.
*傷(상)-다칠 상. 해칠 상. 근심할 상.

*專(전)-오로지 전. 오로지 할 전. 전일(專一)할 전. 제멋대로 할 전.

日主旺, 傷官旺, 無印綬, 有財星, 子多而貴, 日主旺, 傷官旺, 無
일 주 왕　상 관 왕　무 인 수　유 재 성　자 다 이 귀　일 주 왕　상 관 왕　무

財印, 子多而强, 日主旺, 傷官輕, 有印綬, 財得局, 子多而富, 日
재 인　자 다 이 강　일 주 왕　상 관 경　유 인 수　재 득 국　자 다 이 부　일

主旺, 無食傷, 官得局, 子多而賢, 日主旺, 無食傷, 有財星, 無官
주 왕　무 식 상　관 득 국　자 다 이 현　일 주 왕　무 식 상　유 재 성　무 관

殺, 子多而能, 日主弱, 食傷重, 有印綬, 無財星, 必有子, 日主弱,
살　자 다 이 능　일 주 약　식 상 중　유 인 수　무 재 성　필 유 자　일 주 약

食傷輕, 無財星, 必有子,
식 상 경　무 재 성　필 유 자

　　일주가 왕하고 상관도 왕한데 인수(印綬)가 없고 재성이 있으면 자식이 많고
귀(貴)히 된다. 일주가 왕하고 상관이 왕할 때 재(財)와 인수가 없으면 자식이 많고
힘이 있다. 일주가 왕하고 상관이 경(輕)한데 인수가 있으면 재성이 국을 이루어야
자식이 많고 부자이다.
　　일주가 왕하고 식상이 없을 때 관이 국(局)을 이루면 자식이 많고 현명하다. 일주
가 왕하고 식상이 없고 재성이 있을 때 관살이 없으면 자식이 많고 능력(能力)
있다. 일주가 약하고 식상이 중(重)하고 인수가 있을 때는 재성이 없어야 반드시
자식이 있다. 일주가 약하고 식상이 경(輕)할 때는 재성이 없어야 반드시 자식이
있다.

| 역자주 | 밑줄의 설명은 조금 이해가 어렵다. |

　　일주가 왕하고 식상이 없고 재성이 있으면 재가 비견겁으로 겁탈되는데 이런 때는 식상이
있거나 관살이 있어야 재가 온전한데 관살이 없어야 자식이 많고 능력 있다고 설명하니 이
해하기 어렵다.
　　전체적인 뜻은 일주가 왕할 때 식상이나 관살이 없어도 재성이 있으면 자식이 많고 능력이
있다는 뜻 같으나 그러나 일주가 왕할 때는 식상이나 관살이 있어야 재성이 보호된다.

日主弱, 財星輕, 官印旺, 必有子, 日主弱, 官星旺, 無財星, 有印
일주약 재성경 관인왕 필유자 일주약 관성왕 무재성 유인

綏, 必有子, 日主弱, 無官星, 有傷刦, 必有子, 日主旺, 有印綏,
수 필유자 일주약 무관성 유상겁 필유자 일주왕 유인수

無財星, 子必少,
무재성 자필소

　일주가 약하고 재성이 경(輕)할 때 관과 인수가 왕하면 반드시 자식이 있다. 일주가 약하고 관성이 왕할 땐 재성이 없고 인수(印綏)가 있으면 반드시 자식이 있다. 일주가 약하고 관성이 없을 때 식상이 있고 비겁이 있으면 반드시 자식이 있다. 일주가 왕하고 인수가 있는데 재성이 없으면 자식이 반드시 적다.

日主旺, 比肩多, 無官星, 有印綏, 子必少, 日主旺, 印綏重, 無財
일주왕 비견다 무관성 유인수 자필소 일주왕 인수중 무재

星, 必無子, 日主弱, 傷官重, 印綏輕, 必無子, 日主弱, 財星重,
성 필무자 일주약 상관중 인수경 필무자 일주약 재성중

逢印綏, 必無子, 日主弱, 官殺旺, 必無子, 日主弱, 食傷旺, 無印
봉인수 필무자 일주약 관살왕 필무자 일주약 식상왕 무인

綏, 必無子,
수 필무자

　일주가 왕하고 비견이 많은데 관성이 없고 인수가 있으면 자식이 반드시 적다. 일주가 왕하고 인수가 중(重)한데 재성이 없으면 반드시 자식이 없다. 일주가 약하고 상관이 중(重)한데 인수가 가벼우면 반드시 자식이 없다.

　일주가 약하고 재성이 중(重)할 때는 인수를 만나도 반드시 자식이 없다. 일주가 약하고 관살(官殺)이 왕하면 반드시 자식이 없다. 일주가 약하고 식상이 왕하고 인수가 없으면 반드시 자식이 없다.

*肩(견)-어깨 견. 견디다. 이겨내다.　　*輕(경)-가벼울 경. 가벼이 여길 경.
*綏(수)-끈 수. 인끈 수.　　*逢(봉)-만날 봉. 맞을 봉.

火炎土燥, 無子, 土金溼滯, 無子, 水泛木浮, 無子, 金寒水冷, 無
화염토조 무자 토금습체 무자 수범목부 무자 금한수냉 무

子, 重疊印綬, 無子, 財官太旺, 無子, 滿局食傷, 無子, 以上無子
자 중첩인수 무자 재관태왕 무자 만국식상 무자 이상무자

者, 有一必剋夫, 不剋夫亦夭,
자 유일필극부 불극부역요

火가 염염하고 土가 조열하면 자식이 없다. 土金이 습하여 막히면 자식이 없다.
水가 범람하여 木이 뜨면 자식이 없다. 金이 차갑고 水가 냉(冷)하면 자식이 없다.
인수가 중첩하면 자식이 없다. 재관이 태왕하면 자식이 없다. 식상이 가득하면
자식이 없다.

이상은 자식이 없는 명조들인데 만일 자식을 두게 되면 지아비를 극하거나 극하
지 않으면 요사(夭死)한다.

至於淫邪之說, 亦究四柱之神,
지어음사.지설 역구사주지신

日主旺, 官星微, 無財星, 日主足以敵之者,
일주왕 관성미 무재성 일주족이적지자

日主旺, 官星微, 傷食重, 無財星, 日主足以欺之者,
일주왕 관성미 상식중 무재성 일주족이기지자

日主旺, 官星弱, 日主之氣, 生助他神而去之者,
일주왕 관성약 일주지기 생조타신이거지자

日主旺, 官星弱, 官星之氣, 合日主而化者,
일주왕 관성약 관성지기 합일주이화자

음사(淫邪)를 말할 것 같으면 사주에 있는 오행을 자세히 살펴봐야 한다.

일주가 왕하고 관성이 약한데 재성이 없어 일주가 관성을 족히 대적하는 것,
일주가 왕하고 관성이 미미한데 식상이 중하고 재(財)가 없어 일주가 족히 관을
깔보는 것, 일주가 왕하고 관성이 약한데 일주의 기(氣)가 타신을 생하여 관성을
제거하는 것, 일주가 왕하고 관성이 약한데 관성이 일주와 합하여 화(化)한 것,

日主旺, 官星弱, 官星之氣, 依日主之勢者,
<small>일 주 왕　 관 성 약　 관 성 지 기　 의 일 주 지 세 자</small>

日主弱, 無財星, 有食傷, 逢印綬, 日主自專其主者,
<small>일 주 약　 무 재 성　 유 식 상　 봉 인 수　 일 주 자 전 기 주 자</small>

日主旺, 無財星, 官星輕, 食傷重, 官星無依倚者,
<small>일 주 왕　 무 재 성　 관 성 경　 식 상 중　 관 성 무 의 의 자</small>

日主旺, 官無根, 日主不顧官星, 合財星而去者,
<small>일 주 왕　 관 무 근　 일 주 불 고 관 성　 합 재 성 이 거 자</small>

일주가 왕하고 관성이 약하여 관성의 기(氣)가 일주의 세력에 의지하는 것, 일주가 약하고 재성이 없고 식상이 있는데 인수를 만나 일주 스스로 오로지 주(主)가 되는 것, 일주가 왕하고 재성이 없고 관성이 경(輕)하고 식상이 중하여 관성이 의지할 데가 없는 것, 일주가 왕하고 관이 뿌리가 없어 일주가 돌아보지 않는데 일주가 재성과 합하여 가는 것,

> **역자주** 밑줄의 뜻은 애매하다.
> 일주가 약하다면 재성이나 식상은 없어야 하고 인수나 비겁이 있어야 한다. 식상이 있으면 인수가 있어야 아름답게 되는데 밑줄의 문장은 일주가 약하고 재성은 없고 식상이 있는데 인수가 있다 하였다. 인수가 있으면 사주가 좋게 되는데 어찌 일주가 인수의 공(功)을 버리고 홀로 주인 행세를 하는가.
> 혹 일주가 왕한데 재성은 없고 식상이 있는데 인수가 식상을 제(制)하는 신강(身强)한 사주를 일컫는 말인 것 같다. 즉, 日主旺, 無財星, 有食傷, 逢印綬(일주왕, 무재성, 유식상, 봉인수)이라야 맞는 말이다. 日主旺(일주왕)을 日主弱(일주약)이라고 잘못 필사(筆寫)한 것 같다. 독자들의 판단에 맡긴다.

日主弱, 傷食重, 印綬輕者,
<small>일 주 약　 상 식 중　 인 수 경 자</small>

日主弱, 食傷重, 無印綬, 有財星者,
<small>일 주 약　 식 상 중　 무 인 수　 유 재 성 자</small>

食傷當令, 財官失勢者, 官無財滋, 比刦生食傷者,
<small>식 상 당 령　 재 관 실 세 자　 관 무 재 자　 비 겁 생 식 상 자</small>

일주가 약하고 식상이 중(重)한데 인수가 가벼운 것, 일주가 약하고 식상이 중(重)한데 인수는 없고 재성이 있는 것, 식상이 당령하고 재관이 실세(失勢)한 것,

관성은 재(財)의 생조가 없고 비겁이 식상을 생하는 것,

滿局傷官無財者, 滿局官星無印者, 滿局比刦無食傷者, 滿局印綬,
만국상관무재자　만국관성무인자　　만국비겁무식상자　　만국인수

無財者, 皆淫賤之命也, 總之傷官不宜重, 重必輕佻美貌而多淫也,
무재자　개음천지명야　총지상관불의중　중필경조미모이다음야

傷官身弱有印, 身旺有財者, 必聰明美貌而貞潔也, 凡觀女命關系匪
상관신약유인　신왕유재자　필총명미모이정결야　범관여명관계비

小, 不可輕斷淫邪, 以瀆神怒, 然亦不可一例言命,
소　불가경단음사　이독신노　연역불가일예언명

　원국에 상관이 가득한데 재(財)가 없는 것, 원국에 관성이 가득한데 인수가 없는
것, 원국에 비겁이 가득한데 식상이 없는 것, 원국에 인수가 가득한데 재가 없는
것 등은 다 음천(淫賤)한 명조들이다.

　한마디로 말하여 상관이 무거운 것은 마땅치 않다. 무거운즉 반드시 행동이 경
박하고 용모는 아름다우나 음란하다. 상관이 많아 신약할 때 인수가 있거나 신왕
할 때 재가 있으면 반드시 총명하고 용모가 아름다울 뿐만 아니라 정숙하고 단정
하다.

　여명(女命)을 봄에 있어 관계되는 것이 적지 않으니 가볍게 음란하다거나 사특
(邪慝)하다고 판단하여서는 안 된다. 함부로 모독하면 신(神)의 노(怒)함을 사게 되
니 한 가지만을 가지고 명(命)을 말하는 것은 불가한 것이다.

*佻(조)-경박할 조. 도둑질할 조. 고달플
　조. 구차할 조.
*聰(총)-밝을 총.
*潔(결)-깨끗할 결. 깨끗이 할 결.

*匪(비)-아닐 비. 비적 비. 대상자 비. 담을
　비.
*瀆(독)-도랑 독. 큰 강 독. 더럽힐 독. 瀆과
　소.

或由祖宗遺孼, 或由家門氣數, 或由丈夫不肖, 或由母姑不良, 幼
혹유조종유얼　혹유가문기수　혹유장부불초　혹유모고불량　유

失閨訓, 或由氣習不善, 無謹飭閨門, 任其恣性越禮, 入寺燒香, 遊
실규훈　혹유기습불선　무근칙규문　임기자성월예　입사소향　유

玩看戲聽詞, 男女混雜, 初則階下敷陳, 久則內堂演說, 始而或言
완간희청사　남녀혼잡　초즉계하부진　구즉내당연설　시이혹언

賢孝節義之故事, 繼而漸及淫邪苟合之穢詞, 保無觸念動心乎,
현효절의지고사　계이점급음사구합지예사　보무촉념동심호

혹 선대의 흠결(欠缺)로 연유한 것이거나, 혹 가문의 운세에 연유된 것이거나, 혹 지아비의 불초(不肖)로 연유한 것이거나, 혹 어머니와 시어머니가 어질지 못한 것에 연유한 것이거나, 어려서 규수로 지켜야 할 예절을 배우지 못하였거나, 혹 배우고 익힌 것이 선량하지 못한 것으로 연유한 것이거나, 행동을 삼가고 부지런한 규방의 예절이 없거나, 성정이 방자하여 예의를 벗어나는 등의 행동을 제멋대로 하거나, 절에 불공을 드리러 가서는 사랑놀이 등의 글이나 희희덕거리고 남녀가 어울려 노는 것 등이 다 음사(淫邪)하게 되는 것들이다.

처음은 섬돌 아래서 펼치다가 시간이 가면 내당(內堂)에서 놀게 된다. 처음은 현효(賢孝)와 절의(節義)의 고사를 말하다가 계속되면 점차 음란하고 저속한 말들을 한다. 음란하고 저속한 말이 아니면 마음이 동하지 않기 때문이다.

*孼(얼)-서자 얼. 천민 얼. 재앙 얼.
*肖(초)-닮을 초. 닮게 할 초.
*姑(고)-시어머니 고. 고모 고.
*閨(규)-쪽문 규. 도장방 규(부녀자가 거처하는 방. 침방).
*飭(칙)-갖출 칙. 닦을 칙. 부지런할 칙. 신칙할 칙.
*恣(자)-방자할 자.
*越(월)-넘을 월. 지날 월.
*禮(례. 예)-예 례. 예우할 례.
*燒(소)-불사를 소. 탈 소. 익힐 소.
*遊(유)-놀 유. 여행 유.

*戲(희)-놀 희. 희롱할 희.
*聽(청)-들을 청. 기다릴 청.
*詞(사)-고할 사. 시문 사.
*敷(부)-펼 부. 나눌 부.
*陳(진)-진 진. 진칠 진. 싸움 진. 한바탕 진.
*節(절)-마디 절. 절개 절. 부신 절.
*義(의)-옳을 의. 의로울 의. 뜻 의.
*節義(절의)-절개와 의리.
*繼(계)-이을 계. 맬 계.
*漸(점)-차차 점. 차례 점.
*淫(음)-담글 음. 방탕할 음. 음란할 음.
*邪(사)-간사할 사.

*玩(완)-장난할 완. 익힐 완. 사랑할 완. 장 난감 완.

*穢(예)-거칠 예. 잡초 예. 더러울 예.
*觸(촉)-닿을 촉. 부딪칠 촉.

所以居家第一件事, 在嚴肅閨門, 閨幃之內, 不出戲言, 則刑于之
소 이 거 가 제 일 건 사 재 엄 숙 규 문 규 위 지 내 불 출 희 언 즉 형 우 지

化行矣, 房帷之中, 不聞戲笑之聲, 則相敬之風著矣, 主家者不可
화 행 의 방 유 지 중 불 문 희 소 지 성 즉 상 경 지 풍 저 의 주 가 자 불 가

不愼之,
불 신 지

이러므로 집안을 다스림에는 제일 먼저 규문(閨門)이 엄숙하여야 한다. 규방에서는 희롱의 말이 나와서는 안 되는 것이며 회초리를 들어서라도 행동을 바르게 가르쳐야 하는 것이다.

규방 안에서 희롱의 말이나 웃음소리가 나지 않아야 서로 공경하는 기풍이 나타나는 것이다. 가장(家長)된 자 삼가고 삼가야 한다.

*嚴(엄)-엄할 엄. 굳셀 엄. 높을 엄.
*肅(숙)-엄숙할 숙. 삼갈 숙. 경계할 숙.
*嚴肅(엄숙)-장엄하고 정숙함.
*幃(위)-휘장 위. 향 날 위.
*帷(유)-휘장 유. 장막 유.

*戲(희)-놀 희. 희롱할 희.
*笑(소)-웃을 소. 웃음 소.
*聲(성)-소리 성. 소리 낼 성.
*著(저)-나타날 저. 지을 저. 적을 저.
*愼(신)-삼갈 신. 진실로 신.

```
丁 壬 甲 戊
未 寅 寅 申
```

```
丙 丁 戊 己 庚 辛 壬 癸
午 未 申 酉 戌 亥 子 丑
```

壬水生於孟春, 土虛木盛, 制殺太過, 寅申逢沖, 本是剋木, 不
임 수 생 어 맹 춘   토 허 목 성   제 살 태 과   인 신 봉 충   본 시 극 목   부

知木旺金缺, 金反被傷, 則戊土無根依托, 而日主之壬水, 可任
지 목 왕 금 결   금 반 피 상   즉 무 토 무 근 의 탁   이 일 주 지 임 수   가 임

性而行, 見其財星有勢, 自然從財而去, 以致傷夫敗業, 棄子從
성 이 행   견 기 재 성 유 세   자 연 종 재 이 거   이 치 상 부 패 업   기 자 종

人也,
인 야

　壬水가 맹춘(孟春)에 생하니 木은 왕성하고 土는 허하다. 제살(制殺)이 지나치
다. 寅申 충은 본시는 金이 木을 극하여야 하나 그것은 木이 왕하여 도리어 金이
손상되는 것을 모르고 하는 말이다.

　그러한즉 戊土가 뿌리가 없어 의탁할 곳이 없다. 일주인 壬水는 제멋대로 행동
하는데 재성이 힘이 있어 자연 종재(從財)로 돌아갔다. 이러므로 남편이 죽고 가업
이 망하자 자식을 버리고 다른 사람에게 가버렸다.

*盛(성)－그릇 성. 성할 성.　　　　　*任(임)－맡길 임. 맡기다. 마음대로.
*缺(결)－이지러질 결. 모자랄 결. 나오지 않　*勢(세)－세력 세. 기세 세.
　을 결.　　　　　　　　　　　　　　*致(치)－이를 치. 다할 치. 그만둘 치.
*被(피)－이불 피. 덮을 피. 입을 피.　　*敗(패)－패할 패. 썩을 패.
*依(의)－의지할 의. 좇을 의.　　　　　*業(업)－업 업. 일. 사업. 직업.
*托(탁)－맡길 탁. 열 탁. 떡국 탁.　　　*棄(기)－버릴 기.

丁 甲 乙 丁
卯 午 巳 未

癸 壬 辛 庚 己 戊 丁 丙
丑 子 亥 戌 酉 申 未 午

甲午日元, 生于巳月, 支類南方, 干透兩丁, 火勢猛烈, 洩氣太過,
갑오일원 생우사월 지류남방 간투양정 화세맹렬 설기태과

局中無水, 只可用刦, 初運又走火地, 是以早刑夫主, 人極聰明美
국중무수 지가용겁 초운우주화지 시이조형부주 인극총명미

貌, 而輕佻異常, 不能守節, 至戊申運, 與木火爭戰, 不堪言矣,
모 이경조이상 불능수절 지무신운 여목화쟁전 불감언의

　　甲午 일원이 巳月에 생하고 지지가 南方인데 천간으로 양(兩) 丁火가 투출하여 火의 세력이 맹렬하여 설기(洩氣)가 지나치다. 사주에 水가 없어 오로지 비겁으로 용신을 삼는다.

　　초운이 火地로 달리니 이러므로 일찍 지아비를 극하였다. 사람이 지극히 총명하고 미모(美貌)이나 행동이 경박하다. 절개를 지키지 않고 행동하였는데 戊申 운에 이르러 木火와 전극(戰剋)을 일으키니 음란함이 말할 수 없었다.

*聰(총) – 밝을 총.
*貌(모) – 모양 모. 얼굴 모.
*輕(경) – 가벼울 경. 가벼이 여길 경.
*佻(조) – 경박할 조. 구차할 조.

*輕佻(경조) – 경솔하고 천박함.
*爭(쟁) – 다툴 쟁. 간할 쟁.
*戰(전) – 싸움 전. 싸울 전.
*堪(감) – 견딜 감. 맡을 감.

역자주 ｜ 음천(淫賤)한 것은 식상이 왕하여 신약한데 인수는 없고 재성이 있기 때문이고 자식이 없는 것은 火炎土燥木枯(화염토조목고)하여 생의(生意)가 없기 때문이다.

```
戊  丙  己  戊
戌  辰  未  戌
```

```
辛 壬 癸 甲 乙 丙 丁 戊
亥 子 丑 寅 卯 辰 巳 午
```

滿局傷官, 五行無木, 印星不現, 格成順局, 故其人聰明美貌, 第
만국상관   오행무목   인성불현   격성순국   고기인총명미모   제

四柱無金, 土過燥厚, 辛金夫星投墓於戌, 是以淫亂不堪, 夫遭凶
사주무금   토과조후   신금부성투묘어술   시이음란불감   부조흉

死, 又隨人走, 不二三年又剋, 至乙卯運, 犯土之旺, 自縊而死,
사   우수인주   불이삼년우극   지을묘운   범토지왕   자액이사

사주 원국에 상관이 가득한데 오행 중 木이 없다. 인수가 나타나지 않아 격은 순(順)하게 이루어졌다.

고로 사람됨이 총명하고 용모가 아름다웠다. 사주에 金이 없어 土가 지나치게 후중(厚重)하고 또한 조열(燥熱)하다.

辛金 부성(夫星)이 戌에 암장(暗藏)되어 있어 음란함이 심했다. 지아비가 흉사(凶死)한 후 다른 사람과 도망가서 살았는데 2~3년도 못되어 또 극하였다. 乙卯 운에 이르러 왕한 土를 범(犯)하니 스스로 목매어 죽고 말았다.

*燥(조)-마를 조. 말릴 조.   *隨(수)-따를 수. 따라서 수.
*投(투)-던질 투. 줄 투. 의탁할 투.   *走(주)-달릴 주. 달아날 주.
*墓(묘)-무덤 묘.   *縊(의. 액)-목맬 의. 俗音 액.

丙　戊　乙　戊
辰　戌　丑　午

丁　戊　己　庚　辛　壬　癸　甲
巳　午　未　申　酉　戌　亥　子

戊土生于丑月，<u>土王用事</u>，木正凋枯，且丑乃金庫，辛金伏藏，不
무 토 생 우 축 월　토 왕 용 사　목 정 조 고　차 축 내 금 고　신 금 복 장　불

能託根，更兼辰戌沖去藏官，又逢印綬生身，日主足以欺官，置夫
능 탁 근　갱 겸 진 술 충 거 장 관　우 봉 인 수 생 신　일 주 족 이 기 관　치 부

主于度外，且中運西方金地，淫賤不堪，
주 우 도 외　차 중 운 서 방 금 지　음 천 불 감

　戊土가 丑月에 생하여 土가 왕하고 己土가 용사(用事)하는 절기이다. 木은 시
들고 말랐는데 丑은 金의 고장으로 辛金이 암장되어 있으니 木이 뿌리를 내리지
못한다.

　겸하여 辰戌 충으로 辰 중에 암장된 乙木이 충거되는 것이며 또 인수가 일주를
생하니 일주가 관을 깔본다. 남편은 내버려두고 돌아보지 않는데 또 중년 운이
西方 金地로 행하니 음천(淫賤)함이 심했다.

*土王用事(토왕용사)－여기에서 王 자는 旺 　자의 오기(誤記).	*託(탁)－부탁할 탁. 의탁할 탁.
*凋(조)－시들 조. 느른할 조.	*欺(기)－속일 기. 거짓 기.
*枯(고)－마를 고. 말릴 고.	*置(치)－둘 치. 놓을 치. 버릴 치.
	*度外(도외)－법도 밖. 전(轉)하여 생각 밖.

庚　丁　丙　己
戌　亥　寅　亥

甲　癸　壬　辛　庚　己　戊　丁
戌　酉　申　未　午　巳　辰　卯

丁火生于寅月, 木正當權, 火逢相旺, 必以亥水官星爲夫明矣, 年支
정화생우인월　목정당권　화봉상왕　필이해수관성위부명의　년지

亥水合寅化木, 而日支亥水, 必要生扶爲是, 時干庚金隔絶, 無生
해수합인화목　이일지해수　필요생부위시　시간경금격절　무생

扶之意, 又逢戌土緊剋之, 則日主之情, 必向庚金矣, 所以淫賤之
부지의　우봉술토긴극지　즉일주지정　필향경금의　소이음천지

至也,
지야

丁火가 寅月에 생하니 바야흐로 木이 당권한 때이다. 火도 왕상하니 반드시
亥水 관성으로 부성(夫星)을 삼는다.

年支 亥水는 寅과 합하여 木으로 화(化)하니 일지의 亥水가 약하게 되어 생부
(生扶)를 필요로 하는데 시간의 庚金과는 떨어져 있어 도움이 되지 못하고 또 戌土
가 바로 옆에서 극하니 일주가 亥水를 돌아보지 않는다. 일주의 정(情)은 오로지
庚金에만 가니 음천(淫賤)함이 극심하였다.

*要(요)－부사어로는 늘. 결국. 응당. 반드　　*絶(절)－끊을 절. 끊어질 절. 뛰어날 절.
시.　　　　　　　　　　　　　　　　　　　　　*緊(긴)－굳을 긴. 급할 긴. 팽팽할 긴.
*扶(부)－도울 부. 붙들 부.　　　　　　　　　*淫(음)－담금 음. 음란할 음. 방탕할 음.
*隔(격)－막을 격. 막이 격.　　　　　　　　　*賤(천)－천할 천. 천히 여길 천.

丁　庚　癸　丁
亥　子　丑　未

辛　庚　己　戊　丁　丙　乙　甲
酉　申　未　午　巳　辰　卯　寅

寒金喜火, 嫌其支全亥子丑, 北方水旺, 又月干癸剋丁, 丑未沖去
한금희화　혐기지전해자축　북방수왕　우월간계극정　축미충거

丁火餘氣, 五行無木, 未得生化之情, 時干之丁, 虛脫無根, 焉能
정화여기　오행무목　미득생화지정　시간지정　허탈무근　언능

管伏庚金, 而日主之情, 不顧丁火可知, 所以水性楊花也,
관복경금　이일주지정　불고정화가지　소이수성양화야

　丑月의 차가운 金이 火를 기뻐하는데 혐오스런 것은 지지가 亥子丑 북방
으로 水가 왕한 것이다. 또 월간의 癸水가 丁火를 극하고 丑未 충으로 丁火
의 여기(餘氣)가 상해를 받는다. 사주에 木이 없어 생화(生化)의 정을 얻지 못
하였다.

　時干의 丁火는 무근으로 허탈하니 어찌 庚金을 다스릴 수 있겠는가. 그러므로
일주의 정(情)은 정화를 돌아보지 않는다. 소이(所以) 화류계 명조이다.

*嫌(혐)－싫어할 혐. 의심 혐. 미움 혐.
*沖(충)－빌 충. 비다. 공허하다.
*虛(허)－빌 허(아무것도 없음. 쓸모가 없음). 허
　공 허. 하늘 허.
*脫(탈)－벗을 탈. 벗다. 여위다.
*管(관)－관 관. 피리 관. 맡을 관.
*伏(복)－엎드릴 복. 숨을 복. 숨길 복.

*焉(언)－어찌 언. 이에 언. 어조사 언.
*能(능)－곧 능. 재능 능. 능할 능. 능히 능.
　부사어로는 바로. 곧. 어찌 ～하겠는가. 게
　다가. 뿐만 아니라 등으로 해석.
*顧(고)－돌아볼 고. 도리어 고.
*楊(양)－버들 양.

```
乙 庚 癸 丁
酉 子 丑 丑

辛 庚 己 戊 丁 丙 乙 甲
酉 申 未 午 巳 辰 卯 寅
```

庚金生于季冬, 不但寒金喜火, 而且時逢陽刃, 印綬當權, 足以用
경금생우계동　부단한금희화　　이차시봉양인　　인수당권　족이용

火敵寒, 月干癸水, 通根祿支, 剋絶丁火, 其意足以欺官, 時逢乙
화적한　월간계수　통근록지　극절정화　기의족이기관　시봉을

木, 喜而合之, 其情必向財矣, 所以背夫而去, 淫穢不堪也,
목　희이합지　기정필향재의　소이배부이거　음예불감야

　庚金이 계동(季冬)에 생하여 비단 차가운 金이 火를 기뻐할 뿐 아니라 時에 양인이 있고 인수가 당권(當權)하니 족히 火를 써서 추위를 몰아내야 하는데 월간의 癸水가 녹지(祿支)에 통근하여 丁火를 극하니 일주의 뜻이 족히 관을 깔본다.

　時에 乙木을 만나 기쁘게 합을 하니 일주의 정(情)은 재성에게만 향한다. 이러므로 지아비를 배반하고 나가 음천(淫賤)함이 심했다.

*但(단)－단지. 다만. 공연히. 쓸데없이. 그　　*欺(기)－속일 기. 거짓말할 기. 업신여길 기
　러나 등으로 해석.　　　　　　　　　　　　〔陵也〕. 속을 기.
*敵(적)－원수 적. 필적할 적.　　　　　　　　*穢(예)－거칠 예. 더러울 예.
*祿(록. 녹)－녹 록. 복 록. 녹줄 녹.　　　　　*堪(감)－견딜 감. 맡을 감.

<pre>
    丙　辛　壬　丁
    申　巳　子　丑

庚　己　戊　丁　丙　乙　甲　癸
申　未　午　巳　辰　卯　寅　丑
</pre>

壬水合去丁火之殺, 丙火官星得祿于日支, 似乎佳美, 所以出身舊
임 수 합 거 정 화 지 살　병 화 관 성 득 록 우 일 지　사 호 가 미　소 이 출 신 구

家, 因其貌美而菁媚, 羣以賽楊妃稱之, 四五歲時, 眉目秀麗, 及十
가　인 기 모 미 이 청 미　군 이 새 양 비 칭 지　사 오 세 시　미 목 수 려　급 십

三四益嬌冶, 成爲畵中人,
삼 사 익 교 야　성 위 화 중 인

　壬水가 살인 丁火를 합거하고 丙火 관성이 日支에 녹(祿)을 얻으니 마치 아름
다운 것 같다. 좋은 가문(家門)에서 태어났으며 용모가 아름다워 사람들이 양귀비
에 견줄 만하다고 하였다.

　4~5세 때부터 미목(眉目)이 수려하였으며 13~4세에는 아리따움이 더하니 그
림 속의 미인(美人) 같았다.

<table>
<tr><td>*菁(정, 청)-부추꽃 정. 화려할 정. 우거질 청.</td><td>*賽(새)-내기할 새.</td></tr>
<tr><td>*羣(군)-무리 군. 벗 군. 떼질 군. 群과 소.</td><td>*益(익)-더할 익. 이로울 익. 많을 익.</td></tr>
<tr><td>*媚(미)-아름다울 미. 아양떨 미. 아첨할
미.</td><td>*嬌(교)-아리따울 교. 계집애 교.</td></tr>
<tr><td></td><td>*冶(야)-대장간 야. 주물 야. 요염할 야.</td></tr>
</table>

年十八, 歸士人妻, 士素醇謹好學, 惑而眤愛之, 逾年而學廢, 竟以
년 십 팔　귀 사 인 처　사 소 순 근 호 학　혹 이 닐 애 지　유 년 이 학 폐　경 이

癆瘵而死, 從此淫穢不堪, 後身敗名裂, 無所依託, 自縊而死, 此
노 채 이 사　종 차 음 예 불 감　후 신 패 명 렬　무 소 의 탁　자 액 이 사　차

造因多合之故耳,
조 인 다 합 지 고 이

　18세에 선비의 처가 되었는데 그 선비는 검소하고 순박하여 학문을 좋아하였는
데 아내의 미모에 미혹되어 해가 갈수록 학문을 폐(廢)하고 끝내는 폐결핵으로

앓다가 죽었다. 그 후에도 음란함이 심하여 몸을 망치고 이름도 더럽혀져 의탁할 곳이 없어 스스로 목매어 죽었다. 이 명조는 합이 많은 연고이다.

夫十干之合, 惟丙辛合, 以官化傷官, 謂貪合忘官, 且巳申合亦化
부 십 간 지 합   유 병 신 합   이 관 화 상 관   위 탐 합 망 관   차 사 신 합 역 화

傷官, 丁壬合則暗化財星, 其意中將丙火置之度外明矣, 其情必向
상 관   정 임 합 즉 암 화 재 성   기 의 중 장 병 화 치 지 도 외 명 의   기 정 필 향

丁壬一邊, 況乎干支皆合, 無往不是意中人也,
정 임 일 변   황 호 간 지 개 합   무 왕 불 시 의 중 인 야

대저 십간의 합에서 오직 丙辛 합은 관이 상관으로 화(化)하니 합을 탐하여 관의 작용을 잃고 또 巳申 합 역시 상관으로 火한다. 丁壬 합은 재성으로 암화(暗化)하니 일주의 뜻은 丙火를 돌아보지 않는 것이 확실하다.

그의 마음은 丁壬 한곳으로만 향하는데 하물며 干支가 다 합을 하니 가는 곳마다 마음에 들지 않는 사람이 없다.

*醇(순)-진할 순. 순수할 순.
*惑(혹)-미혹할 혹. 미혹 혹.
*暱(닐)-친할 닐. 가까이할 닐. 보통은 '일'로 읽음.
*逾(유)-넘을 유. 지날 유.
*癆(로. 노)-노점 노(폐결핵). 중독 노(약물에 중독됨).

*瘵(채)-앓을 채(피로하여 앓음).
*縊(의. 액)-목맬 의. 속음 액.
*穢(예)-거칠 예. 더러울 예.
*置(치)-둘 치. 놓을 치. 버릴 치.
*置之度外(치지도외)-내버려두고 눈여겨보지 아니함.
*邊(변)-가 변. 변방 변. 곁 변.

戊 癸 戊 戊
午 酉 午 子

庚 辛 壬 癸 甲 乙 丙 丁
戌 亥 子 丑 寅 卯 辰 巳

癸水生于午月, 財官並旺, 坐下印綬, 年支坐祿, 未嘗不中和, 天
계 수 생 우 오 월   재 관 병 왕   좌 하 인 수   년 지 좌 록   미 상 불 중 화   천

干三透戊土, 爭合癸水, 則日主之情, 竟無定見, 地支兩午壞酉,
간 삼 투 무 토   쟁 합 계 수   즉 일 주 지 정   경 무 정 견   지 지 양 오 괴 유

而財官之勢, 不分强弱, 日主之精, 自然依財勢而去,
이 재 관 지 세   불 분 강 약   일 주 지 정   자 연 의 재 세 이 거

癸水가 午月에 태어나 재관이 다 왕하다. 좌하에 인수가 있고 年支에 녹(祿)이
있어 중화를 이루지 않은 것은 아니다. 천간에 戊土가 셋이 투출하여 癸水와 쟁합
을 벌이니 일주의 정(情)은 끝내 어느 곳으로 정(定)하지 못하고 있다.

지지에는 두 午火가 인수인 酉金을 극하고, 재성과 관성의 세력은 어느 것이
강한지 분별이 어려우니 일주의 정(精)은 자연 재(財)의 세(勢)를 쫓아간다.

只有年干正夫無財勢, 其力量不敵月時兩干之官, 故將正夫置之不
지 유 년 간 정 부 무 재 세   기 역 량 부 적 월 시 양 간 지 관   고 장 정 부 치 지 불

顧矣, 運至乙卯, 木生火旺, 月時兩土, 仍得生扶, 年干之土無化而
고 의   운 지 을 묘   목 생 화 왕   월 시 양 토   잉 득 생 부   년 간 지 토 무 화 이

受剋, 所以夫得疾而死, 後淫穢異常, 尤物禍人, 信哉,
수 극   소 이 부 득 질 이 사   후 음 예 이 상   우 물 화 인   신 재

단지 年干의 관(官)이 바로 부성(夫星)인데 재성의 도움이 없어 그 힘이 月과
時의 관을 대적할 수 없다. 고로 지아비는 내버려두고 돌아보지 않는다.

乙卯 운에 이르러 木이 왕한 火를 생하니 월과 시의 土는 생부를 받으나 年干
의 土는 생화(生化)는 없고 극(剋)만 받으니 이러므로 지아비가 병(病)들어 죽었다.
남편이 사망 후 음란함이 심했다. 미인(美人)은 사람에게 화(禍)를 끼친다는 말은

믿을 만한 말이다.

*未嘗不(미상불)-(일찍이) ～하지 않은 적이
　없다.
*尤(우)-더욱 우. 허물 우. 탓할 우.

*尤物(우물)-가장 훌륭한 사람. 후세에는
　미인(美人)을 이름.
*顧(고)-돌아볼 고. 생각건대 고.

丙　乙　辛　乙
戌　亥　巳　未

己　戊　丁　丙　乙　甲　癸　壬
丑　子　亥　戌　酉　申　未　午

年月日六字觀之, 乙木生于巳月, 傷官當令, 最喜坐下亥印, 沖巳
년월일육자관지　을목생우사월　상관당령　최희좌하해인　충사

制傷, 不特日主喜其滋扶, 抑且辛金得其衛養, 正所謂傷官用印, 獨
제상　불특일주희기자부　억차신금득기위양　정소위상관용인　독

殺留清, 不但貌美, 而且才高, 書畵皆精, 所嫌戌時緊剋亥水, 暴
살유청　부단모미　이차재고　서화개정　소혐술시긴극해수　폭

陽一透, 辛金受傷, 旣不利于夫子之宮, 兼損壞乎生平之性矣,
양일투　신금수상　기불리우부자지궁　겸손괴호생평지성의

　年 月 日 여섯 자만 보면 乙木이 巳月에 생하여 상관이 당령하였는데 가장
기쁜 것은 좌하에 인수가 있어 巳火를 충(沖)하여 상관을 제(制)하는 것이다. 일주
만 亥水의 생부(生扶)를 기뻐하는 것이 아니라 辛金도 보호하여 金을 자양(滋養)
하는 것이다.

　이른바 상관에 인수를 쓰는데 독살(獨殺)로 청(清)하다. 비단 미모(美貌)일 뿐 아
니라 재주도 높아 서화(書畵)에 모두 정통하였다.

　꺼리는 바는 戌時로 亥水를 바로 옆에서 극하고 丙火가 투출하여 辛金이 손상
되는 것이다. 그러므로 지아비와 자식 궁(宮)이 불리하다. 겸하여 뛰어난 재주를
평생 펼치지 못하였다.

*滋(자)-불을 자. 우거질 자. 자랄 자.
*衛(위)-막을 위. 방비 위.
*養(양)-기를 양. 다스릴 양. 봉양 양.

*暴(포. 폭)-사나울 포. 사나움 포. 쬘 폭. 나타날 폭.
*壞(괴)-무너뜨릴 괴. 무너질 괴.

乙　癸　戊　丁
卯　丑　申　巳

丙　乙　甲　癸　壬　辛　庚　己
辰　卯　寅　丑　子　亥　戌　酉

此造官星食神坐祿, 印綬當令逢生, 財生官旺, 不傷印綬, 印綬當令,
차 조 관 성 식 신 좌 록　인 수 당 령 봉 생　재 생 관 왕　불 상 인 수　인 수 당 령

足以扶身, 食神得地, 一氣相生, 五行停勻, 安祥純粹, 夫榮子貴,
족 이 부 신　식 신 득 지　일 기 상 생　오 행 정 균　안 상 순 수　부 영 자 귀

受兩代一品之封,
수 양 대 일 품 지 봉

　이 명조는 관성과 식신이 각기 지지에 녹(祿)을 두고 인수는 당령하였는데 관의 생을 받고 있다. 재(財)가 관(官)을 생하니 관도 왕하며, 재(財)는 관(官)을 생하느라 인수를 극하지 않는다.

　인수가 당령하여 일주를 생부하고 식신이 득지하니 일기(一氣)로 상생한다. 오행이 균정하고 편안하고 순수하다. 지아비가 영화(榮華)롭고 자식이 귀(貴)히 되는 명조이다. 양대(兩代)에 걸쳐 일품(一品)의 벼슬에 봉하여졌다.

丙 甲 癸 己
寅 辰 酉 亥

辛 庚 己 戊 丁 丙 乙 甲
巳 辰 卯 寅 丑 子 亥 戌

八月官星財星助金, 生于寅時, 年時兩支逢生得祿, 火水干透, 無相
팔월관성재성조금　생우인시　년시양지봉생득록　화수간투　무상

剋之勢, 有生化之情, 財星得地, 四柱通根, 五行不悖, 氣靜和平,
극지세　유생화지정　재성득지　사주통근　오행불패　기정화평

純粹生化有情, 夫榮子貴, 受一品之封,
순수생화유정　부영자귀　수일품지봉

　八月의 관성을 재성이 생조하고 있는데 寅時에 생하니 年과 時에 장생과 녹(祿)
을 두었다. 水火가 天干에 투출하였으나 상극하는 형세가 아니고 生化의 정이
있다.

　재성이 득지하고 사주는 통근되었으며 五行이 어그러지지 않아 기(氣)가 고요
하고 화평하다. 사주가 순수하고 생화유정(生化之情)하니 지아비가 영화롭고 자식
이 귀(貴)히 되는 명조이다. 一品의 벼슬에 봉하여졌다.

*助(조)-도울 조. 도움 조.
*逢(봉)-만날 봉. 맞을 봉.
*透(투)-뛸 투. 던질 투. 환할 투.
*悖(패. 발)-어그러질 패. 우쩍 일어날 발.
　勃(발)과 통용.
*靜(정)-조용할 정. 깨끗할 정.

*純(순)-실 순. 순수할 순. 생사(生絲).
*粹(수)-순수할 수. 같을 수〔齊一(제일)함〕.
　정밀할 수.
*榮(영)-영화 영. 꽃 영. 빛 영. 성할 영.
*受(수)-받을 수. 받아들이다. 이익을 얻다.

甲　丁　壬　辛
辰　巳　辰　酉

庚　己　戊　丁　丙　乙　甲　癸
子　亥　戌　酉　申　未　午　巳

傷官雖旺, 合酉化金, 則官星之元神愈厚矣, 巳火拱金, 辰土引之,
상관수왕　합유화금　즉관성지원신유후의　사화공금　진토인지

則財之元神更固矣, 時透印綬, 助日主之光輝, 制辰土之傷官, 所
즉재지원신갱고의　시투인수　조일주지광휘　제진토지상관　소

謂木不枯, 火不烈, 水不涸, 土不燥, 金不脆, 氣靜和平之象, 夫榮
위목불고　화불열　수불학　토부조　금불취　기정화평지상　부영

子貴, 受一品封,
자귀　수일품봉

　　상관이 비록 왕하나 酉金과 합으로 金으로 화(化)하니 관성의 원신(元神)이 더욱
두터워졌다. 巳火도 巳酉 공금(拱金)하고 辰土의 생으로 재(財)의 원신이 더욱 견
고하다. 時에 인수가 투출하여 일주를 돕고 상관인 辰土를 제(制)하니 일주가 광휘
(光輝)하다.

　　소위 木은 시들지 않고 火는 맹렬하지 않으며 水는 마르지 않고 土는 건조하지
않으며 金이 연약하지 않아 기(氣)가 고요하고 화평하다. 지아비가 영화롭고 자식
이 귀(貴)히 되는 명조이다. 일품(一品)의 벼슬에 봉하여졌다.

*愈(유)－나을 유. 더할 유.　　　　　*脆(취)－무를 취. 연할 취. 가벼울 취.
*涸(학. 후)－마를 학. 말릴 학. 마를 후. 말릴　　*燥(조)－마를 조. 말릴 조.
　후.　　　　　　　　　　　　　　　*封(봉)－봉할 봉. 흙더미 쌓을 봉.

```
甲 壬 癸 己
辰 辰 酉 巳

辛 庚 己 戊 丁 丙 乙 甲
巳 辰 卯 寅 丑 子 亥 戌
```

秋水通源, 印星秉令, 官殺雖旺, 制化合宜, 更妙時透甲木, 制殺
추수통원　인성병령　관살수왕　제화합의　갱묘시투갑목　제살

吐秀, 一派純粹之氣, 所以人品端莊, 精于詩書, 喜運途無火, 官
토수　일파순수지기　소이인품단장　정우시서　희운도무화　관

不助, 印不傷, 夫星貴顯, 子嗣秀美, 誥封二品之榮,
부조　인불상　부성귀현　자사수미　고봉이품지영

　가을의 물이 근원(根源)에 통하여 있고 인수(印綬)가 당령하니 관살이 비록
왕하여도 제(制)하고 화(化)하며 합(合)함이 마땅하다. 더욱 묘(妙)한 것은 時에
甲木이 투출하여 살(殺)을 제하고 수기(秀氣)가 빼어나 일기(一氣)로 순수하게
되었다.

　이러므로 인품이 단정하고 시서(詩書)에 정통하였다. 기쁜 것은 운이 火地로 흐
르지 않아 관을 더하지 않고 인수가 손상되지 않으니 부성(夫星)이 귀(貴)하고 후손
이 아름답다. 이품(二品)에 고봉(誥封)되었다.

*莊(장)－풀 성할 장. 풀이 성한 모양.
*嗣(사)－이을 사. 후사 사. 자식 사.
*誥(고)－고할 고. 가르침 고. 직첩 고.
*封(봉)－봉할 봉. 흙더미 쌓을 봉.

*誥封(고봉)－淸代의 제도로 五品官 이상
　의 조(祖), 부(父), 모(母), 처(妻)의 죽은 뒤를
　추승하여 고증(誥贈)이라 하는데, 생존한
　이는 고봉(誥封)이라 함.

癸　乙　壬　庚
未　亥　午　辰

甲　乙　丙　丁　戊　己　庚　辛
戌　亥　子　丑　寅　卯　辰　巳

木生午月，火勢猛，而金柔脆之時，喜壬癸通根制火，辰土洩火生
목생오월　화세맹　이금유취지시　희임계통근제화　진토설화생

金，則火土不烈燥，水木不枯涸，接續相生，清而純粹，爲女中才
금　즉화토불열조　수목불고학　접속상생　청이순수　위녀중재

子，生三子，夫任京官，家道清寒，在家教子讀書，二子登科，一子
자　생삼자　부임경관　가도청한　재가교자독서　이자등과　일자

發甲，夫官郎中，子官御史，受二代之封，
발갑　부관낭중　자관어사　수이대지봉

　　木이 午月에 생하니 火는 맹렬(猛烈)하고 金은 연약할 때이다. 기쁜 것은 壬水
와 癸水가 통근하여 火를 억제하고 辰土가 火氣를 설하여 金을 생하니 火土가
조열하지 않고 水木이 시들거나 마르지 않으며 접속하여 상생으로 흐르니 맑고
순수하다.

　　바탕이 뛰어나고 재능이 많았으며 세 아들을 두었다. 지아비가 경도(京都)에서
벼슬하는 동안 살림은 어려웠어도 맑고 깨끗하였다.

　　집에서 아들을 공부시켜 두 아들이 등과(登科)하고 한 아들은 장원(壯元)을 하였
다. 남편의 벼슬은 낭중(郎中)이고 자식의 벼슬은 어사(御史)로 이대(二代)에 걸쳐
다 벼슬을 받았다.

*京都(경도)−임금의 궁성이 있는 곳.
*郎中(낭중)−상서(尙書)를 보좌하여 정무에
　참여하는 관직. 상서랑(尙書郎)이라 하여
　천자를 가까이서 모시는 관직.

*脆(취)−무를 취. 연할 취.
*御史(어사)−지방관의 치적이나 백성의 질
　고(疾苦)를 살피기 위하여 특파(特派)하는
　비밀(秘密)의 사신.

```
壬 乙 戊 庚
午 酉 寅 辰
```

```
庚 辛 壬 癸 甲 乙 丙 丁
午 未 申 酉 戌 亥 子 丑
```

乙木生于春初, 木嫩金堅, 最喜午時制殺衛身, 寒木向陽, 官印雙
을목생우춘초　목눈금견　최희오시제살위신　한목향양　관인쌍

淸, 財星生官, 不壞印綬, 純粹安和, 夫官二品, 五子二十三孫, 一
청　재성생관　불괴인수　순수안화　부관이품　오자이십삼손　일

生無疾, 夫婦齊眉, 壽至八旬外, 無疾而終, 後裔皆顯貴, 以上皆
생무질　부부제미　수지팔순외　무질이종　후예개현귀　이상개

官星爲夫也,
관성위부야

　乙木이 춘초에 생하니 木은 어리고 金은 견고하다. 가장 기쁜 것은 午時로
살(殺)을 제(制)하여 일주를 보호한다. 추운 나무가 양춘(陽春)을 향하고 관인이
쌍청하다. 재(財)는 관을 생하니 인수를 극하지 않는다. 사주가 순수하고 평안
하다.

　남편의 벼슬이 이품(二品)에 이르고 다섯 아들에 손자가 스물셋에 일생에 질병
이 없었다. 부부가 다 아름다웠으며 수(壽)는 팔순을 넘겼다. 평생 질병이 없었고
후손도 다 귀(貴)히 되었다. 이상은 모두 관성을 남편으로 하는 사주이다.

*嫩(눈)-어릴 눈.
*堅(견)-굳을 견. 굳어질 견.
*壞(괴)-무너뜨릴 괴. 무너질 괴.
*安(안)-편안할 안. 즐기다. 좋아하다. 즐거
　움에 빠지다.

*齊(제)-가지런할 제. 같을 제.
*眉(미)-눈썹 미.
*終(종)-끝 종. 끝날 종. 마칠 종. 마침내 종.
*裔(예)-자락 예. 가지 예. 후예 예.
*後裔(후예)-후손(後孫).

```
甲 丁 癸 丙
辰 丑 巳 辰

乙 丙 丁 戊 己 庚 辛 壬
酉 戌 亥 子 丑 寅 卯 辰
```

丁火生于巳月, 癸水夫星清透, 時干甲木, 印綬獨清, 是以品格端莊,
정화생우사월   계수부성청투   시간갑목   인수독청   시이품격단장

持身貞潔, 惜丙火太旺, 生助傷官, 以致鏡破釵分, 然喜巳丑拱金,
지신정결   석병화태왕   생조상관   이치경파채분   연희사축공금

財星得用, 身旺以財爲子, 敎子成名, 兩子皆貴, 受三品之封,
재성득용   신왕이재위자   교자성명   양자개귀   수삼품지봉

丁火가 巳月에 생하고 부성(夫星)인 癸水가 천간에 청(淸)하다. 時干의 甲木
인수가 오로지 청(淸)하니 이러므로 인품이 단장하고 몸가짐이 정결하였다.

안타까운 것은 丙火가 태왕하여 상관을 생하니 이러므로 남편을 여의게 되었
다. 그러나 기쁜 것은 巳丑이 공금(拱金)하여 재성을 용하는 것이다.

신왕하면 재(財)를 자식으로 보니 자식을 잘 가르쳐 두 아들이 다 귀(貴)히 되었
다. 삼품(三品)의 벼슬을 받았다.

*潔(결)—깨끗할 결. 깨끗이 할 결.
*莊(장)—풀 성할 장. 풀이 성한 모양.
*鏡(경)—거울 경. 비출 경. 안경 경.
*鏡破(경파)—거울이 깨진 것이니, 가정생
 활이 파탄이 남.

*釵(차. 채)—비녀 차. 비녀 채(두 갈래로 된 비
 녀).
*釵分(채분)—비녀가 나누어진 것이니, 부
 부 이별을 뜻함.
*封(봉)—봉할 봉. 흙더미 쌓을 봉.

```
戊 癸 辛 丙
午 酉 卯 寅
```

```
癸 甲 乙 丙 丁 戊 己 庚
未 申 酉 戌 亥 子 丑 寅
```

癸水生于仲春, 洩氣之地, 兼之財官並旺, 日元柔弱, 以印爲夫, 淸
계 수 생 우 중 춘　 설 기 지 지　 겸 지 재 관 병 왕　 일 원 유 약　 이 인 위 부　 청

而得用, 是以秉性端莊, 勤儉紡織, 至丑運, 洩火拱金, 連生二子,
이 득 용　 시 이 병 성 단 장　 근 검 방 직　 지 축 운　 설 화 공 금　 연 생 이 자

戊子運, 沖去午火, 不傷酉金, 夫主登科發甲, 一交丁亥, 西歸矣,
무 자 운　 충 거 오 화　 불 상 유 금　 부 주 등 과 발 갑　 일 교 정 해　 서 귀 의

此造之病, 實在財旺耳, 天干之辛, 丙火合之, 地支之酉, 午火破
차 조 지 병　 실 재 재 왕 이　 천 간 지 신　 병 화 합 지　 지 지 지 유　 오 화 파

之, 更兼寅卯當權生火, 丁亥運, 合寅化木, 助起旺神, 又丁火緊剋
지　 갱 겸 인 묘 당 권 생 화　 정 해 운　 합 인 화 목　 조 기 왕 신　 우 정 화 긴 극

辛金, 不祿宜矣,
신 금　 불 록 의 의

　　癸水가 仲春에 생하니 설기(洩氣)가 심한 때인데 겸하여 재관이 다 왕하니 일주
가 약하다. 그러므로 인수를 지아비로 한다. 인수가 청하여 성품이 단장하고 근검
하였으며 길쌈으로 생활을 도왔다. 丑 운에 이르러 두 아들을 낳았고 戊子 운은
午火를 충거하여 酉金이 상해를 받지 않으니 남편이 등과(登科)하였다. 丁亥 운으
로 바뀌어 사망하였다.

　　이 명조의 병(病)은 재(財)가 왕함에 있다. 천간의 辛金은 丙火와 합을 하고 지지
의 酉金은 午火가 극파하는데 더욱 寅卯가 당권하여 火를 생하고 있다. 丁亥
운은 寅木과 합하여 木으로 화(化)하여 왕신을 생조하고 또 丁火가 가까이서 辛金
을 극하니 사망한 것이다.

*勤(근)－부지런히 할 근. 힘쓸 근.　　　　*紡織(방직)－실을 잣고 날아서 피륙을 짬.
*儉(검)－검소할 검. 넉넉지 못할 검.　　　*西(서)－서녘 서. 서쪽으로 향할 서.
*勤儉(근검)－부지런하고 알뜰함.　　　　*歸(귀)－돌아갈 귀. 돌아올 귀. 보낼 귀.

*紡(방)-자을 방. 실 방. 걸 방.
*織(직. 치)-짤 직. 베틀 직. 표 치. 기치 치.

*西歸(서귀)-해가 서쪽으로 지는 것에 비
　유하여 사망(死亡)함을 이름.

```
癸 丙 辛 辛
巳 子 卯 丑

己 戊 丁 丙 乙 甲 癸 壬
亥 戌 酉 申 未 午 巳 辰
```

丙火生于仲春, 火相木旺之時, 正得中和之象, 年月兩透財星, 地
병화생우중춘　화상목왕지시　정득중화지상　년월양투재성　지

支巳丑拱金, 財旺生官, 官星得祿, 以印爲夫, 謂眞神得用, 秉性勤
지사축공금　재왕생관　관성득록　이인위부　위진신득용　병성근

儉, 紡績佐讀, 奉甘旨得舅姑之歡心, 至甲午運, 幫身衛印, 夫主
검　방적좌독　봉감지득구고지환심　지갑오운　방신위인　부주

連登甲榜, 誥封宜人, 壽至酉運, 會金沖卯不祿,
연등갑방　고봉의인　수지유운　회금충묘불록

　丙火가 仲春에 생하여 木이 왕하고 火는 생을 받고 있으니 바로 중화(中和)의
상(象)이다. 年月에 재성이 투출하고 지지로 巳丑 공금(拱金)하여 재(財)가 왕하고
관을 생하며 관이 녹(祿)이 있어 인수로 남편을 삼는다.

　진신(眞神)을 득용하니 성품이 근면하고 검소하였으며 길쌈으로 남편의 독서를
도왔다. 맛있는 음식으로 시부모를 공양하여 마음을 기쁘게 해드렸다.

　甲午 운에 이르러 일주를 돕고 인수를 보호하니 지아비가 연달아 등과(登科)하
고 의인(宜人)에 봉(封)하여졌다. 수(壽)는 酉 운에서 끝났는데 금국(金局)을 이루어
卯木을 충파하여 사망하였다.

*秉(병)-볏뭇 병. 잡을 병.
*績(적. 자)-쌓을 적. 쌓일 적. 저축할 자. 저
　축 자.
*紡績(방적)-길쌈.

*奉(봉)-받들 봉. 바칠 봉. 녹봉 봉.
*甘(감)-달 감. 달콤할 감.
*旨(지)-맛 지. 맛있을 지. 아름다울 지.
*舅(구)-외숙 구. 시아버지 구. 장인 구.

*佐(좌)-도울 좌. 도움 좌.
*讀(독. 두)-읽을 독. 읽기 독. 구두 두. 이두 두.

*姑(고)-시어머니 고. 고모 고. 잠시 고.
*歡(환)-기뻐할 환. 기쁠 환.
*宜人(의인)-오품(五品)의 관직.

```
丙 丙 癸 丁
申 辰 卯 酉

辛 庚 己 戊 丁 丙 乙 甲
亥 戌 酉 申 未 午 巳 辰
```

丙火生于仲春, 官透財藏, 印星秉令, 比刦幫身, 似乎旺相, 第嫌
병화생우중춘 관투재장 인성병령 비겁방신 사호왕상 제혐

卯酉逢沖, 癸丁相剋, 木火損而金水存, 雖賴時干丙火之助, 但丙
묘유봉충 계정상극 목화손이금수존 수뢰시간병화지조 단병

臨申位, 亦自顧不暇, 幸辰中蓄藏餘氣, 一點微苗, 尚存春令, 猶
림신위 역자고불가 행진중축장여기 일점미묘 상존춘령 유

能輔用, 較之前造更弱, 亦以印星爲夫, 爲人端莊幽嫻, 知書達理,
능보용 교지전조갱약 역이인성위부 위인단장유한 지서달리

丙午運, 破其酉金, 夫主登科, 生二子, 誥封四品, 至四旬外, 運走
병오운 파기유금 부주등과 생이자 고봉사품 지사순외 운주

戊申, 洩火生金不祿,
무신 설화생금불록

丙火가 仲春에 생하였다. 관이 투출하고 재는 지지로 암장되어 있고 인수가 월령을 타고 비겁이 일주를 도우니 마치 왕상(旺相)한 것 같으나 꺼리는 것은 卯酉 충이 있고 丁癸가 서로 극하여 木火는 손상을 입고 金水는 완전하다. 비록 시간의 丙火가 일주를 도우나 申金에 임(臨)하여 자신을 돌아보기에도 여념이 없다.

다행한 것은 辰中에 여기(餘氣)가 있어 미약하나마 싹이 있고 아직은 봄이라 인수를 용신으로 한다. 비교하여 보면 앞의 사주보다 더욱 약하니 역시 인수(印綬)로 지아비를 삼는다. 사람됨이 단정하고 고요하였으며 아름답고 품위가 있으며 글을 읽어 서경(書經)의 이치에 통달하였다.

丙午 운에 이르러 酉金을 파(破)하니 남편이 등과(登科)하고 두 아들을 낳았으며 사품(四品)의 벼슬에 봉(封)해졌다. 사순(四旬)이 넘어 운이 戊申으로 가니 火를 설(洩)하고 金을 생하여 사망하였다.

*幇(방)－도울 방.   *書(서)－글 서. 서경(書經) 서.
*賴(뢰)－의뢰할 뢰. 힘입을 뢰.   *幽(유)－그윽할 유. 조용할 유. 어두울 유.
*顧(고)－돌아볼 고. 돌아갈 고. 도리어 고.   검을 유.
*暇(가)－겨를 가. 한가할 가.   *嫺(한)－아담할 한(품위가 있음. 고상함).

역자주 書經(서경) : 중국 최고(最高)의 경서(經書). 오경(五經) 또는 십삼경(十三經)의 하나로 虞 (우), 夏(하), 商(상), 周(주) 시대(四代)의 사실(史實), 사상(思想) 등을 기록하여 백편(百編)으로 된 것을 공자가 산정(刪正)하였다고 한다. 현존하는 것은 58편뿐이다. 서(書) 또는 상서(尙書)라고도 한다.

己　戊　庚　癸
未　午　申　丑

戊丁丙乙甲癸壬辛
辰卯寅丑子亥戌酉

戊土生于孟秋, 柱中刦印重重, 得食神秉令爲夫, 泄其菁英, 更喜
무토생우맹추　주중겁인중중　득식신병령위부　설기청영　갱희

癸水潤土養金, 秀氣流行, 是以人品端莊, 知大義, 雖出農家, 安
계수윤토양금　수기유행　시이인품단장　지대의　수출농가　안

貧紡績佐夫, 孝事舅姑, 至癸亥, 夫擧于鄕, 旋登甲榜, 仕至黃堂,
빈방적좌부　효사구고　지계해　부거우향　선등갑방　사지황당

雖夫貴, 未嘗以貴婦自矜, 在家仍布衣操作, 生四子, 皆美秀, 壽至
수부귀　미상이귀부자긍　재가잉포의조작　생사자　개미수　수지

丙運, 奪食不祿,
병운　탈식불록

戊土가 맹추(孟秋)에 태어났으나 사주에 겁재와 인수가 많으니 당령한 식신으로 지아비를 삼는다. 왕한 土를 설기하여 사주가 아름답다. 더욱 기쁜 것은 癸水가

천간으로 투출하여 土를 적셔주어 金을 생하게 하는 것이며 수기(秀氣)가 유행하는 것이다.

이러므로 인품이 단장하고 대의(大義)를 안다. 비록 농가에서 태어났으나 가난을 탓하지 않고 길쌈으로 지아비의 글공부를 돕고 시부모에게 효도하였다.

계해 대운에 이르러 남편이 향방(鄕榜)에 들고 곧 갑방(甲榜)에 올라 벼슬이 황당(黃堂)에 올랐다. 남편이 귀(貴)히 되었어도 귀히 되었다 하여 교만하지 않고 집에서는 무명옷을 입고 거친 일도 손수하였다. 네 아들을 두었는데 다 아름답고 빼어났다. 수(壽)는 丙 운에 이르러 효신탈식(梟神奪食)하니 사망하였다.

*舅(구)-외숙 구. 시아버지 구. 장인 구.
*旋(선)-돌릴 선. 빠를 선. 돌 선.
*矜(긍)-자랑할 긍. 불쌍히 여길 긍.
*操(조)-잡을 조. 부릴 조. 지조 조.

*操作(조작)-일을 함. 또 일.
*嘗(상)-일찍 상. 맛볼 상. 항상 상.
*未嘗(미상)-~을 한 적이 없다.
*仍(잉)-인할 잉(그대로 따름). 오히려 잉.

己 戊 庚 癸
未 戌 申 未

戊 丁 丙 乙 甲 癸 壬 辛
辰 卯 寅 丑 子 亥 戌 酉

此與前造, 只換未戌二支, 其餘皆同, 未丑皆土, 午換以戌, 用金
차여전조 지환미술이지 기여개동 미축개토 오환이술 용금
去火爲宜, 大勢觀之, 勝于前造, 今反不及者, 何也,
거화위의 대세관지 승우전조 금반불급자 하야

이 명조와 앞의 명조는 단지 지지에 未 戌 두 자만 바뀌고 나머지는 다 같다. 未丑은 다 土이고 午는 戌로 바뀌었다. 金을 쓰고 火는 제거하는 것이 마땅하다. 대세를 보면 앞의 사주보다 더 좋아 보이는데 이 사주가 도리어 앞의 사주에 미치지 못하는 것은 어떤 까닭인가.

夫丑乃北方濕土, 能生金晦火, 又能蓄水, 未乃南方燥土, 能脆金
부축내북방습토　능생금회화　우능축수　미내남방조토　능취금

助火, 又能暵水, 午雖火, 遇丑土而貪生, 戌雖土, 藏火而愈燥, 幸
조화　우능한수　오수화　우축토이탐생　술수토　장화이유조　행

秋金用事, 所以貴也, 雖出身貧寒, 而人品端謹, 持家勤儉, 夫中
추금용사　소이귀야　수출신빈한　이인품단근　지가근검　부중

鄉榜, 仕縣令, 生二子,
향방　사현령　생이자

대저 丑은 北方의 습토로 곧 金을 생하고 화기(火氣)를 설하며 또 水를 축장(蓄藏)하고 있는데 未는 남방의 조토(燥土)로 바로 金을 약하게 하고 또 물을 말린다.

午는 비록 火이나 丑을 만나면 생을 탐(貪)한다. 그러므로 金을 극하지 않는다. 戌은 비록 土이나 火를 암장하고 있어 더욱 조열(燥烈)하다. 그러나 다행한 것은 병령(秉令)한 가을의 金을 용신으로 하니 귀명(貴命)이다.

출신은 비록 빈한(貧寒)하나 인품이 단정하고 신중하였으며 부지런하고 검소하였다. 지아비가 향방(鄉榜)에 들고 벼슬이 현령(縣令)에 이르고 두 아들을 두었다.

*晦(회)－그믐 회. 밤 회. 어두울 회.
*能(능)－곧 능. 재능 능. 능할 능. 능히 능.
　부사어로는 바로. 곧. 어찌 ～하겠는가. 게다가. 뿐만 아니라 등으로 해석.
*燥(조)－마를 조. 말릴 조.
*脆(취)－무를 취. 연할 취.

*助(조)－도울 조. 도움 조.
*暵(한)－마를 한. 말릴 한.
*愈(유)－낳을 유. 고칠 유. 더할 유.
*幸(행)－다행 행. 다행할 행.
*謹(근)－삼갈 근(사물에 주의함. 스스로 경계함).

壬 戊 辛 己
戌 辰 未 酉

己 戊 丁 丙 乙 甲 癸 壬
卯 寅 丑 子 亥 戌 酉 申

土榮夏令, 逢金吐秀, 更喜無木, 富貴之造也, 所以身出官家, 通詩
토영하령 봉금토수 갱희무목 부귀지조야 소이신출환가 통시

書, 達禮敎, 至酉運, 夫星祿旺, 生一子, 夫主登科, 甲戌運, 刑沖
서 달예교 지유운 부성녹왕 생일자 부주등과 갑술운 형충

出丁火, 閨中雪舞, 而家道日落, 靑年守節, 苦志敎子成名, 至子運,
출정화 규중설무 이가도일락 청년수절 고지교자성명 지자운

子登科, 仕至郡守, 受紫誥之封, 壽至寅運, 金絶之地,
자등과 사지군수 수자고지봉 수지인운 금절지지

　土가 여름에 태어나 영화로운데 비견겁으로 왕하다. 식상으로 설함이 아름다운
데 더욱 기쁜 것은 木이 없어 부귀(富貴)한 명조이다. 이러므로 벼슬하는 집에서
태어났다. 시서(詩書)에 통달하고 예교(禮敎)에도 밝았다. 酉 운에 이르러 부성(夫
星)이 녹왕(祿旺)하니 아들을 낳았고 남편이 등과(登科)하였다.

　甲戌 운은 형충(刑沖)으로 丁火가 나오니 남편이 사망하고 가업이 날로 쇠락(衰
落)하여 갔다. 청상(靑孀)으로 수절하며 전력으로 자식의 교육에 뜻을 세워 자식의
이름을 내었다. 子 운에 아들이 등과(登科)하고 벼슬이 군수(郡守)에 이르렀다. 천
자의 조서를 받았다. 수(壽)는 寅 운에서 끝났는데 寅은 金의 절지(絶地)이기 때문
이다.

*詩書(시서)-시경(詩經)과 서경(書經).
*禮敎(예교)-예의에 관한 가르침.
*雪(설)-눈 설. 눈 올 설. 흴 설.
*閨中雪舞(규중설무)-규방(閨房) 안에 차가
　운 눈이 춤을 춤. 즉, 남편의 사망을 이르는
　말임.

*苦(고)-씀바귀 고. 괴로워할 고. 간절할 고.
　부사어로는 몹시. 특히. 전력으로. 힘껏.
*紫(자)-자주빛 자. 자주옷 자.
*紫誥(자고)-조서(詔書). 자주빛의 종이에
　씀으로 이름.
*舞(무)-춤 무. 춤출 무.

역자주 | 甲戌 운은 형충(刑沖)으로 丁火가 인출(引出)되어 남편이 사망하였다는 것은 『적천수천미』의 이론(理論)으로는 이해가 안 된다.

戌이 辰과 충(沖)으로 戌中 丁火가 나오게 되고 戌이 未와 형(刑)으로 未中 丁火가 나오게 된 것이라고 하는 말은 누군가[필사자(筆寫者)]가 삽입한 것이 아닌가 생각된다.

戌은 조토(燥土)로 壬水를 극할 뿐만 아니라 金을 연약하게 하고 土多金埋(토다금매)가 되어 부성(夫星)이 매장되니 화(禍)가 발생한 것이라 생각된다.

$$
\begin{array}{cccc}
甲 & 癸 & 壬 & 丁 \\
寅 & 丑 & 子 & 亥
\end{array}
$$

$$
\begin{array}{cccccccc}
庚 & 己 & 戊 & 丁 & 丙 & 乙 & 甲 & 癸 \\
申 & 未 & 午 & 巳 & 辰 & 卯 & 寅 & 丑
\end{array}
$$

癸水生于仲冬, 支全亥子丑, 北方一氣, 其勢泛濫, 一點丁火無根,
계 수 생 우 중 동　지 전 해 자 축　북 방 일 기　기 세 범 람　일 점 정 화 무 근

最喜寅時, 納水而洩其菁華, 甲木夫星坐祿, 故爲人聰明貌美, 端
최 희 인 시　납 수 이 설 기 청 화　갑 목 부 성 좌 록　고 위 인 총 명 모 미　단

莊幽閒, 更喜運走東南木火之地, 夫榮子秀, 福澤有餘,
장 유 한　갱 희 운 주 동 남 목 화 지 지　부 영 자 수　복 택 유 여

癸水가 중동(仲冬)에 생하고 지지가 亥子丑 북방 일기(一氣)로 수세가 범람(氾濫)하는 형세이다. 일점 丁火는 뿌리가 없는데 기쁜 것은 寅時로 물을 받아들여 청화(菁華)함을 설(洩)하는 것이다.

부성(夫星)인 甲木이 좌하에 녹(祿)을 두어 뿌리가 튼튼하니 그러므로 위인(爲人)이 총명하고 미모이었으며 단장하고 정숙하였다. 더욱 기쁜 것은 운이 東南 木火地로 가니 지아비가 영화롭고 자식이 빼어나며 복택(福澤)이 유여(有餘)하다.

*泛(범)-뜰 범. 넓을 범.
*濫(람. 남. 함)-넘칠 람. 뜰 람. 동이 함.
*納(납)-들일 납. 수장(收藏)할 납.
*菁(청. 정)-우거질 청(무성한 모양). 부추꽃 정. 화려할 정.

*華(화)-꽃 화. 꽃필 화. 고울 화.
*菁華(청화. 정화)-精華와 소. 빛. 광채. 사물 중에 가장 뛰어나고 화미(華美)한 부분.
*幽閒(유한)-有閑과 소. 정숙함. 얌전함. 고요함. 조용함.

丁　乙　丙　乙
亥　卯　戌　卯

甲　癸　壬　辛　庚　己　戊　丁
午　巳　辰　卯　寅　丑　子　亥

乙木生于季秋, 柱中兩坐祿旺, 亥卯又拱木局, 四柱無金, 日元旺矣,
을목생우계추　주중양좌녹왕　해묘우공목국　사주무금　일원왕의

喜其丙丁並透, 洩木生土, 財星爲夫, 爲人端莊和順, 夫中鄕榜,
희기병정병투　설목생토　재성위부　위인단장화순　부중향방

出仕琴堂, 生三子, 壽至壬運,
출사금당　생삼자　수지임운

乙木이 계추(季秋)에 태어났으나 사주 중에 녹왕(祿旺)이 둘이나 있고 亥卯로
木局을 이루었는데 金이 없으니 일주가 왕하다.

기쁜 것은 丙火와 丁火가 투출하여 木을 설하고 土를 생하니 재성이 부성(夫
星)이다. 사람이 단장하고 화평하며 순박하였다. 지아비가 향방(鄕榜)에 들어
벼슬길에 나가 금당(琴堂)에 이르렀다. 아들은 셋을 두었고 수(壽)는 壬 운에 이
르렀다.

*季(계)-어릴 계. 끝 계.
*拱(공)-두 손 마주잡을 공. 껴안을 공.
*洩(설. 예)-샐 설. 줄 설. 훨훨 날 예. 바람
　따를 예.
*喜(희)-기쁠 희. 기쁘다. 즐겁다.
*夫(부)-지아비 부. 남편. 사내. 장정.

*順(순)-순할 순. 좇을 순. 기뻐할 순. 차례
　순.
*鄕(향)-마을 향. 대접할 향.
*榜(방)-방 붙일 방. 고시하다. 매질하다.
*仕(사)-벼슬할 사. 일로 삼다. 섬기다.
*琴(금)-거문고 금.

辛 丁 甲 戊
丑 未 寅 寅

丙 丁 戊 己 庚 辛 壬 癸
午 未 申 酉 戌 亥 子 丑

丁火生于春令, 印綬太重, 最喜丑時, 坐下財庫, 沖去未中比印,
정화생우춘령 인수태중 최희축시 좌하재고 충거미중비인

生起財星, 必以辛金爲夫, 丑土爲子也, 初運北方水地, 洩金生木,
생기재성 필이신금위부 축토위자야 초운북방수지 설금생목

出身寒微, 至庚戌己酉戊申, 三十載土金之地, 裕夫發財, 生三子
출신한미 지경술기유무신 삼십재토금지지 유부발재 생삼자

皆貴, 誥封恭人, 所謂棄印就財, 且夫得子助, 故後嗣榮發也,
개귀 고봉공인 소위기인취재 차부득자조 고후사영발야

丁火가 봄에 생하였는데 인수가 태중(太重)하다. 제일로 기쁜 것은 丑時로 좌하가 재성의 고장(庫藏)인데 未와 충을 하여 未中의 인수와 비견을 제거하고 土가 동(動)하여 재(財)를 생하는 것이다.

반드시 辛金을 지아비로 하고 丑土를 자식으로 한다. 초년 운이 北方 水地로 金을 설하고 木을 생하니 출신이 한미(寒微)하다.

庚戌 己酉 戊申 삼십 년이 土金으로 가니 남편이 사업으로 재물을 크게 이루었고 세 아들이 다 귀(貴)히 되었다.

천자로부터 공인(恭人)의 봉작(封爵)을 받았다. 이른바 인수를 버리고 재(財)를 취하니 辛金 부성(夫星)이 丑土 자성(子星)의 도움을 받는 것으로 고로 후사(後嗣)가 영화롭고 발복(發福)한다.

역자주 恭人(공인) : 조심성이 있는 사람. 송대(宋代) 이후 명부(命婦)의 봉호(封號). 명(明), 청대(淸代)에는 사품관(四品官)의 부인(婦人)에게 하사(下賜)하였다. 명부(命婦)는 옛 중국에서 사대부(士大夫)의 처를 일컫는 말이다. 봉호(封號)를 받은 부인의 통칭이다.

癸　辛　己　壬
巳　丑　酉　辰

辛　壬　癸　甲　乙　丙　丁　戊
丑　寅　卯　辰　巳　午　未　申

辛金生于仲秋，支全金局，五行無木，火已成金，必無用官之理，
신금생우중추　지전금국　오행무목　화이성금　필무용관지리

喜其壬癸並透，洩其精英，爲人聰明端謹，頗知詩禮，所惜者，十九
희기임계병투　설기정영　위인총명단근　파지시예　소석자　십구

歲運走丁未，南方火旺，生土逼水，流年庚戌，支全剋水，無子而夭，
세운주정미　남방화왕　생토핍수　유년경술　지전극수　무자이요

　辛金이 中秋에 태어나고 지지가 金局을 이루었는데 五行 중에 木이 없어 火는
이미 金으로 돌아가니 관(官)은 쓸 수 없는 것이 확실하다.

　기쁜 것은 壬癸가 투출하여 무성(茂盛)한 金을 설하니 위인(爲人)이 총명하고
단정하며 삼갈 줄 알며 시전(詩傳)과 예기(禮記)에 밝았다.

　안타까운 것은 열아홉 살의 운이 丁未로 南方 화왕지(火旺地)가 되어 土를 생하
고 水를 말리는데 庚戌 유년(流年)에 지지가 오로지 水를 극하니 자식도 없이 요
절하였다.

*仲(중)—버금 중. 버금. 가운데.　　　*惜(석)—아낄 석. 아까워할 석. 애처롭게 여
*英(영)—꽃부리 영. 뛰어날 영.　　　　길 석.
*聰(총)—밝을 총.　　　　　　　　　　*歲(세)—해 세. 나이. 세월.
*頗(파)—치우칠 파. 자못 파.　　　　　*逼(핍)—닥칠 핍. 핍박할 핍. 쪼그라들 핍.

己　乙　丙　甲
卯　卯　寅　午

戊　己　庚　辛　壬　癸　甲　乙
午　未　申　酉　戌　亥　子　丑

旺木逢火, 通明之象, 妙在金水全無, 純淸不雜, 爲人端莊, 以丙
왕목봉화　통명지상　묘재금수전무　순청부잡　위인단장　이병

火爲夫, 惜運走北方水地, 壽亦不永, 生三子留一, 至壬運, 剋丙
화위부　석운주북방수지　수역불영　생삼자유일　지임운　극병

火而阻矣, 設使兩造運皆順行, 不特壽長, 若男造名利兩全, 女造
화이조의　설사양조운개순행　불특수장　약남조명리양전　여조

則夫榮子貴也,
즉부영자귀야

　왕목(旺木)이 火를 만나니 통명지상(通明之象)을 이루었다. 아름다운 것은 金水가 없어 맑고 혼잡스럽지 않다. 사람이 단장(端莊)하다. 丙火로 부성(夫星)을 삼는다. 애석하게도 운이 北方 水地로 가니 수명(壽命)도 역시 길지 못하다. 아들은 셋을 낳았으나 그중 하나만 남았다. 壬 운에 이르러 丙火를 극하니 사망하였다.

　만약 위의 두 사주에서 운이 순행(順行)하였다면 수명이 길 뿐만 아니라 남명(男命)이면 명리(名利)가 양전(兩全)하였을 것이고 여명(女命)이면 남편이 영화롭고 자식이 귀(貴)히 되었을 것이다.

*端(단)-바를 단. 실마리 단.
*阻(조)-험할 조. 저상(沮喪)할 조. 막을 조.
*不特(불특)-~할 뿐만 아니라.

*不特長壽(불특장수)-장수(長壽)할 뿐만 아니라.

```
己 乙 壬 丁
卯 卯 寅 未

庚 己 戊 丁 丙 乙 甲 癸
戌 酉 申 未 午 巳 辰 卯
```

春木森森, 旺之極矣, 時干己土無根, 以丁火爲夫, 丁壬之合, 去水
춘목삼삼 왕지극의 시간기토무근 이정화위부 정임지합 거수

却妙, 化木不宜, 所以出身貧寒, 喜其運走南方火地, 不但幇夫興家,
각묘 화목불의 소이출신빈한 희기운주남방화지 부단방부흥가

而且子息亦多, 壽至申運, 壬水逢生而阻, 此與前造論之, 不及前造,
이차자식역다 수지신운 임수봉생이조 차여전조론지 불급전조

此造則行運不背, 故勝之, 然則命好不如運好, 男女皆然也,
차조즉행운불배 고승지 연즉명호불여운호 남녀개연야

春木이 울창하여 왕함이 극(極)에 이르렀다. 時干의 己土는 무근(無根)이니 丁火로 지아비를 삼는다. 丁壬 합은 水를 제거하는 것은 좋으나 木으로 화(化)하는 것은 마땅치 않다. 이러므로 출신은 빈한(貧寒)하다.

기쁜 것은 운이 南方 火地로 가니 지아비를 도와 집안을 일으키고 자식도 많았다. 수(壽)는 申 운에 이르러 壬水가 생을 만나니 사망하였다.

이 명조와 앞의 명조를 논하면 앞의 사주에 미치지 못하나, 이 사주는 행운이 배반치 않아 좋았던 것이다. 그러므로 명(命) 좋은 것이 운(運) 좋은 것만 못한 것은 남녀가 다 같다.

---

*森(삼)−나무 빽빽할 삼. 나무가 빽빽하다. 나무가 많이 서 있는 모양. 우뚝 솟다. 나무가 밋밋하게 높은 모양. 성(盛)한 모양.
*却(각)−물러날 각. 물리칠 각. 도리어 각. 틈 각. 卻과 소.

*但(단)−단지. 다만. 공연히. 쓸데없이. 그러나 등으로 해석.
*幇(방)−도울 방.
*背(배)−등 배. 배반할 배.
*皆(개)−다 개.

역자주 이 명조에서 申 운에 壬水가 생을 만나 사망하였다고 하는 것은 조금 애매하다. 申 운에 壬水가 생을 만나니 나쁜 것은 사실이나 그보다는 木이 극왕하여 丁火로 설(洩)하는데 申 운은 火가 절지이고 더욱 월령인 寅木을 충하니 왕신이 격노하여 대흉이 발생한 것이라고 봐야 한다.

小 兒소아

> 論財論殺論精神. 四柱和平易養成. 氣勢攸長無斲喪. 殺
> 논 재 논 살 논 정 신　　　사 주 화 평 이 양 성　　　기 세 유 장 무 착 상　　　살
>
> 關雖有不傷身.
> 관 수 유 불 상 신

　　소아의 명(命)은 재(財)와 살(殺)과 정신을 논(論)하는데 사주가 화평하면 기르기 쉽고 기세가 유장(攸長)하고 착상(斲喪)이 없으면 살(殺)이 관련되어 있어도 일주가 다치지 않는다.

　　*攸(유)—바 유. 곳 유. 달릴 유. 아득할 유.　　*關(관)—문빗장 관. 잠글 관. 관계할 관.
　　*斲(착)—깎을 착. 연장. 깎아내다. 쪼개다.　　*雖(수)—비록 수. 오직 수.

原注원주

財神不黨七殺. 主旺精神貫足. 干支安頓和平. 又要看氣勢. 如氣勢在
재 신 부 당 칠 살　주 왕 정 신 관 족　간 지 안 돈 화 평　우 요 간 기 세　여 기 세 재

日主. 而日主雄壯者. 氣勢在財官. 而財官不叛日主. 氣勢在東南. 而
일 주　이 일 주 웅 장 자　기 세 재 재 관　이 재 관 불 반 일 주　기 세 재 동 남　이

五七歲之前. 不行西北. 氣勢在西北. 而五七歲之前. 不行東南. 行運
오 칠 세 지 전　불 행 서 북　기 세 재 서 북　이 오 칠 세 지 전　불 행 동 남　행 운

不逢斲喪. 此爲氣勢攸長. 雖有關殺. 亦不傷身.
불 봉 착 상　차 위 기 세 유 장　수 유 관 살　역 불 상 신

【원주】

　　재(財)가 살(殺)과 무리를 이루지 않고 일주가 왕하고 정신이 관족(貫足)하고 干支가 안돈하고 화평하며 또 중요하게 볼 것은 기세(氣勢)이다. 가령 기세가 일주에 있어 일주가 웅장하고 기세가 재관에 있는데 재관이 일주를 배반하지 아니하여야 한다.
　　기세가 東南에 있으면 五 七세 전에 운이 西北으로 가지 않고 기세가 西北에 있으

면 五 七세 전에 운이 東南으로 가지 않거나 행운이 착상(齗喪)을 만나지 않으면 이
것이 기세가 유장(攸長)한 것이니 비록 살(殺)이 있어도 역시 일주를 손상치 못한다.

*黨(당)―마을 당. 무리 당. 혹시 당. *看(간)―볼 간. 지킬 간.

*貫(관)―돈꿰미 관. 꿸 관. *壯(장)―씩씩할 장. 장할 장. 왕성할 장.

*頓(돈)―조아릴 돈. *叛(반)―배반할 반. 배반 반.

任氏曰임씨왈,

小兒之命, 每見淸奇可愛者難養, 混濁可憎者易成, 雖關家門之氣
소아지명   매견청기가애자난양   혼탁가증자이성   수관가문지기

數, 亦看根源之淺深, 且小兒之命, 是猶果苗之初出, 宜乎培植得好,
수   역간근원지천심   차소아지명   시유과묘지초출   의호배식득호

固不待言, 然未生之前, 父母不禁房事, 毒受胎中, 旣生之後, 過
고부대언   연미생지전   부모불금방사   독수태중   기생지후   과

于愛惜, 或飮食無忌, 或寒暖不調, 因之疾病多端, 每至無成,
우애석   혹음식무기   혹한난부조   인지질병다단   매지무성

임 선생님이 말씀하였다.

소아(小兒)의 명은 청기(淸奇)하고 사랑스러운 아이는 기르기 어렵고 혼탁(混濁)하
고 미운 아이는 쉽게 자라는 것을 매번 본다. 비록 가문(家門)의 운수에 관계되는
것이기는 하나 뿌리의 얕고 깊음은 보아야 한다. 또 소아의 명(命)은 마치 과일의
싹이 처음 나오는 것 같아서 마땅히 잘 북돋아 주어야 하는 것은 더 말할 필요가
없다.

그러나 낳기 전에 부모가 방사(房事)를 금(禁)하지 않아 태중에서 독(毒)을 받고
낳은 후에는 지나치게 사랑하고 소중히 여겨 혹 음식을 가리지 않는다든지 혹
춥고 더운 것을 고르게 하지 못하면 이로 인하여 질병이 많아 기르지 못함을 매양
본다.

*混(혼)―섞일 혼. 흐릴 혼. *苗(묘)―모 묘. 곡식 묘.

*憎(증)―미워할 증. 미움 증. *惜(석)―아낄 석. 아까워할 석. 애처롭게 여

*猶(유)―오히려 유. 같을 유. 망설일 유. 원 길 석.

　숭이 유. *待(대)―기다릴 대. 대접할 대.

尚有積惡之家, 而無餘慶, 雖小兒之命, 清奇純粹者, 所以難養也,
상 유 적 악 지 가　이 무 여 경　수 소 아 지 명　청 기 순 수 자　소 이 난 양 야

有等關于墳墓陰陽之忌, 遷改損壞, 以致夭亡, 故小兒之命, 不易
유 등 관 우 분 묘 음 양 지 기　천 개 손 괴　이 치 요 망　고 소 아 지 명　불 이

看也, 除此數端之外, 然後論命,
간 야　제 차 수 단 지 외　연 후 론 명

더욱이 적악지가(積惡之家)는 경사(慶事)가 있을 수 없으니 비록 소아의 명(命)이
청기(清奇)하고 순수하면 기르기 어렵다.

또 관계되는 것이 있으니 분묘(墳墓)가 음양에 맞지 않는다 하여 옮기거나 고치
거나 손괴(損壞)하여 이로 인하여 요사(夭死)하기도 한다. 그러므로 소아의 명은
보기가 쉽지 않다.

이와 같은 여러 가지 변수뿐만 아니라 그 외의 단서들도 참작한 연후에 명을
논하여야 한다.

*積惡之家(적악지가)－남에게 악한 짓을
　많이 한 집.
*奇(기)－기이할 기. 기만할 기.
*墳(분)－무덤 분. 언덕 분.

*墳墓(분묘)－무덤. 구묘(丘墓).
*遷(천)－옮길 천. 천도 천.
*損壞(손괴)－파 없앰.
*除(제)－섬돌 제. 층계 제. 덜 제. 나눌 제.

必須四柱和平, 不偏不枯, 無沖無剋, 根通月支, 氣貫生時, 殺旺
필 수 사 주 화 평　불 편 불 고　무 충 무 극　근 통 월 지　기 관 생 시　살 왕

有印, 印弱有官, 官衰有財, 財輕有食傷, 生化有情, 流通不悖, 或
유 인　인 약 유 관　관 쇠 유 재　재 경 유 식 상　생 화 유 정　유 통 불 패　혹

一神得用, 始終相託, 或兩意情通, 互相庇護, 未交運而流年平順,
일 신 득 용　시 종 상 탁　혹 양 의 정 통　호 상 비 호　미 교 운 이 유 년 평 순

旣交運而運途安祥, 此謂氣勢攸長, 自然易養成人, 反此則難養矣,
기 교 운 이 운 도 안 상　차 위 기 세 유 장　자 연 이 양 성 인　반 차 즉 난 양 의

其餘關殺多端, 盡皆謬妄, 欲以何等惑人, 則造何等神殺, 必宜一
기 여 관 살 다 단　진 개 류 망　속 이 하 등 혹 인　즉 조 하 등 신 살　필 의 일

切掃除, 以絕將來之謬,
체 소 제　이 절 장 래 지 류

반드시 사주가 화평하고 불편(不偏), 불고(不枯)하고 충극이 없고 뿌리가 月支에 통하고 기(氣)가 時에 관통하고 살(殺)이 왕하면 인수가 있고 인수가 약하면 관이 있고 관이 쇠(衰)하면 재(財)가 있고 재가 가벼우면 식상이 있고 생화(生化)가 유정하고 유통(流通)이 어그러지지 않으며 일신(一神)을 득용하고 처음과 끝이 서로 의탁하고 양의(兩意)의 정(情)이 통하고 서로 도우며, 대운으로 바뀌기 전 유년(流年) 운이 평순하고 이미 대운으로 바뀐 후에는 운도(運途)가 안상(安祥)하면 이것을 일러 기세가 유장(攸長)하다 하는 것이다. 이와 같으면 자연 기르기 쉬우나 이와 반대이면 기르기 어려울 것이다.

이 이외에도 소아에 관한 살(殺)이 대단히 많으나 모두가 잘못되고 망령된 것이다. 누군가가 사람을 현혹하는 신살(神殺)을 만들었으나 반드시 모두 소제하여 앞으로는 잘못이 없어야 하겠다.

*偏(편)－치우칠 편. 한쪽 편.
*枯(고)－마를 고. 마른나무 고.
*貫(관)－돈꿰미 관. 꿸 관.
*衰(쇠)－쇠할 쇠. 줄 쇠.
*悖(패. 발)－어그러질 패(도리에 거슬림). 우쩍 일어날 발.

*庇(비)－덮을 비. 그늘 비. 의지할 비.
*祥(상)－복 상. 재앙 상. 자세할 상.
*攸(유)－바 유(어조사). 곳 유(장소). 아득할 유.
*盡(진)－다할 진. 다 진. 가령 진.
*掃(소)－쓸 소(소제함).

丁　丙　癸　辛
酉　子　巳　丑

丁　戊　己　庚　辛　壬
亥　子　丑　寅　卯　辰

丙火生于巳月, 雖云建祿, 五行無木生助, 天干旣透財官, 地支不
병화생우사월　수운건록　오행무목생조　천간기투재관　지지불

宜再見酉子, 更不宜再會金局, 則巳火之祿, 非日干有也, 雖丁火
의재견유자　갱불의재회금국　즉사화지록　비일간유야　수정화

可以幇身, 癸水傷之, 謂財多身弱, 兼之官星又旺, 日主虛弱極矣,
가이방신　계수상지　위재다신약　겸지관성우왕　일주허약극의

且初交壬運逢殺, 辛亥年, 天干逢壬癸剋丙丁, 地支亥沖巳火破祿,
차초교임운봉살　신해년　천간봉임계극병정　지지해충사화파록

連根拔盡, 得疳疾而亡,
연근발진　득감질이망

　　丙火가 巳月에 생하니 비록 건록(建祿)이긴 하나 木의 생조(生助)가 없는데 天干으로 財官이 투출(透出)하니 일주가 약하게 되었다. 일주가 약하니 地支에서 또 酉와 子를 보는 것은 마땅치 않다. 더욱 마땅치 않은 것은 巳酉丑 金局을 이루는 것으로 이러므로 일주의 녹(祿)인 巳火는 일주의 것이 못된다.

　　비록 丁火가 일주를 도우나 癸水가 손상하니 이러므로 재다신약(財多身弱)이다. 겸하여 관성 또한 왕하여 일주가 극(極)히 허약하다.

　　게다가 초년 운이 壬 운으로 살(殺)을 만나는데 辛亥 유년(流年) 들어 天干의 壬癸가 丙丁을 극하고 亥水가 巳火를 충하여 녹(祿)을 파(破)하니 연달아 뿌리가 뽑혀 감질병(疳疾病)으로 사망하였다.

*且(차)－또 차. 장차 차. 구차할 차. 부사어로는 게다가. 또한. 아울러. 장차 등으로 씀.

*疳(감)－감질 감(어린아이가 위장이 나빠서 몸이 야위고 배가 불러지는 병).
*拔(발)－뺄 발(뽑음). 가릴 발.

```
辛 丙 己 癸
卯 寅 未 丑

癸 甲 乙 丙 丁 戊
丑 寅 卯 辰 巳 午
```

前造因財官太旺, 以致夭亡, 此則日坐長生, 又生夏令, 財官爲用,
전조인재관태왕 이치요망 차즉일좌장생 우생하령 재관위용

傷官爲喜, 傷生財, 財又生官, 似乎生火有情, 殊不知前則財多身
상관위희 상생재 재우생관 사호생화유정 수부지전즉재다신

弱, 以官作殺, 此則財絶官休, 恐難厚享,
약 이관작살 차즉재절관휴 공난후향

　전조는 재관이 태왕하여 요절(夭折)하였고 이 명조는 좌하에 長生이 있고 또 여름에 태어나 재관이 용신이고 상관이 희신이다.

　상관이 재(財)를 생하고 재는 관을 생하니 마치 생하고 화(化)함이 유정한 듯 하나, 앞의 사주는 재다신약하여 관이 살(殺)의 작용이었고 이 사주는 재가 절(絶)되고 관이 휴수된 것을 아직도 모르고 하는 말로 후(厚)한 복을 누리지 못할까 두렵다.

*殊(수)-벨 수. 결심할 수. 다를 수. 특히 수.　　*似(사)-같을 사. 이을 사.
　부사어로는 매우. 아주. 전혀. 몹시. 근본적　　*厚(후)-두터울 후. 두터이 할 후.
　으로. 아직도 등으로 해석.　　　　　　　　　*享(향)-드릴 향. 제사지낼 향.

癸水官星生未月, 火土熯乾, 餘氣在丑, 蓄水藏金, 然己土當頭,
계수관성생미월 화토한건 여기재축 축수장금 연기토당두

傷癸, 丑未沖去金水根源, 時上辛又臨絶, 雖有若無, 焉能生遠隔
상계 축미충거금수근원 시상신우임절 수유약무 언능생원격

之水, 則己土亦不能生隔絶之金, 且運走東南木火之地, 斷非守業
지수 즉기토역불능생격절지금 차운주동남목화지지 단비수업

之人也,
지인야

癸水 관성이 未月에 생하여 火土가 水를 건조시키는데 癸水는 여기(餘氣)인 丑이 있어 金水를 축장하고 있으나 그러나 己土가 당두(當頭)하여 癸水를 극하고 丑未 충으로 金水의 근원을 제거한다.

時上의 辛金이 또 절지에 임하여 비록 있으나 없는 것과 같으니 어찌 멀리 떨어져 있는 癸水를 생할 수 있겠는가. 己土 또한 辛金과 격절(隔絶)되어 생하지 못한다. 게다가 운이 東南 木火地로 가니 단연코 조상의 유업을 지키지 못할 사람이다.

*熯(한, 선)-말릴 한(건조시킴). 사를 선(불사름).

*焉(언)-어찌 언. 이에 언. 어조사 언.
*隔(격)-막을 격. 막이 격.

```
己   丙   壬   庚
亥   寅   午   戌

戊 丁 丙 乙 甲 癸
子 亥 戌 酉 申 未
```

丙用壬殺, 身强殺淺, 以殺化權, 更喜財滋弱殺, 定然名利雙全,
병용임살　신강살천　이살화권　갱희재자약살　정연명리쌍전

惜支全火局, 寅亥又化木而生火, 年月之庚壬無根, 而少生扶, 至
석지전화국　인해우화목이생화　년월지경임무근　이소생부　지

丁巳年, 巳亥沖去壬水之祿, 丁火合去壬水之用, 死于瘠症,
정사년　사해충거임수지록　정화합거임수지용　사우초증

丙火가 壬水 살(殺)을 쓰는데 일주는 강하고 살(殺)이 약하다. 살(殺)로써 권세 (權勢)를 이루는 것인데, 더욱 기쁜 것은 재가 약한 살을 생하니 확실히 명리(名利) 가 다 완전할 것 같으나 애석한 것은 지지가 화국(火局)을 이루고 寅亥가 또 木으로 화(化)하여 火를 생하는데 年月의 庚壬은 무근(無根)으로 생부(生扶)가 적은 것이다.

丁巳년에 이르러 巳亥 충으로 壬水의 녹(祿)을 제거하고 丁火가 용신인 壬水를 합하니 초증(瘄症)으로 사망하였다.

*瘄(초. 적) - 열꽃 초〔홍역(紅疫)할 때의 열(熱)을 일컬음. 즉, 홍역으로 사망한 것을 말함〕. 병 초. 병 적.

戊 壬 戊 壬
申 申 申 申

甲 癸 壬 辛 庚 己
寅 丑 子 亥 戌 酉

壬水生于秋令, 地支皆坐長生, 天干兩戊兩壬, 大勢觀之, 支全一
임수생우추령　지지개좌장생　천간양무양임　대세관지　지전일

氣, 兩干不雜, 且殺印相生, 爲大貴之格, 不知金多水濁, 母多子病,
기　양간부잡　차살인상생　위대귀지격　부지금다수탁　모다자병

四柱無火剋金, 金反不能生水, 戊土之精華盡洩于金, 謂偏枯之象,
사주무화극금　금반불능생수　무토지정화진설우금　위편고지상

必然難養, 名利皆虛, 果死于三歲甲戌年,
필연난양　명리개허　과사우삼세갑술년

壬水가 추령(秋令)에 생하였는데 지지는 다 장생이고 천간은 양 戊土와 양 壬水로 대세를 보면 지지는 일기(一氣)이고 양간(兩干)이 부잡(不雜)하며 게다가 살인상생으로 가히 대귀(大貴)의 격이라 하겠다.

그러나 그것은 금다수탁(金多水濁)하여 모다자병(母多子病)이 되고 사주에 火가 없어 金을 극함이 없으니 金이 水를 생하지 못하고 관성인 戊土의 정화(精華)함이 金에 의하여 설진(洩盡)된 것을 모르고 하는 말이다. 편고지상(偏枯之象)으로 반드시 기르기 어려울 것이다. 명리(名利)도 다 헛것이다. 과연 세 살 되던 甲戌년에 사망하였다.

戊 壬 甲 壬
申 申 辰 申

庚 己 戊 丁 丙 乙
戌 酉 申 未 午 巳

壬水生于季春, 似乎殺印相生, 地支三遇長生, 食神制殺爲權, 定
임수생우계춘 사호살인상생 지지삼우장생 식신제살위권 정

爲貴格, 不知春土氣虛, 月透甲木, 不但辰土受制, 而時干之戊, 亦
위귀격 부지춘토기허 월투갑목 부단진토수제 이시간지무 역

受其剋, 五行無火, 未得生生之妙, 亦母多子病, 偏枯之象, 必然難
수기극 오행무화 미득생생지묘 역모다자병 편고지상 필연난

養也, 後死于痘症,
양야 후사우두증

　　壬水가 계춘(季春)에 생하니 마치 살인상생(殺印相生)으로 아름다운 것 같다. 지지에 長生을 셋이나 두고 식신이 제살하니 귀격(貴格)이 확실하다 하겠으나 그러나 春土로 기가 허한데 월에 甲木이 투출하여 비단 辰土만 극을 받는 것이 아니라 時干의 戊土 역시 극을 받는다.

　　사주에 火가 없어 생생(生生)하는 아름다움이 없어 역시 모다자병(母多子病)으로 편고(偏枯)된 것을 모르고 하는 말이다. 반드시 기르기 어려울 것이다. 후에 두증(痘症)으로 사망하였다.

*痘(두)-마마 두. 역질 두.　　　　　*枯(고)-마를 고. 마른나무 고.

역자주 이 명조는 壬水가 관성월인 辰月에 생하고 천간에도 戊土가 투출하여 살(殺)이 왕하나 지지에 申金이 셋이나 있어 이미 살(殺)은 金에 의하여 설진(洩盡)되었는데 재차 甲木이 살을 제(制)하는 것은 부당(不當)하다.
申金이 셋으로 土는 이미 金으로 화(化)하다시피 되었는데, 또 甲木이 극을 하니 살(殺)이 멸진(滅盡)되었다. 초간(初看)에는 사주가 귀격(貴格)처럼 보이나 살이 멸진(滅盡)되어 기르기 어렵다.

```
壬 丁 壬 癸
寅 亥 戌 丑

丙 丁 戊 己 庚 辛
辰 巳 午 未 申 酉
```

此造, 以丁火陰柔, 生于深秋, 殺官重疊, 必不能養, 殊不知官殺
차조 이정화음유 생우심추 살관중첩 필불능양 수부지관살

雖旺, 妙在戌月, 通根身庫, 足以制水, 更好無金, 時支寅木不傷,
수왕 묘재술월 통근신고 족이제수 갱호무금 시지인목불상

氣貫生時, 足以納水, 不但易養成人, 可遂書香之志,
기관생시 족이납수 부단이양성인 가수서향지지

이 명조는 음유(陰柔)한 丁火가 가을도 깊은 戌月에 생하였는데 관살이 중첩
(重疊)하니 반드시 기르기 어렵다고 할 것이다. 그러나 관살이 비록 왕해도 묘(妙)
한 것은 戌月로 고(庫)에 통근하여 족히 수를 제(制)하는 것은 전혀 모르고 하는
말이다.

더욱 좋은 것은 金이 없어 時支의 寅木이 상해를 입지 않으니 기(氣)가 生時에
통하고 족히 납수(納水)한다. 비단 기르기 쉬울 뿐 아니라 학문의 뜻도 이룰 수
있다.

*柔(유)-부드러울 유. 편안히 할 유.
*疊(첩)-겹쳐질 첩. 포개질 첩.
*殊(수)-벨 수. 결심할 수. 다를 수. 뛰어날
  수. 특히 수. 부사어로는 매우. 아주. 전혀.
  몹시 등으로 씀.

*雖(수)-비록 수. 오직 수.
*庫(고)-곳집 고.
*貫(관)-돈꿰미 관. 꿸 관.
*遂(수)-이룰 수. 따를 수.
*香(향)-향기 향. 향기로울 향.

然官殺一類, 勿以官爲喜, 殺爲憎, 身弱者官皆是殺, 身旺者殺皆
연관살일류 물이관위희 살위증 신약자관개시살 신왕자살개

是官, 只要無財有印, 便爲佳造, 如云丁火死寅, 謬之極矣, 寅中
시관 지요무재유인 편위가조 여운정화사인 류지극의 인중

甲木, 乃丁之嫡母, 何以爲死, 凡陰干以生地爲死, 死地爲生, 非
갑목 내정지적모 하이위사 범음간이생지위사 사지위생 비

正論也, 果幼年無疾, 聰慧過人, 至甲戌年, 入泮後, 運走南方火土,
정론야 과유년무질 총혜과인 지갑술년 입반후 운주남방화토

制殺扶身, 未可限量也,
제살부신 미가한량야

그러나 관(官)과 살(殺)은 같은 종류이니 관이라 하여 기뻐하고 살이라 하여 미워하지 말라. 신약하면 관도 다 살인 것이고 신왕하면 살도 다 관인 것이다. 단지 재(財)가 없고 인수가 있어야 더욱 좋은 명조가 되는 것이다.

가령 이르데 丁火는 寅에서 사(死)한다고 하는데 이는 크게 잘못된 것이다. 寅中의 甲木은 丁火의 적모(嫡母)인데 어찌 사(死)가 되는가.

무릇 음간(陰干)은 生地에서 사(死)하고 死地에서 生한다고 하는데 이는 잘못된 말이다. 과연 어려서도 질병이 없었고 지혜와 총명함이 뛰어났다. 甲戌 년에 입반(入泮)한 후 운이 南方 火土로 가니 살을 제(制)하고 일주를 도와 복택이 한량없었다.

*憎(증)-미워할 증. 미움 증.
*嫡(적)-아내 적. 맏아들 적.
*聰(총)-밝을 총.
*慧(혜)-슬기로울 혜. 슬기롭다. 총명하다.

*過(과)-지날 과. 지나칠 과. 예전 과. 잘못할 과.
*泮(반)-물가 반. 녹을 반.
*量(량. 양)-헤아릴 량(양). 길이. 좋다.

```
己 丁 甲 壬
酉 酉 辰 戌

庚 己 戊 丁 丙 乙
戌 酉 申 未 午 巳
```

此造槪云木透月干, 春木足以生火, 年干壬水生木, 日時兩坐長生,
차 조 개 운 목 투 월 간   춘 목 족 이 생 화   년 간 임 수 생 목   일 시 양 좌 장 생

皆作旺論, 惜地支土金太重, 天干水木之根必淺, 水木無氣, 則丁
개 작 왕 론   석 지 지 토 금 태 중   천 간 수 목 지 근 필 천   수 목 무 기   즉 정

火之蔭不固,
화 지 음 불 고

　이 명조는 대부분 사람들은 말하기를 木이 월간에 투출하여 春木이 火를 족히
생하는데 年干의 壬水가 木을 생하고 일시에 長生이 둘이나 있어 다 왕하다고
할 것이다. 애석한 것은 지지에 土金이 태중하여 천간의 水木이 뿌리가 얕고 水木
이 무기(無氣)하니 丁火를 돌봄이 견고치 못한 것이다.

　*槪(개)-대개 개. 절개 개. 풍채 개.　　*淺(천)-얕을 천. 엷을 천.
　*透(투)-뛸 투. 던질 투. 환할 투.　　　*蔭(음)-그늘 음. 해 그림자 음.

夫甲木生于季春, 退氣之神也, 辰酉合而化金, 則甲木之餘氣已絶,
부 갑 목 생 우 계 춘   퇴 기 지 신 야   진 유 합 이 화 금   즉 갑 목 지 여 기 이 절

戊土隔之, 使金不能生水, 戊土足以制之, 壬水受剋, 不能生木,
술 토 격 지   사 금 불 능 생 수   술 토 족 이 제 지   임 수 수 극   불 능 생 목

辰酉化金, 必能剋木, 日主根源不固可知, 如謂酉是丁火長生, 五行
진 유 화 금   필 능 극 목   일 주 근 원 불 고 가 지   여 위 유 시 정 화 장 생   오 행

顚倒矣,
전 도 의

　대저 甲木이 계춘에 생하면 퇴기(退氣)로 힘이 약한데 辰酉가 합하여 金으로
돌아가니 甲木의 여기(餘氣)가 이미 끊어진 상태인데 더욱 戊土를 격(隔)하고 있
어 金이 水를 생할 수 없을 뿐더러 戊土가 水를 극하고 있어 壬水가 극제를 받아

木을 생하지 못한다.

辰酉가 합하여 金으로 돌아가 반드시 木을 극하니 일주의 근원이 견고치 못함을 알 수 있다. 酉가 丁火의 長生이라 하는 것은 오행이 전도(顚倒)되는 것이다.

*隔(격)—막을 격. 막이 격.
*固(고)—굳을 고. 진실로 고. 항상 고. 부사 어로는 단호히. 확실히. 진실로. 여전히 등 으로 해석.

*顚(전)—넘어질 전. 뒤집을 전. 거꾸로 할 전. 머리 전. 이마 전.
*倒(도)—넘어질 도. 거슬릴 도.

酉中純辛無他氣所雜, 金生水, 無生火之理, 火到酉位, 死絶之地,
유 중 순 신 무 타 기 소 잡   금 생 수   무 생 화 지 리   화 도 유 위   사 절 지 지
更嫌時干己土, 竊去命主元神, 生金洩火, 而水木火三字, 皆虛矣,
갱 혐 시 간 기 토   절 거 명 주 원 신   생 금 설 화   이 수 목 화 삼 자   개 허 의
後果夭於癸酉年, 由此論之, 小兒之命, 不易看也,
후 과 요 어 계 유 년   유 차 론 지   소 아 지 명   불 이 간 야

酉 중에는 순전히 辛金뿐으로 타기(他氣)가 없으니 金은 水를 생하지 火를 생하 는 이치는 없다. 火가 酉에 이르면 사절지(死絶地)인데 더욱 꺼리는 것은 時干의 己土가 일주의 원기를 빼앗아가 金을 생하고 火를 설(洩)하니 水 木 火 세 자(字) 가 다 허탈하다.

후에 과연 癸酉년에 요절하였다. 이와 같은 연유로 소아의 명(命)은 보기가 쉽지 않다.

*純(순)—실 순. 순수할 순. 좋을 순.
*雜(잡)—섞일 잡. 어수선할 잡.
*嫌(혐)—싫어할 혐. 미움 혐.
*竊(절)—도둑질할 절. 기만할 절.
*果(과)—실과 과. 과연 과. 부사어로는 마침 내. 결국. 과연. 확실히 등으로 해석.

*洩(설. 예)—샐 설. 줄 설. 훨훨 날 예. 바람 따를 예.
*兒(아)—아이 아. 아이. 어버이에 대한 아이 의 자칭(自稱). 남을 낮잡아 이르는 말.
*易(이. 역)—쉬울 이. 바꿀 역.
*看(간)—볼 간. 지킬 간.

才 德재덕

德勝才者. 局合君子之風. 才勝德者. 用顯多能之象.
덕 승 재 자　국 합 군 자 지 풍　재 승 덕 자　용 현 다 능 지 상

덕(德)이 재(才)를 앞서는 것은 군자의 풍도(風道)이고 재가 덕을 앞서는 것은 쓰임이 다능(多能)한 상(象)으로 나타난다.

原注원주

清和平順. 主輔得宜. 所合者皆正神. 所用者皆正氣. 不必節外生枝.
청 화 평 순　주 보 득 의　소 합 자 개 정 신　소 용 자 개 정 기　불 필 절 외 생 지

不必弄假成眞. 財官喜神. 皆足以了其生平. 不生貪戀之私. 度量寬宏.
불 필 농 가 성 진　재 관 희 신　개 족 이 료 기 생 평　불 생 탐 련 지 사　도 량 관 굉

施爲必正. 皆君子之風也. 財薄而力量足以貪之. 官輕而心志必欲求之.
시 위 필 정　개 군 자 지 풍 야　재 박 이 역 량 족 이 탐 지　관 경 이 심 지 필 욕 구 지

混濁被害. 主弱輔强. 爭合邪神. 三四用神. 皆心事奸貪. 作事僥倖. 皆
혼 탁 피 해　주 약 보 강　쟁 합 사 신　삼 사 용 신　개 심 사 간 탐　작 사 요 행　개

爲多能之象.
위 다 능 지 상

【원주】

화평하고 청순하며 일주에게 도움되는 것이 마땅하며, 합이 다 바르고 쓰이는 바가 다 정기(正氣)이며, 필요 없는 것은 生하지 않고 가신으로 진신을 삼지 않으며, 재관이 희신이면 평생이 좋으니 사사로움에 연연하지 않고 도량이 넓어 행동이 바르다. 이는 다 군자(君子)의 기풍(氣風)이다.

재(財)는 엷은데 일주가 강하면 일주는 재(財)를 탐하게 되고 관(官)이 가벼운데 일주가 강하면 그 마음이 반드시 관(官)을 구하고자 하니 혼탁하여 해(害)를 입는다.

일주가 약하여 보강(補强)하는데 사신(邪神)과 쟁합(爭合)하고 용신이 3, 4개로 많으면 마음이 간사하고 탐욕이 많으며 일을 함에 요행을 바라니 이는 다 다능(多能)한

상(象)이다.

*輔(보)—도울 보. 도움 보. 재상 보.　　*宏(굉)—클 굉. 넓을 굉.
*弄(농. 롱)—희롱할 농(롱). 가지고 놀다.　*施(시)—베풀 시. 전할 시. 자랑할 시.
*戀(련. 연)—그리워할 련. 그리움 련.　　*僥(요)—요행 요.
*寬(관)—너그러울 관. 넓을 관.　　　　*倖(행)—다행 행. 요행 행.

역자주

○ 不必節外生枝(불필절외생지)：　節外生枝(절외생지)는 과일이나 참외 등을 맺는 가지
　　〔枝〕외의 가지(枝)를 일컫는 것인데, 여기서는 불필(不必)이라 하였으니 필요 없는 것은
　　生할 필요가 없다는 뜻이다.

○ 不必弄假成眞(불필농가성진)：　弄假成眞(농가성진)은 농담으로 한 것이 진담으로 한 것
　　과 같이 된 것인데, 여기서는 가신이 진신 노릇을 하는 것을 일컫는데 불필(不必)이라
　　하였으니 하지 않아야 한다는 뜻이다.

大率陽在内. 陰在外. 不激不亢者爲德勝才. 如丙寅戊辰月日. 己卯癸
대 솔 양 재 내　음 재 외　불 격 불 항 자 위 덕 승 재　여 병 인 무 진 월 일　기 묘 계

卯年時者是. 陽在外. 陰在内. 畏勢趨利者. 爲才勝德. 如己卯己巳月
묘 년 시 자 시　양 재 외　음 재 내　외 세 추 리 자　위 재 승 덕　여 기 묘 기 사 월

日. 丙寅戊寅年時者是.
일　병 인 무 인 년 시 자 시

　대체로 陽은 안에 있고 陰은 밖에 있으며 충(沖)이나 극(剋)이 없으면 덕(德)이 재
(才)보다 앞서는 것이니, 가령 丙寅 戊辰은 월과 일에 있고 己卯 癸卯는 年과 時에
있는 것이 이것이다.

　陽이 밖에 있고 陰이 안에 있으면 세(勢)를 두려워하고 이익(利益)을 추구하는 자
로 덕(德)보다는 재주가 승(勝)한 사람이다. 가령 己卯 己巳 月日에 丙寅 戊寅 年時
면 이런 자에 해당한다 하겠다.

*率(솔. 률. 수)—거느릴 솔. 좇을 솔. 대강 솔.　*畏(외)—두려워할 외. 두려움 외.
　율 률(數 등의 비례). 제한 률. 우두머리 수.　*趨(추. 촉)—추창할 추. 향할 추. 재촉할 촉.
*激(격)—물결 부딪혀 흐를 격.　　　　　　　빠를 촉.

역자주

癸 戊 丙 己
卯 辰 寅 卯

庚 辛 壬 癸 甲 乙
申 酉 戌 亥 子 丑

이 사주는 위에서 설명한 양이 안에 있고 음이 밖에 있는 사주인데 時는 癸卯 時가 될 수 없다. 癸丑 時라야 맞는데 설명을 하느라고 그리된 모양이다.

陽은 밖에 있고 陰은 안에 있으며 세(勢)를 두려워하고 이익만을 좇는 것은 재(才)가 덕(德)에 앞서는 것이다. 가령 己卯 己巳는 월과 일에 있고 丙寅 戊辰은 年과 時에 있는 것이 이것이다.

戊 己 己 丙
辰 巳 卯 寅

乙 甲 癸 壬 辛 庚
酉 申 未 午 巳 辰

이 사주도 위에서 설명한 음이 안에 있고 양이 밖에 있는 사주인데 丙寅 년이면 辛卯 월이어야 하는데 양이 밖에 있고 음이 안에 있다는 것을 설명하기 위하여 예시(例示)로 들다 보니 그리된 것이라 생각된다.

任氏曰임씨왈,

善惡邪正, 不外五行之理, 君子小人, 不離四柱之情, 陽氣動闢, 光
선악사정 불외오행지리 군자소인 불리사주지정 양기동벽 광

亨之義可觀, 陰氣靜翕, 包含之理斯奧, 和平純粹, 格正局淸, 不
형지의가관 음기정흡 포함지리사오 화평순수 격정국청 부

爭不妒, 合去者皆偏氣, 化出者皆正神, 喜官而財能生官, 喜財而
쟁불투 합거자개편기 화출자개정신 희관이재능생관 희재이

官能制刦, 忌印而財能壞印, 喜印而官能生印, 陽盛陰衰, 陽氣當
관능제겁 기인이재능괴인 희인이관능생인 양성음쇠 양기당

權, 所用者皆陽氣, 所喜者皆陽類, 無驕諂于上下, 皆君子之風也,
권 소용자개양기 소희자개양류 무교첨우상하 개군자지풍야

임 선생님이 말씀하였다.

선악사정(善惡邪正)은 오행의 이치를 벗어나 있는 것이 아니며 군자(君子)와 소인(小人)의 구별도 사주의 정황을 벗어날 수 없다. 양기(陽氣)는 움직여 열리니 광

형의 뜻을 가히 볼 수 있으나, 음기(陰氣)는 고요하고 거두어들이니 심오한 이치를 감싸있다.

화평하고 순수하며 격국이 바르고 쟁투(爭妬)가 없고 합거하는 것은 다 편기이고 화출(化出)하는 것은 다 정신(正神)이고, 관이 기쁠 때는 재(財)가 관을 생하고, 재가 기쁠 때는 관이 비겁을 제거하고, 인수를 꺼릴 때는 재가 인수를 극하고, 인수가 기쁠 때는 관이 인수를 생하고, 양이 왕성하고 음이 쇠약하고, 양기가 당권하고, 쓰이는 것은 다 양기이고, 기뻐하는 바가 다 양이면, 상하에 교만하거나 아첨함이 없으니 다 군자의 풍모(風貌)이다.

*闢(벽)—열 벽. 열릴 벽. 피할 벽.　　*盛(성)—그릇 성. 성할 성.
*翕(흡)—합할 흡. 모일 흡. 거둘 흡.　*驕(교)—씩씩할 교. 뻣뻣할 교. 교만할 교.
*奧(오)—아랫목 오. 그윽할 오.　　　　귀애할 교.
*妬(투)—강새암할 투. 시샘할 투. 妒와 소.　*諂(첨)—아첨할 첨.

偏氣雜亂, 舍弱用强, 多爭多合, 合去者皆正氣, 化出者皆邪神, 喜
편기잡란　사약용강　다쟁다합　합거자개정기　화출자개사신　희
官而臨刦地, 喜財而居印位, 忌印而官星生印, 喜印而財星壞印,
관이임겁지　희재이거인위　기인이관성생인　희인이재성괴인
陰盛陽衰, 陰氣當權, 所用者皆陰氣, 所喜者皆陰類, 趨勢財于左
음성양쇠　음기당권　소용자개음기　소희자개음류　추세재우좌
右, 皆多能之象也, 然得氣勢和平, 用神分明, 施爲亦必正矣,
우　개다능지상야　연득기세화평　용신분명　시위역필정의

기(氣)가 치우치고 섞여 혼란스러우며, 약한 것을 버리고 강한 것을 쓰며, 전극(戰剋)이 많고 합이 많으며, 합하여 가버리는 것은 다 정기(正氣)이고, 화출(化出)하는 것은 다 사신(邪神)이고, 관을 기뻐하는데 겁지에 임(臨)하고, 재를 기뻐하는데 인(印) 위에 앉고, 인수를 꺼리는데 관이 인수를 생하고, 인수를 기뻐하는데 재가 인수를 극하고, 음이 성(盛)하고 양이 쇠(衰)하고, 음기가 당권하고, 쓰이는 것은 다 음기이고, 기뻐하는 바가 다 음기이고, 좌우로 재물과 세력만 따르면 이는 다

다능(多能)한 상(象)이다. 그러나 기세(氣勢)가 화평하고 용신이 분명하면 행동이
바르다.

*亂(란. 난)−어지러울 란.   *亦(역)−또한 역. 모두 역.
*邪(사)−간사할 사.   *趨(추. 촉)−추창할 추. 향할 추. 재촉할 촉.
*施(시)−베풀 시. 전할 시.   빠를 촉.

역자주

○ 喜官而臨刦地(희관이임겁지) : 관을 기뻐하는데 겁지(刦地)에 임하였다고 하는 것은 관
이 뿌리가 없고 관이 절각(截脚)되어 관이 약하다는 뜻은 되나, 여기에서 겁지(刦地)에
임하였다는 것보다는 상지(傷地)에 임(臨)하였다고 하는 것이 뜻이 더욱 확실하다〔喜官
而臨傷地(희관이임상지)〕.

○ 喜財而居印位(희재이거인위) : 재를 기뻐하는데 인수 위에 앉았다는 것인데, 여기서도
재가 인수 위보다는 비겁(比刦) 위에 앉았다고 하는 것이 뜻이 더욱 확실하다〔喜財而居刦
位(희재이거겁위)〕.

```
丁  庚  戊  癸
丑  寅  午  酉

壬 癸 甲 乙 丙 丁
子 丑 寅 卯 辰 巳
```

庚金生于仲夏, 正官得祿, 年時酉丑通根, 正得中和之氣, 寅午財
경금생우중하 정관득록 년시유축통근 정득중화지기 인오재
官拱合, 財不壞印, 官能生印, 財官印三字, 生化不悖, 癸從戊合,
관공합 재불괴인 관능생인 재관인삼자 생화불패 계종무합
去其陰濁之氣, 所以品行端方, 恒存古道,
거기음탁지기 소이품행단방 항존고도

　庚金이 중하(仲夏)에 태어나고 정관이 득록(得祿)하였는데 일주는 年時의 酉丑
에 통근하여 바로 중화의 기상이다. 寅午 재관이 합으로 재성이 인수를 극하지
않고 관은 인수를 생하니 재(財), 관(官), 인(印) 세 자〔三字〕가 생하고 화(化)함이
어긋나지 않는다. 癸水는 戊土를 따라 합하니 음탁(陰濁)한 기(氣)를 제거한다. 이
러므로 품행이 단방(端方)하고 성현(聖賢)의 도를 항시 지켰다.

早遊泮水, 訓蒙自守, 丁酉登科, 後挑知縣不赴, 情願就敎, 安貧
조 유 반 수　　훈 몽 자 수　　정 유 등 과　　후 도 지 현 불 부　　정 원 취 교　　안 빈

樂道, 人有言其小就者, 彼曰功名者, 非掇巍科登高位而爲功名也,
낙 도　　인 유 언 기 소 취 자　　피 왈 공 명 자　　비 철 외 과 등 고 위 이 위 공 명 야

功成名自著, 況吾無經濟材, 就敎職不愁衣食不敷, 吾行吾志, 不
공 성 명 자 저　　황 오 무 경 제 재　　취 교 직 불 수 의 식 불 부　　오 행 오 지　　불

負君父之恩足矣,
부 군 부 지 은 족 의

일찍이 반궁(泮宮)에 들어가 공부하였으며 아이들을 가르치며 자기의 분수를
지키었다. 丁酉 년에 등과(登科)하여 후에 지현(知縣)에 발탁되었으나 부임하지 않
았다. 그의 뜻은 후학을 가르치며 안빈낙도(安貧樂道)하니 사람들이 말하길 조금은
이루었다고 하였다.

그는 말하길 공명(功名)이란 과거에 높게 오르고 고위직에 이르러야 공명을 이
루었다 하나 공(功)을 이루면 이름은 자연 나타나는데, 하물며 경제에 재주가 없는
내가 교직으로 충분하지는 않아도 의식은 걱정하지 않으니 행동과 뜻이 군부(君
父)의 은혜를 저버리지 않음을 족히 여긴다 하였다.

*訓(훈) - 가르칠 훈. 가르침 훈.
*蒙(몽) - 소나무겨우살이 몽. 입을 몽. 어릴
　몽.
*訓蒙(훈몽) - 아이를 가르침.
*挑(도. 조) - 돋을 도. 꾈 도. 뛸 도 맬 조 돋
　을 조. 가릴 조.

*赴(부) - 다다를 부. 알릴 부.
*掇(철) - 주울 철. 노략질할 철.
*巍(외) - 높을 외.
*著(저) - 나타날 저. 나타낼 저.
*敷(부) - 펼 부. 나눌 부.
*負(부) - 질 부. 업을 부.

```
甲　己　庚　丙
戌　亥　子　寅
```

```
丙　乙　甲　癸　壬　辛
午　巳　辰　卯　寅　丑
```

己土生于仲冬, 寒溼之體, 水冷木凋, 庚金又剋木生水, 似乎混濁,
기토생우중동　한습지체　수냉목조　경금우극목생수　사호혼탁

妙在年干透丙, 一陽解凍, 冬日可愛, 去庚金之濁, 不特己土喜其
묘재년간투병　일양해동　동일가애　거경금지탁　불특기토희기

和暖, 而甲木亦喜其發榮,
화난　이갑목역희기발영

己土가 중동(仲冬)에 생하니 한습하다. 水는 차갑고 木은 시들었는데 庚金이
또 木을 극하고 水를 생하니 마치 혼탁한 것 같으나, 묘(妙)한 것은 年干에 丙火가
투출하여 일양(一陽)이 해동(解凍)하니 겨울의 태양이 가히 사랑스러운데 탁한 庚
金까지 제거한다. 己土만 丙火의 따뜻함을 기뻐하는 것이 아니라 甲木 역시 발영
(發榮)이 기쁘다.

更妙戌時燥土, 砥定泛濁之水, 培其凋枯之木, 而日主根元亦固,
갱묘술시조토　지정범탁지수　배기조고지목　이일주근원역고

況甲己爲中和之合, 故處世端方, 恒存古道, 謙恭和厚, 有古君子
황갑기위중화지합　고처세단방　항존고도　겸공화후　유고군자

之風, 微嫌水勢太旺, 功名不過廩貢,
지풍　미혐수세태왕　공명불과름공

더욱 기쁜 것은 戌時로 戌은 조토(燥土)이니 범람하여 탁한 水를 저지하고 시들
은 木을 기르며 일주의 근원을 튼튼하게 한다.

더욱 甲己 합은 중화지합(中和之合)으로 고로 위인이 처세가 단방(端方)하고 항
시 성현의 도를 지키며 공손하고 후덕하였으며 옛 군자의 기풍이 있었다.

약간 혐의가 되는 것은 수세(水勢)가 태왕하여 공명(功名)이 늠공(廩貢)에 불과하

였다.

*砥(지)-숫돌 지. 갈지. 평평할 지. 평정할
지.
*泛(범)-뜰 범. 넓을 범.
*培(배)-북돋을 배.
*凋(조)-시들 조. 느른할 조.
*固(고)-굳을 고. 진실로 고.
*況(황)-비유할 황. 견줄 황. 더욱 황. 부사
어로는 한층 더. 더욱. 게다가. 하물며 등으
로 해석.

*古道(고도)-옛 성현의 가르침. 성현이 가
시던 길.
*謙(겸)-겸손할 겸. 사양할 겸.
*恭(공)-공손할 공. 공손히 할 공.
*微(미)-작을 미. 정묘할 미. 천할 미.
*嫌(혐)-싫어할 혐. 의심할 혐.
*廩(름. 늠)-곳집 름. 녹미 름.
*廩貢(늠공)-明, 淸代에 국가에서 녹봉을
주는 생원.

역자주 ○ 甲己 중정지합(中正之合)이 있어 그러므로 처세가 단방(端方)하고 항시 성현의 도를 지
키고 겸손하고 후덕하였다고 하는 것은 조금 의문이 든다.

이 사주는 己土가 중동(仲冬) 수왕절에 태어나 한습(寒濕)하나 寅木이 납수(納水)하고
또 戌土가 있어 일제(一制)하고 일화(一化)하며 年干의 丙火가 庚金을 제극하여 金生
水와 金剋木을 하지 못하게 하는 것뿐만 아니라 丙火가 사주 전체를 따뜻하게 하여 사
주가 중화에 이르러 그러하였던 것이다.

그리고 운이 寅卯辰 巳午未 양명(陽明)으로 가는데 벼슬이 늠공(廩貢)에 그쳤다는 것도
조금 이해가 안 간다. 독자들의 판단에 맡긴다.

○ 砥定(지정) : 中流砥柱(중류지주)와 같은 뜻임. 중류지주는 앞에서도 설명한바 있으나
이해를 돕기 위해 다시 적는다. 하남성 섬주(河南省 陝州)에서 동쪽으로 삼십 리 되는
황하의 중류에 있는 주상(柱狀)의 돌. 위가 판판하여 숫돌 같으며 격류(激流) 속에서 우
뚝 솟아 꼼짝하지 않으므로 난세에 처하여 의연한 선비의 비유로 쓰인다. 여기서는 범람
하는 물을 저지한다는 뜻으로 썼다.

```
甲 己 辛 丙
子 卯 丑 戌

丁 丙 乙 甲 癸 壬
未 午 巳 辰 卯 寅
```

此造水冷金寒, 土凍木凋, 得年干透丙, 一陽解凍, 似乎佳美, 第
차조수냉금한　토동목조　득년간투병　일양해동　사호가미　제

丙辛合而化水, 以陽變陰, 反增寒溼之氣, 陽正之象, 反爲陰邪之
병신합이화수　이양변음　반증한습지기　양정지상　반위음사지

類, 故其爲人貪婪無厭, 奸謀百出, 趨財奉勢, 見富貴而生諂容, 勢
류　고기위인탐람무염　간모백출　추재봉세　견부귀이생첨용　세

利驕矜, 所謂多能之象也,
리교긍　소위다능지상야

이 명조는 금한수냉(金寒水冷)하고 토동목조(土凍木凋)한데 年干에 丙火가 투출
하여 일양이 해동(解凍)하니 마치 아름다운 것 같으나 그러나 丙辛이 합하여 水로
화(化)하니 양이 음으로 변하여 도리어 한습(寒濕)한 기운을 더하고 있다.

양정(陽正)한 상(象)이 도리어 음사(陰邪)하게 되니 고로 위인(爲人)이 탐욕이
한(限)이 없고 간교한 계책이 끊이지 않으며 재물을 좇아 세에 따르며 부귀를 보
면 얼굴 가득 아첨하고 세력과 이익에 교만하고 아첨하는 소위 재주가 많은 사
람이다.

*凍(동)-얼 동. 얼음 동.	*趨(추)-추창할 추. 향할 추.	
*婪(람)-탐할 람(탐욕이 많음).	*諂(첨)-아첨할 첨. 아첨 첨.	
*厭(염)-싫어할 염. 물릴 염.	*驕(교)-씩씩할 교. 교만할 교.	
*奸(간)-범할 간. 간음할 간.	*矜(긍)-자랑할 긍. 엄숙할 긍. 불쌍히 여길	
*謀(모)-꾀할 모. 꾀 모.	긍. 괴로워할 긍.	

역자주 이 사주도 甲己 합이 있는데 어찌 이 사주는 처세(處世)가 단방(端方)하지 않은가.
원국의 상황에 따라 마땅한 것이 있고 마땅치 않은 것이 있는 것이지 甲己 합이 있어서
성정(性情)이 바른 것이 아니다.
기신(忌神)을 합거하면 좋은 것이고 희신(喜神)을 합거하면 나쁜 것이다. 또 합은 합하여
화(化)하는 것이 있고 기반(羈絆)이라 하여 합은 하였으되 묶이기만 하는 것도 있다. 합은
자세히 살펴봐야 한다.

奮 鬱 분울

> 局中顯奮發之機者. 神舒意暢. 象内多沈埋之氣者. 心鬱
> 국 중 현 분 발 지 기 자 신 서 의 창 상 내 다 침 매 지 기 자 심 울
>
> 志灰.
> 지 회

국중(局中)에 분발의 기미가 나타나 있으면 정신과 의기가 서창(舒暢)하고 상(象) 내에 기(氣)가 침매(沈埋)되어 있으면 마음이 울적하고 뜻을 펴기 어렵다.

*奮(분)－떨칠 분. 휘두를 분.
*舒(서)－펼 서. 조용할 서.
*暢(창)－통할 창. 화창할 창.
*舒暢(서창)－느릿느릿 뻗어감. 마음이 한적(閑寂)함.

*沈(침)－가라앉을 침. 빠질 침. 성(姓) 심.
*埋(매)－묻을 매. 묻힐 매.
*鬱(울)－막힐 울. 막을 울. 산 앵도나무 울.
*灰(회)－재 회. 재로 만들 회.

原注 원주

陽明用事. 用神得力. 天地交泰. 神顯精通. 必多奮發. 陰晦用事. 情多
양 명 용 사 용 신 득 력 천 지 교 태 신 현 정 통 필 다 분 발 음 회 용 사 정 다

戀私. 主弱臣強. 神藏精洩. 人多困鬱. 若純陽之勢. 身旺而財官旺者
련 사 주 약 신 강 신 장 정 설 인 다 곤 울 약 순 양 지 세 신 왕 이 재 관 왕 자

必奮. 純陰之局. 身弱而官殺多者多困.
필 분 순 음 지 국 신 약 이 관 살 다 자 다 곤

【원주】

양명(陽明)이 용사(用事)하고 용신이 힘이 있고 천간과 지지가 교태(交泰)하고 신(神)이 나타나고 정(精)이 통하면 반드시 분발이 많고, 음회(陰晦)가 용사하고 정(情)이 사사로움에 연연하고 일주는 약하고 신하(臣下)는 강하고 신이 감추어지고 정이 설(洩)되면 곤울(困鬱)하다.

만약 순양의 세(勢)가 신왕하고 재관이 왕하면 반드시 분발하나 순음의 국(局)이 신약한데 관살이 많으면 곤울(困鬱)이 많다.

*泰(태) - 클 태. 통할 태. 너그러울 태.   *戀(련, 연) - 그리워할 련. 그리움 련.
*晦(회) - 그믐 회. 밤 회. 어두울 회.   *困(곤) - 곤할 곤. 괴로울 곤.

任氏曰임씨왈,

無抑鬱而舒暢者, 局中不太過, 不缺陷, 所用者皆得氣, 所喜者皆
무억울이서창자   국중불태과   불결함   소용자개득기   소희자개

得力, 所忌者皆失時失勢, 閑神不黨忌物, 反有益于喜用, 忌其合
득력   소기자개실시실세   한신부당기물   반유익우희용   기기합

而遇沖, 忌其沖而遇合, 體陰用陽, 故一陽生於北, 陰生則陽成,
이우충   기기충이우합   체음용양   고일양생어북   음생즉양성

如亥中之甲木是也, 歲運又要輔格助用, 必多奮發,
여해중지갑목시야   세운우요보격조용   필다분발

임 선생님이 말씀하였다.

억눌림 없이 뜻을 활짝 펴는 것은 원국이 태과(太過)하지 않고 결함이 없으며, 쓰이는 것은 다 득기(得氣)하고 기뻐하는 것은 다 힘이 있으며, 꺼리는 것은 다 때를 잃어 힘이 없고 한신(閑神)이 기신과 무리를 짓지 않고 도리어 희신에 도움이 되고 합을 꺼리면 충이 있고 충을 꺼리면 합이 있고 체(體)는 음이나 쓰임은 양인 것이다.

그러므로 일양(一陽)은 北에서 生하니 陰이 生하고 陽이 이루는 것이다. 예를 들면, 亥中 甲木이 이것인 것이다. 세운에서 또 격을 돕고 용신을 도우면 반드시 분발한다.

*抑(억) - 누를 억. 굽힐 억.   *抑鬱(억울) - 죄가 없이 누명을 씀. 억제를
*鬱(울) - 산앵도나무 울. 우거질 울. 막을   당하여 마음이 답답함.
울.   *陷(함) - 빠질 함. 함정 함.

少舒暢而多抑鬱者, 局中或太過, 或缺陷, 所用者皆失令, 所喜者皆
소 서 창 이 다 억 울 자　국 중 혹 태 과　혹 결 함　소 용 자 개 실 령　소 희 자 개

無力, 所忌者皆得時得勢, 閑神刦占, 喜神反黨助忌神, 喜其合而遇
무 력　소 기 자 개 득 시 득 세　한 신 겁 점　희 신 반 당 조 기 신　희 기 합 이 우

沖, 忌其合而遇合, 體陽用陰, 故二陰生於南, 陽生則陰成, 如午中
충　기 기 합 이 우 합　체 양 용 음　고 이 음 생 어 남　양 생 즉 음 성　여 오 중

之己土是也, 歲運又不能補喜去忌, 必多鬱困, 然局雖陰晦, 而運途
지 기 토 시 야　세 운 우 불 능 보 희 거 기　필 다 울 곤　연 국 수 음 회　이 운 도

配合陽明, 亦能舒暢, 象雖陽明, 而運途配其陰晦, 亦主困鬱, 故運
배 합 양 명　역 능 서 창　상 수 양 명　이 운 도 배 기 음 회　역 주 곤 울　고 운

途更宜審察,
도 갱 의 심 찰

　발전이 적고 억눌림이 많은 것은 원국이 혹 태과(太過)하거나 혹 결함이 있거나
쓰이는 것이 실령하고 기뻐하는 것은 무력하고 꺼리는 것은 다 득령하여 힘이
있고 한신이 점거하고 희신이 도리어 기신과 결당하고 합이 기쁠 때 충이 있고
합을 꺼리는데 합을 하고 체(體)는 양인데 쓰임〔用〕은 음인 것 등이다.

　고로 이음(二陰)은 南에서 生한다. 陽이 生한즉 陰이 이루니 가령 午中의 己土
가 이것이다. 세운에서 희신을 돕지 못하고 기신도 제거치 못하면 반드시 답답하
다. 그러나 원국이 비록 음회(陰晦)해도 운도(運途)에서 배합이 양명(陽明)하면 역
시 발전한다.

　상(象)은 비록 양명해도 운도가 음회하게 배합되면 역시 답답하다. 그러므로 운
도를 더욱 자세히 살펴야 한다.

> 역자주 　"一陽이 北에서 생하고 二陰이 南에서 생한다"는 이 말은 이해가 어렵다. 陽이 北에서 생
> 하고 陰이 南에서 생하는 것은 맞는 말이다. 子月에서 一陽이 생하고 午月에서 一陰이
> 생한다. 이것이 바로 冬至에서 一陽이 생하고 夏至에서 一陰이 생하는 이치이다.
>
> 　"二陰이 南에서 생한다"는 말은 "一陰이 南에서 생한다"고 한 것을 필사 과정에서 잘못한
> 것이 아닌가 생각된다.

如用亥中甲木, 天干有壬癸, 則運宜戊寅己卯, 天干有庚辛, 則運
여용해중갑목　천간유임계　즉운의무인기묘　천간유경신　즉운

宜丙寅丁卯, 天干有丙丁, 則運宜壬寅癸卯, 天干有戊己, 則運宜甲
의병인정묘　천간유병정　즉운의임인계묘　천간유무기　즉운의갑

寅乙卯, 如用午中己土, 天干有壬癸, 則運宜戊午己未, 天干有庚
인을묘　여용오중기토　천간유임계　즉운의무오기미　천간유경

辛, 則運宜丙午丁未, 天干有甲乙, 則運宜庚午辛未, 此從藏神而
신　즉운의병오정미　천간유갑을　즉운의경오신미　차종장신이

論, 明支亦同此論,
론　명지역동차론

　가령 亥中 甲木을 쓸 때 천간에 壬癸가 있으면 운은 戊寅 己卯가 마땅하고,
천간에 庚辛이 있으면 운은 丙寅 丁卯가 마땅하고, 천간에 丙丁이 있으면 운은
壬寅 癸卯가 마땅하고, 천간에 戊己가 있으면 운은 甲寅 乙卯가 마땅하다.

　가령 午中 己土를 쓸 때 천간에 壬癸가 있으면 운은 戊午 己未가 마땅하고,
천간에 庚辛이 있으면 운은 丙午 丁未가 마땅하고, 천간에 甲乙이 있으면 운은
庚午 辛未가 마땅하다. 이것은 지지에 암장된 장신(藏神)을 논한 것이나 암장된
것이 아닌 명지(明支)도 이와 같이 논한다.

如用天干之木, 地支水旺, 則運宜丙寅丁卯, 天干有水, 則運宜戊
여용천간지목　지지수왕　즉운의병인정묘　천간유수　즉운의무

寅己卯, 地支金多, 則運宜甲戌乙亥, 天干有金, 則運宜壬寅癸卯,
인기묘　지지금다　즉운의갑술을해　천간유금　즉운의임인계묘

地支土多, 則運宜甲寅乙卯, 天干有土, 則運宜甲子乙丑, 地支火
지지토다　즉운의갑인을묘　천간유토　즉운의갑자을축　지지화

多, 則運宜甲辰乙巳, 天干有火, 則運宜壬子癸丑, 如此配合, 庶
다　즉운의갑진을사　천간유화　즉운의임자계축　여차배합　서

無爭戰之患, 而有制化之情, 反此則不美矣, 細究之, 自有深機也,
무쟁전지환　이유제화지정　반차즉불미의　세구지　자유심기야

　가령 천간의 木을 쓸 때 지지에 水가 왕하면 운은 丙寅 丁卯가 마땅하고, 천간
에 水가 있으면 운은 戊寅 己卯가 마땅하고, 지지에 金이 많으면 운은 甲戌 乙亥

가 마땅하고, 천간에 金이 있으면 운은 壬寅 癸卯가 마땅하고, 지지에 土가 많으면 운은 甲寅 乙卯가 마땅하고, 천간에 土가 있으면 운은 甲子 乙丑이 마땅하고 지지에 火가 많으면 운은 甲辰 乙巳가 마땅하고, 천간에 火가 있으면 운은 壬子 癸丑이 마땅하다.

이와 같이 배합이 이루어져야 쟁전(爭戰)의 환(患)이 없고 제화(制化)의 정이 있다. 이와 반대이면 아름답지 못하니 자세히 연구하면 기미(機微)를 찾을 수 있을 것이다.

$$辛 \quad 壬 \quad 甲 \quad 戊$$
$$亥 \quad 子 \quad 子 \quad 辰$$

$$庚 \quad 己 \quad 戊 \quad 丁 \quad 丙 \quad 乙$$
$$午 \quad 巳 \quad 辰 \quad 卯 \quad 寅 \quad 丑$$

壬水生于仲冬, 三逢祿旺, 所謂崑崙之水, 可順而不可逆也, 喜其
임수생우중동 삼봉록왕 소위곤륜지수 가순이불가역야 희기

子辰拱水, 則戊土之根不固, 月干甲木爲用, 洩其泛濫之水, 此卽
자진공수 즉무토지근불고 월간갑목위용 설기범람지수 차즉

局中顯奮發之機也, 運至丙寅丁卯, 寒木得火以發榮, 去陰寒之金
국중현분발지기야 운지병인정묘 한목득화이발영 거음한지금

土, 是以早登甲第, 翰苑名高, 至戊辰運, 逆水之性, 以致阻壽,
토 시이조등갑제 한원명고 지무진운 역수지성 이치조수

壬水가 중동(仲冬)에 생하여 녹왕을 셋이나 만나니 소위 곤륜지수(崑崙之水)이다. 그 성정에 따르는 것은 可하나 거역하는 것은 불가하다. 기쁜 것은 子辰이 공수(拱水)하여 戊土의 뿌리가 견고하지 못하니 甲木이 용신이 된다. 범람하는 수세(水勢)를 납수하니 이는 곧 원국에 분발(奮發)의 기미가 있는 것이다.

丙寅 丁卯 운에 이르러 추운 때의 木이 火를 얻어 발영(發榮)하고 음한(陰寒)한 土金도 제거하니 이러므로 일찍이 과거에 급제하고 이름이 한원(翰苑)에 높았다. 戊辰 운에 이르러 왕한 수세(水勢)를 거역하니 사망하였다.

*崑(곤)－산 이름 곤.

*崙(륜)－산 이름 륜.

*濫(람. 남. 함)－넘칠 람. 뜰 람. 동이(질그릇의 하나) 함.

*崑崙之水(곤륜지수)－발원이 길고 수세(水勢)가 범람(泛濫)하는 형세로 막을 수 없는 물을 이름.

*泛(범. 핍)－뜰 범. 넓을 범. 물소리 핍.

*翰(한)－깃 함. 붓 한. 글 한.

*苑(원)－동산 원. 문채 날 원.

*阻(조)－험할 조. 막을 조.

*壽(수)－수 수(나이. 목숨). 헌수할 수.

*阻壽(조수)－사망(死亡).

癸　癸　丙　甲
亥　亥　子　申

壬 辛 庚 己 戊 丁
午 巳 辰 卯 寅 丑

癸水生于仲冬, 三逢旺支, 其勢汪洋, 喜其甲丙並透, 支中絶處逢
계 수 생 우 중 동　삼 봉 왕 지　기 세 왕 양　희 기 갑 병 병 투　지 중 절 처 봉

生, 木土互相護衛, 金得流行, 水得溫和, 木得發榮, 火得生扶, 用
생　목 토 호 상 호 위　금 득 유 행　수 득 온 화　목 득 발 영　화 득 생 부　용

神必是甲木, 爲奮發之機, 一交戊寅, 雲程直上, 己卯早遂仕路之
신 필 시 갑 목　위 분 발 지 기　일 교 무 인　운 정 직 상　기 묘 조 수 사 로 지

光, 庚辰辛巳雖有制化之情, 却無生扶之意, 以致蹭蹬仕途, 未能
광　경 진 신 사 수 유 제 화 지 정　각 무 생 부 지 의　이 치 충 등 사 도　미 능

顯秩也,
현 질 야

　癸水가 중동(仲冬)에 생하고 지지에 녹왕이 셋이나 있어 그 세력이 왕양(汪洋)하다. 기쁜 것은 甲 丙이 투출하여 지지에서 절처봉생(絶處逢生)하고 木土가 서로 호위하니 金이 유행(流行)하고 水가 온화하고 木이 발영(發榮)하여 火가 생부(生扶)를 얻음이다.

　용신은 반드시 甲木으로 이에 분발(奮發)의 기미(機微)가 있다. 戊寅 운으로 바뀌어 운정(雲程)이 직상(直上)하고 己卯 운에 일찍이 벼슬길에 나아가는 영광이

있었다. 庚辰 辛巳는 비록 제화(制化)의 정은 있으나 용신을 생부(生扶)하는 정의 (情意)가 도리어 없으니 벼슬길에 진전이 없고 현직에는 나아가지 못하였다.

*雲程(운정)-양양한 전도(前途).　　　*蹬(등)-헛디딜 등. 어정거릴 등.

*顯秩(현질)-현관(顯官).　　　　　　*蹭蹬(층등)-피로해서 어정거리는 모양.

*蹭(층)-헛디딜 층. 어정거릴 층.　　　발을 끌어 걸음.

> **역자주** 밑줄의 뜻은 모호하다.
> 支中絶處逢生, 木土互相護衛(지중절처봉생, 목토호상호위)라고 한 대목인데 풀이하면 지지 에서 절처봉생(絶處逢生)하였다는 것인데 억지로 끌어다 부치면 甲木은 亥의 長生이 있어 생이 있다고 하여도 되나 丙火는 지지의 어느 곳에 생이 있다는 것인지 의문이 가고, 또 木土互相護衛(목토호상호위)는 木과 土가 서로 호위한다는 뜻인데 원국에 土는 어디 있는 지 알 수가 없다.
> 『적천수징의』에는 水木土가 서로 호위한다고 되어 있는데 이 말도 이해가 어렵다. 『적천 수천미』는 木土가 서로 호위한다 하고, 『적천수징의』에서는 水木土가 서로 호위한다고 하 는데 아무리 봐도 土는 원문에 없다. 왕양(汪洋)한 수세(水勢)를 木이 설하고 다시 火가 설하여 분발의 기미가 있다는 설명인데 土는 필사 과정에서 오기(誤記)인 듯하다.
> 時가 甲戌時인 듯하다. 그러면 사주 설명도 맞고 木火가 절처봉생도 된다.

<pre>
          壬　丁　庚　甲
          寅　亥　午　申

      丙　乙　甲　癸　壬　辛
      子　亥　戌　酉　申　未
</pre>

此造天干四字, 地支皆坐祿旺, 惟日主坐當令之祿, 足以任其財官,
차 조 천 간 사 자　지 지 개 좌 녹 왕　유 일 주 좌 당 령 지 록　족 이 임 기 재 관

清而且厚, 精足神旺, 所以東西南北之運, 皆无咎也, 出身遺業百
청 이 차 후　정 족 신 왕　소 이 동 서 남 북 지 운　개 무 구 야　출 신 유 업 백

餘萬, 早登科甲, 仕至方伯, 六旬外退歸林下, 一妻四妾, 十三子,
여 만　조 등 과 갑　사 지 방 백　육 순 외 퇴 귀 림 하　일 처 사 첩　십 삼 자

優游晚景, 壽越九旬,
우 유 만 경　수 월 구 순

이 명조는 천간의 네 글자가 지지에 다 녹왕을 두었는데 오직 일주는 당령한 녹(祿)을 두고 있어 족히 재관을 감당할 수 있으니 청하고 또한 두터우며 정(精)도 족하고 신(神)도 왕하다. 그러므로 동서남북의 어느 운(運)도 다 허물이 없다.

유업(遺業)이 백여 만의 집안에서 태어났고 일찍 과거에 올라 벼슬이 방백(方伯)에 이르고 육순(六旬)이 넘어 물러나 시골로 돌아왔다.

일처(一妻) 사첩(四妾)에 열셋의 아들을 두었다. 늦도록 아름답게 지냈으며 수는 구순(九旬)을 넘었다.

*精(정)－金水를 일컬음.
*神(신)－木火를 일컬음.
*咎(구)－허물 구. 미워할 구.

*方伯(방백)－지방장관. 관찰사(觀察使)의 별칭.
*越(월)－넘을 월. 지날 월.

역자주 ｜ 精(정)과 神(신)이 다 왕족(旺足)하다는 것은 원국이 木火와 金水가 다 실(實)하다는 뜻.

癸　癸　乙　癸
丑　丑　丑　丑

己　庚　辛　壬　癸　甲
未　申　酉　戌　亥　子

此天干三癸, 地支一氣, 食神淸透, 殺印相生, 皆云名利兩全之格,
차 천 간 삼 계　지 지 일 기　식 신 청 투　살 인 상 생　개 운 명 리 양 전 지 격

予云, 癸水至陰, 又生季冬, 支皆溼土, 土溼水弱, 溝渠之謂也, 且
여 운　계 수 지 음　우 생 계 동　지 개 습 토　토 습 수 약　구 거 지 위 야　차

水土冰凍, 陰晦溼滯, 無生發之氣, 名利皆虛,
수 토 빙 동　음 회 습 체　무 생 발 지 기　명 리 개 허

이 명조는 천간에 癸水가 셋이고 지지는 일기로 이루어졌고 식신이 청하고 투출하였으며 살인상생이 되니 다들 명리(名利)가 양전(兩全)한 격이라 할 것이다.

내가 이르길 癸水는 지음(至陰)인데 계동(季冬)에 생하고 지지가 다 습토로 土는 습하고 水는 약하니 구거(溝渠)의 물이며 또 水土가 다 얼어 있어 음회(陰晦)하여

습체(濕滯)하니 생발(生發)의 기운이 없어 명리는 다 헛것이다.

*溝(구)—도랑 구. 시내 구.　　　　*晦(회)—그믐 회. 밤 회. 어두울 회.
*渠(거)—도랑 거.　　　　　　　　*滯(체)—막힐 체. 쌓일 체.
*溝渠(구거)—도랑. 통수로. 여기서는 '하수　*皆(개)—다 개.
　도나 시궁창 물'이란 뜻.

凡富貴之造, 寒暖適中, 精神奮發, 未有陰寒溼滯, 偏枯之象, 而
범 부 귀 지 조　한 란 적 중　정 신 분 발　미 유 음 한 습 체　편 고 지 상　이
能富貴者也, 至壬申年, 父母皆亡, 讀書又不能通, 又無恒業可守,
능 부 귀 자 야　지 임 신 년　부 모 개 망　독 서 우 불 능 통　우 무 항 업 가 수
人又陰弱, 一無作爲, 竟爲乞丐,
인 우 음 약　일 무 작 위　경 위 걸 개

대저 부귀한 명조는 한란(寒暖)이 적당하고 정기(精氣)와 신기(神氣)가 분발하여
야 하는데 음한(陰寒)하여 습체(濕滯)하고 편고한 사주는 부귀를 이루는 자가 없는
것이다.

壬申 년에 이르러 부모가 다 돌아가시니 독서를 마치지 못하였고 또 가업도
지키지 못하였다. 사람 또한 음약(陰弱)하여 무엇하나 하지 못하더니 끝내는 걸인
이 되었다.

*乞(걸)—빌 걸. 구할 걸. 거지 걸.　　*守(수)—지킬 수. 지키다. 직무. 지조.
*丐(개)—빌 개. 빌릴 개. 거지 개.　　*乞丐(걸개)—거지. 걸인. 구걸함.

恩 怨은원

両意情通中有媒. 雖然遙立意尋追. 有情却被人離間. 怨
양 의 정 통 중 유 매　　수 연 요 립 의 심 추　　유 정 각 피 인 이 간　　원

起恩中死不灰.
기 은 중 사 불 회

　정을 통하려는 두 뜻의 중간에 중매자가 있으면 비록 멀리 떨어져 있어도
따라가 찾을 수 있으나 정이 있는데 사람의 이간(離間)을 당하면 은혜로운 데에
서 원망이 일어나니 죽어도 원망이 없어지지 않는다.

*媒(매)−중매 매. 매개 매.　　　　*追(추. 퇴)−쫓을 추. 뒤따라 추. 갈 퇴.
*遙(요)−멀 요. 아득할 요.　　　　*却(각)−물러날 각. 도리어 각. 어조사 각.
*尋(심)−찾을 심. 무를 심.　　　　*灰(회)−재 회. 재로 만들 회.

原注원주

喜神合神. 両情相通. 又有人引用生化. 如有媒矣. 雖是隔遠分立. 其
희 신 합 신　 양 정 상 통　 우 유 인 인 용 생 화　 여 유 매 의　 수 시 격 원 분 립　 기

情自相和好. 則有恩而無怨. 合神喜神雖有情. 而忌神離間. 求合不得.
정 자 상 화 호　 즉 유 은 이 무 원　 합 신 희 신 수 유 정　 이 기 신 리 간　 구 합 부 득

終身多怨. 至于可憎之神. 遠之爲妙. 可愛之神. 近之尤切. 又有一般避
종 신 다 원　 지 우 가 증 지 신　 원 지 위 묘　 가 애 지 신　 근 지 우 절　 우 유 일 반 해

迮相逢者. 得之不勝其樂. 私情偸合者. 去之亦足爲奇.
후 상 봉 자　 득 지 불 승 기 락　 사 정 투 합 자　 거 지 역 족 위 기

【원주】

　희신과 합신이 서로의 정이 통하고 또 사람이 있어 이끌어 생화(生化)하게 하면
중매자가 있는 것과 같아 비록 멀리 떨어져 분리되어 있어도 그 정(情)이 화합되어
좋게 되니 은혜는 있으나 원망은 없다.

합신과 희신이 비록 정은 있으나 기신이 이간(離間)하여 합하고자 하나 합이 아니되면 종신(終身)토록 원한이 많다. 증오스런 것은 멀리 있어야 좋고 좋은 것은 가까이 있어야 좋다. 또 일반적으로 만나는 것은 그 즐거움을 이기지 못할 것이나 사사로운 정으로 합하는 것을 제거하여야 기이한 것이다.

*隔(격)—막을 격. 막이 격.　　　　　*邂(해)—만날 해.

*憎(증)—미워할 증. 미움 증.　　　　*逅(후)—만날 후.

*離(리. 이)—떠날 리. 떨어질 리.　　*邂逅(해후)—우연히 서로 만남.

*尤(우)—더욱 우. 허물 우.　　　　　*偸(투)—훔칠 투. 탐낼 투.

任氏曰임씨왈,

恩怨者, 喜忌也, 日主所喜之神遠, 得合神化而近之也, 所謂兩意情
은 원 자　희 기 야　일 주 소 희 지 신 원　득 합 신 화 이 근 지 야　소 위 양 의 정

通, 如中有媒矣, 喜神遠隔, 得旁神引通而相和好, 則有恩而無怨矣,
통　여 중 유 매 의　희 신 원 격　득 방 신 인 통 이 상 화 호　즉 유 은 이 무 원 의

只有閑神忌神而無喜神, 得閑神忌神合化喜神, 所謂邂逅相逢也,
지 유 한 신 기 신 이 무 희 신　득 한 신 기 신 합 화 희 신　소 위 해 후 상 봉 야

喜神遠隔, 與日主雖有情, 被閑神忌神隔絶, 日主與喜神各不能顧,
희 신 원 격　여 일 주 수 유 정　피 한 신 기 신 격 절　일 주 여 희 신 각 불 능 고

得閑神忌神合會, 化作喜神, 謂私情牽合也, 更爲有情,
득 한 신 기 신 합 회　화 작 희 신　위 사 정 견 합 야　갱 위 유 정

임 선생님이 말씀하였다.

은원(恩怨)이란 희신과 기신이다. 일주가 기뻐하는 것이 멀리 있으면 합신이 합으로 化하여 가까이 오게 하면 소위 두 정이 통하게 되니 가운데에 중매(中媒)가 있는 것과 같은 것이다. 희신이 멀리 떨어져 있을 때 옆에 있는 것이 이끌어 통하게 하여 화목하고 즐겁게 하여주면 은의(恩誼)는 있으나 원망은·없다.

단지 한신과 기신만 있고 희신이 없을 때 한신이 기신을 합하여 희신으로 만들면 이른바 해후상봉(邂逅相逢)이라 한다. 희신이 멀리 있어 일주가 비록 정이 있으나 한신과 기신이 가로막고 있어 일주와 희신이 서로 돌아볼 수 없을 때 한신과 기신이 합하여 희신으로 되면 이른바 사정견합(私情牽合)으로 더욱 유정

(有情)하다.

*旁(방)-곁 방. 傍과 소.　　　　　*恩怨(은원)-은혜와 원한.
*恩(은)-은혜 은. 사랑할 은.　　　*牽(견)-끌 견. 이끌 견.
*怨(원)-원망할 원. 원한 원.　　　*更(갱. 경)-다시 갱. 고칠 경. 바꿀 경.

喜神與日主緊貼, 可謂有情, 遇合化爲忌神, 喜神與日主雖不緊貼, 却
희 신 여 일 주 긴 첩　　가 위 유 정　　우 합 화 위 기 신　　희 신 여 일 주 수 불 긴 첩　각

有情于日主, 中有忌神隔占, 或喜神與閑神合助忌神, 如被人離間, 以
유 정 우 일 주　　중 유 기 신 격 점　혹 희 신 여 한 신 합 조 기 신　여 피 인 이 간　이

恩爲怨, 死不灰心, 如日主喜丙火在時干, 月透壬水爲忌, 如年干丁火
은 위 원　사 불 회 심　여 일 주 희 병 화 재 시 간　월 투 임 수 위 기　여 년 간 정 화

合壬化木, 不特去其忌神, 而反生助喜神, 如日主喜庚金在年干, 雖
합 임 화 목　불 특 거 기 기 신　이 반 생 조 희 신　여 일 주 희 경 금 재 년 간　수

有情而遠立, 月干乙木合庚金而近之, 此閑神化爲喜神, 如中有媒矣,
유 정 이 원 립　월 간 을 목 합 경 금 이 근 지　차 한 신 화 위 희 신　여 중 유 매 의

　희신과 일주가 가까이 있으면 가위(可謂) 유정(有情)하다. 합하여 기신이 되고
희신과 일주가 비록 가까이 있지 않더라도 일주가 정이 있는데 중간에 기신이
갈라놓고 혹 희신과 한신이 합하여 기신을 도우면 사람에게 이간(離間)을 당하는
것으로 은의(恩誼)가 원망으로 되니 원망하는 마음이 죽어도 없어지지 않는다.

　가령 일주가 丙火를 기뻐하는데 丙火가 時上에 있으면 月에 투출한 壬水를
꺼리는데 이때 年干에 丁火가 壬水를 합하여 木으로 화(化)하면 기신을 제거한
것뿐만 아니라 도리어 희신을 생조한 것이다.

　가령 일주의 희신이 庚金인데 年干에 있을 때 비록 정(情)이 있으나 먼데 月上
에 乙木이 庚金을 합하여 가깝게 하면 이는 한신이 희신으로 化한 것이니 이를테
면 중간에 중매(中媒)를 선 것이다.

*緊(긴)-굳을 긴. 급할 긴. 팽팽할 긴.　　*媒(매)-중매 매. 매개 매.
*貼(첩)-붙을 첩. 붙일 첩.　　　　　　　*可謂(가위)-거의 옳거나 좋다고 여길 만
*怨(원)-원망할 원. 원한 원.　　　　　　한 말로 이르자면, '어떠어떠하다고(라고)
*灰(회)-재 회. 재로 될 회.　　　　　　할 만함'을 이르는 말.

日主喜火, 局內無火, 反有癸水之忌, 得戊土, 合癸水, 化其爲喜
일주희화 국내무화 반유계수지기 득무토 합계수 화기위희

神, 謂邂逅相逢也, 日主喜金, 惟年支坐酉, 與日主遠隔, 日主坐巳,
신 위해후상봉야 일주희금 유년지좌유 여일주원격 일주좌사

忌神緊貼, 得丑支會局, 以成金之喜神, 謂私情牽合也, 餘可例推,
기신긴첩 득축지회국 이성금지희신 위사정견합야 여가예추

일주가 火를 기뻐할 때 원국에는 火가 없고 도리어 꺼리는 癸水가 있을 때
戊土가 있어 癸水를 합하여 희신으로 화(化)하면 이를 해후상봉(邂逅相逢)이라
한다.

일주가 金을 기뻐할 때 오직 年支에 酉金이 있으면 일주와 멀리 떨어져 있는
것인데 이때 좌하에 巳火가 있으면 기신은 긴첩하고 희신은 멀어 원망하는 마음
이 있게 되는데, 이때 월지에 丑土가 있어 巳酉丑 금국을 이루면 이를 일러 사정
견합(私情牽合)이라 한다. 나머지도 이와 같이 추리하라.

*邂(해)-만날 해.　　　　　　*惟(유)-오직 유. 생각건대 유.
*逅(후)-만날 후.　　　　　　*牽(견)-끌 견. 이끌 견.

戊　戊　甲　丁
午　戌　辰　酉

戊　己　庚　辛　壬　癸
戌　亥　子　丑　寅　卯

此重重厚土, 甲木退氣, 不能疎土, 則土情必在年支酉金, 發洩菁
차 중중후토 갑목퇴기 불능소토 즉토정필재년지유금 발설청

華, 金逢火, 蓋其意亦欲日主之生, 雖然遠隔, 兩意情通, 喜辰酉合
화 금봉화 개기의역욕일주지생 수연원격 양의정통 희진유합

而近之, 如中有媒矣, 初運癸卯壬寅, 離間喜神, 功名蹭蹬, 困苦
이근지 여중유매의 초운계묘임인 이간희신 공명층등 곤고

刑傷, 辛丑運中, 晦火會金入泮, 連登科甲, 庚子己亥戊戌, 西北土
형상 신축운중 회화회금입반 연등과갑 경자기해무술 서북토

金之地, 仕至尙書,
금지지 사지상서

이 명조는 土가 거듭 두터운데 甲木은 퇴기로 소토(疎土)치 못하니 土의 의향은 반드시 年支의 酉金에 있다. 酉金이 왕한 土를 설하니 수기(秀氣)가 유행한다. 金이 火를 만났으나 丁火의 뜻은 일주를 생하는 데 있다. 정을 통하려는 두 뜻은 그러나 멀리 떨어져 있는데 기쁜 것은 辰酉 합으로 가까이 되니 중간에 중매가 있는 것과 같다.

초(初) 운이 癸卯 壬寅으로 희신을 이간하니 공명을 이루기 어려웠고 형상을 당하고 곤고하게 지냈다. 辛丑 운에 火를 식히고 金局을 이루니 입반(入泮)하고 연달아 과거에 올랐으며 庚子 己亥 戊戌 운은 西北 土金地로 벼슬이 상서(尙書)에 이르렀다.

*疎(소)-트일 소. 나눌 소. 채소 소. 빗질 소.
*菁(청. 정)-우거질 청. 화려할 정. 부추꽃 정.
*發洩菁華(발설청화)-무성함을 설하여 아름답게 됨. 무성함을 설하여 수기가 유행함.
*蓋(개)-덮을 개. 뚜껑 개. 일산 개. 대개 개. 어찌 개.
*媒(매)-중매 매. 매개 매.

*蹭(층)-헛디딜 층. 어정거릴 층.
*蹬(등)-헛디딜 등. 어정거릴 등.
*困(곤)-곤할 곤. 괴로울 곤.
*晦(회)-그믐 회. 어두울 회.
*泮(반)-물가 반. 녹을 반.
*仕(사)-벼슬할 사. 일로 삼다. 섬기다.
*尙(상)-오히려 상. 바랄 상. 자랑할 상. 부사로 쓸 때는 강한 반문의 뜻을 나타냄. 또한. 여전히.

丙 丁 乙 丁
午 丑 巳 酉

己 庚 辛 壬 癸 甲
亥 子 丑 寅 卯 辰

丁火生于巳月午時, 比刦並旺, 又逢木助, 其勢猛烈, 年支酉金, 本
정화생우사월오시　비겁병왕　우봉목조　기세맹렬　년지유금　본

日主之所喜, 遙隔遠列, 又被丁火蓋之, 巳火刦之, 似乎無情, 最
일주지소희　요격원열　우피정화개지　사화겁지　사호무정　최

喜坐下丑土, 烈火逢溼土, 則成生育慈愛之心, 邀巳酉合成金局,
희좌하축토　열화봉습토　즉성생육자애지심　요사유합성금국

歸之庫內, 其情似相和好, 不特財來就我, 又能洩火吐秀, 故能發甲,
귀지고내　기정사상화호　불특재래취아　우능설화토수　고능발갑

仕至藩臬, 名利雙全,
사지번얼　명리쌍전

　　丁火가 巳月 午時에 생하니 비겁이 왕한데 또 木의 생부(生扶)가 있어 화세(火勢)가 맹렬하다.

　　年支 酉金은 본디 일주가 기뻐하는데 멀리 떨어져 있고, 또한 丁火가 덮고 巳火가 겁탈하니 마치 무정한 것 같으나, 제일로 기쁜 것은 좌하에 丑土를 둔 것으로 맹렬한 火가 습토를 만나 생육(生育)하는 자애심이 일어나는 것이다. 巳酉를 맞이하여 巳酉丑 금국을 이루며 고(庫)에 돌아오니 그 정이 서로 화합되어 좋게 되었다.

　　재래취아(財來就我)일 뿐만 아니라 火를 설하여 수기(秀氣)가 발산한다. 그러므로 과거(科擧)에 올라 벼슬이 번얼(藩臬)에 이르렀으며 명리가 쌍전(雙全)하였다.

*烈(렬. 열)-세찰 렬. 사나울 렬. 굳셀 렬.　　*藩(번)-울 번(울타리). 지경 번. 지킬 번.
*慈(자)-사랑할 자. 사랑 자. 어머니 자.　　*臬(얼)-말뚝 얼. 과녁 얼. 법 얼.
*邀(요)-맞이할 요. 구할 요.　　　　　　　*藩臬(번얼)-지방장관. 안찰사(按察使).

<pre>
甲　丙　戊　癸
午　辰　午　酉

壬　癸　甲　乙　丙　丁
子　丑　寅　卯　辰　巳
</pre>

丙火生于午月午時，旺可知矣，一點癸水，本不相濁，戊土合之，
병화생우오월오시　왕가지의　일점계수　본불상탁　무토합지

又助火之烈，年支酉金，本有情與辰合，又被午火離間，求合不得，
우조화지열　년지유금　본유정여진합　우피오화이간　구합부득

所謂怨起恩中也，兼之運走東南火木之地，一生祇有刑傷破耗，並
소위원기은중야　겸지운주동남화목지지　일생지유형상파모　병

無財喜之事，剋三妻七子，遭回祿四次，至寅運而亡，
무재희지사　극삼처칠자　조회록사차　지인운이망

　丙火가 午月 午時에 생하니 왕함을 가히 알 수 있다. 일점 癸水는 본디는 탁한 것이 아니나 戊土가 합하여 火의 열기를 더한다.

　年支 酉金은 辰酉 합으로 유정한데 午火가 이간하니 합을 하려 해도 할 수가 없다. 이른바 은의(恩誼) 중에 원망이 일어난다.

　겸하여 운이 東南 木火地로 가니 일생에 다만 형상과 파모(破耗)만 있을 뿐 재물의 기쁨이 없었다. 세 명의 부인과 일곱 아들을 극하고 화재를 네 번이나 겪었으며 寅 운에 사망하였다.

*怨(원)-원망할 원. 원한 원.　　　　*破(파)-깨뜨릴 파.
*祇(기. 지)-땅 귀신 기. 편안할 기. 다만 지.　*耗(모)-벼 모. 덜 모. 耗는 재물이 흩어짐
　마침 지.　　　　　　　　　　　　을 이름.
*祗(지. 기)-공경할 지. 다만 지. 땅귀신 기.　*遭(조)-만날 조.

閑 神 한신

一二閑神用去麽. 不用何妨莫動他. 半局閑神任閑着. 要
일 이 한 신 용 거 마　　불 용 하 방 막 동 타　　반 국 한 신 임 한 착　　요

緊之場作自家.
긴 지 장 작 자 가

　　하나나 두 개의 한신(閑神)이 있어 쓰기도 하고 버리기도 하는데 쓰지 않는다
하여 무슨 방해가 될까마는 다른 신(神)을 움직이게 하지 말아야 하고, 반국(半
局)의 한신이 한가히 있어도 긴요한 곳에서는 자기 집을 지어야 한다.

*閑(한)－한가할 한. 틈 한. 등한히 할 한.　　　*着(착)－입을 착. 손댈 착. 붙을 착. 둘 착.
*麽(마)－작을 마〔微也〕. 어찌 마〔何也〕.　　　*緊(긴)－굳을 긴. 급할 긴. 팽팽할 긴.
*妨(방)－방해할 방. 방해하다. 거리끼다.　　　*場(장)－마당 장. 마당. 신을 모시는 곳. 시
*莫(막)－없을 막. 말 막. 아득할 막.　　　　　　험장.

原注원주

喜神不必多也. 一喜而十備矣. 忌神不必多也. 一忌而十害矣. 自喜忌
희신불필다야　일희이십비의　기신불필다야　일기이십해의　자희기

之外. 不足以爲喜. 不足以爲忌. 皆閑神也. 如以天干爲用. 成氣成合.
지외　부족이위희　부족이위기　개한신야　여이천간위용　성기성합

而地支之神. 虛脫無氣. 沖合自適. 升降無情. 如以地支爲用. 成助成合.
이지지지신　허탈무기　충합자적　승강무정　여이지지위용　성조성합

而天干之神. 游散浮泛. 不礙日主.
이천간지신　유산부범　불애일주

【원주】
　　희신(喜神)이 많을 필요는 없다. 하나의 희신이 열 가지를 방비할 수 있다. 기신(忌
神)이 많지 않아도 하나의 기신이 열 가지의 해악을 끼친다. 희신과 기신을 제외하고

희신으로도 부족하고 기신으로도 부족한 것들이 다 한신이다.

가령 천간을 용(用)할 때 성기(成氣)하고 합이 마땅해도 지지의 신(神)이 허탈하고 무기(無氣)하면 충과 합이 마땅하여도 승강(昇降)이 무정하다. 가령 지지를 용(用)할 때 부조(扶助)가 마땅하고 합이 마땅하면 천간의 신(神)이 뿌리 없이 떠 있고 흩어져도 일주에게 장애가 되지 않는다.

*備(비)-갖출 비. 채울 비. 예방할 비.　　*浮(부)-뜰 부. 띄울 부.
*游(유)-헤엄칠 유. 뜰 유. 놀 유.　　*泛(범. 핍)-뜰 범. 넓을 범. 물소리 핍.
*散(산)-흩어질 산. 헤칠 산.　　*礙(애)-막을 애. 거리낄 애.

> 역자주 | 희신은 많을 필요가 없다. 하나라도 열 가지를 방비할 수 있고 기신은 많지 않고 단 하나라도 열 가지의 해악을 끼친다. 용신과 희신과 기신을 제외한 것이 한신이다.

主陽輔陽. 而陰氣停泊. 不沖不動. 不合不助. 主陰輔陰. 而陽氣停泊.
주 양 보 양　이 음 기 정 박　불 충 부 동　불 합 부 조　주 음 보 음　이 양 기 정 박

不沖不動. 不合不助. 日月有情. 年時不顧. 日主無害. 日主無氣無情.
불 충 부 동　불 합 부 조　일 월 유 정　년 시 불 고　일 주 무 해　일 주 무 기 무 정

日時得所. 年月不顧. 日主無害. 日主無沖無合. 雖有閑神. 只不去動
일 시 득 소　년 월 불 고　일 주 무 해　일 주 무 충 무 합　수 유 한 신　지 불 거 동

他. 但要緊之地. 自結營寨. 至於運道. 只行自家邊界. 亦足爲奇.
타　단 요 긴 지 지　자 결 영 채　지 어 운 도　지 행 자 가 변 계　역 족 위 기

양(陽)으로 양을 도울 때 음기가 정박(停泊)되어 있으면 충하지 않으면 동하지 않고 합하지 않으면 돕지 않는다. 음(陰)으로 음을 도울 때 양기가 정박(停泊)되어 있으면 충하지 않으면 동하지 않고 합하지 않으면 돕지 않는다. 日과 月이 유정하면 年과 時가 돌아보지 않아도 일주는 무해하다.

일주가 무기하고 무정한데 日과 時가 일주에게 마땅하면 年과 月에서 돌아보지 않아도 일주에게는 무해하다. 일주가 충도 없고 합도 없으면 비록 한신이 있어도 단지 타신을 움직이려고 가지 말아야 하며 요긴한 곳에 자기의 영역을 만들고 운이 자신의 변계(邊界)에 이르면 역시 기이하다 하겠다.

*輔(보)-광대뼈 보. 도울 보.　　*寨(채)-나무우리 채[목책(木柵)으로 둘러싼
*停(정)-머무를 정. 멈출 정.　　방위시설].

*泊(박)-배댈 박. 머무를 박. 흐를 박.
*停泊(정박)-머무름. 묵음. 숙박함. 배가 항
 구에 머무름. 정박(碇泊).

*邊(변)-가 변. 변방 변. 두메 변. 곁 변.
*邊界(변계)-邊境(변경). 나라의 경계가 되
 는 변두리 땅.

任氏曰임씨왈,

有用神必有喜神, 喜神者, 輔格助用之神也, 然有喜神, 亦必有忌
유용신필유희신 희신자 보격조용지신야 연유희신 역필유기

神, 忌神者, 破格損用之神也, 自用神喜神忌神之外, 皆閑神也, 惟
신 기신자 파격손용지신야 자용신희신기신지외 개한신야 유

閑神居多, 故有一二半局之稱, 閑神不傷體用, 不礙喜神, 可不必
한신거다 고유일이반국지칭 한신불상체용 불애희신 가불필

動他也, 任其閑着, 至歲運遇破格損用之時, 而喜神不能輔格護用
동타야 임기한착 지세운우파격손용지시 이희신불능보격호용

之際, 謂要緊之場, 得閑神制化歲運之凶神忌物, 匡扶格局, 喜用,
지제 위요긴지장 득한신제화세운지흉신기물 광부격국 희용,

임 선생님이 말씀하였다.

용신이 있으면 반드시 희신이 있다. 희신(喜神)이란 격을 돕고 용신을 돕는 신
(神)이다.

그러나 희신이 있으면 또한 반드시 기신도 있다. 기신(忌神)이란 격을 파(破)하고
용신을 손상(損傷)시키는 신(神)을 말한다. 용신, 희신, 기신을 제외한 것은 다 한신
(閑神)이다. 오직 한신이 많기 때문에 一 二 반국(半局)이라 칭한다.

한신이 체용을 상(傷)하지 않고 희신에 장애가 안 되면 타신을 움직이지 않아야
可하다. 한신이 한가로이 있다가 세운에서 격을 파하고 용신을 손상할 때 희신이
격을 돕고 용신을 보호하지 못할 때 한신이 긴요하게 쓰이는 자리인 것이다. 한신
이 세운에서 오는 흉신과 기신을 제화(制化)하여 격국을 크게 돕는 것이니 기쁘게
쓰는 것이다.

*礙(애)-막을 애. 거리낄 애.
*護(호)-도울 호. 통솔할 호.

*匡(광)-바를 광. 바로잡을 광.
*扶(부)-도울 부. 붙들 부.

或得閑神合歲運之神, 化爲喜用而輔格助用, 爲我一家人也, 此章
혹득한신합세운지신 화위희용이보격조용 위아일가인야   차장

本文, 所重者在末句要緊之場, 作自家也, 原注未免有誤, 至云雖
본문 소중자재말구요긴지장 작자가야 원주미면유오   지운수

有閑神, 只不去動他, 要緊之場, 自結營寨, 至于運道, 只行自家邊
유한신 지불거동타 요긴지장 자결영채 지우운도 지행자가변

界, 誠如是論, 不但不作自家, 反作賊鬼隄防矣, 此非一定之理也,
계 성여시론 부단부작자가 반작적귀제방의   차비일정지리야

혹 한신이 세운의 신과 합하여 희신이나 용신으로 화(化)하여 격을 돕고 용신을
부조하면 나와 한가족이 되는 것이다.

이 장(章)의 본문에서 중요한 것은 말구(末句)의 요긴지장, 작자가야(要緊之場,
作自家也)이다.

원주는 잘못을 면치 못하였는데 말하길 비록 한신이 있어도 단지 타신을 움직이
러 가지 않고 요긴한 곳에서 영채를 세우고 있다가 운이 이르면 자기 집의 울타리
를 만든다고 하니 진실로 이와 같다면 비단 자기 집도 짓지 못할 뿐만 아니라
도리어 적귀(賊鬼)의 제방도 쌓는 것이니 이는 확실한 이치가 아니다.

*寨(채)-나무우리 채(목책으로 둘러싼 방위시 *鬼(귀)-귀신 귀. 도깨비 귀.
  설).   *隄(제)-둑 제.
*邊(변)-가 변(가장자리). 변방 변. 이웃할   *防(방)-둑 방. 막을 방.
  변.   *隄防(제방)-둑. 홍수를 막기 위해 흙과 돌
*賊(적)-도둑 적. 도둑질할 적.   을 쌓는 것.

如用木, 木有餘以火爲喜神, 以金爲忌神, 以水爲仇神, 以土爲閑
여용목 목유여이화위희신   이금위기신   이수위구신   이토위한

神, 木不足, 以水爲喜神, 以土爲忌神, 以金爲仇神, 以火爲閑神, 是
신 목부족 이수위희신   이토위기신   이금위구신   이화위한신 시

以用神必得喜神之佐, 閑神之助, 則用神有勢, 不怕忌神矣, 木論
이용신필득희신지좌 한신지조 즉용신유세 불파기신의   목론

如此, 餘者可知,
여차   여자가지

가령 木을 쓸 때 木이 유여하면 火는 희신이고 金은 기신이며 水는 구신이고 土는 한신이 된다. 木이 부족하면 水는 희신이고 土는 기신이며 金은 구신이고 火는 한신이다.

이러므로 용신은 반드시 희신의 도움과 한신의 도움이 있어야 용신이 힘이 있어 기신이 두렵지 않은 것이다. 木을 논함이 이와 같으니 나머지도 가히 알 수 있을 것이다.

*仇(구) - 짝 구. 해칠 구. 거만할 구.　　　*怕(파) - 두려워할 파. 부끄러워하다.

역자주 │ 이 장의 설명은 매끄럽지 못하다.
　　　　　木이 유여(有餘)하여 火가 희신일 때 金이 기신(忌神)이고 水가 구신(仇神)이고 土가 한신 (閑神)이라고 한 대목이다.
　　　　　木이 유여(有餘)하여 火가 희신이면 土는 용신이 되어야 한다.
　　　　　木이 유여(有餘)하여 火가 희신이면 水는 기신(忌神)이다. 그리고 金은 구신(仇神)이 된다. 이론은 이러하나 상황에 따라 다르니 한 가지로만 고집할 수는 없다.

丙　甲　戊　庚
寅　寅　子　寅

乙　甲　癸　壬　辛　庚　己
未　午　巳　辰　卯　寅　丑

甲木生于子月, 兩陽進氣, 旺印生身, 支坐三寅, 松柏之體, 旺而
갑목생우자월　양양진기　왕인생신　지좌삼인　송백지체　왕이

且堅, 一點庚金臨絶, 不能剋木, 反爲忌神, 寒木向陽, 時干丙火
차견　일점경금임절　불능극목　반위기신　한목향양　시간병화

清透, 敵其寒凝, 洩其菁英, 而爲用神,
청투　적기한응　설기청영　이위용신

甲木이 子月에 생하여 두 개의 양(陽)이 진기이고 왕한 인수가 일주를 생하고 지지로 세 개의 寅木이 있어 송백(松柏)의 체(體)로 왕하면서도 견고하다. 일점 庚 金은 절지에 임하여 木을 극하지 못하니 오히려 기신(忌神)이 된다.

추운 나무로 양기를 향(向)하는데 시간에 丙火가 청투(清透)하여 춥고 언 것을 녹이고 木의 무성함을 설하니 용신이 된다.

*進(진)-나아갈 진. 다가올 진.　　*寒(한)-찰 한. 천할 한. 궁할 한.

*松(송)-소나무 송.　　　　　　　*凝(응)-얼 응. 엉길 응.

*柏(백)-나무이름 백(측백나무와 노송의 총　*菁(청. 정)-우거질 청. 화려할 정. 부추꽃
　칭). 잣나무 백.　　　　　　　　　정.

冬火本虛, 以寅木爲喜神, 月干戊土能制水, 又能生金, 故爲閑神,
동 화 본 허　이 인 목 위 희 신　월 간 무 토 능 제 수　우 능 생 금　고 위 한 신

以水爲仇神, 喜其丙火淸純, 至卯運洩水生火, 早登科甲, 壬辰癸
이 수 위 구 신　희 기 병 화 청 순　지 묘 운 설 수 생 화　조 등 과 갑　임 진 계

巳, 得閑制合, 官途平坦, 甲午乙未, 火旺之地, 仕至尙書,
사　득 한 제 합　관 도 평 탄　갑 오 을 미　화 왕 지 지　사 지 상 서

겨울은 본시 火가 허하니 이에 寅木은 희신이 된다. 월간의 戊土가 水를 제하고 金을 생하니 이러므로 한신이고 水는 구신이다.

기쁜 것은 丙火가 청순하여 卯 운에 水를 설하고 火를 생하여 일찍이 등과하고 壬辰 癸巳는 한신이 제하고 합하니 벼슬길이 평탄하였고 甲午 乙未는 火가 왕한 곳으로 벼슬이 상서(尙書)에 이르렀다.

*虛(허)-빌 허(아무것도 없음. 쓸모가 없음). 허　*純(순)-실 순. 순수할 순. 생사(生絲).
　공 허. 하늘 허.　　　　　　　　　　　*途(도)-길 도.

*制(제)-지을 제. 만들 제. 누를 제. 금할 제.　　*坦(탄)-평평할 탄. 너그러울 탄.

庚 甲 丁 甲
午 寅 卯 子

癸 壬 辛 庚 己 戊
酉 申 未 午 巳 辰

甲木生于仲春, 支逢祿刃, 干透比肩, 旺之極矣, 時上庚金, 無根
갑목생우중춘 지봉녹인 간투비견 왕지극의 시상경금 무근

爲忌, 月干丁火爲用, 通輝之氣, 所以早登雲路, 仕至觀察, 惜無
위기 월간정화위용 통휘지기 소이조등운로 사지관찰 석무

土之閑神, 運至壬申, 金水並傷體用, 故不能免禍耳,
토지한신 운지임신 금수병상체용 고불능면화이

　　甲木이 중춘에 생하고 지지에 녹(祿)과 양인이 있고 천간으로 비견이 있어 왕함
이 극에 이르렀다. 時上의 庚金은 무근으로 기신이다. 월간 丁火가 용신으로 통휘
(通輝)한 기상이 있다.

　　이러므로 일찍이 벼슬길에 나아가 벼슬이 관찰(觀察)에 이르렀다. 애석한 것은
한신인 土가 없는 것이다. 壬申 운에 이르러 金水가 체용(體用)을 다 손상하니
화(禍)를 면치 못하였다.

*透(투)－뛸 투. 던질 투. 환할 투.
*肩(견)－어깨 견. 견디다. 이겨내다.
*輝(휘)－빛 휘. 빛날 휘.
*早(조)－이를 조. 이르다. 서두르다. 젊다.
　일찍. 서둘러. 젊어서. 새벽.

*惜(석)－아낄 석. 아까워할 석. 애처롭게 여
　길 석.
*閑(한)－한가할 한. 틈 한. 등한히 할 한.
*體(체)－몸 체. 바탕 체. 모양 체. 형성할 체.
*免(면)－벗어날 면. 벗을 면.

역자주　土가 있으면 水 운이 올 때 제수(制水)하는데, 土가 없어 水 운이 오면 용신이 상해를 입는
다.

出門要向天涯遊. 何事裙釵恣意留.
출 문 요 향 천 애 유 　 하 사 군 채 자 의 류

문을 나서면 하늘가로 향하여 놀 수 있는데 어찌하여 여인네의 군채(裙釵)에 마음을 두는가.

*出門要向天涯遊(출문요향천애유) - '세상에 태어났으면 천지간에 뜻을 펼쳐야 하거늘'이란 뜻.

*涯(애) - 물가 애. 끝 애.

*裙(군) - 치마 군〔하상(下裳)〕.

*釵(채) - 비녀 채.

*裙釵(군채) - 치마와 비녀. 또는 속옷과 비녀. 전하여 부녀자.

原注원주

本欲奮發有爲者也. 而日主有合. 不顧用神. 用神有合. 不顧日主. 不
본욕분발유위자야   이일주유합   불고용신   용신유합   불고일주   불

欲貴而遇貴. 不欲祿而遇祿. 不欲合而遇合. 不欲生而遇生. 皆有情而
욕귀이우귀   불욕록이우록   불욕합이우합   불욕생이우생   개유정이

反無情. 如裙釵之留不去也.
반무정   여군채지류불거야

【원주】

본래는 분발하여 일을 하여야 하나 일주가 합을 하면 용신을 돌아보지 않고, 용신이 합을 하면 일주를 돌아보지 않는다. 귀(貴)하고자 않는데 귀(貴)를 만나고, 녹(祿)을 원치 않는데 녹(祿)을 만나고, 합하고자 않는데 합을 만나고, 생하고자 않는데 생을 만나는 것 등은 다 유정한 것이 도리어 무정하게 된 것으로 이는 마치 여인네의 치마폭에 머물러 떠나지 않는 것과 같다.

任氏曰임씨왈,

此乃貪合不化之意也, 旣合宜化之, 化之喜者, 名利自如, 化之忌者,
차내탐합불화지의야   기합의화지   화지희자   명리자여   화지기자

災咎必至, 合而不化, 謂伴住留連, 貪彼忌此, 而無大志有爲也,
재구필지   합이불화   위반주유련   탐피기차   이무대지유위야

日主有合, 不願用神之輔我, 而忌其大志也, 用神有合, 不願日主
일주유합   불원용신지보아   이기기대지야   용신유합   불원일주

之有爲; 不佐其成功也,
지유위   부좌기성공야

임 선생님이 말씀하였다.

이것은 합을 탐하나 化하지 못하는 것을 뜻하는 것이다. 합을 하였으면 마땅히 化하여야 하는데 化하여 희신이 되면 명리가 자여(自如)하나 化하여 기신이 되면 재구(災咎)가 반드시 있다. 합하여 化하지 못하면 이른바 짝에게 머물러 있는 것이니 저쪽을 탐하여 이쪽을 싫어하여 큰 뜻을 펼치려는 마음이 없게 된다.

일주가 타신과 합을 하면 용신이 나를 돕는 것을 원치 않으며 큰 뜻을 꺼리고, 용신이 타신과 합을 하면 일주의 일을 원치 않으며 일주의 성공을 돕지 않는다.

*貪(탐)－탐할 탐.   *災(재)－화재 재. 재앙 재.
*旣(기)－이미 기. 다할 기. 부사어로는 이미   *咎(구)－허물 구. 미워할 구.
  ~한 후. 곧. 즉시 등으로 해석.   *災咎(재구)－재난과 허물.

又有合神眞, 本可化者, 反助其從合之神而不化也, 又有日主休
우유합신진　본가화자　반조기종합지신이불화야　우유일주휴

囚, 本可從者, 反逢合神之助而不從也, 此皆有情而反無情, 如裙
수　본가종자　반봉합신지조이부종야　차개유정이반무정　여군

釵之恣意留也,
채지자의류야

또 합하는 신이 진신(眞神)이면 본래 化되어야 마땅한데 도리어 합하는 신을 좇아 도우므로 化하지 못하는 것이다. 또 일주가 휴수(休囚)하면 본디는 종(從)하여야 하는데 도리어 합신(合神)이 돕게 되면 종하지 않는다.

이는 다 유정한 것이 도리어 무정하게 된 것으로 이는 마치 여인의 마음에 머무르는 것과 같다.

*裙(군)－치마 군〔하상(下裳)〕.   *裙釵(군채)－치마와 비녀. 또는 속옷과 비
*釵(채)－비녀 채.   녀. 전하여 부녀자.

역자주   不願(불원)： '願(원)하지 않는다. 바라지 않는다'라는 뜻인데 不顧(불고)와 뜻이 같
         다. 『적천수징의』에는 不顧(불고)라 되어 있다.

```
丙 戊 庚 乙
辰 辰 辰 未

甲 乙 丙 丁 戊 己
戌 亥 子 丑 寅 卯
```

戊土生于季春, 乙木官星透露, 盤根在未, 餘氣在辰, 本可爲用,
무토생우계춘 을목관성투로 반근재미 여기재진 본가위용

嫌其合庚, 謂貪合忌剋, 不願日主之喜我, 合而不化, 庚金亦可作
혐기합경 위탐합기극 불원일주지희아 합이불화 경금역가작

用, 又有丙火當頭, 至二十一歲, 因小試不利, 卽棄詩書, 不事生
용 우유병화당두 지이십일세 인소시불리 즉기시서 불사생

産, 以酒爲事, 且曰高車大纛吾不爲榮, 連陌度阡, 吾不爲富, 惟
산 이주위사 차왈고거대독오불위영 연맥도천 오불위부 유

此怡悅性情, 適吾口體, 以終吾身, 足矣,
차이열성정 적오구체 이종오신 족의

戊土가 계춘에 생하고 乙木 관성이 투출하여 未에 뿌리를 내리고 여기(餘氣)인 辰이 있어 본래는 쓸 수 있으나, 혐의가 되는 것은 庚金과 합하는 것이다. 이른바 합을 탐하여 극을 꺼리니 일주가 좋아하는 것을 돌아보지 않는다. 합하여도 화(化)하지 않는다. 庚金 역시 용신으로 할 수 있으나 丙火가 당두(當頭)하여 용신으로는 부족하다. 21세에 이르러 소시(小試)에 떨어지자 곧 책을 버리고 생업도 하지 않고 오로지 술 먹는 일만 하였다.

또 말하길 높은 수레의 큰 깃발이 나를 영화롭게 하는 것이 아니고 밭두둑이 천 리를 연(連)하여 있다 하여 부자인 것이 아니다. 오직 나의 성정(性情)이 기쁜 대로 입과 몸이 즐거운 대로 적당히 일생을 마치는 것으로 만족을 느끼며 살았다.

*盤(반)-소반 반. 쟁반 반. 돌릴 반. 서릴 반.
*盤根(반근)-서리고 서려 얽힌 뿌리.
*棄(기)-버릴 기.
*纛(독. 도)-기 독(쇠고리로 장식한 큰 기). 기(旗) 도.
*陌(맥)-길 맥(東西로 통하는 밭두둑 길).
*阡(천)-길 천(南北으로 통하는 밭 사이의 길).
*陌阡(맥천)-阡陌(천맥).
*怡(이)-기뻐할 이. 온화할 이.
*悅(열)-기뻐할 열.
*怡悅(이열)-기뻐함.
*適(적)-갈 적. 고를 적. 맞을 적.

辛　丙　癸　丁
卯　戌　卯　丑

丁　戊　己　庚　辛　壬
酉　戌　亥　子　丑　寅

丙火生于仲春, 印正官淸, 日元生旺, 足以用官, 所嫌丙辛一合,
병화생우중춘　인정관청　일원생왕　족이용관　소혐병신일합

不顧用神之輔我, 辛金柔軟, 丙火逢之而怯, 柔能制剛, 戀戀不捨,
불고용신지보아　신금유연　병화봉지이겁　유능제강　연연불사

忌有爲之志, 更嫌卯戌合而化刦, 所以幼年過目成誦, 後因戀酒色,
기유위지지　갱혐묘술합이화겁　소이유년과목성송　후인련주색

廢學亡資, 竟爲酒色喪身, 一事無成,
폐학망자　경위주색상신　일사무성

　　丙火가 중춘에 생하여 인수가 바르고 관이 청하며 일원(日元)이 왕하니 족히 관(官)을 쓸 만하다. 꺼리는 바는 丙辛이 합되어 용신이 나를 도우나 돌아보지 않는다. 辛金은 유연하나 丙火는 辛金을 만나는 것을 도리어 겁을 낸다. 유(柔)는 능히 강(强)을 제하니 사모하는 마음을 버리지 못하여 뜻을 펴려는 일을 싫어한다.

　　더욱 꺼리는 것은 卯戌이 합하여 비겁으로 火하는 것이다. 어려서는 글을 한번 보면 암기하는 총명이 있었으나 후에는 주색(酒色)을 즐겨 학문을 폐하고 재산을 망치었다. 끝내 주색(酒色)으로 일신을 망치고 하나도 이룬 것이 없었다.

*戀(연. 련)－그리워할 련(사모함).
*戀戀(연연)－사모하여 잊지 못하는 모양.
*捨(사)－버릴 사. 베풀 사.

*誦(송)－읽을 송. 읊을 송. 욀 송.
*廢(폐)－집 쓸릴 폐. 폐할 폐.
*資(자)－재물 자. 비발 자. 노비(路費) 자.

【역자주】　○ 辛金柔軟, 丙火逢之而怯(신금유연, 병화봉지이겁):　辛金은 유연(柔軟)한 金이니 丙火는 辛金을 만나는 것을 도리어 겁을 낸다. 十干의 체성(體性)을 논하는 병화장(丙火章－『적천수천미』원문 29쪽)에서 설명한 바가 있다.

　　○ 丙火猛烈. 欺霜侮雪. 能煅庚金. 逢辛反怯(병화맹렬. 기상모설. 능단경금. 봉신반겁):　병화는 맹렬하여 눈과 서리도 깔보고 능히 庚金을 단련하나 辛金을 만나는 것은 도리어 겁낸다.

不管白雪與明月. 任君策馬朝天闕.
불 관 백 설 여 명 월　　임 군 책 마 조 천 궐

백설(白雪)과 명월(明月)을 관여하지 말고 말을 채찍질하여 천궐(天闕)에 알현하는 것은 군의 뜻에 맡긴다.

*策(책)—대쪽 책. 책 책. 꾀 책. 과제 책.　*闕(궐)—대궐 궐. 대궐문 궐.

> **역자주** 白雪與明月(백설여명월): 『적천수징의』에는 白雲與明月(백운여명월)이라 되어 있다. 흰 눈과 밝은 달이란 白雪與明月보다는 흰 구름 밝은 달이란 白雲與明月이란 뜻이 마음에 와 닿는다.

原注원주

日主乘用神而馳驟. 無私意牽制也. 用神隨日主而馳驟. 無私情羈絆也.
일 주 승 용 신 이 치 취　무 사 의 견 제 야　용 신 수 일 주 이 치 취　무 사 정 기 반 야

足以成其大志. 是無情而有情也.
족 이 성 기 대 지　시 무 정 이 유 정 야

【원주】

일주가 용신을 타고 달리면 사사로운 뜻에 견제(牽制)됨이 없고 용신이 일주를 따라 달리면 사정(私情)에 얽매임이 없으니 족히 큰 뜻을 이룬다. 이것이 무정하나 유정한 것이다.

*馳(치)—달릴 치.
*驟(취)—달릴 취. 별안간 취.
*牽(견)—끌 견. 거리낄 견.
*牽制(견제)—견인하여 자유행동을 제지함.
*隨(수)—따를 수. 따라서 수.

*羈(기)—굴레 기. 맬 기.
*絆(반)—줄 반(말의 다리를 매어 못 가게 하는 줄). 맬 반.
*羈絆(기반)—굴레. 굴레를 씌운 듯이 자유를 얽맴.

任氏曰임씨왈,

此乃逢沖得用之意也, 沖則動也, 動則馳也, 局中除用神喜神之外,
차 내 봉 충 득 용 지 의 야　충 즉 동 야　동 즉 치 야　국 중 제 용 신 희 신 지 외

而日主與他神有所貪戀者, 得用神喜神沖而去之, 則日主無私意牽
이 일 주 여 타 신 유 소 탐 련 자   득 용 신 희 신 충 이 거 지   즉 일 주 무 사 의 견

制, 乘喜神之勢而馳驟矣, 局中用神喜神與他神有所貪戀者, 日主
제 승 희 신 지 세 이 치 취 의   국 중 용 신 희 신 여 타 신 유 소 탐 련 자   일 주

能沖克他神而去之, 則喜神無私情之羈絆, 隨日主而馳驟矣, 此無
능 충 극 타 신 이 거 지   즉 희 신 무 사 정 지 기 반   수 일 주 이 치 취 의   차 무

情而反有情, 如丈夫之志, 不戀私情而大志有爲也,
정 이 반 유 정   여 장 부 지 지   불 련 사 정 이 대 지 유 위 야

임 선생님이 말씀하였다.

이는 충이 있어야 용신의 작용을 하는 것을 뜻하는 것이다. 충(沖)한즉 동하고
동(動)한즉 달리는 것이다. 원국에서 용신과 희신을 제외한 그 밖의 타신(他神)에
일주가 탐련(貪戀)하는 것을 용신과 희신이 충하여 제거하면 일주가 사사로운 정
에 이끌리지 않고 희신의 세력을 타고 질주하는 것이다.

원국에서 용신과 희신이 타신과 탐련(貪戀)함이 있을 때 일주가 타신을 충극하
여 제거하면 희신이 사사로운 정에 얽매이지 않으니 일주를 따라 달리는 것이다.
이는 무정한 것이 도리어 유정하게 된 것으로 가령 장부의 뜻이 사사로운 정에
연연(戀戀)해 하지 않으면 큰 뜻을 펼 수 있는 것과 같은 것이다.

*貪戀(탐련)-욕심에 마음이 끌림. 사물에 마음이 끌림.

丙　丙　辛　丁
申　寅　亥　卯

乙　丙　丁　戊　己　庚
巳　午　未　申　酉　戌

此造殺雖秉令, 而印綬亦旺, 兼之比刧並透, 身旺足以用殺, 用殺
차 조 살 수 병 령   이 인 수 역 왕   겸 지 비 겁 병 투   신 왕 족 이 용 살   용 살

不宜合殺, 合則不顯, 加以辛金貼身, 而日主之情, 必貪戀羈絆,
불 의 합 살   합 즉 불 현   가 이 신 금 첩 신   이 일 주 지 정   필 탐 련 기 반

喜其丁火劫去辛金, 使日主無貪戀之私, 申金沖動寅木, 使日主無
희기정화겁거신금　사일주무탐련지사　신금충동인목　사일주무

牽制之意, 更妙申金滋殺, 日主依喜用而馳驟矣, 至戊申運, 登科
견제지의　갱묘신금자살　일주의희용이치취의　지무신운　등과

發甲, 大志有爲也,
발갑　대지유위야

　이 명조는 살(殺)이 비록 월령을 잡고 있으나 인수 역시 왕하다. 겸하여 비겁이
나란히 투출하여 신왕하니 족히 살을 쓸 만하다. 살(殺)이 용신이 되니 살이 합되는
것은 마땅치 않다. 합한즉 밝지 못하게 되는데 게다가 辛金이 일주 가까이 있어
일주의 정은 반드시 辛金을 탐하여 기반(羈絆)이 된다.

　기쁜 것은 丁火 겁재가 辛金을 제거하여 일주로 하여금 사사로이 탐련(貪戀)함
이 없게 하고 申金이 寅木을 충하여 일주로 하여금 견제할 의사가 없게 한 것이
다. 더욱 묘한 것은 申金이 약한 살을 생하여 일주가 희신과 용신에 의지하여 달리
는 것이다. 戊申 운에 이르러 등과(登科)하고 큰 뜻을 이루었다.

*秉(병)-볏뭇 병. 잡을 병.　　　　　*加以(가이)-게다가. 더욱.
*顯(현)-밝을 현. 나타날 현. 드러낼 현.　*貼(첩)-붙을 첩. 붙일 첩.

$$庚\quad 壬\quad 丙\quad 辛$$
$$戌\quad 寅\quad 申\quad 巳$$

$$庚\quad 辛\quad 壬\quad 癸\quad 甲\quad 乙$$
$$寅\quad 卯\quad 辰\quad 巳\quad 午\quad 未$$

壬水生于申月, 雖秋水通源, 而財殺並旺, 以申金爲用, 第天干丙
임수생우신월　수추수통원　이재살병왕　이신금위용　제천간병

辛, 地支申巳皆合, 合之能化, 亦可幫身, 合之不化, 反爲羈絆, 不
신　지지신사개합　합지능화　역가방신　합지불화　반위기반　불

顧日主, 喜我爲用也, 且金當令, 火通根, 只有貪戀之私, 而無化
고일주　희아위용야　차금당령　화통근　지유탐련지사　이무화

合之意,
합 지 의

壬水가 申月에 생하여 비록 발원지에 통한 가을의 水이나 재(財)와 살(殺)도 같이 왕하다. 이에 申金으로 용신을 삼는다.

천간의 丙辛 합과 지지의 申巳 합은 합하여 火하면 역시 일주를 돕게 되나, 합은 하나 火하지 않으면 도리어 기반(羈絆)이 되어 희신과 용신이 일주를 돌아보지 않는다. 또 金이 당령하고 火가 통근하니 단지 사사로이 탐련(貪戀)만 할 뿐 합하여 化하는 뜻은 없다.

妙在日主自剋丙火, 使丙火無暇合辛, 寅去沖動申金, 使其剋木,
묘 재 일 주 자 극 병 화　사 병 화 무 가 합 신　인 거 충 동 신 금　사 기 극 목

則丙火之根反拔, 而日主之壬, 固無牽制之私, 用神隨日主而馳驟
즉 병 화 지 근 반 발　이 일 주 지 임　고 무 견 제 지 사　용 신 수 일 주 이 치 취

矣, 至癸巳運, 連登甲第, 仕至觀察, 而成其大志也,
의　지 계 사 운　연 등 갑 제　사 지 관 찰　이 성 기 대 지 야

묘(妙)한 것은 일주가 丙火를 극하여 丙火로 하여금 辛金과 합할 여가가 없게 하고 寅申 충으로 木을 극하니 丙火의 뿌리가 도리어 뽑히고 申巳 합하는 사사로운 마음이 없게 되고 申金이 동하여 壬水 일주를 생하니 용신이 사사롭게 합으로 묶이지 않으므로 용신이 일주를 따라 달린다.

癸巳 운에 이르러 연달아 과거에 급제하고 벼슬이 관찰(觀察)에 이르러 그 큰 뜻을 이루었다.

> **역자주** 이 명조의 설명은 이해가 어려운 부분이 있다. 申金으로 용신을 삼는다고 하였는데 운(運)은 東南으로 흘렀다. 巳午未 火 운에 벼슬이 관찰에 이르렀으니 火土를 용하는 사주인 듯하다. 독자들의 판단에 맡긴다.

從 象종상

> 從得眞者只論從. 從神又有吉和凶.
> 종 득 진 자 지 론 종　　종 신 우 유 길 화 흉

　　종(從)에서 진종(眞從)이면 단지 종으로 논(論)한다. 종은 길한 것도 있고 흉한
것도 있다.

原注원주

日主孤立無氣. 天地人元. 絶無一毫生扶之意. 財官强甚. 乃爲眞從也.
일 주 고 립 무 기　천 지 인 원　절 무 일 호 생 부 지 의　재 관 강 심　내 위 진 종 야

旣從矣. 當論所從之神. 如從財. 只以財爲主. 財神是木而旺. 又看意向.
기 종 의　당 론 소 종 지 신　여 종 재　지 이 재 위 주　재 신 시 목 이 왕　우 간 의 향

或要火要土要金. 而行運得所者吉. 否則凶. 餘皆仿此. 金不可剋木.
혹 요 화 요 토 요 금　이 행 운 득 소 자 길　부 즉 흉　여 개 방 차　금 불 가 극 목

剋木財衰矣.
극 목 재 쇠 의

【원주】

　　일주가 고립 무기(無氣)하고 천간과 지지와 인원(人元)에서 털끝만큼도 생부의 뜻
이 없는데 재관이 심히 강하면 이는 진종(眞從)이 된다. 종을 하였으면 마땅히 종신
(從神)을 논하여야 한다. 가령 재(財)로 종하였으면 단지 재로 주(主)를 삼는다. 재신이
木인데 왕하다면 의향을 보아 혹 火를 요(要)하는지 土를 요하는지 金을 요하는지
보아 행운이 마땅하면 길한 것이고 그렇지 않은즉 흉한 것이다. 나머지도 다 이와
같다. 金이 木을 극하는 것은 불가하며 木을 극하면 재(財)가 쇠(衰)한 것이다.

*毫(호)−잔털 호. 조금 호. 무게나 길이의　　*看(간)−볼 간. 지킬 간.
　단위. 1리(釐)의 10분의 1.　　　　　　　　*仿(방)−헤맬 방. 헤매다. 모방하다.
*甚(심)−심할 심. 심히 심. 무엇 심.　　　　*衰(쇠)−쇠할 쇠. 줄 쇠.

任氏曰임씨왈,

從象不一, 非專論財官而已也, 日主孤立無氣, 四柱無生扶之意,
종상불일 비전론재관이이야 일주고립무기 사주무생부지의

滿局官星, 謂之從官, 滿局財星, 謂之從財, 如日主是金, 財神是
만국관성 위지종관 만국재성 위지종재 여일주시금 재신시

木, 生于春令, 又有水生, 謂之太過, 喜火以行之, 生于夏令, 火旺
목 생우춘령 우유수생 위지태과 희화이행지 생우하령 화왕

洩氣, 喜水以生之, 生于冬令, 水多木泛, 喜土以培之, 火以暖之
설기 희수이생지 생우동령 수다목범 희토이배지 화이난지

則吉, 反是必凶, 所謂從神又有吉和凶也,
즉길 반시필흉 소위종신우유길화흉야

임 선생님이 말씀하였다.

종상(從象)은 하나가 아니다. 오로지 재(財), 관(官)만을 논하는 것이 아니다. 일주가 고립(孤立), 무기(無氣)하고 사주에서 일주를 생부(生扶)하는 것이 없을 때 만국(滿局)이 관성이면 종관(從官)하는 것이고 만국이 재성이면 종재(從財)하는 것이다.

가령 일주가 金이면 재신은 木인데 봄에 생하고 또 水의 생이 있으면 태과하니 火로 行하는 것이 좋고, 하령(夏令)에 생하면 火가 왕하여 설기가 심하니 水의 생이 기쁘고 겨울에 생하여 水가 많아 木이 뜨게 되면 土로 배양하고 火로써 온난하게 하여야 길하다. 이와 반대이면 반드시 흉하다. 이른바 종신은 길한 것도 있고 흉한 것도 있는 것이다.

*從(종)-좇을 종. 종사할 종. 따를 종.
*象(상)-코끼리 상. 꼴 상. 모양 상.
*專(전)-오로지 전. 전일할 전.
*孤(고)-고아 고. 외로울 고.
*扶(부)-도울 부. 붙들 부.
*意(의)-뜻 의. 헤아릴 의.
*謂(위)-이를 위. 이름 위. 까닭 위.
*令(령. 영)-하여금 령. 가령. 이를테면.
*過(과)-지날 과. 지나칠 과. 예전 과. 잘못할 과.
*夏(하)-여름 하. 여름. 약초 이름. 안거.

*洩(설. 예)-샐 설. 줄 설. 훨훨 날 예. 바람 따를 예.
*喜(희)-기쁠 희. 기쁘다. 즐겁다.
*泛(범. 핍)-뜰 범. 넓을 범. 물소리 핍.
*培(배)-북돋을 배. 언덕 부.
*暖(난)-따뜻할 난.
*是(시)-이 시. 옳을 시. 바로잡을 시. 부사 어로는 이. 이렇게. 여기. 이곳. 모든. 무릇 등으로 해석하는데, 문장의 중간에 있으면 해석하지 않음.
*和(화)-온화할 화. 화목할 화.

尚有從旺從强從氣從勢之理, 比從財官, 更難推算, 尤當審察, 此
상유종왕종강종기종세지리　비종재관　갱난추산　우당심찰　차

四從, 諸書所未載, 余之立說, 試驗碻實, 非虛言也, 從旺者, 四柱
사종　제서소미재　여지입설　시험확실　비허언야　종왕자　사주

皆比刦, 無官殺之制, 有印綬之生, 旺之極者, 從其旺神也, 要行
개비겁　무관살지제　유인수지생　왕지극자　종기왕신야　요행

比刦印綬則吉, 如局中印輕, 行傷食亦佳, 官殺運, 謂之犯旺, 凶
비겁인수즉길　여국중인경　행상식역가　관살운　위지범왕　흉

禍立至, 遇財星, 羣刦相爭, 九死一生,
화입지　우재성　군겁상쟁　구사일생

또한 종왕(從旺), 종강(從强), 종기(從氣), 종세(從勢)의 이치가 있으니 재관에 종(從)하는 것에 비하여 추산(推算)하기가 더욱 어려우니 더욱 자세히 살펴야 한다.

이 네 가지로 종하는 이치는 모든 책들이 싣지 않은 것으로 내가 이 학설을 세운 것인데 시험하여 본바 확실하니 허언이 아니다.

종왕(從旺)은 사주가 다 비겁인데 관살의 제(制)함이 없고 인수의 생이 있어 왕함이 극(極)에 이른 것으로 왕신의 뜻을 따르는 것이다. 운은 비겁 운이나 인수 운으로 가야 길하다.

가령 원국에 인수가 경(輕)하면 식상 운도 좋다. 관살 운은 이른바 왕신을 범하여 흉화(凶禍)가 속(速)히 나타나며, 재(財) 운을 만나면 군겁쟁재(群刦爭財)로 구사일생(九死一生)이다.

*尙(상)―오히려 상. 높일 상. 부사어로는 또한. 아직도. 하물며 등으로 쓰임.
*難(난)―어려울 난.
*推(추. 퇴)―옮을 추. 밀 추. 밀 퇴.
*算(산)―셀 산. 세다. 수효. 바구니. 대그릇.
*尤(우)―더욱 우. 허물 우.

*載(재)―실을 재. 탈 재.
*碻(확)―단단할 확. 확실할 확. 確과 소.
*綬(수)―끈 수. 인끈 수.
*佳(가)―아름다울 가. 좋을 가.
*羣(군)―무리 군. 군(群)과 소.

從强者, 四柱印綬重重, 比刦疊疊, 日主又當令, 絶無一毫財星官
종강자　사주인수중중　비겁첩첩　일주우당령　절무일호재성관

殺之氣, 謂二人同心, 强之極矣, 可順而不可逆也, 則純行比刦運
살지기　위이인동심　강지극의　가순이불가역야　즉순행비겁운

則吉, 印綬運亦佳, 食傷運, 有印綬冲剋必凶, 財官運, 爲觸怒强神,
즉길　인수운역가　식상운　유인수충극필흉　재관운　위촉노강신

大凶, 從氣者, 不論財官印綬食傷之類, 如氣勢在木火, 要行木火
대흉　종기자　불론재관인수식상지류　여기세재목화　요행목화

運, 氣勢在金水, 要行金水運, 反此必凶,
운　기세재금수　요행금수운　반차필흉

　　종강(從强)이란 사주에 인수가 중중하고 비겁이 첩첩하며 일주가 당령하고 재성
이나 관살이 터럭만큼도 없어 소위 이인동심(二人同心)으로 강함이 극에 이른 것
이다.

　　순(順)은 可하나 역(逆)은 不可하다. 비겁 운이나 인수 운은 길하나 식상 운은
인수와 충극(冲剋)을 일으켜 반드시 흉하다. 재운이나 관운은 왕신(旺神)을 건드려
노(怒)하게 하니 크게 흉하다.

　　종기(從氣)란 재(財), 관(官), 인수(印綬), 식상(食傷) 등을 막론하고 가령 기세가
木火에 있으면 木火 운으로 가야 하고 기세가 金水에 있으면 金水 운으로 가야
한다. 이와 같지 않으면 반드시 흉하다.

*疊(첩)－겹쳐질 첩. 포개질 첩.　　　　　*觸(촉)－닿을 촉. 부딪칠 촉. 범할 촉.
*疊疊(첩첩)－겹친 모양. 중첩한 모양.　*怒(노)－성낼 노.
*毫(호)－잔털 호. 조금 호. 붓 호.　　　*冲(충)－빌 충. 비다. 공허하다.

從勢者, 日主無根, 四柱財官食傷並旺, 不分强弱, 又無刦印生扶
종세자 일주무근   사주재관식상병왕   불분강약   우무겁인생부

日主, 又不能從一神而去, 惟有和解之可也, 視其財官食傷之中, 何
일주   우불능종일신이거   유유화해지가야   시기재관식상지중   하

者獨旺, 則從旺者之勢, 如三者均停, 不分强弱, 須行財運以和之,
자독왕   즉종왕자지세   여삼자균정   불분강약   수행재운이화지

引通食傷之氣, 助其財官之勢, 則吉, 行官殺運次之, 行食傷運又
인통식상지기   조기재관지세   즉길   행관살운차지   행식상운우

次之, 如行比刦印綬, 必凶無疑, 試之屢驗,
차지   여행비겁인수   필흉무의   시지루험

　종세(從勢)란 일주가 무근(無根)이고 사주에 재(財), 관(官), 식상(食傷)이 같이 왕하여 그 강약을 구분할 수 없으며 일주를 생부하는 인수나 비겁이 또 없으며 어느 하나로 종할 수 없으면 오로지 화해하여야 하니 재, 관, 식상을 보아 어느 것이 홀로 왕하면 왕신을 따라 종한다.

　그러나 세 개의 힘이 균정하여 강약이 구분이 안 되면 재(財) 운이 화해하는 것이다. 식상의 기(氣)를 인통(引通)하여 관의 세(勢)를 돕는 것이 길하다. 관살 운은 다음이고 식상 운은 그 다음이다.

　그러나 비겁이나 인수 운으로 행하면 반드시 흉함이 발생하는 것은 의심할 여지가 없다. 시험하여 누차 증험한 것이다.

*惟(유)-오직 유. 생각할 유. 생각건대 유.　　*疑(의)-의심할 의. 의심스러울 의.
*解(해)-풀 해. 흩어질 해.　　　　　　　　*屢(루. 누)-여러 루. 번거로울 루.
*獨(독)-홀로 독.　　　　　　　　　　　　*驗(험)-증좌 험. 증험할 험.
*停(정)-머무를 정. 멈출 정.　　　　　　　*屢驗(누험)-여러 번 증험(證驗)함.

丙 乙 丙 戊
戌 未 辰 戌

壬 辛 庚 己 戊 丁
戌 酉 申 未 午 巳

乙木生于季春, 蟠根在未, 餘氣在辰, 似乎財多身弱, 但四柱皆財,
을목생우계춘 반근재미 여기재진 사호재다신약 단사주개재

其勢必從, 春土氣虛, 得丙火以實之, 且火乃木之秀氣, 土乃火之
기세필종 춘토기허 득병화이실지 차화내목지수기 토내화지

秀氣, 三者爲全, 無金以洩之, 無水以靡之, 更喜運走南方火地, 秀
수기 삼자위전 무금이설지 무수이미지 갱희운주남방화지 수

氣流行, 所以第發丹墀, 鴻筆奏三千之績, 名題金榜, 鰲頭冠五百
기유행 소이제발단지 홍필주삼천지적 명제금방 오두관오백

之仙也,
지선야

乙木 일주가 계춘에 생하여 未에 뿌리를 내리고 여기(餘氣)인 辰이 있어 마치 재다신약(財多身弱) 같으나 그러나 사주가 다 재(財)로 재의 기세를 따라 반드시 종하여야 한다.

춘토(春土)는 기가 허한데 丙火가 있어 실(實)하게 되었다. 火는 木의 수기(秀氣)이고 土는 火의 수기로 셋이 다 건전하다. 설하는 金이 없고 마찰(摩擦)하는 水가 없어 좋은데 더욱 기쁜 것은 운이 南方 火地로 가니 수기(秀氣)가 유행하는 것이다. 이런 까닭에 과거에 급제하고 빼어난 문장으로 상소한 글이 三千이나 되었고 이름이 금방(金榜)에 오르고 오두관(鰲頭冠)을 쓴 오백 사람 중에 들었다.

*蟠(반)−서릴 반.
*靡(미)−쓰러질 미. 쏠릴 미. 멸할 미.
*丹(단)−붉을 단. 주사 단.
*墀(지)−지대(址臺) 뜰 지.
*丹墀(단지)−붉은 칠을 한 궁전의 지대. 전하여 궁궐. 대궐.
*鴻(홍)−큰기러기 홍. 클 홍.

*鴻筆(홍필)−대문장. 또는 대문장을 씀.
*奏(주)−아뢸 주. 상소 주.
*績(적)−실 자을 적. 공(功) 적. 일 적.
*金榜(금방)−과거에 급제한 사람의 이름을 게시(揭示)하는 방(榜).
*鰲(오)−자라 오. 鼇와 소.
*鰲頭(오두)−관리 등용시험의 장원(壯元).

戊 庚 壬 壬
寅 寅 寅 寅

戊 丁 丙 乙 甲 癸
申 未 午 巳 辰 卯

庚金生于孟春, 四支皆寅, 戊土雖生猶死, 喜其兩壬透干年月, 引
경금생우맹춘 사지개인 무토수생유사 희기양임투간년월 인

通庚金, 生扶嫩木而從財也, 亦是秀氣流行, 更喜運走東南不悖, 木
통경금 생부눈목이종재야 역시수기유행 갱희운주동남불패 목

亦得其敷榮, 所以早登甲第, 仕至黃堂,
역득기부영 소이조등갑제 사지황당

  庚金이 맹춘에 생하였다. 지지가 다 寅인데 戊土가 비록 생하나 이미 죽어 있는
것이다. 기쁜 것은 천간에 壬水가 年月에 투출하여 庚金을 설하고 어린 木을 생
부하는 것이다. 재(財)로 종한다.

  임수가 있어 역시 수기(秀氣)가 유행하는데 더욱 기쁜 것은 운이 東南 木火로
어그러지지 않으니 木이 발영(發榮)하여 일찍 과거에 등과하고 벼슬이 황당(黃堂)
에 이르렀다.

*孟(맹)-우두머리 맹. 첫 맹. 힘쓸 맹.

*猶(유)-같을 유. 오히려 유. 꾀할 유. 말미
  암을 유. 원숭이 유.

*嫩(눈)-어릴 눈.

*悖(패. 발)-어그러질 패. 우쩍 일어날 발.

*敷(부)-펼 부. 나눌 부. 두루 부.

*榮(영)-꽃 영. 빛 영. 성할 영. 번영할 영.

*早(조)-이를 조. 이르다. 서두르다. 젊다.
  일찍. 서둘러. 젊어서. 새벽.

乙 壬 庚 丙
巳 午 寅 寅

丙乙甲癸壬辛
申未午巳辰卯

壬水生于孟春, 木當令, 而火逢生, 一點庚金臨絶, 丙火力能煆之,
임수생우맹춘 목당령 이화봉생 일점경금임절 병화역능하지

從財格眞, 水生木, 木生火, 秀氣流行, 登科發甲, 仕至侍郎, 凡從
종재격진 수생목 목생화 수기유행 등과발갑 사지시랑 범종

財格, 必要食傷吐秀, 不但功名顯達, 而且一生無大起倒凶災, 蓋從
재격 필요식상토수 부단공명현달 이차일생무대기도흉재 개종

財最忌比刦運, 柱中有食傷, 能化比刦生財之妙也, 若無食傷吐秀,
재최기비겁운 주중유식상 능화비겁생재지묘야 약무식상토수

書香難遂, 一逢比刦, 無生化之情, 必有起倒刑傷也,
서향난수 일봉비겁 무생화지정 필유기도형상야

壬水가 맹춘에 생하여 木이 당령하고 火는 生을 받고 있는데 일점 庚金은 절지에 임하고 丙火가 불살라버리니 진(眞) 종재격이다. 水는 木을 생하고 木은 火를 생하니 수기(秀氣)가 유행하여 과거에 급제하고 벼슬이 시랑(侍郎)에 이르렀다.

무릇 종재격은 반드시 식상이 토수(吐秀)하여야 한다. 비단 공명(功名)이 현달(顯達)할 뿐만 아니라 일생에 큰 재앙이 없다. 종재격은 비겁운을 제일로 꺼리는데 원국에 식상이 있으면 비겁을 화(化)하여 재(財)로 돌리는 묘(妙)함이 있다.

만약 식상의 토수(吐秀)가 없으면 학문을 이루기 어렵고 비겁을 만나면 생화(生化)의 정이 없으니 반드시 기복(起伏)과 형상(刑傷)이 있다.

*煆(하)-데울 하. 더울 하. 마를 하.
*煆(단)-두드릴 단. 익힐 단. '煆(하)' 字와 비슷.
*侍郎(시랑)-當代에는 中書 門下의 장관. 후대(後代)에는 육부의 차관(次官).

*倒(도)-넘어질 도. 거슬릴 도.
*災(재)-화재 재. 재앙 재.
*蓋(개)-덮을 개. 뚜껑 개. 일산 개. 대개 개. 어찌 개.
*遂(수)-이룰 수. 따를 수.

丙 庚 壬 丁
戌 午 寅 卯

丙 丁 戊 己 庚 辛
申 酉 戌 亥 子 丑

庚生寅月, 支全火局, 財生殺旺, 絶無一毫生扶之意, 月干壬水,
경 생 인 월　지 전 화 국　재 생 살 왕　절 무 일 호 생 부 지 의　월 간 임 수

丁壬合而化木, 又從火勢, 皆成殺黨, 從象斯眞, 中鄕榜, 挑知縣,
정 임 합 이 화 목　우 종 화 세　개 성 살 당　종 상 사 진　중 향 방　도 지 현

酉運丁艱, 丙運仕版連登, 申運詿誤落職,
유 운 정 간　병 운 사 판 연 등　신 운 괘 오 락 직

　庚金이 寅月에 생하였는데 지지가 화국(火局)을 이루고 재(財)가 살(殺)을 생하
여 살이 왕하다. 터럭만큼도 생부의 뜻이 없는데 월간의 壬水는 丁火와 합으로
木으로 돌아가 또 火의 힘을 더하니 모두가 살(殺)의 무리가 되어 진종(眞從)이
되었다.

　향방(鄕榜) 출신으로 지현(知縣)에 올랐다. 酉 운은 친상(親喪)을 당하였고 丙 운
은 벼슬이 연달아 올랐으나 申 운에 잘못을 범하여 벼슬에서 물러났다.

*毫(호) - 잔털 호. 조금 호. 무게나 길이의
　단위. 1리(釐)의 10분의 1.
*扶(부) - 도울 부. 붙들 부.
*斯(사) - 이 사. 찍을 사. 어조사 사. 떠날 사.
*榜(방) - 방 붙일 방. 고시하다. 매질하다.
*挑(도. 조) - 돋을 도. 돋을 조. 가릴 조(선택
　함).

*艱(간) - 어려울 간. 괴로울 간.
*丁艱(정간) - 부모의 상을 당함
*仕(사) - 벼슬할 사. 일로 삼다. 섬기다.
*版(판) - 널 판. 담틀 판.
*詿(괘) - 그르칠 괘. 속일 괘.
*詿誤(괘오) - 남을 속여 그릇된 방면으로
　인도함. 관리가 견책을 당함.

乙　乙　辛　辛
酉　酉　丑　巳

乙　丙　丁　戊　己　庚
未　申　酉　戌　亥　子

乙木生于季冬, 支全金局, 干透兩辛, 從殺斯眞, 戊戌運連登甲第,
을목생우계동　지전금국　간투양신　종살사진　무술운연등갑제

置身翰苑, 丁酉丙申, 火截脚而金得地, 仕版連登, 乙未運, 沖破金
치신한원　정유병신　화절각이금득지　사판연등　을미운　충파금

局, 木得蟠根, 不祿,
국　목득반근　불록

　乙木이 계동(季冬)에 생하였는데 지지가 금국을 이루고 천간으로는 辛金이 둘
이나 투출하니 살(殺)에 종하는데 종이 참되었다. 戊戌 운에 연달아 과거에 급제하
여 한원(翰苑)에 들었다.

　丁酉 丙申 운은 火는 절각되고 金이 득지하니 벼슬이 연달아 올랐는데 乙未
운으로 들어 金局을 충파하고 木이 뿌리를 내리니 사망하였다.

*截(절)−끊을 절.
*脚(각)−다리 각. 밟을 각.
*蟠(반)−서릴 반.
*版(판)−널 판. 담틀 판.
*翰(한)−깃 한. 붓 한. 글 한.
*苑(원)−동산 원. 문채 날 원.

*翰苑(한원)−한림원(翰林院). 예문관(藝文館)을 달리 이르는 말. 서적의 편찬이나 조서(詔書)의 초안을 담당하는 부서로 학문에 재능 있는 사람들이 선발됨. 조선(朝鮮)에서는 예문관의 검열에 해당하는 관직으로 문벌이 좋고 우수한 수재라야 임명됨.

```
乙 甲 乙 癸
亥 寅 卯 卯

己 庚 辛 壬 癸 甲
酉 戌 亥 子 丑 寅
```

甲木生于仲春, 支逢兩卯之旺, 寅之祿, 亥之生, 干有乙之助, 癸
갑목생우중춘 지봉양묘지왕 인지록 해지생 간유을지조 계

之印, 旺之極矣, 從其旺神, 初行甲運, 早采芹香, 癸丑北方溼土,
지인 왕지극의 종기왕신 초행갑운 조채근향 계축북방습토

亦作水論, 登科發甲, 壬子印星照臨, 辛亥金不通根, 支逢生旺, 仕
역작수론 등과발갑 임자인성조림 신해금불통근 지봉생왕 사

至黃堂, 一交庚戌, 土金並旺, 觸其旺神, 故不能免咎也,
지황당 일교경술 토금병왕 촉기왕신 고불능면구야

甲木이 仲春에 생하고 지지에 卯가 두 개나 있어 왕한데 녹(祿)인 寅과 亥의
생까지 있으며 천간으로 乙木이 돕고 인수인 癸水까지 있으니 왕함이 극(極)에
이르렀다. 왕신의 뜻에 따른다.

초년 운이 甲寅으로 일찍 반궁(泮宮)에 들어갔고 癸丑은 북방 습토로 역시 水로
논하니 과거에 급제하였다. 壬子 운은 인성(印星)으로 일주를 돕고 辛亥 운은 金
이 통근치 못하고 지지로 木을 생하여 왕하게 하니 벼슬이 황당(黃堂)에 이르렀다.
庚戌 운으로 바뀌어 土金이 다 왕하여 왕신을 격분시키니 허물을 면(免)할 수 없
었다.

*采(채)-캘 채. 채색 채. 무늬 채.   *臨(림. 임)-임할 림.
*芹(근)-미나리 근.   *免(면)-벗어날 면. 벗을 면.
*采芹(채근)-반궁(泮宮)에 들어감.   *咎(구)-허물 구. 재앙 구. 미워할 구.

$$甲\quad 丙\quad 甲\quad 丙$$
$$午\quad 午\quad 午\quad 午$$

$$庚\quad 己\quad 戊\quad 丁\quad 丙\quad 乙$$
$$子\quad 亥\quad 戌\quad 酉\quad 申\quad 未$$

丙生仲夏, 四柱皆刃, 天干並透甲丙, 强旺極矣, 可順而不可逆也,
병생중하 사주개인 천간병투갑병 강왕극의 가순이불가역야

初運乙未, 早遊泮水, 丙運登科, 申運大病危險, 丁運發甲, 酉運
초운을미 조유반수 병운등과 신운대병위험 정운발갑 유운

丁艱, 戊戌己運, 仕途坦平, 亥運犯其旺神, 死于軍前,
정간 무술기운 사도탄평 해운범기왕신 사우군전

丙火가 중하에 생하였는데 사주가 다 양인(陽刃)으로 이루어지고 천간으로 甲丙이 투출하여 강왕함이 극에 이르렀다. 왕한 성정을 따라야 하는 사주로 거역하는 것은 不可하다.

초(初) 운이 乙未로 일찍 반궁(泮宮)에 들어갔고 丙 운에 등과하였다. 申 운은 큰 병을 얻어 생명이 위험하였다. 丁 운에 甲科에 합격하고 酉 운은 친상(親喪)을 당하였다. 戊戌 己 운은 벼슬길이 평탄하였으나 亥 운에 왕신을 범(犯)하니 군막(軍幕)에서 사망하였다.

*逆(역)-거스를 역. 맞을 역.   *艱(간)-어려울 간. 괴로울 간.
*遊(유)-놀 유. 즐기다. 떠돌다.   *途(도)-길 도.
*泮(반)-물가 반. 녹을 반.   *坦(탄)-평평할 탄. 너그러울 탄.

```
丁　庚　癸　癸
亥　申　亥　酉

丁　戊　己　庚　辛　壬
巳　午　未　申　酉　戌
```

庚金生于孟冬, 水勢當權, 金逢祿旺, 時干丁火無根, 局中氣勢金
경금생우맹동　수세당권　금봉록왕　시간정화무근　국중기세금

水, 亦從金水而論, 丁反爲病, <u>初交癸亥</u>, 去其丁火, 其樂自如, 壬
수　역종금수이론　정반위병　초교계해　거기정화　기락자여　임

戌運入泮, 而喪服重重, 因戌土之制水也, 辛酉庚申, 登科發甲,
술운입반　이상복중중　인술토지제수야　신유경신　등과발갑

出仕琴堂, 己未運轉南方, 火土齊來, 詿誤落職, 戊午, 更多破耗
출사금당　기미운전남방　화토제래　괘오낙직　무오　갱다파모

而亡,
이 망

　　庚金이 맹동에 생하였는데 水가 월령을 득하고 왕하다. 金은 녹왕(祿旺)을 두었
다. 時上의 丁火는 무근(無根)으로 쓸 수 없다. 기세가 金水로 이루어져 역시 金水
로 논해야 한다. 丁火는 오히려 병(病)이다. <u>초(初) 운이 癸亥로 丁火를 제거하니</u>
즐거움이 자여(自如)하였다. 壬戌 운에 입반(入泮)하였으나 거듭 친상(親喪)을 당하
였다. 이는 戌土가 水를 제(制)하기 때문이다.

　　辛酉 庚申 운에 등과하여 벼슬길에 나아가 금당(琴堂)에 들었다. 己未 운은 운
이 南方으로 火土가 같이 들어오니 잘못을 저질러 벼슬에서 물러나고 戊午 운에
더욱 재산이 많이 줄고 사망하였다.

역자주 | 밑줄은 『적천수천미』 원문에 초운이 癸亥라고 하였는데 초운은 壬戌 운이다. 癸亥라고
한 것은 필사 과정에서 오류(誤謬)일 것이다. 『적천수징의』에는 초교(初交) 壬 운에 丁火
를 제거하니 즐거움이 자여(自如)하였고 戌 운에 입반(入泮)하였으나 친상(親喪)을 거듭 당
하였다고 되어 있다.
『적천수징의』의 원문을 소개한다.
"初交壬運, 去其丁火, 其樂自如, 戌運入泮, 而喪服重重……."

甲 癸 壬 丙
寅 巳 辰 戌

戊 丁 丙 乙 甲 癸
戌 酉 申 未 午 巳

癸水生于季春, 柱中財, 官, 傷, 三者並旺, 印星伏而無氣, 日主休囚
계 수 생 우 계 춘 주 중 재 관 상 삼 자 병 왕 인 성 복 이 무 기 일 주 휴 수

無根, 惟官星當令, 須從官星之勢, 所喜坐下財星, 引通傷官之氣,
무 근 유 관 성 당 령 수 종 관 성 지 세 소 희 좌 하 재 성 인 통 상 관 지 기

至甲午運, 會成火局生官, 雲程直上, 乙未出仕, 申酉運, 有丙丁
지 갑 오 운 회 성 화 국 생 관 운 정 직 상 을 미 출 사 신 유 운 유 병 정

蓋頭, 仕途平坦, 戊戌運仕至觀察, 至亥運幫身, 沖去巳火, 不祿,
개 두 사 도 평 탄 무 술 운 사 지 관 찰 지 해 운 방 신 충 거 사 화 불 록

所謂弱之極者不可益也,
소 위 약 지 극 자 불 가 익 야

　　癸水가 계춘에 생하였는데 사주에 재(財)와 관(官)과 상관(傷官)이 다 왕하다. 인수는 암장되고 무기(無氣)하며 일주는 뿌리가 없고 휴수되었다. 오직 관성이 당령하니 모름지기 관성의 세(勢)에 따른다. 기쁜 것은 좌하가 재성으로 상관의 기(氣)를 인통하는 것이다.

　　甲午 운에 火局을 이루어 관을 생하니 양양한 전도(前途)가 곧장 올라 乙未 운에 벼슬길에 나아갔다. 申 운과 酉 운은 丙 丁이 개두하여 벼슬길이 평탄하였고 戊戌 운에 벼슬이 관찰(觀察)에 이르렀다. 亥 운은 일주를 돕고 巳火를 충거하니 사망하였다. 소위 약함이 극에 이른 것은 더하는 것이 不可한 것이다.

*囚(수)-가둘 수. 포로 수.
*惟(유)-오직 유. 생각건대 유.
*雲程(운정)-양양(洋洋)한 전도(前途).
*直(직)-곧을 직. 곧장. 곧바로.

*蓋(개)-덮을 개. 뚜껑 개. 일산 개. 대개 개. 어찌 개.
*幫(방)-도울 방.
*不祿(불록)-선비의 죽음.

丙　丙　乙　癸
申　申　丑　酉

己　庚　辛　壬　癸　甲
未　申　酉　戌　亥　子

丙火生丑臨申, 衰絶無煙, 酉丑拱金, 月干乙木凋枯無根, 官星坐
병화생축림신　쇠절무연　유축공금　월간을목조고무근　관성좌

財, 傷逢財化, 以成金水之勢, 癸亥運中, 入泮登科, 辛酉庚申, 去
재　상봉재화　이성금수지세　계해운중　입반등과　신유경신　거

印生官, 由縣令而遷州牧, 宦囊豐厚, 己未南方燥土, 傷官助刧,
인생관　유현령이천주목　환낭풍후　기미남방조토　상관조겁

不祿,
불록

　丙火가 丑月에 태어나고 申에 임하여 쇠절(衰絶)되고 불꽃이 없는데 酉丑 金局
을 이루고 있다. 월상의 乙木은 말라 시들고 무근으로 쓸 수 없다. 관성은 재성에
앉아 있고 상관이 재(財)로 화(化)하여 金水의 세력을 이룬다.

　癸亥 운에 입반(入泮)하고 등과하였다. 辛酉 庚申 운에 인수를 제거하고 관을
생하니 현령(縣令)에서 주목(州牧)으로 올라 벼슬과 재물이 모두 풍족하였다. 己未
운은 南方 조토(燥土)로 상관이 비겁을 도우니 사망하였다.

*煙(연)－연기 연. 연기 낄 연.

*拱(공)－두 손 마주잡을 공. 껴안을 공.

*凋(조)－시들 조. 느른할 조.

*枯(고)－마를 고(초목이 마름). 마른나무 고
　(말라서 죽은 나무).

*凋枯(조고)－시들어 마름.

*泮(반)－물가 반. 녹을 반.

*科(과)－과정 과. 과정. 조목. 품등. 그루.

*遷(천)－옮길 천. 천도 천.

*牧(목)－목장 목. 기를 목. 다스릴 목. 벼슬
　이름 목(지방의 장관).

*宦(환)－벼슬살이 환. 벼슬 환.

*囊(낭)－주머니 낭. 주머니에 넣을 낭.

*燥(조)－마를 조. 말릴 조.

化 象화상

化得眞者只論化. 化神還有幾般話.
화 득 진 자 지 론 화　　화 신 환 유 기 반 화

　　합(合)하여 화(化)함이 참되면 단지 화신(化神)을 논한다. 화신(化神)에는 도리어 여러 가지 설(說)이 있다.

原注원주

如甲日主生於四季. 單遇一位己土. 在月時上合之. 不遇壬癸甲乙戊. 而
여 갑 일 주 생 어 사 계　단 우 일 위 기 토　재 월 시 상 합 지　불 우 임 계 갑 을 무　이

有一辰字. 乃爲化得眞. 又如丙辛生於冬月. 戊癸生於夏月. 乙庚生於
유 일 진 자　내 위 화 득 진　우 여 병 신 생 어 동 월　무 계 생 어 하 월　을 경 생 어

秋月. 丁壬生於春月. 獨自相合. 又得龍以運之. 此爲眞化矣. 旣化矣.
추 월　정 임 생 어 춘 월　독 자 상 합　우 득 룡 이 운 지　차 위 진 화 의　기 화 의

又論化神. 如甲己化土. 土陰寒. 要火氣昌旺. 土太旺. 又要取水爲財.
우 론 화 신　여 갑 기 화 토　토 음 한　요 화 기 창 왕　토 태 왕　우 요 취 수 위 재

木爲官. 金爲食傷. 隨其所向. 論其喜忌. 再見甲乙. 亦不作爭合妒合論.
목 위 관　금 위 식 상　수 기 소 향　논 기 희 기　재 견 갑 을　역 부 작 쟁 합 투 합 론

蓋眞化矣. 如烈女不更二夫. 歲運遇之. 皆閑神也.
개 진 화 의　여 열 녀 불 경 이 부　세 운 우 지　개 한 신 야

【원주】

　　가령 甲 일주가 辰 戌 丑 未 월에 태어나고 단 하나의 己土를 만나 月이나 時上에서 합하고 壬 癸 甲 乙 戊는 만나지 않으며 오직 辰자 하나가 있으면 진화(眞化)이다. 또 丙辛이 겨울에 생하고, 戊癸가 여름에 생하고, 乙庚이 가을에 생하고, 丁壬이 봄에 생하면 스스로 서로 합하는데 운에서 辰을 얻으면 이는 진화(眞化)이며 곧 화(化)한 것이다.

　　또 화신(化神)을 논할 때 가령 甲己가 土로 화(化)한 경우 土가 음한(陰寒)하면 화

기가 창왕(昌旺)하여야 하고 土가 태왕하면 재성인 水를 취해 쓴다. 木은 관이 되고 金은 식상이 되는데 그 지향하는 바를 좇아 희기를 논하여야 한다.

甲乙을 다시 만나도 쟁합이나 투합으로 논하지 않는 것이니 이미 진화(眞化)가 되었기 때문이다. 가령 열녀는 두 지아비를 섬기지 않는 것과 같아 세운에서 만나는 것은 다 한신이다.

*遇(우)-만날 우. 대접할 우. 뜻밖에 우.
*旣(기)-이미 기. 다할 기.
*見(견. 현)-볼 견. 견해 견. 보일 현. 나타날 현.

*昌(창)-창성할 창. 아름다울 창.
*妒(투)-강새암할 투. 시샘할 투. 妬와 소.
*隨(수)-따를 수. 따라서 수.
*閑(한)-한가할 한. 틈 한. 등한히 할 한.

任氏曰임씨왈,

合化之原, 昔黃帝祀天于圜邱, 天降十干, 爰命大撓作十二支以配
합화지원 석황제사천우원구 천강십간 원명대요작십이지이배

之, 故日干曰天干, 其所由合, 卽天一地二天三地四天五地六天七
지 고일간왈천간 기소유합 즉천일지이천삼지사천오지육천칠

地八天九地十之義, 依數推之, 則甲一乙二丙三丁四戊五己六庚七
지팔천구지십지의 의수추지 즉갑일을이병삼정사무오기육경칠

辛八壬九癸十也,
신팔임구계십야

임 선생님이 말씀하였다.

合化의 근원은 옛적에 황제(黃帝)께서 원구(圜邱)에서 하늘에 제사지낼 때 하늘에서 十干이 내려와 이에 대요(大撓)에게 명하여 十二支를 만들어 짝을 짓게 하였다. 고로 日干을 天干이라 한다. 합에 연유(緣由)된 바는 天一 地二 天三 地四 天五 地六 天七 地八 天九 地十의 뜻이다. 이에 의하여 수(數)를 추리하면 甲一 乙二 丙三 丁四 戊五 己六 庚七 辛八 壬九 癸十인 것이다.

*圜(환. 원)-둥글 환. 에울 환. 둥글 원.
*邱(구)-언덕 구.
*撓(요)-휠 요(뇨). 어지러울 요.

*圜丘(원구)-원형의 언덕으로 천자가 동지 (冬至)에 하늘에 제사 지내는 곳.
*推(추. 퇴)-옮을 추. 밀 추. 밀 퇴.

역자주 『적천수천미』 원문에는 日干을 天干이라고 하였는데, 이는 아마 "干을 天干이라고 한다"라고 하는 말이 필사 과정에서 잘못된 것으로 생각된다.

如洛書以五居中，一得五爲六，故甲與己合，二得五爲七，故乙與
여 낙 서 이 오 거 중　일 득 오 위 육　고 갑 여 기 합　이 득 오 위 칠　고 을 여

庚合，三得五爲八，故丙與辛合，四得五爲九，故丁與壬合，五得
경 합　삼 득 오 위 팔　고 병 여 신 합　사 득 오 위 구　고 정 여 임 합　오 득

五爲十，故戊與癸合，
오 위 십　고 무 여 계 합

낙서(洛書)는 五가 중앙에 거(居)하니, 一이 五를 얻으면 六이 되므로 甲과 己가 합이 되고, 二가 五를 얻으면 七이 되므로 乙과 庚이 합이 되고, 三이 五를 얻으면 八이 되므로 丙과 辛이 합이 되고, 四가 五를 얻으면 九가 되므로 丁과 壬이 합이 되고, 五가 五를 얻으면 十이 되므로 戊와 癸가 합이 된다.

역자주 洛書(낙서)： 하(夏) 나라의 우(禹) 임금이 홍수(洪水)를 다스릴 때 낙수(洛水)에서 나온 신귀(神龜)의 등에 있었다고 하는 마흔다섯 점으로 된 무늬. 홍범구주(洪範九疇)와 팔괘(八卦)의 근원이 되었다고 한다.

合則化，化亦必得五土而後成，五土者，辰也，辰土居春，時在三
합 즉 화　화 역 필 득 오 토 이 후 성　오 토 자　진 야　진 토 거 춘　시 재 삼

陽，生物之體，氣闢而動，動則變，變則化矣，且十干之合，而至五
양　생 물 지 체　기 벽 이 동　동 즉 변　변 즉 화 의　차 십 간 지 합　이 지 오

辰之位，則化氣之元神發露，故甲己起甲子，至五位逢戊辰而化土，
진 지 위　즉 화 기 지 원 신 발 로　고 갑 기 기 갑 자　지 오 위 봉 무 진 이 화 토

합한즉 化하는데 化 역시 반드시 五土를 얻은 후에야 완성되는 것이다. 五土란 辰이다. 辰土는 춘(春)에 거(居)하고 삼양(三陽)의 계절로 만물을 생하는 본체로 기가 열리면 동하고 동한즉 변하며 변하여 化하게 된다.

십간의 합은 다섯 번째인 辰位에 이르러 화기(化氣)의 원신이 나타나는 것이니, 그러므로 甲己는 甲子에서 일어나 五位인 戊辰을 만나야 土로 化하는 것이다.

乙庚起丙子, 至五位逢庚辰而化金, 丙辛起戊子, 至五位逢壬辰而
을경기병자　지오위봉경진이화금　병신기무자　지오위봉임진이

化水, 丁壬起庚子, 至五位逢甲辰而化木, 戊癸起壬子, 至五位逢
화수　정임기경자　지오위봉갑진이화목　무계기임자　지오위봉

丙辰而化火, 此相合, 相化之眞源, 近世得傳者少, 只知逢龍而化,
병진이화화　차상합　상화지진원　근세득전자소　지지봉룡이화

不知逢五而化,
부지봉오이화

　乙庚은 丙子에서 일어나 五位인 庚辰을 만나야 金으로 化하고 丙辛은 戊子에
서 일어나 五位인 壬辰을 만나야 水로 化하고, 丁壬은 庚子에서 일어나 五位인
甲辰을 만나야 木으로 化하고 戊癸는 壬子에서 일어나 五位인 丙辰을 만나야
火로 化한다. 이것이 합화(合化)의 진실한 근원이다.

　근세(近世)에는 이 이치를 전하여 받은 자가 적어 단지 용(龍)을 만나서 化하는
것으로 알 뿐 五位에서 化하는 것을 모른다.

辰龍之說, 供引之意, 如果辰爲眞龍, 則辰年生人爲龍, 可行雨,
진룡지설　공인지의　여과진위진룡　즉진년생인위룡　가행우

而寅年生人爲虎, 必傷人矣, 至於化象作用, 亦有喜忌配合之理,
이인년생인위호　필상인의　지어화상작용　역유희기배합지리

所以化神還有幾般話也, 非化斯神喜見斯神, 執一而論也, 是化象
소이화신환유기반화야　비화사신희견사신　집일이론야　시화상

亦要究其衰旺, 審其虛實, 察其喜忌, 則吉凶有驗, 否泰了然矣, 如
역요구기쇠왕　심기허실　찰기희기　즉길흉유험　비태요연의　여

化神旺而有餘, 宜洩化神之神爲用, 化神衰而不足, 宜生助化神之
화신왕이유여　의설화신지신위용　화신쇠이부족　의생조화신지

神爲用,
신위용

　辰이 용이라는 설(說)은 억지로 끌어 붙인 뜻이 있다. 만일 辰이 참으로 용(龍)이
라면 辰年에 태어난 사람은 용이니 비도 내리고 寅年에 태어난 사람은 범〔虎〕이
니 반드시 사람을 해칠 것이다.

화상(化象)의 작용에도 희기(喜忌)와 배합의 이치가 있으니 이러므로 화신(化神)에는 도리어 몇 가지 말이 있다. 化한 신(神)이 자기와 같은 신을 보는 것을 기뻐한다고 한 가지로 고집하여서는 안 된다.

화상(化象)도 역시 요하는 것은 쇠왕을 살펴보고 허실을 살피며 희기를 세밀하게 살펴야 길흉이 맞고 좋고 나쁨이 확실하다.

가령 화신(化神)이 왕하여 남음이 있으면 마땅히 화신을 설하는 신으로 용신을 하고 화신이 쇠(衰)하여 부족하면 마땅히 화신을 생조하는 신이 용신이 된다.

如甲己化土, 生于未戌月, 土燥而旺, 干透丙丁, 支藏巳午, 謂之
여 갑 기 화 토   생 우 미 술 월   토 조 이 왕   간 투 병 정   지 장 사 오   위 지

有餘, 再行火土之運, 必太過而不吉也, 須從其意向, 柱中有水, 要
유 여   재 행 화 토 지 운   필 태 과 이 불 길 야   수 종 기 의 향   주 중 유 수   요

行金運, 柱中有金, 要行水運, 無金無水, 土勢太旺, 必要金以洩
행 금 운   주 중 유 금   요 행 수 운   무 금 무 수   토 세 태 왕   필 요 금 이 설

之, 火土過燥, 要帶水之金運以潤之,
지   화 토 과 조   요 대 수 지 금 운 이 윤 지

가령 甲己가 합하여 土로 化한 경우 未戌 月에 생하여 土가 조(燥)하고 왕한데 천간에 丙丁 火가 투출하고 지지에 巳午가 있으면 유여(有餘)한데 다시 행운이 火土 운으로 가면 반드시 태과(太過)하게 되어 불길(不吉)하다.

모름지기 그 의향(意向)을 따라야 하니 원국에 水가 있으면 金 운으로 가야 하고 원국에 金이 있으면 水 운으로 가야 하고 金과 水가 없으면 토세(土勢)가 태왕하니 반드시 金으로 설해야 한다. 火土가 지나치게 조(燥)하면 水를 가지고 있는 金 운으로 윤택하게 하여야 한다.

*藏(장)−감출 장. 서장 장.
*餘(여)−나머지 여. 남을 여.
*過(과)−지날 과. 지나칠 과. 예전 과. 잘못
 할 과.

*須(수)−수염 수. 기다릴 수. 잠깐 수. 모름
 지기 수.
*勢(세)−세력 세. 기세 세.
*帶(대)−띠 대. 두를 대. 찰 대.

生于丑辰月，土溼爲弱，火雖有而虛，水本無而實，或干支雜其金水，
생 우 축 진 월　토 습 위 약　화 수 유 이 허　수 본 무 이 실　혹 간 지 잡 기 금 수

謂之不足，亦須從其意向，柱中有金，要行火運，柱中有水，要行
위 지 부 족　역 수 종 기 의 향　주 중 유 금　요 행 화 운　주 중 유 수　요 행

土運，金水並見，過於虛溼，要帶火之土運以實之，助起化神爲吉也，
토 운　금 수 병 견　과 어 허 습　요 대 화 지 토 운 이 실 지　조 기 화 신 위 길 야

丑辰 月에 생하면 土가 습하고 약하니 火가 비록 있어도 허(虛)하고, 水는 본디
없으나 실(實)하니 천간과 지지에 金水가 혼잡되면 부족한 것이니 역시 그 의향을
따라야 한다. 원국에 金이 있으면 火 운으로 행하여야 하고 水가 있으면 土 운으
로 行하여야 한다. 金水가 다 있으면 지나치게 허습(虛濕)하니 火를 띤 土 운에
실(實)하게 되고 화신(化神)을 도와주어야 길(吉)하다.

至于爭合妒合之說，乃謬論也，旣合而化，如貞婦配義夫，從一而終，
지 우 쟁 합 투 합 지 설　내 류 론 야　기 합 이 화　여 정 부 배 의 부　종 일 이 종

不生二心，見戊己是彼之同類，遇甲乙是我之本氣，有相讓之誼，
불 생 이 심　견 무 기 시 피 지 동 류　우 갑 을 시 아 지 본 기　유 상 양 지 의

合而不化，勉强之意，必非佳耦，見戊己多而起爭妒之風，遇甲乙
합 이 불 화　면 강 지 의　필 비 가 우　견 무 기 다 이 기 쟁 투 지 풍　우 갑 을

衆而更强弱之性，甲己之合如此，餘可例推，
중 이 갱 강 약 지 성　갑 기 지 합 여 차　여 가 예 추

쟁합(爭合)과 투합(妒合)의 설(說)은 잘못된 것이다. 이미 합하여 化한 것은 마치
정부(貞婦)가 의부(義夫)와 짝하여 끝까지 따르는 것으로 두 마음이 생기지 않는
것이다. 戊己 土를 보면 이는 저쪽의 동류이고 甲乙을 만나면 이는 나의 본기이니
서로 겸양하는 정의가 있는 것이다.

合하나 化하지 않으면 억지를 뜻하는 것으로 반드시 좋은 짝이 아니다. 戊己를
많이 보면 쟁투(爭妒)의 기풍이 일어나고 甲乙을 많이 만나면 강약(强弱)의 성정이
바뀌게 된다. 甲己의 합이 이러하니 나머지도 이와 같이 추리하라.

*說(설. 세. 열)－말씀 설. 달랠 세. 기뻐할 열.　　*佳(가)－아름다울 가. 좋을 가.
*誼(의)－옳을 의. 의논할 의. 의 의.　　　　　　*耦(우)－쟁기 우. 짝 우. 짝맞을 우.

己 甲 甲 乙
巳 辰 申 丑

戊 己 庚 辛 壬 癸
寅 卯 辰 巳 午 未

年月兩干之甲乙, 得當令之申金, 丑內之辛金制定, 不起爭妒之風,
년월양간지갑을 득당령지신금   축내지신금제정   불기쟁투지풍

時干己土臨旺, 與日主親切而合, 合神眞實, 乃謂眞化, 但秋金當
시간기토임왕   여일주친절이합   합신진실   내위진화   단추금당

令, 化神洩氣不足, 至午運, 助化神, 中鄉榜, 辛巳金火土並旺, 登
령   화신설기부족   지오운   조화신   중향방   신사금화토병왕   등

黃甲, 宴瓊林, 入翰苑, 仕黃堂, 庚辰合乙制化比刦, 仕至藩臬,
황갑   연경림   입한원   사황당   경진합을제화비겁   사지번얼

년月의 甲乙이 당령한 申金과 丑中의 辛金으로부터 제(制)함을 받으니 쟁투(爭妒)의 기풍이 일어나지 않는다. 時干의 己土는 왕지에 임하여 일주와 친절히 합한다. 합신이 진실하니 이것이 진화(眞化)이다. 단, 가을로 金이 당령하여 화신(化神)이 설기(洩氣)되어 부족하다.

午 운에 이르러 화신(化神)을 도우니 향방(鄕榜)에 들고 辛巳 대운은 金火土가 다 왕하여 황갑(黃甲)에 오르고 경림연(瓊林宴)에 참석하였으며 한원(翰苑)에 들고 벼슬은 황당(黃堂)에 이르렀다. 庚辰 대운은 乙木을 합거하고 비견인 甲木을 제거하니 벼슬이 번얼(藩臬)에 이르렀다.

*黃甲(황갑)-진사과에 급제함.
*瓊(경)-옥 경.
*瓊林宴(경림연)-송대에 진사과에 급제한 사람에게 위에서 베푸는 잔치.
*藩(번)-울 번(울타리). 지경 번. 지킬 번.
*臬(얼)-말뚝 얼. 법 얼(법칙).
*藩臬(번얼)-지방관 안찰사(按察使).

*翰苑(한원)-한림원(翰林院). 예문관(藝文館)을 달리 이르는 말. 서적의 편찬이나 조서(詔書)의 초안을 담당하는 부서로 학문에 재능 있는 사람들이 선발됨. 조선(朝鮮)에서는 예문관(藝文館)의 검열(檢閱)에 해당하는 관직으로 문벌이 좋고 우수한 수재(秀才)라야 임명됨.

己 甲 壬 戊
巳 辰 戌 辰

戊 丁 丙 乙 甲 癸
辰 卯 寅 丑 子 亥

甲木生于季秋, 土旺乘權, 尅去壬水, 又無比刦, 合神更眞, 化氣
갑목생우계추　토왕승권　극거임수　우무비겁　합신갱진　화기

有餘, 惜運走東北水木之地, 功名仕路, 不及前造, 至丑運丁酉年,
유여　석운주동북수목지지　공명사로　불급전조　지축운정유년

暗會金局, 洩化神而吐秀, 登科, 戊戌年發甲, 仕至州牧,
암회금국　설화신이토수　등과　무술년발갑　사지주목

　甲木이 술월에 생하였다. 土가 당권하여 壬水를 극하고 비견겁이 없어 합신이
더욱 진실하다. 화신(化神)이 유여한데 안타깝게도 운이 동북 水木地로 가니 공명
과 사로(仕路)가 앞 사주만 못하다.

　丑 대운 丁酉 년에 이르러 金局을 이루니 화신을 설하여 아름답게 되어 등과(登
科)하였고 戊戌 년에 발갑(發甲)하여 벼슬이 주목(州牧)에 이르렀다.

甲 壬 丁 己
辰 午 卯 卯

辛 壬 癸 甲 乙 丙
酉 戌 亥 子 丑 寅

壬水生于仲春, 化象斯眞, 最喜甲木元神透露, 化氣有餘, 餘則宜
임수생우중춘　화상사진　최희갑목원신투로　화기유여　여즉의

洩, 斯化神吐秀, 喜其坐下午, 午生辰土, 秀氣流行, 少年科甲, 翰
설　사화신토수　희기좌하오　오생진토　수기유행　소년과갑　한

苑名高, 惜乎中運水旺之地, 未能顯秩, 終于縣宰,
원명고　석호중운수왕지지　미능현질　종우현재

壬水가 중춘에 태어나 화상(化象)이 참되다. 가장 기쁜 것은 원신인 甲木이 투출한 것이다. 화기(化氣)가 유여하다. 남은즉 설함이 마땅하다. 이래야 화신이 아름답게 된다.

기쁜 것은 좌하가 午로 午는 辰土를 생하니 수기(秀氣)가 유행하는 것이다. 이러므로 소년에 과갑(科甲)에 올라 한원(翰苑)에 이름이 높았다.

애석한 것은 중년 운이 수왕지(水旺地)로 현관(顯官)에 나가기가 어려웠다. 끝내는 현령(縣令)에 머물렀다.

```
        癸  壬  丁  己
        卯  午  卯  卯

      辛 壬 癸 甲 乙 丙
      酉 戌 亥 子 丑 寅
```

此與前造只換一卯字, 化象更眞, 化神更有餘, 嫌其癸刦爭財, 年
차 여 전 조 지 환 일 묘 자　화 상 갱 진　화 신 갱 유 여　혐 기 계 겁 쟁 재　년

干己土, 透隔無根, 不能去其癸水, 午火未能流行, 此癸水, 眞乃
간 기 토　투 격 무 근　불 능 거 기 계 수　오 화 미 능 류 행　차 계 수　진 내

奪標之客也, 雖中鄕榜, 終不能出仕,
탈 표 지 객 야　수 중 향 방　종 불 능 출 사

이 명조와 앞의 명조는 단지 卯字 하나가 바뀌었다. 화상(化象)이 더욱 참되다. 혐의(嫌疑)가 되는 것은 癸水 겁재가 쟁재(爭財)하는 것이다.

年干의 己土는 격(隔)되어 있고 무근으로 癸水를 극하지 못하고 午火도 유행(流行)이 없다. 癸水는 탈표지객(奪標之客)으로 비록 향방(鄕榜)에 들었으나 끝내 출사(出仕)치 못하였다.

*奪(탈)−빼앗을 탈. 빼앗길 탈.   *탈표지객(奪標之客)−목표를 뺏어 가는 손
*標(표)−나무 끝 표. 표할 표. 나타날 표.   [客]. 즉, 성공을 방해하는 신(神).

壬 癸 戊 丙
戌 巳 戌 戌

甲 癸 壬 辛 庚 己
辰 卯 寅 丑 子 亥

癸水生于季秋, 丙火透而通根, 化火斯眞, 嫌其時透壬水剋丙, 只
계 수 생 우 계 추　병 화 투 이 통 근　화 화 사 진　혐 기 시 투 임 수 극 병　지

中鄕榜, 直至卯運, 壬水絶地, 挑知縣, 歷三任而不升, 亦壬水奪
중 향 방　직 지 묘 운　임 수 절 지　도 지 현　역 삼 임 이 불 승　역 임 수 탈

財之故也,
재 지 고 야

癸水가 술월에 생하였는데 丙火가 투출하고 통근하였다. 火로 화(化)함이 참되
다. 혐의가 되는 것은 시에 壬水가 투출하여 丙火를 극하는 것이다.

단지 향방(鄕榜)에 들었다가 卯 운에 이르러 壬水가 절지가 되니 지현(知縣)에
올랐다. 지현을 세 번이나 역임(歷任)하였으나 승진하지 못하였다. 이는 壬水가
탈재(奪財)하는 연고이다.

*通(통)-통할 통. 온통 통.
*斯(사)-이 사. 찍을 사. 어조사 사. 떠날 사.
*嫌(혐)-싫어할 혐. 미움 혐.
*榜(방)-방 붙일 방. 고시하다. 매질하다.
*直(직)-곧을 직. 곧장. 곧바로.
*絶(절)-끊을 절. 끊어질 절. 뛰어날 절.

*挑(도. 조)-돋을 도. 돋을 조. 가릴 조(선택
함).
*縣(현)-고을 현. 매달 현.
*歷(역. 력)-지낼 역. 책력 역. 겪다. 전하다.
역력하다.
*任(임)-맡길 임. 맡기다. 마음대로.

假 從 가종

眞從之象有幾人. 假從亦可發其身.
진 종 지 상 유 기 인   가 종 역 가 발 기 신

진종(眞從)이 몇이나 되겠는가. 가종(假從)도 역시 발복한다.

原注 원주

日主弱矣. 財官强矣. 不能不從. 中有比助暗生. 從之不眞. 至於歲運
일주약의 재관강의 불능부종 중유비조암생 종지부진 지어세운

財官得地. 雖是假從. 亦可取富貴. 但其人不能免禍. 或心術不端耳.
재관득지 수시가종 역가취부귀 단기인불능면화 혹심술부단이

【원주】

일주가 약하고 재관이 강하면 종하지 않을 수 없는데 비견을 암처(暗處)에서 생하면 종하였으나 진종(眞從)이 아니다. 세운에서 재관이 득지하면 비록 가종(假從)이라도 역시 부귀를 얻는다. 그러나 화(禍)를 면할 수 없으며 혹 마음이 바르지 않다.

任氏曰 임씨왈,

假從者, 如人之根淺力薄, 不能自立, 局中雖有刦印, 亦自顧不暇,
가종자 여인지근천력박 불능자립 국중수유겁인 역자고불가

而日主亦難依靠, 只得投從於人也, 其象不一, 非專論財官而已也,
이일주역난의고 지득투종어인야 기상불일 비전론재관이이야

與眞從大同小異,
여진종대동소이

임 선생님이 말씀하였다.

가종(假從)이라는 것은 마치 사람이 뿌리가 얕고 힘이 약하여 자립할 수 없는

것으로 원국에 비겁과 인수가 있으나 자신을 돌아보기에 여가가 없어 일주가 의지하기 어려워 부득이 다른 사람을 따라가는 것과 같은 것이다.

그 형상은 하나같지 않으니 재관으로만 종하는 것은 아니다. 진종(眞從)과 대동소이하다.

*薄(박)－얇을 박. 박할 박. 숲 박.　　　*靠(고)－기댈 고.
*顧(고)－돌아볼 고. 생각건대 고.　　　*依靠(의고)－의지(依支)함.
*暇(가)－겨를 가. 한가할 가.　　　　*投(투)－던질 투. 줄 투. 의탁할 투.

四柱財官得時當令, 日主虛弱無氣, 雖有比刦印綬生扶, 而柱中食
사 주 재 관 득 시 당 령　일 주 허 약 무 기　수 유 비 겁 인 수 생 부　이 주 중 식

神生財, 財仍破印, 或有官星制刦, 則日主無從依靠, 只得依財官
신 생 재　재 잉 파 인　혹 유 관 성 제 겁　즉 일 주 무 종 의 고　지 득 의 재 관

之勢,
지 세

사주에 재관이 득시당령하고 일주가 허약무기하면 비록 비겁이나 인수가 생부(生扶)하더라도 사주에 식상이 재를 생하고 재가 파인(破印)하거나 혹 관성이 비겁을 극하면 일주는 의지할 데가 없으니 단지 재관의 세(勢)에 의지한다.

財之勢旺, 則從財, 官之勢旺, 則從官, 從財行食傷財旺之地, 從
재 지 세 왕　즉 종 재　관 지 세 왕　즉 종 관　종 재 행 식 상 재 왕 지 지　종

官行財官之鄕, 亦能興發, 看其意向, 配其行運爲是,
관 행 재 관 지 향　역 능 흥 발　간 기 의 향　배 기 행 운 위 시

재(財)의 세력이 왕하면 재에 종(從)하고 관의 세력이 강하면 관으로 종한다. 재로 종한 사주는 식상이나 재가 왕한 운으로 行하여야 하고, 관으로 종한 사주는 재나 관 운으로 가야 발복한다. 그 의향(意向)을 보아 행운의 배합이 좋아야 하는 것이다.

然假從之象，只要行運安頓，假行眞運，亦可取富貴，何謂眞運，
연 가 종 지 상　지 요 행 운 안 돈　가 행 진 운　역 가 취 부 귀　하 위 진 운

如從財有比刼分爭，行官殺運必貴，行食傷運必富，有印綬暗生，
여 종 재 유 비 겁 분 쟁　행 관 살 운 필 귀　행 식 상 운 필 부　유 인 수 암 생

要行財運，有官殺洩財之氣，要行食傷運，
요 행 재 운　유 관 살 설 재 지 기　요 행 식 상 운

　그러나 가종(假從)의 상(象)이라 하여도 행운이 안돈되고 진운(眞運)으로 행하면 역시 부귀를 취할 수 있다. 무엇을 일러 진운(眞運)이라 하는가?

　가령 종재격에서 비겁이 재를 다투고 있을 때 관살 운으로 행하여 비겁을 제하면 반드시 귀(貴)하게 되고 식상 운으로 행하면 반드시 부(富)하게 된다.

　인수가 있어 일주를 도우면 재(財) 운으로 행하여야 하고 관살이 있어 재의 기(氣)를 설하면 식상 운으로 가야 한다.

如從官殺，有比刼幫身，逢官運而名高，有食傷破官，行財運而祿
여 종 관 살　유 비 겁 방 신　봉 관 운 이 명 고　유 식 상 파 관　행 재 운 이 녹

重，有印綬洩官，要財運以破印，謂假行眞運，不貴亦富，反此者
중　유 인 수 설 관　요 재 운 이 파 인　위 가 행 진 운　불 귀 역 부　반 차 자

凶，或趨勢忌義，心術不端耳，若能歲運不悖，抑假扶眞，縱使身
흉　혹 추 세 기 의　심 술 부 단 이　약 능 세 운 불 패　억 가 부 진　종 사 신

出寒微，亦能崛起家聲，所爲亦必正矣，此乃源濁流淸之象，宜深
출 한 미　역 능 굴 기 가 성　소 위 역 필 정 의　차 내 원 탁 류 청 지 상　의 심

究之，
구 지

　가령 관살(官殺)로 종(從)하였는데 비겁이 일주를 도우면 관 운을 만나야 벼슬이 높게 되고 식상이 있어 관을 파하면 재 운에 녹(祿)이 중(重)하게 되고 인수가 관을 설기하면 재 운이 인수를 극제하는 것 등을 일러 가행진운(假行眞運)이라 하는 것이니 귀(貴)하지 않으면 부(富)하게 된다.

　이와 반대이면 흉하다. 혹 세력을 좇아 의(義)를 꺼리며 심술이 부단하다. 만약 세운이 어그러지지 않고 가(假)를 억제하고 진(眞)을 도우면 비록 출신이 한미(寒

微)하여도 집안을 일으키고 행동이 바르다. 이것이 근원은 탁하나 흐름이 청한 상(象)으로 마땅히 깊게 탐구하여야 한다.

*幇(방)-도울 방.
*逢(봉)-만날 봉. 맞을 봉.
*趨(추)-추창할 추. 향할 추.
*崛(굴)-산 높을 굴. 불끈 솟을 굴.

*悖(패. 발)-어그러질 패(도리에 거슬림). 우쩍 일어날 발.
*縱(종)-마침내. 끝내. 결국.
*宜(의)-옳을 의. 마땅할 의.

癸　己　乙　癸
酉　亥　卯　巳

己　庚　辛　壬　癸　甲
酉　戌　亥　子　丑　寅

春土虛脫, 殺勢當權, 財遇旺支, 喜其巳亥逢沖破印, 格成棄命從
춘 토 허 탈　살 세 당 권　재 우 왕 지　희 기 사 해 봉 충 파 인　격 성 기 명 종

殺, 第卯酉沖殺, 巳酉半會金局, 不作眞從而論, 所以出身寒微,
살　제 묘 유 충 살　사 유 반 회 금 국　부 작 진 종 이 론　소 이 출 신 한 미

妙在中隔亥水, 謂源濁流淸, 故能崛起家聲, 出類拔萃,
묘 재 중 격 해 수　위 원 탁 류 청　고 능 굴 기 가 성　출 류 발 취

춘절의 土로 허탈한데 살(殺)이 당권하고 지지의 재성도 왕하다. 기쁜 것은 巳亥 충으로 인수를 파하니 종살격(從殺格)을 이룬 것이다. 그러나 酉金이 살(殺)인 卯木을 충하고 巳酉 반합(半合)을 이루니 진종(眞從)은 아니다.

이러므로 출신이 한미(寒微)하다. 묘(妙)한 것은 가운데에 해수가 격(隔)하고 있어 근본은 탁하나 흐름이 청하다. 그러므로 집안을 일으키고 무리 중에 뛰어났다.

*棄(기)-버릴 기.
*微(미)-작을 미. 정묘할 미. 천할 미.
*崛(굴)-산 높을 굴. 불끈 솟을 굴.

*拔(발)-뺄 발. 가릴 발.
*萃(취)-모을 취(聚也). 괘 이름 취〔卦名〕. 혹음(或音) 췌.

早游泮水, 壬子運中, 連登科甲, 以中書而履黃堂, 擢觀察, 辛亥運,
조유반수　임자운중　연등과갑　이중서이리황당　탁관찰　신해운

金虛水實, 相生不悖, 仕途平坦, 將來庚戌, 土金並旺, 水木兩傷,
금허수실　상생불패　사도평탄　장래경술　토금병왕　수목양상

恐不免意外風波耳,
공불면의외풍파이

　일찍 반수(泮水)에 들고 壬子 운에 연달아 과갑(科甲)에 올라 중서성(中書省)을 거쳐 황당(黃堂)에 이르고 이어 관찰(觀察)에 올랐다.

　辛亥 운은 金은 허(虛)하고 水는 실(實)하니 생하고 생함이 어그러지지 않아 벼슬길이 평탄하였다. 장래 庚戌 운은 土金이 다 왕하여 水木이 손상을 입으니 의외의 풍파를 면(免)할 수 없는 것이 두렵다.

　*游(유)－헤엄칠 유. 뜰 유. 놀 유.　　*履(리)－신 리(신발). 밟을 리.
　*泮(반)－물가 반. 녹을 반.　　　　　　*擢(탁)－뽑을 탁. 빼낼 탁.

　역자주　中書(중서)：　궁중의 서적. 天子가 비장(秘藏)하는 서적. 여기서는 중서성(中書省)을 이른다.

壬　丙　壬　丁
辰　申　寅　丑

丙　丁　戊　己　庚　辛
申　酉　戌　亥　子　丑

丙火生于初春, 火虛木嫩, 嫩木逢金, 緊貼相沖, 連根拔盡, 申金
병화생우초춘　화허목눈　눈목봉금　긴첩상충　연근발진　신금

又得辰土生扶, 殺勢愈旺, 格成從殺, 用財更妙, 年支丑土, 生金
우득진토생부　살세유왕　격성종살　용재갱묘　년지축토　생금

晦火, 故身出官家, 早登科甲, 運走西北金水, 仕至觀察, 雖逢土
회화　고신출관가　조등과갑　운주서북금수　사지관찰　수봉토

運, 仍得金以化之, 所以無險阻也,
운　잉득금이화지　소이무험조야

丙火가 초춘(初春)에 태어나 火는 허(虛)하고 木은 어리다. 어린 木이 金을 만나 가까이서 충을 당하니 뿌리가 뽑히었다. 申金은 辰土의 생이 있어 살세(殺勢)가 더욱 왕하다.

종살격을 이루었는데 재성을 쓰는 것이 더욱 묘(妙)하다. 年支의 丑土가 金을 생하며 火를 설하니 관가 출신으로 일찍이 등과(登科)하였다. 운이 西北 金水로 가니 벼슬이 관찰(觀察)에 이르렀다. 비록 土 운을 만나도 金이 化하니 이러므로 막히는 일이 없다.

癸　戊　己　乙
亥　辰　卯　卯

癸　甲　乙　丙　丁　戊
酉　戌　亥　子　丑　寅

戊土生于仲春, 木正當權, 坐下辰土, 蓄水養木, 四柱絶無金氣, 又
무토생우중춘　목정당권　좌하진토　축수양목　사주절무금기　우

得亥時, 水旺生木, 又無火以生化之, 格取從官, 非身衰論也, 雖
득해시　수왕생목　우무화이생화지　격취종관　비신쇠론야　수

非科甲出身, 運走丙子乙亥, 連登仕版, 位至封疆, 至癸酉運, 落
비과갑출신　운주병자을해　연등사판　위지봉강　지계유운　낙

職而亡,
직이망

戊土가 중춘에 생하니 木이 당권한 때다. 좌하의 辰土는 습토로 木을 기르는 土인데 사주에 金이 없고 또 亥時로 水가 왕하여 木을 생한다. 원국에 火가 없어 木을 化하지 못하니 종관격을 이루었다. 신약이라고 논하면 안 된다.

비록 과갑(科甲) 출신은 아니나 운이 丙子 乙亥로 가니 연달아 벼슬이 오르고 봉강(封疆)의 지위에 이르렀다. 癸酉 운에 이르러 낙직(落職)하고 사망하였다.

庚 辛 丙 丁
寅 亥 寅 卯

庚 辛 壬 癸 甲 乙
申 酉 戌 亥 子 丑

辛金生於孟春, 天干丙丁庚辛, 陰陽相剋, 且金絶火生, 地支寅木
신금생어맹춘 천간병정경신 음양상극 차금절화생 지지인목

當令, 日時寅亥化木, 格取從殺, 運走水地, 生木助火, 一無凶處,
당령 일시인해화목 격취종살 운주수지 생목조화 일무흉처

連登甲榜, 由縣宰至郡守, 生三子, 皆秀發,
연등갑방 유현재지군수 생삼자 개수발

辛金이 맹춘에 태어났다. 천간의 丙 丁 庚 辛은 음양이 상극하고 있는데 金은
절지이고 火는 생을 받고 있다. 지지에 寅木이 당령하고 日時의 寅亥가 목으로
化하니 종살격이다.

운이 水地로 가 木을 생하고 火를 도와 하나도 흉(凶)함이 없고 연달아 갑방
(甲榜)에 들어 현령(縣令)을 거쳐 군수에 이르렀다. 세 아들을 두었는데 다 출중
하였다.

*孟(맹)-우두머리 맹. 첫 맹.
*孟春(맹춘)-음력(陰曆) 정월(正月)을 달리
 일컫는 말. 초기(初期)의 봄.
*陰(음)-응달 음. 습기. 축축함.
*陽(양)-볕 양. 볕. 양지. 밝다.
*格(격)-격식 격. 지위. 인격. 바로잡다.
*取(취)-취할 취. 취하다. 돕다. 의지하다.
*走(주)-달릴 주. 달아날 주.

*助(조)-도울 조. 도움 조.
*連(련, 연)-이을 련. 이어질 련.
*縣(현)-고을 현. 매달 현.
*宰(재)-재상 재. 우두머리 재.
*守(수)-지킬 수. 지키다. 직무. 지조.
*秀(수)-빼어날 수. 팰 수(벼 따위의 이삭이 나
 와 꽃이 핌).

<pre>
丁　己　乙　癸
卯　未　卯　亥

己庚辛壬癸甲
酉戌亥子丑寅
</pre>

己土生於仲春, 春木當令會局, 時干丁火, 被年上癸水剋去, 未土
기 토 생 우 중 춘　춘 목 당 령 회 국　시 간 정 화　피 년 상 계 수 극 거　미 토

又會木局, 不得不從殺矣, 科甲出身, 仕至觀察,
우 회 목 국　부 득 부 종 살 의　과 갑 출 신　사 지 관 찰

己土가 중춘에 생하였다. 춘목이 당령하고 또 회국(會局)을 이루고 있다. 時干의 丁火는 年干의 癸水로 극거당하고 未土는 木局을 이루니 살(殺)로 종하지 않을 수 없다. 과갑(科甲) 출신으로 벼슬이 관찰(觀察)에 이르렀다.

*仲(중)-버금 중. 버금. 가운데.
*仲春(중춘)-음력(陰曆) 2월.
*被(피)-이불 피. 덮을 피. 입을 피.
*從(종)-좇을 종. 종사할 종. 따를 종.

*科(과)-과정 과. 과정. 조목. 품등. 그루.
*仕(사)-벼슬할 사. 일로 삼다. 섬기다.
*觀(관)-볼 관. 보일 관. 점칠 관.
*察(찰)-살필 찰. 자세할 찰.

假 化가화

假化之人亦多貴. 孤兒異姓能出類.
가 화 지 인 역 다 귀   고 아 이 성 능 출 류

가화(假化)라도 역시 귀히 되는 사람이 많다. 고아(孤兒)나 이성(異姓)에서도 나타날 수 있다.

> **역자주** 여기서 고아(孤兒)란 말은 이해가 되는데 이성(異姓)이란 말은 이해가 어렵다. 국어사전에는 이성(異姓)이란 다른 성(姓), 타성(他姓), 즉 同姓의 대(對)라고 되어 있는데 이 말은 아닐 것이고 혹 부인이 데리고 온 자식이라거나 서얼(庶孼)을 의미하는 것으로 생각되나 확언(確言)할 수는 없다.

原注원주

日主孤弱而遇合神眞. 不能不化. 但暗扶日主. 合神又虛弱. 及無龍以
일 주 고 약 이 우 합 신 진   불 능 불 화   단 암 부 일 주   합 신 우 허 약   급 무 룡 이

運之. 則不眞化. 至於歲運扶起合神. 制伏忌神. 雖爲假化. 亦可取富
운 지   즉 부 진 화   지 어 세 운 부 기 합 신   제 복 기 신   수 위 가 화   역 가 취 부

貴. 雖是異姓孤兒. 亦可出類拔萃. 但其人多執滯偏拗. 作事迍邅. 骨
귀   수 시 이 성 고 아   역 가 출 류 발 췌   단 기 인 다 집 체 편 요   작 사 둔 전   골

肉欠遂.
육 흠 수

【원주】

일주가 고약한데 합신이 진신이면 화(化)하지 않을 수 없다. 단, 일주를 암신이 생하거나 합신이 허약하며 용(龍) 운으로 가지 않으면 진화(眞化)가 아니다.

세운에서 합신을 돕고 기신을 억제하면 비록 가화(假化)라 하더라도 역시 부귀를 취할 수 있다. 비록 이성(異姓)이나 고아(孤兒)라도 역시 무리에서 뛰어날 수 있다. 단, 그 사람은 막힘과 어그러짐이 많으며 일을 함에도 막힘이 많고 골육에도 흠결(欠

缺)이 있다.

*拔(발)─뺄 발(뽑음). 가릴 발.
*萃(췌)─모을 췌. 모일 췌. 췌괘 췌.
*拗(요)─꺾을 요. 비꼬일 요.
*迍(둔)─머뭇거릴 둔.

*邅(전)─머뭇거릴 전. 떠돌아다닐 전.
*迍邅(둔전)─길이 험하여 가기 힘든 모양.
  屯邅과 소.
*欠(흠)─하품 흠. 모자랄 흠.

任氏曰임씨왈,

假化之局, 其象不一, 有合神眞而日主孤弱者, 有化神有餘而日帶
가 화 지 국 기 상 불 일 유 합 신 진 이 일 주 고 약 자 유 화 신 유 여 이 일 대

根苗者, 有合神不眞而日主無根者, 有化神不足而日主無氣者, 有
근 묘 자 유 합 신 부 진 이 일 주 무 근 자 유 화 신 부 족 이 일 주 무 기 자 유

旣合化神而日主得劫印生扶者, 有旣合化而閑神來傷化氣者, 故假
기 합 화 신 이 일 주 득 겁 인 생 부 자 유 기 합 화 이 한 신 내 상 화 기 자 고 가

化比眞化尤難, 更宜細究, 庶得假化之機,
화 비 진 화 우 난 갱 의 세 구 서 득 가 화 지 기

임 선생님이 말씀하였다.

가화(假化)의 국(局)은 그 상(象)이 하나같지 않다. 진신과 합하고 일주가 고약(孤弱)한 것이 있고, 화신이 유여하며 일주가 근묘(根苗)를 띠고 있는 것이 있고, 합신이 진신이 아니며 일주가 무근인 것이 있고, 화신이 부족하며 일주가 무기한 것이 있고, 이미 화신과 합하였으나 일주가 비겁과 인수의 생부를 받는 것이 있고, 이미 합하여 화(化)하였는데 한신이 화신을 손상하는 것이 있으니 가화(假化)는 진화(眞化)보다 더욱 어렵다. 마땅히 세밀히 살펴 가화(假化)의 기미(機微)를 터득하여야 한다.

*假(가)─빌 가. 빌릴 가. 거짓 가. 가령 가.
*象(상)─코끼리 상. 꼴 상. 모양 상.
*孤(고)─고아 고. 외로울 고.
*帶(대)─띠 대. 두를 대. 찰 대.
*苗(묘)─모 묘. 곡식 묘.
*扶(부)─도울 부. 붙들 부.

*閑(한)─한가할 한. 틈 한. 등한히 할 한.
*尤(우)─더욱 우. 허물 우. 나무랄 우.
*細(세)─가늘 세. 작을 세. 자세할 세.
*庶(서)─많을 서. 여러 서. 무리 서. 부사어로는 아마도. 바라건대. 해석하지 않을 때도 있음.

如甲己之合, 生于丑戌月, 合神雖眞, 而日主孤弱無助, 不能不化,
여 갑 기 지 합 생 우 축 술 월 합 신 수 진 이 일 주 고 약 무 조 불 능 불 화

但秋冬氣翕而寒, 又有金氣暗洩, 歲運必須逢火, 去其寒溼之氣,
단 추 동 기 흡 이 한 우 유 금 기 암 설 세 운 필 수 봉 화 거 기 한 습 지 기

則中氣和暖矣,
즉 중 기 화 난 의

　가령 甲己 합에 있어 丑 戌月에 태어나면 합신은 비록 진신이나 일주가 고약(孤弱)하고 도움이 없으면 화(化)하지 않을 수 없는데, 단 추동(秋冬)은 기(氣)가 닫혀 있고 추운 때로 또 金이 암처(暗處)에서 설(洩)하니 세운은 반드시 火를 만나 한습(寒濕)한 기운을 제거하여야 기(氣)가 온화(溫和)하게 된다.

　*但(단)－단지. 다만. 공연히. 쓸데없이. 그　　*歲(세)－해 세. 나이. 세월.
　러나 등으로 해석.　　　　　　　　　　　　　*溼(습)－축축할 습. 습기 습.
　*翕(흡)－합할 흡. 모을 흡.　　　　　　　　　*暖(난)－따뜻할 난. 따뜻이 할 난.

生于辰未之月, 化神雖有餘, 而辰乃木之餘氣, 未是通根身庫, 木
생 우 진 미 지 월 화 신 수 유 여 이 진 내 목 지 여 기 미 시 통 근 신 고 목

未嘗無根, 但春夏氣闢而暖, 又有水木藏根, 歲運必須土金之地, 去
미 상 무 근 단 춘 하 기 벽 이 난 우 유 수 목 장 근 세 운 필 수 토 금 지 지 거

其木之根苗, 則無分爭矣,
기 목 지 근 묘 즉 무 분 쟁 의

　辰 未月에 태어나면 화신(化神)이 비록 유여하나 辰은 木의 여기(餘氣)이고 未는 木의 고장(庫藏)으로 통근하니 木이 무근(無根)이라고 할 수는 없다.
　단, 춘하(春夏)는 기(氣)가 열려 있고 따뜻한 계절로 또 水木의 뿌리가 암장되어 있으니 세운은 반드시 土金地로 가 木의 근묘(根苗)를 제거하여야 분쟁이 없게 된다.

　*雖(수)－비록 수. 오직 수.　　　　　　　　*未嘗(미상)－~을 한 적이 없다.
　*庫(고)－곳집 고.　　　　　　　　　　　　*闢(벽)－열 벽. 열릴 벽.
　*嘗(상)－맛볼 상. 일찍 상.　　　　　　　　*苗(묘)－묘 묘. 곡식 묘.

如乙庚之合, 日主是木, 生于夏令, 合神雖不眞, 而日主洩氣無根,
여 을 경 지 합 일 주 시 목 생 우 하 령 합 신 수 부 진 이 일 주 설 기 무 근

土燥又不能生金, 歲運必須帶水之土, 則能洩火養金矣, 生于冬令,
토 조 우 불 능 생 금 세 운 필 수 대 수 지 토 즉 능 설 화 양 금 의 생 우 동 령

金逢洩氣而不足, 木不納水而無氣, 縱有土而凍, 不能生金止水,
금 봉 설 기 이 부 족 목 불 납 수 이 무 기 종 유 토 이 동 불 능 생 금 지 수

歲運必須帶火之土, 則解凍而氣和, 金得生而不寒矣,
세 운 필 수 대 화 지 토 즉 해 동 이 기 화 금 득 생 이 불 한 의

가령 乙庚 합에서 일주가 木인데 여름에 태어나면 합신이 비록 진신(眞神)은 아니나 일주는 설기되고 무근이며 土는 조열하여 金을 생하지 못하니 세운에서는 반드시 水를 띠고 있는 土가 와야 火를 설하고 金을 자양(滋養)하게 된다.

겨울에 태어나면 金이 설기당하여 부족하고 木은 납수(納水)치 못하고 무기(無氣)하며 설사 土가 있다고 하여도 얼어 있어 金을 생하지 못하고 또 水를 제지하지도 못하니 세운은 반드시 火를 띤 土가 와야 언 것을 녹이고 온화하게 되니 金이 생을 받고 춥지 않게 된다.

*納(납)-들일 납. 바칠 납.   *凍(동)-얼 동. 얼음 동.
*縱(종)-늘어질 종. 놓아둘 종.   *帶(대)-띠 대. 두를 대.

如丁壬之合, 日主是丁, 生于春令, 壬水無根, 必從丁合, 不知木
여 정 임 지 합 일 주 시 정 생 우 춘 령 임 수 무 근 필 종 정 합 부 지 목

旺自能生火, 則丁火反不從壬化木, 或有比刧之助, 歲運必須逢水,
왕 자 능 생 화 즉 정 화 반 부 종 임 화 목 혹 유 비 겁 지 조 세 운 필 수 봉 수

則火受制而木得成矣,
즉 화 수 제 이 목 득 성 의

가령 丁壬 합에서 일주가 丁이고 봄에 생하면 壬水는 무근이니 반드시 丁과 합을 하는데 木이 왕하면 자연 火를 생하니 丁火는 壬水를 좇아 木으로 화(化)하지 않는 것을 모르고 하는 말이다. 혹 비겁의 도움이 있으면 세운에서는 반드시 水를 만나 火를 극하여야 木으로 이루어지는 것이다.

如丙辛之合, 日主是火, 生于冬令, 重重金水, 旣合且化, 嫌其柱
여병신지합 일주시화 생우동령 중중금수 기합차화 혐기주

中有土, 暗來損我化神, 溼土雖不能止水, 而水究竟混濁不清,
중유토 암래손아화신 습토수불능지수 이수구경혼탁불청

歲運必須逢金土, 則氣流行而生水, 化神自眞矣,
세운필수봉금토 즉기류행이생수 화신자진의

　가령 丙辛 합에서 일주가 火이고 겨울에 태어나 金水가 중중(重重)하면 이미
합이 되어 또한 화(化)한 것이다. 혐의가 되는 것은 원국에 土가 있어 화신(化神)을
암처에서 손상하고 습토는 지수(止水)치 못하니 水는 결국 혼탁하고 맑지 못하다.
세운은 반드시 金과 土를 만나야 기가 유행하고 水를 생하게 되니 화신(化神)이
진신(眞神)이 되는 것이다.

> **역자주** 丙辛 合化 水에서 원국에 土가 있으면 水가 混濁하고 淸하지 못하니 운에서는 金이 와서
> 土를 설기하고 水를 생하여야 하는데 원문은 "金土가 와야 한다"라고 하였다. 세운에서는
> 金이 와야지 土는 오면 안 된다. 필사 과정에서 잘못된 것이라 생각된다.

如是配合, 以假成眞, 亦能名利雙全, 光前裕後也, 總之格象非眞,
여시배합 이가성진 역능명리쌍전 광전유후야 총지격상비진

未免幼遭孤苦, 早見蹭蹬, 否則其人執傲遲疑, 倘歲運不能抑假扶
미면유조고고 조견충등 부즉기인집오지의 당세운불능억가부

眞, 一生作事迍邅, 名利無成也,
진 일생작사둔전 명리무성야

　이렇게 배합이 이루어져야 가화(假化)이나 진화(眞化)가 되는 것이니 역시 명리
가 쌍전(雙全)하고 전도가 밝아 풍요롭다.
　한마디로 말하여 격상(格象)이 진신(眞神)이 아니면 어려서 고고(孤苦)함을 면할
수 없으며 일찍 좌절을 보게 된다. 그렇지 않은즉 오만하고 의심이 많아 일을 함에
머뭇거리고 늦어진다. 만약 세운에서 가(假)를 억제하고 진(眞)을 돕지 못하면 일생
에 하는 일이 막히고 명리(名利)를 이루지 못한다.

*幼(유)−어릴 유. 어릴 때 유.

*遭(조)−만날 조. 두를 조.

*孤(고)−고아 고. 홀로 고. 외로울 고.

*苦(고)−씀바귀 고. 쓸 고. 괴로워할 고.

*孤苦(고고)−혼자 고생함.

*蹭(층)−헛디딜 층.

*蹬(등)−헛디딜 등.

*蹭蹬(층등)−헛디디는 모양. 전(轉)하여 세
력을 잃는 모양.

*執(집)−잡을 집.

*傲(오)−거만할 오. 거만 오.

*遲(지)−더딜 지. 굼뜰지. 이에 지.

*疑(의)−의심할 의. 의심스러울 의.

*倘(당)−혹시 당. 倘(당)은 黨(당)이나 儻(당)
과 같은 뜻으로 쓰기도 함. 부사어로는 행
위에 대한 추측으로 '아마도'로 해석. 가설
을 나타내는 뜻으로는 만약. 만일. ∼한다
면 등으로 해석.

*迍(둔)−머뭇거릴 둔.

*邅(전)−머뭇거릴 전. 떠돌아다닐 전.

*迍邅(둔전)−길이 험하여 가기 힘든 모양.
屯邅(둔전)과 소.

己 甲 甲 己
巳 子 戌 卯

戊 己 庚 辛 壬 癸
辰 巳 午 未 申 酉

天干兩甲逢兩己, 各自相合, 地支卯戌合, 雖不能化火生土, 却無
천 간 양 갑 봉 양 기　　각 자 상 합　　지 지 묘 술 합　　수 불 능 화 화 생 토　　각 무

爭妒之意, 雖是假化, 却有情而不悖, 未運破其子水, 中鄕榜, 庚
쟁 투 지 의　　수 시 가 화　　각 유 정 이 불 패　　미 운 파 기 자 수　　중 향 방　　경

午己巳, 生助化神, 出仕琴堂,
오 기 사　　생 조 화 신　　출 사 금 당

　천간에 양(兩) 甲이 양(兩) 己를 만나 서로 합하고 지지는 卯戌이 합하니 비록
火로 화(化)하여 土를 생하지는 못하나, 그러나 財를 쟁투(爭妒)하는 기풍은 없다.

　비록 가화(假化)이기는 하나 유정하여 어그러짐이 없다. 未 운에 子水를 극거하
여 향방(鄕榜)에 들고 庚午 己巳 운에 화신(化神)을 생조하니 금당(琴堂)에 올랐다.

*却(각)−물러날 각. 물리칠 각. 도리어 각.
어조사 각. 卻(각)과 소. 부사어로는 다시.
또. 오히려. 도리어 등으로 해석.

*妒(투)−강새암할 투. 시새울 투. 妬(투)와
소.

*悖(패. 발)−어그러질 패. 우쩍 일어날 발.

己 甲 丙 甲
巳 申 子 子

壬 辛 庚 己 戊 丁
午 巳 辰 卯 寅 丑

甲木生于仲冬, 印綬當權, 本是殺印相生, 無如坐下絶地, 虛極不
갑목생우중동 인수당권 본시살인상생 무여좌하절지 허극불

受水生, 見己土貪合, 合神雖眞而失令, 必賴丙火之生, 解其寒凝
수수생 견기토탐합 합신수진이실령 필뢰병화지생 해기한응

之氣, 嫌其旺水秉令, 則火亦虛脫, 不能生扶, 化神假而不淸, 因
지기 혐기왕수병령 즉화역허탈 불능생부 화신가이불청 인

之人品不端, 至庚辰運, 甲午年, 尅木生土, 中鄕榜而不仕,
지인품부단 지경진운 갑오년 극목생토 중향방이불사

甲木이 子月에 태어나 인수가 당권하여 본시는 살인상생이나 유감스럽게도 좌
하가 절지(絶地)로 木이 극(極)히 허탈하여 水의 생을 받아들이지 못한다. 己土를
보니 합을 탐(貪)하는데 합신은 비록 진신이나 실령하여 반드시 丙火의 生에 의지
하여 차갑고 얼어 있는 기(氣)를 해소한다.

꺼리는 바는 왕한 水가 당권하여 火 역시 허탈하여 土를 생부(生扶)하지 못하니
화신(化神)이 가(假)로서 맑지 못하다.

이러므로 인품이 단정치 못하다. 庚辰 대운 甲午 년에 木을 극하고 土를 생하니
향방(鄕榜)에 들었으나 벼슬은 못하였다.

*賴(뢰. 뇌)−의뢰할 뢰. 힘입을 뢰.　　　　　*端(단)−바를 단. 실마리 단.
*凝(응)−얼 응. 엉길 응.　　　　　　　　　　*榜(방)−방 붙일 방. 고시하다. 매질하다.
*嫌(혐)−싫어할 혐. 미움 혐.　　　　　　　　*仕(사)−벼슬할 사. 일로 삼다. 섬기다.

己 甲 丁 甲
巳 戌 丑 寅

癸 壬 辛 庚 己 戊
未 午 巳 辰 卯 寅

甲木生于丑月, 己土通根臨旺, 年之祿比, 見丁火有相生之誼, 無
갑목생우축월 기토통근임왕 년지록비 견정화유상생지의 무

爭妒之勢, 雖是假化, 却有情而不悖, 至庚辰運, 科甲連登, 辛巳
쟁투지세 수시가화 각유정이불패 지경진운 과갑연등 신사

壬午, 南方火地, 生助化神, 仕至黃堂,
임오 남방화지 생조화신 사지황당

　甲木이 丑月에 태어나고 己土는 통근하고 왕지에 임하였는데 年의 비견과 녹
(祿)은 丁火를 보니 상생의 정의가 있어 쟁투의 기세는 없다. 비록 가화(假化)이나
도리어 유정하고 어그러짐이 없다.

　庚辰 운에 이르러 과거에 연달아 붙고 辛巳 壬午 운은 남방 화지(火地)로 화신
(化神)을 생조하여 벼슬이 황당(黃堂)에 이르렀다.

*臨(임. 림)-임할 임(림).　　　　　*誼(의)-옳을 의. 의논할 의. 의 의.
*祿(록. 녹)-녹 록. 복 록. 녹줄 녹.　*妒(투)-강새암할 투. 시샘할 투. 妬와 소.

戊 癸 辛 甲
午 亥 未 寅

丁 丙 乙 甲 癸 壬
丑 子 亥 戌 酉 申

癸水生於季夏, 木火並旺, 月干辛金無氣, 不能生水, 日主雖臨旺
계 수 생 어 계 하　목 화 병 왕　월 간 신 금 무 기　불 능 생 수　일 주 수 림 왕

地, 仍受火土兩逼, 時干戊土, 合神眞而且旺, 日主不能從合矣,
지　잉 수 화 토 양 핍　시 간 무 토　합 신 진 이 차 왕　일 주 불 능 종 합 의

初運壬申癸酉, 金水並旺, 孤苦不堪, 至甲戌運, 支會火局, 出外
초 운 임 신 계 유　금 수 병 왕　고 고 불 감　지 갑 술 운　지 회 화 국　출 외

大得際遇, 乙亥水逢木洩, 支得會局, 名成異路, 財帛豐盈, 一交
대 득 제 우　을 해 수 봉 목 설　지 득 회 국　명 성 이 로　재 백 풍 영　일 교

丙子, 火不通根, 詿誤落職, 至壬子年不祿,
병 자　화 불 통 근　괘 오 낙 직　지 임 자 년 불 록

　　癸水가 여름에 태어났는데 木火가 다 왕하다. 月上의 辛金은 무기(無氣)하여
水를 생하지 못한다. 일주가 비록 왕지에 임하고 있으나 火土로 핍박을 받고 있다.
時干의 戊土와 합을 하는데 합신이 진신이고 또한 왕하니 일주는 합을 따르지
않는다.

　　초(初) 운이 壬申 癸酉로 金水가 다 왕하니 고독하고 고생이 심했다. 甲戌 운에
이르러 지지가 火局을 이루어 외지에 나가 기회를 얻어 재물을 많이 벌었다.

　　乙亥 운은 水가 木의 설기를 만나고 지지로 회국(會局)을 이루니 이로(異路)로
출사(出仕)하고 재물도 풍부하였다. 丙子 운으로 바뀌어 火가 통근(通根)하지 못하
니 잘못을 저질러 벼슬에서 물러나고 壬子 년에 사망하였다.

*堪(감)－견딜 감. 맡을 감.
*不堪(불감)－견디어내지 못함. 심(甚) 함.
*帛(백)－비단 백. 명주. 폐백(幣帛).
*豐(풍)－풍년들 풍. 우거질 풍. 잔대 풍.

*盈(영)－찰 영. 남을 영.
*逼(핍)－닥칠 핍. 가까이할 핍. 쪼그라들
　핍.
*詿(괘)－그르칠 괘. 속일 괘.

역자주 밑줄을 살펴보면, 日主不能從合矣(일주불능종합의)는 "일주가 합하여 종(從)하지 않는다"
는 말인데, 여기서는 戊土가 진신(眞神)으로 합이 참되다고 하였는데 종(從)을 않는다니 무
슨 말인가.
그리고 이 장(章)은 가화(假化)를 논하는 장(章)이다. 종(從)이 아닌 것을 설명할 이유가 없
다.『적천수징의』에는 日主不能不從合矣(일주불능부종합의)로 되어 있다. 해석하면 "종
(從)을 아니할 수가 없다"이런 뜻이다. 아마 필사 과정에서 오류(誤謬)일 것이다.

辛 壬 丁 甲
亥 辰 卯 辰

癸 壬 辛 庚 己 戊
申 酉 未 午 巳 辰

壬水生于仲春, 雖時逢祿印, 而化神當令, 又年干元神透出, 時干
임 수 생 우 중 춘　수 시 봉 록 인　이 화 신 당 령　우 년 간 원 신 투 출　시 간

辛金無根臨絕, 丁火合神, 足以剋之, 辛金不能生水, 則亥水非壬之
신 금 무 근 임 절　정 화 합 신　족 이 극 지　신 금 불 능 생 수　즉 해 수 비 임 지

祿旺, 乃甲之長生, 日干不得不從合而化矣, 運走南方火地, 采芹食
록 왕　내 갑 지 장 생　일 간 부 득 부 종 합 이 화 의　운 주 남 방 화 지　채 근 식

廩, 戰勝棘闈, 至壬申癸酉, 金水破局, 不但不能出仕, 而且刑傷
름　전 승 극 위　지 임 신 계 유　금 수 파 국　부 단 불 능 출 사　이 차 형 상

破耗, 此等假化最多, 若作身弱用印, 則悞矣,
파 모　차 등 가 화 최 다　약 작 신 약 용 인　즉 오 의

　壬水가 중춘에 생하여 비록 시에 녹(祿)과 인수를 두었으나 화신(化神)이 당령하
고 또 年干에 원신이 투출하였다.

　時干의 辛金은 무근이고 더욱 절지에 임하여 있는데 丁火 합신이 족히 극하고
있어 辛金이 水를 생하지 못한다. 그러므로 亥水는 壬水의 녹(祿)이 아니고 甲木
의 장생이다. 일주는 합하여 화(化)하지 않을 수 없다.

　운이 남방 火地로 가니 반궁(泮宮)에 들어 국비(國費)로 공부하였으며 문과(文科)
에 급제하였다. 壬申 癸酉 운은 金水가 국(局)을 파하니 비단 출사치 못하였을

뿐 아니라 형상과 파모를 겪었다.

이러한 종류의 가화(假化)가 가장 많다. 만약 신약하여 인수를 쓴다고 하면 잘못이다.

*采芹(채근)-반궁(泮宮)에 들어감. *棘闈(극위)-문과 시험장. 둘레에 가시나
*廩(름. 늠)-곳집 름. 녹미 름. 구호 름. 무를 심었으므로 일컬어짐.
*食廩(식름)-장학생. *悞(오)-그릇할 오. 속일 오.

> 역자주 化象(화상), 假從(가종), 假化(가화)의 장(章)에 있는 사주들의 설명은 이해가 안 되는 것들이 많다.
> 신약하긴 하여도 일주가 녹왕이나 장생에 뿌리를 내리고 있어도 일주가 합만 하면 합하여 종(從)한다 하니 지금까지의 설명과 너무 어긋난다. 독자들의 판단에 맡긴다.

順 局순국

一出門來只見兒. 吾兒成氣構門閭. 從兒不管身强弱. 只
일 출 문 래 지 견 아   오 아 성 기 구 문 려   종 아 불 관 신 강 약   지

要吾兒又得兒.
요 오 아 우 득 아

　한번 문(門)을 나서 오직 아이 오는 것만 보이면 내 아이가 성기(成氣)하여
문려(門閭)를 세워야 하니 종아격(從兒格)은 일주의 강약(强弱)에 관계없이 단지
요(要)하는 것은 내 아이가 또 자식을 낳아야 하는 것이다.

*構(구)－얽을 구. 맺을 구. 이룰 구.
*門閭(문려)－집의 문(門). 또는 마을 입구의
　문(門).

*閭(려. 여)－이문 려(마을의 문). 마을 려.
*管(관)－관 관. 붓대 관. 열쇠 관. 맡을 관.
*不管(불관)－不關(불관)과 같은 뜻임.

原注원주

此與成象從象傷官不同. 只取我生者爲兒. 如木遇火. 成氣象. 如戊己
차 여 성 상 종 상 상 관 부 동   지 취 아 생 자 위 아   여 목 우 화   성 기 상   여 무 기

日遇申酉戌. 成西方氣. 或巳酉丑全會金局. 不論日主强弱. 而又看金
일 우 신 유 술   성 서 방 기   혹 사 유 축 전 회 금 국   불 론 일 주 강 약   이 우 간 금

能生水氣. 轉成生育之意. 此爲流通. 必然富貴.
능 생 수 기   전 성 생 육 지 의   차 위 유 통   필 연 부 귀

【원주】

　이는 성상(成象), 종상(從象), 상관(傷官)과 같지 아니한 것이니 단지 내가 생한 것을
아이로 하는 것이니 가령 木이 火를 만나 기상(氣象)을 이룬 것을 말하는 것이다.
　가령 戊己 土日이 申酉戌을 만나면 西方의 기를 이루고 巳酉丑이 전부 있으면
金局을 이루는 것이니 일주의 강약을 논하지 않는다. 또 金이 水를 생하는 것이 보

이면 전전(轉傳)하여 생육의 뜻이 있으니 이는 유통이 되는 것으로 반드시 부귀를 이룬다.

任氏曰임씨왈,

順者, 我生之也, 只見兒者, 食傷多也, 構門閭者, 月建逢食傷也,
순자 아생지야 지견아자 식상다야 구문려자 월건봉식상야

月爲門戶, 必要食傷在提綱也, 不論身强弱者, 四柱雖有比劫, 仍
월위문호 필요식상재제강야 불론신강약자 사주수유비겁 잉

去生助食傷也, 吾兒又得兒者, 必要局中有財, 以成生育之意也,
거생조식상야 오아우득아자 필요국중유재 이성생육지의야

임 선생님이 말씀하였다.

순(順)이란 내가 생하는 것이고 단지 아이만 보인다는 것은 식상이 많은 것이다. 문려(門閭)를 세운다는 것은 월건(月建)이 식상인 것을 말하는 것이다.

月은 문호(門戶)이니 반드시 식상이 제강(提綱)에 있어야 한다. 신강, 신약을 논하지 않는다는 것은 사주에 비록 비겁이 있어도 (비겁이) 식상을 생하는 것을 돕는다는 것이다.

나의 아이가 또 아이를 얻었다는 것은 원국에 재성이 반드시 있어야 하는 것으로, 이러므로 생육의 뜻을 이루는 것이다.

如己身碌碌庸庸, 無作無爲, 得子孫昌盛, 振起家聲, 又要運行財地,
여기신녹녹용용 무작무위 득자손창성 진기가성 우요운행재지

兒又生孫, 可享兒孫之榮矣, 故爲順局, 從兒與從財官不同也, 然
아우생손 가향아손지영의 고위순국 종아여종재관부동야 연

食傷生財, 轉成生育, 秀氣流行, 名利皆遂,
식상생재 전성생육 수기유행 명리개수

가령 본인은 삶이 고단하고 평범하며 하는 것이 없고 되는 것이 없어도 자손이 창성(昌盛)하면 집안을 일으켜 이름이 나는 것이니, 운이 재지(財地)로 가면 자식이

손자를 생하는 것으로 자식과 손자의 영화가 있는 것이다. 그러므로 순국(順局)이라 한 것이다.

　종아(從兒)는 종재나 종관과는 같지 않다. 그러나 식상이 재(財)를 생하면 전(轉)하여 생육을 이루니 수기가 유행하여 다 명리(名利)를 이룬다.

*碌(록. 녹)－푸른빛 록. 용렬할 록.
*碌碌(녹녹)－평범한 모양. 용렬한 모양.
*庸(용)－쓸 용. 어리석을 용.
*庸庸(용용)－평범한 모양. 미소(微小)한 모양. 수고하는 모양.

*盛(성)－그릇 성. 성할 성.
*振(진)－떨칠 진. 움직일 진.
*聲(성)－소리 성. 소리낼 성.
*享(향)－드릴 향. 제사지낼 향.
*榮(영)－영화 영. 꽃 영. 빛 영.

故以食傷爲子, 財卽是孫, 孫不能克祖, 可以安享榮華, 如見
고 이 식 상 위 자　재 즉 시 손　손 불 능 극 조　가 이 안 향 영 화　여 견

官星, 謂孫又生兒, 則曾祖必受其傷, 故見官殺必爲己害, 如見印
관 성　위 손 우 생 아　즉 증 조 필 수 기 상　고 견 관 살 필 위 기 해　여 견 인

綬, 是我之父, 父能生我, 我自有爲, 焉能容子,
수　시 아 지 부　부 능 생 아　아 자 유 위　언 능 용 자

　고로 식상(食傷)으로 자식을 삼는 것이고 재(財)로 손자를 삼는다. 손자는 할아버지를 극할 수 없으므로 가히 안향(安享)과 영화가 있다. 가령 관성을 보면 이는 손자가 또 자식을 낳음이니 증조(曾祖)는 반드시 손상을 받는다.

　고로 관살을 보게 되면 반드시 해롭다. 가령 인수를 보게 되면 이는 나의 부모이니 부모는 나를 생하였고 나 자신은 스스로 할 일이 있으니 어찌 자식을 용납(容納)하겠는가.

子必遭殃, 無生育之意, 其禍立至, 是以從兒格最忌印運, 次忌官
자 필 조 앙　무 생 육 지 의　기 화 입 지　시 이 종 아 격 최 기 인 운　차 기 관

運, 官能洩財, 又能克日, 而食傷又與官星不睦, 忘生育之意, 起
운　관 능 설 재　우 능 극 일　이 식 상 우 여 관 성 불 목　망 생 육 지 의　기

爭戰之風, 不傷人丁, 則散財矣,
쟁 전 지 풍　불 상 인 정　즉 산 재 의

자식은 반드시 재앙을 만날 것이며 생육의 뜻이 없으니 그 화(禍)는 곧바로 닥친다.

이러므로 종아격은 인수를 가장 꺼리고 다음의 꺼리는 것은 관살 운이다. 관(官)은 재(財)를 설하고 또 나를 극하며 식상과 관성이 불화하니 생육(生育)의 뜻을 잊게 되고 다툼이 일어나 사람이 다치지 않으면 재물이 흩어진다.

*安享(안향)－평안하게 누림. 하늘의 복록(福祿)을 안온하게 받음.
*不睦(불목)－일가(一家) 사이에 화목하지 아니함.

*立至(입지)－서 있는 사이에 이른다는 뜻으로, 화(禍)가 빨리 이른다는 뜻임. 풍수지리에서 많이 쓰임.
*睦(목)－화목할 목. 화목 목.

丙　癸　壬　丁
辰　卯　寅　卯

丙　丁　戊　己　庚　辛
申　酉　戌　亥　子　丑

癸水生于孟春, 支全寅卯辰東方一氣, 格成水木從兒, 以時干丙火
계 수 생 우 맹 춘　지 전 인 묘 진 동 방 일 기　격 성 수 목 종 아　이 시 간 병 화

爲用, 所謂兒又生兒, 只嫌月干壬水爲病, 喜丁火合壬化木, 反生
위 용　소 위 아 우 생 아　지 혐 월 간 임 수 위 병　희 정 화 합 임 화 목　반 생

丙火, 轉成生育之意, 所以早登科甲, 置身翰苑, 仕至封疆, 申運
병 화　전 성 생 육 지 의　소 이 조 등 과 갑　치 신 한 원　사 지 봉 강　신 운

木火絶地, 不祿,
목 화 절 지　불 록

癸水가 맹춘에 생하고 지지가 寅卯辰 동방일기(東方一氣)를 이루니 水木 종아격을 이루었다. 이에 時干 丙火가 용신이다. 이른바 자식이 또 자식을 낳은 것이다.

단, 혐의가 되는 것은 月干에 壬水가 병(病)인데 기쁜 것은 丁火가 壬水를 합하여 木으로 화(化)하여 丙火를 생하는 것이다. 거듭 생육의 뜻이 있다.

이러므로 일찍 등과(登科)하여 몸이 한원(翰苑)에 들고 벼슬이 봉강(封疆)에 이르렀다. 申 운에 이르러 木火가 절지(絶地)가 되니 사망하였다.

*翰苑(한원) - 한림원(翰林院). 예문관(藝文
館)을 달리 이르는 말.

*封疆(봉강) - 제후의 반열. 나라에서 공이
큰 사람에게 봉지(封地)를 하사함.

丙　癸　癸　丁
辰　卯　卯　巳

丁　戊　己　庚　辛　壬
酉　戌　亥　子　丑　寅

癸水生于仲春, 木旺乘權, 四柱無金, 亦水木從兒, 寅運支類東方,
계 수 생 우 중 춘　목 왕 승 권　사 주 무 금　역 수 목 종 아　인 운 지 류 동 방

甲戌年入泮, 丙子年中鄕榜, 其不及前造者, 月干癸水爭財, 無制
갑 술 년 입 반　병 자 년 중 향 방　기 불 급 전 조 자　월 간 계 수 쟁 재　무 제

合之美也, 喜其財星有勢, 仕路定可亨通,
합 지 미 야　희 기 재 성 유 세　사 로 정 가 형 통

癸水가 중춘에 생하니 木이 당권한 계절이다. 사주에 金이 없어 역시 水木 종아격이다. 寅 운에 지지가 寅卯辰 동방을 이루니 甲戌 유년 운에 입반하고 丙子년에 향방에 들었다.

앞의 명조에 미치지 못하는 것은 월간에 癸水가 재를 다투는데 제(制)하거나 합하는 아름다움이 없기 때문이다. 기쁜 것은 재성이 세력이 있어 사로(仕路)가 형통(亨通)하였다.

*亨(형) - 형통할 형. 享(향)과 통용.

*亨通(형통) - 모든 일이 뜻과 같이 잘됨.

```
戊  丙  丁  己
戌  戌  丑  未

辛 壬 癸 甲 乙 丙
未 申 酉 戌 亥 子
```

丙火生於季冬, 滿局皆土, 格成火土從兒, 丑中辛財爲用, 謂一個
병화생어계동 만국개토 격성화토종아 축중신재위용 위일개

玄機暗裏存也, 所嫌丁火蓋頭, 通根未戌, 忌神深重, 未能顯秩, 妙
현기암리존야 소혐정화개두 통근미술 기신심중 미능현질 묘

在中運走癸酉壬申, 喜用齊來, 宦途順遂,
재중운주계유임신 희용제래 환도순수

　丙火가 축월에 태어나 원국에 가득 土이니 火土 종아격을 이루었다. 丑 중의
辛金 재성을 쓴다. 하나의 현기(玄機)가 속으로 감추어져 있다.

　꺼리는 것은 丁火가 개두하여 未戌에 통근한 것이니 기신이 심중(深重)하여 현
관(顯官)에는 나가지 못하였다.

　아름다운 것은 중년 운이 癸酉 壬申으로 희신과 용신에 맞게 와서 벼슬길이
순탄하였다.

*玄(현)-검을 현. 오묘할 현.　　　　　*裏(리)-안 리. 속 리.
*機(기)-틀 기. 재치 기. 실마리 기.　　*蓋(개)-덮을 개. 뚜껑 개. 대개 개.
*玄機(현기)-현묘(玄妙)한 기틀.　　　*齊(제)-가지런할 제. 같을 제.

```
戊 丙 辛 己
戌 戌 未 未
```

```
乙 丙 丁 戊 己 庚
丑 寅 卯 辰 巳 午
```

丙火生於季夏, 滿局皆土, 格取從兒, 月干辛金獨發, 所謂從兒又
병화생어계하 만국개토 격취종아 월간신금독발 소위종아우

見兒也, 大象觀之, 勝於前造, 其功名富貴反不及者, 何也, 前造
견아야 대상관지 승어전조 기공명부귀반불급자 하야 전조

金雖不現, 而丑內蓄藏三冬溼土, 能晦火養金, 此辛金顯露, 而九
금수불현 이축내축장삼동습토 능회화양금 차신금현로 이구

夏鎔金, 根氣不固, 未戌丁火當權, 所謂凶物深藏也, 兼之運走東
하용금 근기불고 미술정화당권 소위흉물심장야 겸지운주동

南木火之地, 雖中鄕榜, 一敎終身,
남목화지지 수중향방 일교종신

丙火가 계하에 생하였는데 만국(滿局)이 다 土로 종아격을 이루었다. 月干에
辛金이 홀로 투출하니 소위 자식이 자식을 본 것이다.

대상(大象)을 보면 앞 사주보다 좋아 보이는데 공명과 부귀가 앞 사주만 못한
것은 어인 까닭인가.

앞의 사주는 비록 金이 나타나지 않았으나 丑은 겨울의 습토로 능히 화기(火氣)
를 설하고 金을 자양(滋養)하는데, 이 사주의 辛金은 여름의 金으로 화기에 녹는
데에다 뿌리가 튼튼하지 못하다.

未戌에 丁火가 당권하니 소위 흉물이 깊이 감추어져 있는 것이다. 겸하여 운이
동남 木火로 가니 비록 향방(鄕榜)에는 들었으나 종신토록 훈장으로 지냈다.

*蓄(축)-쌓을 축. 모을 축. 감출 축. 저축 축. *固(고)-굳을 고. 굳세게 할 고.
*養(양)-기를 양. 다스릴 양. *敎(교)-가르침 교. 가르칠 교.
*鎔(용)-거푸집 용. 녹일 용. *榜(방)-방 붙일 방. 고시하다. 매질하다.

丙 甲 丁 甲
寅 午 丑 午

癸 壬 辛 庚 己 戊
未 午 巳 辰 卯 寅

甲木生於季冬, 火虛而幸通根有焰, 格取從兒, 木雖進氣, 又逢祿
갑목생어계동   화허이행통근유염   격취종아   목수진기   우봉록

比幫身, 所謂從兒不論身强弱, 非身弱論也, 前造過於燥烈, 此則
비방신   소위종아불론신강약   비신약론야   전조과어조열   차즉

溼土逢燥, 地潤天和, 生育不悖, 聯登甲第, 仕至侍郞,
습토봉조   지윤천화   생육불패   연등갑제   사지시랑

甲木이 계동에 생하니 火가 허한데 다행스런 것은 지지에 통근하여 불꽃이 있어 종아격을 이루었다. 木이 비록 진기이고 또 녹(祿)과 비견이 일주를 도우나 소위 종아는 신강과 신약을 가리지 않는다.

앞의 사주는 지나치게 조열하였는데, 이 사주는 습토가 조(燥)를 만나니 땅은 윤택하고 하늘은 화평하여 생육(生育)이 어그러짐이 없다. 연달아 과거에 급제하고 벼슬이 시랑(侍郞)에 이르렀다.

*焰(염) -불꽃 염.
*幫(방) -도울 방.
*燥(조) -마를 조. 말릴 조.

*侍郞(시랑) -唐(당)나라 때는 중서(中書), 문하(門下) 두 성(省)의 장관. 후대(後代)에는 육부(六部)의 차관(次官).

壬　戊　辛　辛
子　申　丑　丑

乙　丙　丁　戊　己　庚
未　申　酉　戌　亥　子

戊土生於季冬, 辛金並透通根, 坐下申金壬水, 旺而逢生, 純粹可
무토생어계동　신금병투통근　좌하신금임수　왕이봉생　순수가

觀, 早游泮水, 至亥運, 類聚北方, 高攀秋桂, 交戊戌通根燥土, 奪
관　조유반수　지해운　류취북방　고반추계　교무술통근조토　탈

去壬水, 至丙寅年沖去申金壬水之根, 體用兩傷, 不祿,
거임수　지병인년충거신금임수지근　체용양상　불록

　戊土가 계동에 생하였는데 辛金이 둘이나 투출하여 통근하고 좌하가 申金이고
壬水는 왕하고 또한 생을 받고 있다. 사주가 순수하고 아름답다.

　일찍 반궁(泮宮)에 들어 亥 운에 亥子丑 북방을 이루니 과거에 급제하였다.
戊戌 운으로 바뀌어 일주가 조토에 통근하고 戊土가 壬水를 탈취하는데 丙寅
세운에 壬水의 근원인 申金을 충거하니 체용(體用)이 다 손상을 받아 사망하
였다.

*游(유) - 헤엄칠 유. 헤엄 유. 놀 유.
*泮(반) - 물가 반. 녹을 반.
*類(류) - 무리 류. 같을 류.
*聚(취) - 모일 취. 모을 취. 무리 취.
*攀(반) - 오를 반. 당길 반.

*奪(탈) - 빼앗을 탈. 빼앗길 탈.
*桂(계) - 계수나무 계.
*高攀秋桂(고반추계) - 가을에 행하는 과거
　(科擧)에서 급제함을 이름.
*祿(록. 녹) - 녹(관리의 봉급) 록. 복(福).

辛 戊 庚 庚
酉 申 辰 子

丙 乙 甲 癸 壬 辛
戌 酉 申 未 午 巳

此造戊生季春, 局中層疊庚辛, 格取從兒, 喜其支會財局, 生育有
차 조 무 생 계 춘　 국 중 층 첩 경 신　 격 취 종 아　 희 기 지 회 재 국　 생 육 유

情, 與前大同小異, 此因中年, 運走土金, 生助財星, 所以甲第聯
정,　 여 전 대 동 소 이　 차 인 중 년　 운 주 토 금　 생 조 재 성　 소 이 갑 제 련

登, 仕至郡守, 前造之不祿不仕, 實運之背也,
등　 사 지 군 수　 전 조 지 불 록 불 사　 실 운 지 배 야

이 명조는 戊土가 계춘에 생하고 庚金과 辛金이 중첩하니 종아격을 이루었는
데 기쁜 것은 지지에 재국을 이루어 생육(生育)이 유정하다.

앞의 사주와 대동소이한데 이 명조는 중년 운이 土金으로 가니 재성을 생조(生
助)하여 이러므로 과거에 연달아 오르고 벼슬이 군수에 이르렀다.

앞의 사주는 벼슬길에 나가지 못하고 죽은 것은 실은 대운이 적의하지 않았기
때문이다.

*層(층)-층집 층. 층 층.　　　　　*聯(련. 연)-연할 련. 나란히 할 련.
*疊(첩)-겹쳐질 첩. 포개질 첩.　　*仕(사)-벼슬할 사. 일로 삼다. 섬기다.
*登(등)-오를 등. 오르다. 지위에 오르다.　*不祿(불록)-선비의 죽음.
　더하다. 보태다.　　　　　　　　*背(배)-등 배. 배반할 배.

壬　辛　辛　壬
辰　亥　亥　寅

丁　丙　乙　甲　癸　壬
巳　辰　卯　寅　丑　子

辛金生於孟冬, 壬水當權, 財逢生旺, 金水兩涵, 格取從兒, 讀書
신 금 생 어 맹 동　임 수 당 권　재 봉 생 왕　금 수 양 함　격 취 종 아　독 서

一目數行, 至甲寅運, 登科發甲, 乙卯運, 由署郎出守黃堂, 一交
일 목 수 행　지 갑 인 운　등 과 발 갑　을 묘 운　유 서 랑 출 수 황 당　일 교

丙辰, 官印齊來, 又逢戊戌年, 沖動印綬, 破其傷官, 不祿,
병 진　관 인 제 래　우 봉 무 술 년　충 동 인 수　파 기 상 관　불 록

辛金이 맹동(孟冬)에 생하여 壬水가 당권하고 재(財)도 水의 생을 받아 왕하다.
金水가 다 물에 잠겼으니 종아격이다.

독서를 함에 한눈에 여러 줄을 읽고 甲寅 운에 등과하고 乙卯 운에 서랑(署郎)
에서 황당(黃堂)으로 나갔다.

丙辰 운으로 바뀌어 관인(官印)이 함께 오니 불길한데 戊戌 유년(流年) 운에 인
수를 충동하여 상관을 파(破)하니 사망하였다.

*涵(함)−담글 함. 적실 함. 넣을 함.　　*署(서)−임명할 서. 맡을 서.
*數(수)−셈 수. 이치 수. 운수 수.　　*齊(제)−가지런할 제. 같을 제.

辛 辛 辛 壬
卯 卯 亥 子

丁 丙 乙 甲 癸 壬
巳 辰 卯 寅 丑 子

辛金生於孟冬, 水勢當權, 雖天干三透辛金, 而地支臨絶, 格取從兒,
신금생어맹동 수세당권 수천간삼투신금 이지지임절 격취종아

讀書過目成誦, 早年入泮, 甲寅拔貢出仕縣宰, 乙卯運, 仕路順遂,
독서과목성송 조년입반 갑인발공출사현재 을묘운 사로순수

丙辰詿誤, 至戌年旺土克水, 而歿, 凡從兒格, 行運不背逢財者,
병진괘오 지술년왕토극수 이몰 범종아격 행운불배봉재자

未有不富貴者也, 且秀氣流行, 人必聰明出類, 學問精醇,
미유불부귀자야 차수기유행 인필총명출류 학문정순

辛금이 맹동(孟冬)에 생하니 수세(水勢)가 당권한 계절이다. 비록 천간에 辛金이 셋이나 있으나 지지가 절지(絶地)이니 종아격이다.

독서를 한 번 하면 다 암기하였다. 일찍 입반(入泮)하고 甲寅 운에 발공(拔貢)하여 벼슬길에 나아가 현재(縣宰)가 되었다. 乙卯 운은 벼슬길이 순탄하였으나 丙辰 운으로 바뀌어 남의 잘못에 연루되었는데 戌年에 왕한 土가 水를 극하니 사망하였다.

무릇 종아격은 행운이 어그러지지 않고 재(財)를 만나면 부귀(富貴)하지 않은 자가 없다. 또 수기(秀氣)가 유행하면 사람이 반드시 총명함이 뛰어나고 학문이 깊다.

*拔(발)－뺄 발. 가릴 발.
*貢(공)－공물 공. 바칠 공. 천거할 공.
*誦(송)－읽을 송. 읊을 송. 욀 송.
*詿(괘)－그르칠 괘. 속일 괘.

*歿(몰)－죽을 몰. 몰(沒)과 소.
*秀(수)－빼어날 수. 팰 수.
*聰(총)－밝을 총.
*醇(순)－전국술 순.

역자주 ○ 일주가 약하고 강하고를 막론하고 식상이 있으면 종아(從兒)로 한다는 말은 이해가 어렵다. 독자들의 판단에 맡긴다.
○ 拔貢(발공): 청대(淸代) 관리 등용시험. 각 성(省)에서 매 12년마다 실시하며 우수자는 경사(京師)에서 재차 시험하여 성적순에 따라 직급을 내렸다.

反 局반국

君賴臣生理最微. 兒能救母洩天機. 母慈滅子關頭異. 夫
군 뢰 신 생 리 최 미　　아 능 구 모 설 천 기　　모 자 멸 자 관 두 이　　부

健何爲又怕妻.
건 하 위 우 파 처

　임금이 신하의 생에 의지하는 것은 이치가 가장 정미(精微)하고 아이가 어미를 구하는 것은 천기(天機)를 설하는 것이다. 어미의 사랑이 자식을 멸(滅)하는 것은 관두(關頭)가 다른 것이다. 남편이 건강한데 어찌 처를 두렵다 하는가.

*賴(뢰. 뇌)-의뢰할 뢰. 힘입을 뢰. 의뢰 뢰.
*關(관)-문빗장 관. 잠글 관. 관문 관. 참여할 관.
*滅(멸)-멸망할 멸. 다할 멸.

*頭(두)-머리 두. 우두머리 두.
*關頭(관두)-가장 중요한 지경. 고비.
*怕(파)-두려워할 파. 부끄러워하다. 아마도. 아마. 대개.

原注원주

木君也. 土臣也. 水泛木浮. 土止水則生木. 木旺火熾. 金伐木則生火.
목 군 야　토 신 야　수 범 목 부　토 지 수 즉 생 목　목 왕 화 치　금 벌 목 즉 생 화

火旺土焦. 水克火則生土. 土重金埋. 木克土則生金. 金旺水濁. 火克
화 왕 토 초　수 극 화 즉 생 토　토 중 금 매　목 극 토 즉 생 금　금 왕 수 탁　화 극

金則生水. 皆君賴臣生也. 其理最妙.
금 즉 생 수　개 군 뢰 신 생 야　기 리 최 묘

【원주】

　木이 君이면 土는 臣이다. 水가 범람하면 木이 뜨는데 土가 지수(止水)하여야 木을 생하게 된다. 木이 왕하면 火는 꺼지는데 金이 木을 극벌(剋伐)하여야 火를 생하게 된다.

　火가 왕하면 土가 말라 터지는데 水가 火를 극하여야 土를 생하게 되고 土가 많

으면 金이 묻히는데 木이 土를 극하여야 金을 생하게 되고 金이 많으면 水가 탁(濁)
하게 되는데 火가 金을 극하여야 水를 생하게 된다. 이는 다 임금이 신하에 의하여
생을 받는 것으로 그 이치가 참으로 묘(妙)하다.

역자주

○ 木旺火熾(목왕화치) : 木이 왕하여 火가 치열(熾烈)하다. 이 말은 火가 왕할 때 木이
많으면 火가 치열하나, 이 장에서는 인수가 태중하여 인수를 덜어야 도리어 생이 된다는
것을 설명하는 장이니 木이 많으면 火가 식멸되니 도리어 木을 극하여 덜어내야 火를
생한다는 이론으로 치(熾)는 식(熄)의 오자(誤字)이다. 즉, 木旺火熄(목왕화식)이다.

○ 여기에서 君(군)이란 일주를 일컫는 말이다. 兒能救母洩天機(아능구모설천기)와 母慈滅
子關頭異(모자멸자관두이)는 뜻이 애매모호(曖昧模糊)하다.

任氏曰임씨왈,

君賴臣生者, 印綬太旺之意也, 此就日主而論, 如日主是木爲君,
군 뢰 신 생 자   인 수 태 왕 지 의 야   차 취 일 주 이 론   여 일 주 시 목 위 군

局中之土爲臣, 四柱重逢壬癸亥子, 水勢泛濫, 木氣反虛, 不但不
국 중 지 토 위 신   사 주 중 봉 임 계 해 자   수 세 범 람   목 기 반 허   부 단 불

能生木, 抑且木亦不能納受其水, 木必浮泛矣,
능 생 목   억 차 목 역 불 능 납 수 기 수   목 필 부 범 의

임 선생님이 말씀하였다.

임금이 신하의 생에 의지한다는 것은 인수가 태왕하다는 뜻이다. 이는 일주를
논한 것으로 가령 일주가 木으로 임금이라면 사주 중의 土는 신하가 되는데 사주
에서 壬癸亥子를 거듭 만나면 수세(水勢)가 범람하여 木은 오히려 허탈하다.

비단 木을 생하지 못할 뿐만 아니라 木 역시 그 왕한 水를 받아들이지 못하니
木이 뜨게 된다.

---

*賴(뢰)-의뢰할 뢰. 의뢰 뢰.
*綬(수)-끈 수. 끈. 인끈(실을 땋은 끈).
*勢(세)-세력 세. 기세 세.
*泛(범. 핍)-뜰 범. 넓을 범. 물소리 핍.
*濫(람)-넘칠 람. 뜰 람.
*抑(억)-누를 억. 문득 억. 또한 억.

*虛(허)-빌 허(아무것도 없음. 쓸모가 없음). 허
 공 허. 하늘 허.
*但(단)-단지. 다만. 공연히. 쓸데없이. 그
 러나 등으로 해석.
*且(차)-또 차. 장차 차. 구차할 차.
*納(납)-들일 납. 바칠 납. 수장(收藏)할 납.

必須用土止水, 則木可託根, 而水方能生木, 木亦受其水矣, 破其
필수용토지수　즉목가탁근　이수방능생목　목역수기수의　파기

印而就其財, 犯上之意, 故爲反局也, 雖就日主而論, 四柱亦同此
인이취기재　범상지의　고위반국야　수취일주이론　사주역동차

論, 如水是官星, 木是印綬, 水勢太旺, 亦能浮木, 亦須見土而能
론　여수시관성　목시인수　수세태왕　역능부목　역수견토이능

受水, 以成反生之妙, 所以理最微也, 火土金水, 皆同此論,
수수　이성반생지묘　소이리최미야　화토금수　개동차론

　　반드시 土를 써서 제수(制水)하여야 木이 뿌리를 내리니 水가 木을 생할 수 있고 木 역시 水의 생을 받아들이는 것이다. 인수를 재성을 취하여 파(破)하는 것이니 위를 범하는 뜻이 있어 고로 반국(反局)인 것이다. 비록 일주를 논한 것이지만 사주 역시 이와 같이 논한다.

　　가령 水가 관성이면 木은 인수가 되는데 水가 태왕하면 木이 뜨게 된다. 모름지기 土가 있어야 木이 水를 받아들여 반생(反生)의 묘(妙)함을 이루니 이러므로 그 이치가 참으로 미묘(微妙)한 것이다. 火 土 金 水가 모두 이와 같다.

*託(탁)-부탁할 탁. 당부하다. 청탁하다.
*破(파)-깨뜨릴 파.
*就(취)-이룰 취. 좇을 취.
*雖(수)-비록 수. 오직 수.
*勢(세)-세력 세. 기세 세.
*須(수)-수염 수. 기다릴 수. 잠깐 수. 모름지기 수.

*亦(역)-또한 역. 모두 역.
*浮(부)-뜰 부. 띄울 부.
*妙(묘)-묘할 묘. 예쁠 묘.
*最(최)-가장 최. 모두 최. 우두머리 최.
*微(미)-작을 미. 정묘할 미. 천할 미.
*皆(개)-다 개.
*此(차)-이 차. 이에 차.

戊 甲 壬 壬
辰 寅 子 辰

戊 丁 丙 乙 甲 癸
午 巳 辰 卯 寅 丑

甲木生於仲冬, 雖日坐祿支, 不致浮泛, 而水勢太旺, 辰土雖能蓄
갑 목 생 어 중 동　수 일 좌 록 지　불 치 부 범　이 수 세 태 왕　　진 토 수 능 축

水, 喜其戊土透露, 辰乃木餘氣, 足以止水託根, 謂君賴臣生也, 所
수　희 기 무 토 투 로　진 내 목 여 기　족 이 지 수 탁 근　위 군 뢰 신 생 야　소

以早登科甲, 翰苑名高, 更妙南方一路火土之運, 祿位未可限量也,
이 조 등 과 갑　한 원 명 고　갱 묘 남 방 일 로 화 토 지 운　　록 위 미 가 한 량 야

甲木이 중동(仲冬)에 생하였으나 녹(祿)인 寅木에 앉아 있어 물에 뜨지는 않으나
그러나 수세(水勢)가 태왕하다.

辰土는 물을 머금고 있는 土인데 기쁜 것은 戊土가 천간으로 투출한 것이다.
辰은 木의 여기(餘氣)로 족히 물을 막고 탁근(託根)한다. 이른바 임금이 신하에 의
지하여 생을 받고 있는 것이다.

이러므로 일찍이 등과하고 한원(翰苑)에서 이름이 높았다. 더욱 아름다운 것은
운이 한길로 南方 火土이니 복록과 직위가 한량이 없다.

---

*浮泛(부범)-물 위에 뜸. 뱃놀이를 함.
*早(조)-이를 조. 이르다. 서두르다. 젊다.
　일찍. 서둘러. 젊어서. 새벽.
*科(과)-과정 과. 과정. 조목. 품등. 그루.
*翰(한)-깃 한. 붓 한. 글 한.
*苑(원)-동산 원. 문채 날 원.

*翰苑(한원)-한림원(翰林院). 예문관(藝文
館)을 달리 이르는 말. 서적의 편찬이나 조
서(詔書)의 초안을 담당하는 부서로 학문
에 재능 있는 사람들이 선발됨. 조선(朝鮮)
에서는 예문관의 검열에 해당하는 관직으
로 문벌이 좋고 우수한 수재라야 임명됨.

戊 甲 壬 壬
辰 子 子 戌

戊 丁 丙 乙 甲 癸
午 巳 辰 卯 寅 丑

甲木生於仲冬, 前造坐寅而實, 此則坐子而虛, 所喜年支帶火之戌
갑 목 생 어 중 동　　전 조 좌 인 이 실　　차 즉 좌 자 이 허　　소 희 년 지 대 화 지 술

土, 較辰土力量大過矣, 蓋戊土之根固, 足以補日主之虛, 行運亦
토　　교 진 토 역 량 대 과 의　　개 무 토 지 근 고　　족 이 보 일 주 지 허　　행 운 역

同, 功名亦同, 仕至尚書,
동　　공 명 역 동　　사 지 상 서

甲木이 중동(仲冬)에 생하였다. 앞의 사주는 일주가 寅에 좌(坐)하니 실(實)하나
이 사주는 子水에 좌하니 허(虛)하다. 기쁜 것은 年支에 火를 암장한 戌土가 있어
辰土의 역량보다 훨씬 낫다.

辰土나 戌土는 다 戊土의 뿌리로 견고하니 족히 일주의 허(虛)함을 보충
한다. 행운(行運)도 역시 같고 공명도 역시 같았다. 벼슬이 상서(尚書)에 이르
렀다.

*仲冬(중동)-음력(陰曆) 동짓달의 딴 이름.

*造(조)-지을 조. 시작할 조. 처음 조.

*帶(대)-띠 대. 두를 대. 찰 대.

*較(교)-견줄 교. 대강 교.

*過(과)-지날 과. 지나칠 과. 예전 과. 잘못
할 과.

*蓋(개)-덮을 개. 뚜껑 개. 일산 개. 대개 개.
어찌 개.

*補(보)-기울 보. 도울 보. 보탤 보.

*固(고)-굳을 고. 진실로 고. 항상 고. 부사
어로는 단호히. 확실히. 진실로. 여전히 등
으로 해석.

*功(공)-공 공. 공로. 일. 보람.

*尚(상)-오히려 상. 바랄 상. 자랑할 상. 부
사로 쓸 때는 강한 반문의 뜻을 나타냄. 또
한. 여전히.

己 辛 戊 己
亥 酉 辰 巳

壬 癸 甲 乙 丙 丁
戌 亥 子 丑 寅 卯

陳提督造, 辛生辰月, 土雖重疊, 春土究屬氣闢而鬆, 木有餘氣,
진제독조 신생진월 토수중첩 춘토구속기벽이송 목유여기

亥中甲木逢生, 辰酉輾轉相生, 反助木之根原, 遙沖巳火, 使其不
해중갑목봉생 진유전전상생 반조목지근원 요충사화 사기불

生戊己之土, 亦君賴臣生也, 其不就書香者, 木之元神不透也, 然
생무기지토 역군뢰신생야 기불취서향자 목지원신불투야 연

喜生化不悖, 又運走東北水木之地, 故能武職超羣,
희생화불패 우운주동북수목지지 고능무직초군

진 제독의 명조이다. 辛金이 辰月에 태어나 土가 비록 중첩되어 있으나 봄의 土는 기(氣)가 열려 있어 결국 성글다. 辰은 木의 여기(餘氣)이고 亥 중에 甲木이 생을 받고 있다. 辰酉가 土生金 金生水로 돌아가며 생하고 생하니 도리어 木의 근원을 돕는다. 亥水가 멀지만 巳火를 충하여 巳火로 하여금 戊己 土를 생하지 못하게 하니 역시 임금이 신하에 의지하여 생을 받는 것이다.

학문을 다하지 못한 것은 木의 원신(元神)이 투출하지 않았기 때문이다. 그러나 기쁜 것은 생화(生化)가 어그러지지 않고 운이 東北 水木으로 가니 무관(武官)으로 뛰어난 인물이다.

*陳(진)-늘어놓을 진. 늘어설 진. 말할 진.
*提(제)-끌 제. 들 제. 거느릴 제.
*督(독)-살필 독. 거느릴 독. 꾸짖을 독.
*提督(제독)-군대를 거느리는 사람. 청대 (淸代)에 성(省)의 군사(軍事)를 맡은 벼슬. 함대(艦隊)의 사령관.
*屬(속. 촉)-무리 속. 아래 벼슬아치 속. 이을 촉. 따를 촉. 가까울 촉.

*闢(벽)-열 벽. 열릴 벽. 피할 벽.
*鬆(송)-헝클어질 송. 거칠 송.
*輾(전)-돌 전. 구를 전.
*轉(전)-구를 전. 넘어질 전.
*輾轉(전전)-잠이 오지 않아 누워서 엎치락뒤치락함. 여기서는 돌아가며 생한다는 뜻.
*羣(군)-무리 군. 군(群)과 仝.

庚　己　丁　戊
午　卯　巳　午

癸　壬　辛　庚　己　戊
亥　戌　酉　申　未　午

己土生于孟夏, 局中印星當令, 火旺土焦, 又能焚木, 至庚子年春
기토생우맹하　국중인성당령　화왕토초　우능분목　지경자년춘

闈奏捷, 帶金之水足以制火之烈, 潤土之燥也, 其不能顯秩, 仕路
위주첩　대금지수족이제화지열　윤토지조야　기불능현질　사로

蹭蹬者, 局中無水之故也,
층등자　국중무수지고야

　　己土가 맹하(孟夏)에 생하여 원국에 인수가 당령하고 火가 왕하여 土는 말라
터지는 형상이다. 또 木도 다 타버리었다.

　　庚子 년에 춘위(春闈)에 등과하였는데 이는 金을 대동한 水가 족히 火의 맹렬함
을 제극하고 조토(燥土)를 윤토(潤土)로 하였기 때문이다. 현관(縣官)에 나가지 못
하고 벼슬길이 많이 막혔던 것은 원국에 水가 없기 때문이다.

*焦(초) ─ 그슬릴 초. 탈 초. 태울 초.
*焚(분) ─ 탈 분. 태울 분. 불사를 분.
*闈(위) ─ 문 위. 대궐 위. 과장 위.
*春闈(춘위) ─ 봄에 시행하는 과거시험(科擧
試驗).
*奏(주) ─ 아뢸 주. 상소 주.

*捷(첩) ─ 이길 첩. 빠를 첩.
*烈(렬. 열) ─ 세찰 렬. 사나울 렬. 굳셀 렬.
*潤(윤) ─ 젖을 윤. 윤택할 윤.
*顯(현) ─ 밝을 현. 나타날 현. 드러날 현.
*秩(질) ─ 차례 질. 녹(祿) 질. 벼슬 질.
*顯秩(현질) ─ 縣官(현관). 즉, 지방장관.

原注원주

木爲母. 火爲子. 木被金傷. 火克金則生木. 火遭水克. 土克水則生火.
목위모　화위자　목피금상　화극금즉생목　화조수극　토극수즉생화

土遇木傷. 金克木則生土. 金逢火煉. 水克火則生金. 水困土塞. 木克
토우목상　금극목즉생토　금봉화련　수극화즉생금　수곤토색　목극

土則生水. 皆兒能生母之意. 此意能奪天機.
토즉생수　개아능생모지의　차의능탈천기

【원주】

木이 어미이면 火는 자식이다. 木이 金의 상해를 받으면 火가 金을 극해야 木이 살고, 火가 水의 극을 만나면 土가 水를 극해야 火가 살고, 土가 木의 극을 받으면 金이 木을 극해야 土가 살고, 金이 火의 극을 받으면 水가 火를 극해야 金이 살고, 水가 土에 막히면 木이 土를 극해야 水가 산다. 이는 다 자식이 어미를 구하는 것인데, 이 의미는 곧 천기(天機)를 탈(奪)하였다는 뜻이다.

*被(피)－이불 피. 덮을 피. 입을 피.
*遭(조)－만날 조.
*煉(련. 연)－달굴 련. 이길 련.
*困(곤)－곤할 곤. 괴로움 곤.
*塞(색)－변방 새. 요새 새. 막을 색. 막힐 색.
*奪(탈)－빼앗을 탈(억지로 빼앗음). 빼앗길 탈.

*能(능)－부사어로는 곧. 바로. 게다가. 오히려 등으로 해석. 경우에 따라서는 해석하지 않기도 함.
*天機(천기)－천지조화의 심오한 비밀. 모든 조화를 꾸미는 하늘의 기밀. 조화(造化)의 작용.

> **역자주** 위 문장의 맨 마지막 줄 此意能奪天機(차의능탈천기). 이 말은 이해가 어렵다. 직역(直譯)하면 "이 뜻은 곧 천기를 탈(奪)하는 것이다"라고 해석할 수 있는데 천기를 탈취(奪取)하였다는 의미가 애매하다. 독자 제현의 가르침을 구한다.

任氏曰임씨왈,

兒能生母之理, 須分時候而論也, 如木生冬令, 寒而且凋, 逢金水
아능생모지리　수분시후이론야　여목생동령　한이차조　봉금수

必凍, 不特金能克木, 而水亦能克木也, 必須火以克金, 解水之凍,
필동　불특금능극목　이수역능극목야　필수화이극금　해수지동

木得陽和而發生矣, 火遭水克, 生於春初冬盡, 木嫩火虛, 非但火
목득양화이발생의　화조수극　생어춘초동진　목눈화허　비단화

忌水, 而木亦忌水, 必須土來止水, 培木之精神, 則火得生, 而木
기수　이목역기수　필수토래지수　배목지정신　즉화득생　이목

亦榮矣,
역영의

임 선생님이 말씀하였다.

아이가 어미를 생한다는 이치는 모름지기 절기(節氣)를 분별(分別)하여 논함이다. 가령 木이 겨울에 생하면 춥고 또한 시든 상태인데 金水를 만나면 반드시 얼어버리니 金만 木을 극하는 것이 아니라 水 또한 木을 극하는 것이다.

반드시 火로 金을 극하고 언 물을 녹여야 木이 양화(陽和)를 얻어 살아나게 되는 것이다.

火가 水의 극이 있는데, 초봄이나 겨울의 끝은 木이 어려 火가 허(虛)하니 비단 火만 水를 꺼리는 것이 아니라 木도 水를 꺼리니 반드시 土로 물을 막고 木의 정신을 배양해야 火가 생조를 받고 木도 영화롭다.

*寒(한)−찰 한. 서늘할 한. 궁할 한.   *凍(동)−얼 동. 얼음 동.
*凋(조)−시들 조. 느른할 조.   *遭(조)−만날 조.
*克(극)−능할 극. 이길 극.   *盡(진)−다할 진. 다 진. 가령 진.
*陽和(양화)−화창한 춘절(春節). 춘화(春和).   *嫩(눈)−어릴 눈.
  인정(仁政)에 비유함.   *榮(영)−꽃 영. 영화 영. 빛 영.

土遇木傷, 生于春末冬初, 木堅土虛, 縱有火, 不能生濕土, 必須
토우목상　생우춘말동초　목견토허　종유화　불능생습토　필수

用金伐木, 則火有焰而土得生矣, 金逢火煉, 生于春末夏初, 木旺
용금벌목　즉화유염이토득생의　금봉화련　생우춘말하초　목왕

火盛, 必須水來克火, 又能濕木潤土, 而金得生矣,
화성　필수수래극화　우능습목윤토　이금득생의

土가 木에 의하여 상해를 입는데 봄의 끝이나 겨울 초에 생하였으면 木은 강하고 土는 허하니 비록 火가 있어도 습토를 생할 수 없으니 반드시 金으로 木을 극하여야 火가 불꽃을 낼 수 있어 土가 생조를 받는다.

金이 火의 극이 있는데 춘말(春末)이나 하초(夏初)는 木이 왕하고 火도 성(盛)하니 반드시 水가 火를 극하여야 木도 생을 받고 土가 윤택해져 金이 생을 받는다.

*遇(우)−만날 우. 대접할 우. 뜻밖에 우.   *伐(벌)−칠 벌. 벨 벌.
*堅(견)−굳을 견. 굳어질 견.   *焰(염)−불꽃 염.
*縱(종)−늘어질 종. 놓아둘 종. 부사어로는   *盛(성)−그릇 성. 성할 성.
  설령. 비록 등으로 해석.   *潤(윤)−젖을 윤. 윤택할 윤.

역자주 밑줄의 又能濕木潤土(우능습목윤토)는 滋木潤土(자목윤토)의 誤字이다. 즉 水가 木도 기르고 土도 潤土(윤토)로 한다는 뜻이다. 『적천수징의』에는 滋木潤土(자목윤토)로 되어 있다.

水因土塞, 生於秋冬, 金多水弱, 土入坤方, 而能塞水, 必須木以
수인토색　생어추동　금다수약　토입곤방　이능색수　필수목이

疏土, 則水勢通達而無阻隔矣, 成母子相依之情, 若木生夏秋, 火
소토　즉수세통달이무조격의　성모자상의지정　약목생하추　화

生秋冬, 金生冬春, 水生春夏, 乃休囚之位, 自無餘氣, 焉能用生
생추동　금생동춘　수생춘하　내휴수지위　자무여기　언능용생

我之神, 以制克我之神哉, 雖就日主而論四柱之神, 皆同此論,
아지신　이제극아지신재　수취일주이론사주지신　개동차론

　水가 土로 인하여 막힐 때 가을이나 겨울에 태어나 金이 많으면 水가 약해지는데 土가 곤방(坤方)에 들면 곧 물이 막히게 되니 반드시 木으로 소토(疏土)하여야 수세(水勢)가 통달하고 막힘이 없게 되어 어미와 자식이 서로 의지하는 정(情)을 이루는 것이다.

　만약 木이 여름이나 가을에 태어나고, 火가 가을이나 겨울에 태어나고, 金이 겨울이나 봄에 태어나고, 水가 봄이나 여름에 태어나면 이는 다 휴수된 때로 남은 기운이 없으니 어찌 나를 생하는 것으로 용신으로 삼으며 나를 극하는 신(神)을 제압(制壓)할 수 있겠는가. 비록 일주를 들어 논하였으나 사주의 모든 오행도 이와 같이 논(論)한다.

*坤方(곤방)－곤방은 南西 방향을 이르는 말. 未와 申 사이를 坤(곤)이라 하니, 즉 未坤申으로 南西 방향이 됨.

*塞(색)－막힐 색. 변방 새. 요새 새.

*達(달)－통할 달. 달할 달.

*疏(소)－트일 소. 나누일 소. 멀리할 소. 채소 소. 상소할 소.

*阻(조)－험할 조. 막히다.

*隔(격)－막을 격. 막이 격.

*焉(언)－어찌 언. 이에 언. 어조사 언.

庚 甲 丙 甲
午 申 寅 申

壬 辛 庚 己 戊 丁
申 未 午 巳 辰 卯

春初木嫩, 雙沖寅祿, 又時透庚金, 木嫩金堅, 金賴丙火逢生臨旺,
춘 초 목 눈　쌍 충 인 록　우 시 투 경 금　목 눈 금 견　금 뢰 병 화 봉 생 임 왕

尤妙五行無水, 謂兒能救母, 使庚申之金, 不傷甲木, 至巳運, 丙
우 묘 오 행 무 수　위 아 능 구 모　사 경 신 지 금　불 상 갑 목　지 사 운　병

火祿地, 中鄕榜, 庚午運發甲, 辛未運, 仕縣宰, 總嫌庚金蓋頭, 不
화 록 지　중 향 방　경 오 운 발 갑　신 미 운　사 현 재　총 혐 경 금 개 두　불

能升遷, 壬申運, 不但仕路蹭蹬, 亦恐不祿,
능 승 천　임 신 운　부 단 사 로 충 등　역 공 불 록

　이른 봄이라 木이 어린데 두 개의 申金이 寅木을 충하고 또 時에 庚金이 투출
하였다. 木은 어리고 金이 강하니 오로지 丙火에 의지하는데 丙火는 木의 생이
있고 午火가 있어 왕하다.

　더욱 묘(妙)한 것은 원국에 水가 없는 것이다. 아이가 어미를 구하는 형상으로
庚金이나 申金이 甲木을 상하지 못한다.

　巳 운에 이르러 丙火가 녹지(祿地)에 임하니 향방에 들고 庚午 운에 등과하고
辛未 운에 벼슬이 현령에 올랐다. 한마디로 혐의가 되는 것은 金이 개두하여 벼슬
이 오르지 못하였다. 壬申 운은 비단 벼슬길이 막힘이 많았을 뿐만 아니라 수명
역시 두렵다.

*嫩(눈)-어릴 눈.　　　　　　　　*嫌(혐)-싫어할 혐. 미움 혐.
*尤(우)-더욱 우. 허물 우.　　　　*蹭(충)-헛디딜 충. 어정거릴 충.
*榜(방)-방 붙일 방. 고시하다. 매질하다.　*蹬(등)-헛디딜 등. 어정거릴 등.

역자주 　밑줄의 金賴丙火逢生臨旺(금뢰병화봉생임왕)은 全賴丙火逢生(전뢰병화봉생)이다. 木은 오
　　　로지 丙火에 의지하여 金의 극을 막는다는 뜻이다. 그래서 兒能救母(아능구모)인 것이
　　　다. 『적천수징의』에는 全賴丙火(전뢰병화)라 되어 있다.

丙　乙　丙　甲
戌　酉　子　申

壬　辛　庚　己　戊　丁
午　巳　辰　卯　寅　丑

乙木生於仲冬, 雖逢相位, 究竟冬凋不茂, 又支類西方, 財殺肆逞,
을 목 생 어 중 동　수 봉 상 위　구 경 동 조 불 무　우 지 류 서 방　재 살 사 령

喜其丙火並透, 則金不寒, 水不凍, 寒木向陽, 兒能救母, 爲人性
희 기 병 화 병 투　즉 금 불 한　수 부 동　한 목 향 양　아 능 구 모　위 인 성

情慷慨, 雖在經營, 規模出俗, 刱業十餘萬, 其不利於書香者, 由
정 강 개　수 재 경 영　규 모 출 속　창 업 십 여 만　기 불 리 어 서 향 자　유

戌土生殺壞印之故也,
술 토 생 살 괴 인 지 고 야

　乙木이 중동(仲冬)에 태어났다. 子月은 비록 상(相)의 자리이나 결국은 겨울이라 시들고 무성하지 못하다. 또 지지는 申酉戌 西方 金地를 이루어 재와 살이 날뛴다. 기쁜 것은 丙火가 나란히 투출하여 해동(解凍)하니 金이 차갑지 않고 水가 얼지 않으며 겨울의 나무가 볕을 받는 것으로 아이가 어미를 구하는 형상이다.
　사람됨이 성품이 강개지심(慷慨之心)이 있고 비록 사업을 하였지만 경영함은 속(俗)되지 않았으며 창업하여 십여 만의 재물을 모았다. 학문을 다하지 못한 것은 戌土가 살(殺)을 생하고 인수(印綬)를 극하기 때문이다.

*究(구)-궁구할 구. 헤아릴 구.
*竟(경)-끝날 경. 마칠 경. 끝 경.
*究竟(구경)-극진(極盡)함. 끝남. 곧. 마침 내. 필경(畢竟).
*茂(무)-우거질 무. 빼어날 무.
*肆(사)-방자할 사. 펄 사. 가게 사.
*逞(령. 영)-왕성할 령. 쾌할 령.
*向陽(향양)-볕을 마주 받음. 남쪽을 향한 땅.

*慷(강)-강개할 강.
*慨(개)-분개할 개. 슬퍼할 개.
*慷慨(강개)-의분에 복받치어 슬퍼하고 한 탄함.
*規(규)-법 규. 경계 규. 간할 규.
*模(모)-법 모. 본 모. 본뜰 모.
*規模(규모)-법. 본보기. 물건의 구조.
*刱(창)-비롯할 창(시작함).
*壞(괴)-무너뜨릴 괴. 무너질 괴.

역자주 相位(상위)란 旺相休囚(왕상휴수)를 말한 것으로 木은 北方이 상(相)에 해당하니 相位(상위)라 한 것이다.

甲　壬　乙　丙
辰　辰　未　辰

癸　壬　辛　庚　己　戊　丁　丙
卯　寅　丑　子　亥　戌　酉　申

壬水生於季夏, 休囚之地, 喜其三逢辰支, 通根身庫, 辰土能蓄水
임수생어계하　휴수지지　희기삼봉진지　통근신고　진토능축수

養木, 甲乙並透, 通根制土, 兒能生母, 微嫌丙火洩木生土, 功名
양목　갑을병투　통근제토　아능생모　미혐병화설목생토　공명

不過一衿, 妙在中晚運走東北水木之地, 捐納出仕, 位至藩臬, 富
불과일금　묘재중만운주동북수목지지　연납출사　위지번얼　부

有百餘萬,
유백여만

壬水가 계하(季夏)에 나니 휴수(休囚)되었는데 기쁜 것은 지지에 辰土가 셋이나 있어 고(庫)에 통근한 것이다. 辰土는 물을 축장하고 있어 木을 기른다. 甲乙이 나란히 투출하여 뿌리를 내리고 土를 제(制)하니 아이가 어미를 구(救)한 형상이다.

조금 꺼리는 것은 丙火가 木을 설하고 土를 생하니 공명은 일금(一衿)에 불과하였다. 아름다운 것은 중년과 말년 운이 東北 水木으로 가니 연납(捐納)으로 출사하여 벼슬이 번얼(藩臬)에 이르고 부(富)가 백여 만이었다.

*季夏(계하)－음력(陰曆) 유월(六月)의 별칭
 (別稱). 늦은 여름.
*蓄(축)－쌓을 축. 모을 축. 감출 축.
*養(양)－기를 양. 다스릴 양.
*藩(번)－울 번. 지경 번. 지킬 번.
*臬(얼)－말뚝 얼. 과녁 얼. 법 얼.
*藩臬(번얼)－지방관리. 안찰사(按察使).

*一衿(일금)－초시(初試)에 합격함.
*捐(연)－버릴 연. 덜 연. 기부 연.
*納(납)－들일 납. 바칠 납.
*捐納(연납)－국가에 흉년이나 기근이 들었
 을 때 곡물이나 재물을 바치는 것. 국가는
 공로로 훈작(勳爵)이나 벼슬을 줌.

辛 己 乙 癸
未 卯 卯 卯

己 庚 辛 壬 癸 甲
酉 戌 亥 子 丑 寅

己土生於仲春, 四殺當令, 日元虛脫極矣, 還喜濕土能生木, 不愁
기 토 생 어 중 춘　사 살 당 령　일 원 허 탈 극 의　환 희 습 토 능 생 목　불 수

木盛, 若戌土必不支矣, 更妙未土, 通根有餘, 足以用辛金制殺,
목 성　약 무 토 필 부 지 의　갱 묘 미 토　통 근 유 여　족 이 용 신 금 제 살

兒能生母, 至癸酉年, 辛金得祿, 中鄕榜, 庚戌出仕縣令, 所嫌者,
아 능 생 모　지 계 유 년　신 금 득 록　중 향 방　경 술 출 사 현 령　소 혐 자

年干癸水, 生木洩金, 仕路不顯, 宦囊如洗, 爲官淸介, 人品端方,
년 간 계 수　생 목 설 금　사 로 불 현　환 낭 여 세　위 관 청 개　인 품 단 방

己土가 중춘(仲春)에 태어났다. 네 개의 살이 당령하여 일주는 허탈함이 극에 이르렀는데 도리어 기쁜 것은 己土는 습토로 능히 木을 생하니 木이 왕성함을 걱정하지 않는다. 만약 戊土였다면 지탱하지 못할 것이다. 더욱 묘(妙)한 것은 未土로 통근함이 넉넉하여 족히 辛金으로 살을 제(制)하니 아능구모(兒能救母)이다.

癸酉 년에 이르러 辛金이 녹(綠)을 만나 향방에 들고 庚戌 년에 벼슬길에 나아가 현령이 되었다. 꺼리는 것은 年干에 癸水가 있어 木을 생하고 金을 설하는 것으로 벼슬길이 뛰어나지 못하고 재물도 씻은 듯 가난하였다. 그러나 청렴하고 인품이 단정하였다.

*支(지)-가지 지. 팔다리 지. 헤아릴지. 버틸 지. 지지(地支) 지.
*不支(부지)-버티지 못한다. 지탱하지 못한다.
*榜(방)-방 붙일 방. 고시하다. 매질하다.
*宦(환)-벼슬아치 환. 벼슬 환.
*囊(낭)-주머니 낭. 주머니에 넣을 낭.
*洗(세. 선)-씻을 세. 그릇 세. 깨끗할 선.
*如洗(여세)-~가 씻은 듯하다. 여기서는 씻은 듯 가난하였다는 말임.
*介(개)-낄 개. 클 개. 작을 개. 소개할 개. 버금 개.
*淸介(청개)-마음이 깨끗하여 남과 어울리지 아니함. 청렴(淸廉)하여 고립(孤立)함.
*端(단)-바를 단. 바로잡을 단. 실마리 단.
*端方(단방)-단정(端正).

原注원주

木母也. 火子也. 太旺謂之慈母. 反使火熾而焚滅. 是謂滅子. 火土金
목모야　화자야　태왕위지자모　반사화치이분멸　시위멸자　화토금

水亦如之.
수역여지

【원주】

木이 어미라면 火는 자식이 된다. 木이 태왕하면 일러 자모(慈母)라 하고 반대로 火가 치열하면 다 타버리니 이를 일러 멸자(滅子)라 한다. 火 土 金 水가 다 이와 같다.

任氏曰임씨왈,

母慈滅子之理, 與君賴臣生之意相似也, 細究之, 均是印旺, 其關
모자멸자지리　여군뢰신생지의상사야　세구지　균시인왕　기관

頭異者, 君賴臣生, 局中印綬雖旺, 柱中財星有氣, 可以用財破印
두이자　군뢰신생　국중인수수왕　주중재성유기　가이용재파인

也, 母慈滅子, 縱有財星無氣, 未可以財星破印也, 只得順母之性,
야　모자멸자　종유재성무기　미가이재성파인야　지득순모지성

助其子也, 歲運仍行比刧之地, 庶母慈而子安, 一見財星食傷之類,
조기자야　세운잉행비겁지지　서모자이자안　일견재성식상지류

逆母之性, 無生育之意, 災咎必不免矣,
역모지성　무생육지의　재구필불면의

임 선생님이 말씀하였다.

모자멸자(母慈滅子)의 이론은 군뢰신생(君賴臣生)의 뜻과 비슷하다. 자세히 살펴보면 모두 인수가 왕한 것이다. 그 고비가 다른 것은 군뢰신생은 원국에 인수가 비록 왕하나 재성이 유기하여 재(財)를 써서 인수를 파(破)하는 것이다.

모자멸자(母慈滅子)는 설령 재성이 있어도 무기(無氣)하여 재성으로 인수를 파(破)하지 못하는 것이다. 다만 어미의 마음을 따라야 그 어미가 자식을 돕는 것이다. 세운이 비겁지로 행하면 어미가 자애롭고 자식도 편하다. 만약 재성이나 식상운으로 가면 어미의 성정을 거슬리니 생육(生育)의 마음이 없어 재구(災咎)를 면

(免)할 수 없을 것이다.

*關頭(관두)-가장 중요한 지경. 고비(일이   *逆(역)-거스를 역. 거꾸로 역.
  되어가는 데의 가장 요긴한 단계나 대목).   *災(재)-화재 재. 재앙 재.
*縱(종)-늘어질 종. 놓아둘 종. 부사어로는   *咎(구)-허물 구. 재앙 구. 미워할 구.
  설령. 비록 등으로 해석.   *災咎(재구)-재난과 허물.

甲 丁 甲 癸
辰 卯 寅 卯

丙 丁 戊 己 庚 辛 壬 癸
午 未 申 酉 戌 亥 子 丑

此造俗謂殺印相生, 身强殺淺, 金水運名利雙收, 不知癸水之氣, 盡歸
차 조 속 위 살 인 상 생, 신 강 살 천, 금 수 운 명 리 쌍 수, 부 지 계 수 지 기, 진 귀

甲木, 地支寅卯辰全, 木多火熄, 母慈滅子, 初運癸丑壬子, 生木剋火,
갑 목, 지 지 인 묘 진 전, 목 다 화 식, 모 자 멸 자, 초 운 계 축 임 자, 생 목 극 화,

刑傷破耗, 辛亥庚戌己酉戊申, 土生金旺, 觸犯木之旺神, 顚沛異常,
형 상 파 모, 신 해 경 술 기 유 무 신, 토 생 금 왕, 촉 범 목 지 왕 신, 전 패 이 상,

無存身之地, 是以六旬以前, 一事無成, 丁未運助起日元, 順母之性,
무 존 신 지 지, 시 이 육 순 이 전, 일 사 무 성, 정 미 운 조 기 일 원, 순 모 지 성,

得際遇, 娶妾連生兩子, 及丙午二十年, 發財數萬, 壽至九旬外,
득 제 우, 취 첩 연 생 양 자, 급 병 오 이 십 년, 발 재 수 만, 수 지 구 순 외,

이 명조는 시속에서는 살인상생으로 일주가 강하고 살이 약하여 金水 운에 명
리(名利)를 모두 얻을 것이라 하나 그것은 癸水의 기운은 甲木에 다 돌아간 것을
모르고 하는 말이다. 지지가 寅卯辰 東方을 이루니 목다화식(木多火熄)으로 모다
멸자(母多滅子)의 형상이다.

초(初) 운이 壬子 癸丑으로 木을 생하고 火를 극하니 형상과 파모를 겪었고
辛亥 庚戌 己酉 戊申 운은 土가 金을 생하여 金이 왕하니 왕신을 범(犯)하게
되어 실패를 거듭하여 일신의 몸조차 보존키 어려웠다.

이러므로 육순(六旬) 이전에는 하나도 이룬 것이 없었다. 丁未 운으로 들어 일주를 도와 일으키고 어미의 성정을 따르니 좋은 기회를 얻어 부인을 맞이하고 두 아들을 낳았으며 丙午 대운까지 이십 년간에 수만의 재물을 모았다. 수명은 구순(九旬)을 넘겼다.

*俗(속)－풍속 속. 시속 속. 속인 속.
*謂(위)－이를 위. 이름 위. 까닭 위.
*俗謂(속위)－속론(俗論).
*淺(천)－얕을 천. 엷을 천.
*雙(쌍)－쌍 쌍. 견줄 쌍.
*收(수)－거둘 수. 길을 수. 가질 수.
*歸(귀)－돌아갈 귀. 돌아올 귀. 보낼 귀.
*熄(식)－꺼질 식. 사라질 식.

*觸(촉)－닿을 촉. 부딪칠 촉. 범할 촉.
*犯(범)－범할 범. 침범할 범. 범죄 범.
*顚(전)－머리 전. 이마 전. 넘어질 전. 뒤집 힐 전.
*沛(패)－늪 패. 갈 패. 흐를 패.
*顚沛(전패)－엎어지고 자빠지고 함. 꺾임. 좌절.
*娶(취)－장가들 취.

戊　辛　丙　戊
戌　丑　辰　戊

壬　辛　庚　己　戊　丁
戌　酉　申　未　午　巳

辛金生於季春, 四柱皆土, 丙火官星, 元神洩盡, 土重金埋, 母多
신금생어계춘　사주개토　병화관성　원신설진　토중금매　모다

滅子, 初運火土, 刑喪破敗, 蕩焉無存, 一交庚申, 助起日元, 順母
멸자　초운화토　형상파패　탕언무존　일교경신　조기일원　순모

之性, 大得際遇, 及辛酉, 拱合辰丑, 捐納出仕, 壬戌運, 土又得地,
지성　대득제우　급신유　공합진축　연납출사　임술운　토우득지

詿誤落職,
괘오낙직

辛金이 계춘(季春)에 생하였는데 사주가 다 土 판이다. 丙火 관성은 土에 다 설진(洩盡)되었고 土가 많아 金이 묻히니 모자멸자 형상이다. 초년 운이 火土로 형상과 파모가 심하여 재물이 다 없어지고 남은 것이 없었다.

庚申 운으로 바뀌어 일원을 돕고 어미의 성정을 따르니 좋은 기회를 얻어 辛酉 대운까지 辰丑을 공(拱)하고 합하여 연납(捐納)으로 출사하였다. 壬戌 운에 이르러 土가 득지(得地)하니 잘못을 범하여 벼슬에서 물러났다.

戊　辛　戊　丙
戌　丑　戌　戌

甲　癸　壬　辛　庚　己
辰　卯　寅　丑　子　亥

此與前只換一戌字, 因初運己亥庚子辛丑金水, 丑土養金, 出身富
차여전지환일술자　인초운기해경자신축금수　축토양금　출신부

貴, 辛運加捐, 一交壬運, 水木齊來, 犯母之性, 彼以土重逢木必
귀　신운가연　일교임운　수목제래　범모지성　피이토중봉목필

佳, 强爲出仕, 犯事落職,
가　강위출사　범사낙직

이 사주와 앞 사주는 단지 戌자 하나만 바뀌었다. 초년 운인 己亥 庚子 辛丑 金水 운에서는 丑土가 金을 배양하니 부귀(富貴)한 집에서 태어났다.

辛 운에 연납(捐納)하였는데 壬 운으로 바뀌어 水木이 함께 오니 어미의 성정(性情)을 거슬린다. 저들은 土가 중(重)할 때 木을 만나면 반드시 아름답다고 여겨, 애써 벼슬길에 나갔으나 일을 저질러 낙직(落職)하였다.

*因(인)－인할 인. 말미암을 인. 의지할 인. 부사어로는 곧. 오히려 ～에서. ～때문에. ～에 근거하여 등으로 해석.
*捐(연)－버릴 연. 덜 연. 기부 연.
*强(강)－강할 강. 강하게 할 강. 힘쓸 강. 힘쓰게 할 강. 강요할 강. 부사어로는 억지로. 무리하게. 애써 등으로 해석.

*彼(피)－저 피. 그 피. 저쪽 피. 부사어로는 저러한. 저. 그 등으로 쓰이고, 또한 부정을 나타내는 비(匪)와 동일어로도 쓰임. '즉, ～이 아니다'로 해석. 『시경(詩經)』에서는 비(匪)와 비(非)로 쓰였음. 문장의 첫머리에 올 때는 해석하지 않기도 함.
*佳(가)－아름다울 가. 좋을 가.

壬 甲 壬 壬
申 子 寅 子

戊 丁 丙 乙 甲 癸
申 未 午 巳 辰 卯

此俗論木生孟春, 時殺獨淸, 許其名高祿重, 不知春初嫩木, 氣又
차 속 론 목 생 맹 춘　 시 살 독 청　 허 기 명 고 녹 중　 부 지 춘 초 눈 목　 기 우

寒凝, 不能納水, 時支申金, 乃壬水生地, 又子申拱水, 乃母多滅
한 응　 불 능 납 수　 시 지 신 금　 내 임 수 생 지　 우 자 신 공 수　 내 모 다 멸

子也, 惜運無木助, 逢火, 運與水戰, 猶恐名利無成也, 初行癸卯
자 야　 석 운 무 목 조　 봉 화　 운 여 수 전　 유 공 명 리 무 성 야　 초 행 계 묘

甲辰, 東方木地, 順母助子, 蔭庇大好, 一交乙巳運轉南方, 父母
갑 진　 동 방 목 지　 순 모 조 자　 음 비 대 호　 일 교 을 사 운 전 남 방　 부 모

並亡, 財散人離, 丙午水火交戰, 家業破盡而逝,
병 망　 재 산 인 리　 병 오 수 화 교 전　 가 업 파 진 이 서

　이 사주를 속론(俗論)하면 목이 초춘(初春)에 태어나 時에 살(殺)이 독청(獨淸)하
여 벼슬이 높고 재물도 많은 사주라고 할 것이다. 그러나 그것은 춘초(春初)의 어린
나무가 아직 한기가 가시지 않았고 얼어 있어 그 많은 물을 다 흡수하지 못한다는
것을 모르고 하는 말이다.

　時支의 申金은 壬水의 생지이고 또 子申 공수(拱水)하니 모다멸자(母多滅子)의
형상이다. 안타깝게도 운이 木을 돕지 아니하고 火를 만나니 원국과 운이 서로
교전하여 명리(名利)를 이루지 못할까 오히려 두렵다.

　초(初) 운이 癸卯 甲辰으로 東方 木地로 행하니 어미의 마음에 순응하는 것이
되어 어미가 자식을 보살펴 선대의 유산이 대단히 좋았다. 乙巳 대운으로 바뀌어
운이 南方 火地로 가니 부모님이 다 돌아가시고 재물도 흩어지고 사람들도 떠났
다. 丙午 운에 水火가 교전(交戰)하여 가업이 파진(破盡)되고 사망하였다.

*許(허)-허락할 허. 편들 허.　　　　*恐(공)-두려워할 공. 두려움 공.
*嫩(눈)-어릴 눈.　　　　　　　　　*蔭(음)-그늘 음. 해 그림자 음. 가릴 음.

*凝(응)-얼 응. 엉길 응.
*猶(유)-오히려 유. 같을 유. 꾀 유. 원숭이
 유.

*庇(비)-덮을 비. 그늘 비. 의지할 비.
*盡(진)-다할 진. 다 진. 가령 진.
*逝(서)-갈 서. 이에 서.

原注원주

木是夫也. 土是妻也. 木雖旺. 土能生金而克木. 是謂夫健而怕妻. 火
목시부야 토시처야 목수왕 토능생금이극목 시위부건이파처 화

土金水如之. 其有水逢烈火而生土. 火逢寒金而生水. 水生金者. 潤地
토금수여지 기유수봉열화이생토 화봉한금이생수 수생금자 윤지

之燥. 火生木者. 解天之凍. 火焚木而水竭. 土滲水而木枯. 皆反局. 學
지조 화생목자 해천지동 화분목이수갈 토삼수이목고 개반국 학

者細須詳其元妙.
자세수상기원묘

【원주】

木이 남편이면 土는 처(妻)이다. 木이 비록 왕하여도 土가 金을 생하여 木을 극하
면 이를 일러 남편이 힘이 있어도 처를 두려워한다 하는 것이다. 火土金水가 이와
같다. 맹렬한 火는 水를 만나야 土를 생하고 한금(寒金)은 火를 만나야 水를 생한다.
水가 金을 생하는 것은 조열한 土를 윤토로 하는 것이고 火가 木을 생하는 것은
언 하늘을 녹이는 것을 이르는 것이다.

火가 왕한데 木까지 불 지르면 水가 고갈되고 흙의 물이 다 새버리면 나무는 마른
다. 이는 다 반국(反局)이다. 배우는 자는 자세하게 근본의 이치를 살펴야 한다.

*怕(파)-두려워할 파. 부끄러워하다. 아마
 도. 아마. 대개.
*竭(갈)-다할 갈(다 없어짐).

*滲(삼. 림)-샐 삼. 밸 삼(물이 스며듦). 흐를
 림.
*元(원)-으뜸 원. 근원 원.

任氏曰임씨왈,

木是夫也, 土是妻也, 木旺土多, 無金不怕, 一見庚申辛酉字, 土生
목시부야 토시처야 목왕토다 무금불파 일견경신신유자 토생

金, 金克木, 是謂夫健而怕妻也, 歲運逢金, 亦同此論, 如甲寅乙卯
금 금극목 시위부건이파처야 세운봉금 역동차론 여갑인을묘

日元, 是謂夫健, 四柱多土, 局内又有金, 或甲日寅月, 乙日卯月,
일원 시위부건 사주다토 국내우유금 혹갑일인월 을일묘월

年時土多, 干透庚辛之金, 所謂夫健怕妻, 如木無氣而土重, 即不
년시토다 간투경신지금 소위부건파처 여목무기이토중 즉불

見金, 夫衰妻旺, 亦是怕妻, 五行皆同此論,
견금 부쇠처왕 역시파처 오행개동차론

임 선생님이 말씀하였다.

木이 부(夫)라면 土는 처(妻)가 된다. 木이 왕하고 土가 많아도 金이 없으면 두렵지 않지만 庚申 辛酉의 金을 보게 되면 土는 金을 생하고 金은 木을 극하니 이를 일러 부건파처(夫健怕妻 : 남편이 건왕하여도 처를 두려워한다)라 하는 것이다. 세운에서 金을 만나도 역시 이와 같이 논한다.

가령 甲寅 乙卯 일주는 남편이 건왕한데 사주에 土가 많은 상황에서 원국에 金이 있거나 혹 甲 일주가 寅月에 났거나 乙 일주가 卯月에 났는데 年과 時에 土가 많고 천간으로 庚辛의 金이 있으면 이 또한 부건파처(夫健怕妻)가 된다. 가령 木이 무기(無氣)한데 土가 많으면 만약 金이 없더라도 남편은 약하고 처는 강하니 역시 처를 두려워하게 된다. 다른 오행도 모두 이와 같이 논한다.

*怕(파)-두려워할 파. 부끄러워하다. 아마도. 아마. 대개.

*衰(쇠)-쇠할 쇠. 줄 쇠.

*卽(즉)-곧 즉(즉시. 바로). 만약 즉. 부사어로는 즉시. 곧. 만일 ~라면. 만약 등으로 해석.

其有水生土者, 制火之烈, 火生水者, 敵金之寒, 水生金者, 潤土
기유수생토자 제화지열 화생수자 적금지한 수생금자 윤토

之燥, 火生木者, 解水之凍, 火旺逢燥土而水竭, 火能克水矣, 土
지조 화생목자 해수지동 화왕봉조토이수갈 화능극수의 토

燥遇金重而水滲, 土能克木矣, 金重見水泛而木枯, 金能克木矣,
조우금중이수삼 토능극목의 금중견수범이목고 금능극목의

水狂得木盛而火熄, 水能克土矣, 木衆逢火烈而土焦, 木能克金矣,
수광득목성이화식 수능극토의 목중봉화열이토초 목능극금의

此皆五行顚倒之深機, 故謂反局, 學者宜細詳元妙之理, 命學之微
차개오행전도지심기 고위반국 학자의세상원묘지리 명학지미
奧, 其盡洩於此矣,
오 기진설어차의

　水가 土를 생한다는 것은 火의 열기(熱氣)를 水가 제거하는 것을 말하는 것이고, 火가 水를 생한다는 것은 金의 차가운 것을 火가 막아주는 것을 말하는 것이고, 水가 金을 생한다는 것은 조열(燥熱)한 土를 水가 윤토(潤土)로 하는 것을 말하는 것이고, 火가 木을 생한다는 것은 얼어 있는 물을 火가 녹이는 것을 말하는 것이다.

　왕한 火가 조열한 土를 만나면 水가 고갈(枯渴)되니 火도 능히 水를 극하는 것이 되며, 土가 조열한데 金을 중첩하여 만나면 물이 새니 土도 능히 木을 극하는 것이 되며, 金이 많고 물이 넘치면 木이 마르니 金도 능히 木을 극하는 것이 되며, 水가 광분(狂奔)하고 木이 왕성하면 火가 꺼지니 水도 능히 土를 극하는 것이 되며, 木이 무리지어 많은데 맹렬한 火를 만나면 土가 말라 터지니 木도 능히 金을 극하는 것이 된다.

　이것은 다 오행이 전도된 깊은 기미(機微)로 그러므로 반국(反局)이라 이르는 것이다. 학자는 마땅히 근본의 이치를 자세히 살펴 명리의 오묘함을 이로써 다 밝혀야 할 것이다.

　역자주　○ 土燥遇金重而水滲, 土能克木矣(토조우금중이수삼, 토능극목의)：　土가 조열(燥烈)한데 金이 중첩하면 물이 새니 土도 능히 木을 극한다는 뜻인데, 여기서 水滲(수삼)은 木折(목절)이어야 맞다. 土燥遇金重而木折, 土能克木矣(토조우금중이목절, 토능극목의)："土가 조열한데 거듭 金이 있으면 木이 꺾이니 土도 능히 木을 극한다"라고 해야 맞다.
　○ 金重見水泛而木枯, 金能克木矣(금중견수범이목고, 금능극목의)：　金이 많고 水가 범람하면 木이 마르니 金도 능히 木을 극한다는 뜻인데, 五行의 체성(體性)은 본디 金克木인데 木이 시들어 힘이 없어야 金이 木을 극한다는 말은 이치에 맞지 않는다. 이 장(章)은 '반국(反局)'을 설명하는 장이니 "金도 능히 火를 극할 수 있다"라고 해야 맞는 말이다. 金重見水泛而火熄, 金能克火矣(금중견수범이화식, 금능극화의)："金이 많은데 水를 보면 水가 넘치게 되어 불이 꺼지니 金도 능히 火를 극할 수 있다"라고 해야 맞다.
　○ 水狂得木盛而火熄, 水能克土矣(수광득목성이화식, 수능극토의)：　水가 광분한데 왕성한

木이 있으면 火가 식멸(熄滅)되니 水도 능히 土를 극한다는 말인데, 이 말은 이상하다. 여기서 火熄(화식)은 土滲(토삼)이어야 맞는 말이다. 또 水狂(수광)보다는 水旺(수왕)이라고 하는 것이 뜻이 좋다. 水旺得木盛而土滲, 水能克土矣(수왕득목성이토삼, 수능극토의): "水가 왕(旺)한데 왕성한 木이 있으면 土가 흩어지니 水도 능히 土를 극한다"라고 해야 한다.

○ 木衆逢火烈而土焦, 木能克金矣(목중봉화열이토초, 목능극금의): 木이 중첩하여 많은데 왕한 火를 만나면 土가 말라 터지니 木도 능히 金을 극한다는 말인데, 여기서 土焦(토초)는 金鎔(금용)이어야 맞는 말이다. "木이 많은데 왕한 火를 만나면 金이 녹으니 木도 능히 金을 극한다"라고 해야 뜻이 확실하다.

이상의 지적은 『적천수징의』에 나와 있다.

辛 甲 戊 己
未 寅 辰 亥

壬 癸 甲 乙 丙 丁
戌 亥 子 丑 寅 卯

甲寅日元, 生於季春, 四柱土多, 時透辛金, 土生金, 金剋木, 謂夫
갑인일원 생어계춘 사주토다 시투신금 토생금 금극목 위부

健怕妻, 初運木火, 去其土金, 早游泮水, 連登科甲, 甲子癸亥, 印
건파처 초운목화 거기토금 조유반수 연등과갑 갑자계해 인

旺逢生, 日元足以任其財官, 仕路超騰,
왕봉생 일원족이임기재관 사로초등

甲寅 일원이 계춘에 생하고 사주에 土가 많다. 時에 辛金이 투출하니 土는 金을 생하고 金은 木을 극하니 부건파처(夫健怕妻)이다. 초(初) 운이 木火로 土金을 제거하니 일찍이 반궁(泮宮)에 들어갔고 연이어 과거(科擧)에 급제하였다.

甲子 癸亥 대운은 인수가 왕하여 일주를 생하니 족히 그 재관을 감당할 만하여 벼슬이 뛰어났다.

*泮(반)-물가 반. 녹을 반.　　*騰(등)-오를 등. 날 등.
*超(초)-뛰어넘을 초. 뛰어날 초.　　*超騰(초등)-뛰어 오름. 남보다 앞서 오름.

辛 甲 戊 己
未 子 辰 巳

壬 癸 甲 乙 丙 丁
戌 亥 子 丑 寅 卯

甲木生於季春, 木有餘氣, 坐下印綬, 中和之象, 財星重疊當令,
갑 목 생 어 계 춘　목 유 여 기　좌 하 인 수　중 화 지 상　재 성 중 첩 당 령

時透官星, 土旺生金, 夫健怕妻, 初運木火去其土金, 早年入泮,
시 투 관 성　토 왕 생 금　부 건 파 처　초 운 목 화 거 기 토 금　조 년 입 반

科甲連登, 仕路不能顯秩者, 只因土之病也, 前造有亥, 又坐祿, 支
과 갑 연 등　사 로 불 능 현 질 자　지 인 토 지 병 야　전 조 유 해　우 좌 록　지

更健於此, 此則子未相穿壞印, 彼則寅能制土, 護印也,
갱 건 어 차　차 즉 자 미 상 천 괴 인　피 즉 인 능 제 토　호 인 야

甲木이 계춘(季春)에 생하였다. 木은 여기(餘氣)가 있고 좌하가 인수이니 중화의 상(象)을 이루었다. 재성이 중첩하고 당령하였는데 時에 관성이 투출하니 왕한 土는 金을 생하고 金은 木을 극하니 부건파처(夫健怕妻)이다.

초년 운이 木火로 土와 金을 제거하니 일찍 반궁(泮宮)에 들어갔고 연달아 과거에 급제하였다. 벼슬길이 현관(縣官)에 나가지 못한 것은 土가 병(病)으로 그것에 기인한 것이다.

앞의 사주는 亥水가 있고 또 좌하가 녹(祿)으로 이 사주보다 地支가 튼튼하다. 이 사주는 子水가 未土에 의해 극을 당해 인수가 상해를 받는다. 앞의 사주는 寅木이 제토(制土)하여 인수를 보호한다.

*顯(현)-밝을 현. 나타낼 현. 드러날 현.　　*穿(천)-뚫을 천. 뚫린 천.
*秩(질)-차례 질. 녹 질. 벼슬 질.　　　　　*壞(괴)-무너뜨릴 괴. 무너질 괴.
*顯秩(현질)-현관(縣官). 지방장관.　　　　*護(호)-도울 호. 지킬 호.

庚　丁　辛　乙
戌　巳　巳　亥

乙　丙　丁　戊　己　庚
亥　子　丑　寅　卯　辰

戴尚書造, 丁巳日元, 生於孟夏, 月時兩透庚辛, 地支又逢生助,
대 상 서 조　정 사 일 원　생 어 맹 하　월 시 양 투 경 신　지 지 우 봉 생 조

巳亥逢沖, 去火存金, 夫健怕妻, 喜其運走東方木地, 助印扶身,
사 해 봉 충　거 화 존 금　부 건 파 처　희 기 운 주 동 방 목 지　조 인 부 신

大魁天下, 宦海無波, 一交子運, 兩巳受制, 不祿,
대 괴 천 하　환 해 무 파　일 교 자 운　양 사 수 제　불 록

　대(戴) 상서의 명조이다. 丁巳 일원이 맹하(孟夏)에 태어났다. 月과 時에 庚金과
辛金이 투출하여 지지의 생을 받고 있다. 亥水가 巳火를 충하여 火를 제거하고
金을 보호한다. 부건파처(夫健怕妻)의 명조이다.

　기쁜 것은 운이 東方 木地로 가니 인수를 돕고 일주를 생하여 장원(壯元)으로
천하에 이름을 날리었고 벼슬길에 파란(波瀾)이 없었다. 子 운으로 바뀌어 양(兩)
巳火가 제극(制剋)을 받아 사망하였다.

*戴(대)－일 대(머리 위에 임). 받들 대. 여기서
　는 姓氏를 일컬음.
*透(투)－뛸 투. 던질 투. 환할 투.
*逢(봉)－만날 봉. 맞을 봉.
*沖(충)－빌 충. 비다. 공허하다.
*助(조)－도울 조. 도움 조.

*走(주)－달릴 주. 달아날 주.
*魁(괴)－우두머리 괴. 클 괴. 편안할 괴.
*大魁(대괴)－과거(科擧)시험에 장원(壯元).
*波(파)－물결 파. 물결이 일다.
*交(교)－사귈 교. 사귀다, 주고받고 하다.
*不祿(불록)－선비의 죽음.

```
癸　戊　甲　癸
丑　戌　子　亥

戊　己　庚　辛　壬　癸
午　未　申　酉　戌　亥
```

戊戌日元, 生於子月亥年, 月透甲木逢生, 水生木, 木剋土, 夫健
무 술 일 원　생 어 자 월 해 년　월 투 갑 목 봉 생　수 생 목　목 극 토　부 건

怕妻, 最喜坐下戌之燥土, 中藏丁火印綬, 財雖旺, 不能破印, 所
파 처　최 희 좌 하 술 지 조 토　중 장 정 화 인 수　재 수 왕　불 능 파 인　소

謂玄機暗裏存也, 第嫌支類北方, 財勢太旺, 物極必反, 雖位至方
위 현 기 암 리 존 야　제 혐 지 류 북 방　재 세 태 왕　물 극 필 반　수 위 지 방

伯, 宦資不豐,
백　환 자 불 풍

戊戌 일원이 子月 亥年에 태어났다. 월에 甲木이 투출하여 생을 받는다. 水生木하고 木剋土하니 부건파처(夫健怕妻)의 명조이다.

제일로 기쁜 것은 좌하가 조토인 戌土로 戌 중에 丁火 인수가 암장된 것으로 재성이 비록 왕하나 암장된 인수를 파(破)하지 못하니 이른바 현기(玄機)가 속에 감추어져 있는 것이다.

그러나 혐오스런 것은 지지가 北方 水地를 이루니 재(財)의 세력이 너무 강한 것이다. 만물은 극(極)에 이르면 되돌아오는 것이니 비록 지위는 방백(方伯)에 이르렀지만 재물은 풍부하지는 못하였다.

*玄(현)－검을 현. 하늘 현. 오묘할 현.　　*裏(리)－안 리. 속 리.
*機(기)－틀 기. 재치 기. 실마리 기.　　*方伯(방백)－지방장관. 관찰사(觀察使).
*玄機(현기)－현묘(玄妙)한 기틀.　　*宦(환)－벼슬아치 환. 벼슬 환.

```
甲 戊 癸 癸
寅 午 亥 亥

丁 戊 己 庚 辛 壬
巳 午 未 申 酉 戌
```

倉提督造, 戊午日元, 生于亥月亥年, 時逢甲寅, 殺旺, 財殺肆逞,
창 제 독 조　무 오 일 원　생 우 해 월 해 년　시 봉 갑 인　살 왕　재 살 사 령

夫健怕妻, 惜乎印星顯露, 財星足以破印, 以致難就書香, 幸而寅
부 건 파 처　석 호 인 성 현 로　재 성 족 이 파 인　이 치 난 취 서 향　행 이 인

拱午印, 剋處逢生, 以殺化印, 所以武職超羣,
공 오 인　극 처 봉 생　이 살 화 인　소 이 무 직 초 군

　창(倉) 제독(提督)의 사주이다. 戊午 일원이 亥月 亥年에 태어났다. 時에 甲寅이 있어 살(殺)이 왕하고 재살이 날뛰는 형상이니 부건파처(夫健怕妻)이다.

　애석한 것은 인성(印星)이 나타나 재성에 손상을 입으니 이로써 학문을 하기 어려웠다.

　다행한 것은 寅午가 공(拱)하여 인성이 되니 극처(剋處)에서 생을 만나 살을 인수로 化하는 것으로 이러므로 무직(武職)으로 뛰어났다.

*倉(창)-곳집 창. 옥사 창. 여기서는 성씨(姓氏)를 말함.
*督(독)-살필 독. 거느릴 독. 감독할 독.
*提(제)-끌 제. 들 제. 거느릴 제.
*提督(제독)-군대를 거느리는 사람. 청대(淸代)에 성(省)의 군사(軍事)를 맡은 벼슬. 함대(艦隊)의 사령관.
*肆(사)-방자할 사. 펄 사. 늘어놓을 사.
*逞(령, 영)-왕성할 령. 쾌할 령.
*健(건)-굳셀 건. 튼튼할 건.
*怕(파)-두려워할 파. 부끄러워하다. 아마도. 아마. 대개.
*拱(공)-두 손 마주잡을 공. 껴안을 공.
*羣(군)-무리 군. 군(群)과 仝.

任氏曰임씨왈,

予觀夫健怕妻之命, 頗多貴顯者, 少究其理, 重在一健字之妙也,
여 관 부 건 파 처 지 명 파 다 귀 현 자   소 구 기 리   중 재 일 건 자 지 묘 야

如日主不健, 爲財多身弱, 終身困苦矣, 夫健怕妻, 怕而不怕, 倡
여 일 주 불 건 위 재 다 신 약   종 신 곤 고 의   부 건 파 처   파 이 불 파   창

隨之理然也, 運遇生旺扶身之地, 自然出人頭地, 若夫不健而怕
수 지 리 연 야   운 우 생 왕 부 신 지 지   자 연 출 인 두 지   약 부 불 건 이 파

妻, 妻必姿性越理, 男牽欲而失其剛, 婦妞悅而忘其順, 豈能富貴乎,
처   처 필 자 성 월 리   남 견 욕 이 실 기 강   부 뉴 열 이 망 기 순   기 능 부 귀 호

妞音耗, 愛而不釋也,
뉴 음 모   애 이 불 석 야

임 선생님이 말씀하였다.

내가 보건대 부건파처(夫健怕妻)의 명조는 자못 귀히 되는 자가 많다. 그 이치를 잘 살펴보면 중요한 것은 건(健)이라는 한 글자에 묘(妙)함이 있는 것이다.

가령 일주가 건왕(健旺)하지 않으면 재다신약이 되니 종신토록 곤고하다. 부건파처(夫健怕妻)는 아내가 두렵기는 하나 아내를 무서워하지 않으니 남편이 주장하면 여자가 따르는 이치인 것이다.

운에서 인수(印綬)나 비견겁(比肩刦)을 만나면 자연 출세하게 된다. 만약 남편이 건왕(健旺)하지 않아 처를 두려워하면 처는 반드시 도리를 벗어나 제멋대로 행동할 것이다. 남편이 이끌고자 하나 그 위엄을 잃었으니 부인이 오직 제멋대로 즐거움에 빠져 순리를 망각하니 어찌 부귀를 이루겠는가.

뉴의 음은 모(耗)로 읽는데, '사랑하여 놓지 않는다'라는 뜻이다.

*倡(창)-부를 창. 여광대 창. 미칠 창.
*隨(수)-따를 수. 따라서 수.
*姿(자)-맵시 자. 풍치 자. 모양낼 자.
*越(월)-넘을 월. 지날 월.

*牽(견)-끌 견. 이끌 견.
*剛(강)-굳셀 강. 억셀 강.
*妞(뉴)-성(姓) 뉴. 계집아이 뉴.
*悅(열)-기뻐할 열.

역자주 | ○ 倡隨之理(창수지리): 남편이 부르면 여자가 따른다는 뜻인데 혹자는 남편이 창(唱 : 노래를 부름)을 하면 여자가 북채를 든다고도 한다.
○ 自然出人頭地(자연출인두지): 사람이 출생할 때 머리가 먼저 (地上으로) 나온다는 말인데, 여기서는 '자연히 높이 된다' 또는 '뛰어나다'라는 뜻이다.

戰 局전국

天戰猶自可. 地戰急如火.
천 전 유 자 가   지 전 급 여 화

천간의 전(戰)은 오히려 괜찮으나 지지의 전(戰)은 불같이 급하다.

역자주 | 여기서 전(戰)이란 충(沖)을 일컫는다.

原注원주

干頭遇甲庚乙辛. 謂之天戰. 而得地支順靜者無害. 地支寅申卯酉. 謂
간 두 우 갑 경 을 신   위 지 천 전   이 득 지 지 순 정 자 무 해   지 지 인 신 묘 유   위

之地戰. 則天干不能爲力. 其勢速凶. 蓋天主動. 地主靜故也. 庚申甲
지 지 전   즉 천 간 불 능 위 력   기 세 속 흉   개 천 주 동   지 주 정 고 야   경 신 갑

寅乙卯辛酉之類是也. 皆見謂之天地交戰. 必凶無疑.
인 을 묘 신 유 지 류 시 야   개 견 위 지 천 지 교 전   필 흉 무 의

【원주】

천간에 甲庚 乙辛이 만나면 이른바 천전(天戰)이라 하는데 지지가 순정(順靜)하면
해가 없다. 지지에 寅申 卯酉가 만나면 이른바 지전(地戰)이라 하는데 천간이 위력
이 없으니 흉(凶)함이 속히 나타난다. 천간은 동(動)함을 주(主)로 하고 지지는 정(靜)
을 주(主)로 하기 때문이다. 庚申 甲寅 乙卯 辛酉 같은 무리들이다. 이는 다 천지교
전(天地交戰)으로 반드시 흉함이 나타나는 것은 의심할 여지가 없다.

*干頭(간두)-天干
*頭(두)-머리 두. 우두머리 두. 첫머리 두.
　꼭대기 두.
*遇(우)-만날 우. 대접할 우. 뜻밖에 우.
*勢(세)-세력 세. 기세 세.
*速(속)-빠를 속. 빨리 속.

*靜(정)-조용할 정. 깨끗할 정.
*故(고)-옛벗 고. 본디 고. 연고 고. 부사어
　로는 본래. 늘. 반드시. 그러므로. 따라서.
　만약 등으로 해석.
*交(교)-사귈 교. 사귀다, 주고받고 하다.
*疑(의)-의심할 의. 의심스러울 의.

遇歲運合之會之. 視其勝負. 亦有可存可發者. 其有一沖兩沖者. 只得
우세운합지회지　시기승부　역유가존가발자　기유일충양충자　지득

一個合神有力. 或無神庫神貴神. 以收其動氣. 息其爭氣. 亦有佳者.
일개합신유력　혹무신고신귀신　이수기동기　식기쟁기　역유가자

至于喜神伏藏死絕者. 又要沖動引用生發之氣.
지우희신복장사절자　우요충동인용생발지기

세운에서 합이나 회국을 만나면 그 승부(勝負)를 보아 존재하거나 발전하는 것이
있는 것을 알 수 있다. 충하는 것이 하나가 있기도 하고 두 개가 있기도 한데 단지
한 개의 有力한 합신을 얻거나 혹 그러한 신(神)이 없을 때는 고신(庫神)이나 귀신(貴
神)이 그 움직이는 기운을 거두어들이거나 그 다투는 기운을 쉬게 하면 역시 아름다
운 것이다. 희신이 복장(伏藏)되었거나 사절(死絕)된 것은 충으로 동하게 하여 생발지
기(生發之氣)를 이끌어 내야 한다.

*視(시) - 볼 시. 보다. 자세히 살피다.　　*收(수) - 거둘 수. 길을 수.
*勝(승) - 이길 승. 나을 승.　　　　　　　*息(식) - 숨 식. 쉴 식. 그칠 식.
*負(부) - 질 부. 업을 부.　　　　　　　　*佳(가) - 아름다울 가. 좋을 가.

任氏曰임씨왈,

天干氣專, 而得地支安靜, 易於制化, 故天戰猶自可也, 地支氣雜,
천간기전　이득지지안정　이어제화　고천전유자가야　지지기잡

天干雖順靜, 難于制化, 故地戰急如火也, 且天干宜動不宜靜, 動
천간수순정　난우제화　고지전급여화야　차천간의동불의정　동

則有用, 靜則愈專, 地支宜靜不宜動, 靜則有用, 動則根拔, 必得
즉유용　정즉유전　지지의정불의동　정즉유용　동즉근발　필득

合神有力, 會神成局, 息其動氣, 或庫神收其動神, 安其靜神, 謂
합신유력　회신성국　식기동기　혹고신수기동신　안기정신　위

動中助靜, 以凶化吉,
동중조정　이흉화길

임 선생님이 말씀하였다.
천간의 기(氣)는 전일(專一)하므로 지지가 안정되면 제화(制化)가 쉬워 천간의 전
(戰)은 오히려 좋다 하겠다. 지지의 기는 섞여 있으므로 천간이 비록 순정(順靜)해도

제화가 어렵다. 그러므로 지지의 전(戰)은 불같이 급하다. 또한 천간은 동(動)함이 마땅하고 정(靜)함은 마땅치 않으니 동한즉 쓰임이 있고 정한즉 더욱 전일(專一)하다.

지지는 정함이 마땅하고 동함은 마땅치 않은 것이니 정하여야 쓰임이 있고 동하면 뿌리가 뽑히기 때문이다. 반드시 합신이 유력하고 회신(會神)이 국을 이루어 그 움직임을 쉬게 하거나 혹 고신(庫神)이 그 동한 신을 거두어들이면 정한 신이 안정되니 이를 일러 동한 가운데 정함을 도우니 흉이 변하여 길하게 된다.

*專(전)－오로지 전. 오로지 할 전. 전일(專 一)할 전. 제멋대로 할 전.
*猶(유)－오히려 유. 같을 유. 원숭이 유. 꾀 유.
*雜(잡)－섞일 잡. 섞을 잡.

*難(난)－어려울 난. 어려워할 난.
*急(급)－급할 급. 서두를 급. 켕길 급.
*愈(유)－나을 유. 고칠 유. 더할 유.
*拔(발)－뺄 발. 가릴 발. 덜어버릴 발.
*助(조)－도울 조. 도움 조.

역자주 ○ 天干氣專(천간기전): 천간의 甲 乙 丙 丁 戊 己 庚 辛 壬 癸 등은 오로지 木이면 木 뿐이고 火이면 火뿐으로 다른 기(氣)가 섞여 있지 아니하니 기(氣)가 전일(專一)하다. 地支는 자체 속에 여러 개의 기가 섞여 있으므로 잡(雜)이라 한다. 그러므로 제화(制化) 가 쉽지 않다.

如甲寅庚申乙卯辛酉丙寅壬申丁卯癸酉之類, 天地交戰, 雖有合
여갑인경신을묘신유병인임신정묘계유지류　천지교전　수유합

神會神, 亦不息其動氣, 其勢速凶, 如謂兩不沖一, 此謬言也, 兩
신회신　역불식기동기　기세속흉　여위양불충일　차류언야　양

寅一申, 沖去一寅, 存一寅也, 如兩申逢一寅, 縱使不沖, 金多木
인일신　충거일인　존일인야　여양신봉일인　종사불충　금다목

少, 亦能克盡矣,
소　역능극진의

가령 甲寅과 庚申, 乙卯와 辛酉, 丙寅과 壬申, 丁卯와 癸酉 등의 무리들은 천간과 지지가 교전(交戰)이니 비록 합신이나 회신(會神)이 있어도 그 동하는 것을 쉽게 할 수 없으니 흉함이 속히 나타난다.

가령 둘은 하나를 충하지 않는다는 것은 잘못된 말이다. 寅이 둘이고 申이 하나이면 寅木 하나가 충거되어도 하나는 남는데 가령 申이 둘이고 寅이 하나이면 설사 충하지 않는다 하여도 金이 많고 木이 적으니 역시 극을 당하여 木은 다 없어지는 것이다.

故天干論克, 地支言沖, 沖卽克也, 顯然之理, 又何疑耶, 至於用
고 천 간 론 극   지 지 언 충   충 즉 극 야   현 연 지 리   우 하 의 야   지 어 용

神伏藏, 或用神被合, 柱中無引用之神, 反宜沖而動之, 方能發用,
신 복 장   혹 용 신 피 합   주 중 무 인 용 지 신   반 의 충 이 동 지   방 능 발 용

故合有宜不宜, 沖亦有宜不宜也, 須深究之,
고 합 유 의 불 의   충 역 유 의 불 의 야   수 심 구 지

고로 천간은 극으로 논하고 지지는 충으로 말하나 충 역시 극인 것이다. 명백한 이치이니 어찌 의심하겠는가.

용신이 지지에 암장되어 있거나 합을 당하였을 때 원국에 인출하는 신(神)이 없으면 도리어 충으로 동(動)하게 하여야 용신으로 쓸 수 있는 것이다. 고로 합(合)은 마땅한 것도 있고 마땅치 않은 것도 있다. 충(沖) 역시 마땅한 것도 있고 마땅치 않은 것도 있다. 모름지기 깊이 살펴야 한다.

*謬(류)－잘못 류. 그릇될 류.
*縱(종)－마침내. 끝내. 결국.
*顯(현)－밝을 현. 나타낼 현. 드러날 현.
*耶(야)－그런가 야. 의문문의 끝에 쓰이며 옳고 그름의 어기를 나타냄. ～인가.
*伏(복)－엎드릴 복. 숨을 복. 숨길 복.
*藏(장)－감출 장. 서장 장.
*被(피)－이불 피. 덮을 피. 당할 피.

*柱(주)－기둥 주. 버틸 주.
*反(반)－되돌릴 반.
*宜(의)－옳을 의. 마땅할 의.
*沖(충)－빌 충. 비다. 공허하다.
*能(능)－곧 능. 재능 능. 능할 능. 능히 능. 부사어로는 바로. 곧. 어찌 ～하겠는가. 게다가. 뿐만 아니라 등으로 해석.
*深(심)－깊을 심. 깊게 할 심.

辛　丁　乙　癸
亥　未　卯　酉

己　庚　辛　壬　癸　甲
酉　戌　亥　子　丑　寅

李都司造, 丁火生於仲春, 支全木局, 癸坐酉支, 似乎財滋弱殺,
이 도 사 조　정 화 생 어 중 춘　지 전 목 국　계 좌 유 지　사 호 재 자 약 살

殺印相生, 不知卯酉逢沖, 破其印局, 天干乙辛交戰, 又傷印之元
살 인 상 생　부 지 묘 유 봉 충　파 기 인 국　천 간 을 신 교 전　우 상 인 지 원

神, 則財殺肆逞, 至辛運壬子年, 又逢財殺, 犯法遭刑,
신　즉 재 살 사 령　지 신 운 임 자 년　우 봉 재 살　범 법 조 형

　이 도사(都司)의 명조이다. 정화가 중춘에 생하여 지지에 亥卯未 목국이 있고
癸水는 酉金에 앉아 마치 살이 약하여 재성이 약한 살을 자양하고 살인상생하는
명조 같으나, 그러나 그것은 卯酉 충으로 亥卯未 인국(印局)이 파손되고 천간에는
乙辛이 교전으로 또 인수의 원신이 손상되니 재(財)와 살(殺)이 방자하게 날뛰는
것을 모르고 하는 말이다.

　辛 운 壬子 년에 또 재(財)와 살(殺)을 만나니 국법을 범(犯)하여 형벌을 받
았다.

*仲(중)−버금 중. 버금. 가운데.
*仲春(중춘)−음력(陰曆) 2월.
*似(사)−같을 사. 이을 사.
*滋(자)−불을 자. 우거질 자. 자랄 자.
*肆(사)−방자할 사. 마구간 사. 버릴 사.

*逞(령. 영)−왕성할 령. 쾌할 령. 다할 령.
*逢(봉)−만날 봉. 맞을 봉.
*破(파)−깨뜨릴 파.
*遭(조)−만날 조.
*刑(형)−형벌 형. 법 형.

己　乙　辛　癸
卯　卯　酉　酉

乙　丙　丁　戊　己　庚
卯　辰　巳　午　未　申

天干乙辛己癸，地支兩卯兩酉，金銳木凋，天地交戰，金當令，反
천간을신기계　지지양묘양유　금예목조　천지교전　금당령　반

有己土之生，木休囚，癸水不能生扶，中運南方火運制殺，異路出
유기토지생　목휴수　계수불능생부　중운남방화운제살　이로출

身，升知縣，至辰運，生金助煞，遂罹國法，
신　승지현　지지진운　생금조살　수이국법

　천간은 乙 辛 己 癸이고 지지는 卯가 둘이고 酉가 둘이다. 金은 세고 木은 약한
데 천간에도 乙辛이 충이고 지지도 卯酉가 충이다.

　金은 당령하였는데 또 己土의 생이 있고 木은 휴수되었는데 癸水의 생조도
받지 못한다.

　중년 운이 南方 火地로 살을 제(制)하니 이로(異路)로 벼슬에 나가 지현(知縣)에
올랐다. 辰 운에 이르러 金을 생하여 살(殺)을 더하니 국법을 범하여 화(禍)를 당하
였다.

*銳(예)－날카로울 예.
*凋(조)－시들 조. 느른할 조.
*休(휴)－쉴 휴. 편안할 휴.
*囚(수)－가둘 수. 포로 수.
*升(승)－되 승. 오를 승.
*扶(부)－도울 부. 붙들 부.

*異路(이로)－연납(捐納) 등으로 벼슬길에
　나가는 것.
*煞(살)－죽일 살. 殺(살)과 仝.
*遂(수)－이룰 수. 따를 수.
*罹(리. 이)－근심할 리. 근심 리. 걸릴 리(病,
　災殃 따위에 걸림).

```
甲 壬 壬 壬
辰 午 寅 申

戊 丁 丙 乙 甲 癸
申 未 午 巳 辰 卯
```

壬水生於寅月, 年月兩透比肩, 坐申逢生, 水勢通源, 且春初木嫩,
임 수 생 어 인 월   년 월 양 투 비 견   좌 신 봉 생   수 세 통 원   차 춘 초 목 눈

逢沖似乎不美, 喜其坐下午火, 能解春寒, 木得發生, 金亦有制,
봉 충 사 호 불 미   희 기 좌 하 오 화   능 해 춘 한   목 득 발 생   금 역 유 제

更妙時干甲木, 元神發露, 天干之水, 亦有所歸, 運行大地, 有生
갱 묘 시 간 갑 목   원 신 발 로   천 간 지 수   역 유 소 귀   운 행 대 지   유 생

化之情, 無爭戰之患矣, 是以棘闈奏捷, 出宰名區, 至申運, 兩沖
화 지 정   무 쟁 전 지 환 의   시 이 극 위 주 첩   출 재 명 구   지 신 운   양 충

寅木, 不祿,
인 목   불 록

　　壬水가 寅月에 생하여 年과 月에 비견이 투출하고 年支에 장생이 있어 水의
세력이 근원에 통(通)하고 있다. 게다가 이른 봄으로 木이 어린데 충을 만나 아름
답지 않은 것 같으나 기쁜 것은 좌하에 午火가 있어 봄의 추위를 해소하니 木이
발영(發榮)하고 金을 제극(制剋)하는 것이다.

　　더욱 묘(妙)한 것은 時干에 木의 원신인 甲木이 발로(發露)하니 천간의 水가
돌아갈 곳이 있게 되어 대지를 운행하여 생화(生化)의 정이 있어 쟁전(爭戰)의 근심
이 없는 것이다. 이러므로 과거(科擧)에 급제하고 좋은 고을에 재상으로 나갔다.
申 운에 이르러 寅木을 申金 두 개가 충하니 사망하였다.

---

*且(차)－또 차. 장차 차. 구차할 차. 부사어
　로는 또한. 아울러. 여전히. 그렇다면. 곧.
　게다가 등으로 해석. 문장 속에서 어기를
　부드럽게 하거나 문장의 첫머리에 쓰여 어
　기를 나타낼 때는 해석하지 않음.
*闈(위)－문 위. 대궐 위. 과장(科場) 위.

*棘(극)－가시나무 극. 멧대추나무 극. 창
　극.
*棘闈(극위)－문과(文科)의 과거를 보는 장
　소. 과장(科場) 사방에 가시나무를 둘렀으
　므로 이름. 棘圍(극위)와 소.
*奏(주)－아뢸 주. 상소 주.

*能(능)－곧 능. 재능 능. 능할 능. 능히 능.
　부사어로는 바로. 곧. 어찌 ~하겠는가. 게
　다가. 뿐만 아니라 등으로 해석.

*捷(첩)－이길 첩. 빨리 첩.
*出宰名區(출재명구)－이름 있는 고을의 재
　상으로 나감.

　　辛　壬　壬　壬
　　丑　申　寅　申

　戊　丁　丙　乙　甲　癸
　申　未　午　巳　辰　卯

天干三壬, 地支兩申, 春初木嫩, 難當兩申夾沖, 五行無火, 少制
천 간 삼 임　지 지 양 신　춘 초 목 눈　난 당 양 신 협 충　오 행 무 화　소 제

化之情, 更嫌丑時濕土生金, 謂氣濁神枯之象, 初運癸卯甲辰, 助
화 지 정　갱 혐 축 시 습 토 생 금　위 기 탁 신 고 지 상　초 운 계 묘 갑 진　조

其木之不足, 蔭庇有餘, 乙巳刑沖並見, 刑喪破敗, 丙午羣比爭財,
기 목 지 부 족　음 비 유 여　을 사 형 충 병 견　형 상 파 패　병 오 군 비 쟁 재

天干無木之化, 家破身亡,
천 간 무 목 지 화　가 파 신 망

　천간에는 壬水가 세 개나 있고 지지에는 申金이 두 개가 있는데 이른 봄의 어린
나무가 두 개의 申金이 협공하여 오는 충을 감당하기 어려운데 五行 중 火가 없어
제화(制化)의 정이 적다. 더욱 혐오스런 것은 丑時로 습토가 金을 생하니 이른바
기탁신고(氣濁神枯)한 상(象)이다.

　초년 운이 癸卯 甲辰으로 木의 부족함을 도우니 선대의 유산이 넉넉하였으나
乙巳 운으로 바뀌어 형충(刑沖)을 함께 보니 형상(刑喪)을 당하고 재물도 많이 줄
었다. 丙午 운은 군비쟁재(群比爭財)가 일어나는데 천간에 木이 없어 화(化)하지
못하니 집안도 파산되고 본인도 사망하였다.

*嫩(눈)－어릴 눈.
*蔭(음)－그늘 음. 해 그림자 음.

*庇(비)－덮을 비. 그늘 비. 의지할 비.
*刑喪(형상)－형처(刑妻). 상친(喪親).

```
甲 戊 辛 乙
寅 申 巳 亥

乙 丙 丁 戊 己 庚
亥 子 丑 寅 卯 辰
```

天干乙辛甲戊, 地支寅申巳亥, 天地交戰, 似乎不美, 然喜天干乙
천간을신갑무　지지인신사해　천지교전　사호불미　연희천간을

辛, 去官星之混殺, 地支寅申, 制殺之肆逞, 巳亥逢沖, 壞印本屬
신　거관성지혼살　지지인신　제살지사령　사해봉충　괴인본속

不喜, 喜在立夏後十天, 戊土司令, 則亥水受制, 而巳火不傷, 中
불희　희재입하후십천　무토사령　즉해수수제　이사화불상　중

年運途, 木火助印扶身, 聯登甲第, 仕至郡守, 至子運, 扶起亥水,
년운도　목화조인부신　연등갑제　사지군수　지지자운　부기해수

生煞壞印, 不祿,
생살괴인　불록

　천간은 乙辛 甲戊이고 지지는 寅申 巳亥로 천간도 전(戰)이고 지지도 충으로 천지가 다 교전(交戰)의 형국으로 아름답지 않은 것 같다. 그러나 천간의 乙辛은 살(殺)에 혼잡된 관(官)을 제거하고 지지의 寅申은 방자하게 날뛰는 살(殺)을 제거한다.

　巳亥 충은 인수가 손상되니 본래는 좋은 것이 아니나 기쁜 것은 입하 지난 후 십일로 戊土가 사령하는 때로 亥水가 수극(受剋)을 받고 巳火는 손상되지 않는다. 중년 운이 木火로 가니 인수를 돕고 일주를 생하여 연달아 과거에 들고 벼슬이 군수에 이르렀다. 子 운에 이르러 亥水를 도와 살(殺)을 생하고 인수를 파극(破剋)하니 사망하였다.

역자주 巳亥 충에서 입하(立夏) 후 10일로 戊土가 사령하여 巳火는 손상이 없고 亥水가 오히려 손상되었다고 하는 말은 이해하기 어렵다.
입하 후 10일이면 庚金이 사령하는 때인데 어찌 戊土가 사령한다 하는가. 설사 戊土가 사령한다고 해서 巳火는 손상이 없고 亥水만 다친다고 하는 이론도 이해가 어렵다. 독자들의 판단에 맡긴다.

庚　甲　辛　乙
午　子　巳　亥

乙　丙　丁　戊　己　庚
亥　子　丑　寅　卯　辰

天干甲乙庚辛,　地支巳亥子午,　天地交戰,　局中火旺水衰,　印綬未
천간갑을경신　지지사해자오　천지교전　국중화왕수쇠　인수미

嘗不喜官殺之生,　不知庚辛在巳午之上,　與亥子茫無關切,　正謂剋
상불희관살지생　부지경신재사오지상　여해자망무관절　정위극

洩交加,　兼之運途不逢水地,　刑耗異常,　剋三妻四子,　至丁丑運合
설교가　겸지운도불봉수지　형모이상　극삼처사자　지정축운합

去子水,　晦火生金,　一事無成而亡,
거자수　회화생금　일사무성이망

　　천간은 甲乙 庚辛이고 지지는 巳亥 子午로 천간도 다 충이고 지지도 다 충이다.
원국이 火가 왕하고 水는 약하다. 인수는 관살의 생을 기뻐하지 않는 것은 아니나
庚辛이 巳午의 위에 앉아 있어 자고불가(自顧不可)로 亥子를 돕지 못하니 亥子가
막막한 것을 모르고 하는 말이다. 바로 극설(剋洩)이 교가(交加)하는 사주이다.

　　겸하여 운이 水地를 만나지 못하니 형모(刑耗)가 많았고 부인 셋과 아들 넷을
잃었다. 丁丑 운에 이르러 子水를 합거하고 火를 설하며 金을 생하니 하나도 이룬
것 없이 사망하였다.

*未嘗不(미상불)－일찍이 ～하지 않은 경우
　가 없다.
*茫(망)－아득할 망. 망망할 망. 명할 망(어리
　둥절한 모양).

*途(도)－길 도.
*耗(모)－벼 모. 덜 모. 耗는 재물이 흩어짐
　을 이름.
*晦(회)－그믐 회. 어두울 회.

역자주　이 명조의 해석은 조금 어려운 것 같다.
　　丁丑 대운에 子水를 합하고 火를 어둡게 하며 金을 생하여 사망하였다고 하였는데 丑은
　　亥子丑 北方으로 이루어지니 그리 나쁘다고만 하기는 어렵다.
　　지지가 다 충이니 方이 이루어지지 않는다고 할 수도 있으나 아무리 극설이 교가하는 사주
　　이기는 하나 甲木이 亥子를 두고 더욱 운이 木과 水 운으로 가는데 부인을 셋이나 극하고
　　자식 또한 네 명이나 잃는단 말인가. 독자들의 판단에 맡긴다.

合 局합국

合有宜不宜. 合多不爲奇.
합 유 의 불 의　　합 다 불 위 기

합은 마땅한 것도 있고 마땅치 않은 것도 있다. 합이 많으면 기이(奇異)하지
않다.

原注원주

喜神有能合而助之者. 如以庚爲喜神. 得乙合而助金. 凶神有能合而去
희신유능합이조지자　 여이경위희신　 득을합이조금　 흉신유능합이거

之者. 如以甲爲凶神. 得己合而去之. 動局有能合而靜者. 如子午相沖.
지자　 여이갑위흉신　 득기합이거지　 동국유능합이정자　 여자오상충

得丑合而靜. 生局有能合而成者. 如甲生于亥. 得寅合而成. 皆是也.
득축합이정　 생국유능합이성자　 여갑생우해　 득인합이성　 개시야

【원주】

희신을 합이 돕는 것은 가령 庚金이 희신일 때 乙木이 합으로 金을 돕는 것이고
흉신을 합으로 제거(除去)하는 것은 가령 甲木이 흉신일 때 己土가 합으로 제거하는
것이다.

원국에 동(動)한 것이 있을 때 합으로 정(靜)하여지는 것이 있으니, 가령 子午가
충으로 동할 때 丑의 합으로 정하게 된다. 원국에 생이 있을 때 합으로 이루는 것이
있으니, 가령 甲木이 亥水의 생이 있을 때 寅木이 있어 寅亥 합으로 이루는 것 등이
다 이것이다.

*助(조)-도울 조. 도움 조.　　　　　*沖(충)-빌 충. 비다. 공허하다.
*動(동)-움직일 동. 움직이다. 옮기다.　*皆(개)-다 개.

若助起凶神之合. 如己爲凶神. 甲合之則助土. 羈絆喜神之合. 如乙是
약 조 기 흉 신 지 합   여 기 위 흉 신   갑 합 지 즉 조 토   기 반 희 신 지 합   여 을 시

喜神. 庚合之則羈絆. 掩蔽動局之合. 丑未喜神. 子午合之則閉. 助其
희 신   경 합 지 즉 기 반   엄 폐 동 국 지 합   축 미 희 신   자 오 합 지 즉 폐   조 기

生局之合. 不喜甲木. 寅亥合之則助木. 皆不宜也. 大率多合則不流通.
생 국 지 합   불 희 갑 목   인 해 합 지 즉 조 목   개 불 의 야   대 솔 다 합 즉 불 유 통

不奮發. 雖有秀氣. 亦不爲奇矣.
불 분 발   수 유 수 기   역 불 위 기 의

　　흉신을 돕는 합은 가령 己土가 흉신일 때 甲木이 합으로 土를 돕는 경우이고 희
신이 합으로 기반(羈絆)이 되는 것은 가령 乙木이 희신일 때 庚金과 합으로 기반이
되는 것이다. 동(動)한 것을 엄폐(掩蔽)하는 합이 있으니 丑未가 희신일 때 子午가
합한즉 닫히게 되고 생하는 것을 돕는 합이 있으니 甲木이 기쁘지 않은데 寅亥가
합으로 木을 돕는 것은 다 마땅치 않은 것이다.
　　대체로 합이 많으면 유통되지 않고 분발이 안 된다. 비록 수기(秀氣)가 있어도 기
이(奇異)하지 않다.

*羈(기) - 굴레 기. 맬 기.
*絆(반) - 줄 반(말의 다리를 매어 못 가게 하는
　줄). 맬 반.
*掩(엄) - 가릴 엄. 가리다. 보이지 아니하게
　가리다. 닫다. 문을 닫다.
*蔽(폐) - 가릴 폐. 덮을 폐.
*閉(폐) - 닫을 폐.

*率(솔. 률. 수) - 거느릴 솔. 좇을 솔. 대강 솔.
　율 률(數 등의 비례). 제한 률. 우두머리 수.
*奮(분) - 떨칠 분. 휘두를 분.
*雖(수) - 비록 수. 오직 수.
*秀(수) - 빼어날 수. 팰 수(벼 따위의 이삭이 나
　와 꽃이 핌).
*奇(기) - 기이할 기. 기만할 기.

任氏曰임씨왈,

合固美事, 然喜合而合之最美, 若忌合而合之, 比沖愈凶也, 何也,
합 고 미 사   연 희 합 이 합 지 최 미   약 기 합 이 합 지   비 충 유 흉 야   하 야

沖得合而靜之則易, 合得沖而靜之則難, 故喜神有能合而助之者爲
충 득 합 이 정 지 즉 이   합 득 충 이 정 지 즉 난   고 희 신 유 능 합 이 조 지 자 위

美, 如庚爲喜神, 得乙合而助之者是也,
미   여 경 위 희 신   득 을 합 이 조 지 자 시 야

임 선생님이 말씀하였다.

합은 확실히 좋은 것이나 그러나 합이 기쁠 때라야 아름다운 것이지 만약 합을 꺼리는데 합을 하는 것은 충보다 더 나쁘다. 어떤 까닭인가?

충은 합을 만나면 안정되기가 쉬우나 합은 충을 만나도 안정되기가 어렵기 때문이다. 그런고로 희신을 합하여 도우면 아름다운 것이니 가령 庚이 희신일 때 乙이 합하여 돕는 것이 이것이다.

凶神有能合而去之者更美, 如甲爲凶神, 得己合而去之者是也, 閑
흉신유능합이거지자갱미 여갑위흉신 득기합이거지자시야 한

神凶神, 有能合而化喜者, 如癸爲凶神, 戊爲閑神, 戊癸合而化火
신흉신 유능합이화희자 여계위흉신 무위한신 무계합이화화

爲喜神是也,
위희신시야

흉신을 합하여 제거하는 것은 더욱 아름다우니 가령 甲이 흉신일 때 己가 합하여 제거하는 것이 이것이다. 한신과 흉신이 합하여 희신으로 되는 것이 있으니 가령 癸가 흉신이고 戊가 한신일 때 戊癸가 합하여 희신인 火로 化하는 것이 이것이다.

*愈(유)-나을 유. 더할 유. 고칠 유. *難(난)-어려울 난. 근심할 난. 재앙 난.
*靜(정)-조용할 정. 깨끗할 정. *閑(한)-한가할 한. 틈 한. 등한히 할 한.

閑神忌神有能合而化喜者, 如壬爲閑神, 丁爲忌神, 丁壬合而化木
한신기신유능합이화희자 여임위한신 정위기신 정임합이화목

爲喜神是也, 如子午逢沖, 喜神在午, 得丑合之, 寅申逢沖, 喜神
위희신시야 여자오봉충 희신재오 득축합지 인신봉충 희신

在寅, 得亥合之, 皆是宜也,
재인 득해합지 개시의야

한신과 기신이 합하여 희신으로 되는 것이 있으니 가령 壬이 한신이고 丁이 기신일 때 丁壬이 합하여 木 희신으로 되는 것이 이것이다.

가령 子午 충에서 희신이 午일 때 丑이 합을 하고 寅申 충에서 희신이 寅일 때 亥가 합을 하는 것은 다 마땅한 것이다.

如忌神得合而助之者, 己以爲忌神, 甲合之, 則爲助忌之合, 以乙
여기신득합이조지자 기이위기신 갑합지 즉위조기지합 이을

爲喜神, 庚合之, 則爲戀凶之合, 有喜神閑神合化忌神者, 以丙爲
위희신 경합지 즉위련흉지합 유희신한신합화기신자 이병위

喜神, 辛爲閑神, 丙辛合化水爲忌神是也,
희신 신위한신 병신합화수위기신시야

가령 기신이 합으로 더욱 강해지는 경우가 있는데 己가 기신인데 甲과 합하여 기신인 己土가 더욱 강해지고 乙이 희신인데 庚과 합으로 흉신을 사모하는 합으로 되는 것이다. 희신이 한신과 합하여 기신이 되기도 하는데 가령 丙이 희신이고 辛이 한신일 때 丙辛이 합하여 기신인 水로 化하는 것이 이것이다.

*忌(기)—미워할 기. 시기할 기. 꺼릴 기.   *戀(연. 련)—그리워할 련(사모함).
*逢(봉)—만날 봉. 맞을 봉.   *助(조)—도울 조. 도움 조.

有閑神忌神合化凶神者, 以壬爲閑神, 丁爲忌神, 丁壬合化木爲凶
유한신기신합화흉신자 이임위한신 정위기신 정임합화목위흉

神是也, 如卯酉逢沖, 喜神在卯, 得辰合之, 化金仍克木者, 巳亥
신시야 여묘유봉충 희신재묘 득진합지 화금잉극목자 사해

逢沖, 喜神在巳, 得申合之, 化水仍克火者, 皆是不宜也,
봉충 희신재사 득신합지 화수잉극화자 개시불의야

한신과 희신이 합하여 흉신이 되기도 하는데 가령 壬이 한신이고 丁이 기신일 때 丁壬이 합하여 흉신인 木으로 化하는 것이 이것이다. 또 卯酉 충에서 희신이 卯일 때 辰이 합하여 金을 강화시켜 木을 극하고, 巳亥 충에서 희신이 巳일 때 申이 합으로 水로 化하여 火를 극하는 것은 이는 다 마땅치 않은 것이다.

*仍(잉)—인할 잉(그대로 따름). 오히려 잉. 이에 잉(乃). 부사어로는 곧. 누차. 여전히. 또한 등으로 쓰임.

大率忌神合而化去之, 喜神合而化來之, 若忌神合而不去, 不足爲
대 솔 기 신 합 이 화 거 지 　 희 신 합 이 화 래 지 　 약 기 신 합 이 불 거 　 부 족 위

喜, 喜神合而不來, 不足爲美, 反爲羈絆貪戀而無用矣, 來與不來,
희 　 희 신 합 이 불 래 　 부 족 위 미 　 반 위 기 반 탐 련 이 무 용 의 　 래 여 불 래

卽化與不化也, 宜審察之,
즉 화 여 불 화 야 　 의 심 찰 지

　대체로 기신은 합으로 제거하고 희신은 합으로 와야 한다. 만약 기신을 합하였
으나 제거치 못하면 희신으로 부족하고, 희신이 합하고서 오지 않으면 아름답지
않다. 도리어 기반(羈絆)으로 합을 사랑하기만 하여 쓸 수가 없다. (合하여) 오느냐
아니 오느냐는 곧 化와 不化이니 마땅히 세밀하게 살펴야 한다.

*率(솔. 률. 수)－거느릴 솔. 좇을 솔. 대강 솔.　　*絆(반)－줄 반(말의 다리를 매어 못 가게 하는
　율 률(數 등의 비례). 제한 률. 우두머리 수.　　　줄). 맬 반.
*羈(기)－굴레 기. 맬 기.　　　　　　　　　　　*審(심)－살필 심. 자세히 심.

乙　丙　庚　辛
未　子　寅　亥

甲　乙　丙　丁　戊　己
申　酉　戌　亥　子　丑

朱中堂造, 丙子日元, 生於春初, 火虛木嫩, 用神在木, 忌神在金,
주 중 당 조 　 병 자 일 원 　 생 어 춘 초 　 화 허 목 눈 　 용 신 재 목 　 기 신 재 금

最喜亥水流通金性, 合寅生木爲宜, 時支未土, 又得乙木盤根之制,
최 희 해 수 유 통 금 성 　 합 인 생 목 위 의 　 시 지 미 토 　 우 득 을 목 반 근 지 제

去濁留淸, 中和純粹, 爲人寬厚和平, 一生宦途安穩,
거 탁 류 청 　 중 화 순 수 　 위 인 관 후 화 평 　 일 생 환 도 안 온

　주(朱) 중당(中堂)의 명조이다. 丙子 일원이 춘초(春初)에 생하여 火는 허하고
木은 어리다. 용신은 木이다. 제일 기쁜 것은 亥水가 금기(金氣)를 유통하고 寅木
과 합하며 木을 생하는 것이 마땅한 것이다.

時支의 未土는 乙木의 반근지(盤根地)이고 乙木이 제(制)하니 탁기를 제거하고 청기를 남겨 사주가 중화를 이루고 순수하다. 사람됨이 관후화평(寬厚和平)하였으며 일생 동안 벼슬길이 안온(安穩)하였다.

*嫩(눈) — 어릴 눈.
*盤(반) — 소반 반. 쟁반 반. 서릴 반. 蟠(반)과 소
*留(유. 류) — 머무를 유. 정지하다. 뒤지다.
　지체하다. 늦다.
*寬(관) — 너그러울 관. 넓을 관.

*厚(후) — 두터울 후. 두터이 할 후.
*宦(환) — 벼슬아치 환. 벼슬 환.
*穩(온) — 안온할 온(편안함).
*中堂(중당) — 중앙의 궁전. 재상이 정사를
　보는 곳. 전(轉)하여 재상의 별칭.


```
辛 壬 庚 戊
丑 寅 申 子

丙 乙 甲 癸 壬 辛
寅 丑 子 亥 戌 酉
```

壬寅日元, 生於孟秋, 秋水通源, 重重印綬, 戊丑之土, 能生金, 不
임인일원　생어맹추　추수통원　중중인수　무축지토　능생금　불

能制水, 置之不用, 只得順水之性, 以寅木爲用, 至癸運, 洩金生
능제수　치지불용　지득순수지성　이인목위용　지계운　설금생

木入泮, 亥運, 支類北方, 去其丑土溼滯之病, 又生合寅木, 科甲
목입반　해운　지류북방　거기축토습체지병　우생합인목　과갑

連登, 名高翰苑, 所嫌者, 寅申逢沖, 秀氣有傷, 降知縣, 甲子水木
연등　명고한원　소혐자　인신봉충　수기유상　강지현　갑자수목

齊來, 仕路平安, 乙運合庚助虐, 罷職回家, 丑運生金, 不祿,
제래　사로평안　을운합경조학　파직회가　축운생금　불록

壬寅 일원이 맹추(孟秋)에 생하여 가을의 물이 근원에 통해있는데 인수가 중중하다. 戊土와 丑土는 능히 金을 생하나 제수(制水)는 못하므로 용신으로 쓰지 못하니 버리고 단지 水의 성정을 따라야 한다. 寅木이 용신이다.

癸 운에 이르러 金을 설하고 木을 생하니 입반(入泮)하였고 亥 운은 亥子丑

북방을 이루어 丑土의 습하고 막히는 병(病)을 제거하고 寅木을 생하며 寅亥 공목(拱木)하니 과거에 연달아 오르고 이름이 한원(翰苑)에 높았다.

꺼리는 것은 寅申 충으로 수기(秀氣)가 손상당하여 지현(知縣)으로 강등되었다. 甲子 대운은 水와 木이 함께 오니 벼슬길이 평안하였으나 乙 대운에 乙庚 합으로 金을 도우니 파직되어 고향으로 돌아왔다. 丑 운에 金을 생하니 사망하였다.

*置(치)-둘 치. 놓을 치. 버릴 치.
*泮(반)-물가 반. 녹을 반.
*科(과)-과정 과. 과정. 조목. 품등. 그루.
*翰(한)-깃 한. 붓 한. 글 한.
*苑(원)-동산 원. 문채 날 원.

*降(강. 항)-내릴 강. 항복할 항. 항복 받을 항.
*縣(현)-고을 현. 매달 현.
*罷(파)-파할 파. 놓을 파. 물러갈 파.
*虐(학)-해롭게 할 학. 사나울 학. 몹시 굴 학.

丁　丙　壬　丁
酉　午　寅　亥

丙　丁　戊　己　庚　辛
申　酉　戌　亥　子　丑

丙午日元, 生于寅月, 天干兩透丁火, 旺可知矣, 壬水通根亥支, 正
병오일원　생우인월　천간양투정화　왕가지의　임수통근해지　정

殺印相生, 所嫌者, 丁壬寅亥, 化木爲忌, 以致刼刃肆逞, 羣刼爭財,
살인상생　소혐자　정임인해　화목위기　이치겁인사령　군겁쟁재

初交北方金水, 遺業豐盛, 戊戌運, 又會火局, 刺盡金水, 家破身亡,
초교북방금수　유업풍성　무술운　우회화국　극진금수　가파신망

丙午 일원이 寅月에 생하여 천간으로 丁火가 둘이나 있어 왕한 것은 가히 알 수 있다. 壬水는 亥水에 통근하니 바로 살인상생(殺印相生)이 되었으나 혐의가 되는 것은 丁壬 寅亥가 합하여 木으로 화(化)하여 기신이 되는 것이다.

이러므로 겁인(刼刃)이 방자하고 군겁 쟁재가 일어난다. 초년 북방 金水 운에는 유업이 풍성하였으나 戊戌 운으로 들어 또 火局을 이루니 金水가 극진(刺盡)되어

가업을 파하고 사망하였다.

*刃(인)-칼날 인. 벨 인.　　　　　*羣(군)-무리 군. 군(群)과 소.
*肆(사)-방자할 사. 마구간 사. 버릴 사.　*盛(성)-그릇 성. 성할 성.
*逞(령. 영)-왕성할 령. 쾌할 령.　　*盡(진)-다할 진. 다 진. 가령 진.

丙　戊　甲　己
辰　寅　戌　亥

戊　己　庚　辛　壬　癸
辰　巳　午　未　申　酉

謝侍郎造, 戊生季秋土司令, 刦印並透, 日主未嘗不旺, 但甲木進
사 시 랑 조　무 생 계 추 토 사 령　겁 인 병 투　일 주 미 상 불 왕　단 갑 목 진

氣, 支得長生祿旺, 又辰爲木之餘氣, 洩火養木, 無金以制之, 殺勢
기　지 득 장 생 록 왕　우 진 위 목 지 여 기　설 화 양 목　무 금 이 제 지　살 세

旺矣, 喜其甲己合之爲宜, 則日主不受其尅, 更妙中年運走土金,
왕 의　희 기 갑 기 합 지 위 의　즉 일 주 불 수 기 극　갱 묘 중 년 운 주 토 금

制化合宜, 名高祿重,
제 화 합 의　명 고 녹 중

　사(謝) 시랑(侍郎)의 명조이다. 戊土 일주가 土가 사령하는 계추(季秋)에 태어나
겁재와 인수가 투출하니 일주가 왕하지 않다고는 할 수 없다.
　그러나 甲木이 진기이고 지지에 장생과 녹왕을 두었으며 또 여기(餘氣)인 辰이
있어 火를 설하고 木을 생하는데 金이 없어 제극하지 못하니 살세(殺勢)가 왕하다.
기쁜 것은 甲己 합이 마땅하여 일주가 극을 받지 않는 것이다. 더욱 중년 운이
土金으로 제화(制化)가 마땅하여 벼슬과 재물이 좋았다.

*謝(사)-끊을 사. 사양할 사. 물러날 사. 여　*侍郎(시랑)-진(秦), 한(漢) 때는 궁중의 수
　기서는 姓氏를 이름.　　　　　호를 맡은 벼슬. 당(唐) 때는 중서(中書), 문
*未嘗不(미상불)-(일찍이) ~하지 않은 경우　하(門下) 두 성(省)의 장관. 후대(後代)에는
　가 없다.　　　　　　　　　　육부의 차관.

*但(단)－단지. 다만. 공연히. 쓸데없이. 그
러나 등으로 해석.

*制(제)－지을 제. 만들 제. 누를 제. 금할 제.
*走(주)－달릴 주. 달아날 주.

```
丙 戊 甲 己
辰 寅 戌 巳

戊 己 庚 辛 壬 癸
辰 巳 午 未 申 酉
```

此與前造只換一亥字, 則土無水潤, 不能養木, 甲己之合爲不宜,
차 여 전 조 지 환 일 해 자   즉 토 무 수 윤   불 능 양 목   갑 기 지 합 위 불 의

殺無氣勢, 刦肆逞矣, 壬申運生化, 雖得一衿而不第, 中運又逢土
살 무 기 세   겁 사 령 의   임 신 운 생 화   수 득 일 금 이 부 제   중 운 우 봉 토

金, 刑妻剋子, 家業潛消, 至巳運而卒, 毫厘千里之隔也,
금   형 처 극 자   가 업 잠 소   지 사 운 이 졸   호 리 천 리 지 격 야

　이 사주와 앞의 사주는 단지 亥字 하나만 바뀌었으나 수기(水氣)가 없어 土가
윤택하지 않으니 木을 기르지 못한다. 甲己 합도 마땅치 않으니 살(殺)의 기세가
약하여 비겁이 방자하게 날뛰는 형상이다.

　壬申 운은 생화가 마땅하여 비록 초시(初試)에 들기는 하였으나 더는 나아가지
못하였고 中年 운이 또 土金이라 부인과 자식을 잃고 가업이 물에 잠긴 듯 줄었으
며 巳 운에 이르러 사망하였다. 호리의 차(差)가 천리의 차이가 난다.

*一衿(일금)－초시(初試)에 들음.
*不第(부제)－합격하지 못함. 낙제(落第). 낙
방(落榜).
*潛(잠)－무자맥질할 잠. 가라앉을 잠. 숨길
잠.
*消(소)－사라질 소. 쓸 소.
*毫(호)－잔털 호. 조금 호. 붓 호.

*厘(리)－釐(리)의 俗字. 이 리(소수의 하나. 일
의 백분의 일). 척도의 단위로 분의 십. 분의
일. 전하여 극소한 분량.
*毫釐(호리)－자 눈 또는 저울눈의 毫와 釐.
전(轉)하여 아주 짧은 거리나 극히 적은 분
량.
*隔(격)－막을 격. 막이 격.

丙　甲　壬　丁
寅　子　寅　未

丙　丁　戊　己　庚　辛
申　酉　戌　亥　子　丑

甲木生于寅月寅時, 木嫩氣虛, 以丙火解凍敵寒爲用, 以壬水剋丙
갑 목 생 우 인 월 인 시　목 눈 기 허　이 병 화 해 동 적 한 위 용　이 임 수 극 병

爲忌, 最喜丁壬之合化木, 反生丙火, 癸酉年本屬不吉, 喜其大運
위 기　최 희 정 임 지 합 화 목　반 생 병 화　계 유 년 본 속 불 길　희 기 대 운

在己, 能克癸水, 棘闈奏捷, 戊運卯年發甲, 惜限於地, 未能大用,
재 기　능 극 계 수　극 위 주 첩　무 운 묘 년 발 갑　석 한 어 지　미 능 대 용

　　甲木이 寅月 寅時에 태어났다. 木이 어려 기가 허하니 이에 丙火로써 해동(解
凍)하고 추위를 몰아낸다. 壬水는 丙火를 극하니 기신이 되는데 제일로 기쁜 것은
丁壬 합이 木으로 화(化)하여 도리어 丙火를 생하는 것이다.

　　癸酉 년은 본시 불길한데 기쁜 것은 대운이 己 대운으로 능히 癸水를 극하여
과거(科擧)에 급제하였다. 戊 운 卯 년에 대과에 급제하였으나 애석한 것은 운이
金水로 흘러 크게 쓰이지는 못했다.

*嫩(눈)-어릴 눈.
*凍(동)-얼 동. 얼음 동.
*敵(적)-원수 적. 필적할 적.
*屬(속. 촉)-좇을 속. 벼슬아치 속. 살붙이
　속. 이을 촉. 맡길 촉.
*惜(석)-아낄 석. 아까워할 석. 애처롭게 여
　길 석.
*限(한)-한계 한. 지경. 경계. 구역.

*棘(극)-가시나무 극. 멧대추나무 극. 창
　극.
*闈(위)-문 위. 대궐 위. 과장(科場) 위.
*棘闈(극위)-문과(文科)의 과거를 보는 장
　소. 과장(科場) 사방에 가시나무를 둘렀으
　므로 이름. 棘圍(극위)와 仝.
*奏(주)-아뢸 주. 상소 주.
*捷(첩)-이길 첩. 빨리 첩.

甲　甲　壬　丁
子　戌　寅　亥

丙　丁　戊　己　庚　辛
申　酉　戌　亥　子　丑

甲生寅月, 得時當令, 如用丁火, 壬水合去, 如用戌土, 寅亥生合
갑생인월　득시당령　여용정화　임수합거　여용술토　인해생합

剋戌, 一生成敗不一, 刑耗多端, 還喜中運不背, 溫飽而已, 所以
극술　일생성패불일　형모다단　환희중운불배　온포이이　소이

合之宜者, 名利裕如, 合之不宜者, 刑傷破敗,
합지의자　명리유여　합지불의자　형상파패

　甲木이 寅月에 태어나 당령하였다. 가령 丁火를 용신으로 하자니 壬水가 합거
하고 戌土를 용신으로 쓰자니 寅亥가 합으로 생이 되어 戌土를 극하니 일생에
성패가 한결같지 않았으며 형모가 많았다.

　기쁜 것은 중년 운이 마땅하여 따습고 배부르게는 지냈다. 소이(所以) 합이 마땅
하면 명리가 좋으나 합이 마땅치 않으면 형상과 실패가 많다.

*敗(패)-패할 패. 썩을 패.
*刑(형)-형벌 형. 법 형.
*耗(모)-벼 모. 덜 모. 耗는 재물이 흩어짐
　을 이름.
*端(단)-바를 단. 실마리 단.
*還(환)-돌아올 환. 돌아갈 환. 두를 환.

*背(배)-등 배. 배반할 배.
*溫(온)-따뜻할 온. 부드러울 온. 유순할
　온. 온천(溫泉) 온.
*飽(포)-배부를 포. 만족할 포.
*裕(유)-넉넉할 유. 너그러울 유.
*破(파)-깨뜨릴 파.

君 象 군상

君不可抗也. 貴乎損上以益下.
군 불 가 항 야　귀 호 손 상 이 익 하

임금에게 항거하는 것은 불가하다. 귀(貴)한 것은 위를 덜어서 아래에 보태는 것이다.

*抗(항)－극(剋)과 같음.　　　　*以(이)－써 이. ～로써.부터. ～에서. 까닭.
*損(손)－덜 손. 잃을 손. 상할 손.　*益(익)－더할 익. 이로울 익.

原注원주

日主爲君. 財神爲臣. 如甲乙日主. 滿局皆木. 內有一二土氣. 是君盛
일주위군　재신위신　여갑을일주　만국개목　내유일이토기　시군성
臣衰. 其勢要多方以助臣. 火生之. 土實之. 金衛之. 庶下全而上安.
신쇠　기세요다방이조신　화생지　토실지　금위지　서하전이상안

【원주】

일주는 군(君)이고 재(財)는 신(臣)이다. 가령 甲乙 일주에 만국(滿局)이 모두 木인데 안에 단지 한 두 개의 土가 있으면 이는 군(君)은 왕성한데 신(臣)은 쇠약하니 여러 방면으로 臣을 도와줘야 한다. 火로 生해 주면 土가 실(實)해지고 金이 호위하여도 아래가 온전하고 위도 평안하다.

*滿(만)－찰 만. 채울 만.　　　　*衛(위)－막을 위. 방위 위.
*皆(개)－다 개.　　　　　　　　*庶(서)－많을 서. 여러 서. 무리 서. 부사어
*盛(성)－그릇 성. 성할 성.　　　　로는 아마도. 바라건대. 해석하지 않을 때
*衰(쇠)－쇠할 쇠. 줄 쇠.　　　　　도 있음.
*勢(세)－세력 세. 기세 세.　　　　*安(안)－편안할 안. 즐기다. 좋아하다. 즐거
*要(요)－부사어로는 늘. 결국. 응당. 반드　움에 빠지다.
　시.　　　　　　　　　　　　　*全(전)－온통 전. 온전할 전.

任氏曰임씨왈,

君不可抗者, 無犯上之理也, 損上者, 洩上也, 非克制也, 上洩則
군불가항자 무범상지리야 손상자 설상야 비극제야 상설즉

下受益矣, 如以甲乙日主爲君, 滿局皆木, 內只有一二土氣, 君旺
하수익의 여이갑을일주위군 만국개목 내지유일이토기 군왕

盛而臣極衰矣, 其勢何如哉, 惟有順君之性, 火以行之,
성이신극쇠의 기세하여재 유유순군지성 화이행지

　임 선생님이 말씀하였다.

　임금에게 항거하는 것이 불가하다는 것은 위를 범(犯)하는 이치가 없음을 이르
는 것이다. 위를 덜어낸다는 것은 위를 설하는 것이지 극제하는 것이 아니다.

　위를 설하면 아래가 더하여진다. 가령 甲乙 일주가 임금인데 만국(滿局)이 다
木으로 되어 있을 때 원국에 단지 한두 개의 土가 있으면 임금은 왕성한데 신하는
극히 쇠약하니 그 세력을 어찌하겠는가. 단지 임금의 뜻을 따를 뿐으로 火 운으로
행하여야 한다.

火行則木洩土得生扶, 爲損上以益下, 則上不亢君, 下得安臣矣,
화행즉목설토득생부 위손상이익하 즉상불항군 하득안신의

若以金衛之, 則抗君矣, 且木盛能令金自缺, 君仍不能抗, 反觸其怒,
약이금위지 즉항군의 차목성능령금자결 군잉불능항 반촉기노

而臣更洩氣, 不但無益, 而有害也, 豈能上安而下全乎,
이신갱설기 부단무익 이유해야 기능상안이하전호

　火로 行한즉 木을 설하여 土를 생부(生扶)하니 위를 덜어서 아래를 보태는 것이
된다. 그런즉 위의 임금을 거역치 않고 아래의 신하가 편안하다.

　만약 金으로 보위(保衛)하면 임금을 거역하는 것이다. 木이 왕성하면 金은 자연
이지러지니 임금에게 항거할 수 없을 뿐만 아니라 도리어 왕신을 건드려 그 성정
을 격노(激怒)케 하고 신하 역시 설기(洩氣)당하여 비단 무익할 뿐 아니라 해로움이
있으니 어찌 위가 편안하고 아래가 온전하겠는가.

*扶(부)－도울 부. 붙들 부.
*亢(항)－목 항. 굳셀 항. 극진히 할 항.

*仍(잉)－인할 잉(그대로 따름). 오히려 잉. 이
　에 잉(乃). 부사어로는 곧. 누차. 여전히.

乙 甲 丙 甲
亥 戌 寅 戌

壬 辛 庚 己 戊 丁
申 未 午 巳 辰 卯

甲生于寅月, 又得亥之生, 比刼之助, 年日兩支之戌土虛弱, 謂君
갑 생 우 인 월 우 득 해 지 생 비 겁 지 조 년 일 양 지 지 술 토 허 약 위 군

盛臣衰, 最喜月透丙火, 順君之性, 戌土得生拱之情, 則上安而下
성 신 쇠 최 희 월 투 병 화 순 군 지 성 술 토 득 생 공 지 정 즉 상 안 이 하

全, 己巳運, 火土並旺, 科甲連登, 庚午辛未, 火得地, 金無根, 又
전 기 사 운 화 토 병 왕 과 갑 연 등 경 오 신 미 화 득 지 금 무 근 우

有丙火回光, 庚辛不能抗君, 午未足以益臣, 仕至藩臬, 壬申沖寅,
유 병 화 회 광 경 신 불 능 항 군 오 미 족 이 익 신 사 지 번 얼 임 신 충 인

剋丙, 逆君之性, 不祿,
극 병 역 군 지 성 불 록

甲木이 寅月에 생하고 또 亥水의 생이 있고 비겁이 도우니 일주가 왕하다. 年과 日의 戌土는 허약하여 이른바 임금은 왕한데 신하는 약하다 하겠다.

가장 기쁜 것은 月上에 丙火가 투출하여 임금의 성정에 순응하여 戌土를 생하는 정이 있어, 즉 위가 편안하고 아래도 온전하다. 己巳 운은 火土가 다 왕하여 과거에 연달아 오르고 庚午 辛未 운은 火가 득지하고 金은 무근인데 더욱 丙火가 빛을 발하니 庚辛 金이 감히 임금에게 항거하지 못한다.

午未는 족히 신하를 도우니 벼슬이 번얼(藩臬)에 이르렀다. 壬申 운에 寅木과 충하고 丙火를 극하여 임금의 성정을 거역하는 것이 되어 사망하였다.

*透(투)-뜰 투. 던질 투. 환할 투.
*拱(공)-두 손 마주잡을 공. 껴안을 공.
*回(회)-돌 회. 돌아올 회. 돌릴 회.

*藩(번)-울 번(울타리). 지경 번. 지킬 번.
*臬(얼)-말뚝 얼. 과녁 얼. 법 얼.
*逆(역)-거스를 역. 맞을 역.

乙　甲　甲　甲
亥　寅　戌　子

庚　己　戊　丁　丙　乙
辰　卯　寅　丑　子　亥

甲寅日元, 生於季秋, <u>土王用事</u>, 不比春時虛土, 所以此一戌, 足以
갑인일원　생어계추　토왕용사　불비춘시허토　소이차일술　족이

抵彼之兩戌, 生亥時, 又天干皆木, 君盛臣衰, 所嫌者, 局中無火以
저피지양술　생해시　우천간개목　군성신쇠　소혐자　국중무화이

行之, 羣比爭財, 無以益臣, 則上不安而下難全矣, 初運北方水旺,
행지　군비쟁재　무이익신　즉상불안이하난전의　초운북방수왕

助君之勢, 刑喪破耗, 祖業不保, 丁丑運, 火土齊來, 稍成家業, 戊寅
조군지세　형상파모　조업불보　정축운　화토제래　초성가업　무인

己卯, 土無根, 木臨旺, 回祿三次, 起倒異常, 刑妻剋子, 至卯而亡,
기묘　토무근　목림왕　회록삼차　기도이상　형처극자　지묘이망

　　甲寅 일원이 계추에 생하니 왕한 土가 용사한다. 춘절의 허(虛)한 土와는 비교
가 되지 않는다. 이러므로 이 戌土 하나가 앞 사주의 두 개의 戌土를 당한다.

　　그러나 亥時에 생하고 또 천간이 다 木이니 임금은 왕성한데 신하는 쇠약한
명조이다. 더욱 혐의가 되는 것은 원국에 火가 없고 火 운으로도 가지 않아 군비쟁
재가 일어나고 신하를 돕는 것이 없어 위가 불안하고 아래가 온전치 못하다.

　　초년 운이 北方 수왕지로 임금을 돕는 형세니 형상(刑喪)과 파모(破耗)를 당하고
조업을 보전하지 못하였다. 丁丑 운에 火土가 함께 오니 조그마나마 가업을 이루
었다. 戊寅 己卯 운은 土가 뿌리가 없고 木이 왕하여 화재를 세 번이나 당하였고
기복(起伏)이 심하였으며 처와 자식을 잃었다. 卯 운에 이르러 사망하였다.

*抵(저)－닥뜨릴 저. 겨룰 저. 당할 저.　　*齊(제)－가지런할 제. 가지런히 제.
*稍(초)－점점 초. 작을 초. 벼 줄기 끝 초.　*倒(도)－넘어질 도. 거슬릴 도.

역자주　밑줄 土王用事에서 王(왕)은 旺(왕)의 오자(誤字)이다.

臣 象 신상

臣不可過也. 貴乎損下而益上.
신 불 가 과 야   귀 호 손 하 이 익 상

신(臣)은 과(過)함이 불가하니 귀함은 아래를 덜어서 위를 보태는 것이다.

原注원주

日主爲臣. 官星爲君. 如甲乙日主. 滿盤皆木. 內有一二金氣. 是臣盛
일주위신 관성위군   여갑을일주   만반개목   내유일이금기   시신성
君衰. 其勢要多方以助金. 用帶土之火. 以洩木氣. 用帶火之土. 以生
군쇠 기세요다방이조금   용대토지화   이설목기   용대화지토   이생
金神. 庶君安臣全. 若木火又盛. 無可奈何. 則當存君之子. 少用水氣.
금신 서군안신전 약목화우성   무가내하   즉당존군지자   소용수기
一路行火地. 方得發福.
일 로 행 화 지   방 득 발 복

【원주】

일주를 신(臣)으로 하고 관성을 군(君)으로 한다. 가령 甲乙 일주에 원국이 온통 木일 때 한두 개의 金이 있으면 이는 신(臣)은 왕성한데 군(君)이 쇠약한 것이니 그 세력은 여러 면으로 金을 도와야 한다. 土를 띤 火로서 木의 기운을 설하고 火를 띤 土로서 金을 생하면 군(君)이 편안하고 신(臣)이 온전하다.

만약 木火가 또 왕성하여 어찌할 도리가 없으면 군(君)의 자식만이 존재하니 수기(水氣)의 쓰임은 적다. 火地로 행하는 한길만이 바야흐로 발복하게 된다.

---

*盤(반)−소반 반. 쟁반 반. 서릴 반. 蟠(반)과 소.
*皆(개)−다 개.
*盛(성)−그릇 성. 성할 성.

*助(조)−도울 조. 도움 조.
*帶(대)−띠 대. 두를 대. 찰 대.
*奈(내)−어찌 내. 어찌. 어찌할꼬.
*少(소)−적을 소. 적다. 약간. 조금. 얼마간.

*衰(쇠)-쇠할 쇠. 줄 쇠.
*勢(세)-세력 세. 기세 세.
*要(요)-부사어로는 늘. 결국. 응당. 반드시.

*路(로)-길 로. 고달플 로.
*若(약. 야)-같을 약. 만일 약. 어조사 약. 반야 야. 부사어로는 만일 ~한다면. ~의 경우는. 혹은. ~이. 이러한.

任氏曰임씨왈,

臣不可過, 須化之以德也, 庶臣順而君安矣, 如甲乙日主, 滿局皆
신불가과　수화지이덕야　서신순이군안의　여갑을일주　만국개

木, 内只一二金氣, 臣盛而君衰極矣, 若金運制臣, 是衰勢而行威
목　내지일이금기　신성이군쇠극의　약금운제신　시쇠세이행위

令, 必有抗上之意, 必須帶火之土運, 木見火而相生, 臣心順矣, 金
령　필유항상지의　필수대화지토운　목견화이상생　신심순의　금

逢土而得益, 君心安矣,
봉토이득익　군심안의

임 선생님이 말씀하였다.

신(臣)이 지나친 것은 불가하니 모름지기 덕으로 화(化)하여야 신(臣)이 순(順)하게 되고 군(君)이 편안하다. 가령 甲乙 일주가 원국이 온통 木인데 한두 개의 金이 있으면 신(臣)은 왕성한데 군(君)은 극히 쇠약(衰弱)한 것이다.

만약 金 운으로 행하여 신(臣)을 제하려 하면 이는 약한 세력이 위세를 떨치려 하는 것으로 필연 위의 뜻을 항거하는 것이 된다. 반드시 火를 띤 土 운으로 행하여야 한다. 木이 火를 보면 상생으로 신(臣)의 마음이 순(順)하게 된다. 金도 土를 만나 더함이 있으니 군(君)의 마음도 편안하다.

*過(과)-지날 과. 지나칠 과. 예전 과. 잘못할 과.
*庶(서)-많을 서. 여러 서. 무리 서. 부사어로는 아마도. 바라건대. 해석하지 않을 때도 있음.

*制(제)-지을 제. 만들 제. 누를 제. 금할 제.
*威(위)-위엄 위. 힘 위.
*抗(항)-극(剋)과 같음.
*逢(봉)-만날 봉. 맞을 봉.

若水木並旺, 不見火土, 當存君之子, 一路行水木之運, 亦可安君,
약 수 목 병 왕　불 견 화 토　당 존 군 지 자　일 로 행 수 목 지 운　역 가 안 군

若木火並旺, 則宜順臣之心, 一路行火運, 亦可安君, 所謂臣盛而
약 목 화 병 왕　즉 의 순 신 지 심　일 로 행 화 운　역 가 안 군　소 위 신 성 이

性順, 君衰而仁慈, 亦上安而下全, 若純用土金以激之, 非安上全
성 순　군 쇠 이 인 자　역 상 안 이 하 전　약 순 용 토 금 이 격 지　비 안 상 전

下之意也,
하 지 의 야

　만약 水木이 함께 왕하고 火土가 보이지 않으면 당연히 군(君)의 자식만 존재하
니 한길로 水木 운으로 행하여야 군(君)이 평안하다. 만약 木火가 함께 왕하면
신(臣)의 마음이 마땅히 순(順)하게 되니 한길로 火 운으로 행하여야 역시 군(君)이
평안하다.

　이른바 신(臣)이 왕성하고 성정이 순하며 군(君)이 쇠약해져 인자하니 위가 평안
하고 아래가 온전하다. 만약 土金으로 오로지 用하면 왕신을 격(激)하게 되어 위도
편안치 않고 아래도 온전치 못하다.

*當(당)－마땅 당. 마땅하다. 맡다. 대하다.　　*衰(쇠)－쇠할 쇠. 쇠하다. 약하다.
*路(로. 노)－길 로. 통행. 도로. 도리. 방도.　　*慈(자)－사랑 자. 사랑할 자.
*順(순)－순할 순. 좇다. 따르다. 순응하다.　　*全(전)－온통 전. 온전할 전.
*謂(위)－이를 위. 이름 위. 까닭 위.　　*純(순)－실 순. 순수할 순. 생사(生絲).
*盛(성)－성할 성. 성대하다. 무성하다.　　*激(격)－물결 부딪혀 흐를 격.
*性(성)－성품 성. 성질. 생명. 목숨.　　*意(의)－뜻 의. 헤아릴 의.

```
庚 甲 甲 戊
午 寅 寅 寅

庚 己 戊 丁 丙 乙
申 未 午 巳 辰 卯
```

甲寅日元, 年月皆寅, 滿盤皆木, 時上庚金無根, 臣盛君衰極矣,
갑인일원　년월개인　만반개목　시상경금무근　신성군쇠극의

喜其午時流通木性, 則戊土弱而有根, 臣心順矣, 又逢丙辰丁巳戊
희기오시유통목성　즉무토약이유근　신심순의　우봉병진정사무

午己未, 帶土之火, 生化不悖, 臣順君安, 早登科甲, 仕至侍郎, 庚
오기미　대토지화　생화불패　신순군안　조등과갑　사지시랑　경

申運, 不能用臣, 不祿,
신운　불능용신　불록

　　甲寅 일원이 年月이 다 寅이며 원국 가득 木인데 時上의 庚金은 무근이니 신
(臣)은 왕성하고 군(君)은 쇠함이 극에 이르렀다. 기쁜 것은 午時로 왕한 木性을
유통하는 것으로 戊土가 약하나 뿌리가 되어 신(臣)의 마음이 순(順)하다.

　　또 丙辰 丁巳 戊午 己未 대운은 土를 띤 火 운이니 생화(生化)가 어그러지지
않아 신(臣)이 순하고 군(君)이 편안하다. 일찍이 과거에 올라 벼슬이 시랑(侍郎)에
이르렀다. 庚申 운은 용신으로 할 수 없으니 사망하였다.

*悖(패. 발)-어그러질 패(도리에 거슬림). 우
　쩍 일어날 발.
*早(조)-이를 조. 이르다. 서두르다. 젊다.
　일찍. 서둘러. 젊어서. 새벽.
*科(과)-과정 과. 과정. 조목. 품등. 그루.

*侍(시)-모실 시. 기를 시.
*登(등)-오를 등. 오르다. 지위에 오르다.
　더하다. 보태다.
*郎(랑. 낭)-땅이름 랑. 벼슬이름 랑. 사내
　랑. 낭군 랑.

辛　甲　乙　癸
未　寅　卯　卯

己　庚　辛　壬　癸　甲
酉　戌　亥　子　丑　寅

甲寅日元, 年月皆卯, 又透乙癸, 未乃南方燥土, 木之庫根, 非生
갑인일원　년월개묘　우투을계　미내남방조토　목지고근　비생

金之土, 故辛金之君, 無能爲矣, 當存君之子, 以癸水爲用, 運逢
금지토　고신금지군　무능위의　당존군지자　이계수위용　운봉

甲寅癸丑, 遺緖豐盈, 壬子辛亥, 名利兩優, 一交庚戌, 土金並旺,
갑인계축　유서풍영　임자신해　명리양우　일교경술　토금병왕

不能容臣, 犯事落職, 破耗剋子而亡,
불능용신　범사낙직　파모극자이망

　　甲寅 일원이 年月이 다 卯이고 또 천간으로 乙과 癸가 투출하였다. 未는 남방
의 조토(燥土)로 木의 뿌리는 되나 金을 생하는 土가 아니다. 그러므로 군(君)인
辛金이 능력이 없어 단지 군(君)의 자식만 존재하니 계수를 용신으로 한다.

　　甲寅 癸丑 운에 유업이 풍부하였으며 壬子 辛亥 운에는 명리(名利)가 다 좋
았다. 庚戌 운으로 바뀌어 土金이 다 왕하니 신하가 용납지 않아 잘못을 저질
러 벼슬에서 떨어지고 재산이 많이 줄었으며 자식을 극하고 본인 또한 사망
하였다.

*燥(조)-마를 조. 말릴 조.
*庫(고)-곳집 고.
*遺(유)-남을 유. 남길 유. 버릴 유.
*緖(서)-실마리 서. 줄 서(계통).
*遺緖(유서)-남긴 사업.
*豐(풍)-풍년들 풍. 우거질 풍.

*盈(영)-찰 영. 남을 영.
*優(우)-넉넉할 우. 뛰어날 우.
*容(용)-얼굴 용. 용납할 용.
*破(파)-깨뜨릴 파.
*耗(모)-벼 모. 덜 모. 耗는 재물이 흩어짐
　을 이름.

$$
\begin{array}{cccc}
甲 & 戊 & 戊 & 戊 \\
寅 & 午 & 午 & 午
\end{array}
$$

$$
\begin{array}{cccccc}
甲 & 癸 & 壬 & 辛 & 庚 & 己 \\
子 & 亥 & 戌 & 酉 & 申 & 未
\end{array}
$$

此造三逢戊午, 時殺雖坐祿支, 局中無水, 火土燥烈, 臣盛君衰,
차 조 삼 봉 무 오　시 살 수 좌 록 지　국 중 무 수　화 토 조 열　신 성 군 쇠

且寅午拱會, 木從火勢, 轉生日主, 君恩雖重, 而日主之意向, 反
차 인 오 공 회　목 종 화 세　전 생 일 주　군 은 수 중　이 일 주 지 의 향　반

不以甲木爲念, 故運走西方金地, 功名顯赫, 甚重私情, 不以君恩
불 이 갑 목 위 념　고 운 주 서 방 금 지　공 명 현 혁　심 중 사 정　불 이 군 은

爲念也, 運逢水旺, 又不能存君之子, 註誤落職,
위 념 야　운 봉 수 왕　우 불 능 존 군 지 자　괘 오 낙 직

　이 명조는 戊午가 세 개나 있는데 시의 살이 비록 녹(祿)에 앉아 있으나 원국에 水가 없어 火土가 조열하니 신(臣)은 왕성한데 군(君)은 쇠약하다. 또 寅午가 火局을 이루니 木은 火의 세력을 따른다. 木生火 火生土로 돌아가며 생하여 군(君)의 은혜가 비록 무거우나 일주의 의향은 甲木을 생각지 않는다.

　그러므로 운이 西方 金地에는 공명이 빛났으나 사사로운 정만 깊을 뿐 임금의 은혜는 생각에도 없다. 운이 水旺地를 만나 군(君)의 자식을 어렵게 하니 남의 일에 잘못 연루되어 벼슬에서 물러났다.

*逢(봉)-만날 봉. 맞을 봉.
*祿(록. 녹)-녹 록. 복 록. 녹줄 녹.
*烈(열. 렬)-세찰 렬. 굳셀 렬. 밝을 렬.
*拱(공)-두 손 마주잡을 공. 껴안을 공.
*從(종)-좇을 종. 종사할 종. 따를 종.
*勢(세)-세력 세. 기세 세.
*恩(은)-은혜 은. 사랑할 은.
*顯(현)-밝을 현. 나타낼 현. 드러날 현.

*赫(혁)-붉을 혁. 성할 혁.
*顯赫(현혁)-환히 드러나 빛남.
*甚(심)-심할 심. 심히 심. 무엇 심.
*註(괘)-그르칠 괘. 속일 괘.
*誤(오)-그릇할 오. 잘못할 오. 의혹할 오.
*註誤(괘오)-남을 속여 그릇된 방면으로 인도함. 관리가 견책을 당함.
*職(직)-구실 직. 벼슬 직. 일 직. 맡을 직.

己　己　丙　甲
巳　酉　子　寅

壬　辛　庚　己　戊　丁
午　巳　辰　卯　寅　丑

己酉日元, 生於仲冬, 甲寅官生坐祿, 子水財星當令, 財旺生官,
기유일원　생어중동　갑인관생좌록　자수재성당령　재왕생관

時逢印綬, 此謂君臣兩盛, 更妙月干丙火一透, 寒土向陽, 轉生日
시봉인수　차위군신양성　갱묘월간병화일투　한토향양　전생일

主, 君恩重矣, 早登科甲, 翰苑名高, 緣坐下酉金, 支得巳時之拱,
주　군은중의　조등과갑　한원명고　연좌하유금　지득사시지공

火生之, 金衛之, 水養之, 而日主之力量, 足以克財, 故其爲官重財,
화생지　금위지　수양지　이일주지역량　족이극재　고기위관중재

而忘君恩矣,
이망군은의

　　己酉 일원이 仲冬에 생하였다. 甲寅 관성은 좌하에 녹을 두었고, 子水 재성이
당령하여 왕한 재(財)가 관을 생한다. 時에 인수가 있으니 이른바 군신(君臣)이 다
왕성하다. 더욱 묘(妙)한 것은 月干에 丙火가 투출한 것으로 겨울의 차가운 土가
볕을 받는 격으로 官生印 印生身으로 돌아가며 생하니 군(君)의 은혜가 무겁다.
　　일찍이 과거에 올라 이름이 한원(翰苑)에 높았다. 좌하의 酉金은 時支의 巳火를
끼고 巳酉 공금(拱金)하니 火는 생하고 金은 보호받고 水는 기르니 일주의 역량이
족히 재를 감당한다. 그러므로 官이 財를 중하게 여기면 군(君)의 은혜를 망각하게
되는 것이다.

*緣(연)−가선 연. 말미암을 연. 인연 연. 부
　사어로는 ∼을 끼고. ∼따라. 때문에. ∼에
　근거하여 등으로 해석.
*向陽(향양)−볕을 마주 받음. 남쪽을 향함.

*轉(전)−구를 전. 옮길 전. 넘어질 전.
*翰(한)−깃 한. 붓 한. 글 한.
*苑(원)−동산 원. 문채 날 원.
*衛(위)−막을 위. 방위 위.

역자주　밑줄 '甲寅官生坐祿(갑인관생좌록)'에서 '生(생)' 자는 '星(성)' 자의 잘못이다. '甲寅官星坐
祿(갑인관성좌록)'이어야 맞다. 『적천수징의』에는 甲寅官星坐祿이라 되어 있다.

母 象모상

知慈母恤孤之道. 始有瓜瓞無疆之慶.
지 자 모 휼 고 지 도　　시 유 과 질 무 강 지 경

자모(慈母)의 휼고지도(恤孤之道)를 알아야 자손의 번창하는 경사가 있다.

*恤(휼)－근심할 휼. 사랑할 휼.
*孤(고)－고아 고. 홀로 고. 외로울 고.
*恤孤(휼고)－고아를 구제함. 자식을 훌륭
　히 키움.
*瓜(과)－오이 과.
*瓞(질)－북치 질(뿌리에 가까운 작은 오이).

*瓜瓞(과질)－오이와 북치. 전(轉)하여 종손
　(宗孫)과 지손(支孫). 子孫을 의미함.
*疆(강)－지경 강. 끝 강. 경계 삼을 강.
*無疆(무강)－무궁(無窮).
*無窮(무궁)－시간이나 공간이 한(限)이 없
　음.

原注원주

日主爲母. 日之所生者爲子. 如甲乙日主. 滿柱皆木. 中有一二火氣. 是
일주위모　　일지소생자위자　　여갑을일주　　만주개목　　중유일이화기　　시

母旺子孤. 其勢要多方以生子孫. 成瓜瓞之緜緜. 而後流發于千世之下.
모왕자고　　기세요다방이생자손　　성과질지면면　　이후류발우천세지하

【원주】

　일주가 어미면 일주가 생하는 것은 자식이 된다. 가령 甲乙 일주에 사주가 온통 木인데 한두 개의 火가 있으면 이는 어미는 왕하고 자식은 외로우니 그 형세는 자식을 여러 방면으로 生해 주어야 자식이 면면(綿綿)히 이어지며 천세(千歲)까지 번창한다.

*柱(주)－기둥 주. 버틸 주.
*滿(만)－찰 만. 채울 만.
*皆(개)－다 개.
*千世(천세)－千歲와 仝. 천년. 긴 세월.

*緜(면)－솜 면. 솜옷 면. 연이을 면. 綿과
　仝.
*緜緜(면면)－죽 연이어 끊이지 않는 모양.
　綿綿과 仝.

任氏曰 임씨왈,

母衆子孤, 不特子仗母勢, 而母之情亦依乎子, 故子母二人, 皆不
모 중 자 고   불 특 자 장 모 세   이 모 지 정 역 의 호 자   고 자 모 이 인   개 불

宜損抑, 只得助其子勢, 則母慈而子益昌矣, 如日主甲乙木爲母, 內
의 손 억   지 득 조 기 자 세   즉 모 자 이 자 익 창 의   여 일 주 갑 을 목 위 모   내

只有一二火氣, 其餘皆木, 是母多子病,
지 유 일 이 화 기   기 여 개 목   시 모 다 자 병

임 선생님이 말씀하였다.

어미가 많아 자식이 외로운 것은 자식이 어미의 세력에 의지하는 것뿐만 아니라 어미의 정(情) 또한 자식에게 의지하는 것이다. 그러므로 자식과 어미 둘은 손상하거나 억제하는 것은 마땅치 않은 것이다. 오직 자식의 힘을 키워야 어미는 자애롭고 자식은 번창하게 된다.

가령 일주가 甲乙 木으로 어미인데 사주 내에 단지 한두 개의 火가 있고 나머지가 다 木이면 이는 어미가 많은 것이 자식에게 병(病)이 되는 것이다.

*衆(중)-무리 중. 많은 사람.
*不特(불특)-부사어로 쓰이며, '~뿐만 아니라'로 해석.
*勢(세)-세력 세. 기세 세.
*仗(장)-병장기 장. 기댈 장. 지팡이 장.
*情(정)-뜻 정. 인정 정. 사랑 정. 실상 정.
*亦(역)-또한 역. 모두 역.

*依(의)-의지할 의. 좇을 의.
*宜(의)-옳을 의. 마땅할 의.
*損(손)-덜 손. 잃을 손. 상할 손.
*抑(억)-누를 억. 문득 억. 또한 억.
*益(익)-더할 익. 이로울 익.
*昌(창)-창성할 창. 아름다울 창.
*餘(여)-나머지 여. 남을 여.

一不可見水, 見水子必傷, 二不可見金, 見金則觸母性, 母子不和,
일 불 가 견 수 견 수 자 필 상 이 불 가 견 금 견 금 즉 촉 모 성 모 자 불 화

子勢愈孤, 惟行帶火土之運, 則母性必慈, 其性向子, 子方能順母
자 세 유 고 유 행 대 화 토 지 운 즉 모 성 필 자 기 성 향 자 자 방 능 순 모

之意而生孫, 以成瓜瓞衍慶于千世之下, 若行帶水之土運, 則母情
지 의 이 생 손 이 성 과 질 연 경 우 천 세 지 하 약 행 대 수 지 토 운 즉 모 정

有變, 而反不容子矣,
유 변 이 반 불 용 자 의

　첫째는 水를 보는 것이 불가하니 水를 보게 되면 자식이 상해를 입게 되고, 둘째는 金을 보는 것이 불가하니 金을 보게 되면 모성(母性)을 건드려 母子가 불화하여 자식이 더욱 외롭다.

　오직 火를 띤 土 운으로 행하여야 어미의 성품이 반드시 자애롭게 되어 그 정이 자식에게 향하니 자식이 바야흐로 어미의 뜻에 따라 손자를 낳아 자손이 번창하여 천세(千世)까지 경사롭게 된다.

　만약 水를 띤 土 운으로 행하면 어미의 성품이 변하여 오히려 자식을 용납하지 않는다.

*觸(촉)－닿을 촉. 부딪칠 촉. 범할 촉.
*愈(유)－나을 유. 더할 유. 고칠 유.
*惟(유)－오직 유. 생각건대 유.
*帶(대)－띠 대. 두를 대. 찰 대.
*孫(손)－손자 손. 손자. 자손. 후손.
*衍(연)－넘칠 연. 퍼질 연. 넉넉할 연.

*若(약. 야)－같을 약. 만일 약. 어조사 약. 반야 야. 부사어로는 만일 ～한다면. ～의 경우는. 혹은. ～이. 이러한.
*慶(경)－경사 경. 선행 경. 복 경. 어조사 경.
*變(변)－변할 변. 고칠 변.
*容(용)－얼굴 용. 용납할 용.

己　乙　甲　戊
卯　卯　寅　午

庚　己　戊　丁　丙　乙
申　未　午　巳　辰　卯

乙卯日元, 生於寅月卯時, 滿盤皆木, 只有年支午火, 母旺子孤,
을묘일원　생어인월묘시　만반개목　지유년지오화　모왕자고

喜其會子, 寅午半會, 母之性慈而向子, 子亦能順母之意, 而生戊
희기회자　인오반회　모지성자이향자　자역능순모지의　이생무

土之孫, <u>更喜運中火土</u>, 所以少年早登虎榜, 身入鳳池, 仕至侍郎,
토지손　갱희운중화토　소이소년조등호방　신입봉지　사지시랑

一交庚申, 觸母之性, 不祿,
일교경신　촉모지성　불록

　　乙卯 일원이 寅月 卯時에 生하고 사주가 온통 木이다. 단지 年支가 午火로
어미는 왕한데 자식은 외롭다. 기쁜 것은 자식과 합을 하는 것으로 寅午가 공국(拱
局)하니 어미의 자애로운 마음이 자식에게 향하고 자식 역시 어미의 마음에 따라
손자인 戊土를 생한다.

　　더욱 기쁜 것은 운이 火土로 行하니 소년에 일찍 호방(虎榜)에 올라 몸이 봉지
(鳳池)에 이르고 벼슬이 시랑(侍郎)에 이르렀다. 庚申 운으로 바뀌어 어미의 성정
을 건드려 사망하였다.

*虎榜(호방)－무과(武科) 급제자의 성명을 　*鳳池(봉지)－봉황지(鳳凰池)를 이름. 당(唐)
　발표하는 방(榜). 　　　　　　　　　　　　나라 중서성(中書省)에 있는 못. 전(轉)하여
*慈(자)－사랑 자. 사랑할 자. 　　　　　　중서성의 별칭.

역자주 밑줄의 中은 行이어야 뜻이 확실하다.
更喜運中火土(갱희운중화토)는 틀린 말은 아니나 更喜運行火土(갱희운행화토)라야 뜻이 더
욱 확실하다. 『적천수징의』에는 更喜運行火土로 되어 있다.

```
乙 甲 丙 癸
亥 寅 辰 卯

庚 辛 壬 癸 甲 乙
戌 亥 子 丑 寅 卯
```

甲寅日元, 生於季春, 支類東方, 又生亥時, 一點丙火虛露, 母衆
갑인일원　생어계춘　지류동방　우생해시　일점병화허로　모중

子孤, 辰乃溼土, 晦火養木, 兼之癸水透干, 時逢亥旺, 母無慈愛
자고　진내습토　회화양목　겸지계수투간　시봉해왕　모무자애

恤孤之心, 反有滅子之意, 初運乙卯甲寅, 尚有生扶愛子之情, 其
휼고지심　반유멸자지의　초운을묘갑인　상유생부애자지정　기

樂自如, 一交癸丑, 帶水之土, 母心必變, 子不能安, 破敗異常, 至
락자여　일교계축　대수지토　모심필변　자불능안　파패이상　지

壬子, 剋絶其子, 家破人離, 自縊而亡,
임자　극절기자　가파인리　자액이망

　甲寅 일원이 계춘에 생하였다. 지지가 동방을 이루고 또 亥時에 생하니 일점
丙火가 투출하였으나 허탈하다. 어미가 많아 자식이 외롭다.

　辰은 습토로 火를 설기하고 木을 기르며 겸하여 癸水가 천간으로 투출하고 時
의 亥水가 왕하니 어미의 마음이 자애심과 휼고지심(恤孤之心)이 없고 도리어 자
식을 멸(滅)하는 뜻만 있다.

　초운이 乙卯 甲寅으로 자식을 사랑하고 기르는 정이 있어 즐거움이 넉넉하였
으나 癸丑 운으로 바뀌어 水를 대동한 土로 어미의 마음이 변하여 자식이 평안치
못하고 재산도 많이 기울었다. 壬子 운에 이르러 자식을 극절(剋絶)하니 가업을
파하고 사람들도 떠나니 목을 매어 죽었다.

*晦(회)-그믐 회. 어두울 회.　　　*扶(부)-도울 부. 붙들 부.
*恤(휼)-근심할 휼. 사랑할 휼.　　*縊(의. 액)-목맬 의. 俗音 액.

子 象 자상

> 知孝子奉親之方. 始克諧成大順之風.
> 지. 효 자 봉 친 지 방   시 극 해 성 대 순 지 풍

효자의 부모 봉양은 화목(和睦)을 우선으로 하여 대순지풍(大順之風)을 이루는 것이다.

*奉(봉)-받들 봉. 바칠 봉. 녹봉 봉.
*克(극)-능할 극. 이길 극.
*諧(해)-고를 해. 어울릴 해. 和同할 해. 고르게 할 해.

*順(순)-순할 순. 좇을 순. 기뻐할 순. 차례 순.
*大順之風(대순지풍)-천리를 어기지 않는 자연스런 기풍.

原注원주

日主爲子. 生日者爲母. 如甲乙滿局皆是木. 中有一二水氣. 爲子衆母
일주위자　생일자위모　여갑을만국개시목　중유일이수기　위자중모
衰. 其勢要多方以安母. 用金以生水. 用土以生金. 則成母子之情. 爲
쇠　기세요다방이안모　용금이생수　용토이생금　즉성모자지정　위
大順矣. 設或無金. 則水之神依乎木. 而行木火金盛地亦可.
대순의　설혹무금　즉수지신의호목　이행목화금성지역가

【원주】

일주를 자식으로 하고 일주를 생하는 것을 어미로 한다. 가령 甲乙 일주에 만국(滿局)이 다 木인 가운데 한두 개의 水가 있으면 자식은 많은데 어미는 쇠약하다. 그 세력은 여러 방면으로 어미를 편안케 하여야 한다.

金이 水를 생하고 土가 金을 생한즉 母子의 정을 이루게 되어 인륜에 순(順)하게 된다. 설혹 金이 없으면 水는 木에 의지한다. 운이 木火金으로 行하면 역시 可하다.

任氏曰임씨왈,

子衆母衰, 母之性依乎子, 須要安母之心, 亦不可逆子之性, 如甲
자중모쇠 모지성의호자 수요안모지심 역불가역자지성 여갑

乙日爲主, 滿局皆木, 中有一二水氣, 謂子衆母孤, 母之情依乎子,
을일위주 만국개목 중유일이수기 위자중모고 모지정의호자

必要安母之心,
필요안모지심

임 선생님이 말씀하였다.

자식이 무리로 많으면 어미의 성정은 자식에게 의지하니 모름지기 어미의 마음을 편안하게 하여야 하며 또한 자식의 성정도 거슬려도 안 되는 것이다.

가령 甲乙 일주에 원국에 木이 가득하고 한두 개의 水가 있으면 이른바 자식은 많은데 어미는 외롭다 할 것이니 어미의 정은 자식에게 의지한다. 반드시 어미의 마음을 편안케 하여야 한다.

一不可見土, 見土則子戀婦而不顧母, 母不安矣, 二不可見金, 見
일불가견토 견토즉자연부이불고모 모불안의 이불가견금 견

金則母勢强而不容子, 子必逆矣, 惟行帶水之金運, 使金不克木而
금즉모세강이불용자 자필역의 유행대수지금운 사금불극목이

生水, 則母情必依子, 子情亦順母矣, 以成大順之風, 若行帶土之
생수 즉모정필의자 자정역순모의 이성대순지풍 약행대토지

金運, 婦性必悍, 母子皆不能安, 人事莫不皆然也, 此四章雖主木論,
금운 부성필한 모자개불능안 인사막불개연야 차사장수주목론

火土金水亦如之,
화토금수역여지

첫째로 土를 보는 것이 不可하니 土를 보게 되면 자식이 여인에 뜻을 두어 어미를 돌아보지 않아 어미가 불안하게 된다.

둘째로 金을 보는 것이 不可하니 金을 보게 되면 어미의 세력이 강해져 자식을 용납지 않으려 하며 자식 역시 거역하기 때문이다.

오직 水를 가진 金 운으로 행하여야 金이 木을 극하지 않고 水를 생하니 어미의

정이 반드시 자식에게 의지하게 되고 자식의 정도 역시 어미를 따르게 되어 대순지풍(大順之風)을 이룬다.

만약 土를 가진 金 운으로 행하면 부인의 성질이 반드시 사나워져 어미와 자식이 다 편안치 못하게 된다. 사람의 일이 다 이와 같지 않음이 없다. 여기 네 문장은 木을 위주로 논하였으나 火 土 金 水도 역시 이와 같다.

*顧(고)-돌아볼 고. 생각건대 고.   *莫不(막불)-부사어로 쓰이며, ~하지 않
*惟(유)-오직 유. 생각건대 유.   은 사람이 없다. ~하지 않는 경우가 없다
*悍(한)-사나울 한. 굳셀 한. 성급할 한.   등으로 쓰임.

$$乙\ 甲\ 乙\ 癸$$
$$亥\ 寅\ 卯\ 亥$$

$$己\ 庚\ 辛\ 壬\ 癸\ 甲$$
$$酉\ 戌\ 亥\ 子\ 丑\ 寅$$

甲寅日元, 生于仲春, 卯亥寅亥拱合, 滿局皆木, 則年干癸水無勢,
갑 인 일 원　생 우 중 춘　묘 해 인 해 공 합　만 국 개 목　즉 년 간 계 수 무 세

子旺母孤, 其情依乎木, 木之性亦依乎水, 謂母子情協, 初運甲寅
자 왕 모 고　기 정 의 호 목　목 지 성 역 의 호 수　위 모 자 정 협　초 운 갑 인

癸丑, 蔭庇有餘, 早游泮水, 壬子中鄕榜, 辛亥金水相生, 由縣宰遷
계 축　음 비 유 여　조 유 반 수　임 자 중 향 방　신 해 금 수 상 생　유 현 재 천

省牧, 庚戌土金並旺, 母子不安, 詿誤落職而亡,
성 목　경 술 토 금 병 왕　모 자 불 안　괘 오 낙 직 이 망

甲寅 일원이 仲春에 생하여 亥卯와 寅亥가 木으로 합을 하고 원국이 다 木으로 年干의 癸水는 세력이 없으니 자식은 왕한데 어미는 외롭다. 그 마음이 木에 의지한다. 木의 성정 역시 水에 의지하니 일러 母子가 정답고 협력한다.

초(初) 운이 甲寅 癸丑으로 선대의 유업이 넉넉하였고 일찍이 반궁에 들었다. 壬子 운에 초시에 급제하였으며 辛亥 운은 金水 相生으로 현령에서 성(省)의 목

사로 승천(升遷)하였다. 庚戌 운으로 들어 土金이 다 왕하여 母子가 다 불안하니 잘못을 저질러 벼슬에서 물러나고 사망하였다.

*庇(비)-덮을 비. 그늘 비. 의지할 비.   *誤(오)-그릇할 오. 잘못할 오. 의혹할 오.
*遷(천)-옮길 천. 천도 천.   *詿誤(괘오)-남을 속여 그릇된 방면으로
*詿(괘)-그르칠 괘. 속일 괘.   인도함. 관리가 견책을 당함.

甲 甲 己 乙
子 寅 卯 亥

癸 甲 乙 丙 丁 戊
酉 戌 亥 子 丑 寅

甲寅日元, 生于仲春, 滿局皆木, 亥卯又拱, 時支子水衰極, 其情
갑 인 일 원   생 우 중 춘   만 국 개 목   해 묘 우 공   시 지 자 수 쇠 극   기 정

更依乎木, 日主戀己土之私情, 而不顧母, 丁丑運, 火土齊來, 反
갱 의 호 목   일 주 연 기 토 지 사 정   이 불 고 모   정 축 운   화 토 제 래   반

不容母, 諺云, 婦不賢則家不和, 刑傷破耗, 丙子火不通根, 平安無
불 용 모   언 운   부 불 현 즉 가 불 화   형 상 파 모   병 자 화 불 통 근   평 안 무

咎, 甲戌又逢土旺, 破耗異常, 乙亥癸酉, 生化不悖, 續妻生子, 重
구   갑 술 우 봉 토 왕   파 모 이 상   을 해 계 유   생 화 불 패   속 처 생 자   중

振家聲, 壬申晚景愈佳, 金水相生之故也,
진 가 성   임 신 만 경 유 가   금 수 상 생 지 고 야

　甲寅 일원이 중춘에 생하였다. 원국 가득 木인데 亥卯가 또 木으로 합을 한다. 時支의 子水는 쇠(衰)함이 극에 달해 그 마음이 더욱 木에 의지한다. 일주는 己土와 사사로운 연정에 빠져 어미를 돌아보지 않는다. 丁丑 운은 火土가 함께 오니 도리어 어미를 용납지 않는다.

　언(諺)에 이르데 "부인이 어질지 못하면 가정이 화목치 못하고 형상과 파모가 있다" 하였다.

　丙子 대운은 火가 통근치 못하여 평안하고 허물이 없었다. 甲戌 대운은 土가

왕하니 파모가 심했다. 乙亥 癸酉 대운은 생화(生化)가 어그러지지 않아 후처에서
아들을 낳고 가업도 크게 일으키었다. 壬申 대운은 만년에 더욱 아름다웠으니 이
는 金水가 相生하는 연고이다.

*顧(고)-돌아볼 고. 돌아갈 고.   *續(속)-이을 속. 계속 속.

*諺(언)-상말 언.   *續妻(속처)-후취(後娶). 후처(後妻).

*耗(모)-벼 모. 덜릴 모.   *振(진)-떨칠 진. 움직일 진.

*咎(구)-허물 구. 미움 구.   *愈(유)-낳을 유. 고칠 유. 더할 유.

性 情성정

五氣不戾. 性情中和. 濁亂偏枯. 性情乖逆.
오기불려 성정중화 탁란편고 성정괴역

   오행이 어그러지지 않으면 성정이 중화를 이루고, 탁하고 혼란스럽고 편고하면 성정이 괴팍하고 순조롭지 못하다.

原注원주

五氣在天. 則爲元亨利貞. 賦在人. 則仁義禮智信之性. 惻隱羞惡辭讓
오기재천 즉위원형이정 부재인 즉인의예지신지성 측은수오사양

是非誠實之情. 五氣不戾者. 則其存之而爲性. 發之而爲情. 莫不中和矣.
시비성실지정 오기불려자 즉기존지이위성 발지이위정 막불중화의

反此者乖戾.
반차자괴려

【원주】

   오기(五氣)는 하늘에서는 원형이정(元亨利貞)이 되고 사람에게 부여되어서는 인의예지신(仁義禮智信)의 성품이 되니 측은(惻隱), 수오(羞惡), 사양(辭讓), 시비(是非), 성실(誠實)의 정이 있게 된다.

   오기(五氣)가 어그러지지 않았다는 것은 오기가 안으로 있는 것이 성품이고, 오기가 밖으로 나타나는 것이 정(情)이 되어 중화를 이루지 않음이 없는데 이와 반대이면 성정이 괴려(乖戾)하게 된다.

---

*戾(려. 여)-어그러질 려. 사나울 려.
*亂(란. 난)-어지러울 란. 어지럽힐 란. 간음할 란.
*乖(괴)-어그러질 괴. 거스를 괴.
*逆(역)-거스를 역. 거꾸로 역.

*羞(수)-부끄러워할 수. 부끄럼 수. 나갈 수.
*惡(악. 오)-모질 악. 나쁠 악. 미워할 오. 헐뜯을 오. 부끄러워할 오.
*辭(사)-말 사. 말씀 사. 알릴 사. 사양할 사.

*亨(형. 향. 팽)-형통할 형. 드릴 향. 삶을 팽.
*賦(부)-구실 부. 군사 부. 선비 부. 매길 부. 읊을 부.
*惻(측)-슬퍼할 측.
*隱(은)-숨을 은. 숨길 은. 가엾어 할 은.
*惻隱(측은)-가엽게 여겨 속을 태움.

*讓(양)-겸손할 양. 사양할 양.
*辭讓(사양)-받을 것을 겸손하여 안 받거나 자리를 남에게 내어줌.
*羞惡之心(수오지심)-자기의 나쁜 짓을 부끄러워하고 남의 나쁜 짓을 미워하는 마음. 정의감(正義感).

任氏曰임씨왈,

五氣者, 先天洛書之氣也, 陽居四正, 陰居四隅, 土寄居于艮坤,
오기자 선천낙서지기야 양거사정 음거사우 토기거우간곤

此後天定位之應, 東方屬木, 于時爲春, 于人爲仁, 南方屬火, 于時
차후천정위지응 동방속목 우시위춘 우인위인 남방속화 우시

爲夏, 于人爲禮, 西方屬金, 于時爲秋, 于人爲義, 北方屬水, 于時
위하 우인위례 서방속금 우시위추 우인위의 북방속수 우시

爲冬, 于人爲智, 坤艮爲土, 坤居西南者, 以火生土, 以土生金也, 艮
위동 우인위지 곤간위토 곤거서남자 이화생토 이토생금야 간

居東北者, 萬物皆主于土, 冬盡春來, 非土不能止水, 非土不能栽木,
거동북자 만물개주우토 동진춘래 비토불능지수 비토불능재목

임 선생님이 말씀하였다.

오기란 선천(先天), 낙서(洛書)의 기(氣)를 이르는 것이다. 陽은 사정(四正)에 거(居)하고 陰은 사우(四隅)에 자리하며 土는 간곤(艮坤)에 자리하니 이는 후천의 정해진 자리에 응(應)한 것이다. 동방은 木에 속하고 계절로는 봄이고 사람에 있어서는 仁이 된다. 남방은 火에 속하고 계절로는 여름이고 사람에 있어서는 예(禮)가 된다. 서방은 金에 속하고 계절로는 가을이며 사람에 있어서는 의(義)가 된다. 북방은 水에 속하고 계절로는 겨울이며 사람에게는 지(智)가 된다.

간곤(艮坤)은 土가 되는데 곤(坤)이 서남에 거(居)하는 것은 火生土하고 土生金하기 위함이고 간(艮)이 동북에 거(居)하는 것은 만물은 다 土가 주재하며 겨울이 다하면 봄이 오는데 土가 아니면 물을 막을 수 없고 土가 아니면 나무를 기를 수 없기 때문이다.

*艮(간)-어긋날 간.　　　　　　　*盡(진)-다할 진. 다 진. 가령 진.
*于(우)-어조사 우.　　　　　　　*栽(재)-심을 재. 묘목 재.

猶仁義禮智之性, 非信不能成, 故聖人易艮于東北者, 卽信以成之
유 인 의 예 지 지 성　비 신 불 능 성　고 성 인 역 간 우 동 북 자　즉 신 이 성 지

之旨也, 賦於人者, 須要五行不戾, 中和純粹, 則有惻隱辭讓誠實
지 지 야　부 어 인 자　수 요 오 행 불 려　중 화 순 수　즉 유 측 은 사 양 성 실

之情, 若偏枯混濁, 太過不及, 則有是非乖逆驕傲之性矣,
지 정　약 편 고 혼 탁　태 과 불 급　즉 유 시 비 괴 역 교 오 지 성 의

　인의예지의 성품도 신(信)이 아니고서는 이루어지지 않는다. 그러한 고로 성
인이 역(易)에서 동북에 간(艮)을 놓은 것은 곧 신(信)이라야 이룬다는 것을 가르
침이다.

　사람에 있어서는 모름지기 오행이 어그러지지 않음을 요하니 중화되고 순수하
면 측은(惻隱), 사양(辭讓), 성실(誠實)의 정이 있고 편고 탁란(濁亂)하고 태과하거나
불급하면 시비(是非), 괴역(乖逆), 교오(驕傲)의 성정이 있다.

*旨(지)-뜻 지. 맛 지. 아름다울 지.　　*枯(고)-마를 고. 마른나무 고.
*須(수)-수염 수. 기다릴 수. 잠깐 수. 모름　*及(급)-미칠 급. ～할 때. ～이르러.
　지기 수.　　　　　　　　　　　*乖逆(괴역)-배반함. 반역(叛逆).
*偏(편)-치우칠 편. 한쪽 편.　　　　*驕(교)-씩씩할 교. 뻣뻣할 교. 교만할 교.
*過(과)-지날 과. 지나칠 과. 예전 과. 잘못　*傲(오)-거만할 오. 업신여길 오.
　할 과.　　　　　　　　　　　　*驕傲(교오)-교만(驕慢).

戊　甲　丙　己
辰　子　寅　丑

庚辛壬癸甲乙
申酉戌亥子丑

甲子日元，生于孟春，木當令，而不太過，火居相位不烈，土雖多
갑자일원　생우맹춘　목당령　이불태과　화거상위불열　토수다

而不燥，水雖少而不涸，金本無而暗蓄，則不受火之剋，而得土之
이부조　수수소이불학　금본무이암축　즉불수화지극　이득토지

生，無爭戰之風，有相生之美，爲人不苟，無驕諂刻薄之行，有謙
생　무쟁전지풍　유상생지미　위인불구　무교첨각박지행　유겸

恭仁厚之風，
공인후지풍

　갑자 일원이 맹춘에 생하여 木이 당령하였으나 태과하지 않고, 火는 상(相)에 거(居)하나 맹렬하지 않고, 土는 비록 많아도 조열하지 않고, 水는 비록 적지만 마르지 않았으며, 金은 본디 원국에 없으나 암장되어 있어 火의 극을 받지 않으며 土의 생을 받으니 쟁전(爭戰)의 기풍이 없고 相生으로 아름답다.

　사람됨이 구차하지 않고 교만하거나 각박한 행동을 하지 않았으며 겸손하고 인자하며 후덕하였다.

*涸(학. 후)-마를 학. 말릴 학. 마를 후. 말릴 후.
*苟(구)-구차할 구. 진실로 구. 겨우 구. 단지 구.
*諂(첨)-아첨할 첨. 아첨 첨.
*刻(각)-새길 각. 각박할 각.

*薄(박)-숲 박. 발 박. 얇을 박. 박하게 할 박.
*刻薄(각박)-잔인하고 인정이 없음.
*謙(겸)-겸손할 겸. 사양할 겸.
*恭(공)-공손할 공. 받들 공.
*厚(후)-두터울 후. 두터이 할 후.

```
乙 己 丁 己
丑 卯 卯 酉

辛 壬 癸 甲 乙 丙
酉 戌 亥 子 丑 寅
```

己卯日元, 生于仲春, 土虛寡信, 木多金缺, 陰火不能生溼土, 禮
기묘일원　생우중춘　토허과신　목다금결　음화불능생습토　예

義皆虛, 且八字純陰, 一味趨炎附勢, 其心存損人利己之事, 萌幸
의개허　차팔자순음　일미추염부세　기심존손인이기지사　맹행

災樂禍之意,
재락화지의

己卯 일원이 중춘에 생하니 土가 허하여 믿음(信)이 적다. 또한 木이 많아 金이
이지러지고 음화(陰火)는 습토를 생하지 못하니 예의도 다 빈말이다. 또한 八字가
순음으로 한맛에 양지만을 찾아 세력에 아부한다.

그 마음은 다른 사람의 손해는 아랑곳하지 않고 자기의 이익만을 추구하며 남의
재앙을 즐거워하며 타인을 해롭게 하려는 마음이 항상 있다.

*仲(중)-버금 중. 버금. 가운데.
*仲春(중춘)-음력(陰曆) 2월.
*寡(과)-적을 과. 홀어미 과.
*缺(결)-이지러질 결. 모자랄 결. 나오지 않을 결.
*陰(음)-응달 음. 습기. 축축함.
*趨(추. 촉)-추창할 추. 향할 추. 빠를 촉. 재촉할 촉.
*純(순)-실 순. 순수할 순. 생사(生絲).

*且(차)-또 차. 장차 차. 구차할 차. 부사어로는 또한. 아울러. 여전히. 그렇다면. 곧. 게다가 등으로 해석. 문장 속에서 어기를 부드럽게 하거나 문장의 첫머리에 쓰여 어기를 나타낼 때는 해석하지 않음.
*炎(염)-탈 염. 태울 염. 더울 염.
*附(부)-붙을 부. 붙일 부.
*損(손)-덜 손. 잃을 손. 상할 손.
*萌(맹)-싹틀 맹. 싹 맹.

```
甲 丙 乙 丙
午 子 未 戌
```

```
辛 庚 己 戊 丁 丙
丑 子 亥 戌 酉 申
```

丙生季夏, 火焰土燥, 天干甲乙, 枯木助火之烈, 更嫌子水沖激之
병생계하 화염토조 천간갑을 고목조화지열 갱혐자수충격지

炎, 偏枯混亂之象, 性情乖張, 處世多驕傲, 且急燥如風火, 順其
염 편고혼란지상 성정괴장 처세다교오 차급조여풍화 순기

性千金不惜, 逆其性一芥中分, 因之家業破敗無存,
성천금불석 역기성일개중분 인지가업파패무존

丙火가 계하에 생하여 화염토조(火焰土燥)한데 천간의 甲乙 木은 마른나무로
火의 맹렬함을 돕고 있다. 더욱 혐의가 되는 것은 子水가 염염한 화기를 충격하는
것으로 편고 혼란한 형상이다.

성격이 괴팍하고 처세에 있어 교만하고 방자하며 또 급하기가 바람과 불같
고 자기의 마음에 들면 천금도 아까워하지 않으나 자기의 성품에 거슬리면 겨
자씨 하나도 나누자 한다. 이로 인하여 가업(家業)이 다 깨져 남은 것이 하나도
없었다.

*急(급)-급할 급. 켕길 급.
*燥(조)-마를 조. 말릴 조.
*急燥(급조)-성미가 썩 급함.

*惜(석)-아낄 석. 아까울 석. 애처롭게 여길
석.
*芥(개)-겨자 개. 티끌 개.

火烈而性燥者. 遇金水之激.
화 열 이 성 조 자 우 금 수 지 격

火가 맹렬하고 성격이 조급한 것은 火를 격동시키는 金水를 만나기 때문이
다.

原注원주

火烈而能順其性. 必明順. 惟金水激之. 其燥急不可禦矣.

화 열 이 능 순 기 성　필 명 순　유 금 수 격 지　기 조 급 불 가 어 의

【원주】

火가 맹렬할 때 그 성정에 순응하면 반드시 밝고 유순하나, 단 金水의 충격이 있으면 그 조급함을 막을 수 없다.

*烈(열. 렬)-세찰 렬. 굳셀 렬. 밝을 렬.　　*激(격)-물결 부딪혀 흐를 격.
*惟(유)-오직 유. 생각건대 유.　　　　　*禦(어)-막을 어. 방어 어.

任氏曰임씨왈,

火燥而烈, 其炎上之性, 只可純用溼土潤之, 則知禮而成慈愛之德,

화 조 이 열　기 염 상 지 성　지 가 순 용 습 토 윤 지　즉 지 예 이 성 자 애 지 덕

若遇金水激之, 則火勢愈烈而不知禮, 災禍必生也, 溼土者, 丑辰

약 우 금 수 격 지　즉 화 세 유 열 이 부 지 예　재 화 필 생 야　습 토 자　축 진

也, 晦其光, 斂其烈, 則明矣,

야　회 기 광　렴 기 열　즉 명 의

임 선생님이 말씀하였다.

火가 조열하면 염상(炎上)의 성정을 띠니 오직 습토로 윤택하게 하여야 예의를 알고 자애의 덕이 있게 된다.

만약 金水의 충격이 있으면 火의 세력이 더욱 맹렬해져 예의가 없으며 재앙이 반드시 일어난다. 습토란 丑土와 辰土이다. 불빛을 어둡게 하고 염염한 화기를 수렴한즉 밝게 된다.

*慈(자)-사랑할 자. 사랑 자.　　　　　*愈(유)-나을 유. 더할 유. 고칠 유.
*遇(우)-만날 우. 대접할 우. 뜻밖에 우.　*災(재)-화재 재. 재앙 재.
*勢(세)-세력 세. 기세 세.　　　　　　*晦(회)-그믐 회. 어두울 회.
*禮(례. 예)-예 례. 예우할 례.　　　　*斂(렴. 염)-거둘 렴. 감출 렴.

己 丙 甲 丙
丑 午 午 戌

庚 己 戊 丁 丙 乙
子 亥 戌 酉 申 未

丙午日元, 生于午月, 年月又逢甲丙, 猛烈極矣, 最喜丑時, 干支
병오일원　생우오월　년월우봉갑병　맹렬극의　최희축시　간지

皆溼土, 能收丙之烈, 能晦午之光, 順其性, 悅其情, 不陵下也, 其
개습토　능수병지열　능회오지광　순기성　열기정　불능하야　기

人威而不猛, 嚴而不惡, 名利雙輝,
인위이불맹　엄이불악　명리쌍휘

　　丙午 일원이 午月에 생하여 年과 월에 甲木과 丙火가 있어 맹렬하기가 극에
이르렀다.

　　가장 기쁜 것은 丑時로 천간과 지지가 다 습토이니 능히 丙火의 맹렬함을 거두
고 午火의 빛을 어둡게 하여 그 성정에 순하니 그 정이 기뻐 아랫사람을 업신여기
지 않았다.

　　사람됨이 위엄이 있으되 사납지 않고 엄하였으나 악하지 않았다. 명리(名利)가
다 빛났다.

---

*逢(봉)−만날 봉. 맞을 봉.
*猛(맹)−날랠 맹. 엄할 맹. 사나울 맹.
*極(극)−극 극. 극처 극. 다할 극. 용마루 극.
*皆(개)−다 개.
*能(능)−곧 능. 재능 능. 능할 능. 능히 능.
　부사어로는 바로. 곧. 어찌 ~하겠는가. 게
　다가. 뿐만 아니라 등으로 해석.

*順(순)−순할 순. 좇다. 따르다. 순응하다.
*性(성)−성품 성. 성질. 생명. 목숨.
*悅(열)−기뻐할 열.
*陵(릉. 능)−언덕 릉. 능. 무덤. 가벼이 여기
　다. 업신여기다.
*威(위)−위엄 위. 힘 위.
*嚴(엄)−엄할 엄. 굳셀 엄. 높을 엄.

```
甲 丙 甲 辛
午 子 午 巳

戊 己 庚 辛 壬 癸
子 丑 寅 卯 辰 巳
```

丙火生于午月午時，木從火勢，烈之極矣，無土以順其性，金無根，
병화생우오월오시　목종화세　열지극의　무토이순기성　금무근

水無源，激其猛烈之性，所以幼失父母，依兄嫂居，好勇不安分，年
수무원　격기맹렬지성　소이유실부모　의형수거　호용불안분　년

十六七，身材雄偉，齊力過人，好習拳棒，樂與里黨無賴交游，放
십육칠　신재웅위　제력과인　호습권봉　락여리당무뢰교유　방

宕無忌，兄嫂不能禁，後囚搏虎，而被虎噬，
탕무기　형수불능금　후인박호　이피호서

　丙火가 午月 午時에 생하였는데 木은 火의 세력을 따르니 맹렬하기가 극(極)에
이르렀다. 원국에 土가 없어 그 성정을 순(順)하게 하지 못한다. 金이 뿌리가 없고
水도 근원이 없어 맹렬한 火의 성정만 격동시킨다. 이러므로 일찍 부모를 잃고
형수의 손에서 자랐는데 용맹한 것만 좋아하고 분수를 지킬 줄 몰랐다.

　나이 16, 7세가 되니 체격이 웅장하고 힘이 뛰어났다. 권봉(拳棒) 익히기를
좋아하고 무뢰한들과 어울려 놀며 방탕하여 꺼리는 것이 없었다. 형수는 그
행동을 막을 수가 없었는데 후에 호랑이를 잡는다고 가서 호랑이에게 물려
죽었다.

*嫂(수)-형수 수.
*拳(권)-주먹 권. 주먹 쥘 권.
*棒(봉)-몽둥이 봉. 칠 봉.
*宕(탕)-방탕할 탕.

*搏(박)-칠 박. 잡을 박.
*虎(호)-범 호.
*噬(서)-물 서〔깨묾 : 呑(탄)〕. 씹을 서.
*被(피)-이불 피. 덮을 피. 당할 피.

水奔而性柔者. 全金木之神.
수 분 이 성 유 자　전 금 목 지 신

　水가 광분(狂奔)하는데도 성정이 유순한 것은 오로지 金과 木이 있어서이다.

原注_{원주}

水盛而奔. 其性至剛至急. 惟有金以行之. 木以納之. 則柔矣.
수 성 이 분　기 성 지 강 지 급　유 유 금 이 행 지　목 이 납 지　즉 유 의

【원주】

　물이 많아 광분(狂奔)하면 그 성정이 지극히 강하고 지극히 급하니 오직 金으로
운행하고 木으로 납수(納水)하여야 유순해 진다.

*盛(성)－그릇 성. 성할 성.　　　　　*惟(유)－오직 유. 생각건대 유.
*奔(분)－달릴 분. 달아날 분. 혼인할 분.　*納(납)－들일 납. 바칠 납. 수장(收藏)할 납.
*剛(강)－굳셀 강. 억셀 강.　　　　　*柔(유)－부드러울 유. 편안히 할 유.

任氏曰_{임씨왈},

水性本柔, 其衝奔之勢, 剛急爲最, 若逢火衝之, 土激之, 則逆其
수 성 본 유　기 충 분 지 세　강 급 위 최　약 봉 화 충 지　토 격 지　즉 역 기

性而更剛矣, 奔者, 旺極之勢也, 用金以順其勢, 用木以疎其淤塞,
성 이 갱 강 의　분 자　왕 극 지 세 야　용 금 이 순 기 세　용 목 이 소 기 어 색

所謂從其旺勢, 納其狂神, 其性反柔, 剛中之德, 易進難退之意也,
소 위 종 기 왕 세　납 기 광 신　기 성 반 유　강 중 지 덕　이 진 난 퇴 지 의 야

雖智巧多能, 而不失仁義之情矣,
수 지 교 다 능　이 불 실 인 의 지 정 의

　임 선생님이 말씀하였다.

　水의 본성은 원래 부드러우나 충분(衝奔)하는 세(勢)가 되면 강하고 급함이 으뜸
이다. 만약 火를 만나 충(衝)하거나 土가 격동시키면 水의 본성을 거역하게 되어
더욱 강(剛)하게 된다.

분(奔)이란 왕함이 극에 달한 수세(水勢)를 이르는 것이다. 金을 써서 그 세력에 순응하고 木으로써 막힘을 소통하여야 한다. 소위 왕한 세력을 따라 날뛰는 수세를 받아들이면 그 성품이 도리어 유순해져 강(剛)한 가운데 덕이 있다.

水의 본성은 앞으로 나아가기는 쉬워도 뒤로 물러나기는 어려운 뜻이다. 비록 지혜가 있고 재주가 있으며 여러 가지로 능해도 인의(仁義)의 본성을 잃지 않는다.

*衝(충)－거리 충. 찌를 충.
*奔(분)－달릴 분. 달아날 분. 예(禮)를 올리지 않고 혼인할 분.
*疎(소)－트일 소. 나눌 소. 疏와 소.
*淤(어)－진흙 어.
*塞(색. 새)－막힐 색. 변방 새. 요새 새.

$$庚 \quad 壬 \quad 甲 \quad 癸$$
$$子 \quad 申 \quad 子 \quad 亥$$

$$戊 \quad 己 \quad 庚 \quad 辛 \quad 壬 \quad 癸$$
$$午 \quad 未 \quad 申 \quad 酉 \quad 戌 \quad 亥$$

壬申日元, 生于子月, 年時亥子, 干透癸庚, 其勢衝奔, 不可遏也,
임신일원 생우자월 년시해자 간투계경 기세충분 불가알야

月干甲木凋枯, 又被金伐之, 不能納水, 反用庚金, 順其氣勢, 爲
월간갑목조고 우피금벌지 불능납수 반용경금 순기기세 위

人剛柔相濟, 仁德兼資, 積學篤行, 不求名譽,
인강유상제 인덕겸자 적학독행 불구명예

壬申 일원이 子月에 태어나 년과 시에 亥水와 子水가 있고 천간으로 癸水와 庚金이 있어 그 세력이 충분(衝奔)하여 막을 수 없다. 月干의 甲木은 시들어 마른 데다가 또 金의 극을 받아 납수(納水)할 힘이 없다.

도리어 庚金을 써 충분(衝奔)한 기세에 순응하여야 한다. 사람됨이 강유(剛柔)가 확실하고 인덕(仁德)을 갖추었으며 학문을 쌓고 행동이 독실하고 명예를 구하려 하지 않았다.

初運癸亥, 從其旺神, 蔭庇大好, 壬戌水不通根, 戌土激之, 刑喪破耗,
초운계해 종기왕신 음비대호 임술수불통근 술토격지 형상파모

辛酉庚申入泮補廩, 又得四子, 家業日增, 一交己未, 激其衝奔之勢,
신유경신입반보름 우득사자 가업일증 일교기미 격기충분지세

連剋三子, 破耗異常, 至戌運而亡,
연극삼자 파모이상 지무운이망

초년 癸亥 운에는 왕신의 뜻을 따르니 선대의 유업이 대단히 좋았다. 壬戌 운은 水가 통근치 못하고 戌土가 왕수를 충격하여 형상(刑喪)과 파모를 겪었다.

辛酉 庚申 운에 입반(入泮)하고 보름(補廩)에 들고 네 아들을 얻었으며 가업도 날로 번창하였다.

己未 운으로 바뀌어 충분(衝奔)하는 水의 세력을 격동(激動)시켜 아들 셋을 잃고 가업이 많이 기울었으며 戌 운에 사망하였다.

*遏(알)—막을 알. 머무를 알.
*凋(조)—시들 조. 느른할 조.
*枯(고)—마를 고. 마른나무 고.
*篤(독)—도타울 독. 도탑다. 굳다. 인정이 많다. 신실하다. 오로지. 도타이 하다.
*譽(예)—기릴 예. 기리다. 칭찬하다. 바로잡다. 가상히 여기다.
*蔭(음)—그늘 음. 해 그림자 음. 가릴 음.
*庇(비)—덮을 비. 그늘 비. 의지할 비.

*耗(모)—벼 모. 덜 모. 耗는 재물이 흩어짐을 이름.
*泮(반)—물가 반. 녹을 반.
*廩(름)—곳집 름. 녹미 름. 구호 름.
*刑喪(형상)—刑은 처의 사망. 喪은 부모의 친상을 이름.
*破耗(파모)—재산이 줆.
*入泮(입반)—반궁(泮宮)에 들어감.
*補廩(보름)—반궁의 장학생.

壬　壬　壬　壬
寅　辰　子　寅

戊　丁　丙　乙　甲　癸
午　巳　辰　卯　寅　丑

天干四壬, 生于子月, 衝奔之勢, 最喜寅時, 疎其辰土之淤塞, 納
천간사임　생우자월　충분지세　최희인시　소기진토지어색　납

其壬水之旺神, 所以不驕不傲, 賦性穎異, 讀書過目不忘, 爲文倚
기임수지왕신　소이불교불오　부성영이　독서과목불망　위문의

馬萬言, 甲寅入泮, 乙卯登科, 奈數奇不能得遂所學, 至丙辰, 衝
마만언　갑인입반　을묘등과　나수기불능득수소학　지병진　충

激旺水, 羣比爭財不祿,
격왕수　군비쟁재불록

　천간의 네 壬水가 子月에 생하니 충분(衝奔)하는 세력을 이루었다. 가장 기쁜
것은 寅時로 어색(淤塞)을 이루는 辰土를 소토하고 壬水의 왕(旺)함을 받아들인
다. 이러므로 사람됨이 교만하거나 오만하지 않다.

　재능이 출중하였고 한번 읽은 글은 잊지 않았으며 문장력이 뛰어났다. 甲寅 대
운에 입반하고 乙卯 대운에 등과하였다.

　그러나 어찌하랴! 운수가 불길하여 배운 바를 이루지 못하였다. 丙辰 운에 이르
러 왕수(旺水)를 충격하고 군비쟁재(群比爭財)가 일어나 사망하였다.

*疎(소)-트일 소. 나눌 소. 疏와 仝.
*淤(어)-진흙 어.
*塞(색. 새)-막힐 색. 변방 새. 요새 새.
*驕(교)-씩씩할 교. 뻣뻣할 교. 교만할 교.
*傲(오)-거만할 오. 업신여길 오.
*賦(부)-구실 부. 군사 부. 선비 부. 매길 부.
　읊을 부.
*穎(영)-물 이름 영.

*倚(의)-기댈 의. 믿을 의.
*倚馬萬言(의마만언)-말에 기대서서 기다
　리는 짧은 시간에 만언(萬言)의 문장을 지
　어내는 탁월한 문재(文才)를 이름.
*泮(반)-물가 반. 녹을 반.
*奈(나. 내)-어찌 나.
*奇(기)-기이할 기. 기만할 기.
*遂(수)-이룰 수. 따를 수.

戊　壬　癸　癸
申　子　亥　未

丁　戊　己　庚　辛　壬
巳　午　未　申　酉　戌

壬子日元, 生于亥月申時, 年月兩透癸水, 只可順其勢, 不可逆其
임자일원　생우해월신시　년월양투계수　지가순기세　불가역기

流, 所嫌未戌兩字, 激水之性, 故其爲人是非倒置, 作事不端, 無
류　소혐미무양자　격수지성　고기위인시비도치　작사부단　무

所忌憚, 初運壬戌, 支逢土旺, 父母皆亡, 辛酉庚申, 洩土生水, 雖
소기탄　초운임술　지봉토왕　부모개망　신유경신　설토생수　수

無賴邪僻之行, 倖免凶咎, 一交己未, 助土激水, 一家五口, 回祿
무뢰사벽지행　행면흉구　일교기미　조토격수　일가오구　회록

燒死,
소사

壬子 일주가 亥月 申時에 생하고 年과 月에 癸水가 투출하여, 다만 그 세력에 순응하여야 하는 사주로 그 흐름을 거역하는 것은 불가하다. 혐의가 되는 것은 未土와 戌土로 왕한 수세(水勢)를 거역하는 것이다. 그러므로 사람됨이 시비(是非)가 뒤바뀌고 행동이 바르지 않고 꺼리는 것이 없었다.

초년 壬戌 운은 지지로 土가 왕하여 부모님이 돌아가시었고, 辛酉 庚申 운은 土를 설하여 水를 생하니 비록 무뢰하고 도리에 어긋나는 짓을 하였으나 다행히 흉구(凶咎)는 면하였다. 己未 운으로 바뀌어 土를 돕고 水를 격동시켜 다섯 식구가 화재로 사망하였다.

*倒(도)－넘어질 도. 넘어뜨릴 도. 거꾸로 도.	*忌憚(기탄)－어렵게 여겨서 꺼림.
*倒置(도치)－거꾸로 둠. 본말(本末)이 전도(顚倒)함.	*邪(사)－간사할 사.
	*僻(벽)－후미질 벽. 간사할 벽. 방사할 벽.
*忌(기)－미워할 기. 꺼릴 기.	*邪僻(사벽)－도리에 어긋나 편벽함.
*憚(탄)－꺼릴 탄. 고달플 탄.	*倖(행)－다행 행. 요행 행.
	*燒(소)－불사를 소. 탈 소. 익힐 소.

木奔南而軟怯.
목 분 남 이 연 겁

木이 南으로 운행하면 연약(軟弱)해지니 겁낸다.

原注원주

木之性見火爲慈. 奔南則仁之性行於禮. 其性軟怯. 得其中者. 爲惻隱
목 지 성 견 화 위 자   분 남 즉 인 지 성 행 어 예   기 성 연 겁   득 기 중 자   위 측 은

辭讓. 偏者爲姑息. 爲繁縟矣.
사 양   편 자 위 고 식   위 번 욕 의

【원주】

木의 본성은 火를 보면 자애롭게 된다. 南으로 행하면 인자하고 예(禮)로서 행하나 체성이 연약해지는 것을 겁낸다. 중화(中和)를 득하면 측은(惻隱), 사양(辭讓)의 마음이 있으나 편고되면 번욕(繁縟)하다.

*軟(연)−부드러울 연. 약할 연.
*怯(겁)−겁낼 겁. 겁쟁이 겁.
*惻(측)−슬퍼할 측.
*隱(은)−숨을 은. 숨길 은. 가엾어할 은.
*偏(편)−치우칠 편. 한쪽 편.
*姑(고)−시어머니 고. 고모 고.
*繁(번)−많을 번. 성할 번. 번거로울 번.
*縟(욕)−채색 욕. 번다할 욕.
*繁縟(번욕)−채색이 화려함. 번거로움. 번잡함. 음성이 가늚.

任氏曰임씨왈,

木奔南, 洩氣太過, 柱中有金, 必得水以通之, 則火不烈, 如無金,
목 분 남   설 기 태 과   주 중 유 금   필 득 수 이 통 지   즉 화 불 열   여 무 금

必得辰土以收火氣, 得其中矣, 爲人恭而有禮, 和而中節, 如無水
필 득 진 토 이 수 화 기   득 기 중 의   위 인 공 이 유 례   화 이 중 절   여 무 수

以濟土, 土以晦火, 發洩太過, 則聰明自恃, 又多遷變不常, 而成婦
이 제 토   토 이 회 화   발 설 태 과   즉 총 명 자 시   우 다 천 변 불 상   이 성 부

人之仁矣,
인 지 인 의

임 선생님이 말씀하였다.

木이 南으로 행하면 설기가 지나치다. 원국에 金이 있으면 반드시 水로 통하여
야 火가 맹렬하지 않다. 만약 金이 없으면 반드시 辰土가 있어 화기를 수렴하여야
중화를 이루어 사람됨이 공손하고 예의가 있으며 화평하고 절의가 있다.

만일 水가 없이 土로 行하면 土는 火를 어둡게 하니 木이 설기가 지나치게
되어 총명은 하나 자신을 너무 믿고 변덕이 심하며 평상심이 없고 한갓 아녀자의
인(仁)에 머물게 된다.

$$丙\ 甲\ 壬\ 庚$$
$$寅\ 午\ 午\ 辰$$

$$戊\ 丁\ 丙\ 乙\ 甲\ 癸$$
$$子\ 亥\ 戌\ 酉\ 申\ 未$$

甲午日元, 生于午月, 木奔南方, 雖時逢祿元, 丙火逢生, 寅午拱
갑오일원 생우오월 목분남방 수시봉록원 병화봉생 인오공

火, 非日主有矣, 最喜月透壬水以濟火, 然壬水無庚金之生, 不能
화 비일주유의 최희월투임수이제화 연임수무경금지생 불능

克丙爲用, 庚金無辰土, 亦不能生水, 此造所妙者辰也, 晦火養木
극병위용 경금무진토 역불능생수 차조소묘자진야 회화양목

蓄水生金, 使火不烈, 木不枯, 金不鎔, 水不涸, 全賴辰之一字, 得
축수생금 사화불열 목불고 금불용 수불학 전뢰진지일자 득

中和之象,
중화지상

甲午 일원이 午月에 생하니 木이 南方으로 달리는 것이다. 비록 時에 녹(祿)이
있으나 丙火를 생하고 寅午 공화(拱火)하니 일주의 녹(祿)이라 하기 어렵다.

가장 기쁜 것은 月에 壬水가 투출하여 火를 다스리는 것이다. 그러나 壬水도
庚金의 생이 없으면 丙火를 극하는 용신으로 불가능하고 庚金도 辰土가 없으면
水를 生할 수 없다.

이 명조에서 묘(妙)한 것은 辰으로 화기(火氣)를 누그러뜨리고 木을 기르며 물을

축장하고 金을 생하는 것이다. 그러므로 火가 맹렬하지 않고 木이 시들지 않고 金이 녹지 않고 물이 마르지 않는 것이 오직 辰字 한 자에 힘입어 중화의 상(象)을 이루었다.

*鎔(용)-거푸집 용. 녹일 용. 녹을 용.   *涸(학)-마를 학. 말릴 학. 마를 후. 말릴 후.

申運壬水逢生, 及乙酉金旺水生, 入泮補廩而擧于鄉, 丙戌火土並
신 운 임 수 봉 생 급 을 유 금 왕 수 생 입 반 보 름 이 거 우 향 병 술 화 토 병

旺, 服制重重, 丁亥壬水得地, 出宰閩中, 德敎並行, 改成民化, 所
왕 복 제 중 중 정 해 임 수 득 지 출 재 민 중 덕 교 병 행 개 성 민 화 소

謂剛柔相濟, 仁德兼資也,
위 강 유 상 제 인 덕 겸 자 야

申 운에 壬水가 생을 만나고 이어 乙酉 대운은 金이 왕하고 水를 생하니 입반하고 보름에 들었으며 향방에 등과하였다.

丙戌 운은 火土가 다 왕하여 막힘이 많았다. 丁亥 운은 壬水가 득지하여 민중(閩中)의 재상으로 나가 덕교(德敎)를 베풀고 백성을 교화하였다. 소위 강유(剛柔)가 조화롭고 인덕(仁德)을 겸비하였다.

*入泮(입반)-泮宮(반궁)에 들어감.
*廩(름. 늠)-곳집 름. 녹미 름.
*補廩(보름)-장학생이 됨.
*閩(민)-오랑캐 이름 민. 나라이름 민.
*閩中(민중)-진(秦)나라 때의 군 이름. 지금의 복건성(福建省).

*服制(복제)-상복(喪服)의 제도. 신분, 직업 등의 상하에 따른 의복의 제도. 服制重重(복제중중)은 상(喪)을 많이 당했다고 해석해야 하나, 여기서는 막힘이 많았다고 해석.
*兼(겸)-겸할 겸. 아울러.

丙 甲 甲 丙
寅 申 午 戌

庚 己 戊 丁 丙 乙
子 亥 戌 酉 申 未

甲申日元, 生于午月, 兩透丙火, 支會火局, 木奔南方, 燥土不能
갑 신 일 원 생 우 오 월 양 투 병 화 지 회 화 국 목 분 남 방 조 토 불 능

晦火生金, 無水則申金克盡, 柔軟極矣, 其爲人暱私恩, 不知大體,
회 화 생 금 무 수 즉 신 금 극 진 유 연 극 의 기 위 인 닐 사 은 부 지 대 체

作事狐疑少決斷, 所爲心性多疑, 貪小利, 背大義, 一事無成,
작 사 호 의 소 결 단 소 위 심 성 다 의 탐 소 리 배 대 의 일 사 무 성

甲申 일원이 午月에 태어나 丙火가 두 개나 투출하고 지지로 寅午戌 火局을 이루니 木이 南으로 달리는 것이다. 조토(燥土)는 火를 식히지 못할 뿐더러 金도 생하지 못하는데 원국에 水가 없어 申金이 맹렬한 火한테 극진(剋盡)되었다.

사람됨이 사사로운 인정에 얽매여 대사(大事)를 알지 못하며 일을 함에 의심이 많고 결단력이 없으며 마음에 의심이 많아 적은 것에 집착하여 큰일을 모르니 하나도 이룬 것이 없었다.

*燥(조)-마를 조. 말릴 조.   *軟(연)-부드러울 연. 약할 연.
*柔(유)-부드러울 유. 편안히 할 유.   *暱(닐)-친할 닐. 가까이할 닐. 보통은 '일'
*狐(호)-여우 호. 여우털옷 호.   로 읽음.

金見水以流通.
금 견 수 이 유 통

金은 水를 보면 유통(流通)된다.

原注원주

金之性最方正. 有斷制執毅. 見水則義之性行而爲智. 智則元神不滯.
금지성최방정 유단제집의 견수즉의지성행이위지 지즉원신불체

故流通. 得氣之正者. 是非不苟. 有斟酌. 有變化. 得氣之偏者. 必泛濫
고유통 득기지정자 시비불구 유짐작 유변화 득기지편자 필범람

流蕩.
유탕

【원주】

金의 본성은 가장 방정(方正)하고 끊고 맺음이 확실하고 의지가 굳세다. 水를 보면
의로우며 지혜롭게 행동한다.

지혜로우니 원신이 막힘이 없어 그러므로 유통되는 것이다. 기(氣)가 바르면 시비
가 확실하고 짐작과 변화에 정확하다. 기(氣)가 치우치면 넘치고 방탕으로 흐른다.

*斷(단)－끊을 단. 결단할 단.
*毅(의)－굳셀 의.
*滯(체)－막힐 체. 뜰 체.
*苟(구)－구차할 구. 진실로 구. 겨우 구. 단
　지 구.
*斟(짐)－술 따를 짐. 짐작할 짐.
*酌(작)－따를 작. 참작할 작.

*斟酌(짐작)－잔에 술을 따름. 선악을 헤아
　려 취사(取捨)함. 사정을 추찰(推察)함. 요량
　하여 처리함.
*泛(범)－뜰 범. 넓을 범.
*濫(람)－넘칠 람. 뜰 람.
*流(류)－흐를 류. 귀양 보낼 류. 품위 류.
*蕩(탕)－쓸 탕. 흐르게 할 탕. 방탕할 탕.

任氏曰임씨왈,

金者, 剛健中正之體也, 能任大事, 能決大謀, 見水則流, 通剛毅
금자 강건중정지체야 능임대사 능결대모 견수즉류 통강의

之性, 能用智矣, 得氣之正者, 金旺遇水也, 其人內方外圓, 能知
지성 능용지의 득기지정자 금왕우수야 기인내방외원 능지

權變, 處世不傷廉惠, 行藏自合中庸, 得氣之偏者, 金衰水旺也, 其
권변 처세불상렴혜 행장자합중용 득기지편자 금쇠수왕야 기

人作事荒唐, 口是心非, 有挾術待人之意也,
인작사황당 구시심비 유협술대인지의야

임 선생님이 말씀하였다.

金은 강건하고 중정(中正)을 갖춘 본체(本體)로 능히 대사(大事)를 맡을 만하고

능히 큰 모사를 결단(決斷)할 만하다. 水를 보면 강하고 굳센 본성이 유통되어 지혜롭게 된다.

기(氣)가 바르다고 하는 것은 金이 왕할 때 水를 만나는 것으로 사람됨이 안으로는 반듯하고 밖으로는 원만하며 능히 권변(權變)을 알고 처세에 곧고 베풀 줄 알며 행동이 중용(中庸)에 합당하다.

기(氣)가 치우쳤다고 하는 것은 金이 쇠(衰)하고 水가 왕한 것이다. 사람됨이 하는 일이 황당(荒唐)하고 하는 말은 옳은 것 같으나 마음이 삐뚤어져 있고 사람을 대함에 속이려는 생각을 가지고 있다.

*權變(권변)-임기응변의 꾀. 權略(권략).
*廉(렴. 염)-청렴할 렴. 검소할 렴.
*惠(혜)-은혜 혜. 베풀 혜.
*挾(협)-낄 협.

*行藏(행장)-나가서 일을 행함과 물러가서 숨음.
*挾術(협술)-책략(策略)을 마음속에 품음. 꾀를 써서 일을 함. 任術(임술).

乙　庚　癸　甲
酉　子　酉　申

己　戊　丁　丙　乙　甲
卯　寅　丑　子　亥　戌

庚生酉月, 又年時申酉, 秋金銳銳, 喜其坐下子水, 透出癸水元神,
경생유월　우년시신유　추금예예　희기좌하자수　투출계수원신

流通金性, 洩其精華, 爲人任大事而布置有方, 處煩雜而主張不靡,
유통금성　설기정화　위인임대사이포치유방　처번잡이주장불미

且慷慨好施, 克己利人也,
차강개호시　극기이인야

庚金이 酉月에 생하였는데 또 年과 時에 申酉가 있어 가을에 태어난 金이 예리하고 날카롭다. 기쁜 것은 좌하에 子水를 두고 원신인 癸水가 투출하여 金의 기운을 유통시켜 왕성한 금기를 설(洩)하는 것이다.

사람됨이 큰일을 맡을 만하고 일을 함에도 반듯하며 번잡한 가운데에도 주장이 흩어짐이 없다. 또 강개심이 있고 베풀기를 좋아하였으며 자기를 위함보다는 남에게 이롭게 하는 사람이다.

*鋭(예)-날카로울 예.
*布(포)-베 포. 무명 포. 베풀 포.
*置(치)-둘 치. 놓을 치. 버릴 치.
*布置(포치)-분배하여 벌여 놓음. 배치(配置).
*煩(번)-번열증 날 번. 번민할 번. 번거로울 번.

*雜(잡)-섞일 잡. 어수선할 잡.
*煩雜(번잡)-번거롭고 복잡함.
*靡(미)-쓰러질 미. 쏠릴 미.
*慷(강)-강개할 강.
*慨(개)-분개할 개. 슬퍼할 개.
*慷慨(강개)-의분에 복받치어 슬퍼하고 한탄함.

$$
\begin{array}{cccc}
丙 & 庚 & 壬 & 壬 \\
子 & 辰 & 子 & 申
\end{array}
$$

$$
\begin{array}{cccccc}
戊 & 丁 & 丙 & 乙 & 甲 & 癸 \\
午 & 巳 & 辰 & 卯 & 寅 & 丑
\end{array}
$$

庚生仲冬, 天干兩透壬水, 支會水局, 金衰水旺, 本屬偏象, 更嫌
경생중동 천간양투임수 지회수국 금쇠수왕 본속편상 갱혐

時透丙火混局, 金主義而方, 水司智而圓, 金多水少, 智圓行方, 水
시투병화혼국 금주의이방 수사지이원 금다수소 지원행방 수

泛金衰, 方正之氣絶, 圓智之心盛矣, 中年運逢火土, 衝激壬水之
범금쇠 방정지기절 원지지심성의 중년운봉화토 충격임수지

性, 刑傷破耗, 財散人離, 半生奸詐, 誘人財物, 盡付東流, 凡人窮
성 형상파모 재산인리 반생간사 유인재물 진부동류 범인궁

達富貴, 數已注定, 君子樂得爲君子, 小人枉自爲小人,
달부귀 수이주정 군자락득위군자 소인왕자위소인

庚金이 子月에 생하고 천간으로 壬水가 두 개나 투출하고 지지로 수국(水局)을 이루어 金은 쇠(衰)하고 水는 왕하니 본디 편고된 형상이다. 더욱 혐의가 되는 것은 時에 丙火가 투출하여 원국이 혼란스럽다.

金은 의(義)와 방(方)을 주(主)로 하고, 水는 지혜와 원만함을 관장하는데 金이 많고 水가 적으면 지혜롭고 원만하며 행동이 반듯한데 水가 많고 金이 적으면 방정(方正)한 기운이 끊어져 꾀만 가득하다.

중년 운에 火土를 만나 壬水의 성정을 건드려 형상(刑傷)과 파모(破耗)가 있었고 재물이 흩어지고 사람도 떠났다. 반생(半生)을 간사하고 남을 속이며 재물을 모았으나 물에 씻은 듯 남은 것이 없었다.

대저 사람의 궁달(窮達)과 부귀(富貴)는 이미 정해져 있는 것으로 군자(君子)의 즐거움은 군자다움에 있고 소인의 굽은 마음은 소인 스스로 만드는 것이다.

*仲(중)—버금 중. 버금. 가운데.
*衰(쇠)—쇠할 쇠. 줄 쇠.
*嫌(혐)—싫어할 혐. 미움 혐.
*司(사)—맡을 사. 벼슬 사. 벼슬아치 사. 마을 사.
*圓(원)—둥글 원. 둥글다. 원. 동그라미. 둘레. 언저리.

*泛(범. 핍)—뜰 범. 넓을 범. 물소리 핍.
*奸(간)—범할 간. 간음할 간. 간악할 간.
*詐(사)—속일 사. 거짓 사.
*誘(유)—꾈 유. 꾀다. 유혹하다. 권하다. 가르치다. 인도하다. 움직이다. 미혹하게 하다. 속이다.
*枉(왕)—굽을 왕. 屈也.

最拗者西水還南.
최 요 자 서 수 환 남

가장 어그러지는 것은 서방의 물이 남으로 돌아가는 것이다.

原注원주

西方之水. 發源最長. 其勢最旺. 無土以制之. 木以納之. 如浩蕩之勢.
서 방 지 수　발 원 최 장　기 세 최 왕　무 토 이 제 지　목 이 납 지　여 호 탕 지 세

不順行. 反行南方. 則逆其性. 非强拗而難制乎.
불 순 행　반 행 남 방　즉 역 기 성　비 강 요 이 난 제 호

【원주】

西方의 물은 발원이 가장 길어 그 세력이 가장 왕하니 土로써 제지하고 木으로

납수(納水)함이 없으면 호탕한 기세를 이루는데 순행치 않고 반대로 南으로 行하면
그 성정을 거슬려 어그러짐이 강하니 제지하기는 어렵다.

*浩(호) - 넓을 호. 넉넉할 호.

*蕩(탕) - 쓸 탕. 움직일 탕. 방자할 탕.

*浩蕩(호탕) - 호양(浩洋). 뜻이 분방(奔放)한
모양.

*納(납) - 들일 납. 바칠 납. 수장할 납.

*强(강) - 강할 강. 힘쓸 강. 강요할 강.

*拗(요) - 꺾을 요. 비꼬일 요.

*難(난) - 어려울 난. 근심할 난. 재앙 난.

任氏曰임씨왈,

西方之水, 發源崑崙, 其勢浩蕩, 不可遏也, 亦可順其性, 用木以
서방지수 발원곤륜 기세호탕 불가알야 역가순기성 용목이

納之, 則智之性行于仁矣, 如用土制之, 若不得其情, 有反衝奔之
납지 즉지지성행우인의 여용토제지 약부득기정 유반충분지

患, 其性仍逆而强拗, 至于還南, 其衝激之勢, 尤難砥定, 强拗異常,
환 기성잉역이강요 지우환남 기충격지세 우난지정 강요이상

全無仁禮之性矣,
전무인례지성의

임 선생님이 말씀하였다.

西方의 물은 곤륜(崑崙)에서 발원하니 그 세력이 호탕하여 막을 수 없다. 다만,
그 성정에 따라 木으로 설(洩)한즉 지혜로운 성품이 인(仁)을 행한다.

가령 土로써 제지하려다 만약 그 정(情)을 얻지 못하면 도리어 충분(衝奔)의 환
란(患難)이 있으며 그 성정을 거슬려 강요(强拗)하게 된다.

南方 火地로 행하면 호탕한 세력을 충격하여 더욱 제지하기 어려우며 강요(强
拗)가 심하며 인(仁)과 예(禮)의 심성이 전혀 없다.

*崑(곤) - 산 이름 곤.

*崙(륜) - 산 이름 륜.

*崑崙(곤륜) - 서장(西藏)에 있는 산. 미옥(美
玉)을 산출함.

*衝(충) - 거리 충. 찌를 충. 부딪칠 충.

*奔(분) - 달릴 분. 달아날 분. 예(禮)를 갖추
지 않고 혼인할 분.

*患(환) - 근심 환. 재앙 환.

*仍(잉) - 인할 잉. 기댈 잉. 거푸 잉. 이에 잉.

*砥(지) - 숫돌 지. 평평할 지. 평정할 지.

甲 壬 庚 癸
辰 申 申 亥

甲 乙 丙 丁 戊 己
寅 卯 辰 巳 午 未

壬申日元, 生于亥年申月, 亥爲天門, 申爲天關, 卽天河之口, 正
임신일원 생우해년신월 해위천문 신위천관 즉천하지구 정

西方之水, 發源最長, 所喜者, 時干甲木得辰土, 通根養木, 足以
서방지수 발원최장 소희자 시간갑목득진토 통근양목 족이

納水, 則智之性行而爲仁, 禮亦備矣, 爲人有驚奇之品彙, 無巧利
납수 즉지지성행이위인 례역비의 위인유경기지품휘 무교리

之才華, 中年南方火運, 得甲木生化, 名利兩全,
지재화 중년남방화운 득갑목생화 명리양전

壬申 일원이 亥年 申月에 생하였다. 亥는 천문(天門)이고 申은 천관(天關)이니, 즉 천하(天河)의 입구이다. 正 西方의 水로 발원이 가장 길다. 기쁜 것은 時上의 甲木이 辰土에 통근하고 있는 것으로 辰土는 木을 기르니 족히 납수(納水)한다. 고로 지혜로운 성품에 인(仁)을 행하며 예(禮) 또한 갖추었다.

사람됨이 놀랄 만한 기재와 품성이 있고 빛나는 재주가 있으나 계교로 재물을 얻거나 하는 행동은 하지 않았다. 中年 운이 南方 火地로 갔으나 甲木의 생화(生化)로 명리가 양전하였다.

*天門(천문)-하늘로 들어간다는 문. 대궐 문.
*天關(천관)-하늘의 관문(關門).
*天河(천하)-은하(銀河). 천한(天漢). 운한(雲漢).
*驚(경)-놀랄 경.
*品(품)-가지 품. 품수 품. 벼슬차례 품.
*彙(휘)-무리 휘. 모을 휘.

*品彙(품휘)-품류(品類). 물건의 갖가지 종류.
*巧(교)-공교할 교. 재주 교. 약을 교. 계교 교.
*才(재)-재주 재.
*華(화)-빛날 화. 꽃 화.
*才華(재화)-빛나는 재주.
*全(전)-온통 전. 온전할 전.

```
丙 壬 庚 癸
午 子 申 亥

甲 乙 丙 丁 戊 己
寅 卯 辰 巳 午 未
```

壬子日元, 生于申月亥年, 西方之水, 浩蕩之勢, 無歸納之處, 時
임자일원 생우신월해년 서방지수 호탕지세 무귀납지처. 시

逢丙午, 衝激以逆其性, 爲人强拗無禮, 兼之運走南方火土, 家業
봉병오 충격이역기성 위인강요무례 겸지운주남방화토 가업

破敗無存, 至午運, 强人妻, 被人毆死, 俗以丙火爲用, 運逢火土
파패무존 지오운 강인처 피인구사 속이병화위용 운봉화토

爲佳, 不知金水同心, 可順而不可逆, 須逢木運, 生化有情, 可免凶
위가 부지금수동심 가순이불가역 수봉목운 생화유정 가면흉

災, 而人亦知禮矣,
재 이인역지례의

壬子 일원이 申月 亥年에 태어나니 西方의 물로 호탕(浩蕩)한 세력을 이루고 있는데 흘러갈 곳이 없다. 時에 丙午가 있어 왕한 水의 세력을 충격하여 그 성정을 거슬리니 사람됨이 마음이 비꼬이고 고집이 세며 예의가 없다. 겸하여 운이 南方 火土로 가니 가업을 파(破)하여 남은 것이 없다. 午 운에 이르러 남의 처를 강제로 빼앗아 장가들었다가 사람들한테 맞아 죽었다.

속설(俗說)로는 丙火가 용신으로 운에서 火土를 만나야 아름답다고 할 것이나 이는 金水가 동심(同心)으로 오직 金水의 세력에 순(順)하는 것은 可하나 거스르는 것은 不可한 것을 모르고 하는 말이다.

모름지기 木 운을 만나야 생화(生化)가 유정하여 흉재(凶災)를 가히 면하게 되고 사람 또한 예의를 안다.

*被(피)-이불 피. 덮을 피. 입을 피.   *毆(구)-칠 구(때림).

역자주 밑줄의 强人妻(강인처)는 强娶人妻(강취인처)란 뜻이다. 즉, 남의 처를 강제로 빼앗아 장가들었다는 뜻이다. 『적천수징의』에는 强娶人妻(강취인처)로 되어 있다.

至剛者東火轉北.
지 강 자 동 화 전 북

지극히 강(剛)한 것은 東方의 火가 北으로 돌아가는 것이다.

原注원주

東方之火. 其氣焰欲炎上. 局中無土以收之. 水以制之. 焉能安焚烈之勢.
동 방 지 화　기 기 염 욕 염 상　국 중 무 토 이 수 지　수 이 제 지　언 능 안 분 렬 지 세

若不順行而反行北方. 則逆其性矣. 能不剛暴耶.
약 불 순 행 이 반 행 북 방　즉 역 기 성 의　능 불 강 포 야

【원주】

東方의 火는 화기(火氣)가 왕성하여 위로 올라가고자 한다. 원국에 土로 수렴(收斂)하지 않고 水로써 제지하려 하면 어찌 맹렬히 타는 불을 안정케 할 수 있겠는가. 만일 순행치 않고 도리어 北方으로 행하면 火의 성정을 거슬려 강포(剛暴)하게 된다.

任氏曰임씨왈,

東方之火, 火逞木勢, 其炎上之性, 不可禦也, 只可順其剛烈之性,
동 방 지 화,　화 령 목 세,　기 염 상 지 성,　불 가 어 야,　지 가 순 기 강 열 지 성,

用濕土以收之, 則剛烈之性, 化爲慈愛之德矣, 一轉北方, 焉制焚
용 습 토 이 수 지,　즉 강 열 지 성,　화 위 자 애 지 덕 의,　일 전 북 방,　언 제 분

烈之勢, 必剛暴無禮, 若無土以收之, 仍行火木之運, 順其氣勢,
열 지 세,　필 강 포 무 례,　약 무 토 이 수 지,　잉 행 화 목 지 운,　순 기 기 세,

亦不失慈讓惻隱之心矣,
역 부 실 자 양 측 은 지 심 의,

임 선생님이 말씀하였다.

東方의 火는 木의 세력으로 火가 왕성하니 그 염상(炎上)의 본성을 막을 수 없다. 단지 강렬(剛烈)한 성정에 따라야 하는데 습토(濕土)로 수렴한즉 강렬한 성정이 자애의 덕으로 化한다.

北方으로 들면 분열(焚烈)하는 火의 세력을 어찌 제압하겠는가. 맹렬한 성정만 충격하여 반드시 강포하고 무례하게 된다.

만약 土로써 화기를 수렴하지 못하면 또한 火木 운으로 행하여 강렬한 기세에 순(順)하여야 자양(慈讓), 측은지심(惻隱之心)을 잃지 않는다.

*逞(령. 영)－왕성할 령. 쾌할 령. 다할 령.
*炎(염)－탈 염. 태울 염. 더울 염.
*炎上(염상)－불을 이룸.
*焰(염)－불꽃 염.
*禦(어)－막을 어. 방어 어.
*剛(강)－굳셀 강. 억셀 강.
*暴(포. 폭)－사나울 포. 사나움 포. 쬘 폭. 나타날 폭.
*剛暴(강포)－굳세고 사나움.
*失(실)－잃을 실. 허물 실.

*慈(자)－사랑할 자. 사랑 자.
*讓(양)－겸손할 양. 사양할 양.
*惻(측)－슬퍼할 측.
*隱(은)－숨은 은. 숨길 은. 가엾어할 은.
*惻隱(측은)－가엾게 여겨 속을 태움.
*惻隱之心(측은지심)－가엽게 여기는 마음. 동정심.
*仍(잉)－인할 잉. 자주 잉. 이에 잉. 부사어로는 누차. 여전히. 아직도. 곧. 또한 등으로 쓰임.

$$
\begin{array}{cccc}
己 & 丙 & 甲 & 丙 \\
丑 & 午 & 午 & 寅
\end{array}
$$

$$
\begin{array}{cccccc}
庚 & 己 & 戊 & 丁 & 丙 & 乙 \\
子 & 亥 & 戌 & 酉 & 申 & 未
\end{array}
$$

丙午日元, 生于午月寅年, 年月又透甲丙, 其焚烈炎上之勢, 不可
병오일원 생우오월인년 년월우투갑병 기분열염상지세 불가

遏也, 最妙丑時在支, 溼土收其猛烈之性, 爲人有容有養, 驕諂不
알야 최묘축시재지 습토수기맹렬지성 위인유용유양 교첨불

施, 運逢土金, 仍得丑土之化, 科甲連登, 仕至郡守,
시 운봉토금 잉득축토지화 과갑연등 사지군수

丙午 일원이 午月 寅年에 태어났는데 年月에 또 甲丙이 투출하니 분열(焚烈)하는 염상(炎上)의 세력을 막을 수 없다. 가장 묘(妙)한 것은 丑時로 습토로써 맹렬한 성정을 수렴하는 것이다.

　　사람됨이 용모가 출중하고 교양이 있으며 교만하거나 아첨하는 행동이 없다. 운에서 土金을 만나도 丑土의 화(化)함이 있어 과갑에 연달아 오르고 벼슬이 군수에 이르렀다.

*遏(알)−막을 알. 머무를 알.　　　　*諂(첨)−아첨할 첨. 아첨 첨.
*猛(맹)−날랠 맹. 엄할 맹. 사나울 맹.　　*施(시)−베풀 시. 자랑할 시. 은혜 시.
*驕(교)−씩씩할 교. 교만할 교.　　　　*科(과)−과정 과. 과정. 조목. 품등. 그루.

$$庚　丙　丙　丁$$
$$寅　午　午　卯$$

$$庚　辛　壬　癸　甲　乙$$
$$子　丑　寅　卯　辰　巳$$

丙午日元, 生于午月, 年時寅卯, 庚金無根, 置之不用, 格成炎上,
병오일원　생우오월　년시인묘　경금무근　치지불용　격성염상

局中無土吐秀, 書香不利, 行伍出身, 至卯運得官, 壬運失職, 寅
국중무토토수　서향불리　행오출신　지묘운득관　임운실직　인

運得軍功, 驟升都司, 辛丑運, 生化之機无氣, 一交庚子, 衝激午
운득군공　취승도사　신축운　생화지기무기　일교경자　충격오

刃, 又逢甲子年, 雙衝羊刃, 死于軍中,
인　우봉갑자년　쌍충양인　사우군중

　　丙午 일원이 午月에 태어났는데 年과 時에 寅卯가 있다. 庚金은 무근(無根)으로 쓰지 못하니 버려야 한다. 격이 염상(炎上)을 이루었는데 원국에 土로써 설하는 빼어남이 없어 학문은 불리하다.

　　행오(行伍) 출신으로 卯 운에 임관(任官)하였으나 壬 운에 실직하였다. 寅 운에 군(軍)에서 공을 세워 곧바로 승진하여 도사(都司)에 올랐다. 辛丑 운은 생화(生化)의 기틀은 있으나 무기(無氣)하다. 庚子 운에 양인(陽刃)을 충격하는데 또 甲子 유년(流年)에 양인을 쌍충하여 군중(軍中)에서 사망하였다.

*吐(토)-토할 토.　　　　　　　　　　　*都(도)-도읍 도. 거느릴 도.
*行伍(행오)-사병. 또는 하사관.　　　　*都司(도사)-성(省)의 군(軍) 사령관.
*驟(취)-달릴 취. 갑작스러울 취.　　　　*无(무)-없을 무. 無, 毋와 仝.

順生之機. 遇擊神而抗.
순 생 지 기　　우 격 신 이 항

순생의 기틀이 있는 것은 충격하는 신(神)을 만나면 항거(抗拒)한다.

原注원주

如木生火. 火生土. 一路順其性情次序. 自相和平. 中遇擊神. 而不得
여 목 생 화　화 생 토　일 로 순 기 성 정 차 서　자 상 화 평　중 우 격 신　이 부 득

遂其順生之性. 則抗而勇猛.
수 기 순 생 지 성　즉 항 이 용 맹

【원주】

　가령 木生火하고 火生土하여 한길로 그 성정의 차례에 순(順)하면 평화스러우나
중간에 격신(擊神)을 만나 그 순생(順生)의 성정을 얻지 못하면 항거함이 용맹스럽다.

任氏曰임씨왈,

順則宜順, 逆則宜逆, 則和平而性順矣, 如木旺得火以通之, 順也,
순 즉 의 순　역 즉 의 역　즉 화 평 이 성 순 의　여 목 왕 득 화 이 통 지　순 야

土以行之, 生也, 不宜見金水之擊也, 木衰, 得水以生之, 反順也,
토 이 행 지　생 야　불 의 견 금 수 지 격 야　목 쇠　득 수 이 생 지　반 순 야

金以助水, 逆中之生也, 不宜見火土之擊也,
금 이 조 수　역 중 지 생 야　불 의 견 화 토 지 격 야

　임 선생님이 말씀하였다.

　순(順)하여야 할 것은 마땅히 순(順)하여야 하고 역(逆)하여야 할 것은 마땅히
역(逆)한즉 화평하고 성정이 순(順)하다.

가령 木이 왕하면 火로써 유통하는 것이 순(順)이고 다시 土로 행하는 것이 生이 되는 것이다. 이러한 때에는 金水가 격(擊)하는 것은 마땅치 않은 것이다.

木이 쇠약할 때 水의 생을 받는 것은 반순(反順)인데 金이 水를 돕는 것은 역(逆)인 가운데 生인 것이다. 이러한 경우는 火土가 격(擊)하는 것은 마땅치 않다.

我生者爲順, 生我者爲逆, 旺者宜順, 衰者宜逆, 則性正情和, 如遇
아 생 자 위 순   생 아 자 위 역   왕 자 의 순   쇠 자 의 역   즉 성 정 정 화   여 우

擊神, 旺者勇急, 衰者懦弱, 如格局得順逆之序, 其性情本和平,
격 신   왕 자 용 급   쇠 자 나 약   여 격 국 득 순 역 지 서   기 성 정 본 화 평

至歲運遇擊神, 亦能變爲强弱, 宜細究之,
지 세 운 우 격 신   역 능 변 위 강 약   의 세 구 지

내가 생하는 것을 순(順)이라 하고 나를 생하는 것은 역(逆)이라 한다. 왕한 것은 순이 마땅하고 쇠(衰)한 것은 역이 마땅하다. 이러면 성품이 바르고 화평하다.

만약 격신(擊神)을 만나면 왕한 것은 용맹하며 성급하고 약한 것은 나약(懦弱)하다. 가령 격국이 순역(順逆)의 차례를 얻으면 성정이 본디 화평한데 세운에서 격신을 만나면 강약이 바뀌니 세밀히 살펴야 한다.

*擊(격)-칠 격. 부딪칠 격.
*勇(용)-날랠 용. 용감할 용.
*急(급)-급할 급. 서두를 급.
*懦(나. 유)-나약할 나. 겁쟁이 나. 나약할 유. 겁쟁이 유.
*變(변)-변할 변. 고칠 변.

```
壬 甲 丙 己
申 寅 寅 亥

庚 辛 壬 癸 甲 乙
申 酉 戌 亥 子 丑
```

甲寅日元, 生于寅月, 木旺得丙火透出, 順生之機, 通輝之象, 讀
갑인일원　생우인월　목왕득병화투출　순생지기　통휘지상　독

書過目成誦, 所嫌者時遇金水之擊, 年干己土虛脫, 不制其水, 兼
서과목성송　소혐자시우금수지격　년간기토허탈　부제기수　겸

之初運北方水地, 不但功名難遂, 而且破耗刑傷, 一交辛酉, 助水
지초운북방수지　부단공명난수　이차파모형상　일교신유　조수

之擊, 合去丙火而亡,
지격　합거병화이망

　甲寅 일원이 寅月에 생하여 木이 왕한데 丙火가 투출하여 순생(順生)의 기틀로 통휘지상(通輝之象)을 이루었다. 책을 읽으면 눈만 지나도 다 암기하였다. 혐의가 되는 것은 時에 金水가 있어 木火를 격(擊)하는데 年干의 己土는 허탈하여 水를 제지하지 못하는 것이다.

　겸(兼)하여 초(初) 운이 北方 水 운으로 비단 공명을 이루기 어려울 뿐 아니라 또한 형모(刑耗)와 형상(刑傷)을 겪었다. 辛酉 운으로 바뀌어 水의 충격을 돕고 丙火를 합거(合去)하여 사망하였다.

---

*透(투)－뛸 투. 던질 투. 환할 투.
*通(통)－통할 통. 온통 통.
*輝(휘)－빛 휘. 빛날 휘.
*讀(독. 두)－읽을 독. 구절 두. 이해하다.
*誦(송)－읽을 송. 읊을 송. 욀 송.

*虛(허)－빌 허(아무것도 없음. 쓸모가 없음). 허 공 허. 하늘 허.
*脫(탈)－벗을 탈. 벗다. 여위다.
*制(제)－지을 제. 만들 제. 누를 제. 금할 제.
*破(파)－깨뜨릴 파.

壬 甲 戊 庚
申 午 寅 寅

甲 癸 壬 辛 庚 己
申 未 午 巳 辰 卯

甲午日元, 生于寅月, 戊土透出, 寅午拱火, 順生之機, 德性慷慨,
갑 오 일 원　생 우 인 월　무 토 투 출　인 오 공 화　순 생 지 기　덕 성 강 개

襟懷磊落, 亦嫌時逢金水之擊, 讀書未售, 破耗多端, 兼之中運不齊,
금 회 뢰 락　역 혐 시 봉 금 수 지 격　독 서 미 수　파 모 다 단　겸 지 중 운 부 제

有志未伸, 還喜春金不旺, 火土通根, 體用不傷, 後昆繼起,
유 지 미 신　환 희 춘 금 불 왕　화 토 통 근　체 용 불 상　후 곤 계 기

　　甲午 일원이 寅月에 태어났다. 戊土가 투출하고 寅午 화국을 이루어 순생(順
生)의 기틀을 이루고 있다. 덕성이 있고 의기가 있으며 마음에 큰 뜻을 품었으나
혐의가 되는 것은 時에 金水가 격(擊)하는 것이다.

　　학문은 하였으나 과거(科擧)에 들지 못하고 파모(破耗)가 다단(多端)하였다. 겸하
여 중년 운이 마땅치 않아 뜻을 이루기 어려웠다. 그래도 기쁜 것은 춘금(春金)이라
왕(旺)하지 않아 자손은 잘되었다.

*慷(강)-강개할 강.
*慨(개)-분개할 개. 슬퍼할 개.
*慷慨(강개)-의분에 복받치어 슬퍼하고 한
　탄함.
*襟(금)-깃 금. 가슴 금. 마음 금.
*懷(회)-품을 회. 따를 회.
*襟懷(금회)-가슴 속. 마음 속.
*磊(뢰)-돌 쌓일 뢰. 뜻 클 뢰.
*磊落(뢰락)-뜻이 커서 작은 일에 구애(拘
　碍)하지 않는 모양. 과실이 주렁주렁 많이
　열린 모양.

*拱(공)-두 손 마주잡을 공. 껴안을 공.
*嫌(혐)-싫어할 혐. 미움 혐.
*售(수)-팔 수. 팔릴 수.
*耗(모)-벼 모. 덜 모. 耗는 재물이 흩어짐
　을 이름.
*齊(제)-가지런할 제. 가지런히 제.
*還(환)-돌아올 환. 돌아갈 환. 두를 환.
*傷(상)-다칠 상. 해칠 상. 근심할 상.
*昆(곤)-형 곤. 뒤 곤. 자손 곤.
*後昆(후곤)-후손(後孫). 자손(子孫).
*繼(계)-이을 계. 맬 계.

逆生之序. 見閑神而狂.
역 생 지 서　　견 한 신 이 광

역생(逆生)이 차례대로 이루어진 명조에서 한신(閑神)을 만나면 광분(狂奔)한다.

原注원주

如木生亥. 見戌酉申則氣逆. 非性之所安. 一遇閑神. 若巳酉丑逆之. 則
여 목 생 해　 견 술 유 신 즉 기 역　 비 성 지 소 안　 일 우 한 신　 약 사 유 축 역 지　 즉

必發而爲狂猛.
필 발 이 위 광 맹

【원주】

가령 木이 亥에서 生을 받을 때 申酉戌을 보면 기(氣)가 역(逆)이 되니 성정이 편안치 못하다. 하나의 한신을 만나고 또한 巳酉丑은 역(逆)이 되니 반드시 발(發)하여 광맹(狂猛)하다.

> **역자주** 원주의 설명은 무슨 내용인지 애매하다. 如木生亥(여목생해)도 해석하기 어렵다. 木은 火를 생하니 木生火라 하면 쉽게 이해가 가는데 여기서 木生亥라 하니 어쩔 수 없이 木이 亥에서 생을 받을 때라고 궁색하게 해석하였는데 맞는 말인지 확언하기 어렵다. 그리고 전체의 문장도 무슨 말인지 애매한데 뒤의 임 선생의 글을 참고하기 바란다.

任氏曰임씨왈,

逆則宜逆, 順則宜順, 則性正情和矣, 如木旺極, 得水以生之, 逆
역 즉 의 역　 순 즉 의 순　 즉 성 정 정 화 의　 여 목 왕 극　 득 수 이 생 지　 역

也, 金以成之, 助逆之生也, 不宜見己丑之閑神也, 如木衰極, 得
야　 금 이 성 지　 조 역 지 생 야　 불 의 견 기 축 지 한 신 야　 여 목 쇠 극　 득

火以行之, 反逆也, 土以化之, 逆中之順也, 不宜見辰未之閑神也,
화 이 행 지　 반 역 야　 토 이 화 지　 역 중 지 순 야　 불 의 견 진 미 지 한 신 야

임 선생님이 말씀하였다.

역(逆)할 것은 마땅히 역(逆)하여야 하고 순(順)할 것은 마땅히 순(順)한즉 성품이 바르고 마음이 화평하다.

가령 木의 왕함이 극에 이르렀을 때 水가 木을 생하는 것은 역(逆)이 되는데

金으로써 완성하게 하는 것은 역생(逆生)을 돕는 것이 되는 것이다. 이러한 경우는 己나 丑과 같은 한신을 보는 것은 마땅치 않다. 가령 木의 쇠(衰)함이 극에 이르렀을 때 火로 행하면 반역(反逆)이 되는데 土로 화(化)하는 것은 역(逆) 가운데 순(順)인 것이다. 이러한 경우는 辰이나 未같은 한신을 보는 것은 마땅치 않다.

此旺極衰極, 乃從旺從弱之理, 非前輩旺衰得中之意, 如旺極見閑
차 왕 극 쇠 극　내 종 왕 종 약 지 리　비 전 배 왕 쇠 득 중 지 의　여 왕 극 견 한

神, 必爲狂猛, 衰極見閑神, 必爲姑息, 歲運見之亦然, 火土金水
신　필 위 광 맹　쇠 극 견 한 신　필 위 고 식　세 운 견 지 역 연　화 토 금 수

如之,
여 지

이는 왕함이 극에 이르렀거나 쇠함이 극에 이르러 종왕(從旺)하거나 종약(從弱)하는 이치인 것이다. 앞에 설명한 왕하면 설하고 쇠하면 보(補)하여 중화를 이루는 뜻이 아닌 것이다.

또한 왕함이 극에 이르렀을 때 한신을 보면 반드시 광맹(狂猛)하고 쇠함이 극에 이르렀을 때 한신을 보면 반드시 고식(姑息)하게 된다. 세운에서 보아도 역시 이와 같다. 火 土 金 水가 다 같다.

*輩(배)-무리 배. 짝 배. 견줄 배.
*狂(광)-미칠 광.
*猛(맹)-날랠 맹. 엄할 맹.
*姑(고)-시어머니 고. 고모 고. 잠시 고.

*閑(한)-한가할 한. 틈 한. 등한히 할 한.
*息(식)-숨 식. 숨 쉴 식. 그칠 식.
*姑息(고식)-구차하게 우선 당장 편안한 것만을 취함. 부녀자와 어린아이.

> **역자주**
> 木을 예(例)로 들어 설명한 글인데 이해가 조금은 어렵다.
> 여기서 순(順)이란 일주가 왕할 때 식상으로 설기하는 것을 의미하고 역(逆)이란 일주를 생하는 인수를 이르는 말인데 그 뜻은 이해가 가나 앞의 문장에서 왕함이 극에 이르렀을 때 한신(閑神)인 己丑 土를 보는 것이 불의(不宜)하고 쇠극(衰極)한 명조에서 한신인 辰未 土를 보는 것 또한 불의(不宜)하다고 하였는데 木 일주에서 己丑 土와 辰未 土를 살펴봐야 한다.
> 왕함이 극에 이르렀을 때 식상이 없으면 己丑 土를 보면 군비쟁재가 일어나니 불의(不宜)한 것이고 쇠함이 극에 이르러 종(從)한 명조에서 辰未 土는 여기(餘氣)와 고(庫)로 木의 뿌리가 되어 불의(不宜)하다고 한 것이다. 그러나 조금은 애매(曖昧)하다.

甲 甲 辛 壬
子 寅 亥 子

丁 丙 乙 甲 癸 壬
巳 辰 卯 寅 丑 子

甲寅日元, 生于亥月, 水旺木堅, 旺之極矣, 一點辛金, 從水之勢,
갑인일원 생우해월 수왕목견 왕지극의 일점신금 종수지세

不逆其性, 安而且和, 逆生之序, 更妙無土, 不逆水性, 初運北方,
불역기성 안이차화 역생지서 갱묘무토 불역수성 초운북방

入泮登科, 甲寅乙卯, 從其旺神, 出宰名區, 丙辰尚有拱合之情,
입반등과 갑인을묘 종기왕신 출재명구 병진상유공합지정

雖落職而免凶咎, 丁巳遇閑神沖擊, 逆其性序而卒,
수낙직이면흉구 정사우한신충격 역기성서이졸

甲寅 일원이 亥月에 생하여 水가 왕하고 木도 견고하다. 왕함이 극에 이르렀다. 일점 辛金은 水의 세력을 따르니 木의 왕한 성정을 거슬리지 않아 안정되고 화평하며 역생(逆生)의 차례를 얻었다.

더욱 아름다운 것은 원국에 土가 없어 水의 성정을 거슬리지 않는 것이다. 초년 운이 北方으로 반궁(泮宮)에 들었고 과거에 급제하였다. 甲寅 乙卯 운은 왕신의 성정을 따르니 이름 있는 고을의 수령으로 나갔다.

丙辰 운은 그래도 합이 되는 뜻이 있어 비록 벼슬에서 물러났지만 흉구(凶咎)는 면(免)하였는데 丁巳 운에 이르러 한신이 왕한 水의 성정을 충격하여 그 성정을 거슬리니 사망하였다.

*泮(반) - 물가 반. 녹을 반.
*宰(재) - 재상 재. 우두머리 재.
*咎(구) - 허물 구. 재앙 구. 미워할 구.
*擊(격) - 칠 격. 부딪칠 격.

*序(서) - 차례 서. 차례 매길 서. 실마리 서. 학교 서.
*卒(졸) - 군사 졸. 죽을 졸(사망함). 군사. 하인. 심부름꾼. 집단. 무리.

己 甲 辛 壬
巳 寅 亥 寅

丁 丙 乙 甲 癸 壬
巳 辰 卯 寅 丑 子

甲寅日元, 生于寅年亥月, 辛金順水, 不逆木性, 逆生之序, 所嫌
갑인일원　생우인년해월　신금순수　불역목성　역생지서　소혐

巳時爲閑神, 火土沖剋逆其性, 又不能制水, 初交壬子, 遺緒豐盈,
사시위한신　화토충극역기성　우불능제수　초교임자　유서풍영

癸丑地支閑神結黨, 刑耗多端, 甲寅乙卯, 丁財並益, 一交丙辰,
계축지지한신결당　형모다단　갑인을묘　정재병익　일교병진

助起火土, 妻子皆傷, 又遭回祿, 自患顚狂之症, 投水而亡,
조기화토　처자개상　우조회록　자환전광지증　투수이망

甲寅 일원이 寅年 亥月에 생하였다. 辛金은 水를 따르니 木의 성정을 거슬리지 않아 역생(逆生)의 차례를 얻었다.

꺼리는 것은 巳時의 한신으로 火土가 水木의 성정을 충극(沖剋)하며 또 제수(制水)도 못하는 것이다.

초년(初年) 운인 壬子에서는 선대의 유업이 풍부하였는데 癸丑 운으로 들어 지지에 한신이 결당(結黨)하여 형모(刑耗)가 다단하였다. 甲寅 乙卯 운은 재물이 늘었는데 丙辰 운으로 들어 火土를 도와 일으키니 처자(妻子)를 다 상(傷)하고 또 화재까지 만나 정신이상이 되어 물에 빠져 죽었다.

*遺(유)-남을 유. 남길 유. 버릴 유.
*緒(서)-실마리 서. 줄 서. 나머지 서.
*遺緒(유서)-남긴 사업.
*盈(영)-찰 영. 남을 영.
*遭(조)-만날 조.

*回祿(회록)-화신(火神). 전(轉)하여 화재(火災).
*顚(전)-머리 전. 이마 전. 미칠 전. 넘어질 전.
*顚狂(전광)-미침(정신이상).

己 甲 丁 戊
巳 寅 巳 戌

癸 壬 辛 庚 己 戊
亥 戌 酉 申 未 午

甲寅日元, 生于巳月, 丙火司令, 雖坐祿支, 其精洩盡, 火旺木焚,
갑인일원　생우사월　병화사령　수좌록지　기정설진　화왕목분

喜土以行之, 此衰極從弱之理, 初運戊午己未, 順其火土之性, 祖
희토이행지　차쇠극종약지리　초운무오기미　순기화토지성　조

業頗豐, 又得一衿, 庚申逆火之性, 洩土之氣, 至癸亥年, 沖激火
업파풍　우득일금　경신역화지성　설토지기　지계해년　충격화

勢而亡,
세이망

　甲寅 일원이 巳月에 생하여 丙火가 사령하는 때로 비록 좌하에 녹(祿)을 두었으나 木의 정기는 설진(洩盡)되었다.

　火가 왕하여 木이 다 타버렸으니 火로 行하는 것이 기쁘다. 이는 쇠함이 극(極)에 이르러 종약(從弱)의 이치인 것이다.

　초년 운이 戊午 己未로 火土의 성정을 따르니 선대의 유업이 풍부하였고 또 초시(初試)에도 들었다. 庚申 운에 들어 火의 성정을 거슬리고 土의 기운도 설(洩)하는데 癸亥 세운에 이르러 火의 세력을 충격하니 사망하였다.

*洩(설. 예)−샐 설. 줄 설. 훨훨 날 예.　*頗(파)−치우칠 파. 자못 파.
*盡(진)−다할 진. 다 진. 가령 진.　*沖(충)−빌 충. 비다. 공허하다.
*焚(분)−탈 분. 태울 분. 불사를 분.　*激(격)−물결 부딪혀 흐를 격.

陽明遇金. 鬱而多煩.
양명우금　울이다번

　양명(陽明)이 金을 만나면 근심과 번민이 많다.

原注원주

寅午戌爲陽明. 有金氣伏於内. 則成其鬱鬱而多煩悶.

인 오 술 위 양 명   유 금 기 복 어 내   즉 성 기 울 울 이 다 번 민

【원주】

　寅午戌을 양명(陽明)이라 한다. 金이 안으로 암장(暗藏)되어 있으면 우울하고 번민이 많다.

* *鬱(울)－산앵도나무 울. 우거질 울.
* *鬱鬱(울울)－뜻을 얻지 못하여 우울한 모양. 일이 뜻대로 되지 않아 번민하는 모양. 기가 성한 모양. 초목이 무성한 모양.

* *煩(번)－번열증 날 번. 번민할 번.
* *悶(민)－번민할 민. 번민 민.
* *煩悶(번민)－마음이 몹시 답답하여 괴로워 함.

任氏曰임씨왈,

陽明之氣, 本多暢遂, 如遇溼土藏金, 則火不能克金, 金又不能生

양 명 지 기   본 다 창 수   여 우 습 토 장 금   즉 화 불 능 극 금   금 우 불 능 생

水, 而成憂鬱, 一生得意者少, 而失意者多, 則心鬱志灰, 而多煩

수   이 성 우 울   일 생 득 의 자 소   이 실 의 자 다   즉 심 울 지 회   이 다 번

悶矣, 必要純行陰濁之運, 引通金水之性, 方遂其所願也,

민 의   필 요 순 행 음 탁 지 운   인 통 금 수 지 성   방 수 기 소 원 야

　임 선생님이 말씀하였다.

　양명(陽明)의 기(氣)는 본시 무성하게 자라는 것인데, 만약 습토에 암장된 金을 만나면 火가 金을 극하지 못하고 金 또한 水를 생하지 못하니 답답하다.

　일생에 뜻을 이루는 자는 적고 뜻을 펴지 못하는 자는 많다. 그러므로 마음이 답답하고 뜻이 식어버려 번민이 많다. 반드시 음탁(陰濁)한 운으로 행하여 金水의 기(氣)를 끌어내 통하게 하여야 그 소원을 이루게 된다.

* *暢(창)－통할 창. 화창할 창. 펼 창.
* *暢遂(창수)－창무(暢茂). 무성하게 자람.

* *憂(우)－근심 우. 병(病) 우.
* *灰(회)－재 회. 재로 될 회.

```
庚 丙 丙 乙
寅 午 戌 丑

庚辛壬癸甲乙
辰巳午未申酉
```

丙火日主, 支全寅午戌, 食神生旺, 眞神得用, 格局最佳, 初運乙
병화일주 지전인오술 식신생왕 진신득용 격국최가 초운을

酉甲申, 引通丑內藏金, 家業頗豐, 又得一衿, 所嫌者, 支會火局,
유갑신 인통축내장금 가업파풍 우득일금 소혐자 지회화국

時上庚金臨絶, 又有比肩爭奪, 不能作用, 丑中辛金伏鬱于內, 是
시상경금임절 우유비견쟁탈 불능작용 축중신금복울우내 시

以十走秋闈不第, 且少年運走南方, 三遭回祿, 四傷其妻, 五剋其
이십주추위부제 차소년운주남방 삼조회록 사상기처 오극기

子, 至晚年孤貧一身,
자 지만년고빈일신

　丙火 일주가 지지에 寅午戌 화국을 이루고 있는데 식신이 월령을 타고 왕하다. 진신으로 용신을 삼으니 격국은 아름답다. 초년 운이 乙酉 甲申으로 丑 중의 辛金을 인통하여 가업이 자못 풍부하고 초시(初試)에도 들었다.

　혐의가 되는 것은 지지가 화국(火局)을 이루어 時上의 庚金이 절지에 임하고 또 비견이 쟁탈(爭奪)하여 용신으로 할 수 없는 것이다. 丑 중에 辛金이 암장되어 답답하다. 이러므로 열 번이나 과거를 보았지만 급제하지 못하였다.

　또 소년에 운이 南方으로 가니 세 번이나 화재를 당하고 상처(喪妻)를 네 번이나 하고 자식이 다섯이나 죽었다. 만년에는 일신이 외롭고 가난하였다.

*衿(금)－옷깃 금. 맬 금.
*肩(견)－어깨 견. 견디다. 이겨내다.
*伏(복)－엎드릴 복. 숨을 복. 숨길 복.

*闈(위)－문 위. 대궐 위. 과장 위.
*走(주)－달릴 주. 달아날 주.
*晚(만)－저물 만. 해질 만. 늦을 만.

역자주 소년에 운이 南方으로 갔다는 말은 틀린 것은 아니나 부인이 넷이나 죽고 자식을 다섯이나 잃었다면 중년으로 봐야 하지 않을까 생각된다. 巳午未 대운에서 그리되었을 것이다.

己　丙　丙　壬
丑　寅　午　戌

壬　辛　庚　己　戊　丁
子　亥　戌　酉　申　未

丙寅日元, 生于午月, 支全火局, 陽明之象, <u>此緣刦刃當權</u>, 壬水
병인일원　생우오월　지전화국　양명지상　차연겁인당권　임수

無根, 置之不用, 不及前造多矣, 丑中辛金伏鬱, 所喜者, 運走西北
무근　치지불용　불급전조다의　축중신금복울　소희자　운주서북

陰濁之地, 出身吏部, 發財十餘萬, 異路出仕, 升州牧, 名利兩全,
음탁지지　출신이부　발재십여만　이로출사　승주목　명리양전

而多暢遂也,
이다창수야

丙寅 일원이 午月에 생하였다. 지지가 화국을 이루어 양명(陽明)의 상(象)을
이루었는데 녹겁인(祿刦刃)이 당권하여 壬水는 무근으로 쓸 수 없으니 버려야
한다.

앞의 사주에는 많이 미치지 못한다. 丑 중에 辛金이 암장되어 답답하다. 기쁜
것은 운이 西北 음탁(陰濁)으로 가는 것이다. 이부(吏部) 출신으로 십여 만의 재물
을 일으켜 이로(異路)로 출사하여 벼슬이 주목(州牧)에 이르고 명리가 양전하고 많
은 발전이 있었다.

*緣(연)－가선 연. 말미암을 연. 연분 연. 인　　*吏(이. 리)－벼슬아치 이. 관리 이. 아전.
　연 연.　　　　　　　　　　　　　　　　　　　*升(승)－되 승. 오를 승.
*刃(인)－칼날 인. 벨 인.　　　　　　　　　　　*牧(목)－목장 목. 기를 목. 다스릴 목. 벼슬
*伏(복)－엎드릴 복. 숨을 복. 숨길 복.　　　　　　이름 목(지방의 장관).

| 역자주 | 밑줄의 此緣刦刃當權(차연겁인당권)은 此祿刦刃當權(차록겁인당권)의 오자(誤字)가 아닌가 생각된다. 祿刦刃(록겁인)으로 해석하였다. |

陰濁藏火. 包而多滯.
음 탁 장 화   포 이 다 체

음탁(陰濁)한 명조에서 火가 암장되어 있으면 음기에 싸여 있어 막힘이 많다.

原注원주

酉丑亥爲陰濁. 有火氣藏於內. 則不發輝而多滯.
유 축 해 위 음 탁   유 화 기 장 어 내   즉 불 발 휘 이 다 체

【원주】

酉丑亥를 음탁(陰濁)이라 한다. 화기(火氣)가 안에 암장되어 있으면 발휘(發輝)하지 못하니 막힘이 많다.

任氏曰임씨왈,

陰晦之氣, 本難奮發, 如遇溼木藏火, 陰氣太盛, 不能生無焰之火,
음 회 지 기   본 난 분 발   여 우 습 목 장 화   음 기 태 성   불 능 생 무 염 지 화

而成溼滯之患, 故心欲速而志未逮, 臨事而模稜少決, 所爲心性多
이 성 습 체 지 환   고 심 욕 속 이 지 미 체   임 사 이 모 능 소 결   소 위 심 성 다

疑, 必須純行陽明之運, 引通木火之氣, 則豁然而通達矣,
의   필 수 순 행 양 명 지 운   인 통 목 화 지 기   즉 활 연 이 통 달 의

임 선생님이 말씀하였다.

음회(陰晦)한 기(氣)는 본시 분발(奮發)이 어렵다. 가령 습목(溼木)이 암장된 火를 만나면 음기가 지나쳐 염염(焰焰)한 火를 생하지 못하니 습체(溼滯)의 근심이 있다.

그러므로 마음은 급하나 뜻이 미치지 못하고 일을 함에 있어 모호하고 결단력이 적으며 하는 일에 마음속으로 의심이 많다. 반드시 양명(陽明)의 운으로 행하여 木火의 기운을 끌어내 통(通)하게 하여야 활연(豁然)히 통달(通達)한다.

*陰晦(음회)-음습하고 어두움.
*奮(분)-떨칠 분. 휘두를 분.
*模(모)-법 모. 무늬 모. 본뜰 모.
*稜(릉. 능)-서슬 릉. 모 릉. 모 날 릉.

*奮發(분발)-마음과 힘을 돋우어 일으킴.
*焰(염)-불꽃 염. 炎(염)과 소.
*無焰之火(무염지화)-불꽃이 없는 강한 불.
　焰焰之火(염염지화)와 같은 말임.
*逮(체. 태)-쫓을 체. 잡을 체. 미칠 태.
*滯(체)-막힐 체.

*豁(활)-골짜기 활. 빌 활. 넓을 활. 소통할
　활. 깨달을 활.
*豁然(활연)-환하게 터진 모양. 환히 깨달
　은 모양.
*通達(통달)-막힘이 없이 환히 통함. 사물
　의 이치를 환히 앎.

$$壬\ 癸\ 辛\ 癸$$
$$戌\ 丑\ 酉\ 亥$$

$$乙\ 丙\ 丁\ 戊\ 己\ 庚$$
$$卯\ 辰\ 巳\ 午\ 未\ 申$$

陳榜眼造, 癸水生于仲秋, 支全酉亥丑爲陰濁, 天干三水, 一辛,
진방안조　계수생우중추　지전유해축위음탁　천간삼수　일신

逢戌時, 陰濁藏火, 亥中溼木, 不能生無焰之火, 喜其運走東南陽
봉술시　음탁장화　해중습목　불능생무염지화　희기운주동남양

明之地, 引通包藏之氣, 身居鼎甲, 發揮素志也,
명지지　인통포장지기　신거정갑　발휘소지야

　진(陳) 방안(榜眼)의 명조이다. 癸水가 酉月에 생하여 지지에 酉亥丑이 다 있어
음탁(陰濁)이 되었다. 천간은 세 개의 水에 하나의 辛으로 이루어졌는데 戌時로
음탁(陰濁)한 명조에 火가 암장되었다.

　亥 중의 습목(濕木)은 염염(焰焰)한 火를 생할 수 없는데, 기쁜 것은 운이 東南
양명(陽明)한 곳으로 가 암장된 화기(火氣)를 인통하여 정갑(鼎甲)에 이르고 소지(素
志)를 발휘하였다.

*榜(방)-방 써 붙일 방. 매 방. 고시하다.
*眼(안)-눈 안.
*榜眼(방안)-과거급제의 제2위. 눈[眼]이
　둘이므로 둘째의 은어(隱語)로 쓴 것임.
*鼎(정)-솥 정. 바야흐로 정.

*鼎甲(정갑)-성대하고 걸출함. 과거에서
　최우등(最優等)의 세 사람.
*素(소)-흴 소. 정성 소. 평상 소. 본디 소.
*素志(소지)-본디의 뜻. 평소부터 품은 뜻.
　宿志(숙지).

```
癸  癸  辛  丁
亥  亥  亥  丑

乙 丙 丁 戊 己 庚
巳 午 未 申 酉 戌
```

地支三亥一丑, 天干二癸一丁, 陰濁之至, 年干丁火, 雖不能包藏,
지지삼해일축   천간이계일정   음탁지지   년간정화   수불능포장

虛而無焰, 亥中甲木, 無從引助, 喜其運走南方, 陽明之地, 又逢
허이무염   해중갑목   무종인조   희기운주남방   양명지지   우봉

丙午丁未流年, 科甲連登, 仕至觀察,
병오정미유년   과갑연등   사지관찰

　지지는 亥水가 셋에 丑이 하나이고 천간은 癸水가 둘에 丁火가 하나 있다. 음탁(陰濁)이 심하다. 年干의 丁火는 비록 포장되지는 않았으나 허(虛)하여 불꽃을 내지 못한다.

　亥 중에 甲木이 있으나 이끌어내지 못하였는데 기쁜 것은 운이 南方 양명(陽明)한 곳으로 가는 것이다. 丙午 丁未 운에 과거에 연달아 오르고 벼슬이 관찰(觀察)에 이르렀다.

> 역자주 　이 사주에서 火 운을 받을 수 있을지 의문이 간다. 辛金이나 丑土는 水로 돌아갔다고 봐야 하고 丁火는 지지가 물판에 뿌리도 없는데 火 운을 받을 수 있을까 하는 의심이 든다. 종강(從强)의 사주로 봐야 하는데 南方 양명(陽明)한 운에서 발복하였다면 아마 時가 戌時일 것이다. 독자들의 판단에 맡긴다.

癸 辛 己 辛
巳 酉 亥 丑

癸甲乙丙丁戊
巳午未申酉戌

支全丑亥酉, 月干溼土逢辛癸, 陰濁之氣, 時支巳火, 本可暖局,
지 전 축 해 유　　월 간 습 토 봉 신 계　　음 탁 지 기　　시 지 사 화　　본 가 난 국

大象似比前造更美, 不知巳酉丑全金局, 則亥中甲木受傷, 巳火丑
대 상 사 비 전 조 갱 미　　부 지 사 유 축 전 금 국　　즉 해 중 갑 목 수 상　　사 화 축

土之財官, 竟化梟而生刦矣, 縱運火土, 不能援引, 出家爲僧,
토 지 재 관　　경 화 효 이 생 겁 의　　종 운 화 토　　불 능 원 인　　출 가 위 승

　지지는 오르지 丑亥酉이고 월간의 습토가 辛金과 癸水를 만나 음탁(陰濁)의 명조이다. 時支의 巳火는 본디 원국을 따뜻하게 하니 대체로 앞의 사주에 비하여 아름다운 것 같다.

　그러나 巳酉丑 금국이 되어 亥 중의 甲木이 손상되는 것을 모르기 때문이다. 巳火는 丑土의 재관인데 끝내는 효신(梟神)으로 化하여 비겁을 돕는다. 비록 운이 火土로 가도 이끌어낼 수 없어 출가하여 중이 되었다.

*竟(경)－끝날 경. 마칠 경. 다할 경. 마침내　　*梟(효)－올빼미 효. 목 베어 달 효. 영웅 효.
　경. 부사어로는 뜻밖에도. 의외로. 도리어.　　*縱(종)－늘어질 종. 놓아둘 종. 방종할 종.
　마침내. 드디어. 결국 등으로 해석.　　　　　　부사어로는 설령. 비록 등으로 해석.

역자주　이 명조에서 巳火는 丑土의 재관(財官)이라고 하는 말이 왜 있어야 하는지 의문이 간다. 巳火가 丑土의 재관이 된다는 것은 丑 중의 辛金에게는 관(官)이고 丑 중의 癸水에게는 재(財)가 된다는 뜻 같은데 이 말이 여기에서 왜 필요한지 궁금하다.

　　酉丑亥 음탁(陰濁)한 명조에서 巳火가 있어 음탁장화(陰濁藏火)인데 巳火 용신이 巳酉丑 金局으로 化하여 火土 운에도 발복이 안되었다고 하면 이해가 쉽지 않을까 생각된다.

羊刃局. 戰則逞威. 弱則怕事. 傷官格. 淸則謙和. 濁則
양인국 전즉령위 약즉파사 상관격 청즉겸화 탁즉

剛猛. 用神多者. 情性不常. 時支枯者. 虎頭蛇尾.
강맹 용신다자 정성불상 시지고자 호두사미

　양인국(羊刃局)은 전(戰)하면 위세를 뽐내고 약(弱)하면 일을 두려워한다. 상
관격(傷官格)은 청(淸)하면 겸손하고 화평하나 탁(濁)하면 고집스럽고 맹렬하다.
용신이 많으면 성정(性情)이 한결같지 않고 時支가 메마르면 호랑이 머리에
뱀 꼬리이다.

*羊刃(양인)＝陽刃(양인).
*逞(령. 영)－왕성할 령. 쾌할 령.
*怕(파)－두려워할 파. 부끄러워하다.
*謙(겸)－겸손할 겸. 사양할 겸.
*謙和(겸화)－겸손하여 화평함.

*虎(호)－범 호.
*蛇(사. 이)－뱀 사. 별이름 사. 구불구불할 이.
*虎頭蛇尾(호두사미)－호랑이 머리에 뱀 꼬
　리. 처음은 거창해도 끝이 흐지부지한 것
　을 뜻함.

原注원주

羊刃局. 凡羊刃. 如是午火. 干頭透丙. 支又會戌會寅. 或得卯以生之.
양인국 범양인 여시오화 간두투병 지우회술회인 혹득묘이생지

皆旺. 透丁爲露刃. 子沖爲戰. 未合爲藏. 再逢亥水之克. 壬癸水之制.
개왕 투정위로인 자충위전 미합위장 재봉해수지극 임계수지제

丑辰土之洩. 則弱矣. 傷官格. 如支會傷局. 干化傷象. 不重出. 無食
축진토지설 즉약의 상관격 여지회상국 간화상상 불중출 무식

混. 身旺有財. 身弱有印. 謂之淸. 反是則濁. 夏木之見水. 冬金之得火.
혼 신왕유재 신약유인 위지청 반시즉탁 하목지견수 동금지득화

淸而且秀. 富貴非常.
청이차수 부귀비상

【원주】

　양인국은, 무릇 양인이란 가령 午火라면 천간에 丙火가 투출하고 지지에 戌이 회
국하거나 寅이 회국하는 것인데 혹 卯의 생이 있으면 왕하다.
　천간의 丁火는 노인(露刃)이라 한다. 子와 충하면 전(戰)이 되고 未의 합은 장(藏)

이 된다. 亥水의 극이 있고 壬癸水의 제(制)가 있으며 丑辰土의 설이 있으면 약하게 된다.

상관격은, 가령 지지가 상관으로 국을 이루고 천간으로도 상관이 되는 것인데 거듭되지 않고 식신의 혼잡이 없어야 한다.

신왕하면 재(財)가 있어야 하고 신약하면 인수(印綬)가 있어야 청(淸)하게 된다. 이와 반대이면 탁하다. 여름에 태어난 木이 水를 보고 겨울에 태어난 金이 火를 보면 맑고 또한 빼어나니 부귀가 비상(非常)하다.

任氏曰임씨왈,

羊刃局, 旺則心高志傲, 戰則恃勢逞威, 弱則多疑怕事, 合則矯情
양 인 국 왕 즉 심 고 지 오 전 즉 시 세 령 위 약 즉 다 의 파 사 합 즉 교 정

立異, 如丙日主, 以午爲羊刃, 干透丁火爲露刃, 支會寅戌, 或逢卯
립 이 여 병 일 주 이 오 위 양 인 간 투 정 화 위 로 인 지 회 인 술 혹 봉 묘

生, 干透甲乙, 或逢丙助, 皆謂之旺,
생 간 투 갑 을 혹 봉 병 조 개 위 지 왕

임 선생님이 말씀하였다.

양인국은 왕하면 마음은 높은 데에 두나 뜻이 거만하다. 충이 있으면 세력을 믿고 위세를 떤다. 약하면 의심이 많고 일을 겁내고 합이 있으면 속마음을 드러내지 않고 다른 것을 주장한다.

가령 丙 일주라면 午가 양인인데 천간으로 투출한 丁火는 노인(露刃)이라 한다. 지지에 寅과 戌의 합이 있고 혹 卯의 생이 있으며 천간으로 甲乙이 투출하고 혹 丙火의 도움이 있으면 일러 다 왕하다 하겠다.

*傲(오)-거만할 오. 거만 오. 업신여길 오.
*恃(시)-믿을 시.
*疑(의)-의심할 의. 의심 의.
*矯(교)-바로잡을 교. 속일 교. 침탁할 교.

*矯情(교정)-마음속에서 자연히 우러나오는 감정을 억눌러 겉에 드러내지 않음.
*露(로ㆍ노)-이슬 로. 적실 로. 드러날 로. 나타날 로.

支逢子爲沖, 遇亥申爲制, 得丑辰爲洩, 干透壬癸爲剋, 逢己土爲
지 봉 자 위 충   우 해 신 위 제   득 축 진 위 설   간 투 임 계 위 극   봉 기 토 위

洩, 皆謂之弱, 支得未爲合, 遇巳爲幫, 則中和矣, 傷官須分眞假,
설   개 위 지 약   지 득 미 위 합   우 사 위 방   즉 중 화 의   상 관 수 분 진 가

眞者, 身弱有印, 不見財爲淸, 假者, 身旺有財, 不見印爲貴,
진 자   신 약 유 인   불 견 재 위 청   가 자   신 왕 유 재   불 견 인 위 귀

　지지에서 子의 충을 만나고, 亥와 申의 제(制)함을 만나고, 丑과 辰의 설을 만나
고, 천간에 壬癸의 극이 있으며 己土의 설을 만나면 이는 다 약하게 된 것이다.

　지지에 未의 합이 있고 巳의 도움이 있으면, 즉 중화(中和)를 이룬다. 상관(傷官)
은 모름지기 진가(眞假)를 분별하여야 한다.

　진(眞)이란 신약하면 인수가 있고 재성이 없어야 청(淸)하고, 가(假)란 신왕하면
재성이 있고 인수가 없어야 귀(貴)하게 된다.

*幫(방)－도울 방. 幫(방)은 보통 비견, 겁재　　*眞(진)－참 진. 참으로 진.
를 말함.　　　　　　　　　　　　　　　　　　*假(가)－빌 가. 빌릴 가. 거짓 가. 가령 가.

역자주　밑줄은 뜻이 애매하다. 여기에 다시 쓴다.

　　　眞者, 身弱有印, 不見財爲淸, 假者, 身旺有財, 不見印爲貴,

　　해석은 위에 한 것과 같다. "진은 신약하면 인수가 있고 재는 없어야 청하고, 가는 신왕하면
　　재가 있고 인수는 없어야 귀히 된다"라는 말인데, 여기서 眞者(진자)와 假者(가자)라는 말
　　은 필사(筆寫) 과정에서 잘못된 듯하다.
　　요약하면 상관격은 진(眞)과 가(假)로 구분하는데 진이든 가든 신약하면 인수가 있어야 하
　　고 재는 안 나타나야 청하고, 신왕하면 재가 있어야 하고 인수는 안 나타나야 귀히 된다는
　　말이다.
　　『적천수징의』에는 眞者(진자)라는 말은 없고 假者(가자)는 假而(가이)라 되어 있다. 假而
　　(가이)는 부사어로 '만일 ~한다면'으로 해석한다. 『적천수징의』의 뜻이 확실하다.

眞者, 月令傷官, 或支無傷局, 又透出天干者是也, 假者, 滿局比刼,
진자　월령상관　혹지무상국　우투출천간자시야　가자　만국비겁

無官星以制之, 雖有官星, 氣力不能敵, 柱中不論食神傷官, 皆可
무관성이제지　수유관성　기력불능적　주중불론식신상관　개가

作用, 縱無亦美, 只不宜見印, 見印破傷爲凶, 凡傷官格, 淸而得
작용　종무역미　지불의견인　견인파상위흉　범상관격　청이득

用, 爲人恭而有禮, 和而中節, 人才卓越, 學問淵深, 反此者傲而
용　위인공이유례　화이중절　인재탁월　학문연심　반차자오이

多驕, 剛而無禮, 以强欺弱, 奉勢趨利,
다교　강이무례　이강기약　봉세추리

진(眞)이란 월령이 상관인 것이다. 혹 지지에 상관국이 없고 천간으로 또 상관이 투출한 것이다. 가(假)란 만국(滿局)이 비겁인데 관성의 제(制)함이 없고 비록 관성이 있으나 힘이 대적할 수 없으면 원국에 식신이든 상관이든 관계없이 다 용신으로 할 수 있는데 그러나 없는 것이 아름답다. 오로지 마땅치 않은 것은 인수를 보는 것이니 인수가 있으면 상관을 파하여 흉(凶)하게 되기 때문이다.

대저 상관격은 청(淸)하면 사람됨이 공손하고 예의가 있으며 온화하고 절의(節義)가 있으며 재능이 탁월하고 학문이 깊다. 이와 반대이면 오만하고 교만하며 뻣뻣하고 예의가 없고 힘 있다 하여 약한 사람을 깔보고 세력에 의지하여 사리(私利)를 쫓는다.

*滿(만)-찰 만. 채울 만.
*敵(적)-원수 적. 필적할 적.
*柱(주)-기둥 주.
*縱(종)-늘어질 종. 놓아둘 종. 가령 종(가령. 설령). 부사어로는 설령. 비록 등으로 해석.
*淵(연)-못 연. 웅덩이 연.
*深(심)-깊을 심. 깊게 할 심.
*淵深(연심)-깊음.

*卓(탁)-높을 탁. 멀 탁.
*越(월)-넘을 월. 지날 월.
*卓越(탁월)-월등하게 뛰어남. 아주 걸출하여 이채로움.
*驕(교)-씩씩할 교. 뻣뻣할 교. 교만할 교.
*欺(기)-속일 기. 거짓 기.
*趨(추, 촉)-추창할 추. 향할 추. 재촉할 촉. 빠를 촉.

역자주 ㅇ 밑줄의 말은 이상하다.
或支無傷局(혹지무상국)에서 "眞(진)이란 월령이 상관이거나 혹 지지에 상관국을 이루거나 천간으로 투출한 것이 진"이란 말인데 여기서 지지에 상국(傷局)이 없어야 한다고 하

였으니 이상하지 않은가. 원문의 或支無傷局(혹지무상국)은 或支會傷局(혹지회상국)이
라야 맞다. 무(無)는 회(會)자의 오자(誤字)이다.

○ 다음 밑줄을 살펴보자.

縱無亦美(종무역미)는 "만국이 비겁일 때 관성의 제함이 없고 설령 있어도 힘이 없어 대
적하지 못하면 식신이든 상관이든 관계없이 다 용신으로 하는데 끝내는 없는 것이 아름
답다"라고 하였으니 이상하지 않은가. 여기서 縱無亦美(종무역미)는 縱無財亦美(종무재
역미)이다. 財(재)가 빠진 것이다. 즉, 식신이든 상관이든 용신으로 하는데 "재성이 없더
라도 식상이나 상관이 있으면 아름답다"라는 뜻이다. 『적천수징의』에는 或支無傷局(혹
지무상국)은 或支會傷局(혹지회상국)으로 되어 있고, 縱無亦美(종무역미)는 縱無才亦美
(종무재역미)로 되어 있다. 『적천수징의』의 뜻이 확실하고 맞다. 여기서 才는 財의 동일
어로 쓴 듯하다.

用神多者, 少恒一之志, 多遷變之心, 時支枯者, 狐疑少決, 始勤
용신다자 소항일지지 다천변지심 시지고자 호의소결 시근

終怠, 夏木之見水, 必先有金, 則水有源, 冬金之遇火, 須身旺有
종태 하목지견수 필선유금 즉수유원 동금지우화 수신왕유

木, 則木有焰, 富貴無疑, 若夏水無金, 冬火無木, 淸枯之象, 名利
목 즉목유염 부귀무의 약하수무금 동화무목 청고지상 명리

皆虛也,
개허야

용신이 많으면 뜻이 한결 같지 않고 변덕이 많다. 時支가 고(枯)하면 의심이 많
고 결단력이 적으며 시작은 부지런하나 끝에 가서는 게으르다.

여름의 木이 水를 보는 경우는 먼저 金이 있어 水의 근원이 되어야 하고, 겨울
의 金이 火를 보는 경우는 모름지기 신왕하고 木이 있어 불꽃을 일으켜야 부귀하
게 된다. 만약 여름의 水가 金이 없고 겨울의 火가 木이 없으면 청고(淸枯)한 상
(象)으로 명리(名利)가 모두 허사이다.

*恒(항)―항구(恒久) 항. 항상 항.
*遷(천)―옮길 천. 천도 천.
*變(변)―변할 변. 고칠 변.
*狐(호)―여우 호. 여우털옷 호.

*狐疑(호의)―의심하여 결정하지 못함. 또
 그 사람.
*勤(근)―부지런히 할 근. 힘쓸 근.
*怠(태)―게으를 태. 게을리 할 태.

壬　丙　甲　丙
辰　申　午　寅

庚　己　戊　丁　丙　乙
子　亥　戌　酉　申　未

丙火生于午月, 陽刃局逢寅申, 生拱又逢比助, 旺可知矣, 最喜辰
병화생우오월　양인국봉인신　생공우봉비조　왕가지의　최희진

時, 壬水透露更妙, 申辰洩火生金而拱水, 正得既濟, 所以早登科
시　임수투로갱묘　신진설화생금이공수　정득기제　소이조등과

甲, 仕版連登, 掌兵刑重任, 執生殺大權,
갑　사판연등　장병형중임　집생살대권

　丙火가 午月에 생하여 양인국(陽刃局)을 이루었다. 원국에 寅申이 있는데 寅午가
공화(拱火)하고 또 비견의 도움이 있어 왕함을 알 수 있다. 가장 기쁜 것은 辰時로
壬水가 천간으로 투출하니 더욱 아름답다.

　申辰이 火를 설하고 金을 생하며 공수(拱水)하니 바르게 기제를 이루었다. 이러
므로 일찍이 과갑(科甲)에 오르고 벼슬이 연달아 올랐다. 병형(兵刑)의 중임(重任)을
맡아 생살(生殺)의 대권을 행사하였다.

*拱(공)－두 손 마주잡을 공. 껴안을 공.
*助(조)－도울 조. 도움 조.
*逢(봉)－만날 봉. 맞을 봉.
*透(투)－뛸 투. 던질 투. 환할 투.
*露(로)－이슬 로. 적실 로. 드러날 로. 나타
　날 로.
*旣(기)－이미 기. 다할 기.
*濟(제)－건널 제. 이룰 제. 도울 제.
*旣濟(기제)－육십사괘의 하나. 곧, 감(坎,
　☵)：上, 이(離, ☲)：下. 일이 이미 이루어진
　상(象).

*所以(소이)－부사어로 쓰이며, ~하는 까
　닭에. 그래서. 때문에 등의 뜻.
*科(과)－과정 과. 과정. 조목. 품등. 그루.
*仕(사)－벼슬할 사. 일로 삼다. 섬기다.
*版(판)－널 판. 담틀 판.
*連(련. 연)－이을 련. 이어질 련.
*登(등)－오를 등. 오르다. 지위에 오르다.
　더하다. 보태다.
*掌(장)－손바닥 장. 맡을 장.
*任(임)－맡길 임. 맡기다. 마음대로.
*執(집)－잡을 집. 막을 집.

```
壬 丙 甲 丙
辰 寅 午 申

庚 己 戊 丁 丙 乙
子 亥 戌 酉 申 未
```

此與前八字皆同, 前則坐下申金, 生拱壬水有情, 此則申在年支, 遠
차 여 전 팔 자 개 동　전 즉 좌 하 신 금　생 공 임 수 유 정　차 즉 신 재 년 지　원

隔又被比刦所奪, 至申運生殺, 又甲子流年會成殺局, 沖去羊刃,
격 우 피 비 겁 소 탈　지 신 운 생 살　우 갑 자 유 년 회 성 살 국　충 거 양 인

中鄕榜, 以後一阻雲程, 與前造天淵之隔者, 申金不接壬水之氣也,
중 향 방　이 후 일 조 운 정　여 전 조 천 연 지 격 자　신 금 부 접 임 수 지 기 야

이 사주와 앞의 사주는 글자 여덟 자는 다 같다. 앞의 사주는 申金이 좌하에 있어 申辰 회국(會局)하여 壬水와 유정한데, 이 사주는 申金이 年支에 있어 壬水와 멀리 떨어져 있고 또 비겁에게 겁탈당하고 있다.

申 운에 이르러 살(殺)을 생하고 또 甲子 유년에 살국(殺局)을 이루며 양인을 충거(沖去)하여 향방에 들었으나 이후에는 벼슬길이 막혔다.

앞의 사주와 하늘과 땅 차이가 나는 것은 申金이 壬水와 멀리 떨어져 있기 때문이다.

*遠(원)－멀 원. 멀리할 원.
*隔(격)－막을 격. 막이 격.
*被(피)－이불 피. 덮을 피. 당할 피.
*奪(탈)－빼앗을 탈. 빼앗길 탈.
*流(유. 류)－흐를 유. 물이 낮은 데로 흐르다. 시간이 지나가다.
*沖(충)－빌 충. 비다. 공허하다.

*榜(방)－방 붙일 방. 고시하다. 매질하다.
*阻(조)－험할 조. 막히다.
*與(여)－더불 여. 줄 여. 베풀다. 같이하다.
*程(정)－한도 정. 법 정. 길 정.
*造(조)－지을 조. 시작할 조. 처음 조.
*淵(연)－못 연. 웅덩이 연. 깊을 연.
*接(접)－접할 접. 가까이할 접. 대접할 접.

戊 丙 戊 戊
戌 辰 午 子

甲 癸 壬 辛 庚 己
子 亥 戌 酉 申 未

丙日午提, 刃强當令, 子沖之, 辰洩之, 弱可知矣, 天干三戊, 竊日
병 일 오 제   인 강 당 령   자 충 지   진 설 지   약 가 지 의   천 간 삼 무   절 일

主之精華, 兼之運走西北金水之地, 則羊刃更受其敵, 不但功名蹭
주 지 정 화   겸 지 운 주 서 북 금 수 지 지   즉 양 인 갱 수 기 적   부 단 공 명 충

蹬, 而且財源鮮聚, 至甲寅年, 會火局, 疏厚土, 恩科發榜,
등   이 차 재 원 선 취   지 갑 인 년   회 화 국   소 후 토   은 과 발 방

　丙火 일주가 午月에 생하여 양인이 당령하였으나 子水가 충하고 辰土가 설
하니 약함을 가히 알 수 있는데 더욱 天干의 戊土 셋이 일주의 기운을 설하고
있다.

　겸하여 운이 西北 金水로 가니 양인이 더욱 극을 받는다. 비단 공명이 어려웠을
뿐 아니라 재물도 모으지 못하였다. 甲寅 년에 이르러 火局을 이루며 후중한 土를
소토(疏土)하니 은과(恩科)에 합격하였다.

*提(제)－끌 제. 들 제. 거느릴 제.
*竊(절)－도둑질할 절. 기만할 절.
*華(화)－꽃 화. 꽃필 화. 번성할 화. 좋을 화.
*敵(적)－원수 적. 필적할 적.
*蹭(층)－헛디딜 층.
*蹬(등)－헛디딜 등.
*蹭蹬(층등)－헛디디는 모양. 실족(失足)하
　는 모양. 전(轉)하여 세력을 잃는 모양.

*源(원)－수원 원. 근원 원.
*鮮(선)－고울 선. 날 선. 생선 선.
*聚(취)－모일 취. 모을 취.
*疏(소)－트일 소. 나눌 소. 멀어질 소.
*厚(후)－두터울 후. 두터이 할 후.
*恩科(은과)－과거(科擧)의 하나. 나라에 경
　사가 있을 때 식년(式年)이 아니라도 임시
　로 시행하던 과거(科擧). 경과(慶科).

```
壬 庚 乙 庚
午 午 酉 午

辛 庚 己 戊 丁 丙
卯 寅 丑 子 亥 戌
```

和中堂造, 庚生仲秋, 支中官星三見, 則酉金陽刃受制, 五行無土,
화중당조 경생중추 지중관성삼견 즉유금양인수제 오행무토

弱可知矣, 喜其時上壬水爲輔, 吐其秀氣, 所以聰明權勢爲最, 第
약가지의 희기시상임수위보 토기수기 소이총명권세위최 제

月干乙木透露, 戀財而爭合, 一生所愛者財, 不知急流勇退,
월간을목투로 연재이쟁합 일생소애자재 부지급류용퇴

　화 중당(和中堂)의 명조이다. 庚金이 酉月에 생하였는데 지지에 관성이 세 개가
있어 酉金 양인이 극을 받고 있다. 오행에 土가 없어 일주가 약함을 가히 알 수
있다. 기쁜 것은 時上에 壬水가 있어 일주를 보호하며 일주의 기(氣)를 설하여
수려(秀麗)하게 하는 것이다. 이러므로 총명하고 권세가 높다.

　그러나 월간에 乙木이 투출하여 庚金이 乙木 재(財)를 연모하는데 양(兩) 庚金
이 서로 재(財)를 다툰다. 평생에 오직 재물만을 사랑하여 급류에도 물러날 줄을
몰랐다.

但財臨刃地, 日在官鄕, 官能制刃, 財必生官, 官爲君象, 故運走庚寅,
단재림인지 일재관향 관능제인 재필생관 관위군상 고운주경인

金逢絶地, 官得生拱, 其財仍歸官矣, 由此觀之, 財乃害人之物, 所
금봉절지 관득생공 기재잉귀관의 유차관지 재내해인지물 소

謂欲不除, 似蛾撲燈, 焚身乃止, 如猩嗜酒, 鞭血方休, 悔無及矣,
위욕부제 사아박등 분신내지 여성기주 편혈방휴 회무급의

　단, 재(財)는 양인의 자리에 있고 일주는 관(官)의 자리에 있어 관이 양인을 제극
하고 재는 관을 생한다. 관은 임금을 상징하는데 고로 운이 庚寅에 이르러 金은
절지이고 관은 寅午 공화(拱火)하고 생을 받으니 재는 관으로 돌아간다.

이로 미루어 보건대 재(財)는 사람을 해롭게 하는 것인바 욕심을 버리지 못하면 마치 부나비가 불로 뛰어들어 몸을 태우고 생을 마치며 성성이가 술을 좋아하여 몽둥이에 맞아 피를 토하고 생을 마감하는 것과 같다. 후회한들 이미 늦은 것이다.

*除(제) − 섬돌 제. 층계 제. 덜 제. 나눌 제.	*蛾(아) − 나방 아. 눈썹 아.
*似(사) − 같을 사. 흉내 낼 사.	*撲(박) − 칠 박. 찌를 박.
*猩(성) − 성성이 성. 유인원(類人猿)과에 속	*燈(등) − 등 등 등잔 등 등불 등.
하는 짐승. 모양이 사람과 가장 닮았으며	*嗜(기) − 즐길 기.
악어와 큰 뱀을 잡아먹음. 상상상(想像上)	*鞭(편) − 채찍 편. 채찍 할 편.
의 동물. 머리털이 길고 술을 좋아하며 춤	*休(휴) − 쉴 휴. 편안할 휴.
을 잘 춤.	*悔(회) − 뉘우칠 회.

역자주 ┃ 中堂(중당): 중앙의 궁전(宮殿), 재상이 정사를 보는 곳. 전(轉)하여 재상(宰相)의 별칭으로, 『적천수징의』에는 청(淸)나라 권상(權相) 화 신(和 珅)의 명조라고 되어 있다.

戊　壬　丙　己
申　辰　子　丑

庚辛壬癸甲乙
午未申酉戌亥

印提臺造, 壬水生于子月, 官殺並透通根, 全賴支會水局, 助起羊刃,
인제대조　임수생우자월　관살병투통근　전뢰지회수국　조기양인

謂殺刃兩旺, 惜乎無木, 秀氣未吐, 身出寒微, 喜其丙火敵寒解凍,
위살인양왕　석호무목　수기미토　신출한미　희기병화적한해동

爲人寬厚和平, 行伍出身, 癸酉運, 助刃幫身, 得官, 壬申運, 正謂
위인관후화평　행오출신　계유운　조인방신　득관　임신운　정위

一歲九遷, 仕至極品, 一交未運制刃, 至丁丑年, 火土並旺, 又剋
일세구천　사지극품　일교미운제인　지정축년　화토병왕　우극

合子水, 不祿,
합자수　불록

인 제대(印 提臺)의 명조이다. 壬水가 子月에 생하였다. 관살(官殺)이 천간으로 투출하고 통근하여 오로지 지지의 수국(水局)에 의지한다. 수국(水局)이 양인을 도

와 일으키니 살과 양인이 다 왕하다.

애석한 것은 木이 없어 수기(秀氣)를 토(吐)하지 못하는 것이다. 출신이 한미(寒微)하다. 기쁜 것은 丙火가 추위를 대적하여 해동(解凍)하니 위인(爲人)이 너그럽고 후덕하며 화평하다.

행오(行伍) 출신으로 癸酉 운에 양인과 일주를 도우니 임관(任官)하였고 壬申 운에 일세구천(一世九遷)하여 벼슬이 극품에 이르렀다. 未 운에는 양인을 제압(制壓)하는데 丁丑 유년(流年)으로 들어 火土가 다 왕하여 水를 극하고 子水를 합거하니 사망하였다.

*行伍(행오)—사병. 또는 하사관.
*幫(방)—도울 방.
*得官(득관)—任官(임관). 즉, 장교가 됨.

*一世九遷(일세구천)—한 해 동안에 아홉 번이나 승진한다는 뜻으로 제왕의 총애를 받음을 이름.

庚　甲　乙　辛
午　子　未　卯

己　庚　辛　壬　癸　甲
丑　寅　卯　辰　巳　午

稽中堂造, 甲子日元, 生于未月午時, 謂夏木逢水, 傷官佩印, 所
계 중 당 조　갑 자 일 원　생 우 미 월 오 시　위 하 목 봉 수　상 관 패 인　소

喜者卯木剋住未土, 則子水不受其傷, 足以沖午, 有病得藥, 去濁
희 자 묘 목 극 주 미 토　즉 자 수 불 수 기 상　족 이 충 오　유 병 득 약　거 탁

留清, 天干甲乙庚辛, 各立門戶, 不作混論, 乃滋印之喜神, 更妙
유 청　천 간 갑 을 경 신　각 입 문 호　부 작 혼 론　내 자 인 지 희 신　갱 묘

運走東北水木之地, 體用合宜, 一生宦途平順,
운 주 동 북 수 목 지 지　체 용 합 의　일 생 환 도 평 순

계 중당(稽 中堂)의 명조이다. 甲子 일원이 未月 午時에 태어났다. 바로 여름의 나무가 물을 만나는 것으로 상관에 인수가 있는 것이다. 기쁜 것은 卯木이 未土를 극하여 子水가 未土의 극을 받지 않아 족히 午火를 충거(沖去)할 수 있는 것이다.

병(病)이 있는데 약(藥)을 얻은 것이고 탁(濁)한 것을 제거하고 청(淸)한 것만 남게 되었다. 천간의 甲乙 庚辛이 각각 문호(門戶)를 세우고 있으니 정편관이 혼잡된 것이라고 논(論)하면 안 된다.

정편관은 인수를 자양(滋養)하는 희신(喜神)이다. 더욱 묘(妙)한 것은 운이 東北 水木으로 흘러가니 체용(體用)이 마땅하여 일생동안 벼슬길이 평탄하고 순조로웠다.

*稽(계)-상고할 계. 헤아릴 계. 여기서는 姓氏를 이름.

*佩(패)-찰 패. 노리개 패.
*門戶(문호)-자기에게 찬동하는 파.

庚 甲 壬 庚
午 戌 午 午

戊 丁 丙 乙 甲 癸
子 亥 戌 酉 申 未

甲木生于午月, 支中三午一戌, 火焰土燥, 傷官肆逞, 月干壬水無
갑목생우오월 지중삼오일술 화염토조 상관사령 월간임수무

根, 全賴庚金滋水, 所以科甲聯登, 其仕路蹭蹬者, 祗因地支皆火,
근 전뢰경금자수 소이과갑연등 기사로층등자 지인지지개화

天干金水, 木無託根之地, 神有餘而精不足之故也,
천간금수 목무탁근지지 신유여이정부족지고야

甲木이 午月에 태어났는데 지지에 午火 셋에 戌土가 하나로 火가 염염하고 土는 조열(燥熱)하다. 상관이 방자하게 날뛰는 형상이다. 월간의 壬水는 뿌리가 없어 오직 庚金의 생에 의지한다.

이러므로 (壬水가 庚金의 생이 있어) 과거(科擧)에 연이어 급제하였으나 벼슬길에 막힘이 많았던 것은 오로지 지지가 다 火인데 천간의 金水와 木이 지지에 뿌리를 두지 못하니 신(神)은 남아돌고 정(精)은 부족한 연고이다.

*肆(사)−방자할 사. 펼 사.

*祗(지)−공경할 지. 부사어로는 단지. 다만
 ~할 뿐이다. 부사어로는 祇(기)도 쓰임이
 비슷.

*逞(령. 영)−왕성할 령. 쾌할 령.

*祇(기. 지)−땅 귀신 기. 편안할 기. 다만 지.
 마침 지.

*託(탁)−부탁할 탁. 의탁할 탁.

> **역자주** 여기서 신(神)이란 화(火)를 의미하고, 정(精)이란 금수(金水)를 의미한다.

$$
\begin{array}{cccc}
庚 & 庚 & 丙 & 甲 \\
辰 & 辰 & 子 & 子
\end{array}
$$

$$
\begin{array}{cccccc}
壬 & 辛 & 庚 & 己 & 戊 & 丁 \\
午 & 巳 & 辰 & 卯 & 寅 & 丑
\end{array}
$$

周侍郎造, 庚金生于仲冬, 金水寒冷, 月干丙火, 得年之甲木生扶,
주 시 랑 조 경 금 생 우 중 동 금 수 한 랭 월 간 병 화 득 년 지 갑 목 생 부

解其寒凍之氣, 謂冬金得火, 但子辰雙拱, 日元必虛, 用神不在丙
해 기 한 동 지 기 위 동 금 득 화 단 자 진 쌍 공 일 원 필 허 용 신 부 재 병

火而在辰土, 比肩佐之, 所以運至庚辰辛巳, 仕版連登,
화 이 재 진 토 비 견 좌 지 소 이 운 지 경 진 신 사 사 판 연 등

　주 시랑(周 侍郎)의 명조이다. 庚金이 子月에 생하여 金水가 차가운데 월간의
丙火가 年干 甲木의 생부(生扶)를 받아 한동(寒凍)한 기운을 몰아낸다. 일러 겨울
의 차가운 金이 火를 얻음이다.

　다만, 子辰이 쌍(雙)으로 공(拱)하여 일주가 반드시 허(虛)하다. 용신은 丙火가
아니라 辰土이다. 비견이 돕고 있어 이러므로 庚辰 辛巳 대운에 벼슬이 연달아
올랐다.

丁 辛 壬 丁
酉 巳 子 巳

丙 丁 戊 己 庚 辛
午 未 申 酉 戌 亥

熊中丞學鵬造, 辛金生于仲冬, 金寒水冷, 過于洩氣, 全賴酉時扶
웅 중 승 학 붕 조 신 금 생 우 중 동 금 한 수 냉 과 우 설 기 전 뢰 유 시 부

身, 巳酉拱而佐之, 天干丁火, 不過取其敵寒解凍, 非用丁火也, 用
신 사 유 공 이 좌 지 천 간 정 화 불 과 취 기 적 한 해 동 비 용 정 화 야 용

神必在酉金, 故運至土金之地, 仕路顯赫, 一交丁未敗事矣, 凡冬
신 필 재 유 금 고 운 지 토 금 지 지 사 로 현 혁 일 교 정 미 패 사 의 범 동

金喜火取其暖局之意, 非作用神也,
금 희 화 취 기 난 국 지 의 비 작 용 신 야

웅 중승(熊 中丞) 학붕(學鵬)의 명조이다. 辛金이 중동(仲冬)에 생하여 金水가 한
냉(寒冷)한데 설기가 지나쳐 오로지 時의 酉金에 의지하는데 巳酉가 공(拱)하여
일주를 돕는다.

천간의 丁火는 추위를 대적하여 해동하는 데 불과한 것이지 용신으로 하는 것
은 아니다. 용신은 반드시 酉金이다. 그러므로 운이 土金에서는 벼슬이 크게 빛났
으나 丁未 운에서는 벼슬길이 잘못되었다.

대저 겨울의 金이 火를 취하는 것은 원국을 따뜻하게 하는 의미이지 용신으로
하는 것은 아니다.

*熊(웅)-곰 웅. 빛날 웅. 여기서는 姓氏를 *丞(승)-도울 승. 받들 승.
이름. *顯(현)-밝을 현. 나타낼 현. 드러날 현.
*鵬(붕)-붕새 붕. 상상상(想像上)의 새. 『장 *赫(혁)-붉을 혁. 성할 혁.
자(莊子)』에 나오는 새로 한번 날면 구만리 *顯赫(현혁)-환히 드러나 빛남.
를 난다고 함. *敗事(패사)-실패한 일.

疾 病질병

五行和者. 一世無災.
오 행 화 자　일 세 무 재

오행이 조화로우면 일생에 재앙이 없다.

原注원주

五行和者. 不特全而不缺. 生而不克. 只是全者宜全. 缺者宜缺. 生者
오 행 화 자　불 특 전 이 불 결　생 이 불 극　지 시 전 자 의 전　결 자 의 결　생 자

宜生. 尅者宜尅. 則和矣. 主一世無災.
의 생　극 자 의 극　즉 화 의　주 일 세 무 재

【원주】

　오행이 조화롭다는 것은 완전하여 결함된 것이 없는 것뿐만 아니라 상생하고 극하지 말아야 한다. 오로지 있을 것은 마땅히 있어야 하고 없을 것은 마땅히 없어야 하고 생할 것은 마땅히 생하여야 하고 극할 것은 마땅히 극하여야 한다. 그런즉 조화를 이루는 것이니 일생에 재앙이 없다.

任氏曰임씨왈,

五行在天爲五氣, 靑赤黃白黑也, 在地爲五行, 木火土金水也, 在
오 행 재 천 위 오 기　청 적 황 백 흑 야　재 지 위 오 행　목 화 토 금 수 야　재

人爲五臟, 肝心脾肺腎也, 人爲萬物之靈, 得五行之全, 表于頭面,
인 위 오 장　간 심 비 폐 신 야　인 위 만 물 지 령　득 오 행 지 전　표 우 두 면

象天之五氣, 裏于臟腑, 象地之五行, 故爲一小天也,
상 천 지 오 기　리 우 장 부　상 지 지 오 행　고 위 일 소 천 야

　임 선생님이 말씀하였다.

오행이 하늘에 있으면 오기(五氣)가 되니 청(靑), 적(赤), 황(黃), 백(白), 흑(黑)이고 땅에 있으면 五行이 되니 木, 火, 土, 金, 水이고 사람에 있으면 오장(五臟)이 되니 간(肝), 심(心), 비(脾), 폐(肺), 신(腎)이다.

사람이 만물의 영장(靈長)인 것은 오행을 모두 갖추었기 때문이다. 겉의 두면(頭面)은 하늘의 오기(五氣)를 상징하고 속의 장부(臟腑)는 땅의 오행을 상징하므로 작은 하늘, 즉 소우주(小宇宙)라 한다.

*臟(장)－오장 장.
*肝(간)－간 간(肝腸). 마음 간.
*心(심)－마음 심. 염통 심(心腸).
*脾(비)－지라 비(脾腸).
*肺(폐)－허파 폐(肺腸).

*腎(신)－콩팥 신(腎腸).
*靈(령)－신령 령. 신령할 령.
*裏(리)－안 리. 속 리.
*腑(부)－장부 부.

是以臟腑各配五行之陰陽而屬焉, 凡一臟配一腑, 腑皆屬陽, 故爲
시 이 장 부 각 배 오 행 지 음 양 이 속 언　범 일 장 배 일 부　부 개 속 양　고 위
甲丙戊庚壬, 臟皆屬陰, 故爲乙丁己辛癸, 或不和, 或太過, 不及,
갑 병 무 경 임　장 개 속 음　고 위 을 정 기 신 계　혹 불 화　혹 태 과　불 급
則病有風熱溼燥寒之症矣, 必得五味調和, 亦有可解者,
즉 병 유 풍 열 습 조 한 지 증 의　필 득 오 미 조 화　역 유 가 해 자

이러므로 장(臟)과 부(腑)는 각기 오행의 음양에 배속(配屬)되어 있다. 대저 하나의 장(臟)은 하나의 부(腑)와 짝한다. 부는 다 양(陽)에 속하니 고로 甲 丙 戊 庚 壬은 부에 속하고 장은 다 음(陰)에 속하니 고로 乙 丁 己 辛 癸는 장에 속한다.

혹 불화하거나 혹 태과하거나 불급하면 병이 되는데 풍(風), 열(熱), 습(溼), 조(燥), 한(寒)의 증세이다. 반드시 오미(五味)의 조화로써 풀 수 있는 것이다.

*配(배)－짝지을 배. 짝 배.
*屬(속. 촉)－좇을 속. 벼슬아치 속. 살붙이 속. 이을 촉. 맡길 촉.
*焉(언)－어찌 언. 이에 언. 어조사 언.

*燥(조)－마를 조. 말릴 조.
*五味調和(오미조화)－음식을 병의 증세에 맞춰서 섭취하여 질병을 치유하는 것을 의미함.

五味者, 酸苦甘辛鹹也, 酸者屬木, 多食傷筋, 苦者屬火, 多食傷
오미자　산고감신함야　산자속목　다식상근　고자속화　다식상

骨, 甘者屬土, 多食傷肉, 辛者屬金, 多食傷氣, 鹹者屬水, 多食傷
골　감자속토　다식상육　신자속금　다식상기　함자속수　다식상

血, 此五味之相克也, 故曰五行和者, 一世無災,
혈　차오미지상극야　고왈오행화자　일세무재

오미(五味)란 산(酸), 고(苦), 감(甘), 신(辛), 함(鹹)이다. 산(酸)은 木에 속하는데 많이 먹으면 근육을 상하고, 고(苦)는 火에 속하는데 많이 먹으면 뼈를 상하고, 감(甘)은 土에 속하는데 많이 먹으면 육(肉)을 상하고, 신(辛)은 金에 속하는데 많이 먹으면 기(氣)를 상하고, 함(鹹)은 水에 속하는데 많이 먹으면 혈(血)을 상한다.

이것이 오미(五味)의 상극인 것이다. 그러므로 오행이 조화로운 자는 일생에 재앙이 없다.

*酸(산)－초 산. 신맛 산. 괴로울 산.　　*辛(신)－매울 신. 독할 신. 천간이름 신.
*苦(고)－씀바귀 고. 쓸 고. 괴로워할 고.　*鹹(함)－소금기 함. 짤 함.
*甘(감)－달 감. 맛날 감.　　　　　　　　*筋(근)－힘줄 근. 힘 근.

不特八字五行宜和, 卽臟腑五行, 亦宜和也, 八字五行之和, 以歲
불특팔자오행의화　즉장부오행　역의화야　팔자오행지화　이세

運和之, 臟腑五行之和, 以五味和之, 和者, 解之意也, 若五行
운화지　장부오행지화　이오미화지　화자　해지의야　약오행

和, 五味調, 而災病無矣, 故五行之和, 非生而不剋, 全而不缺爲
화　오미조　이재병무의　고오행지화　비생이불극　전이불결위

和也, 其要貴在洩其旺神, 瀉其有餘, 有餘之旺神瀉, 不足之弱神
화야　기요귀재설기왕신　사기유여　유여지왕신사　부족지약신

受益矣, 此之謂和也,
수익의　차지위화야

팔자 오행이 조화로운 것뿐만 아니고 곧 장부(臟腑) 오행 또한 마땅히 조화로워야 한다. 팔자 오행이 조화롭고 이에 세운이 따르고 장부 오행이 조화롭고 이에 오미(五味)가 조화로워야 한다. 화(和)란 해(解)의 뜻이다.

만약 오행이 조화롭고 오미(五味)가 고르게 조절되면 재앙이나 병(病)이 없다. 그러므로 오행의 조화는 生은 아니더라도 극하지 말아야 하고, 온전하고 결함이 없는 것을 조화롭다 하는 것이다. 귀(貴)하게 되는 요점은 왕한 것은 설하고 남는 것은 더는 데 있는 것이니 남아도는 왕신은 빼내고 부족한 약신(弱神)은 보태주어야 한다. 이것을 일러 조화롭다 하는 것이다.

*災(재)-화재 재. 재앙 재.　　　　　*瀉(사)-쏟을 사. 쏟아질 사. 게울 사. 설사
*缺(결)-이지러질 결. 모자랄 결.　　　　 할 사.

若强制旺神, 寡不敵衆, 觸怒其性, 旺神不能損, 弱神反受傷矣, 是
약 강제왕신　과 부적중　촉노기성　왕신불능손　약신반수상의　시
以旺神太過者宜洩, 不太過宜剋, 弱神有根者宜扶, 無根者反宜傷
이 왕신태과자의설　불태과의극　약신유근자의부　무근자반의상
之, 凡八字須得一神有力, 制化合宜, 主一世無災, 非全而不缺爲美,
지 범팔자수득일신유력　제화합의　주일세무재　비전이불결위미
生而不剋爲和也,　　　　　　　珊按, 讀此可知鐵樵先生, 旣知命, 又善醫也,
생 이불극위화야　　　　　　　산 안 독차 가지 철초선생　기지명 우선 의야

만약 왕신을 강제(强制)하는 것은, 적고 부족한 것이 많은 것을 대적할 수 없는 이치로 왕신의 성정을 건드려 왕신을 격노(激怒)케 한다. 왕신은 손상이 없는데 약신이 도리어 손상을 입는다. 이러므로 왕신이 태과(太過)하면 설(洩)함이 마땅하고 태과하지 않으면 극함이 마땅하다. 약신(弱神)이 뿌리가 있으면 도와줌이 마땅하고 뿌리가 없으면 도리어 손상함이 마땅하다.

무릇 팔자는 모름지기 한 신(神)만이라도 유력하고 제화(制化)가 마땅하면 그 사람은 일생에 재난이 없다. 온전하지는 않더라도 결함이 없는 것이 아름다운 것이니 생하고 극하지 말아야 조화로운 것이다.

산(珊)이 살피건대, 이 글을 보니 철초 선생은 명(命)만 아시는 것이 아니라, 또한 훌륭한 의원이다.

*珊(산)-산호 산. 패옥소리 산.　　　　*按(안)-누를 안. 살필 안. 생각할 안.

역자주 산(珊)은 『적천수천미』 서문을 쓴 원수산(袁樹珊) 선생인 듯싶다.

庚　戊　甲　癸
申　戌　寅　未

丙　丁　戊　己　庚　辛　壬　癸
午　未　申　酉　戌　亥　子　丑

戊生寅月, 木旺土虛, 喜其坐戌通根, 足以用金制殺, 況庚金亦坐
무생인월　목왕토허　희기좌술통근　족이용금제살　황경금역좌

祿支, 力能伐木, 所謂不太過者宜剋也, 雖年干癸水生殺, 得未土
록지　력능벌목　소위불태과자의극야　수년간계수생살　득미토

制之, 使其不能生木, 喜者有扶, 憎者得去, 五行和矣, 且一路運
제지　사기불능생목　희자유부　증자득거　오행화의　차일로운

程與體用不背, 壽至九旬, 耳目聰明, 行止自如, 子旺孫多, 名利
정여체용불배　수지구순　이목총명　행지자여　자왕손다　명리

福壽俱全, 一世無災無病,
복수구전　일세무재무병

戊土가 寅月에 생하여 木은 왕하고 土는 허하다. 기쁜 것은 戊土가 戌土 위에 앉아 戌에 통근하니 족히 金을 써서 살(殺)을 제(制)하는 것이다. 더욱 庚金도 녹(祿)에 좌(坐)하니 벌목(伐木)할 힘이 충분하다. 소위 태과(太過)하지 않은 것은 극(剋)이 마땅한 것이니 비록 年干의 癸水가 살을 생하나 未土의 극이 있어 살을 생하지 못한다. 좋은 것은 도와주고 미운 것은 극거하여 오행이 조화롭다.

또한 운이 체용(體用)에 어그러지지 않아 수(壽)가 구순(九旬)에 이르고 이목(耳目)이 총명하고 행지(行止)가 자유롭고 자손이 왕성하고 손자도 많았다. 명리(名利)가 유여하고 수복(壽福)을 다 갖추고 일생에 재난과 질병이 없었다.

*況(황)－비유할 황. 견줄 황. 더욱 황. 하물며 황.
*伐(벌)－칠 벌. 벨 벌.
*憎(증)－미워할 증. 미움 증.

*行止(행지)－감과 정지함. 행함과 그침. 기거(起居). 동작(動作).
*自如(자여)－기색(氣色)이 태연한 모양. 自若(자약)과 소.

甲 戊 庚 甲
寅 寅 午 寅

丙 乙 甲 癸 壬 辛
子 亥 戌 酉 申 未

局中七殺五見, 一庚臨午無根, 所謂弱神無根, 宜去之, 旺神太過,
국 중 칠 살 오 견　일 경 림 오 무 근　소 위 약 신 무 근　의 거 지　왕 신 태 과

宜洩之也, 用午火則和矣, 喜其午火當令, 全無水氣, 雖運逢金水,
의 설 지 야　용 오 화 즉 화 의　희 기 오 화 당 령　전 무 수 기　수 운 봉 금 수

木能破局而無礙, 運走木火, 名利兩全, 此因神氣足, 精氣自生,
목 능 파 국 이 무 애　운 주 목 화　명 리 양 전　차 인 신 기 족　정 기 자 생

是以富貴福壽, 一世無災, 子廣孫多, 後嗣濟美,
시 이 부 귀 복 수　일 세 무 재　자 광 손 다　후 사 제 미

　원국에 칠살(七殺)이 다섯이나 있는데 일점 庚金은 午火에 임하여 무근이다.
소위 약신(弱神)이 무근이면 버리는 것이 마땅하고 왕신이 태과하면 설(洩)함이
마땅하니 午火로 용신을 하면 화목하다. 기쁜 것은 午火가 당령하고 수기(水氣)
는 하나도 없어 비록 운에서 金水를 만나도 파국(破局)하지 못하니 장애가 되지
않는다.

　운이 木火로 가 명리(名利)가 다 좋았다. 이는 신기(神氣)가 넉넉하여 정기(精氣)
가 저절로 생기기 때문이다. 이러므로 부귀복수(富貴福壽)를 누리고 일생에 재난이
없었고 자식과 손자도 많았으며 자손들이 다 아름다웠다.

*礙(애) - 막을 애. 거리낄 애(방해함).　　　　*嗣(사) - 이을 사. 후사 사.

역자주　밑줄을 살펴보자. "雖運逢金水, 木能破局而無礙(수운봉금수, 목능파국이무애)"를 해석하면
"비록 운에서 金水를 만나도 木이 능히 파국(破局)하니 장애(障礙)가 되지 않는다"라는 뜻
인데 애매하다.
木이 파국(破局)하였다면 어찌 부귀복수를 누리는가. 여기서 木能破局(목능파국)은 不能破
局(불능파국)이어야 맞는 말이다. "비록 金水 운이 와도 원국을 파(破)하지 못하니 장애되
는 것이 없다"란 뜻이다. 金 운이 오면 火가 제지하고 水 운이 오면 木이 化하여 좋았다고
한 말이다. 『적천수징의』에는 "不能破局而無礙(불능파국이무애)"라 되어 있다.
그러나 金水 운에도 좋았다는 설명은 납득하기 어렵다. 독자들의 판단에 맡긴다.

```
乙 癸 丙 甲
卯 亥 子 子

壬 辛 庚 己 戊 丁
午 巳 辰 卯 寅 丑
```

癸亥日元, 年月坐子, 旺可知矣, 最喜卯時洩其菁英, 裏發于表,
계해일원　년월좌자　왕가지의　최희묘시설기청영　리발우표

木氣有餘, 火虛得用, 謂精足神旺, 喜其無土金之雜, 有土則火洩,
목기유여　화허득용　위정족신왕　희기무토금지잡　유토즉화설

不能止水, 反與木不和, 有金則木損, 更助其汪洋, 其一生無災者,
불능지수　반여목불화　유금즉목손　갱조기왕양　기일생무재자

緣無土金之混也, 年登耄耋, 而飮啖愈壯, 耳目聰明, 步履康健, 見
연무토금지혼야　년등모질　이음담유장　이목총명　보리강건　견

者疑五十許人, 名利兩全, 子孫衆多,
자의오십허인　명리양전　자손중다

　癸亥 일원이 年과 月에 子水를 깔고 앉았으니 왕(旺)함을 가히 알겠다. 가장 기쁜 것은 卯時로 청영(菁英)함을 설기하니 속이 겉으로 발설(發洩)된 것이다. 木의 기운이 넉넉하여 허한 火가 이를 받아들이니 용신으로 할 만하다.

　일러 정(精)이 넉넉하고 신(神)도 왕하다. 기쁜 것은 土金이 혼잡됨이 없는 것으로 土가 있은즉 火만 설기시키지 물은 막지 못하고 도리어 木과 불화(不和)만 하게 된다. 金이 있은즉 木이 손상을 입고 더욱 넘치는 물을 돕는다. 일생에 재앙이 없었던 것은 土金의 혼잡이 없는 연고이다.

　연세가 모질(耄耋)에 이르렀으며 식사도 왕성하고 이목(耳目)이 총명하며 걸음도 건강하여 보는 사람들이 오십으로 의심하였다. 명리가 양전하고 자손도 많았다.

*菁(청. 정)-우거질 청. 부추꽃 정. 화려할 정.　　*損(손)-덜 손. 잃을 손. 상할 손.
*裏(리)-안 리. 속 리.　　　　　　　　　　　　　　*汪(왕)-넓을 왕. 바다 왕.
*表(표)-웃옷 표. 겉 표. 나타날 표.　　　　　　　*洋(양)-큰 바다 양. 큰 물결 양.
*雜(잡)-섞일 잡. 섞을 잡. 어수선할 잡. 번　　　　*汪洋(왕양)-넓고 큰 모양. 광대한 모양.
　거로울 잡.　　　　　　　　　　　　　　　　　　*緣(연)-가선 연. 말미암을 연. 인연 연.

*耄(모)-늙을 모. 늙은이 모.(칠팔십 세 된 늙
　은이).
*耋(질)-늙을 질. 늙은이 질.(팔십 세 된 늙은
　이. 혹은 칠십 세라고도 함).

*混(혼)-섞일 혼. 섞을 혼.
*飮(음)-마실 음. 마실 것 음.
*啖(담)-먹을 담. 삼킬 담.
*履(리. 이)-신 리. 밟을 리.

血氣亂者. 生平多疾.
혈 기 난 자　생 평 다 질

혈기가 어지러우면 평생에 질병이 많다.

原注원주

血氣亂者. 不特火勝水. 水克火之類. 五氣反逆. 上下不通. 往來不順.
혈 기 난 자　불 특 화 승 수　수 극 화 지 류　오 기 반 역　상 하 불 통　왕 래 불 순

謂之亂. 主人多病.
위 지 란　주 인 다 병

【원주】

　혈기가 어지럽다는 것은 火가 水를 이기거나 水가 火를 극하는 것들만이 아니고
오기(五氣)가 반역(反逆)하고 上下가 불통하고 왕래가 불순한 것들을 일러 혈기가 어
지럽다 하는 것이니 그 사람은 병이 많다.

任氏曰임씨왈,

血氣亂者, 五行背而不順之謂也, 五行論水爲血, 人身論脈卽血也,
혈 기 난 자　오 행 배 이 불 순 지 위 야　오 행 논 수 위 혈　인 신 논 맥 즉 혈 야

心胞主血, 故通手足厥陰經, 心屬丁火, 心胞主血, 膀胱屬壬水,
심 포 주 혈　고 통 수 족 궐 음 경　심 속 정 화　심 포 주 혈　방 광 속 임 수

丁壬相合, 故心能下交於腎, 則丁壬化木, 而神氣自足, 得旣濟相
정 임 상 합　고 심 능 하 교 어 신　즉 정 임 화 목　이 신 기 자 족　득 기 제 상

生, 血脈流通而無疾病矣,
생　혈 맥 유 통 이 무 질 병 의

임 선생님이 말씀하였다.

혈기가 어지럽다는 것은 오행이 배반하고 불순(不順)한 것을 이르는 것이다. 오행에서 水는 혈(血)이 되는데 사람의 몸에서 맥(脈)을 논하는 것은 곧 혈(血)이다.

심장에서 혈(血)을 주재하는데 고로 수족과 궐음(厥陰), 경락(經絡)에 통한다. 심장(心腸)은 丁火에 속하는데 심포(心胞)는 혈(血)을 주재한다. 방광은 壬水에 속하는데 丁壬이 서로 합을 이루니 심장은 아래의 신장과 교류하는 것이다. 丁壬이 木으로 化하여 신기(神氣)가 스스로 족하여 기제(旣濟)를 이루어 상생하며 혈맥이 유통하여 질병이 없는 것이다.

*亂(난) ─ 어지러울 란. 어지럽힐 란.
*脈(맥) ─ 맥 맥. 연달을 맥.
*厥(궐) ─ 그 궐. 짧을 궐. 상기 궐.

*膀(방) ─ 오줌통 방.
*胱(광) ─ 오줌통 광.
*膀胱(방광) ─ 오줌 통. 비뇨기과의 하나.

故八字貴乎克處逢生, 逆中得順而爲美也, 若左右相戰, 上下相克,
고 팔 자 귀 호 극 처 봉 생　　역 중 득 순 이 위 미 야　　약 좌 우 상 전　　상 하 상 극

喜逆逢順, 喜順逢逆, 火旺水涸, 火能焚木, 水旺土蕩, 水能沉金,
희 역 봉 순　　희 순 봉 역　　화 왕 수 학　　화 능 분 목　　수 왕 토 탕　　수 능 침 금

土旺木折, 土能晦火, 金旺火虛, 金能傷土, 木旺金缺, 木能滲水,
토 왕 목 절　　토 능 회 화　　금 왕 화 허　　금 능 상 토　　목 왕 금 결　　목 능 삼 수

此五行顚倒相剋之理, 犯此者, 必多災病,
차 오 행 전 도 상 극 지 리　　범 차 자　　필 다 재 병

고로 팔자에서 귀(貴)함은 극을 받는 곳에서 생을 만나고 역(逆)한 가운데 순(順)을 얻어야 아름답게 되는 것이다.

만약 좌우가 서로 다투고 상하가 서로 극하고, 역(逆)이 기쁜데 순(順)을 만나고, 순(順)이 기쁜데 역(逆)을 만나며, 火가 너무 왕하여 水가 마르고, 火는 木을 태워 없애고, 水가 왕하여 土가 진흙탕이 되며; 水는 金을 잠기고, 土가 왕하여 木이 꺾이고, 土는 火를 어둡게 하고, 金이 왕하여 火가 허(虛)하고, 金이 土를 상(傷)하게 하고, 木이 왕하여 金이 이지러지고, 木이 水를 고갈(枯渴)되게 하는 것 등은

오행이 전도(顚倒)되어 상극(相剋)하는 이치이다. 이렇게 되면 반드시 재난과 질병이 많다.

*涸(학. 후)-마를 학. 말릴 학. 마를 후. 말릴 후.
*焚(분)-탈 분. 태울 분. 불사를 분.
*蕩(탕)-쓸 탕. 넓을 탕. 방자할 탕.
*沉(침)-沈의 俗字. 가라앉을 침. 빠질 침.
*折(절)-꺾을 절. 꺾일 절.

*晦(회)-그믐 회. 어두울 회.
*滲(삼)-밸 삼. 샐 삼.
*顚(전)-머리 전. 이마 전. 넘어질 전. 뒤집힐 전.
*倒(도)-넘어질 도. 넘어뜨릴 도.
*顚倒(전도)-거꾸로 됨. 엎어져서 넘어짐.

庚　丁　乙　丙
戌　未　未　申

辛　庚　己　戊　丁　丙
丑　子　亥　戌　酉　申

丁生季夏, 未戌燥土, 不能晦火生金, 丙火足以焚木剋金, 則土愈
정생계하　미술조토　불능회화생금　병화족이분목극금　즉토유

燥而不洩, 申中壬水涸而精必枯, 故初患痰火, 亥運水不敵火, 反
조이불설　신중임수학이정필고　고초환담화　해운수부적화　반

能生木助火, 正杯水車薪, 火勢愈烈, 吐血而亡,
능생목조화　정배수거신　화세유열　토혈이망

丁火가 未月에 태어났다. 未戌은 조토로 火를 설하여 金을 생하지 못한다. 丙火가 족히 木을 태우고 金을 극하니 土는 더욱 조열하며 설기가 없다. 申 중의 壬水는 말라 있어 정(精)이 고갈되었다.

그러므로 초년 질병은 담화(痰火)였는데 亥 대운에 이르러 水가 火를 대적하지 못하고 오히려 木을 생하여 火를 도우니 바야흐로 잔(盞)의 물로 큰 불을 끄는 것과 같아 火의 세력만 더욱 맹렬하게 되어 피를 토하고 사망하였다.

*愈(유)-나을 유. 더욱 유.
*痰(담)-가래 담.

*杯(배)-잔 배. 대접 배.
*薪(신)-땔나무 신. 나무할 신.

$$甲 \quad 丙 \quad 丁 \quad 壬$$
$$午 \quad 申 \quad 未 \quad 寅$$

$$癸 \quad 壬 \quad 辛 \quad 庚 \quad 己 \quad 戊$$
$$丑 \quad 子 \quad 亥 \quad 戌 \quad 酉 \quad 申$$

丙火生于未月午時, 年干壬水無根, 申金遠隔, 本不能生水, 又被
병화생우미월오시 년간임수무근 신금원격 본불능생수 우피

寅沖午刦, 則肺氣愈虧, 兼之丁壬相合化木, 從火則心火愈旺, 腎
인충오겁 즉폐기유휴 겸지정임상합화목 종화즉심화유왕 신

水必枯, 所以病犯遺泄, 又有痰嗽, 至戌運全會火局, 肺愈絶, 腎
수필고 소이병범유설 우유담수 지술운전회화국 폐유절 신

水燥, 吐血而亡,
수조 토혈이망

　丙火가 未月 午時에 태어나 왕한데 年干의 壬水는 뿌리가 없고 申金은 멀리 떨어져 있어 水를 생하기 어렵다. 더욱 寅木과 충하고 午火에 겁탈되어 폐(肺)의 기운이 더욱 훼손되었다.

　겸하여 丁壬이 합하여 木으로 化하여 화세(火勢)를 따르니 心火가 더욱 왕하여 신수(腎水)가 고갈되었다. 이러므로 병은 유설(遺泄)과 담수(痰嗽)다. 戌 운에 지지가 화국을 이루어 폐(肺)의 기운은 더욱 끊어지고 신수(腎水)도 말라서 피를 토하고 사망하였다.

*隔(격)-막을 격. 막이 격.
*肺(폐)-허파 폐(肺腸). 마음 폐.
*虧(휴)-이지러질 휴.
*枯(고)-마를 고. 말릴 고. 마른나무 고.
*遺(유)-남을 유. 남길 유. 버릴 유. 오줌 유.
*泄(설)-샐 설. 설사할 설.

*遺泄(유설)-소변이나 정액 등이 새는 병.
*痰(담)-가래 담.
*嗽(수)-기침 수.
*痰嗽(담수)-기침 병. 천식(喘息).
*腎(신)-콩팥 신. 자지 신.
*燥(조)-마를 조. 말릴 조.

壬　丙　丙　甲
辰　寅　寅　辰

壬　辛　庚　己　戊　丁
申　未　午　巳　辰　卯

木當令, 火逢生, 辰本溼土, 能蓄水, 被丙寅所剋, 脾胃受傷, 肺金
목 당 령　화 봉 생　진 본 습 토　능 축 수　피 병 인 소 극　비 위 수 상　폐 금

自絕, 木多滲水, 而腎水亦枯, 至庚運, 木旺金缺, 金水並見, 木火
자 절　목 다 삼 수　이 신 수 역 고　지 경 운　목 왕 금 결　금 수 병 견　목 화

金肆逞矣, 吐血而亡, 此造木火同心, 可順而不可逆, 反以壬水爲
금 사 령 의　토 혈 이 망　차 조 목 화 동 심　가 순 이 불 가 역　반 이 임 수 위

忌, 故初逢丁卯戊辰己巳等運, 反無礙,
기　고 초 봉 정 묘 무 진 기 사 등 운　반 무 애

　　木이 당령하고 火는 생을 만났다. 辰土는 본디 습토로 물을 축장하고 있는데
寅木으로부터 극을 받고 있어 비장과 위장이 손상을 받고 있다. 폐에 해당하는
金의 기운은 끊겼다. 木이 많아 水가 잦아드는 형상인데 또한 병화가 말리니 신수
(腎水) 역시 고갈되었다. 庚 운에 이르러 木이 왕하여 金이 이지러지는데 金水가
같이 보여 木火金이 날뛰는 형상이라 피를 토하고 사망하였다.

　　이 사주는 木火가 동심(同心)이라 순(順)은 가하나 역(逆)은 불가하다. 그러므로
도리어 壬水가 병이다. 이러한 고로 초년 丁卯 戊辰 己巳 등 운은 도리어 장애가
없었다.

*被(피)－이불 피. 덮을 피. 당할 피.　　　*肆(사)－방자할 사. 마구간 사. 버릴 사.
*胃(위)－ 밥통 위. 밥통. 위. 마음.　　　　*逞(령. 영)－왕성할 령. 쾌할 령.
*滲(삼)－밸 삼. 샐 삼.　　　　　　　　　　*礙(애)－막을 애. 거리낄 애(방해함).

역자주 │ 밑줄의 뜻은 이해는 되나 여기에서는 金이 나타나지 않았는데 金氣가 자절(自絕)되었다고
하였는지 이해가 안 된다. 木火가 왕하여 金水가 손상을 입는다는 뜻인 듯하나, 이 대목은
없는 것이 좋겠다는 생각이 든다.

忌神入五臟而病凶.
기 신 입 오 장 이 병 흉

기신(忌神)이 오장에 들면 병(病)이 흉(凶)하다.

原注원주

柱中所忌之神. 不制不化. 不沖不散. 隱伏深固. 相克五臟則其病凶.
주 중 소 기 지 신 부 제 불 화 불 충 불 산 은 복 심 고 상 극 오 장 즉 기 병 흉

忌木而入土則脾病. 忌火而入金則肺病. 忌土而入水則腎病. 忌金而入
기 목 이 입 토 즉 비 병 기 화 이 입 금 즉 폐 병 기 토 이 입 수 즉 신 병 기 금 이 입

木則肝病. 忌水而入火則心病. 又看虛實. 如木入土. 土旺者. 則脾自
목 즉 간 병 기 수 이 입 화 즉 심 병 우 간 허 실 여 목 입 토 토 왕 자 즉 비 자

有餘之病. 發於四季月. 土衰者. 則脾有不足之病. 發於春冬月. 餘皆
유 여 지 병 발 어 사 계 월 토 쇠 자 즉 비 유 부 족 지 병 발 어 춘 동 월 여 개

仿之.
방 지

【원주】

　원국에서 기신을 제거하거나 化하지 않고, 충이나 극으로 흐트러뜨리지 못하고 깊이 은복(隱伏)하여 오장을 상극하면 병(病)이 흉하다. 木이 기신인데 土에 들면 비장이 병이 들고, 火가 기신인데 金에 들면 폐가 병이 들고, 土가 기신인데 水에 들면 신장이 병이 들고, 金이 기신인데 木에 들면 간이 병이 들고, 水가 기신인데 火에 들면 심장이 병이 든다.

　또 허실을 살펴야 하니 가령 木이 土에 들어도 土가 왕하면 비장이 유여(有餘)하여 병이 된 것이니 사 계월(四 季月)에 발병한다. 土가 쇠(衰)하면 비장이 부족하여 병이 된 것이니 봄과 겨울에 발병한다. 나머지도 이와 같다.

*隱(은)-숨을 은. 숨길 은. 가엾어할 은.　*腎(신)-콩팥 신. 자지 신.
*脾(비)-지라 비. 넓적다리 비.　*看(간)-볼 간. 지킬 간.
*肺(폐)-허파 폐. 마음 폐.　*仿(방)-헤맬 방. 헤매다. 모방하다.

任氏曰임씨왈,

忌神入五臟者, 陰濁之氣, 埋藏于地支也, 陰濁深伏, 難制難化,
기신입오장자　음탁지기　매장우지지야　음탁심복　난제난화

爲病最凶, 如其爲喜, 一世無災, 如其爲忌, 生平多病, 土爲脾胃,
위병최흉　여기위희　일세무재　여기위기　생평다병　토위비위

脾喜緩, 胃喜和, 忌木而入土, 則不和緩而病矣, 金爲大腸肺, 肺宜
비희완　위희화　기목이입토　즉불화완이병의　금위대장폐　폐의

收, 大腸宜暢, 忌火而入金, 則肺氣上逆, 大腸不暢而病矣, 水爲
수　대장의창　기화이입금　즉폐기상역　대장불창이병의　수위

膀胱腎, 膀胱宜潤, 腎宜堅, 忌土而入水, 則腎枯膀胱燥而病矣,
방광신　방광의윤　신의견　기토이입수　즉신고방광조이병의

임 선생님이 말씀하였다.

기신이 오장에 들었다는 것은 음탁한 기(氣)가 지지에 매장되었다는 말이다. 음탁한 기운이 깊이 숨어 있으면 제화(制化)가 어려워 병이 가장 흉(凶)하다. 가령 그것이 희신이라면 일생에 재앙이 없을 것이나 그것이 기신이라면 일생에 병이 많다.

土는 비위(脾胃)가 되는데 비(脾)는 느슨함을 기뻐하고 위(胃)는 화평함을 좋아한다. 기신인 木이 土에 들어오면 화평하지 못하고 느슨하지 않아 병이 된다.

金은 대장(大腸)과 폐(肺)인데 폐는 빨아들여야 하고 대장은 마땅히 펴져야 하는데 기신인 火가 金에 들어오면 폐의 기운이 위로 치솟고 대장은 펴지지 않아 병이 된다.

水는 방광과 신장인데 방광은 윤택하여야 하고 신장은 단단하여야 하는데 기신인 土가 들어오면 신장은 마르고 방광은 건조하여 병이 된다.

*緩(완)—느릴 완. 느슨할 완.
*和(화)—온화할 화. 고를 화. 따뜻할 화.
*收(수)—거둘 수.
*暢(창)—통할 창. 화창할 창.

*潤(윤)—젖을 윤. 윤택할 윤.
*堅(견)—굳을 견. 굳어질 견.
*枯(고)—마를 고. 말릴 고. 마른나무 고.
*燥(조)—마를 조. 말릴 조.

木爲肝膽, 肝宜條達膽宜平, 忌金而入木, 則肝急而生火, 膽寒而
목 위 간 담　간 의 조 달 담 의 평　기 금 이 입 목　즉 간 급 이 생 화　담 한 이

病矣, 火爲小腸心, 心宜寬, 小腸宜收, 忌水而入火, 則心不寬, 小
병 의　화 위 소 장 심　심 의 관　소 장 의 수　기 수 이 입 화　즉 심 불 관　소

腸緩而病矣, 又要看有餘不足, 如土太旺, 木不能入土, 則脾胃自
장 완 이 병 의　우 요 간 유 여 부 족　여 토 태 왕　목 불 능 입 토　즉 비 위 자

有餘之病, 脾本忌溼, 胃本忌寒, 若土溼而有餘, 其病發于春冬,
유 여 지 병　비 본 기 습　위 본 기 한　약 토 습 이 유 여　기 병 발 우 춘 동

反忌火以燥之,
반 기 화 이 조 지

　木은 간과 담인데 간은 조달(條達)을 잘해야 하고 담은 평온하여야 하는데,
기신인 金이 木에 들어오면 간(肝)이 급하게 火를 생하고 담은 차가워져 병이
된다.

　火는 소장과 심장인데 심장은 너그러워야 하고 소장은 수렴이 마땅하여야 하
는데, 기신인 水가 火에 들어오면 심장이 너그럽지 못하고 소장이 느슨해져 병
이 된다.

　또 중요한 것은 유여(有餘)한지 부족한지를 봐야 한다. 만약 土가 태왕하면 木
이 土에 들어가지 못하니 비위(脾胃)는 유여한 것이 병이 된다.

　비장은 본래 습(溼)한 것을 싫어하고 위(胃)는 본래 차가운 것을 싫어하는데,
만약 土가 습하며 유여하면 병은 봄이나 겨울에 발생하는데 도리어 火로써 건
조함을 꺼린다.

*條(조)-가지 조. 조리 조. 통할 조.
*條達(조달)-條達은 調達(조달)과 같은 뜻
　인 듯함. 調達은 조화되어 통함. 자금, 물
　자 등을 대어 줌.

*達(달)-통할 달. 달할 달.
*平(평)-편할 평. 바를 평. 평정할 평. 평야
　평.
*寬(관)-너그러울 관. 느슨할 관.

土燥而有餘, 其病發于夏秋, 反忌水以潤之, 如土虛, 弱木足以疎
토 조 이 유 여　기 병 발 우 하 추　반 기 수 이 윤 지　여 토 허　약 목 족 이 소

土, 若土濕而不足, 其病發于夏秋, 土燥而不足, 其病發于冬春, 蓋
토　약 토 습 이 부 족　기 병 발 우 하 추　토 조 이 부 족　기 병 발 우 동 춘　개

虛濕之土, 遇夏秋之燥, 虛濕之土, 逢春冬之濕, 使木託根而愈茂,
허 습 지 토　우 하 추 지 조　허 습 지 토　봉 춘 동 지 습　사 목 탁 근 이 유 무

土受其剋而愈虛, 若虛濕之土, 再逢虛溼之時, 虛溼之土, 再逢虛
토 수 기 극 이 유 허　약 허 습 지 토　재 봉 허 습 지 시　허 습 지 토　재 봉 허

燥之時, 木必虛浮, 不能盤根, 土反不畏其剋也, 餘仿此,
조 지 시　목 필 허 부　불 능 반 근　토 반 불 외 기 극 야　여 방 차

土가 조열하면서 유여하면 그 병은 여름이나 가을에 발생하는데 도리어 水로써 윤택하게 하는 것을 꺼린다. 가령 土가 허약하면 약한 木이라도 족히 소토(疎土)하니 만약 土가 습하고 부족하면 그 병은 여름과 가을에 발생하고, 土가 조열하며 부족하면 그 병은 겨울과 봄에 발생한다.

대개 허하고 습한 土가 여름과 가을의 건조함을 만나고 허하고 습한 토가 봄이나 겨울의 습함을 만나면 木이 뿌리를 내려 더욱 무성하게 되니 土는 극을 받아 더욱 허하게 된다.

만약 허습한 土가 다시 허습한 때를 만나거나 허습한 土가 다시 허하고 조열한 때를 만나면 木은 반드시 허하고 떠있는 형상으로 뿌리를 박지 못하니 土는 도리어 木의 극을 두려워하지 않는다. 나머지도 이와 같다.

*疎(소)-트일 소. 나눌 소. 채소 소. 빗질 소.
*蓋(개)-덮을 개. 뚜껑 개. 일산 개. 대개 개. 어찌 개.
*愈(유)-나을 유. 더할 유. 고칠 유.

*茂(무)-우거질 무. 성할 무.
*盤(반)-소반 반. 쟁반 반. 서릴 반. 蟠(반)과 소.
*畏(외)-두려워할 외. 두려움 외.

乙　丙　己　庚
未　子　丑　寅

乙甲癸壬辛庚
未午巳辰卯寅

丙火生于季冬，坐下子水，火虛無焰，用神在木，木本凋枯，雖處
병화생우계동　좌하자수　화허무염　용신재목　목본조고　수처

兩陽，萌芽未動，庚透臨絶，爲病甚淺，所嫌者月支丑土，使庚金
양양　맹아미동　경투임절　위병심천　소혐자월지축토　사경금

通根，丑内藏辛，正忌神深入五臟，
통근　축내장신　정기신심입오장

　丙火 일주가 계동(季冬)에 생하여 좌하에 子水를 두니 火가 허(虛)하여 불꽃이
없다. 용신은 木인데 木 또한 시들고 메말라 있다. 비록 陽이 둘이 있으나 어린
싹이 아직 움직이지 않고 있다. 庚金이 투출하였지만 절지에 임(臨)하여 병(病)이
깊지는 않다. 꺼리는 것은 월지가 丑土로 庚金이 통근할 뿐만 아니라 丑 중에는
辛金이 암장되어 기신이 오장에 깊이 들어간 것이다.

*萌(맹)−싹틀 맹. 싹 맹.　　　　　　*焰(염)−불꽃 염.
*芽(아)−싹 아. 싹틀 아.　　　　　　*甚(심)−심할 심. 심히 심.

又己土乃庚金嫡母，晦火生金，足以破寅，子水爲腎，丑合之不能
우기토내경금적모　회화생금　족이파인　자수위신　축합지불능

生木，化土反能助金，丑土之爲病，不但生金，抑且移累於水，是
생목　화토반능조금　축토지위병　부단생금　억차이누어수　시

以病患肝腎兩虧，至卯運，能破丑土，名列宮牆，乙運庚合，巳丑
이병환간신양휴　지묘운　능파축토　명열궁장　을운경합　사축

拱金，虛損之症，不治而亡，
공금　허손지증　불치이망

　또한 己土는 庚金의 적모(嫡母)로 火를 어둡게 하고 金을 생하니 木을 족히
破한다. 子水는 신장에 해당하는데 丑과 합을 하여 木을 생하지 않고 土로 化하

여 오히려 金을 생하니 丑土는 기신이 된다. 비단 金을 생할 뿐만 아니라 水를 옮기는 허물이 된다. 이러므로 병(病)은 간과 신이 망가졌다.

卯 운에 丑土를 파(破)하여 과거에 급제하였으나 乙 운은 庚金과 합을 하고 巳丑 공금(拱金)하여 허하고 망가진 간과 신(腎)을 고치지 못하고 사망하였다.

*嫡(적)-아내 적. 맏아들 적.   *牆(장)-담 장. 경계 장.
*虧(휴)-이지러질 휴.   *拱(공)-두 손 마주잡을 공. 껴안을 공.

壬　辛　辛　丁
辰　未　亥　亥

乙　丙　丁　戊　己　庚
巳　午　未　申　酉　戌

辛金生于孟冬, 丁火剋去比肩, 日主孤立無助, 傷官透而當令, 竊
신금생우맹동　정화극거비견　일주고립무조　상관투이당령　절

去命主元神, 用神在土不在火也, 未爲木之庫根, 辰乃木之餘氣, 皆
거명주원신　용신재토부재화야　미위목지고근　진내목지여기　개

藏乙木之忌, 年月兩亥, 又是木之生地, 亥未拱木, 此忌神入五臟
장을목지기　년월양해　우시목지생지　해미공목　차기신입오장

歸六腑, 由此論之, 謂脾虛腎泄, 其病患頭眩遺洩,
귀육부　유차론지　위비허신설　기병환두현유설

辛金이 맹동(孟冬)에 생하였는데 丁火가 비견을 극거하니 일주는 고립되고 도움이 없다. 상관이 당령하여 일주의 기를 설기하니 용신은 土이지 火가 아니다.

未는 木의 고이고 辰은 木의 여기로 다 乙木을 암장하고 있으며 年月의 亥 또한 木의 생지로 亥未 공목(拱木)하니 이는 기신이 오장과 육부에 든 것이다. 이와 같은 연유로 볼 때 비(脾)가 허하고 신(腎)이 설기되니 그 병은 현기증과 유설(遺洩)이다.

*竊(절)-훔칠 절. 도둑질 절.   *臟(장)-오장 장.
*藏(장)-감출 장. 서장 장.   *腑(부)-장부 부.

又更盛於胃腕痛, 無十日之安, 至己酉運, 日主逢祿, 采芹得子, 戊
우 갱 성 어 위 완 통   무 십 일 지 안   지 기 유 운   일 주 봉 록   채 근 득 자   무

運剋去壬水補廩, 申運壬水逢生, 病勢愈重, 丁運日主受傷而卒,
운 극 거 임 수 보 름   신 운 임 수 봉 생   병 세 유 중   정 운 일 주 수 상 이 졸

觀右兩造, 其病症與八字五行之理, 顯然應驗, 果能深心細究, 其
관 우 양 조   기 병 증 여 팔 자 오 행 지 리   현 연 응 험   과 능 심 심 세 구   기

壽夭窮通, 豈不能預定乎,
수 요 궁 통   기 불 능 예 정 호

또한 위통(胃痛)이 심하여 열흘도 편한 날이 없었다. 己酉 운에 이르러 일주가
녹(祿)을 만나니 입반하고 아들도 얻었다. 戊 운에는 壬水를 극거하여 보름에 들었
다. 申 운은 壬水가 생을 만나니 병세가 더욱 악화되었다. 丁 운에 일주가 상해를
입어 사망하였다.

두 명조를 보건대 병(病)은 八字와 五行의 이치에 있는 것이 확실하게 증험된
다. 마음속으로 깊이 연구하면 그 수요(壽夭)와 궁통(窮通)을 어찌 예측하지 못하
겠는가.

*眩(현)—아찔할 현. 현혹할 현.
*遺洩(유설)—소변이나 정액 등이 새는 병.
*腕(완)—팔목 완. 팔뚝 완.
*采芹(채근)—입반(入泮)을 이름. 즉, 반궁에
 들어감.
*補廩(보름)—장학생이 됨을 이름.

*觀(관)—볼 관. 나타낼 관.
*果(과)—실과 과. 과연 과. 부사어로는 마침
 내. 결국. 과연. 확실히 등으로 해석.
*顯(현)—밝을 현. 나타날 현.
*窮(궁)—궁구할 궁. 궁할 궁. 다할 궁.
*預(예)—미리 예. 즐길 예. 맡길 예.

客神遊六經而災小.
객 신 유 육 경 이 재 소

객신(客神)이 육경(六經)에서 떠돈다면 재앙이 적다.

原注 원주

客神比忌神爲輕. 不能埋沒. 游行六道. 則必有災. 如木游於土之地. 而
객신비기신위경 　불능매몰 　유행육도 　즉필유재 　여목유어토지지 　이

胃災. 火游於金之地而大腸災. 土行水地膀胱災. 金行木地膽災. 水行
위재 　화유어금지지이대장재 　토행수지방광재 　금행목지담재 　수행

火地小腸災.
화 지 소 장 재

【원주】

객신(客神)은 기신에 비하여 가벼우나 매몰(埋沒)되지 않고 육도(六道)를 돌아다니면 반드시 재앙이 있다.

가령 木이 土의 자리를 돌아다니면 위(胃)에 재앙이 있고, 火가 金의 자리를 돌아다니면 대장이 재앙이 있고, 土가 水의 자리를 돌아다니면 방광이 재앙이 있고, 金이 木의 자리를 돌아다니면 담이 재앙이 있고, 水가 火의 자리를 돌아다니면 소장이 재앙이 있다.

*埋(매)-묻을 매. 묻힐 매.　　　*腸(장)-창자 장. 창자. 마음. 자세하다.
*沒(몰)-빠질 몰. 다할 몰. 마침 몰.　*膀(방)-오줌통 방.
*游(유)-헤엄칠 유. 뜰 유. 놀 유.　　*胱(광)-오줌통 광.
*胃(위)- 밥통 위. 밥통. 위. 마음.　　*膽(담)-쓸개 담. 쓸개. 담력. 마음. 충심.

任氏曰임씨왈,

客神遊六經者, 陽虛之氣, 浮于天干也, 陽而虛露, 易制易化, 爲
객신유육경자 양허지기 부우천간야 양이허로 이제이화 위

災必小, 猶病之在表, 外感易于發散, 不至大患, 故災小也, 究其
재필소 유병지재표 외감이우발산 부지대환 고재소야 구기

病源, 仍從五行陰陽, 以分臟腑, 而五臟論法, 亦勿以天干爲客神
병원 잉종오행음양 이분장부 이오장론법 역물이천간위객신

論虛, 地支爲忌神論實, 必須究其虛中有實, 實處反虛之理, 其災
론허 지지위기신론실 필수구기허중유실 실처반허지리 기재

祥了然有驗矣,
상 요 연 유 험 의

임 선생님이 말씀하였다.

객신(客神)이 육경을 돌아다닌다는 것은 허한 陽의 기운이 천간에 떠 있다는 말이다. 허한 양이 천간에 노출되어 있으면 제하기도 쉽고 化하기도 쉬우니 재앙이 반드시 적다.

이는 병(病)이 겉으로 나타난 것이니 밖에 있는 것은 발산이 쉬어 큰 병으로 가지 않는다. 그래서 재앙이 적다고 한 것이다.

병(病)의 근원에 대하여 연구하여 보면 음양과 오행에 좇아서 장부(臟腑)를 구분하는 것이 오장을 논하는 법이다. 또한 천간을 객신이라 하여 허하다고 논하거나 지지를 기신이라 하여 실하다고 논하지 말아야 한다. 반드시 허한 가운데 실함이 있고 실한 곳에도 도리어 허함이 있음을 살피면 그 재앙과 복이 확실함을 알 수 있다.

*浮(부)-뜰 부. 띄울 부.
*猶(유)-오히려 유. 같을 유. 망설일 유.
*表(표)-겉 표. 웃옷 표. 나타낼 표. 모습 표.
*散(산)-헤어질 산. 한산할 산.

*仍(잉)-인할 잉(그대로 따름). 오히려 잉. 이에 잉(乃). 부사어로는 곧. 누차. 여전히. 또한 등으로 쓰임.
*祥(상)-복 상. 재앙 상. 자세할 상.

丙　庚　甲　壬
戌　午　辰　辰

辛　庚　己　戊　丁　丙　乙
亥　戌　酉　申　未　午　巳

庚午日元, 生于辰月戌時, 春金殺旺, 用神在土, 月干甲木, 本是客
경오일원　생우진월술시　춘금살왕　용신재토　월간갑목　본시객

神, 得兩辰蓄水藏木, 不但遊六經, 而且入五臟, 且年干壬甲相生,
신　득양진축수장목　부단유육경　이차입오장　차년간임갑상생

不克丙火, 初運南方生土, 所以脾胃無病, 然熬水煉金, 而患弱症,
불극병화　초운남방생토　소이비위무병　연오수련금　이환약증

至戊申運, 土金並旺, 局中以木爲病, 木主風, 金能剋木, 接連己
지무신운　토금병왕　국중이목위병　목주풍　금능극목　접연기

酉庚戌三十載, 發財十餘萬, 辛亥運, 金不通根, 木得長生, 忽患
유경술삼십재　발재십여만　신해운　금불통근　목득장생　홀환

風疾而卒,
풍질이졸

　庚午 일원이 辰月 戌時에 태어났다. 봄에 태어난 金이 살이 왕하므로 용신은
土이다. 월간의 甲木은 본시 객신인데 두 辰土가 水와 木을 암장하고 있어 비단
육경을 돌아다닐 뿐만 아니라 오장에 침입하였다. 또 年干의 壬水가 甲木을 생하
느라 丙火를 극하지 않는다. 초년 운이 남방으로 흘러 土를 생하니 비위(脾胃)에
병은 없었으나, 그러나 水를 말리고 金을 극하니 허약한 증세가 있었다.

　이 사주에서 木이 기신인데 戊申 운에 이르러 土金이 다 왕하여지니 기신인
木을 극하여 木의 주된 질병인 풍질(風疾)이 없었고 연달아 己酉 庚戌 운까지
삼십 년간 재물이 십여 만이나 일어났다. 辛亥 운으로 들어 金이 통근치 못하고
木이 長生을 만나 갑자기 풍질을 얻어 사망하였다.

　*熬(오)－볶을 오.　　　　　　　　　　*忽(홀)－홀연 홀. 소홀히 할 홀.
　*煉(련. 연)－달굴 련. 이길 련.　　　　*風疾(풍질)－풍병(신경의 탈로 생기는 병의 총
　*載(재)－실을 재. 탈 재.　　　　　　　　칭). 풍증.

```
庚 壬 戊 癸
戌 寅 午 丑
```

```
壬 癸 甲 乙 丙 丁
子 丑 寅 卯 辰 巳
```

壬寅日元, 生于五月戌時, 殺旺又逢財局, 殺愈肆逞, 所以客神不
임인일원 생우오월술시 살왕우봉재국 살유사령 소이객신부

在午火, 反在寅木, 助其火勢, 客神又化忌神, 戊癸化火, 則金水
재오화 반재인목 조기화세 객신우화기신 무계화화 즉금수

相傷, 運至乙卯, 金水臨絶, 得肺腎兩虧之症, 聲啞而嗽, 於甲戌
상상 운지을묘 금수임절 득폐신양휴지증 성아이수 어갑술

年正月木火並旺而卒,
년정월목화병왕이졸

　　壬寅 일원이 五月 戌時에 태어나 살이 왕한데 또 재국(財局)을 만나니 살이
더욱 날뛰는 형국이다. 이러므로 객신은 午火가 아니라 도리어 寅木으로 火의
세력을 돕는다.

　　객신이 기신으로 化하고 戊癸가 火로 化하니 金水가 다 상해를 입었다. 乙卯
운에 이르러 金水가 절지가 되어 폐와 신이 망가지고 벙어리가 되었다. 해수(咳嗽)
까지 있었는데 甲戌 년 正月에 木火가 다 왕하여 사망하였다.

*肆(사)－방자할 사. 마구간 사. 버릴 사.
*逞(령. 영)－왕성할 령. 쾌할 령.
*虧(휴)－이지러질 휴.
*卒(졸)－군사 졸. 죽을 졸(사망함). 군사. 하
　인. 심부름꾼. 집단. 무리.

*聲(성)－소리 성. 소리 낼 성.
*啞(아)－벙어리 아.
*咳(해)－기침 해.
*嗽(수)－기침 수.

庚　丙　庚　乙
寅　子　辰　亥

甲　乙　丙　丁　戊　己
戌　亥　子　丑　寅　卯

丙子日元, 生于季春, 濕土司令, 蓄水養木, 用神在木, 得亥之生,
병자일원　생우계춘　습토사령　축수양목　용신재목　득해지생

辰之餘, 寅之助, 乙木雖與庚金合而不化, 庚金浮露天干爲客神, 不
진지여　인지조　을목수여경금합이불화　경금부로천간위객신　불

能深入臟腑, 而游六經也,
능심입장부　이유육경야

　　丙子 일원이 계춘에 생하였다. 습토가 사령하는 때로 辰은 水를 축장하고 木을
기른다. 용신은 木이 되는데 亥의 생이 있고 여기인 辰이 있고 寅木의 도움이
있어 乙木이 비록 庚金과 합을 하나 金으로 化하지 않는다. 庚金이 천간에 떠
있어 객신이 되는데 장부에 깊이 들어가진 못하고 육경에서 놀고 있다.

*浮(부)－뜰 부. 띄울 부.　　　　　*游(유)－헤엄칠 유. 뜰 유. 놀 유.
*臟(장)－오장 장.　　　　　　　　*經(경)－날 경. 지경 경. 지낼 경. 글 경. 책
*腑(부)－장부 부.　　　　　　　　　　경. 불경 경.

水爲精, 亥子兩見, 辰又拱而蓄之, 木爲氣, 春令有餘, 寅亥生合,
수위정　해자양견　진우공이축지　목위기　춘령유여　인해생합

火爲神, 時在五陽進氣, 通根年月, 氣貫生時, 精氣神三者俱足, 則邪
화위신　시재오양진기　통근년월　기관생시　정기신삼자구족　즉사

氣無從而入, 行運又不背, 一生無疾, 名利裕如, 惟土虛濕又金以
기무종이입　행운우불배　일생무질　명리유여　유토허습우금이

洩之, 所以脾胃虛寒, 不免泄瀉之病耳,
설지　소이비위허한　불면설사지병이

　　水는 정(精)이 되는데 亥子가 있고 또 辰과 반합이 있다. 木은 기(氣)가 되는데
봄철의 木이라 넉넉하며 寅亥 합과 亥水의 생이 있다. 火는 신(神)이 되는데 계절

이 五陽이 용사하는 절기로 진기를 타고 있으며 年과 月에 통근하고 기(氣)가 생시에 관통하니 정기신(精氣神) 셋이 다 넉넉하다.

이러므로 사기(邪氣)가 들어오지 못하는데 대운도 어그러지지 않아 일생에 질병이 없었고 명리도 유여(裕如)하였다. 단지 土가 허습한데 또 金이 설하니 비(脾)와 위(胃)가 허하여 설사병은 면할 수 없었다.

*裕(유)-넉넉할 유. 너그러울 유.
*免(면)-벗어날 면. 벗을 면.
*貫(관)-돈꿰미 관. 꿸 관.

*泄(설)-샐 설. 설사할 설.
*瀉(사)-쏟을 사. 쏟아질 사. 게울 사. 설사할 사.

木不受水者血病.
목 불 수 수 자 혈 병

木이 水를 받아들이지 못하면 혈병(血病)이 된다.

原注원주

水東流而木逢沖. 或虛脫. 皆不受水也. 必主血病. 蓋肝屬木. 納血. 不納則病.
수동류이목봉충 혹허탈 개불수수야 필주혈병 개간속목 납혈 불 납즉병

【원주】

水가 동으로 흐르는데 木이 충을 만나거나 혹 허탈하면 이는 다 水를 받아들이지 못하는 것이니 반드시 혈병(血病)이 있다. 대개 간은 木에 속하고 혈(血)을 받아들이는데 받아들이지 못하면 병이 된다.

*逢(봉)-만날 봉. 맞을 봉.
*蓋(개)-덮을 개. 뚜껑 개. 일산 개. 대개 개. 어찌 개.

*肝(간)-간 간(肝腸). 마음 간.
*屬(속. 촉)-좇을 속. 벼슬아치 속. 살붙이 속. 이을 촉. 맡길 촉.

任氏曰임씨왈,

春木不受水者, 喜火之發榮也, 冬木不受水者, 喜火之解凍也, 夏
춘목불수수자 희화지발영야 동목불수수자 희화지해동야 하

木之有根而受水者, 去火之烈, 潤地之燥也, 秋木得地而受水者, 洩
목지유근이수수자 거화지열 윤지지조야 추목득지이수수자 설

金之銳, 化殺之頑也, 春冬生旺之木, 要其衰而受水, 夏秋休囚之
금지예 화살지완야 춘동생왕지목 요기쇠이수수 하추휴수지

木, 要其旺而受水, 反此則不受, 不受則血不流行, 故致血病矣,
목 요기왕이수수 반차즉불수 불수즉혈불류행 고치혈병의

임 선생님이 말씀하였다.

춘목(春木)이 水를 받아들이지 못하는 것은 火로써 발영(發榮)을 기뻐하기 때문이고, 동목(冬木)이 水를 받아들이지 못하는 것은 火로써 해동(解凍)을 기뻐하기 때문이고, 하목(夏木)이 뿌리가 있으며 水를 받아들이는 것은 火의 열기를 식혀 조열한 땅을 윤택하게 하는 것이고, 추목(秋木)이 뿌리를 내리고 있으며 水를 받아들이는 것은 날카로운 金의 기운을 설하여 살(殺)의 완강함을 化함에 있다.

춘동(春冬)은 木이 왕한 계절이지만 쇠약하면 水를 받아야 하고, 하추(夏秋)는 木이 휴수(休囚)한 계절이니 水를 받아들여야 왕해진다. 이와 반대이면 받아들이지 못하는 것이니 받아들이지 못한즉 혈(血)이 유행치 않아 고로 혈병(血病)에 이르게 된다.

*受(수)-받을 수. 받아들이다. 이익을 얻다. *洩(설. 예)-샐 설. 줄 설. 훨훨 날 예.
*榮(영)-영화 영. 꽃 영. 빛 영. *銳(예)-날카로울 예.
*潤(윤)-젖을 윤. 윤택할 윤. *頑(완)-완고할 완. 탐할 완.
*燥(조)-마를 조. 말릴 조. *衰(쇠)-쇠할 쇠. 줄 쇠.

```
己 乙 丁 丁
卯 亥 未 亥
```

```
辛 壬 癸 甲 乙 丙
丑 寅 卯 辰 巳 午
```

乙木生於未月, 休囚之位, 年月兩透丁火, 洩氣太過, 最喜時祿通
을목생어미월　휴수지위　년월양투정화　설기태과　최희시록통

根, 則受亥水之生, 潤其燥烈之土, 更妙會局幫身, 通輝之象, 至
근　즉수해수지생　윤기조열지토　갱묘회국방신　통휘지상　지

甲辰運, 虎榜居首, 科甲聯登, 格取食神用印也,
갑진운　호방거수　과갑연등　격취식신용인야

　乙木이 未月에 태어나니 휴수된 자리인데 年月에 丁火가 나타나 설기가 태과
하다. 가장 기쁜 것은 時에 녹(祿)이 있어 통근한 것으로 亥水의 생을 받아들여
조열한 토를 윤택하게 하는 것이다.

　더욱 묘(妙)한 것은 회국을 이루어 일주를 도우니 통휘(通輝)의 상(象)을 이룬
것이다. 甲辰 운에 호방(虎榜)의 수석이 되고 과거에 연이어 등과하였다. 식신 용
인격이다.

*幫(방)－도울 방.
*輝(휘)－빛 휘. 빛날 휘.
*虎(호)－범 호.

*榜(방)－방 써 붙일 방. 고시하다.
*虎榜(호방)－진사에 급제한 사람의 이름을
　적어 건 방(榜).

丁 乙 乙 丙
亥 巳 未 戌

辛 庚 己 戊 丁 丙
丑 子 亥 戌 酉 申

乙木生於未月, 干透丙丁, 通根巳戌, 發洩太過, 不受水生, 反以
을목생어미월 간투병정 통근사술 발설태과 불수수생 반이

亥水爲病, 格成順局從兒, 初交丙申丁酉, 得丙丁蓋頭, 平順之境,
해수위병 격성순국종아 초교병신정유 득병정개두 평순지경

戊戌運尅盡亥水, 名利兩得, 至己亥水地, 病患臌脹, 只因四柱火
무술운극진해수 명리양득 지기해수지 병환고창 지인사주화

旺又逢燥土, 水無所歸, 故得此病而亡,
왕우봉조토 수무소귀 고득차병이망

乙木이 未月에 생하여 천간으로 丙丁이 투출하고 巳와 戌에 통근하니 설기가
지나쳐 水의 생을 받아들이지 못한다. 도리어 亥水가 병(病)이 되었다. 격은 순국
(順局)으로 종아격을 이루었다.

초(初) 운이 丙申 丁酉인데 丙丁이 개두하여 평안하였다. 戊戌 운은 亥水를
극하여 없애니 명리가 양전하였다. 己亥 운에 이르러 水가 득지하니 고창병(臌脹
病)이 생겼는데 이는 사주에 火가 왕한데 또 조토가 있어 水가 돌아갈 곳이 없다.
고로 이 병을 얻어 사망하였다.

역자주 | 臌脹病(고창병) : 보통은 鼓脹(고창)으로 씀. 소화액의 이상으로 뱃속에 가스가 몰리어 배
가 팽팽하게 붓는 병(病). 『적천수징의』에는 膨脹(팽창)이라고 되어 있음.

土不受火者氣傷.
토 불 수 화 자 기 상

土가 火를 받아들이지 못하면 기(氣)를 상(傷)한다.

原注 원주

土逢沖而虛脫. 則不受火. 必主氣病. 蓋脾屬土而容火. 不容則病矣.
토 봉 충 이 허 탈   즉 불 수 화   필 주 기 병   개 비 속 토 이 용 화   불 용 즉 병 의

【원주】

土가 충을 만나고 허탈하면 火를 받아들이지 못하니 반드시 기(氣)에 병이 있다. 대개 비(脾)는 土에 속하니 火를 받아들여야 하는데 받아들이지 못한즉 병(病)이 된다.

任氏曰 임씨왈,

燥實之土不受火者, 喜水之潤也, 虛濕之土不受火者, 忌水之剋也,
조 실 지 토 불 수 화 자   희 수 지 윤 야   허 습 지 토 불 수 화 자   기 수 지 극 야

冬土有根而受火者, 解天之凍, 去地之濕也, 秋土得地而受火者,
동 토 유 근 이 수 화 자   해 천 지 동   거 지 지 습 야   추 토 득 지 이 수 화 자

制金之有餘, 補土之洩氣也, 過燥則地不潤, 過濕則天不和, 是以
제 금 지 유 여   보 토 지 설 기 야   과 조 즉 지 불 윤   과 습 즉 천 불 화   시 이

火不受, 木不容, 過燥必氣虧, 過溼必脾虛, 不受則病矣,
화 불 수   목 불 용   과 조 필 기 휴   과 습 필 비 허   불 수 즉 병 의

임 선생님이 말씀하였다.

조열하고 많은 土가 火를 받아들이지 않는 것은 水의 윤택(潤澤)을 기뻐하기 때문이고 허하고 습한 土가 火를 받아들이지 않는 것은 水의 극을 꺼리기 때문이다. 겨울의 土가 뿌리가 있으며 火를 받아들이는 것은 천기가 얼어 있는 것을 풀고 땅의 습함을 제거함이고, 가을의 土가 지지를 얻고 있으며 火를 받아들이는 것은 남아도는 금기(金氣)를 제거하고 설기된 土를 보충하기 위함이다.

지나치게 조열하면 땅이 윤택하지 못하고 지나치게 습하면 하늘이 불화하니 이러므로 火를 받아들이지 못하고 木도 용납이 안 되는 것이다. 지나치게 조열하면 반드시 기(氣)가 손상을 입고 지나치게 습하면 반드시 비(脾)가 허하니 받아들이지 못한즉 병이 된다.

*燥(조)-마를 조. 말릴 조. 　*過(과)-지날 과. 지나칠 과. 잘못할 과.
*潤(윤)-젖을 윤. 윤택할 윤. 　*虧(휴)-이지러질 휴.

己 戊 辛 己
未 戌 未 巳

乙 丙 丁 戊 己 庚
丑 寅 卯 辰 巳 午

戊土生於未月, 重疊厚土, 喜其天干無火, 辛金透出, 謂裏發于表,
무 토 생 어 미 월　중 첩 후 토　희 기 천 간 무 화　신 금 투 출　위 리 발 우 표

其精華皆在辛金, 運走己巳戊辰, 生金有情, 名利裕如, 丁卯運辛
기 정 화 개 재 신 금　운 주 기 사 무 진　생 금 유 정　명 리 유 여　정 묘 운 신

金受傷, 地支火土並旺, 不能疏土, 反從火勢, 則土愈旺, 辛屬肺,
금 수 상　지 지 화 토 병 왕　불 능 소 토　반 종 화 세　즉 토 유 왕　신 속 폐

肺受傷, 血脈不能流通, 病患氣血兩虧而亡,
폐 수 상　혈 맥 불 능 유 통　병 환 기 혈 양 휴 이 망

戊土가 未月에 생하여 후중한 土가 첩첩하다. 기쁜 것은 천간에 火가 없고 辛金이 투출한 것이니 이는 속이 겉으로 발산된 것으로 그 빼어난 기운은 다 辛金에 있다.

운이 戊辰 己巳로 갈 때는 金을 생함이 유정하여 명리가 넉넉하였다. 丁卯 운에 들어 辛金이 상해를 받고 지지로는 火土가 다 왕하여 소토하지 못하고 도리어 火의 세력을 따르니 土가 더욱 왕(旺)해진다.

辛은 폐에 속하니 폐가 손상되고 혈맥이 유통되지 않아 기혈(氣血)이 다 이지러져 사망하였다.

*疊(첩)-겹쳐질 첩. 포개질 첩.
*裏(리. 이)-안 리. 속 리.
*精華(정화)-빛. 광채. 사물 중의 가장 뛰어나고 화미(華美)한 부분.

*疏(소)-트일 소. 틀 소. 나누일 소.
*屬(속. 촉)-좇을 속. 엮을 속. 이을 촉. 따를 촉.
*脈(맥)-맥 맥. 연달을 맥.
*患(환)-근심 환. 병 환.

壬　己　己　庚
申　亥　丑　辰

乙　甲　癸　壬　辛　庚
未　午　巳　辰　卯　寅

己亥日元, 生于丑月, 虛溼之地, 辰丑蓄水藏金, 庚壬透而通根, 只
기해일원　생우축월　허습지지　진축축수장금　경임투이통근　지

得任其虛溼之氣, 反以水爲用而從財也, 初運庚寅辛卯, 天干逢金
득임기허습지기　반이수위용이종재야　초운경인신묘　천간봉금

生水, <u>地支遇水剋土</u>, 蔭庇有餘, 壬辰癸巳, 不但財業日增, 抑且
생수　지지우수극토　음비유여　임진계사　부단재업일증　억차

名列宮牆, 巳運剋妻破財,
명열궁장　사운극처파재

　　己亥 일원이 丑月에 생하니 허습한 때이다. 辰土와 丑土는 水와 金을 축장하
고 있는데 庚壬이 天干에 투출하고 통근하니 단지 허습한 기운에 맡기는 수밖에
없다. 도리어 水가 용신이 되니 종재격이다.

　　초년 운이 庚寅 辛卯로 천간의 金이 水를 생하고 지지로는 木이 土를 극하여
선대의 유업이 넉넉하였고 壬辰 癸巳 운은 비단 재물이 날로 늘었을 뿐 아니라
또한 과거에도 급제하였다. 巳 운에 부인을 극하고 재물도 파모가 있었다.

*抑(억)－누를 억. 문득 억. 또한 억.

*且(차)－또 차. 만일 차. 구차스러울 차.

*抑且(억차)－부사어로 또한. 동시에 등으
로 해석.

*牆(장)－담 장. 경계 장.

*宮牆(궁장)－궁원(宮垣). 담. 장원(牆垣). 여
기서는 궁궐의 담이란 뜻으로, 과거의 급
제자의 이름을 써 붙인 담을 뜻함.

역자주 밑줄은 말이 이상하다. 地支遇水剋土(지지우수극토)를 해석하면 "地支가 水를 만나서 土를
극한다"라는 뜻인데, 어떻게 水가 土를 극하는가. 그리고 庚寅 辛卯 대운은 지지가 木이지
水가 아니다. 여기의 뜻은 地支의 木이 土를 극하여 水를 보호하니 음비(蔭庇)가 유여(有
餘)하였다는 말이다.

『적천수징의』에는 地支遇木剋土(지지우목극토)라 되어 있다. '木' 字와 '水' 字가 비슷하여
필사 과정에서 잘못된 듯하다.

또한 대운에서도 초운 庚寅을 寅庚이라 하였다. 조판 과정에서 잘못된 듯하다.

此造四柱無火, 得申時壬水逢生, 格成假從財, 故遺業豐厚, 讀書
차 조 사 주 무 화　득 신 시 임 수 봉 생　격 성 가 종 재　고 유 업 풍 후　독 서

入學, 妻子兩全, 若一見火, 爲財多身弱, 一事無成, 至甲午運, 木
입 학　처 자 양 전　약 일 견 화　위 재 다 신 약　일 사 무 성　지 갑 오 운　목

無根而從火, 己巳年火土並旺, 氣血必傷, 病患腸胃血症而亡,
무 근 이 종 화　기 사 년 화 토 병 왕　기 혈 필 상　병 환 장 위 혈 증 이 망

　　이 명조는 사주에 火가 없고 申時로 壬水가 長生을 만나니 격이 가종재(假從財)
를 이루어 유업이 풍부하고 학문을 하였으며 입반하고 처자가 다 온전하였다. 만
일 火가 하나라도 있었으면 재다신약으로 아무것도 이루지 못했을 것이다.
　　甲午 운에 이르러 木이 무근으로 火의 세력을 따르는데 己巳 유년(流年)에
火土가 다 왕하여 기혈(氣血)이 상하니 병이 장과 위에 혈증(血症)이 들어 사망
하였다.

> **역자주**　이 사주의 설명은 매끄럽지가 않다. 질병(疾病)을 논하니 우리가 병(病)에 대하여 잘 알지
> 못하여 그러한 면도 있겠으나, 앞줄에서는 巳 대운에 처를 극하고 재물도 깨졌다고 하고서
> 여기서는 처자(妻子)가 다 좋았다고 하는 부분도 그렇고, 또 己土가 丑月이면 土가 당령
> (當令)하였는데 아무리 辰土와 丑土뿐으로 축수(蓄水), 장금(藏金)이라 할지라도 종(從)을
> 할는지도 의문이 간다. 독자들의 판단에 맡긴다.

金水傷官. 寒則冷嗽. 熱則痰火. 火土印綬. 熱則風痰.
금 수 상 관　한 즉 냉 수　열 즉 담 화　화 토 인 수　열 즉 풍 담

燥則皮癢. 論痰多木火. 生毒鬱火金. 金水枯傷而腎經虛.
조 즉 피 양　논 담 다 목 화　생 독 울 화 금　금 수 고 상 이 신 경 허

水木相勝而脾胃泄.
수 목 상 승 이 비 위 설

　　金水 상관이 차가우면 마른기침을 하고 더우면 마른 가래가 있다. 火土 인수
에 더우면 풍담(風痰)이고 조열하면 피부에 가려움증이 있다. 담(痰)을 논함에는
木火로 하고 독(毒)이 생기는 것은 火金이 답답한 데서 오는 것이다. 金水가

마르고 상해를 입으면 신경(腎經)이 허하고 水木이 왕성하면 비위(脾胃)가 설
(泄)된다.

*嗽(수)-기침 수.
*冷嗽(냉수)-찬바람만 쏘이면 나는 기침병.
　해수병(咳嗽病).
*痰(담)-가래 담.
*瘍(양)-가려울 양.

*毒(독)-독 독. 해칠 독. 괴로워할 독.
*鬱(울)-산앵도나무 울. 우거질 울. 막힐
　울. 막을 울.
*勝(승)-이길 승. 나을 승.
*泄(설)-샐 설. 설사할 설.

原注원주

凡此皆五行不和之病. 而知其病. 知其人. 則可以斷其吉凶. 如木之病
범차개오행불화지병　이지기병　지기인　즉가이단기길흉　여목지병

何如. 又看木是日主之何神. 若木是財而能發土病. 則斷其財之衰旺. 妻
하여　우간목시일주지하신　약목시재이능발토병　즉단기재지쇠왕　처

之美惡. 父之興衰. 亦不必顯驗. 然有可應而六親與事體又不相符者.
지미악　부지흥쇠　역불필현험　연유가응이육친여사체우불상부자

殆以病而免其咎者也.
태이병이면기구자야

【원주】

대저 이런 것들은 다 五行이 불화하여 생기는 병이니 그 병을 알고 그 사람을 알
면 길흉을 판단할 수 있다. 가령 木의 병이 어떠한가를 알려면 木이 일주에 어떠한
신(神)인가를 보아야 한다.

만약 木이 재인데 土에 병이 발생하였다면 재가 쇠한지 왕한지 판단할 수 있을
것이다. 처의 미악과 父의 흥쇠(興衰)가 반드시 나타나지는 않으나 육친과 사체(事體)
에 응함이 있다. 그러나 상부(相符)하지 않는 것은 병은 위태로우나 재앙은 면(免)할
수 있다.

*顯(현)-밝을 현. 나타날 현.
*事體(사체)-사태(事態). 사리(事理)와 체면
　(體面).

*符(부)-부신 부. 도장 부. 맞을 부.
*殆(태)-위태할 태. 해칠 태.
*咎(구)-허물 구. 재앙 구.

任氏曰임씨왈,

金水傷官, 過於寒者, 其氣辛凉, 眞氣有虧, 必主冷嗽, 過於熱者,
금수상관   과어한자   기기신량   진기유휴   필주냉수   과어열자

水不勝火, 火必剋金, 水不勝火者, 心腎不交也, 火能克金者, 肺
수불승화   화필극금   수불승화자   심신불교야   화능극금자   폐

家受傷也, 冬令虛火上炎, 故主痰火,
가수상야   동령허화상염   고주담화

임 선생님이 말씀하였다.

金水 상관이 지나치게 차가우면 그 기운이 신량(辛凉)하여 진기가 이지러지니 반드시 냉수(冷嗽)가 있고, 지나치게 뜨거우면 水가 火를 이기지 못하니 火는 반드시 金을 극할 것이다.

水가 火를 극하지 못하면 심장과 신장이 교류(交流)되지 않고, 火가 金을 극하면 폐가 손상을 받는다. 겨울철은 허한 火가 불꽃만 위로 올라가니 그 사람은 담화(痰火)가 있다.

*辛(신)—매울 신. 독할 신. 천간이름 신.
*凉(량)—서늘할 량. 서늘한 바람 량. 凉과 仝.

*辛凉(신량)—매우 차가움.
*冷嗽(냉수)—찬바람만 쏘이면 나는 기침. 해수병(咳嗽病).

火土印綬, 過於熱者, 木從火旺也, 火旺焚木, 木屬風, 故主風痰,
화토인수   과어열자   목종화왕야   화왕분목   목속풍   고주풍담

過於燥者, 火炎土焦也, 土潤則血脈流行, 而營衛調和, 皮屬土, 土
과어조자   화염토초야   토윤즉혈맥유행   이영위조화   피속토   토

喜煖, 煖卽潤也, 所以過燥則皮癢, 過溼則生瘡, 夏土宜溼, 冬土
희난   난즉윤야   소이과조즉피양   과습즉생창   하토의습   동토

宜燥, 在人則無病, 在物則發生, 總之火多主痰, 水多主嗽,
의조   재인즉무병   재물즉발생   총지화다주담   수다주수

火土 인수에서 지나치게 뜨거우면 木이 왕한 火에 종(從)하게 되고 火가 왕하여 木을 태워 없앤다. 木은 풍(風)에 속하니 주로 풍담(風痰)이 있다. 지나치게 건조하면 火가 염염(炎炎)하여 土는 갈라 터지게 된다. 土가 윤택하면 혈맥이 유행하여

영위(營衛)가 조화롭다.

피부는 土에 속하는데 土는 따뜻한 것을 좋아하니 따뜻한즉 윤택하다. 이러므로 지나치게 건조하면 가려움증이 있고 지나치게 습하면 종기가 생긴다. 여름의 土는 마땅히 습하여야 하고 겨울의 토는 건조하여야 한다. 사람에 있어서는 무병할 것이고 생물(生物)에 있어서는 발생할 것이다. 한마디로 火가 많으면 담(痰)이 있고 水가 많으면 기침이 있다.

*焦(초)-그슬릴 초. 태울 초.
*營(영)-경영할 영. 다스릴 영.
*衛(위)-막을 위. 방비 위.
*營衛(영위)-진영의 호위. 주위의 수호. 여기서는 몸을 보양하는 혈기를 말함. 營은 동맥혈. 衛는 정맥혈.

*煖(난)-따뜻할 난. 따뜻이 할 난.
*癢(양)-가려울 양.
*瘡(창)-부스럼 창. 상처 창.
*燥(조)-마를 조. 말릴 조.
*痰(담)-가래 담.
*嗽(수)-기침 수.

木火多痰者, 火旺逢木, 木從火勢, 則金不能剋木, 水不能勝火,
목화다담자 화왕봉목 목종화세 즉금불능극목 수불능승화

火必剋金而傷肺, 不能下生腎水, 木又洩水氣, 腎水必燥, 陰虛火
화필극금이상폐 불능하생신수 목우설수기 신수필조 음허화

炎, 痰則生矣, 生毒鬱火金者, 火烈水涸, 火必焚木, 木被火焚, 土
염 담즉생의 생독울화금자 화열수학 화필분목 목피화분 토

必焦燥, 燥土能脆金, 金鬱於內, 脆金逢火, 肺氣上逆, 肺氣逆則
필초조 조토능취금 금울어내 취금봉화 폐기상역 폐기역즉

肝腎兩虧, 肝腎虧則血脈不行, 加以七情憂鬱而生毒矣,
간신양휴 간신휴즉혈맥불행 가이칠정우울이생독의

木火에 담이 많은 것은 火가 왕한데 木을 만나면 木은 火의 세력을 따르니 金이 木을 극할수 없고 水는 火를 이길 수 없어 火는 반드시 金을 극하여 폐가 손상을 입게 되어 아래로 신수(腎水)를 생하지 못한다. 木은 또 수기(水氣)를 설하니 신수(腎水)가 말라 음허(陰虛)하고 火가 염염하여 담이 생긴다.

火金이 답답하여 독(毒)이 생기는 것은 火가 맹렬(猛烈)하여 水가 마르고 火는

木을 태우며 木이 火에 의하여 타버리니 土는 반드시 불에 타서 메마르다.

　메마른 土는 金을 부스러뜨리니 金이 속으로 답답하다. 약한 金이 火를 만나면 폐기가 위로 거슬려 간(肝)과 신(腎)이 둘 다 이지러진다. 간과 신이 이지러지면 혈맥이 흐르지 못하고 게다가 칠정(七情)이 우울하여 독(毒)이 생긴다.

*涸(학. 후)−마를 학. 말릴 학. 마를 후. 말릴 후.
*焚(분)−탈 분. 태울 분. 불사를 분.

*脆(취)−무를 취. 연할 취. 가벼울 취.
*憂(우)−근심 우. 병 우.
*憂鬱(우울)−마음이 상쾌하지 않고 답답함.

> **역자주**　七情(칠정)은 喜怒哀樂愛惡欲(희노애락애오욕), 불가(佛家)에서는 喜怒憂懼愛憎欲(희노우구애증욕)을 말한다.

土燥不能生金, 火烈自能暵水, 腎經必虛, 土虛不能制水, 木旺自
토조불능생금　화열자능한수　신경필허　토허불능제수　목왕자

能剋土, 脾胃必傷, 凡此五行不和之病, 細究之, 必驗也, 然與人
능극토　비위필상　범차오행불화지병　세구지　필험야　연여인

事可相通也, 不可專執而論,
사가상통야　불가전집이론

　메마른 土는 金을 생하지 못하고 火가 맹렬하면 자연 水가 마르니 신경(腎經)이 반드시 허하게 된다. 土가 허하면 水를 제극하지 못하고 木이 왕하면 자연 土를 극하니 비와 위가 손상을 입는다.

　대저 이렇게 五行이 불화하여 병이 되는데 자세히 살펴보면 반드시 맞는다. 그리고 사람의 일에도 통하는 것이니 한 가지로 고집하여서는 안 된다.

*暵(한)−마를 한. 말릴 한. 더울 한.
*脾(비)−지라 비. 넓적다리 비.
*專(전)−오로지 전. 전일할 전.

*執(집)−잡을 집. 막을 집.
*符(부)−부신 부. 도장 부. 맞을 부.
*泰(태)−클 태. 너그러울 태.

如病不相符, 可究其六親之吉凶, 事體之否泰, 必有應驗者, 如日
여 병 불 상 부　가 구 기 육 친 지 길 흉　사 체 지 비 태　필 유 응 험 자　여 일

主是金, 木是財星, 局中火旺, 日主不能任其財, 必生火而助殺,
주 시 금　목 시 재 성　국 중 화 왕　일 주 불 능 임 기 재　필 생 화 이 조 살

反爲日主之忌神, 卽或有水, 水仍生木, 則金氣愈虛, 金爲大腸肺,
반 위 일 주 지 기 신　즉 혹 유 수　수 잉 생 목　즉 금 기 유 허　금 위 대 장 폐

肺傷而大腸不暢, 不能下生腎水, 木洩水而生火, 必主腎肺兩傷之病,
폐 상 이 대 장 불 창　불 능 하 생 신 수　목 설 수 이 생 화　필 주 신 폐 양 상 지 병

　　가령 병(病)에 부합되지 않으면 그 사람의 육친(六親)의 길흉에 부합되고, 또 일
이 잘되고 안 되는 것에 반드시 부합된다. 가령 일주가 金이면 木은 재성이 되는데
원국에 火가 왕하면 일주는 그 재(財)를 마음대로 하지 못한다. 재성은 반드시 火
를 생하여 살(殺)을 도우니 도리어 재성은 일주에게 기신이 된다

　　혹 水가 있어도 水는 木을 생하니 金은 더욱 허하게 된다. 金은 대장과 폐가
되는데 폐가 손상되고 대장이 펴지지 않아 아래로 신수(腎水)를 생하지 못하고
木이 水를 설(洩)하여 火를 생하니 그 사람은 반드시 신(腎)과 폐(肺)가 상하는 병
이 있다.

　*應(응) - 곧. 즉시. 마땅히. 응당.　　　*仍(잉) - 인할 잉(그대로 따름). 오히려 잉. 이
　*驗(험) - 증좌 험(증거). 조짐 험. 증험할 험.　　에 잉(乃). 부사어로는 곧. 누차. 여전히.

然亦有無此病者, 必財多破耗, 衣食不敷, 是其咎也, 然亦有無病而
연 역 유 무 차 병 자　필 재 다 파 모　의 식 불 부　시 기 구 야　연 역 유 무 병 이

財源旺者, 其妻必陋惡, 子必不肖也, 斷斷必有一驗, 其中亦有妻賢
재 원 왕 자　기 처 필 루 악　자 필 불 초 야　단 단 필 유 일 험　기 중 역 유 처 현

子肖而無病, 且財源旺者, 歲運一路土金之妙也, 然亦有局中金水,
자 초 이 무 병　차 재 원 왕 자　세 운 일 로 토 금 지 묘 야　연 역 유 국 중 금 수

與木火停勻, 而得肺腎之病者, 或財多破耗, 或妻陋子劣者, 亦因
여 목 화 정 균　이 득 폐 신 지 병 자　혹 재 다 파 모　혹 처 루 자 열 자　역 인

歲運一路木火, 而金水受傷之故也, 宜仔細推詳, 不可執一而論也,
세 운 일 로 목 화　이 금 수 수 상 지 고 야　의 자 세 추 상　불 가 집 일 이 론 야

　　그러나 이와 같은 병이 있건 없건 반드시 재물의 손실이 많고 의식이 넉넉지

못하니 이것이 허물인 것이다.

그러나 병도 없고 재물이 넉넉하다면 그 처가 반드시 비루하고 악할 것이며 자식 또한 반드시 어리석을 것이다. 단연코 한 가지는 증험(證驗)이 있을 것이다. 그 가운데에서 처가 현명하고 자식이 똑똑하며 병도 없으며 또 재물도 넉넉하다면 세운(歲運)이 한길로 土金으로 흐르는 아름다움이 있기 때문이다.

그러나 원국이 金水와 木火가 서로 균형을 이루고 있는데 폐(肺)와 신(腎)에 병이 있거나 혹 재물의 손실이 많거나 혹 처가 비루하고 자식이 어리석거나 한 것은 역시 운의 흐름이 木火로 흘러 金水가 손상을 받기 때문이다. 마땅히 자세하고 상세히 살펴야 한다. 한 가지로만 고집하면 안 된다.

*亦(역)-또한 역. 모두 역.
*破(파)-깨뜨릴 파.
*耗(모)-벼 모. 덜 모. 耗는 재물이 흩어짐을 이름.
*敷(부)-펼 부. 퍼질 부. 나눌 부.
*咎(구)-허물 구. 미움 구.
*源(원)-수원 원. 근원 원.
*陋(루. 누)-좁을 루. 못생길 루. 거칠 루.
*肖(초)-닮을 초. 본받을 초.
*斷(단)-끊을 단. 결단할 단. 단연 단.
*斷斷(단단)-성실하고 전일(專一)한 모양. 전일하여 변하지 않는 모양.

*賢(현)-어질 현. 어진이 현.
*歲(세)-해 세. 나이. 세월.
*路(로)-길 로. 고달플 로.
*妙(묘)-묘할 묘. 예쁠 묘.
*停(정)-머무를 정. 멈출 정.
*勻(균)-고를 균. 가지런할 균.
*肺(폐)-허파 폐(肺腸).
*腎(신)-콩팥 신(腎腸).
*劣(열. 렬)-못할 렬. 겨우 렬.
*仔(자)-자세할 자. 자세하다. 세밀(細密)하다. 어리다. 견뎌내다. 새끼. 아이.
*推(추. 퇴)-옮을 추. 밀 추. 밀 퇴.

```
己 辛 壬 壬
丑 酉 子 辰

戊 丁 丙 乙 甲 癸
午 巳 辰 卯 寅 丑
```

辛金生於仲冬, 金水傷官, 局中全無火氣, 金寒水冷, 土溼而凍, 初
신금생어중동　금수상관　국중전무화기　금한수냉　토습이동　초

患冷嗽, 然傷官佩印, 格局純清, 讀書過目成誦, 早年入泮, 甲寅
환냉수　연상관패인　격국순청　독서과목성송　조년입반　갑인

乙卯, 洩水之氣, 家業大增, 至丙辰運, 水火相剋而得疾, 丙寅年
을묘　설수지기　가업대증　지병진운　수화상극이득질　병인년

火金旺, 水愈激, 竟成弱症而亡,
화금왕　수유격　경성약증이망

　辛金이 子月에 생하여 金水 상관인데 원국에 화기라곤 전혀 없으니 金도 차갑고 水도 차갑고 土는 습하고 또한 얼어 있어 처음은 냉수(冷嗽)가 있었다. 그러나 상관에 인수가 있어 격이 순청(純淸)하여 글을 읽으면 한 번만 봐도 외웠으며 일찍이 입반하였다. 甲寅 乙卯 운에 수기(水氣)를 설하니 가업이 크게 늘었다.

　丙辰 운에 이르러 水火가 상전하여 병(病)을 얻었고 丙寅 유년(流年)에 火金이 왕한 水를 격동하니 끝내는 약증(弱症)으로 사망하였다.

*患(환)-근심 환. 재앙 환.	*誦(송)-읽을 송. 읊을 송. 욀 송.
*嗽(수)-기침 수.	*泮(반)-물가 반. 녹을 반.
*冷嗽(냉수)-찬바람만 쏘이면 하는 기침. 해수(咳嗽).	*入泮(입반)-반궁(泮宮)에 들어감.
*佩(패)-노리개 패. 찰 패. 두를 패.	*增(증)-불을 증. 더할 증.
*過(과)-지날 과. 지나칠 과. 잘못할 과.	*愈(유)-나을 유. 더할 유. 고칠 유.
	*激(격)-부딪칠 격. 빠를 격.

> **역자주** 밑줄의 丙寅年火金旺, 水愈激(병인년화금왕, 수유격)은 丙寅年火金, 旺水愈激(병인년화금, 왕수유격)으로 떼어 쓰는 것이 맞다. 『적천수징의』에는 이렇게 되어 있다.

壬　辛　丙　己
辰　酉　子　丑

庚辛壬癸甲乙
午未申酉戌亥

金水傷官, 丙火透露, 去其寒凝, 故無冷嗽之病, 癸酉入學補廩,
금 수 상 관　병 화 투 로　거 기 한 응　고 무 냉 수 지 병　계 유 입 학 보 름

而擧於鄉, 問曰, 金水傷官喜官星, 何以癸酉金水之運, 而得功名,
이 거 어 향　문 왈　금 수 상 관 희 관 성　하 이 계 유 금 수 지 운　이 득 공 명

　金水 상관에 丙火가 천간으로 투출하여 한랭한 것을 제거하여 고로 냉수병(冷
嗽病)은 없었다. 癸酉 대운에 입반하고 장학생이 되었으며 향시에 급제하였다.
　어떤 사람이 묻기를 金水 상관은 관성을 기뻐한다 하는데 어찌 癸酉 金水 운에
공명을 얻는가?

　　*凝(응)－얼 응. 엉길 응.　　　　　*嗽(수)－기침 수.
　　*擧(거)－들 거. 올릴 거. 과거(科擧) 거.　　*補(보)－기울 보. 도울 보. 보탤 보.
　　*鄉(향)－마을 향. 시골 향. 고향 향.　　*廩(름)－곳집 름. 녹미 름. 구호 름.

余曰, 金水傷官喜火不過要其煖局, 非取以爲用也, 取火爲用者,
여 왈　금 수 상 관 희 화 불 과 요 기 난 국　비 취 이 위 용 야　취 화 위 용 자

十無一二, 取水爲用者十有八九, 取火者必要木火齊來, 又要日元
십 무 일 이　취 수 위 용 자 십 유 팔 구　취 화 자 필 요 목 화 제 래　우 요 일 원

旺相, 此造日元雖旺, 局中少木, 虛火無根, 必以水爲用神也, 壬
왕 상　차 조 일 원 수 왕　국 중 소 목　허 화 무 근　필 이 수 위 용 신 야　임

申運, 由敎習得知縣, 辛未運丁丑年, 火土並旺, 合取壬水, 子水
신 운　유 교 습 득 지 현　신 미 운 정 축 년　화 토 병 왕　합 취 임 수　자 수

亦傷, 得疾而亡,
역 상　득 질 이 망

　내가 답하기를 金水 상관에 火를 기뻐하는 것은 원국을 온난하게 하는 데 불과
한 것으로 용신으로 취하는 것은 아니다.

火를 취하여 용신으로 하는 것은 열에 한둘도 되지 않고, 水를 취하여 용신으로 하는 것이 열에 여덟아홉이다. 火를 쓰려면 반드시 木火가 같이 있어야 하고 또 일주가 왕해야 한다.

이 명조는 일주는 비록 왕하나 원국에 木이 적고 허한 火는 무근이니 반드시 水를 용신으로 한다. 壬申 대운에 교습(敎習)을 거쳐 지현에 올랐다. 辛未 대운 丁丑 유년(流年)에 火土가 다 왕하여 壬水를 합거하고 子水 또한 손상을 받아 질병을 얻어 사망하였다.

*煖(난)-따뜻할 난. 따뜻이 할 난.   *縣(현)-고을 현. 매달 현.
*取(취)-취할 취. 취하다. 돕다. 의지하다.   *敎習(교습)-관직명.


```
丙  庚  丙  甲
戌  子  子  戌

壬 辛 庚 己 戊 丁
午 巳 辰 卯 寅 丑
```

庚金生於子月, 丙火並透, 地支兩戌燥土, 乃丙之庫根, 又得甲木
경금생어자월 병화병투 지지양술조토 내병지고근 우득갑목

生丙, 過於熱也, 運至戊寅己卯, 而患痰火之症, 庚辰比肩幫身, 支
생병 과어열야 운지무인기묘 이환담화지증 경진비견방신 지

逢濕土, 其病勿藥而愈, 加捐出仕, 辛巳長生之地, 名利兩全, 其
봉습토 기병물약이유 가연출사 신사장생지지 명리양전 기

不用火者, 身衰之故也, 凡金水傷官用火, 必要身旺逢財, 中和用
불용화자 신쇠지고야 범금수상관용화 필요신왕봉재 중화용

水, 衰弱用土也,
수 쇠약용토야

庚金이 子月에 생하였다. 丙火가 천간에 둘이나 투출하고 지지에 건조한 戌土가 둘이나 있어 丙火의 뿌리가 되고, 또 甲木이 丙火를 생하니 뜨거움이 지나치다. 戊寅 己卯 대운에 火가 뜨거워 담화(痰火) 병(病)이 생겼는데 庚辰 대운에 이

르러 비견이 일주를 돕고 지지로 습토가 있어 약을 쓰지 않았어도 병이 나았다.

또한 庚辰 대운에 연납으로 벼슬길에 나갔으며 辛巳 대운은 金의 장생지라 명리가 양전하였다. 火를 쓰지 못하는 것은 일주가 약하기 때문이다.

무릇 金水 상관에서 火를 쓰는 경우는 반드시 신왕하고 재성이 있어야 쓰는 것이고 사주가 중화되었으면 水를 쓰며 신약하면 土를 쓴다.

*肩(견)-어깨 견. 견딜 견.
*幫(방)-도울 방.
*捐(연)-버릴 연. 기부 연.

*加捐(가연)-연납(捐納)과 소. 재물을 국가에 바치면 국가는 이에 상응(相應)하는 작위(爵位)나 벼슬을 줌.

丙	己	庚	己
寅	亥	午	巳

甲	乙	丙	丁	戊	己
子	丑	寅	卯	辰	巳

己土生于仲夏, 火土印綬, 己本濕土, 又坐下亥水, 丙火透而逢生,
기토생우중하 화토인수 기본습토 우좌하해수 병화투이봉생

年月又逢祿旺, 此之謂熱, 非燥也, 寅亥化木生火, 夏日可畏, 兼
년월우봉록왕 차지위열 비조야 인해화목생화 하일가외 겸

之運走東南木地, 風屬木, 故患風疾,
지운주동남목지 풍속목 고환풍질

己土가 仲夏에 태어나니 火土 인수(印綬)이다. 己는 본래 습토인데 좌하에 亥水를 두었으나 丙火가 투출하여 생을 받고 있으며 年과 月에 녹왕이 있어 이것은 건조한 것이 아니라 뜨겁다 하겠다.

寅亥 합은 木으로 化하니 여름날이 가히 두렵다. 겸하여 운이 東南 木地로 가니 木은 풍(風)에 속하는데 그러므로 병환은 풍질(風疾)이다.

*畏(외)-두려워할 외. 두려움 외.
*屬(속. 촉)-좇을 속. 엮을 속. 이을 촉. 따를 촉.

*熱(열)-더울 열. 따뜻하다. 더워지다.
*燥(조)-마를 조. 말릴 조. 설.

且巳亥體陰, 用陽也, 得午助, 心與小腸愈旺, 亥逢寅洩, 庚金不能
차 사 해 체 음　용 양 야　득 오 조　심 여 소 장 유 왕　해 봉 인 설　경 금 불 능

下生, 腎氣愈虧, 又患遺泄之症, 幸善調養, 而病勢無增, 至乙丑, 運
하 생　신 기 유 휴　우 환 유 설 지 증　행 선 조 양　이 병 세 무 증　지 을 축　운

轉北方, 前病皆愈, 甲子癸亥水地, 老而益壯, 又納妾生子, 發財
전 북 방　전 병 개 유　갑 자 계 해 수 지　로 이 익 장　우 납 첩 생 자　발 재

數萬,
수 만

또 巳亥는 체(體)는 음이나 용(用)은 양인데 午火의 부조가 있어 심장과 소장이 더욱 왕하다. 亥水는 寅木을 만나 설기되고 庚金은 지지의 水를 생하지 못하니 신기(腎氣)가 더욱 이지러졌다.

또 병환은 유설(遺泄)의 증세도 있었는데 다행히 관리를 잘하여 병세(病勢)가 더하지는 않았다. 乙丑 운에 이르러 운이 북방(北方)으로 가 앞의 병들이 다 나았다.

甲子 癸亥 水地는 나이가 들어 더욱 건강하고 또 첩을 들여 아들을 낳고 재물도 수만이나 되었다.

*陰(음)-응달 음. 습기. 축축함.
*陽(양)-볕 양. 볕. 양지. 밝다.
*腸(장)-창자 장. 창자. 마음. 자세하다.
*愈(유)-나을 유. 더할 유. 고칠 유.
*虧(휴)-이지러질 휴.
*患(환)-근심 환. 재앙 환.
*遺(유)-남을 유. 남길 유. 빠질 유. 물릴 유.
*泄(설)-샐 설. 섞을 설. 없앨 설. 설사할 설.

*調(조)-고를 조. 맞을 조.
*症(증. 징)-증세 증. 증상(症狀). 적취[積聚 : 구체(久滯)의 한 가지] 징. 어혈 징.
*幸(행)-다행 행. 다행할 행.
*勢(세)-세력 세. 기세 세.
*增(증)-불을 증. 더할 증.
*轉(전)-구를 전. 옮길 전. 넘어질 전.
*壯(장)-씩씩할 장. 장할 장. 왕성할 장.
*納(납)-들일 납. 바칠 납. 수장할 납.

丁　戊　戊　辛
巳　戌　戌　未

壬　癸　甲　乙　丙　丁
辰　巳　午　未　申　酉

戊土生於戌月，未戌皆帶火燥土，時逢丁巳，火土印綬，戌本燥土，
무토생어술월　미술개대화조토　　시봉정사　화토인수　술본조토

又助其印，時在季秋，此之謂燥，非熱也，年干辛金，丁火刦之，辛
우조기인　시재계추　차지위조　비열야　년간신금　정화겁지　신

屬肺，燥土不能生金，初患痰症，肺家受傷之故也，
속폐　조토불능생금　초환담증　폐가수상지고야

　　戊土가 戌月에 생하였다. 지지의 未戌 土는 火를 가지고 있는 조토이다. 時에
丁巳가 있어 火土 인수를 이루었다. 戌은 본시 조토인데 또 인수가 생조(生助)한
다. 때가 늦가을로 이것은 건조한 것이지 뜨거운 것이 아니다.

　　年干의 辛金을 丁火가 겁탈하니 辛金은 폐에 속하는데 조토는 金을 생하지
못하는 고로 처음은 담증(痰症)이었는데 이는 폐가 손상된 연고이다.

其不致大害者，運走丙申丁酉，西方金地，至乙未甲午，木火相生，
기불치대해자　운주병신정유　서방금지　지을미갑오　목화상생

土愈燥，竟得蛇皮瘋，所謂皮癢也，癸巳運，水無根，不能剋火及
토유조　경득사피풍　소위피양야　계사운　수무근　불능극화급

激其焰，其疾卒以亡身，此火土逼乾癸水，腎家絶也，
격기염　기질졸이망신　차화토핍건계수　신가절야

　　그것이 큰 병으로 번지지 않았던 것은 운이 丙申 丁酉로 西方 金地이기 때문이
다. 乙未 甲午 운에 이르러 木이 火를 생하여 土가 더욱 건조하게 되니 끝내는
사피풍(蛇皮瘋)에 걸렸다. 이른바 피양(皮癢)이라고 하는 가려움증의 병이다.

　　癸巳 운은 水가 무근으로 火를 극하지 못하고 도리어 왕한 火를 격분시켜 그
병으로 사망하였다. 이것은 火土가 癸水를 말려 신수(腎水)가 끊겼기 때문이다.

*蛇(사) – 뱀 사. 별이름 사.

*蛇皮瘋(사피풍) – 피부가 뱀 허물처럼 희뜩
  희뜩하고 가려운 피부병.

*瘋(풍) – 두통 풍. 광증 풍.

*痒(양) – 병 양. 앓을 양. 종기 양. 가려울 양.

*逼(핍) – 닥칠 핍. 가까이 할 핍. 쪼그라들
  핍.

*乾(건) – 하늘 건. 건괘 건. 마를 건.

乙 己 丁 己
丑 亥 丑 丑

辛 壬 癸 甲 乙 丙
未 申 酉 戌 亥 子

己土生于季冬, 支逢三丑, 日主本旺, 過於寒濕, 丁火無根, 不能
기토생우계동　지봉삼축　일주본왕　과어한습　정화무근　불능

去其寒濕之氣, 乙木凋枯, 置之不用, 書香難就, 己土屬脾, 寒而
거기한습지기　을목조고　치지불용　서향난취　기토속비　한이

且濕, 故幼多瘡毒, 癸酉壬申運, 財雖大旺, 兩脚寒濕瘡, 數十年
차습　고유다창독　계유임신운　재수대왕　양각한습창　수십년

不愈, 又中氣大虧, 亦乙木凋枯之意也,
불유　우중기대휴　역을목조고지의야

己土가 丑月에 생하고 지지에 丑이 셋이나 있어 일주는 본시 왕하나 지나치게
한습하다. 丁火는 무근으로 한습한 기운을 제거치 못하고 乙木도 조고(凋枯)하여
쓰지 못하니 학문을 이루지 못하였다.

己土는 비장(脾臟)에 속하는데 차갑고 습한 고로 어려서는 종기가 많았다. 癸酉
壬申 운에서는 재물은 비록 크게 좋았으나 한습(寒濕)하여 두 다리에 종기가 생겨
수십 년간 낫지 않았다. 중기(中氣)가 이지러진 것은 乙木이 조고(凋枯)하기 때문
이다.

*凋(조) – 시들 조. 느른할 조.

*枯(고) – 마를 고. 마른나무 고.

*就(취) – 이룰 취. 좇을 취.

*幼(유) – 어릴 유. 어린아이 유.

*瘡(창) – 부스럼 창. 상처 창.

*脚(각) – 다리 각. 밟을 각.

庚　甲　己　丙
午　戌　亥　戌

乙　甲　癸　壬　辛　庚
巳　辰　卯　寅　丑　子

甲木生於亥月，印雖當令，四柱土多剋水，天干庚金無根，又與亥
갑 목 생 어 해 월　인 수 당 령　사 주 토 다 극 수　천 간 경 금 무 근　우 여 해

水遠隔，戌中辛金，鬱而受剋，午丙引出戌中丁火，亥水被戌土制
수 원 격　술 중 신 금　울 이 수 극　오 병 인 출 술 중 정 화　해 수 피 술 토 제

定，不能克火，所謂鬱火金也，庚爲大腸，丙火剋之，辛爲肺，午火
정　불 능 극 화　소 위 울 화 금 야　경 위 대 장　병 화 극 지　신 위 폐　오 화

攻之，壬爲膀胱，戌土傷之，謂火毒攻內，甲辰運木又生火，沖出
공 지　임 위 방 광　술 토 상 지　위 화 독 공 내　갑 진 운 목 우 생 화　충 출

戌中辛金，被午剋之，生肺癰而亡，
술 중 신 금　피 오 극 지　생 폐 옹 이 망

甲木이 亥月에 생하니 인수가 비록 당령한 때이나 사주에 土가 많아 水를 극하
고 천간의 庚金은 무근이며 또 亥水와 멀리 떨어져 있다.

戌 중의 辛金이 극을 받아 답답한데 戌 중의 丁火를 午와 丙이 인출하고 亥水
는 戌土의 극을 받아 힘이 없어 火를 극하지 못하니 이른바 火와 金이 답답하다.

庚은 대장인데 丙火가 극하고 辛은 폐인데 丁火가 극하며 壬은 방광인데 戌土
가 손상하니 이른바 화독(火毒)이 속을 공격한다.

甲辰 운에 木이 또 火를 생하고 戌土 속의 辛金을 충으로 끌어내는데 午火의
극을 받으니 폐암으로 사망하였다.

*隔(격)−막을 격. 막이 격.　　　　　　　*肺(폐)−허파 폐. 마음 폐.
*被(피)−이불 피. 덮을 피. 당할 피.　　*膀(방)−오줌통 방.
*鬱(울)−우거질 울. 막힐 울. 막을 울.　*胱(광)−오줌통 광.
*腸(장)−창자 장. 창자. 마음. 자세하다.　*癰(옹)−악창 옹.

```
甲 甲 癸 庚
戌 午 未 寅

己 戊 丁 丙 乙 甲
丑 子 亥 戌 酉 申
```

木火傷官用印, 得庚金貼身, 生癸水之印, 純粹可觀, 讀書過目不
목화상관용인 득경금첩신 생계수지인 순수가관 독서과목불

忘, 惜庚癸兩字, 地支不載, 更嫌戌時會起火局, 不但金水枯傷,
망 석경계양자 지지부재 갱혐술시회기화국 부단금수고상

而且火能熱木, 命主元神洩盡, 幼成弱症, 肺腎兩虧, 至丙戌運,
이차화능열목 명주원신설진 유성약증 폐신양휴 지병술운

逼水剋金而夭,
핍수극금이요

木火 상관에 인수격이다. 庚金이 바짝 붙어 인수인 癸水를 생하니 순수하고
좋다. 글을 읽으면 잊지 않고 외웠는데 애석한 것은 庚과 癸를 지지가 실어주지
않은 것이다.

더욱 꺼리는 것은 戌時로 火局을 이루니 비단 金水만 마르고 손상을 입은 것
이 아니라 또한 火가 木을 태워버리는 것으로 일주의 원기가 설진(洩盡)된 것이
다.

어려서는 허약하였는데 폐(肺)와 신(腎)이 다 이지러진 때문이다. 丙戌 운에 이
르러 水를 말리고 金을 극하니 일찍 요절하였다.

*貼(첩)-붙을 첩. 붙일 첩.　　　　　*嫌(혐)-싫어할 혐. 미움 혐.
*載(재)-실을 재. 탈 재.　　　　　　*夭(요)-일찍 죽을 요. 죽일 요.

역자주 | 밑줄을 자세히 살펴보자.
　　　　火能熱木(화능열목)이라고 한 대목은 좀 이상하다. 직역(直譯)하면 "火는 木을 뜨겁게 한
　　　　다"는 말인데 火가 왕해서 木이 뜨겁긴 하나, 여기서의 뜻은 火能焚木(화능분목)이라고 하
　　　　여야 뜻이 된다. 그래서 木의 원신(元神)이 다 설진(洩盡)되었다는 말이다.
　　　　熱(열)은 焚(분)이어야 맞다. 『적천수징의』에는 火能焚木(화능분목)으로 되어 있다.

戊　庚　乙　癸
寅　戌　卯　酉

己　庚　辛　壬　癸　甲
酉　戌　亥　子　丑　寅

春木當權, 卯酉雖沖, 木旺金缺, 土亦受傷, 更嫌卯戌寅戌拱合化
춘목당권　묘유수충　목왕금결　토역수상　갱혐묘술인술공합화
殺, 本主脾虛肺傷疾, 然竟一生無病, 但酉弱卯强, 妻雖不剋, 而中
살　본주비허폐상질　연경일생무병　단유약묘강　처수불극　이중
冓難言, 生二子, 皆不肖, 爲匪類, 故免其病, 財亦旺也,
구난언　생이자　개불초　위비류　고면기병　재역왕야

춘목이 당권하여 비록 卯酉가 충을 하나 木이 왕하니 金이 이지러지고 土 또한
손상을 입는다.

더욱 꺼리는 것은 卯戌 寅戌이 반합으로 살로 化하는 것으로 이 사람은 비(脾)
가 허하고 폐가 상하는 질병이 있어야 하는데 그러나 일생에 병이 없었다.

단 酉는 약하고 卯가 강하니 처는 비록 극하지 않았으나 중구(中冓)를 말하기
어려울 정도였고 자식이 둘인데 다 불초하고 비적(匪賊)의 무리였다. 그러므로 그
병을 면하였는데 재물은 역시 풍부하였다.

*冓(구)-지밀 구(궁중의 제일 그윽한 데 있는　　　*脾(비)-지라 비. 넓적다리 비.
　침실).　　　　　　　　　　　　　　　　　　　　*竟(경)-끝날 경. 마침 경. 끝 경.
*中冓(중구)-궁중의 깊숙한 곳. 부부(夫婦)　　　*難(난. 나)-어려울 난. 어려워할 난. 근심할
　가 거처하는 방. 내실(內室). 전(轉)하여 음　　　난. 우거질 나.
　란(淫亂)한 일.　　　　　　　　　　　　　　　　*匪(비)-아닐 비. 비적 비〔兇漢(흉한)〕.

出 身출신

巍巍科第邁等倫. 一個元機暗裏存.
외 외 과 제 매 등 륜　　일 개 원 기 암 리 존

　높고 높은 과거에 급제하는 것은 하나의 원기(元機)가 속으로 감추어져 있기 때문이다.

*巍(외)－높을 외.
*邁(매)－갈 매. 지날 매. 힘쓸 매.

*倫(륜)－인륜 륜. 차례 륜. 가릴 륜.
*裏(리. 이)－안 리. 속 리.

原注원주

凡看命看人之出身最難. 如狀元出身. 格局淸奇迥異. 若隱若露. 奇而
범 간 명 간 인 지 출 신 최 난　여 장 원 출 신　격 국 청 기 형 이　약 은 약 로　기 이

難決者. 必有元機. 須搜尋之.
난 결 자　필 유 원 기　수 수 심 지

【원주】

　대저 명을 보는 데 있어 사람의 출신을 알기가 가장 어렵다. 가령 장원 출신의 격국은 청기(淸奇), 형이(迥異)하여 숨은 듯 나타난 듯 기이하여 판단하기 어려운 것은 반드시 원기가 있으니 모름지기 깊이 살펴야 한다.

*看(간)－볼 간. 지킬 간.
*狀(장)－문서 장. 모양 상. 형용할 상.
*迥(형)－멀 형. 빛나다.
*隱(은)－숨을 은. 숨길 은. 가엾어할 은.
*若(약. 야)－좇을 약(따름). 너 약. 같을 약. 이 같을 약. 및 약(그 밖에. 또). 이에 약. 어조사 약. 반야 야.

*淸奇(청기)－청(淸)하고 기이함.
*露(로)－이슬 로. 적실 로. 드러날 로. 나타날 로.
*須(수)－수염 수. 기다릴 수. 잠깐 수. 모름지기 수.
*搜(수)－찾을 수.
*尋(심)－찾을 심. 깊이 심.

任氏曰 임씨왈,

命論人之出身最難, 故有元機存焉, 元機者, 不特格局淸奇迥異,
명 론 인 지 출 신 최 난　고 유 원 기 존 언　원 기 자　불 특 격 국 청 기 형 이

用神眞假之分, 須究支中藏神司命, 包羅用神喜神, 使閑神忌神不
용 신 진 가 지 분　수 구 지 중 장 신 사 명　포 라 용 신 희 신　사 한 신 기 신 불

能爭戰, 反有生拱之情, 又有格局本無出色處, 而名冠羣英者, 必
능 쟁 전　반 유 생 공 지 정　우 유 격 국 본 무 출 색 처　이 명 관 군 영 자　필

先究其世德之美惡, 次論山川之靈秀, 所以鍾靈毓秀, 從世德而來
선 구 기 세 덕 지 미 악　차 론 산 천 지 령 수　소 이 종 령 육 수　종 세 덕 이 래

者, 不論命也,
자　불 론 명 야

임 선생님이 말씀하였다.

명리에서 사람의 출신을 논하는 것이 가장 어렵다. 그러므로 원기(元機)가 있는
지를 보는 것이다. 원기란 격국이 청기(淸奇)하거나 형이(迥異)한 것뿐만 아니라
용신의 진가(眞假)를 구분하고 모름지기 지지 중에 암장되어 사명하고 있는 신(神)
이 용신과 희신을 감싸주고 한신과 기신으로 하여금 쟁전(爭戰)치 않게 하고 도리
어 생하고 합하여 유정한 것을 이르는 것이다.

또 격국이 출중하지 않은데도 벼슬이 높고 빼어난 사람은 반드시 먼저 세덕(世
德)의 미악(美惡)을 살피고 다음으로는 山川의 영수(靈秀)를 논하여야 하는 것이니
이러므로 종령(鍾靈)이 뛰어나고 세덕이 따른 자는 명으로는 논할 수 없다.

*包(포)－쌀 포(보자기 따위로 물건을 쌈). 꾸러
　미 포.
*羅(라)－그물 라. 비단 라. 벌이어놓을 라.
*包羅(포라)－온통 쌈. 망라(網羅)함.
*出色(출색)－출중하여 눈에 띔.
*羣(군)－무리 군. 群과 소.

*靈(령. 영)－신령 령. 신령할 령. 영혼 령.
*靈秀(령수)－뛰어남. 빼어남. 신수(神秀).
*鍾(종)－술잔 종. 모일 종. 모을 종. 쇠북 종.
*毓(육)－기를 육〔養也〕.
*秀(수)－빼어날 수. 팰 수(벼 따위의 이삭이 나
　와 꽃이 핌).

역자주　鍾靈毓秀(종령육수)는 풍수지리에서 쓰는 말 같은데 이해가 어렵다. 종령(鍾靈)이란 신령스
런 지기(地氣)가 응결(凝結)된 것을 의미하고 육수(毓秀)란 잘 길러서 빼어난 것을 의미하
니 신령스런 지기(地氣)가 결집되고 이것을 잘 길러 빼어난 곳을 의미한 것 같다.
그런데 이것이 양택(陽宅)을 의미하는 것인지 혹은 음택(陰宅)인 선영(先塋)을 의미하는지
아니면 두 가지 모두를 의미하는지 조금은 애매하다.

故世德心田居一, 山川居二, 命格居三, 然看命之要, 非殺印相生
고 세 덕 심 전 거 일　산 천 거 이　명 격 거 삼　연 간 명 지 요　비 살 인 상 생

爲貴, 官印雙淸爲美也, 如顯然殺印財官, 動人心目者, 必非佳造,
위 귀　관 인 쌍 청 위 미 야　여 현 연 살 인 재 관　동 인 심 목 자　필 비 가 조

若用神輕微, 喜神暗伏, 秀氣深藏者, 初看並無好處, 越看越有精
약 용 신 경 미　희 신 암 복　수 기 심 장 자　초 간 병 무 호 처　월 간 월 유 정

神, 其中必有元機, 宜仔細搜尋,
신　기 중 필 유 원 기　의 자 세 수 심

　그러므로 세덕(世德), 심전(心田)이 첫째이고 山川이 두 번째이고 명(命)의 격국
은 세 번째이다. 그러나 명을 보는데 요점은 살인상생(殺印相生)으로 귀(貴)하게
되는 것이 아니라 관인(官印)이 같이 청(淸)해야 아름다운 것이다.

　가령 살인(殺印), 재관(財官)이 뚜렷하게 나타나면 사람의 마음과 눈을 동하게
하나, 그렇다고 반드시 아름다운 명조가 되는 것은 아니다.

　만약 용신이 경미하고 희신이 암장되고 수기(秀氣)가 심장된 것은 첫눈에는 별
로 좋은 것 같지 않지만, 보면 볼수록 정신이 있고 그 가운데에 반드시 원기(元機)
가 있다. 마땅히 자세히 찾아봐야 한다.

*世德(세덕)-여러 대를 거쳐 쌓아오는 아
　름다운 덕화(德化).
*心田(심전)-마음. 마음자리. 마음의 본바
　탕. 心地.
*顯(현)-밝을 현. 나타날 현.

*佳(가)-아름다울 가. 좋을 가.
*輕(경)-가벼울 경. 가벼이 여길 경.
*微(미)-작을 미. 정묘할 미. 천할 미.
*越(월)-넘을 월. 지날 월.
*深(심)-깊을 심. 깊게 할 심.

> 역자주　山川居二(산천거이), 山川이 두 번째란 말도 이해가 어렵다.
> 태어난 고장을 말하는 것인지 또는 선영(先塋)을 말하는 것인지 아니면 자기의 주위환경을
> 말하는 것인지 이해가 어려우나, 이 셋을 종합적으로 다 말하는 것이라고 하여도 무방할
> 듯하다.

戊　己　壬　壬
辰　未　寅　辰

戊丁丙乙甲癸
申未午巳辰卯

己土生于孟春, 官當令, 天干覆以財星, 生官有情, 然春初己土濕
기토생우맹춘　관당령　천간복이재성　생관유정　연춘초기토습

而且寒, 年月壬水, 通根身庫, 喜其寅中丙火司令爲用, 伏而逢生,
이차한　년월임수　통근신고　희기인중병화사령위용　복이봉생

所謂元機暗裏存也, 至丙運, 元神發露, 戊辰年比助時干, 剋去壬
소위원기암리존야　지병운　원신발로　무진년비조시간　극거임

水, 則丙火不受剋, 大魁天下, 以俗論之, 官星不透, 財輕刧重, 謂
수　즉병화불수극　대괴천하　이속론지　관성불투　재경겁중　위

平常命也,
평상명야

　己土가 맹춘에 생하여 관이 당령하였는데 천간의 재성이 덮고서 관을 생하니
유정하다. 그러나 寅月로 초춘이어서 己土는 습하며 또한 차가운데 年과 月의
壬水가 고에 통근하여 더욱 냉하다.

　기쁜 것은 사령한 寅中 丙火를 용신으로 하는 것이다. 암장된 丙火를 만나 생을
받으니 소위 원기가 그 속에 암장된 것이다.

　丙 대운에 이르러 원신이 발로하고 戊辰 年에 비겁이 時干을 도우며 壬水를
극거하니 丙火가 극을 받지 않아 대괴(大魁)로 천하에 이름을 떨쳤다.

　속론(俗論)하면 관성이 투출되지 않고 재성이 가볍고 겁재가 많아 보통의 명조
라 할 것이다.

---

*覆(복. 부)－엎어질 복. 덮을 부. 덮개 부.　　*大魁(대괴)－큰 흙덩이. 대지. 또 天地. 여
*裏(리. 이)－안 리. 속 리.　　　　　　　　　기서는 대과(大科)의 장원(壯元)을 이름.
*魁(괴)－우두머리 괴. 클 괴.　　　　　　　*輕(경)－가벼울 경. 가벼이 여길 경.

丙 甲 甲 壬
寅 戌 辰 戌

庚 己 戊 丁 丙 乙
戌 酉 申 未 午 巳

甲木生于季春, 木有餘氣, 又得比祿之助, 時干丙火獨透, 通輝純
갑목생우계춘 목유여기 우득비록지조 시간병화독투 통휘순

粹, 年干壬水, 坐下燥土之制, 又逢比肩之洩, 展轉相生, 則丙火更
수 년간임수 좌하조토지제 우봉비견지설 전전상생 즉병화갱

得其勢, 至戊運, 戌之元神透出制壬, 兩冠羣英, 三元及第, 其仕
득기세 지무운 술지원신투출제임 양관군영 삼원급제 기사

路未能顯秩者, 運走西方金地, 洩土生水之故也,
로미능현질자 운주서방금지 설토생수지고야

　甲木이 계춘에 생하니 木의 여기(餘氣)인데 또 비견과 녹(祿)이 돕고 있다. 時干
에 丙火가 홀로 투출하니 밝고 순수하다.

　年干의 壬水는 좌하의 조토가 극제하고 또 비견이 설하여 전전하여 생하니 丙
火는 더욱 세력이 있다.

　戊 운에 이르러 戌의 원신이 투출하여 壬水를 제하니 양관(兩冠)의 많은 인재들
중에서 삼원(三元)에 급제하였다.

　그러나 사로(仕路)가 현관(縣官)에 나가지 못한 것은 운이 서방 金地로 가니 土
를 설하고 水를 생하는 연고이다.

*通輝(통휘)－밝고 빛나다.
*展轉(전전)－밤에 잠이 안 와서 엎치락뒤
　치락함. 輾轉(전전)과 仝. 여기서는 돌아가
　며 생한다는 뜻임.
*兩冠(양관)－홍문관(弘文館)과 예문관(藝文
　館).

*羣英(군영)－군웅(群雄). 많은 영웅. 보통은
　'群英(군영)'으로 씀.
*三元(삼원)－중국에서 대과(大科)인 진사(進
　士)에 삼등 안으로 급제한 세 사람. 또 향시
　(鄕試), 회시(會試), 정시(廷試)에 수석을 차
　지한 사람.

庚　丁　丁　甲
戌　卯　丑　寅

癸　壬　辛　庚　己　戊
未　午　巳　辰　卯　寅

丁火生于季冬, 局中印綬疊疊, 弱中變旺, 足以用財, 庚金虛露,
정화생우계동　국중인수첩첩　약중변왕　족이용재　경금허로

本無出色, 喜其丑內藏辛爲用, 亦是元機暗裏存也, 丑乃日元之秀
본무출색　희기축내장신위용　역시원기암리존야　축내일원지수

氣, 能引比肩來生, 又得卯戌合, 而丑土不傷, 所以身居鼎右, 探
기　능인비견래생　우득묘술합　이축토불상　소이신거정우　탐

花及第,
화급제

　丁火가 계동에 생하였으나 원국에 인수(印綬)가 많아 약한 가운데 왕(旺)으로 변하였다. 족히 재성을 용신으로 삼는다. 庚金이 천간에 투출하였으나 허약하여 좋다고는 할 수 없지만, 기쁜 것은 丑土에 암장된 辛金을 용신으로 하는 것이다.

　역시 원기가 속에 감추어져 있다. 丑은 일주의 수기(秀氣)이며 비견의 수기인데 기쁜 것은 卯戌이 합으로 丑土가 손상되지 않는 것이다. 이러므로 탐화(探花)로 급제하고 벼슬이 우상(右相)에 이르렀다.

*綬(수) - 끈 수. 끈. 인끈(실을 땋은 끈).
*弱(약) - 약할 약. 쇠할 약. 젊을 약.
*秀(수) - 빼어날 수. 팰 수(벼 따위의 이삭이 나와 꽃이 핌).
*鼎右(정우) - 우상(右相).

*鼎(정) - 솥 정. 솥의 세 발을 삼공(三公)에 비겨 '대신(大臣)'의 뜻으로 씀.
*探(탐) - 더듬을 탐. 찾을 탐.
*探花(탐화) - 꽃을 찾아 구경함. 과거(科擧)에 셋째로 급제한 사람. 探花郞(탐화랑).

辛 庚 壬 丁
巳 子 子 亥

丙 丁 戊 己 庚 辛
午 未 申 酉 戌 亥

庚金生于仲冬, 傷官太旺, 過于洩氣, 用神在土, 不在火也, 柱中
경금생우중동 상관태왕 과우설기 용신재토 부재화야 주중

之火, 不過取其煖局耳, 四柱無土, 取巳中藏戊, 水旺剋火, 火能
지화 불과취기난국이 사주무토 취사중장무 수왕극화 화능

生土, 亦是元機暗裏存也, 至戊運丙辰年, 火土相生, 巳中元神並
생토 역시원기암리존야 지무운병진년 화토상생 사중원신병

發, 亦居鼎右,
발 역거정우

庚金이 중동에 생하니 상관이 태왕하여 설기가 지나치다. 용신은 土이지 火가
아니다. 사주 중의 火는 원국을 따뜻하게 하는 데 불과할 뿐이다. 사주에 土가
나타나지 않아 巳 중의 戊土를 취한다.

水가 왕하여 火를 극하나 火는 능히 土를 생하니 역시 원기가 안에 숨어 있다.
戊 대운 丙辰 年에 이르러 火土가 상생하고 巳 중의 戊土 원신이 함께 발로되니
역시 우상(右相)에 이르렀다.

*洩(설. 예)-샐 설. 줄 설. 훨훨 날 예. 바람
  따를 예.
*藏(장)-감출 장. 서장 장.

*煖(난. 훤)-더울 난. 따뜻할 훤. 덥다. 따뜻
  하다.
*暗(암)-어두울 암.

清得盡時黃榜客. 雖存濁氣亦中式.
청 득 진 시 황 방 객 수 존 탁 기 역 중 식

청한 기운을 완전하게 얻은 때라면 황방객(黃榜客)이 되리니 비록 탁기가 있
더라도 과거에는 급제한다.

*盡(진)−다할 진(죄다 없어짐. 끝남. 극진함. 충분하게 함). 다 진(모두). 가령 진. 부사어로는 매우. 전부. 모두 등으로 해석.

*黃(황)−누를 황. 누른빛 황.

*榜(방)−방 붙일 방. 고시하다. 매질하다.

*黃榜(황방)−노란빛의 패. 황지(黃紙)에 쓴 칙서(勅書).

*中式(중식)−과거(科擧)에 합격함.

原注원주

天下之命. 未有不淸而發科甲者. 淸得盡者. 非必一一成象. 雖五行盡
천 하 지 명   미 유 불 청 이 발 과 갑 자   청 득 진 자   비 필 일 일 성 상   수 오 행 진

出而能安放得所. 生化有情. 不混閑神忌客. 決發科甲. 卽有一二濁氣.
출 이 능 안 방 득 소   생 화 유 정   불 혼 한 신 기 객   결 발 과 갑   즉 유 일 이 탁 기

而淸氣或成一個體段. 亦可發達.
이 청 기 혹 성 일 개 체 단   역 가 발 달

【원주】

천하의 명(命) 가운데 청(淸)하지 못한 명이 과갑(科甲)을 하는 경우는 없으며 청함을 모두 얻었다 하는 것은 반드시 개개(個個)가 상(象)을 이룬 것은 아니다.

비록 五行이 모두 나타나 안방득소(安放得所)하고 生化가 유정하며 한신과 기신이 혼잡되지 않으면 결단코 과갑(科甲)을 한다. 한두 개의 탁기가 있더라도 청기가 한 개의 체단(體段)을 이루면 역시 발달한다.

*放(방)−내칠 방. 내놓을 방.

*安放(안방)−(일정한 장소에) 두다. 놓다.

*閑(한)−한가할 한. 틈 한. 등한히 할 한.

*得所(득소)−걸 맞는 지위를 얻다. 걸 맞는 자리를 얻다.

*體(체)−몸 체. 바탕 체. 모양 체. 형성할 체.

任氏曰임씨왈,

淸得盡者, 非一行成象, 兩氣雙淸也, 雖五行盡出, 而淸氣獨逢生旺,
청 득 진 자   비 일 행 성 상   양 기 쌍 청 야   수 오 행 진 출   이 청 기 독 봉 생 왕

或眞神得用, 或淸氣深藏者, 黃榜標名也, 若淸氣當權, 閑神忌客,
혹 진 신 득 용   혹 청 기 심 장 자   황 방 표 명 야   약 청 기 당 권   한 신 기 객

不司令, 不深藏, 得歲運制化者, 亦發科甲也, 淸氣當權, 雖有濁
불 사 령   불 심 장   득 세 운 제 화 자   역 발 과 갑 야   청 기 당 권   수 유 탁

氣, 安放得所, 不犯喜用者, 雖不能發甲, 亦發科也, 清氣雖不當
기   안방득소   불범희용자   수불능발갑   역발과야   청기수부당

令, 得閑神忌客不黨濁氣, 匡扶清氣, 或歲運安頓者, 亦可中式也,
령   득한신기객부당탁기   광부청기   혹세운안돈자   역가중식야

임 선생님이 말씀하였다.

청(清)함을 다 얻었다는 것은 한 오행으로 상(象)을 이룬 것이 아니고 양기(兩氣)가 쌍청(雙清)한 것을 이르는 것이다. 비록 오행이 다 나타났어도 청기가 홀로 생왕(生旺)하거나, 혹 진신을 용신으로 하거나, 혹 청기가 깊이 감추어져 있으면 황방(黃榜)에 이름이 걸리게 된다.

이 밖에 또 청기가 당권하고 한신이나 기신이 실령하고 깊이 감추어져 있지 아니하며 세운에서 기신을 제(制)하고 化하면 역시 과갑(科甲)을 한다.

청기(清氣)가 당권하면 비록 탁기가 있어도 탁기가 안방득소(安放得所)하고 희신과 용신을 범(犯)하지 않으면 과갑(科甲)은 못하여도 급제는 한다. 청기가 비록 당령하지 못했더라도 한신과 기신이 탁기와 무리 짓지 않고 청기를 돕거나, 혹 세운(歲運)이 안돈하면 역시 급제한다.

*黃榜(황방)－황제의 조서. 진사에 급제한 사람의 이름을 적은 종이.
*標(표)－나무 끝 표. 가지 표. 나타날 표. 적을 표.
*標名(표명)－이름을 써 넣음.
*若(약. 야)－좇을 약(따름). 너 약. 같을 약. 이 같을 약. 및 약(그 밖에. 또). 이에 약. 어조사 약. 반야 야.

*安放得所(안방득소)－일정한 장소에 걸맞게 자리하다.
*犯(범)－범할 범. 침범할 범. 범죄 범. 범인 범.
*黨(당)－마을 당. 무리 당. 일가 당.
*匡(광)－바를 광. 구원할 광.
*頓(돈)－조아릴 돈. 가지런히 할 돈.
*式(식)－법 식. 법. 법규. 본받다.

역자주 兩氣雙清也(양기쌍청야)는 兩氣雙清之謂也(양기쌍청지위야)라고 하는 것이 뜻이 더 확실하다. 『적천수징의』에는 兩氣雙清之謂也(양기쌍청지위야)로 되어 있다.

丙 己 乙 戊
辰 卯 卯 辰

辛 庚 己 戊 丁 丙
酉 申 未 午 巳 辰

平傳臚造, 己土生于卯月, 殺旺提綱, 乙木元神透露, 支類東方,
평전려조　기토생우묘월　살왕제강　을목원신투로　지류동방

時干丙火生旺, 局中不雜金水, 淸得盡者也, 若一見金, 不但不能
시간병화생왕　국중부잡금수　청득진자야　약일견금　부단불능

剋木, 而金自傷, 觸其旺神, 徒與不和, 爲不盡也,
극목　이금자상　촉기왕신　도여불화　위부진야

평 전려(平傳臚)의 명조이다. 己土가 卯月에 생하여 살이 월령을 타고 왕한데 卯木의 원신인 乙木이 투출하고 지지가 동방이니 時干의 丙火가 생왕(生旺)하다.

원국에 金水가 섞이지 않아 청함을 얻은 것이다. 만약 金이 한 개라도 보이면 비단 木을 극하지 못할 뿐만 아니라 金이 손상을 입고 왕신(旺神)을 건드려 도리어 불화를 일으키니 청(淸)하지 않게 된다.

*臚(려, 여)-가죽 려. 살갗 려. 배 려. 　*徒(도)-걸어다닐 도. 무리 도. 다만 도. 부
*盡(진)-다할 진. 다 진. 가령 진.　　　사어로는 공연히. 부질없이. 오히려. 단지.
*觸(촉)-닿을 촉. 부딪칠 촉. 범할 촉.　　근근이 등으로 해석.

역자주　"時干의 丙火가 생왕(生旺)하다" 하고 지류동방이라 하였으니 丙辰 時가 아니고 丙寅 時라야 맞다. 필사 과정에서 잘못된 듯하다. 辰時는 戊辰 時이다.

```
甲 庚 己 癸
申 子 未 未

癸 甲 乙 丙 丁 戊
丑 寅 卯 辰 巳 午
```

庚金生於未月, 燥土本難生金, 喜其坐下子水, 年透元神, 謂三伏
경금생어미월 조토본난생금 희기좌하자수 년투원신 위삼복

生寒, 潤土養金, 雖然土旺水衰, 妙在申時拱子, 有洩土生水扶身之
생한 윤토양금 수연토왕수쇠 묘재신시공자 유설토생수부신지

美, 更妙火不顯露, 淸得盡也, 初交戊午丁巳丙運, 生土逼水, 功
미 갱묘화불현로 청득진야 초교무오정사병운 생토핍수 공

名蹭蹬, 家業破耗, 辰運支全水局, 擧於鄕, 交乙卯制去己未之土,
명충등 가업파모 진운지전수국 거어향 교을묘제거기미지토

登黃甲, 入詞林, 又掌文柄, 仕路顯赫,
등황갑 입사림 우장문병 사로현혁

　庚金이 未月에 생하였다. 조토는 본래 金을 생하지 못하는데 기쁜 것은 좌하에 子水가 있고 年干에 원신이 투출하여 이른바 삼복더위에 찬 기운을 생하니 건조한 土가 윤토로 되어 金을 생하는 것이다. 그러나 土가 왕하여 水가 쇠약한데 묘(妙)한 것은 申時로 子와 水局을 이루고 土를 설하여 水를 생하며 일주를 돕는 것이 아름답다. 더욱 묘(妙)한 것은 火가 나타나지 않아 청함을 얻은 것이다.

　초년 운이 戊午 丁巳 丙 운으로 土를 생하고 물을 말리니 공명을 이룰 수 없었고 가업도 기울었다. 辰 운에 이르러 지지가 수국을 이루니 향방에 들었고 乙卯 대운은 己未의 土를 제거하여 황갑(黃甲)에 올랐다. 사림에 들어 문병(文柄)을 장악하고 벼슬길이 빛났다.

*蹭(층)－헛디딜 층.
*蹬(등)－헛디딜 등.
*蹭蹬(층등)－헛디디는 모양. 실족하는 모양. 전(轉)하여 세력을 잃는 모양.
*黃甲(황갑)－진사과에 합격함. 이름을 황지(黃紙)에 쓴 것에서 유래.

*詞(사)－고할 사. 말 사. 시문 사.
*掌(장)－손바닥 장. 맡을 장.
*柄(병)－자루 병. 근본 병. 권세 병.
*文柄(문병)－학문상의 세력. 또 문치상(文治上)의 권력.
*顯(현)－밝을 현. 나타날 현.

*詞林(사림)－시문 또는 문필의 모임. 한림 　*赫(혁)－붉을 혁. 성할 혁.
　(翰林)의 별칭(別稱).　　　　　　　*顯赫(현혁)－환히 드러나 빛남.

丁　甲　癸　癸
卯　午　亥　未

丁　戊　己　庚　辛　壬
巳　午　未　申　酉　戌

甲木生于亥月, 癸水並透, 其勢泛濫, 冬木喜火, 最喜卯時, 不特
갑목생우해월　계수병투　기세범람　동목희화　최희묘시　불특

丁火通根, 抑且日主臨旺, 又會木局, 洩水生火扶身, 更妙無金,
정화통근　억차일주임왕　우회목국　설수생화부신　갱묘무금

淸得盡矣, 至己未運, 制其癸水, 丙辰流年, 捷南宮, 入翰苑, 官居
청득진의　지기미운　제기계수　병진유년　첩남궁　입한원　관거

淸要,
청요

　甲木이 亥月에 생하였다. 천간으로 癸水가 둘이나 있어 그 세력이 범람하는
형세이다. 겨울의 木이 火를 기뻐하는데 가장 기쁜 것은 卯時로 丁火가 통근하는
것뿐만 아니고 또한 일주도 왕지에 들고 또 木局을 이루어 水를 설하고 火를 생하
며 일주를 돕는 것이다. 더욱 묘(妙)한 것은 원국에 金이 없어 청함을 얻었다.
　己未 운에 이르러 癸水를 극하고 丙辰 유년(流年)에 남궁(南宮)에 들어갔고 한
원(翰苑)에 들었다. 벼슬이 청직(淸職)으로 요직에 머물렀다.

*泛(범)－뜰 범. 넓을 범.　　　　　*南宮(남궁)－예부(禮部).
*濫(람)－넘칠 람. 뜰 람.　　　　　*翰(한)－깃 한. 글 한.
*不特(불특)－부사어로 쓰이며, 뿐만 아니라.　*苑(원)－동산 원. 문채(文彩) 날 원.
*抑(억)－누를 억. 굽힐 억. 또한 억.　*翰苑(한원)－한림원(翰林院). 예문관(藝文
*抑且(억차)－부사어로 또한. 동시에.　　館)을 달리 이르는 말.
*捷(첩)－이길 첩. 빨리 첩.　　　　*淸要(청요)－청환(淸宦)과 요직.

乙 癸 己 壬
卯 卯 酉 辰

乙 甲 癸 壬 辛 庚
卯 寅 丑 子 亥 戌

癸卯日元, 食神太重, 不但日元洩氣, 而且制殺太過, 喜其秋水通源,
계 묘 일 원　　식 신 태 중　　부 단 일 원 설 기　　이 차 제 살 태 과　　희 기 추 수 통 원

獨印得用, 更妙辰酉合而化金, 金氣愈堅, 局中全無火氣, 淸得盡
독 인 득 용　　갱 묘 진 유 합 이 화 금　　금 기 유 견　　국 중 전 무 화 기　　청 득 진

矣, 所以早登雲路, 名高翰苑, 惜中運逢木, 仕路恐不能顯秩也,
의　　소 이 조 등 운 로　　명 고 한 원　　석 중 운 봉 목　　사 로 공 불 능 현 질 야

　癸卯 일주가 식신이 태중하여 일주의 원기는 설기(洩氣)가 심할 뿐 아니라 또한
살(殺)을 제(制)함도 지나치다. 기쁜 것은 가을의 물로 근원이 깊어 인수를 용신으
로 하는 것이다.

　더욱 묘(妙)한 것은 辰酉 합이 金으로 化하니 金의 기운이 더욱 튼튼한 것이
다. 원국에 火가 없어 청함을 얻었다. 이러므로 일찍이 벼슬길에 나아가 한원에
이름이 높았다. 애석하게도 중년 운이 木을 만나니 현관(縣官)에는 나가지 못할
까 두렵다.

*獨(독) ─ 홀로 독. 부사어로는 홀로. 단독으
　로. 다만. 단지. 오직. 특히 등으로 해석하
　며, 해석하지 않는 경우도 있음.
*堅(견) ─ 굳을 견. 굳어질 견.
*翰(한) ─ 깃 한. 붓 한. 글 한.
*苑(원) ─ 동산 원. 문채 날 원.

*翰苑(한원) ─ 한림 원(翰林院). 예문관(藝文
　館)을 달리 이르는 말. 서적의 편찬이나 조
　서(詔書)의 초안을 담당하는 부서로 학문
　에 재능 있는 사람들이 선발됨. 조선(朝鮮)
　에서는 예문관의 검열에 해당하는 관직으
　로 문벌이 좋고 우수한 수재라야 임명됨.

丙 庚 甲 己
子 子 戌 亥

戊 己 庚 辛 壬 癸
辰 巳 午 未 申 酉

庚金生于戌月, 地支兩子一亥, 干透丙火, 剋洩交加, 喜其印旺月
경금생우술월   지지양자일해   간투병화   극설교가   희기인왕월

提, 雖嫌甲木生火剋土, 得甲己合而化土, 清得盡也, 至己巳流年,
제   수혐갑목생화극토   득갑기합이화토   청득진야   지기사유년

印星有助, 沖去亥水甲木長生, 名題鴈塔,
인성유조   충거해수갑목장생   명제안탑

庚金이 戌月에 태어났다. 지지에 子水가 둘에 亥水가 하나 있으며 천간으로
丙火가 투출하니 극설이 교가한다. 기쁜 것은 인수가 왕하고 월령을 탄 것인데
혐오스런 것은 甲木이 火를 생하고 土를 극하는 것이다.

甲己 합이 있어 土로 化하니 청함을 얻었다. 己巳 유년(流年) 운에 인성이 일주
를 돕고 甲木의 장생인 亥水를 충거하여 이름이 안탑에 올랐다.

*提(제)−끌 제. 거느릴 제.　　　　　*鴈(안)−기러기 안.
*題(제)−이마 제. 끝 제. 표제. 글제 제.　*塔(탑)−탑 탑. 절 탑. 층집 탑.

역자주　○ 鴈塔(안탑): 탑의 아칭(雅稱). 서역기(西域記)에 떨어져 죽은 기러기를 묻고 그 위에
탑을 세웠다는 기사(奇事)에서 나왔다.
섬서성(陝西省) 장안현에 있는 두 탑의 이름으로, 하나는 자은사(慈恩寺)의 대안탑(大鴈
塔)으로 당나라의 고승 현장이 세웠는데 성교서비(聖敎序碑)가 탑 아래에 있다. 당대(唐
代)에 진사(進士)가 자기 이름을 써 넣던 탑이다. 또 하나는 천복사(薦福寺)의 소안탑(小
鴈塔)이다

○ 名題鴈塔(명제안탑): 안탑제명(鴈塔題名)과 같은 뜻이다. 당대(唐代)에 진사에 급제한
사람들이 자은사(慈恩寺)의 탑에 이름을 적는 것이 습속(習俗)이 되었으므로 진사(進士)
에 급제함을 이른다.

```
辛 庚 丙 己
巳 子 子 亥
```

```
庚 辛 壬 癸 甲 乙
午 未 申 酉 戌 亥
```

庚金生於仲冬, 地支兩子一亥, 干透丙火, 剋洩並見, 喜其己土透
경금생어중동　지지양자일해　간투병화　극설병견　희기기토투

露, 洩火生金, 五行無木, 淸得盡也, 至己巳年, 印星得助, 名高翰
로　설화생금　오행무목　청득진야　지기사년　인성득조　명고한

苑, 所不足者, 印不當令, 又己土遙列而虛, 故降任知縣,
원　소부족자　인부당령　우기토요열이허　고강임지현

　庚金이 한겨울에 태어났다. 지지에 子가 둘이 있고 亥가 하나 있으며 천간으로
丙火가 투출하니 극설이 함께 있다. 기쁜 것은 己土가 투출하여 火를 설하고 金을
생하는 것이다.

　오행 중에 木이 없어 청함을 얻었다. 己巳 년에 이르러 인수가 일주를 도우니
이름이 한원에 높았다. 부족한 것은 인수가 당령하지 못하고 일주와 멀리 떨어져
있고 허(虛)하여 지현으로 낮게 임명되었다.

*仲冬(중동)－음력(陰曆) 동짓달의 딴 이름.
*盡(진)－다할 진(죄다 없어짐. 끝남. 극진함. 충
　분하게 함). 다 진(모두).
*助(조)－도울 조. 도움 조.
*翰(한)－깃 한. 붓 한. 글 한.

*苑(원)－동산 원. 문채 날 원.
*遙(요)－멀 요. 아득할 요.
*降(강. 항)－내릴 강. 항복할 항. 항복받을 항.
*任(임)－맡길 임. 맡기다. 마음대로.
*縣(현)－고을 현. 매달 현.

壬　丙　壬　丙
辰　子　辰　申

戊　丁　丙　乙　甲　癸
戌　酉　申　未　午　巳

丙火生于季春, 兩殺並透, 支會殺局, 喜其辰土當令制殺, 辰中木
병화생우계춘　양살병투　지회살국　희기진토당령제살　진중목

有餘氣而生身, 病在申金, 無此盡美, 所以天資過人, 丁卯年合殺,
유여기이생신　병재신금　무차진미　소이천자과인　정묘년합살

而印星得地, 中鄕榜, 辛未年去其子水, 木火皆得餘氣, 春闈亦捷,
이인성득지　중향방　신미년거기자수　목화개득여기　춘위역첩

究竟申金爲嫌, 不得大用歸班, 更嫌運走西方, 以酒色爲事也,
구경신금위혐　부득대용귀반　갱혐운주서방　이주색위사야

此似王衍梅造,
차 사 왕 연 매 조

丙火가 辰월에 생하였다. 천간으로 칠살이 두 개나 투출하고 지지가 살국(申子
辰)을 이루었는데 기쁜 것은 辰土가 당령하여 살을 제(制)하는 것이다. 辰은 木의
여기(餘氣)로 木이 일주를 생하는데 申金이 병(病)이 되어 아름답지 못하다. 타고
난 자질은 남보다 뛰어났다.

丁卯 년에 丁壬 합으로 살을 합하고 인성이 득지하니 향방에 들었다. 辛未 년은
子水를 제거하고 木火가 다 여기를 얻어 춘위(春闈)에 들었다.

그러나 끝내 申金이 혐의가 되어 크게 쓰이지 못하여 낙향하였다. 더욱 나쁜
것은 운이 西方 金地로 흘러 주색으로 일을 삼았다.

이 사주는 왕연매(王衍梅)의 사주와 같다.

*盡美(진미)－더할 나위 없이 아름다움.
*春闈(춘위)－회시(會試). 향시(鄕試)는 추위
　(秋闈).
*歸(귀)－돌아갈 귀. 돌아올 귀.

*斑(반)－나눌 반. 돌아갈 반. 돌아올 반. 이
　별할 반. 차례 반.
*歸班(귀반)－고향에 돌아감. 낙향함.
*衍(연)－넘칠 연. 퍼질 연. 넉넉할 연.

```
乙  壬  壬  戊
巳  子  戌  午

戊 丁 丙 乙 甲 癸
辰 卯 寅 丑 子 亥
```

壬水生于戌月, 水進氣, 而得坐下陽刃幫身, 年干之殺, 比肩攩之,
임 수 생 우 술 월　수 진 기　이 득 좌 하 양 인 방 신　년 간 지 살　비 견 당 지

謂身殺兩停, 其病在午, 子水沖之, 又嫌在巳, 子水隔之, 使其不
위 신 살 양 정　기 병 재 오　자 수 충 지　우 혐 재 사　자 수 격 지　사 기 불

能生殺, 且戌中辛金暗藏爲用, 同胞雙生, 皆中進士,
능 생 살　차 술 중 신 금 암 장 위 용　동 포 쌍 생　개 중 진 사

　壬水가 戌月에 태어났다. 水는 진기(進氣)인데 좌하에 양인(陽刃)이 일주를
돕는다. 年干의 살(殺)은 비견(比肩)이 대적하니 일러 신살(身殺)의 세력이 비슷
하다.

　병(病)은 午에 있으니 子水를 충하기 때문이며 또 巳火도 꺼리는데 子水가 사
이에 막고 있어 살을 생하지 못하게 한다.

　이로써 戌 중의 辛金을 용신으로 한다. 쌍둥이로 태어났는데 형제가 다 진사(進
士)에 올랐다.

*幫(방) - 도울 방.
*攩(당) - 무리 당. 칠 당.
*停(정) - 머무를 정. 멈출 정.

*沖(충) - 빌 충. 비다. 공허하다.
*隔(격) - 막을 격. 막이 격.
*胞(포) - 태보 포.

戊 乙 辛 庚
寅 卯 巳 戌

丁 丙 乙 甲 癸 壬
亥 戌 酉 申 未 午

乙木生于巳月, 傷官當令, 足以制官伏殺, 坐下祿支扶身, 寅時又
을목생우사월 상관당령 족이제관복살 좌하록지부신 인시우

藤蘿繫甲, 至庚辰年, 支類東方, 中鄉榜, 不發甲, 只因四柱無印,
등라계갑 지경진년 지류동방 중향방 불발갑 지인사주무인

戊土洩火生金之故也, 同胞雙生, 其弟生卯時, 雖亦得祿, 不及寅
술토설화생금지고야 동포쌍생 기제생묘시 수역득록 불급인

中甲木有力, 而藏之爲美, 故遲至己亥年, 印星生拱, 始中鄉榜也,
중갑목유력 이장지위미 고지지기해년 인성생공 시중향방야

　乙木이 巳月에 생하니 상관이 당령하여 족히 관살을 제복시킨다. 좌하의 녹(祿)
이 일주를 돕고 時에 寅이 있어 등라계갑(藤蘿繫甲)이 되었다. 庚辰 년에 이르러
지지가 동방을 이루니 향방에 들었으나 장원은 못하였다. 이는 사주에 인수가 없
고 戊土가 火를 설하여 金을 생하는 연고이다.

　쌍둥이로 동생은 卯時에 출생하였는데 비록 녹(祿)은 얻었으나 그러나 寅 중
甲木의 유력함에는 미치지 못하나 그러나 甲乙이 암장된 것도 아름답다.

　그러므로 늦게 己亥 년에 인수가 생을 하고 亥卯 공목(拱木)하여 비로소 향방에
들었다.

*藤(등)－등나무 등.
*蘿(라)－쑥 라. 여라 라.
*藤蘿繫甲(등라계갑)－등나무나 칡 같은 덩
　굴이 교목(喬木)을 감고 의지하는 것을 이
　름.

*藤蘿(등라)－등나무.
*繫(계)－맬 계. 매달 계. 매달릴 계.
*遲(지)－더딜 지. 굼뜰 지. 이에 지.
*發甲(발갑)－과거(科擧)에서 장원(壯元)을 이
　름.

역자주 이 명조의 己亥 년은 50세이다.

```
甲  戊  乙  癸
寅  午  卯  亥
```

```
己 庚 辛 壬 癸 甲
酉 戌 亥 子 丑 寅
```

戊土生于仲春, 官殺並旺臨祿, 又財星得地生扶, 雖坐下午火印綬,
무 토 생 우 중 춘 관 살 병 왕 임 록 우 재 성 득 지 생 부 수 좌 하 오 화 인 수

虛土不能納火, 格成棄命從殺, 官殺一類旣從, 不作混論, 至子運
허 토 불 능 납 화 격 성 기 명 종 살 관 살 일 류 기 종 부 작 혼 론 지 자 운

沖去午火, 庚子年金生水旺, 沖盡午火, 中鄕榜,
충 거 오 화 경 자 년 금 생 수 왕 충 진 오 화 중 향 방

戊土가 卯月에 생하였다. 관살이 다 녹(祿)에 임(臨)하고 있으며 왕(旺)한데 또 재성이 생부(生扶)한다.

비록 좌하에 午火 인수가 있으나 허약한 土는 火를 받아들이지 못하니 살(殺)로 종하는 종살격이다. 관이나 살은 같은 부류로 이미 종을 하였으니 관살이 혼잡되었다고 논하지 않는다.

子 운에 이르러 午火를 충거하는데 庚子 유년(流年)에 金이 水를 생하여 水가 더욱 왕해져 午火를 완전히 제거하니 향방에 들었다.

*仲(중)-버금 중. 버금. 가운데.	*棄(기)-버릴 기.
*仲春(중춘)-음력(陰曆) 2월.	*旣(기)-이미 기. 다할 기.
*臨(임. 림)-임할 임(림).	*作(작)-지을 작. 짓다. 일어나다.
*祿(록. 녹)-복 록. 녹 록. 녹줄 녹.	*混(혼)-섞일 혼. 섞을 혼.
*扶(부)-도울 부. 붙들 부.	*鄕(향)-마을 향. 대접할 향.
*納(납)-들일 납. 바칠 납. 수장할 납.	*榜(방)-방 붙일 방. 고시하다. 매질하다.

癸　庚　壬　戊
未　寅　戌　子

戊　丁　丙　乙　甲　癸
辰　卯　寅　丑　子　亥

庚金生於戌月，印星當令，金亦有氣，用神在水，不在火也，至庚
경금생어술월　인성당령　금역유기　용신재수　부재화야　지경

申流年，壬水逢生，又洩土氣，北闈奏捷，所嫌者，戊土元神透露，
신유년　임수봉생　우설토기　북위주첩　소혐자　무토원신투로

不利春闈，兼之中運木火，財多破耗，
불리춘위　겸지중운목화　재다파모

　庚金이 戌月에 생하니 인성이 당령하여 金 또한 유기(有氣)하다. 용신은 水이지
火가 아니다. 庚申 유년(流年)에 壬水가 생을 만나고 또 土를 설하니 향시에 급제
하였다.

　꺼리는 바는 戊土 원신이 투출하여 춘위(春闈)에는 들지 못하였다. 겸하여 중년
운이 木火로 가니 재물의 손실이 많았다.

*逢(봉)－만날 봉. 맞을 봉.
*洩(설. 예)－샐 설. 줄 설. 훨훨 날 예. 바람
　따를 예.
*闈(위)－문 위. 대궐 위. 과장(科場) 위.
*北闈(북위)－명(明), 청(淸)시대 과거제도의
　하나. 향시(鄕試)의 통칭.
*奏(주)－아뢸 주. 상소(上疏) 주.

*捷(첩)－이길 첩. 빠를 첩.
*春闈(춘위)－회시(會試). 향시에 급제한 사
　람들이 중앙에 모여 이차(二次)로 보는 시
　험.
*破(파)－깨뜨릴 파.
*耗(모)－벼 모. 덜 모. 耗는 재물이 흩어짐
　을 이름.

戊　辛　己　戊
子　亥　未　子

乙　甲　癸　壬　辛　庚
丑　子　亥　戌　酉　申

辛金生于季夏, 局中雖多燥土, 妙在坐下亥水, 年時逢子, 潤土養
신금생우계하　국중수다조토　묘재좌하해수　년시봉자　윤토양

金, 能邀其未拱木爲用, 至丁卯年, 全會木局, 有病得藥, 棘闈奏捷,
금　능요기미공목위용　지정묘년　전회목국　유병득약　극위주첩

辛金이 未月에 생하였다. 원국에 비록 조토가 많으나 묘(妙)한 것은 좌하가 亥水이고 年과 時에 子水가 있어 조토를 윤토로 바꾸어 金을 자양한다. 능히 亥未 공목(拱木)함으로 木을 용신으로 한다. 丁卯 년에 이르러 木局을 이루니 병(病)이 있는데 약(藥)을 얻은 것으로 과거에 급제하였다.

*季夏(계하)－음력(陰曆) 유월(六月)의 별칭.
*邀(요)－맞이할 요. 구할 요.
*棘(극)－가시나무 극. 멧대추나무 극. 창 (槍) 극.

*闈(위)－문 위. 대궐 위. 과장(科場) 위.
*棘闈(극위)－문과(文科)의 과거를 보는 장 소. 과장(科場). 사방에 가시나무를 심었으 므로 이름.

秀才不是塵凡子. 淸氣還嫌官不起.
수 재 불 시 진 범 자　청 기 환 혐 관 불 기

수재는 평범한 사람은 아니다. 청기는 있으나 관이 일어나지 못하는 것을 꺼린다.

*秀才(수재)－재주가 뛰어난 남자. 과거에 응시할 자격이 있는 사람. 청조(淸朝)에서 는 이들을 생원(生員)이라 함. 여기서는 일 생 공부만 하고 회시(會試)에 합격하지 못 하여 벼슬을 하지 못하는 사람을 일컬음.

*塵(진)－티끌 진(俗世). 때 진. 더럽힐 진.
*還(환)－돌아올 환. 돌아갈 환. 도리어 환.
*嫌(혐)－싫어할 혐. 미움 혐.
*官(관)－벼슬 관. 벼슬. 관청.
*起(기)－일어날 기. 다시 기.

原注원주

秀才之命. 與異路人貧人富人之命. 無甚大別. 然終有一種淸氣處. 但
수재지명 여이로인빈인부인지명 무심대별 연종유일종청기처 단

官星不起. 故無爵祿.
관성불기 고무작록

【원주】

　수재(秀才)의 명은 이로(異路)로 공명을 이룬 이나 가난한 이나 부자의 명조나 크게
다르지 않다. 그러나 수재의 명(命)에는 한 곳이라도 청기(淸氣)가 있는데, 단 관성이
일어나지 않아 벼슬과 녹봉이 없는 것이다.

　*甚(심)−심할 심. 심히 심.　　　　　*爵(작)−벼슬 작. 벼슬 줄 작.
　*種(종)−씨 종. 작물 종.　　　　　　*爵祿(작록)−작위(爵位)와 봉록(俸祿).

任氏曰임씨왈,

秀才之命, 與異路貧富人無甚分別, 細究之, 必有淸氣存焉, 官星
수재지명 여이로빈부인무심분별 세구지 필유청기존언 관성

不起者, 非官星不透之謂也, 如官星太旺, 日主不能用其官, 如官
불기자 비관성불투지위야 여관성태왕 일주불능용기관 여관

星太弱, 官星不能剋日主, 如官旺用印見財者, 如官衰用財遇劫者,
성태약 관성불능극일주 여관왕용인견재자 여관쇠용재우겁자

如印多洩官星之氣者, 如官多無印者, 如官透無根, 地支不載,
여인다설관성지기자 여관다무인자 여관투무근 지지부재

　임 선생님이 말씀하였다.

　수재(秀才)의 명은 이로(異路)로 공명을 이룬 사람이나 가난한 사람이나 부자와
더불어 크게 다를 바는 없으나 그러나 자세히 살펴보면 반드시 청기(淸氣)가 있다.

　관성(官星)이 일어나지 않았다는 것은 관성이 투출(透出)하지 않은 것을 이르는
것이 아니다.

　가령 관성이 태왕하여 일주가 그 관성을 쓸 수 없거나, 관성이 태약하여 관성이
일주를 극할 수 없거나, 관성이 왕하여 인수(印綬)를 용신으로 하는데 재성을 보거

나, 관성이 약하여 재성을 용신으로 하는데 비겁을 만나거나, 또는 인수가 많아 관성의 기(氣)를 설하거나, 관성이 많은데 인수가 없거나, 관성이 투출하였으나 뿌리가 없고 지지에서 실어주지 않았거나,

如官坐傷位, 傷坐官位, 如忌官逢財, 喜官遇傷者, 皆謂之官星不
여관좌상위　상좌관위　여기관봉재　희관우상자　개위지관성불

起也, 縱有淸氣, 不過一衿終身, 有富而秀者, 身旺財旺, 與官星
기야　종유청기　불과일금종신　유부이수자　신왕재왕　여관성

不通也, 或傷官顧財不顧官也, 有貧而秀者, 身旺官輕, 財星受刧
불통야　혹상관고재불고관야　유빈이수자　신왕관경　재성수겁

也, 或財官太旺, 印星不現, 或傷官用印, 見財不見官也,
야　혹재관태왕　인성불현　혹상관용인　견재불견관야

또 관이 상관의 자리 위에 앉았거나, 상관이 관성을 자리하고 앉았거나, 관을 꺼리는데 재성을 만나고, 관을 기뻐하는데 상관을 만나는 것 등은 다 관성이 불기(不起)한 것들인데 비록 청기가 있다 하더라도 종신토록 일금(一衿)에 불과하다.

부자이면서 수재는 신왕하고 재가 왕한데 관성과는 통하지 않고, 혹 상관이 재는 도우나 관은 돕지 않는 것이다.

가난하면서 수재는 신왕하고 관이 경(輕)한데 재성이 비겁한테 겁탈되거나, 혹 재관이 태왕한데 인수가 나타나지 않았거나, 혹 상관이 많아 인수가 용신인데 재성이 있고 관성이 없어서이다.

*縱(종)－늘어질 종. 놓아둘 종. 방종할 종. 세로 종. 부사어로는 설령. 비록 등으로 해석.

*衿(금)－옷깃 금. 맬 금.
*一衿(일금)－초시(初試)에 급제함.
*顧(고)－돌아볼 고. 생각건대 고.

有學問過人, 竟不能得一衿, 老于儒童者, 此亦有清氣存焉, 格局
유 학 문 과 인 경 불 능 득 일 금 노 우 유 동 자 차 역 유 청 기 존 언 격 국

原可發秀, 只因運途不齊, 破其清氣, 以致終身不能稍舒眉曲也,
원 가 발 수 지 인 운 도 부 제 파 기 청 기 이 치 종 신 불 능 초 서 미 곡 야

亦有格局本可登科發甲者, 亦因運途不齊, 屢困場屋, 終身一衿,
역 유 격 국 본 가 등 과 발 갑 자 역 인 운 도 부 제 루 곤 장 옥 종 신 일 금

不能得路于青雲也, 有格局本無出色, 竟能科甲連登, 此因一路運
불 능 득 로 우 청 운 야 유 격 국 본 무 출 색 경 능 과 갑 연 등 차 인 일 로 운

途合宜, 助其清氣官星, 去其濁氣忌客之故也,
도 합 의 조 기 청 기 관 성 거 기 탁 기 기 객 지 고 야

학문은 뛰어나나 끝내 초시에도 들지 못하고 늙어 훈장(訓長)을 하는 것도 이
또한 청기(淸氣)가 있는 것이다.

격국은 본래 뛰어나나 단지 운도(運途)가 좋지 않아 그 청기(淸氣)를 깨기 때문이
니, 이러므로 종신토록 찡그린 눈썹을 조금도 펴지 못하는 것이다.

또 격국은 과거에 장원을 할 만하나 역시 운도(運途)가 좋지 않으면 과거를 여러
번 보아도 급제하지 못하고 종신토록 초시에 머물러 벼슬길에 나가지 못하는 것이
다. 격국은 본디 특색이 없으나 끝내 과갑(科甲)을 연달아 하는 것은 이는 운도(運
途)가 마땅하여 청한 관성을 돕고 탁기와 기신을 제거하기 때문이다.

*儒(유) - 선비 유. 유교 유.
*童(동) - 아이 동.
*儒童(유동) - 훈장.
*齊(제) - 가지런할 제. 가지런히 제.
*稍(초) - 점점 초. 작을 초. 벼 줄기 끝 초.

*舒(서) - 펼 서. 조용할 서.
*眉(미) - 눈썹 미.
*曲(곡) - 굽을 곡. 굽힐 곡.
*屢(루. 누) - 여러 루. 번거로울 루.
*屋(옥) - 집 옥. 지붕 옥.

역자주 終身不能稍舒眉谷也(종신불능초서미곡야)의 稍(초)란 '조금'이란 뜻이고 서(舒)란 '편다',
'좋다'는 뜻이다.
　　　眉(미)는 눈썹이고 曲(곡)은 굽었다는 뜻이니 하는 일이 뜻대로 되지 않아 눈썹을 찡그리는
것인데, 여기에 不能稍舒(불능초서)이니 찡그린 눈썹이 조금도 펴질 못한다는 말이다. 이것
이 또 '종신토록'이라니 命好不如運好(명호불여운호)란 말이 새삼스럽다.

戊 乙 壬 癸
寅 卯 戌 巳

丙 丁 戊 己 庚 辛
辰 巳 午 未 申 酉

乙卯日元, 生於季秋, 得寅時之助, 日主不弱, 足以用巳火之秀氣,
을묘일원 생어계추 득인시지조 일주불약 족이용사화지수기

戊土火庫收之, 壬癸當頭剋之, 格局本無出色, 且辛金司令, 壬水
술토화고수지 임계당두극지 격국본무출색 차신금사령 임수

進氣通源, 幸得時透戊土, 去濁留清, 故文望若高山北斗, 品行似
진기통원 행득시투무토 거탁류청 고문망약고산북두 품행사

良玉精金, 中運逢火, 丙子年優貢, 惜子水得地, 難得登雲,
양옥정금 중운봉화 병자년우공 석자수득지 난득등운

乙卯 일원이 늦가을에 생하였으나 寅時가 도우니 일주가 약하지 않다. 巳火의 수기(秀氣)를 용신으로 하기에 족하다. 戊土는 火의 고(庫)로 火를 수장하고 壬癸가 火의 머리에 있어 격국은 뛰어나다고 할 수 없다.

또 辛金이 사령하니 壬水가 진기로 근원에 통하여 있는데 다행히 시에 戊土가 투출하여 탁기를 제거하고 청기를 머물게 한다. 고로 문망(文望)이 고산북두(高山北斗)같고 인품이 양옥정금(良玉精金) 같았다.

중년 운에 火를 만나는데 丙子 유년에 우공(優貢)에 들었으나 안타깝게도 子水가 득지하여 벼슬길에는 나가지 못하였다.

*文望(문망) - 학문상의 명망.
*似(사) - 같을 사. 이을 사.
*良(양. 량) - 좋을 양(량). 어질다. 뛰어나다.

*優貢(우공) - 청대(清代)의 제도로 3년마다 국자감의 재학생 중에서 우수한 사람을 선출하여 임관시키던 일.

역자주 丙子 년은 이 사주에서 44세인데 중년 巳午未 南方 운에 벼슬길에 나갔어야 하는데 그에 대한 설명이 없다. 조금은 설명이 부족하다.

乙　甲　庚　癸
亥　申　申　未

甲　乙　丙　丁　戊　己
寅　卯　辰　巳　午　未

甲申日元, 生於孟秋, 庚金兩坐祿旺, 喜亥時絶處逢生, 化殺有情,
갑 신 일 원　생 어 맹 추　경 금 양 좌 록 왕　희 해 시 절 처 봉 생　화 살 유 정

癸水元神透出, 清可知矣, 但嫌殺勢太旺, 日主虛弱, 不能假殺爲
계 수 원 신 투 출　청 가 지 의　단 혐 살 세 태 왕　일 주 허 약　불 능 가 살 위

權, 所以起而不起也, 廩貢終身,
권　소 이 기 이 불 기 야　름 공 종 신

　甲申 일원이 申月에 태어났다. 庚金이 두 개의 녹(祿)을 깔고 있어 왕한데 기쁜
것은 亥時로 절처(絶處)에서 생을 만난 것이다. 살을 化함이 가히 유정한데 더욱
癸水 원신이 투출하니 격은 청하다.

　그러나 혐의가 되는 것은 살(殺)의 세력이 너무 강하여 허약한 일주가 살을 빌어
공명을 이룰 수 없다.

　이러므로 관(官)이 일어난 것 같으나 실제는 일어난 것이 아니다. 늠공(廩貢)으로
일생을 마쳤다.

*所以(소이)－부사어로 쓰이며, ～하는 까　*廩貢(름공)－청대(淸代)의 일종의 과거제도.
　닭에. 그래서. 때문에 등의 뜻.　　　　　12년마다 치르는데 주(州), 현(縣)에서 우수
*廩(름. 늠)－곳집 름. 녹미 름. 구호 름.　한 자를 선발하여 중앙에 올라가 시험을
*貢(공)－공물 공. 바칠 공. 천거할 공.　치름. 선발된 자는 직책을 수여함.

```
己 丁 甲 壬
酉 巳 辰 午

庚 己 戊 丁 丙 乙
戌 酉 申 未 午 巳
```

丁火生于季春, 官星雖起, 坐下無根, 其氣歸木, 日主臨旺, 時財
정화생우계춘 관성수기 좌하무근 기기귀목 일주임왕 시재

拱會有情, 却與官星不通, 且中年運走土金, 財星洋溢, 官星有損,
공회유정 각여관성불통 차중년운주토금 재성양일 관성유손

功名不過一衿, 家業數十萬, 若換酉年午時, 名利雙輝矣,
공명불과일금 가업수십만 약환유년오시 명리쌍휘의

丁火가 辰月에 생하였다. 관성이 비록 일어나기는 하였으나 좌하에 뿌리가 없어 그 기운은 木으로 돌아간다.

일주는 왕지에 임하고 시의 재성이 巳酉 회국(會局)하니 유정하나 도리어 관성과는 통하지 않는다.

또 중년 운이 土金地로 가니 재성은 더욱 왕해지나 관성이 손상을 받아 공명은 초시(初試)에 불과하였으나 가업은 수십만이었다. 만약 酉年 午時라면 명리가 다 빛났을 것이다.

*歸(귀)-돌아갈 귀. 돌아올 귀.
*拱(공)-두 손 마주잡을 공. 껴안을 공.
*却(각)-물러날 각. 뒤집힐 각. 어조사 각.
　도리어 각.
*洋(양)-큰 바다 양. 넓을 양.
*溢(일)-찰 일. 지나칠 일.
*洋溢(양일)-넘침. 가득 차서 넘쳐 나옴. 널리 충만함.

*損(손)-덜 손. 잃을 손. 상할 손.
*過(과)-지날 과. 지나칠 과. 예전 과. 잘못할 과.
*衿(금)-옷깃 금. 맬 금.
*一衿(일금)-초시(初試)에 급제함.
*換(환)-바꿀 환. 바뀔 환.
*雙(쌍)-쌍 쌍. 견줄 쌍.
*輝(휘)-빛 휘. 빛날 휘.

丁　丙　乙　癸
酉　午　卯　未

己　庚　辛　壬　癸　甲
酉　戌　亥　子　丑　寅

丙午日元, 生于卯月, 局中木火兩旺, 官坐傷位, 一點財星刦盡,
병오일원　생우묘월　국중목화양왕　관좌상위　일점재성겁진

謂財刦官傷, 壬運雖得一衿, 貧乏不堪, 子運回沖, 又逢未破, 剋妻,
위재겁관상　임운수득일금　빈핍불감　자운회충　우봉미파　극·처

辛運丁火回刦, 剋子, 亥運會木生火而亡,
신운정화회겁　극자　해운회목생화이망

　丙午 일원이 卯月에 생하였다. 원국에 木火가 다 왕한데 관은 상관에 앉아 있고 하나인 재성은 비견, 겁재에 겁탈당하니 재(財)가 극진(剋盡)되어 관이 손상 된 것이다.

　壬 운에 비록 초시(初試)에 들었으나 심히 가난하였다. 子 운은 충을 만나고 未 土의 극으로 처를 잃었고 辛 운은 丁火가 극하니 자식을 잃었다. 亥 운은 亥卯未 木局을 이루어 火를 생하는 고로 사망하였다.

*傷(상)－다칠 상. 해칠 상. 근심할 상.　　*乏(핍)－떨어질 핍. 모자랄 핍.
*謂(위)－이를 위. 이름 위. 까닭 위.　　*堪(감)－견딜 감. 맡을 감.
*雖(수)－비록 수. 오직 수.　　*沖(충)－빌 충. 비다. 공허하다.
*貧(빈)－가난할 빈. 가난 빈.　　*剋(극)－이길 극. 엄할 극.

```
甲 壬 庚 戊
辰 申 申 申

丙 乙 甲 癸 壬 辛
寅 丑 子 亥 戌 酉
```

此造大象觀之, 殺生印, 印生身, 食神淸透, 連珠相生, 淸而純粹,
차조대상관지 살생인 인생신 식신청투 연주상생 청이순수

學問過人, 品行端方, 惜乎無火, 淸而少神, 用土則金多氣洩, 用
학문과인 품행단방 석호무화 청이소신 용토즉금다기설 용

木則金銳木凋, 兼之運走西北金水之地, 讀書六十年, 不克博一衿,
목즉금예목조 겸지운주서북금수지지 독서육십년 불극박일금

家貧出就外傳四十載, 受業者登科發甲, 自己不獲一衿, 莫非命也,
가빈출취외전사십재 수업자등과발갑 자기불획일금 막비명야

이 사주의 전체를 보면 살(殺)이 인수를 생하고 인수는 일주를 생하고 식신이 맑게 투출한 것이 구슬을 꿴 듯 상생하여 맑고 순수하다. 학문이 뛰어나고 품행이 단정하였다.

애석한 것은 사주에 火가 없어 청(淸)하긴 하나 신(神)이 적은 것이다. 土를 쓰자니 金이 많아 설기(洩氣)되었고 木을 쓰자니 金이 예리하고 木은 시들어 힘이 없다.

겸하여 운이 서북 金水地로 가 학문을 육십 년간 하였으나 초시에도 들지 못하였다. 집이 가난하여 외지에 나가 사십 년간 학동을 가르쳤는데 글을 배운 사람들은 과갑을 하였으나 자신은 초시도 들지 못했다. 이 모든 것이 명(命)이라 할 수밖에 없다.

*端(단) - 바를 단. 실마리 단.   *就(취) - 이룰 취. 좇을 취.
*銳(예) - 날카로울 예.   *載(재) - 실을 재. 탈 재.
*博(박) - 너를 박. 넓을 박. 많을 박.   *獲(획) - 얻을 획. 맞힐 획.

역자주 | 여기서 신(神)이 적다고 하였는데 신(神)이란 木火를 의미한다.

戊 壬 癸 己
申 申 酉 亥

丁 戊 己 庚 辛 壬
卯 辰 巳 午 未 申

此造官殺並透無根, <u>金水大旺</u>, 太不及前造之純粹也, 喜其運走南
차 조 관 살 병 투 무 근   금 수 대 왕   태 불 급 전 조 지 순 수 야   희 기 운 주 남

方火土, 精足神旺, 至未運, 早游泮水, 午運科甲連登, 己巳戊辰
방 화 토   정 족 신 왕   지 미 운   조 유 반 수   오 운 과 갑 연 등   기 사 무 진

仕路光亨, 與前造天淵之隔者, 非命也, 實運美也,
사 로 광 형   여 전 조 천 연 지 격 자   비 명 야   실 운 미 야

이 사주는 관살이 다 투출하였으나 무근이고 金水가 태왕하여 앞의 순수한 사
주에는 미치지 못한다. 기쁜 것은 운이 남방 火土로 가니 정(精)도 족하고 신(神)도
왕한 것이다. 일찍 반수(泮水)에 들어가 공부하여 午 운에 과갑을 연달아 하였다.
己巳 戊辰 운은 사로(仕路)가 광형하였다.

앞의 사주와 천연(天淵)의 차이가 있는 것은 명이 아니라 실제는 운이 아름답기
때문이다.

*天淵(천연)-하늘과 못. 전(轉)하여 위와 아래. 대단히 현격함. 현격한 차이가 짐. 천연지격
(天淵之隔), 천연지차(天淵之差), 천양지차(天壤之差)는 다 현격한 차이를 이르는 말임.

역자주 ○ 이 사주에서 土를 용(用)할 수 있을지 의문이 간다. 金水同心(금수동심)으로 金水 운이
좋을 것 같은데 火土 운에 발복하였다니 고개가 갸우뚱해진다. 月令이 酉이고 申申酉
에 의하여 土는 설진되었다. 그리고 지지로 뿌리가 하나도 없는데 어떻게 쓴다고 하였
는지 이해하기 힘들다.
참고로 『적천수천미』 원문 392쪽[六親論 性情(성정)]의 사주와 비교해 보자.

戊 壬 癸 癸
申 子 亥 未

丁 戊 己 庚 辛 壬
巳 午 未 申 酉 戌

壬子日元, 生于亥月申時, 年月兩透癸水, 只可順其勢, 不可逆其
임 자 일 원   생 우 해 월 신 시   년 월 양 투 계 수   지 가 순 기 세   불 가 역 기

流, 所嫌未戌兩字, 激水之性, 故其爲人是非倒置, 作事不端, 無
류 소혐미무양자 격수지성 고기위인시비도치 작사부단 무

所忌憚, 初運壬戌, 支逢土旺, 父母皆亡, ……, 一交己未, 助土
소기탄 초운임술 지봉토왕 부모개망   일교기미 조토

激水, 一家五口, 回祿燒死,
격수 일가오구 회록소사

壬子 일원이 亥月 申時에 생하였는데 年과 月에 癸水가 있어 단지 그 세력을 따라야지
그 흐름을 거역하는 것은 불가하다. 혐의가 되는 것은 未, 戌 두 글자로 水의 성정을
격분시키는 것이다. 그러므로 사람됨이 옳고 그른 것이 뒤바뀌고 하는 일이 두서가 없고
거리낌이 없었다. 첫 운이 壬戌로 지지로 土가 왕하니 부모님이 다 돌아가시고, ……,
己未 운으로 바뀌어 土를 돕고 水를 격분시켜 다섯 식구가 다 화재로 불에 타 죽었다.

이 사주는 戌土가 멀리 있으나 지지로 未土를 두었는데도 土를 쓰지 못하고 종(從)을 하였
는데 앞의 사주는 土를 쓰는가. 독자들의 판단에 맡긴다.

○ 밑줄의 金水大旺(금수대왕)은 틀린 것은 아니나 金水太旺(금수태왕)이라야 뜻이 확실하
다. 『적천수징의』에는 金水太旺이라 되어 있다.

異路功名莫說輕. 日干得氣遇財星.
이 로 공 명 막 설 경   일 간 득 기 우 재 성

이로공명(異路功名)이라고 가볍게 말하지 말 것이니 일주가 득기(得氣)하고
재성을 만남이다.

原注원주

刀筆得成名者. 與不成名者自異. 必是財星得個門戶. 通得官星. 中有
도 필 득 성 명 자 여 불 성 명 자 자 이 필 시 재 성 득 개 문 호 통 득 관 성 중 유

一種淸皦之氣. 所以得出身. 其老于刀筆而不能出身者. 終是財星與官
일 종 청 교 지 기 소 이 득 출 신 기 노 우 도 필 이 불 능 출 신 자 종 시 재 성 여 관

不相通也.
불 상 통 야

【원주】

도필(刀筆)로 명성을 얻는 자와 명성을 얻지 못하는 자는 차이가 있는 것이니, 필시
재성이 문호(門戶)를 이루고 관성에 통하는 가운데 맑고 깨끗한 기운이 있어 관직에

등용되는 것이다. 늙도록 도필(刀筆)에 머물고 벼슬을 하지 못하는 것은 끝내 재성과 관성이 서로 통하지 않기 때문이다.

*刀(도)-칼 도.
*筆(필)-붓 필. 쓸 필.
*刀筆(도필)-대쪽에 글씨를 쓰는 붓과 잘
  못 쓴 글씨를 깎아내는 칼. 전(轉)하여 낮은
  관리의 일. 서기(書記)의 사무.

*皦(교)-흴 교. 밝을 교.
*門戶(문호)-집안에 드나드는 곳. 문벌(門
  閥). 자기에게 찬동(贊同)하는 파(派).
*出身(출신)-벼슬을 함. 관직에 등용됨. 그
  토지 또는 그 지위에서 출세(出世)함.

任氏曰임씨왈,

異路功名, 有刀筆成名者, 有捐納出身者, 雖有分別, 總不外日干
이로공명 유도필성명자 유연납출신자 수유분별 총불외일간

有氣, 財官相通也, 或財星得用, 暗成官局, 或官伏財鄉, 兩意情
유기 재관상통야 혹재성득용 암성관국 혹관복재향 양의정

通, 或官衰逢財, 兩神和協, 或印旺官衰, 財星破印, 或身旺無官,
통 혹관쇠봉재 양신화협 혹인왕관쇠 재성파인 혹신왕무관

食傷生財, 或身衰官旺, 食神制官, 必有一種淸純之氣, 方可出身,
식상생재 혹신쇠관왕 식신제관 필유일종청순지기 방가출신

其仕路之高卑, 須究格局之氣勢, 運途之損益可知矣,
기사로지고비 수구격국지기세 운도지손익가지의

임 선생님이 말씀하였다.

이로공명(異路功名)에는 도필(刀筆)로 관직에 나가는 것과 연납(捐納)으로 관직에 나가는 것이 있는데, 비록 분별은 있으나 모두가 日干이 유기하고 재관이 상통하는 것에서 벗어나지 않는다. 혹 재성을 용신으로 하는데 관국(官局)을 암성(暗成)하거나, 혹 관이 재성에 암장되어 두 개의 뜻이 유정하게 통하거나, 혹 관이 쇠약한데 재성을 만나 두 신(神)이 화합하고 협력하거나, 혹 인수가 왕하고 관이 쇠약한데 재성이 인수를 극파하거나, 혹 신왕하고 관이 없는데 식상이 재(財)를 생하거나, 혹 신약(身弱)에 관이 왕한데 식신이 관을 제(制)하는 것 등은 반드시 일종의 청순한 기가 있는 것이니 이러한 사주들은 모두 벼슬을 한다.

그 벼슬의 높고 낮음은 모름지기 격국의 기세를 살피고 운로(運路)의 손익으로 알 수 있다.

*捐(연)－버릴 연. 덜 연. 기부 연.
*納(납)－들일 납. 수장(收藏)할 납.
*捐納(연납)－국가에 재물을 헌납(獻納)하고 벼슬을 얻음. 납속(納粟)과 소.
*總(총)－거느릴 총. 합칠 총. 모두 총. 대강 총. 부사어로는 모두. 갑자기. 돌연히. 언제나. 늘 등으로 해석.
*暗成(암성)－세운(歲運)에서 회국(會局)을 이루는 것을 이름.
*方(방)－부사어로 쓰이며, 모두. 함께. 막. 방금 ～을 하려 한다 등으로 해석.
*仕(사)－벼슬할 사. 일로 삼다. 섬기다.
*卑(비)－낮을 비. 낮출 비. 낮게 여길 비.
*益(익)－더할 익. 이로울 익.

不能出身者, 日干太旺, 財輕無食傷, 喜官而官星不通, 或無官也,
불능출신자 일간태왕 재경무식상 희관이관성불통 혹무관야

如日干太弱, 財星官星並旺者, 有財官雖通, 傷官刧占者, 有財星
여일간태약 재성관성병왕자 유재관수통 상관겁점자 유재성

得用, 暗成刧局者, 有喜印逢財, 忌印逢官者, 皆不能出身也,
득용 암성겁국자 유희인봉재 기인봉관자 개불능출신야

벼슬을 하지 못하는 것은 일주가 태왕(太旺)한데 재성(財星)이 약하고 식상이 없거나, 관성(官星)을 기뻐하는데 관성이 뿌리가 없거나, 혹은 관성이 없는 때문이다.

가령 일주가 태약(太弱)한데 재관이 함께 왕한 것이나, 재관이 비록 상통하고 있으나 상관이 관성을 극하는 것이나, 재성이 용신인데 겁재의 국(局)을 암성(暗成)하는 것이나, 인수(印綬)를 기뻐하는데 재(財)를 만나고, 인수를 꺼리는데 관을 만나는 것 등은 다 벼슬하지 못한다.

戊 甲 壬 己
辰 寅 申 巳

丙 丁 戊 己 庚 辛
寅 卯 辰 巳 午 未

甲木生于孟秋, 七殺當令, 巳火食神貪生己土, 忘剋申金, 兼之戊
갑목생우맹추 칠살당령 사화식신탐생기토 망극신금 겸지무

己並透, 破印生殺, <u>以致祖業難登</u>, 書香不繼, 喜其秋水通源, 日坐
기병투 파인생살 이치조업난등 서향불계 희기추수통원 일좌

祿旺, 明雖沖剋, 暗却相生, 由部書出身, 至丁卯丙寅運, 扶身制
록왕 명수충극 암각상생 유부서출신 지정묘병인운 부신제

殺, 仕至觀察,
살 사지관찰

甲木이 맹추(孟秋)에 생하였다. 칠살이 당령하고 있는데 巳火는 己土를 생하느
라 申金을 극하는 것을 잊고 있다. 겸하여 戊己가 함께 투출하여 인수를 극하고
살을 생한다. 이러므로 조업(祖業)을 지키지 못하였고 학문도 끝까지 못하였다.

기쁜 것은 가을의 물이 근원에 통하고 일주가 녹(祿)에 앉아 있는 것이다. 비
록 명충(明沖)으로 극을 받으나 속으로는 도리어 상생이 되니 부서(部書) 출신으
로 丁卯 丙寅 운에 이르러 일주를 돕고 살을 제하여 벼슬이 관찰(觀察)에 이르
렀다.

*孟秋(맹추)-음력(陰曆) 칠월(七月)을 달리
　일컫는 말. 초기(初期)의 가을.
*貪(탐)-탐할 탐.
*忘(망)-잊을 망. 건망증 망.
*兼(겸)-겸할 겸. 아울러.

*致(치)-이를 치. 다할 치. 그만둘 치.
*登(등)-오를 등. 오르다. 지위에 오르다.
　더하다. 보태다.
*繼(계)-이을 계. 맬 계.
*仕(사)-벼슬할 사. 일로 삼다. 섬기다.

역자주 ○ 부서(部署) 출신이란 관청의 어떤 분야의 사무를 보는 사람으로 서기(書記) 출신을 말
한다.

○ 以致祖業難登(이치조업난등)이 틀린 것은 아니나 뜻이 좀 애매하다. 『적천수징의』에는
祖業難保(조업난보)로 되어 있다. 『적천수징의』의 뜻이 확실하다.

```
丁 乙 丙 庚
丑 卯 戌 午

壬 辛 庚 己 戊 丁
辰 卯 寅 丑 子 亥
```

乙卯日元, 生于季秋, 丙丁並透通根, 五行無水, 庚金置之不論,
을묘일원　생우계추　병정병투통근　오행무수　경금치지불론

最喜財神歸庫, 木火通輝, 性孝友, 尤篤行誼, 由部書出身, 仕至
최희재신귀고　목화통휘　성효우　우독행의　유부서출신　사지

州牧, 其不利于書香者, 庚金通根在丑也,
주목　기불리우서향자　경금통근재축야

乙卯 일원이 계추(季秋)에 생하였다. 丙丁이 함께 투출하고 통근하였는데 오행 중에 水가 없어 庚金은 논할 것이 없다. 가장 기쁜 것은 재성이 고(庫)에 돌아가 木火가 통휘지상(通輝之象)을 이룬 것이다.

천성이 효성과 우애가 있고 더욱 행실이 독실하였다. 부서(部書) 출신으로 벼슬이 주목(州牧)에 이르렀다. 학문이 불리한 것은 庚金이 丑에 통근한 때문이다.

*季秋(계추)－음력(陰曆) 구월(九月)의 별칭. 늦가을.
*透(투)－뛸 투. 던질 투. 환할 투.
*通(통)－통할 통. 온통 통.
*置(치)－둘 치. 놓을 치. 버릴 치.
*庫(고)－곳집 고.
*性(성)－성품 성. 성질. 생명. 목숨.

*尤(우)－더욱 우. 허물 우.
*篤(독)－도타울 독. 도탑다. 굳다. 인정이 많다. 신실하다. 오로지. 도타이 하다.
*誼(의)－옳을 의. 의논할 의. 의 의.
*牧(목)－목장 목. 기를 목. 다스릴 목. 벼슬 이름 목(지방의 장관).
*香(향)－향기 향. 향기로울 향.

癸　戊　庚　己
亥　申　午　丑

甲乙丙丁戊己
子丑寅卯辰巳

戊土生于午月，印星秉令，時逢癸亥，正日元得氣遇財星也，但金
무 토 생 우 오 월　인 성 병 령　시 봉 계 해　정 일 원 득 기 우 재 성 야　단 금

氣太旺，又年支溼土，晦火生金，日元反弱，則印綬暗傷，書香難
기 태 왕　우 년 지 습 토　회 화 생 금　일 원 반 약　즉 인 수 암 상　서 향 난

遂，捐納出身，至丁卯丙寅運，木從火勢，生化不悖，仕至黃堂，喜
수　연 납 출 신　지 정 묘 병 인 운　목 종 화 세　생 화 불 패　사 지 황 당　희

其午火眞神得用，爲人忠厚和平，後運乙丑晦火生金不祿，
기 오 화 진 신 득 용　위 인 충 후 화 평　후 운 을 축 회 화 생 금 불 록

　戊土가 午月에 생하니 인수가 당령하고 時에 癸亥가 있어 바로 일원이 득기(得氣)하고 재성을 만난 것이다. 단, 金氣가 태왕하고 年支에 습토가 있어 火氣를 설하여 어둡게 하고 金을 생하니 일주가 도리어 약하게 되었다.

　인수(印綬)가 암상(暗傷)을 당하여 학문을 마치기 어려웠다. 연납(捐納)으로 벼슬에 나아가 丁卯 丙寅 운에 이르러 木은 火의 세력을 따르니 生化가 어그러지지 않아 벼슬이 황당(黃堂)에 이르렀다.

　기쁜 것은 午火 진신(眞神)을 득용한 것으로 사람됨이 충후(忠厚)하고 화평하였다. 후 운이 乙丑으로 가 火를 어둡게 하고 金을 생하니 사망하였다.

*遇(우) – 만날 우. 대접할 우. 뜻밖에 우.
*晦(회) – 그믐 회. 어두울 회.
*捐(연) – 버릴 연. 덜 연. 기부 연.
*納(납) – 들일 납. 바칠 납.
*捐納(연납) – 국가에 흉년이나 기근이 들었을 때 곡물이나 재물을 바치는 것. 국가는 공로로 훈작(勳爵)이나 벼슬을 줌.

*勢(세) – 세력 세. 기세 세.
*悖(패. 발) – 어그러질 패(도리에 거슬림). 우쩍 일어날 발.
*黃堂(황당) – 태수(太守).
*厚(후) – 두터울 후. 두터이 할 후.
*和(화) – 온화할 화. 화목할 화.
*不祿(불록) – 선비의 죽음.

丙 戊 甲 壬
辰 戌 辰 子

庚 己 戊 丁 丙 乙
戌 酉 申 未 午 巳

戊戌日元, 生于季春, 時逢火土, 日元得氣, 雖春時虛土, 而殺透
무술일원 생우계춘 시봉화토 일원득기 수춘시허토 이살투

通根, 兼之壬水得地, 貼身相生, 此謂身殺兩停, 非身强煞淺也, 天
통근 겸지임수득지 첩신상생 차위신살양정 비신강살천야 천

干壬水剋丙, 所以書香不利, 喜其初運南方, 捐納出身, 仕名區,
간임수극병 소이서향불리 희기초운남방 연납출신 사명구

宰大邑, 但財露生煞爲病, 恐將來運走西方, 水生火絶, 緣其人好
재대읍 단재로생살위병 공장래운주서방 수생화절 연기인호

奢少儉, 若不急流勇退, 難免不測風波,
사소검 약불급류용퇴 난면불측풍파

　戊戌 일원이 계춘(季春)에 생하고 시에 火土를 만나 비록 춘절의 허약한 土라고
하나 일주도 기운이 있다. 살(殺)도 투출하여 통근하고 겸하여 壬水가 통근하고
甲木에 바짝 붙어 생하고 있어 이른바 일주와 살(殺)이 균정한 것이지 일주는 강하
고 살(煞)이 약한 것이 아니다. 천간의 壬水가 丙火를 극하니 이러므로 학문을
다하지 못하였다.

　기쁜 것은 초(初) 운이 남방으로 가 연납(捐納)으로 벼슬길에 나가 이름 있는
큰 고을의 재상이 되었다. 단, 재(財)가 투출하여 살(煞)을 생하는 것이 병(病)인데
장래 운이 서방 金地로 가면 水는 생을 받고 火는 절지에 임하는데 위인(爲人)이
사치하고 검약할 줄 모르니 만약 관도(官途)에서 물러날 시기에 물러나지 않는다
면 예측할 수 없는 풍파를 겪을 것이 두렵다.

*貼(첩)－붙을 첩. 붙일 첩.
*煞(살)－죽일 살. 殺(살)과 仝.
*緣(연)－가선 연. 말미암을 연. 인연 연.
*奢(사)－사치할 사. 과분할 사.
*儉(검)－검소할 검. 넉넉지 못할 검.

*急流(급류)－급히 흐르는 물.
*急流勇退(급류용퇴)－급류에 휩쓸리지 않
고 용감하게 물러난다는 뜻으로 다사다난
(多事多難)한 관도(官途)를 단연코 물러남
의 비유로 쓰임.

庚　丙　甲　癸
寅　戌　寅　巳

戊　己　庚　辛　壬　癸
申　酉　戌　亥　子　丑

丙火生于孟春, 官透爲用, 淸而純粹, 惜乎金水遙隔, 無相生之意,
병화생우맹춘　관투위용　청이순수　석호금수요격　무상생지의

且木火並旺, 金水無根, 書香不繼, 游幕捐納縣令, 究竟財官不通
차목화병왕　금수무근　서향불계　유막연납현령　구경재관불통

門戶, 丁丑年, 大運在戌, 火土當權, 得疾而亡,
문호　정축년　대운재술　화토당권　득질이망

　　丙火 일주가 孟春에 생하였으나 비겁과 인수로 신왕하다. 관성이 천간에 투출하여 용신으로 하니 사주는 맑고 순수하다. 안타까운 것은 재와 관이 멀리 떨어져 있어 상생의 뜻이 없는 것이다.

　　또 木火는 다 왕한데 金水는 뿌리가 없어 공부를 마치지 못하였다. 장군(將軍)의 막사에서 일을 하다가 연납으로 현령에 올랐다.

　　그러나 재관이 다 문호에 통하지 못하니 戌 대운 丁丑 년에 이르러 火土가 당권하니 병(病)으로 사망하였다.

---

*幕(막)－장막 막. 막부 막(장군이 군무를 보는 군막). 중국에서 옛날에 장군을 상치(常置)하지 아니하고 유사시에 임명하였다가 일이 끝나면 해직(解職)하였으므로 청사가 없이 장막을 쳐서 집무소로 삼았던 데서 유래함.

*遙(요)－멀 요. 아득할 요.
*隔(격)－막을 격. 막이 격.
*游(유)－헤엄칠 유. 헤엄 유.
*游幕(유막)－장군의 막사에서 일을 함.
*究(구)－궁구할 구. 헤아릴 구. 부사어로는 '결국'으로 해석.

```
丁 辛 甲 壬
酉 酉 辰 辰

庚 己 戊 丁 丙 乙
戌 酉 申 未 午 巳
```

辛金生于季春, 支逢辰酉, 干透壬丁, 似乎佳美, 不知地支溼土逢
신금생우계춘 지봉진유 간투임정 사호가미 부지지지습토봉

金, 丁火虛脫無根, 甲木雖能生火, 地支辰酉化金, 亦自顧不暇,
금 정화허탈무근 갑목수능생화 지지진유화금 역자고불가

捐納部屬, 不但財多破耗, 而且不能得缺, 雖壬水生甲, 遺業數十
연납부속 부단재다파모 이차불능득결 수임수생갑 유업수십

萬, 但運走土金, 未免家業退, 而子息艱也,
만 단운주토금 미면가업퇴 이자식간야

辛金이 辰月에 생하였다. 지지에 辰酉가 있고 천간으로 丁壬이 있어 아름다운
명조 같으나, 지지의 습토가 金을 만나고 丁火는 허탈하고 뿌리가 없으며 甲木이
비록 火를 생한다고 하나 지지가 辰酉로 金으로 돌아가니 갑목은 자신을 돌아볼
여가도 없다.

연납(捐納)으로 부(部)에 소속되었으나 비단 재물만 많이 축내고 벼슬을 얻지
못했다. 비록 壬水가 甲木을 생하여 유산은 수십만이었으나, 단 운이 土金으로
가 가업이 줄고 자식도 두지 못하였다.

*似(사)-같을 사. 흉내 낼 사.
*顧(고)-돌아볼 고.
*暇(가)-겨를 가. 한가할 가.
*捐(연)-버릴 연. 덜 연. 기부 연.
*納(납)-들일 납. 바칠 납.

*屬(속. 촉)-무리 속. 아래 벼슬아치 속. 이
 을 촉. 맡길 촉(부탁함).
*缺(결)-이지러질 결. 모자랄 결. 나오지 않
 을 결.
*艱(간)-어려울 간. 괴로울 간. 당고 간.

地 位지위

> 臺閣勛勞百世傳. 天然清氣發機權.
> 대 각 훈 로 백 세 전   천 연 청 기 발 기 권

조정에 공로가 백세(百世)토록 전하는 것은 천연의 청기가 권세의 기미(機微)를 일으킴이다.

*臺(대)-대 대. 능 대. 성문 대. 조정 대.
*閣(각)-다락집 각. 대궐 각.
*臺閣(대각)-누각(樓閣). 정치하는 관청. 사헌부 사간원의 총칭. 중국에서는 상서성(尙書省). 전(轉)하여 내각(內閣). 여기서는 조정(朝廷)을 뜻함.

*勛(훈)-勳(훈)의 古字. 공 훈.
*百世(백세)-백 세대(世代). 많은 세대. 전하여 영구. 영원. 백대(百代). 만세(萬歲).
*清(청)-맑을 청. 깨끗할 청.
*機(기)-틀 기. 재치 기. 실마리 기. 권세 기.
*權(권)-저울추 권. 권세 권.

原注원주

能知人之出身. 至于地位之大小. 亦不易推. 若夫爲公爲卿. 清中又有
능 지 인 지 출 신   지 우 지 위 지 대 소   역 불 이 추   약 부 위 공 위 경   청 중 우 유

一種權勢出入矣. 不專在一端而論.
일 종 권 세 출 입 의   부 전 재 일 단 이 론

【원주】

사람의 출신을 아는 것과 지위의 대소를 아는 것은 쉽지 않다. 공경대부(公卿大夫)의 사주는 청(淸)한 가운데 일종의 권세가 출입하는 것이니 하나만 가지고 논하면 안 된다.

*能(능)-곧 능. 능할 능. 재능 능. 부사어로는 뿐만 아니라. 게다가.
*位(위)-자리 위(관직의 등급).

*種(종)-씨 종. 종류 종.
*勢(세)-세력 세. 기세 세.
*專(전)-오로지 전. 전일할 전.

*易(이. 역) - 쉬울 이. 바꿀 역.　　　　*端(단) - 바를 단. 실마리 단. 끝 단.
*推(추. 퇴) - 옮을 추. 밀 추. 밀 퇴.　　　*一端(일단) - 한 끝. 한 자락.

任氏曰임씨왈,

臺閣宰輔, 以及封疆之任, 清氣發乎天然, 秀氣出乎純粹, 四柱之内,
대 각 재 보　　이 급 봉 강 지 임　　청 기 발 호 천 연　　수 기 출 호 순 수　　사 주 지 내

皆與喜神有情, 格局之中, 並無可嫌之物, 所用者皆眞神, 所喜者
개 여 희 신 유 정　　격 국 지 중　　병 무 가 혐 지 물　　소 용 자 개 진 신　　소 희 자

皆眞氣, 此謂清氣顯機權也, 度量寬宏能容物, 施爲純正不貪私, 有
개 진 기　　차 위 청 기 현 기 권 야　　도 량 관 굉 능 용 물　　시 위 순 정 불 탐 사　　유

潤澤生民之德, 懷任重致遠之才也,
윤 택 생 민 지 덕　　회 임 중 치 원 지 재 야

임 선생님이 말씀하였다.

조정(朝廷)에서 재상과 봉강(封疆)에 임명되는 자는 천연의 청기가 있고 수기(秀氣)가 순수하다. 사주 내에 희신이 유정하고 격국 중에 혐의가 되는 것이 없으며 용신은 다 진신(眞神)이고 희신은 다 진기(眞氣)로 이를 일러 맑은 기운이 나타나 권세의 기틀이 있다는 것이다.

도량이 넓고 커 모든 것을 받아들이고 베푸는 것이 순수하고 바르며 사사로운 탐욕이 없어 백성에게 덕을 베풀어 윤택하게 하며 중임을 맡아 장래의 먼 데까지 생각하는 인재이다.

*宰(재) - 재상 재. 우두머리 재.　　　　*宏(굉) - 클 굉. 넓을 굉.
*輔(보) - 광대뼈 보. 도울 보. 재상 보.　*施(시) - 베풀 시. 전할 시.
*宰輔(재보) - 宰相(재상).　　　　　　*貪(탐) - 탐할 탐.
*封(봉) - 봉할 봉. 흙더미 쌓을 봉.　　　*潤(윤) - 젖을 윤. 윤택할 윤.
*疆(강) - 지경 강. 나라 강. 경계(境界)삼을　*澤(택) - 못 택. 윤낼 택. 은덕 택. 녹 택.
　강.　　　　　　　　　　　　　　　　*潤澤(윤택) - 적심. 젖음. 은혜를 베품. 은
*封疆(봉강) - 제후를 봉한 땅. 국경(國境). 제　　혜. 아름답고 빛이 남.
　후의 반열.　　　　　　　　　　　　*生民(생민) - 백성(百姓). 창생(蒼生).
*寬(관) - 너그러울 관. 넓을 관.　　　　*懷(회) - 품을 회. 따를 회. 편안히 할 회.

戊　戊　庚　庚
午　辰　辰　申

此董中堂造, 天然清氣在庚金也,
차 동 중 당 조　천 연 청 기 재 경 금 야

이는 동(董) 중당의 사주이다. 천연의 청기는 庚金이다.

*造(조)─지을 조. 시작할 조. 처음 조.　　*中堂(중당)─중앙의 궁전. 재상(宰相)이 정
*董(동)─바로잡을 동. 물을 동.　　　　　사를 보는 곳. 전(轉)하여 재상의 별칭.

역자주 『적천수천미』 16쪽~17쪽〔通神論 知命(지명)〕에 원문이 있다.
천연(天然)의 청기를 庚金으로 봐야 할지 午火로 봐야 할지는 애매하다. 여기에서는 午火
로 본 것 같다. 독자들의 판단에 맡긴다.

甲　己　丙　甲
子　丑　寅　子

此劉中堂造, 天然清氣在丙火也,
차 유 중 당 조　천 연 청 기 재 병 화 야

이는 유(劉) 중당의 사주이다. 천연의 청기는 丙火이다.

*劉(류. 유)─죽일 류(유). 도끼 류. 성(姓) 류.　*然(연)─그러할 연. 그리하여.

역자주 『적천수천미』 204쪽〔通神論 方局下(방국하)〕에 원문이 있다.

乙　丙　壬　壬
未　子　寅　申

此鐵尚書造, 天然清氣在乙木也,
차 철 상 서 조　천 연 청 기 재 을 목 야

이는 철(鐵) 상서의 사주이다. 천연의 청기는 乙木이다.

*鐵(철)-쇠 철. 철물 철.

*尙(상)-오히려 상. 바랄 상. 숭상할 상.

*淸(청)-맑을 청. 깨끗할 청.

*尙書(상서)-서경(書經)의 별칭. 상서성(尙書省)의 장관. 당대(唐代)에는 육부(六部)의 장관.

> 역자주 『적천수천미』 204쪽〔通神論 方局下(방국하)〕에 원문이 있다.

庚　庚　丁　己
辰　申　卯　亥

此秦侍郎造, 天然淸氣在丁火也,
차 진 시 랑 조　천 연 청 기 재 정 화 야

이는 진(秦) 시랑의 사주이다. 천연의 청기는 丁火이다.

*秦(진)-진나라 진.

*侍(시)-모실 시. 기를 시.

*郎(랑. 낭)-사나이 랑. 젊은이. 남의 아들을 부르는 말.

*侍郎(시랑)-진(秦), 한(漢) 때 궁중의 수호를 맡은 벼슬. 당대(唐代)의 중서(中書), 문하(門下) 두 성(省)의 장관. 후대에는 육부(六部)의 차관.

> 역자주 『적천수천미』 56쪽〔通神論 天干總論(천간총론)〕에 원문이 있다.

> 兵權獬豸弁冠客. 刃煞神淸氣勢特.
> 병 권 해 치 변 관 객　인 살 신 청 기 세 특

병권과 형권을 잡는 사람은 양인과 살이 기운이 맑고 기세가 특출하다.

*獬(해)-해태 해.

*豸(치. 채. 태)-벌레 치. 풀릴 치. 해태 채. 해태 태.

*獬豸(해치)-부정(不正)한 사람을 보면 뿔로 받는다는 신수(神獸).

*弁(변)-고깔 변. 칠 변.

*豸冠(치관)-해치의 가죽으로 만든 관. 獬冠(해관).

*冠(관)-갓 관. 갓 쓸 관. 으뜸 관.

*獬豸冠(해치관)-집법자(執法者)가 곡직(曲直)을 가릴 때 이 관을 썼다 함. 여기서는 형권(刑權)을 의미함.

原注원주

掌生殺之權. 其風紀氣勢. 必然超特. 清中精神自異. 又或刃殺兩顯也.
장 생 살 지 권   기 풍 기 기 세   필 연 초 특   청 중 정 신 자 이   우 혹 인 살 양 현 야

【원주】

　생살(生殺)의 권세를 잡는 사주는 풍기(風紀)와 기세가 반드시 뛰어나고 청한 가운
데에 정신이 특이하다. 혹 양인과 살(殺)이 함께 나타나기도 한다.

　　*掌(장)－손바닥 장. 맡을 장.　　　　　　　*風紀(풍기)－풍속 상의 규율(規律).

任氏曰임씨왈,

掌生殺大權, 兵刑重任者, 其精神清氣, 自然超特, 必以刃旺敵殺,
장 생 살 대 권   병 형 중 임 자   기 정 신 청 기   자 연 초 특   필 이 인 왕 적 살

氣勢出入也, 局中殺旺無財, 印綬用刃者, 或無印而有羊刃者, 此
기 세 출 입 야   국 중 살 왕 무 재   인 수 용 인 자   혹 무 인 이 유 양 인 자   차

謂殺刃神清也, 氣勢轉者, 刃旺當權也, 必文官而掌生殺之任, 刃
위 살 인 신 청 야   기 세 전 자   인 왕 당 권 야   필 문 관 이 장 생 살 지 임   인

旺者, 如春之甲用卯刃, 乙用寅刃, 夏之丙用午刃, 丁用巳刃, 秋
왕 자   여 춘 지 갑 용 묘 인   을 용 인 인   하 지 병 용 오 인   정 용 사 인   추

之庚用酉刃, 辛用申刃, 冬之壬用子刃, 癸用亥刃是也,
지 경 용 유 인   신 용 신 인   동 지 임 용 자 인   계 용 해 인 시 야

　임 선생님이 말씀하였다.

　생살(生殺)의 대권을 쥐고 병형(兵刑)의 중책을 맡는 자는 정신이 청기하고 특별
히 뛰어날 것이며, 반드시 양인이 왕하여 살(殺)을 대적하는 기세가 출입한다.

　원국에 살이 왕한데 재(財)는 없고 인수가 있으면서 양인을 용신으로 하는 것이
나, 혹 인수가 없으면서 양인을 용신으로 하는 것 등을 일러 칠살과 양인의 정신이
맑다고 하는 것이다.

　기세(氣勢)가 특출하다고 하는 것은 양인이 왕하고 당권한 것을 말하는 것으로
반드시 문관(文官)이면서 생살의 대권을 잡는다.

　양인이 왕(旺)한 것은 ,예를 들면 봄의 甲木이 卯 양인을 용신으로 하는 것, 乙木

이 寅 양인을 용신으로 하는 것, 여름의 丙火가 午 양인을 용신으로 하는 것, 丁火
가 巳 양인을 용신으로 하는 것, 가을의 庚金이 酉 양인을 용신으로 하는 것, 辛金
이 申 양인을 용신으로 하는 것, 겨울의 壬水가 子 양인을 용신으로 하는 것, 癸水
가 亥 양인을 용신으로 하는 것이 이것이다.

*超(초)−뛰어날 초. 뛰어넘을 초.　　　　*轉(전)−구를 전. 넘어질 전. 더욱 전.

> 역자주　밑줄의 氣勢轉者(기세전자)는 『적천수징의』에는 氣勢特者(기세특자)로 되어 있다.
> 해석하면 "기세가 특별하다고 하는 것은 ……"이란 뜻인데, 여기서는 『적천수징의』의 뜻이
> 확실한 것 같다.

若刃旺敵殺, 局中無食神印綬, 而有財官者, 氣勢雖特, 神氣不淸,
약 인 왕 적 살　국 중 무 식 신 인 수　이 유 재 관 자　기 세 수 특　신 기 불 청
乃武將之命也, 如刃不當權, 雖能敵殺, 不但不能掌兵權, 亦不能
내 무 장 지 명 야　여 인 부 당 권　수 능 적 살　부 단 불 능 장 병 권　역 불 능
貴顯也, 其人疾惡太嚴, 如刃旺殺弱亦然, 必傲物而驕慢也,
귀 현 야　기 인 질 악 태 엄　여 인 왕 살 약 역 연　필 오 물 이 교 만 야

만약 양인이 왕하여 살(殺)을 대적하는데 원국에 식신이나 인수(印綬)가 없고
재관만 있으면 기세가 비록 특출하기는 하나 신기(神氣)가 맑지 않으니 이는 무장
(武將)의 명조이다.

가령 양인이 당권하지 못하면 비록 살을 대적한다 해도 병권을 잡기 어려울
뿐만 아니라 높은 벼슬에 이르기 어렵다. 이러한 명조의 사람은 증오심(憎惡
心)이 많다. 또 인(刃)이 왕하고 살이 약해도 역시 같다. 반드시 오만하고 교만
하다.

*疾(질)−병 질. 괴로움 질. 빠를 질. 투기할
　질.
*疾惡(질오)−미워함.
*傲(오)−거만할 오. 업신여길 오.

*驕(교)−씩씩할 교. 교만할 교.
*慢(만)−게으를 만. 거만할 만. 방자할 만.
*驕慢(교만)−겸손하지 아니하고 뽐내어 방
　자함.

丙 庚 己 壬
戌 午 酉 寅

乙 甲 癸 壬 辛 庚
卯 寅 丑 子 亥 戌

庚日丙時, 支逢生旺, 寅納壬水, 不能制殺, 全賴酉金羊刃當權爲
경일병시 지봉생왕 인납임수 불능제살 전뢰유금양인당권위

用, 隔住寅木, 使其不能會局, 此正刃殺神淸, 氣勢特也, 早登科
용 격주인목 사기불능회국 차정인살신청 기세특야 조등과

甲, 屢掌兵刑生殺之任, 仕至刑部尙書,
갑 루장병형생살지임 사지형부상서

　庚金 일주가 시에 丙火를 만났는데 지지로 火가 왕하다. 寅木이 壬水를 납수하
니 壬水는 丙火를 제(制)하지 않는다.

　오직 의지하는 바는 酉金 양인이 당권하여 용신으로 하는데 寅木이 (酉金으로
인하여) 떨어져 있어 火局을 이루지 못하니 이것이 바로 양인과 살(殺)의 정신이
청한 것으로 기세가 특출하다.

　일찍 과갑에 오르고 여러 번 병권과 형권을 맡아 생살(生殺)의 대임을 수행하였
다. 벼슬은 형부 상서(尙書)에 이르렀다.

*逢(봉)－만날 봉. 맞을 봉.　　　　　*特(특)－특히 특. 유다를 특. 다만 특.
*賴(뢰. 뇌)－의뢰할 뢰. 힘입을 뢰. 의뢰 뢰.　*屢(루. 누)－여러 루. 번거로울 루.
*隔(격)－막을 격. 막이 격.　　　　　*掌(장)－손바닥 장. 맡을 장.

<pre>
壬　丙　壬　庚
辰　子　午　戌

戊　丁　丙　乙　甲　癸
子　亥　戌　酉　申　未
</pre>

丙子日元, 月時兩透壬水, 日主三面受敵, 柱中無木洩水生火, 反
병자일원　월시양투임수　일주삼면수적　주중무목설수생화　반

有庚金生水洩土, 全賴午火旺刃當權爲用, 更喜戌之燥土, 制水會
유경금생수설토　전뢰오화왕인당권위용　갱희술지조토　제수회

火, 鄕榜出身, 丙戌丁亥運, 仕至按察,
화　향방출신　병술정해운　사지안찰

　丙子 일원이 월과 시에 壬水가 투출하니 일주는 삼면(三面)에서 공격을 받는
다. 사주에 木이 없어 水를 설하고 火를 생함은 없고 도리어 庚金이 水를 생하
고 土를 설하니 오로지 의지하는 바는 午火 양인으로 당권하여 왕하니 용신으
로 한다.

　더욱 기쁜 것은 조토인 戌土가 있어 水를 제압하고 火局을 이루는 것이다. 향방
출신으로 丙戌 丁亥 운에 벼슬이 안찰(按察)에 이르렀다.

*敵(적)－원수 적. 필적할 적.　　　*榜(방)－방 붙일 방. 고시하다. 매질하다.
*燥(조)－마를 조. 말릴 조.　　　　*按(안)－누를 안. 어루만질 안.

$$
\begin{array}{cccc}
戊 & 壬 & 戊 & 乙 \\
申 & 辰 & 子 & 卯
\end{array}
$$

$$
\begin{array}{cccccc}
壬 & 癸 & 甲 & 乙 & 丙 & 丁 \\
午 & 未 & 申 & 酉 & 戌 & 亥
\end{array}
$$

壬辰日元, 天干兩煞通根辰支, 年干乙木凋枯, 能洩水而不能制土,
임진일원 천간양살통근진지 년간을목조고 능설수이불능제토

正剋洩交加, 最喜子水當權會局, 殺刃神清, 至酉運生水剋木, 又
정극설교가 최희자수당권회국 살인신청 지유운생수극목 우

能化殺, 科甲連登, 甲申癸運, 仕路光亨, 至按察, 未運羊刃受制,
능화살 과갑연등 갑신계운 사로광형 지안찰 미운양인수제

不祿,
불록

壬辰 일원이 천간으로 두 개의 살이 辰에 통근하였다. 年干의 乙木은 시들고
말라 水는 설하나 土는 극하지 못하니 바로 극설이 교가하는 사주이다.

가장 기쁜 것은 子水가 당권하여 水局을 이루는 것으로 살(殺)과 양인(陽刃)의
정신이 맑은 것이다.

酉 운에 이르러 水를 생하고 木을 극하며 또 살을 化하여 과갑에 연달아 오르고
甲申 癸 운에 사로가 광형하여 벼슬이 안찰(按察)에 이르렀다. 未 운으로 들어
양인이 극을 받아 사망하였다.

*凋(조)-시들 조. 느른할 조.   *連(련. 연)-이을 련. 이어질 련.
*枯(고)-마를 고(초목이 마름). 마른나무 고   *登(등)-오를 등. 오르다. 지위에 오르다.
 (말라서 죽은 나무).   더하다. 보태다.
*凋枯(조고)-시들어 마름.   *亨(형)-형통할 형. 享(향)과 통용.

```
庚 甲 辛 丙
午 申 卯 辰
```

```
丁 丙 乙 甲 癸 壬
酉 申 未 午 巳 辰
```

甲申日元, 生于仲春, 官殺並透通根, 日時臨于死絶, 必用卯之羊
갑신일원　생우중춘　관살병투통근　일시임우사절　필용묘지양

刃, 喜其丙火合辛, 不但無混殺之嫌, 抑且卯木不受其制, 刃殺神
인　희기병화합신　부단무혼살지혐　억차묘목불수기제　인살신

清, 且運走南方火地, 科甲出身, 仕臬憲,
청　차운주남방화지　과갑출신　사얼헌

　甲申 일원이 卯月에 생하였다. 관살이 다 투출하고 통근하였는데 일주는 일시
가 사절지가 되니 반드시 卯木 양인으로 용신을 삼는다.

　기쁜 것은 丙火가 辛金을 합하는 것으로, 비단 관살 혼잡의 혐의만 없애주는
것뿐 아니고 卯木이 辛金으로부터 극을 받지 않게 하는 것이다. 인(刃)과 살(殺)의
정신이 맑다. 또 운이 남방 火地로 行하여 과갑 출신으로 벼슬이 얼헌(臬憲)에
이르렀다.

*抑且(억차) - 부사어로 또한. 동시에 등으
　로 해석.
*科(과) - 과정 과. 과정. 조목. 품등. 그루.

*臬(얼) - 말뚝 얼. 과녁 얼. 법 얼.
*憲(헌) - 법 헌. 고시할 헌. 모범 헌.
*臬憲(얼헌) - 안찰사(按察使).

分藩司牧財官和. 清純格局神氣多.
분 번 사 목 재 관 화　　청 순 격 국 신 기 다

　고을을 맡아 다스리는 목민관(牧民官)은 재관이 화평하고 격국이 순청하며
정신이 뛰어나야 한다.

*藩(번) - 울 번. 지경 번.
*司(사) - 맡을 사. 벼슬 사. 벼슬아치 사. 마
　을 사.

*牧(목) - 목장 목. 기를 목. 다스릴 목. 벼슬
　이름 목(지방의 장관).
*司牧(사목) - 지방관(地方官).

역자주 地方官(지방관)이란 주목(州牧)이나 관찰사(觀察使), 태수(太守), 현령(縣令) 등을 일컫는다.

原注원주

方面之官. 財官爲重. 必淸奇純粹. 格正局全. 又有一段精神.
방 면 지 관   재 관 위 중   필 청 기 순 수   격 정 국 전   우 유 일 단 정 신

【원주】

지방관(地方官)이 되는 것은 재관이 중요하니 반드시 청기(淸奇)하고 순수하며 격국이 바르고 온전하다. 또한 일단의 정신이 있어야 한다.

*奇(기)－기이할 기. 기만할 기.   *一段(일단)－한층. 한층 더.

任氏曰임씨왈,

方面之任以及州縣之官, 雖以財官爲重, 必須格局淸純, 更須日元
방 면 지 임 이 급 주 현 지 관   수 이 재 관 위 중   필 수 격 국 청 순   갱 수 일 원

生旺, 神貫氣足, 然後財官情協, 則精氣神三者足矣, 又加官旺有
생 왕   신 관 기 족   연 후 재 관 정 협   즉 정 기 신 삼 자 족 의   우 가 관 왕 유

印, 官衰有財, 財旺無官, 印旺有財, 左右相通上下不悖, 根通年
인   관 쇠 유 재   재 왕 무 관   인 왕 유 재   좌 우 상 통 상 하 불 패   근 통 년

月, 氣貫日時, 身殺兩停, 殺重逢印, 殺輕遇財者, 皆是也, 必有利
월   기 관 일 시   신 살 양 정   살 중 봉 인   살 경 우 재 자   개 시 야   필 유 이

民濟物之心, 反此者, 非所宜也,
민 제 물 지 심   반 차 자   비 소 의 야

임 선생님이 말씀하였다.

지방관이나 주현(州縣)의 장(長)은 비록 재관이 중요하나 모름지기 격국이 청순하고 더욱 일주가 생왕하며 신기(神氣)가 관족(貫足)하여야 한다.

그런 연후에 재관이 정답게 협조한즉 정(精), 신(神), 기(氣) 삼자가 족한 것이다. 또 관이 왕하면 인수가 있고, 관이 쇠약하면 재성이 있고, 재가 왕하면 관이 없고, 인수가 왕하면 재가 있으며, 좌우가 상통하고, 상하가 어그러지지 않고, 年月에

통근하고, 日時로 기가 통하며, 신살(身殺)이 양정하고, 살이 많으면 인수가 있고, 살이 경하면 재성이 있는 것 등이 다 이것이다.

반드시 사물(事物)을 다스림에 백성을 이롭게 하는 마음이 있다. 이와 반대이면 마땅치 않다.

*方面之任(방면지임)−지방관(地方官)으로 임명됨. 지방관을 맡음.
*貫(관)−돈꿰미 관. 꿸 관.
*停(정)−머무를 정. 멈출 정.

```
壬 癸 乙 丁
子 酉 巳 丑

己 庚 辛 壬 癸 甲
亥 子 丑 寅 卯 辰
```

癸水生于巳月, 火土雖旺, 妙在支全金局, 財官印三者皆得生助,
계 수 생 우 사 월   화 토 수 왕   묘 재 지 전 금 국   재 관 인 삼 자 개 득 생 조
更喜子時刦比幫身, 精神旺足, 尤喜中年運走北方, 異路出身, 仕
갱 희 자 시 겁 비 방 신   정 신 왕 족   우 희 중 년 운 주 북 방   이 로 출 신   사
至郡守, 名利兩全, 生七子皆出仕,
지 군 수   명 리 양 전   생 칠 자 개 출 사

癸水가 巳月에 생하였다. 火土가 비록 왕하나 묘(妙)한 것은 지지에 金局을 이루어 재(財), 관(官), 인(印) 삼자가 다 생조를 받는 것이다.

더욱 좋은 것은 時가 子時로 비겁이 일주를 도와 정신이 왕족한데 더욱 기쁘게도 중년 운이 북방으로 행하여 이로(異路)로 출사하여 벼슬이 군수에 이르렀다. 명리가 양전하고 일곱 아들을 두었는데 다 출사하였다.

*雖(수)−비록 수. 오직 수.
*幫(방)−도울 방.
*尤(우)−더욱 우. 허물 우.
*走(주)−달릴 주. 달아날 주.

乙　丁　戊　丙
巳　酉　戌　寅

甲　癸　壬　辛　庚　己
辰　卯　寅　丑　子　亥

丁火生于戌月，局中木火重重，傷官用財，格局本佳，部書出身，仕
정화생우술월　국중목화중중　상관용재　격국본가　부서출신　사

至縣令，惜柱中無水，戌乃燥土，不能生金晦火，木生火旺，巳酉
지현령　석주중무수　술내조토　불능생금회화　목생화왕　사유

無拱合之情，所以妻妾生十子皆剋，
무공합지정　소이처첩생십자개극

　丁火가 戌月에 생하여 원국에 木火가 중중(重重)하니 상관에 재성이 용신이다.
격국은 근본이 아름다워 부서 출신으로 벼슬이 현령에 이르렀다.

　안타까운 것은 사주에 水가 없는 것으로 戌은 조토로 火를 설하지 못하고
또한 金을 생하지 못하는데 木이 火를 생하여 火가 더욱 왕하니 巳酉 합이
金으로 돌아가지 않는다. 이러므로 처첩에서 열 자식을 두었으나 모두 극하
였다.

*縣(현)－고을 현. 매달 현.　　　　　*拱(공)－두 손 마주잡을 공. 껴안을 공.
*燥(조)－마를 조. 말릴 조.　　　　　*妾(첩)－첩 첩.
*晦(회)－그믐 회. 어두울 회.　　　　*皆(개)－다 개.

```
戊 辛 庚 丙
子 巳 寅 子
```

```
丙 乙 甲 癸 壬 辛
申 未 午 巳 辰 卯
```

辛金生于寅月, 財旺逢食, 官透遇財, 又逢刦印相扶, 中和純粹, 精
신금생우인월　재왕봉식　관투우재　우봉겁인상부　중화순수　정

神兩足, 初看似乎身弱, 細究之, 木嫩火虛, 印透通根, 日元足以
신양족　초간사호신약　세구지　목눈화허　인투통근　일원족이

用官, 中年南方火運, 異路出身, 仕至黃堂,
용관　중년남방화운　이로출신　사지황당

辛金이 寅月에 생하였다. 재(財)가 왕한데 식신을 만나고 관은 투출하여 재성을
만나고 또 일주는 겁재와 인수가 돕는다. 사주가 중화되고 순수하며 정신이 다
족하다.

처음 보기에는 신약한 것 같이 보이나 자세히 살펴보면 木이 어려 火가 허한데
인수가 통근하여 일주가 족히 관을 쓸 만하다. 중년 남방 운에 이로(異路)로 출사하
여 벼슬이 황당(黃堂)에 이르렀다.

*嫩(눈)-어릴 눈.　　　　　　　*黃堂(황당)-태수(太守).

甲　戊　丙　丁
寅　寅　午　亥

庚　辛　壬　癸　甲　乙
子　丑　寅　卯　辰　巳

戊土生于午月, 局中偏官雖旺, 印星太重, 木從火勢, 火必焚木,
무토생우오월　국중편관수왕　인성태중　목종화세　화필분목

一點亥水, 不能生木剋火, 交癸運, 剋丁生甲, 北籍連登科甲, 出
일점해수　불능생목극화　교계운　극정생갑　북적연등과갑　출

宰名區, 辛運合丙, 仕路順遂, 交丑運, 剋水告病致仕,
재명구　신운합병　사로순수　교축운　극수고병치사

戊土가 午月에 생하였다. 원국에 편관이 비록 왕하나 인수가 태중하여 木은
火의 세력을 따라 가는데 火가 木을 태워버린다. 일점 亥水는 木을 생하고 火를
극하는 것이 불가능하다.

癸 대운에 들어 丁火를 극하고 甲木을 생하니 北方의 水에 힘입어 과갑(科甲)
을 연달아 하고 이름 있는 좋은 고을에 재상(宰相)으로 나갔다. 辛 운은 丙火를
합하여 벼슬길이 순수하였다. 丑 운으로 바뀌어 水를 극하니 병(病)을 핑계하여
벼슬에서 물러났다.

*籍(적. 자)－문서 적. 올릴 적. 밟을 적. 온화　　*焚(분)－탈 분. 태울 분. 불사를 분.
　할 자.　　　　　　　　　　　　　　　　　　*宰(재)－재상 재. 우두머리 재.
*北籍(북적)－여기서 北籍(북적)이란 '북방　　　*致(치)－이를 치. 다할 치. 그만둘 치.
　의 수를 밟다' 또는 '북방의 수가 사주를　　　*致仕(치사)－나이가 늙어서 벼슬을 사양함.
　온화하게 한다'라는 뜻.　　　　　　　　　　　致事(치사)와 仝.

```
辛 甲 戊 己
未 子 辰 巳

壬 癸 甲 乙 丙 丁
戌 亥 子 丑 寅 卯
```

甲子日元, 生于季春, 木有餘氣, 坐下印綬, 官星淸透, 且子辰拱
갑 자 일 원　생 우 계 춘　목 유 여 기　좌 하 인 수　관 성 청 투　차 자 진 공

印有情, 更妙運走東北水木之地, 功名登甲榜, 只嫌子未破印, 仕
인 유 정　갱 묘 운 주 동 북 수 목 지 지　공 명 등 갑 방　지 혐 자 미 파 인　사

路未免有阻, 老于敎職,
로 미 면 유 조　노 우 교 직

　　甲子 일원이 辰월에 생하니 木이 여기(餘氣)이다. 좌하에 인수를 두고 관성이
맑게 투출하였다. 또 子辰이 인수로 공(拱)하는 것이 유정하다.

　　더욱 묘(妙)한 것은 운이 동북방 水木地로 행하니 공명이 갑방(甲榜)에 올랐다.
단지 혐의가 되는 것은 子未로 인수를 파하니 벼슬길에 어려움은 면할 수 없었다.
늙어서는 교직(敎職)에 종사하였다.

*嫌(혐)－싫어할 혐. 미움 혐.　　　　　*敎(교)－가르칠 교. 가르침 교.
*阻(조)－험할 조. 막을 조. 고난 조.　*職(직)－구실 직. 벼슬 직. 일 직. 맡을 직.

便是諸司幷首領. 也從淸濁分形影.
편 시 제 사 병 수 령　야 종 청 탁 분 형 영

　　모든 관리는 곧 수령이 될 수 있다. 사주의 청탁에 따라 모양이 나누어진다.

*便(편. 변)－편할 편. 편의 편. 문득 변. 오줌　*影(영)－그림자 영. 모습 영. 빛 영.
변.　　　　　　　　　　　　　　　　　　　　　*形影(형영)－형체와 그림자.

原注원주

至貴者莫如天也. 得一以清. 而位乎上. 故膺一命之榮. 莫不得清氣.
지귀자막여천야 득일이청 이위호상 고응일명지영 막부득청기

所以雜職. 或佐貳首領等官. 豈無一段淸氣. 而與濁氣者自別. 然淸濁
소이잡직 혹좌이수령등관 기무일단청기 이여탁기자자별 연청탁

之形影難解. 不專是財官印綬內有淸濁.
지형영난해 부전시재관인수내유청탁

【원주】

지극히 귀한 것으로는 하늘만 한 것이 없으니 청함을 하나만 얻어도 윗자리가 될
수 있다. 고로 일명(一命)의 영화에도 속으로 청기를 득하지 않으면 안 된다.

이러므로 잡직(雜職)이나 좌이(佐貳), 수령(首領) 등의 관직에 어찌 일단의 청기가
없겠는가. 탁기와는 본래 분별을 해도 그러나 청탁의 모양을 나누기가 어려우니 오
로지 재(財), 관(官), 인수(印綬) 안에만 청탁이 있는 것이 아니기 때문이다.

*膺(응)-가슴 응. 받을 응. 칠 응. 가까이 할　　*自(자)-부사어로는 다른. 별도로. 자연히.
　응.　　　　　　　　　　　　　　　　　　　　저절로. 본래. 원래. 비록 등으로 해석.
*貳(이)-두 이. 둘. 버금. 두 마음.　　　　　　*解(해)-풀 해. 열 해. 가를 해(쪼개어 나눔).

凡格局, 氣象, 用神, 合神, 日主化氣, 從氣, 神氣, 精氣, 以序收藏.
범 격국 기상 용신 합신 일주화기 종기 신기 정기 이서수장

發生意向. 節度性情. 理勢源流. 主從之間皆有之. 先于皮面. 尋其形
발생의향 절도성정 이세원류 주종지간개유지 선우피면 심기형

影. 得其形而遂可以尋其精髓. 乃論大小尊卑.
영 득기형이수가이심기정수 내론대소존비

무릇 격국에는 기상(氣象), 용신, 합신, 일주의 화기(化氣), 종기(從氣), 신기(神氣),
정기(精氣)의 단서들을 수장하고 있는데 이것이 발생하는 의향과 절도, 성정, 세력,
원류 등이 주종지간(主從之間)에 다 있다.

먼저 겉에서 모양을 살펴 모양이 이루어졌으면 가히 정수(精髓)를 찾을 수 있으니
이에 크고 작고 높고 낮음을 논하는 것이다.

*序(서)-차례 서. 실마리 서(단서). 학교 서.　　*尋(심)-찾을 심. 깊이 심.
　서문 서.　　　　　　　　　　　　　　　　　*髓(수)-골 수. 전(轉)하여 마음 속.

*理(리)-다스릴 리. 도리 리. 이치 리. 매개　*尊(존. 준)-높을 존. 술그릇 준.
리.　*卑(비)-낮을 비. 낮게 여길 비.

任氏曰임씨왈,

命者, 天地陰陽五行之所鍾也, 清者貴也, 濁者賤也, 所以雜職佐
명자　천지음양오행지소종야　청자귀야　탁자천야　소이잡직좌

貳等官, 亦膺一命之榮, 雖非格正局清眞神得用, 而氣象格局之中,
이등관　역응일명지영　수비격정국청진신득용　이기상격국지중

沖合理氣之內, 必有一點清氣, 雖清氣濁氣之形影難辨, 總不外乎
충합이기지내　필유일점청기　수청기탁기지형영난변　총불외호

天清地濁之理,
천 청 지 탁 지 리

임 선생님이 말씀하였다.

명(命)이란 천지의 음양오행이 모여 있는 것이다. 청한즉 귀하고 탁한즉 천하다.
이러므로 잡직(雜職), 좌이(佐貳) 등의 벼슬도 역시 한 번의 영화를 받은 것이다.
비록 격이 바르고, 원국이 청하고, 진신을 득용하지는 못하였다 하더라도 그러나
기상과 격국 중에 충이나 합이 음양오행 가운데에 반드시 일점의 청기가 있는
것이다.

비록 청기와 탁기의 형영(形影)을 분별하기가 어려우나 모두 하늘은 청(清)하고
땅은 탁(濁)한 이치를 벗어나지 않는다.

*鍾(종)-쇠북 종. 모일 종. 정지소(情之所).　*總(총)-거느릴 총. 모두 총. 대강 총.
*賤(천)-천할 천. 천히 여길 천.　*等(등)-가지런할 등. 등급, 계단. 구분하
*影(영)-그림자 영. 모습 영.　다. 차별. 계급. 등급. 무리. 부류.

天干象天, 地支象地, 地支上升于天干者, 輕淸之氣也, 天干下降
천간상천 지지상지 지지상승우천간자 경청지기야 천간하강

于地支者, 重濁之氣也, 天干之氣本淸, 不忌濁也, 地支之氣本濁,
우지지자 중탁지기야 천간지기본청 불기탁야 지지지기본탁

必要淸也, 此命理之貴乎變通也, 天干濁, 地支淸者貴, 地支濁,
필요청야 차명리지귀호변통야 천간탁 지지청자귀 지지탁

天干淸者, 賤也, 地支之氣上升者影也, 天干之氣下降者形也, 於
천간청자 천야 지지지기상승자영야 천간지기하강자형야 어

升降形影, 沖合制化中, 分其淸濁, 究其輕重, 論其尊卑可也,
승강형영 충합제화중 분기청탁 구기경중 논기존비가야

　천간은 하늘을 상징하고, 지지는 땅을 상징한다. 지지가 천간으로 상승하는 것
은 청기(淸氣)는 가볍기 때문이고 천간이 지지에 하강(下降)하는 것은 탁기는 무겁
기 때문이다.

　천간의 기(氣)는 본래 맑아 탁한 것을 꺼리지 않으나 지지의 기는 본래 탁하여
반드시 청(淸)하여야 한다. 이것이 명리에서 귀(貴)히 여기는 변통인 것이다. 천간
이 탁하고 지지가 청하면 귀(貴)하게 되고, 지지가 탁하고 천간이 청하면 천(賤)하
다. 지지의 기가 상승하는 것을 영(影)이라 하고 천간의 기가 하강하는 것을 형(形)
이라 한다.

　천간과 지지의 기(氣)가 올라가고 내려오고 충하고 합하고 제(制)하고 化하는
가운데에서 청탁을 분별하고 경중을 궁구하여 존비(尊卑)를 논하는 것이 옳은 것
이다.

*降(강. 항)-내릴 강. 항복할 항. 항복받을
　항.
*濁(탁)-흐릴 탁.
*淸(청)-맑을 청. 깨끗할 청.
*忌(기)-미워할 기. 시기할 기. 꺼릴 기.

*要(요)-부사어로는 늘. 결국. 응당. 반드
　시.
*變(변)-변할 변. 변고 변.
*通(통)-통할 통. 온통 통.
*升(승)-되 승. 오를 승.

```
丙　戊　壬　壬
辰　戌　寅　辰

戊丁丙乙甲癸
申未午巳辰卯
```

戊土生于寅月，木旺土虛，天干兩壬剋丙生寅，此天干之氣濁，財
무 토 생 우 인 월　목 왕 토 허　천 간 양 임 극 병 생 인　차 천 간 지 기 탁　재

星壞印，所以書香不繼，喜寅能納水生火，日主坐戌之燥土，使壬
성 괴 인　소 이 서 향 불 계　희 인 능 납 수 생 화　일 주 좌 술 지 조 토　사 임

水不致沖奔，其淸處在寅也，異路出身，丙運升縣令，
수 불 치 충 분　기 청 처 재 인 야　이 로 출 신　병 운 승 현 령

　戊土 일주가 寅月에 태어났다. 木이 왕하고 土는 허한데 천간의 壬水 둘이 丙
火를 극하고 寅木을 생하니 이는 천간의 기가 탁한 것이다. 재성이 인수를 극하므
로 학문을 마치지 못하였다.

　기쁜 것은 寅木이 납수(納水)하여 火를 생하며 일주가 좌하에 조토인 戌土를
두어 壬水로 하여금 날뛰지 못하게 하는 것으로 그 청함은 寅木에 있다. 이로(異
路)로 벼슬에 나아가 丙 운에 현령(縣令)에 올랐다.

　*壞(괴)−무너뜨릴 괴. 무너질 괴.　　　*燥(조)−마를 조. 말릴 조.
　*繼(계)−이을 계. 맬 계.　　　　　　　*奔(분)−달릴 분. 달아날 분. 혼인할 분.

丁　甲　癸　壬
卯　寅　丑　午

己　戊　丁　丙　乙　甲
未　午　巳　辰　卯　寅

甲木生于丑月，水土寒凝，本喜火以敵寒，更妙日時寅卯氣旺，丁
갑 목 생 우 축 월　수 토 한 응　본 희 화 이 적 한　갱 묘 일 시 인 묘 기 왕　정

火吐秀，其清在火也，所嫌壬癸透干，丁火必傷，難遂書香之志，
화 토 수　기 청 재 화 야　소 혐 임 계 투 간　정 화 필 상　난 수 서 향 지 지

然地支無水，干雖濁，支從午火留清，異路出身，至戊午運，合癸
연 지 지 무 수　간 수 탁　지 종 오 화 유 청　이 로 출 신　지 무 오 운　합 계

制壬，有病得藥，升知縣，
제 임　유 병 득 약　승 지 현

　甲木 일주가 丑月에 생하였다. 水土가 얼어 있어 본디 火로써 한기를 녹여주는
것이 기쁜데 더욱 묘(妙)한 것은 日時가 寅卯로 기가 왕하다. 丁火가 왕한 木의
기운을 설하니 수기(秀氣)가 발(發)한 것이다. 그 청함은 火에 있다.

　꺼리는 것은 壬癸가 천간으로 투출하여 丁火를 손상하니 학문을 마치지 못하
였다. 그러나 지지에는 水가 없어 천간은 비록 탁하나 지지는 午火를 따라 청하게
되었다.

　이로(異路)로 벼슬길에 나아가 戊午 대운에 癸水를 합거하고 壬水를 제(制)하니
이른바 유병득약(有病得藥)이라 지현(知縣)에 올랐다.

*凝(응)-얼 응. 엉길 응. 굳힐 응.　　*制(제)-지을 제. 만들 제. 누를 제. 금할 제.
*吐(토)-토할 토.　　　　　　　　　*縣(현)-고을 현. 매달 현.

己　丙　乙　壬
丑　子　巳　辰

辛　庚　己　戊　丁　丙
亥　戌　酉　申　未　午

丙火生于巳月，天地煞印留淸，所嫌者丑時合去子水，則壬水失
병화생우사월　천지살인류청　소혐자축시합거자수　즉임수실

勢，化助傷官，則日元洩氣，一點乙木，不能疏土，異路出身，雖獲
세　화조상관　즉일원설기　일점을목　불능소토　이로출신　수획

盜有功，而上意不合，竟不能升，
도유공　이상의불합　경불능승

　丙火 일주가 巳月에 생하였다. 천간과 지지로 살(煞)과 인수(印綬)가 청한데 혐
의가 되는 것은 丑時로 子水를 합거하니 壬水의 세력이 약해지고 子丑 土로 化
하여 상관을 도와 일주의 기(氣)를 설(洩)하는 것이다.

　乙木 하나로는 소토(疏土)할 능력이 안 된다. 이로(異路)로 출사하여 도둑을
잡는 데는 비록 공을 세웠으나 상사(上司)의 뜻에 들지 않아 끝내 승진하지 못
하였다.

*煞(살)－죽일 살. 殺(살)과 仝. 　*獲(획)－얻을 획. 맞힐 획.
*助(조)－도울 조. 도움 조. 　　 *盜(도)－훔칠 도. 도둑 도.
*疏(소)－트일 소. 나누일 소. 멀리할 소. 　*竟(경)－끝날 경. 마침 경. 끝 경.

丁　癸　丙　乙
巳　酉　戌　酉

庚辛壬癸甲乙
辰巳午未申酉

癸酉日元, 生于戌月, 地支官印相生, 清可知矣, 所嫌者, 天干丙
계유일원　생우술월　지지관인상생　청가지의　소혐자　천간병

財得地, 兼之乙木助火剋金, 所以書香難遂, 喜秋金有氣, 異路出
재득지　겸지을목조화극금　소이서향난수　희추금유기　이로출

身, 至巳運逢財壞印, 丁艱回籍,
신　지사운봉재괴인　정간회적

　癸酉 일원이 戌月에 생하였다. 지지에 관인이 상생하니 청(淸)함을 가히 알 수
있다. 혐의가 되는 것은 천간의 丙火 재성이 득지하고 겸하여 乙木이 火를 도와
金을 극하는 것이다. 그러므로 학문을 다하지 못하였다.

　기쁜 것은 가을의 金이라 유기(有氣)하여 이로(異路)로 출사하였다. 巳 운에
이르러 재성이 인수를 극하니 부모님의 상(喪)을 당하여 휴가를 얻어 고향에 돌
아갔다.

*艱(간)−어려울 간. 괴로울 간. 당고 간(부모　　*丁艱(정간)−부모의 상(喪)을 당함.
　의 喪).　　　　　　　　　　　　　　　　　*籍(적)−문서 적. 올릴 적.
*香(향)−향기 향. 향기로울 향.　　　　　　　　*回籍(회적)−관리가 말미를 얻어 귀향함.

```
戊 戊 戊 甲
午 子 辰 申

甲 癸 壬 辛 庚 己
戌 酉 申 未 午 巳
```

戊子日元, 生于辰月午時, 天干三戊, 旺可知矣, 甲木退氣臨絕,
무 자 일 원　생 우 진 월 오 시　천 간 삼 무　왕 가 지 의　갑 목 퇴 기 임 절

不但無用, 反爲混論, 其精氣在地支之申, 洩其精英, 惜春金不旺,
부 단 무 용　반 위 혼 론　기 정 기 재 지 지 지 신　설 기 정 영　석 춘 금 불 왕

幸子水沖午, 潤土養金, 雖捐納佐貳, 仕途順遂,
행 자 수 충 오　윤 토 양 금　수 연 납 좌 이　사 도 순 수

戊子 일원이 辰月 午時에 태어났다. 천간에 戊土가 셋이나 있어 왕함을 가히 알 수 있다. 甲木은 퇴기이고 절지에 임(臨)하여 쓸 수 없을 뿐만 아니라 도리어 혼잡으로 논해야 한다.

이 사주에서 정기(精氣)는 지지의 申金에 있다. 土를 설하여 아름답게 하는데 애석한 것은 춘절의 金으로 왕하지 않은 것이다. 다행히 子水가 午火를 충거하고 土를 윤택하게 하여 金을 길러 주니 연납으로 좌이(佐貳)의 벼슬에 나아가 사도(仕途)가 순탄하였다.

*精(정)-자세할 정. 찧을 정. 아름다울 정.
　깨끗할 정.
*捐(연)-기부 연. 버릴 연.

*惜(석)-아낄 석. 아까워할 석. 애처롭게 여
　길 석.
*途(도)-길 도.

$$庚\quad 壬\quad 甲\quad 癸$$
$$戌\quad 子\quad 子\quad 巳$$

$$戊\quad 己\quad 庚\quad 辛\quad 壬\quad 癸$$
$$午\quad 未\quad 申\quad 酉\quad 戌\quad 亥$$

壬子日元, 生于仲冬, 天干又透庚癸, 其勢泛濫, 甲木無根, 不能
임자일원 생우중동 천간우투경계 기세범람 갑목무근 불능

納水, 巳火被衆水所剋, 亦難作用, 故屢次加捐, 耗財不能得缺,
납수 사화피중수소극 역난작용 고누차가연 모재불능득결

雖時支戌, 砥定汪洋, 又有庚金之洩, 兼之中運辛酉庚申, 洩土生
수시지술 지정왕양 우유경금지설 겸지중운신유경신 설토생

水, 刦刃肆逞, 以致有志難伸,
수 겁인사령 이치유지난신

　　壬子 일원이 子月에 생하였는데 천간으로 또 庚金과 癸水가 투출하니 그 세력
이 범람하는 형상이다. 甲木은 뿌리가 없어 납수할 수 없고 巳火 역시 많은 물에
게 극을 받아 역시 용신으로 하기가 어렵다.

　　여러 차례 연납을 하였으나 재물만 축났지 등용되지 못하였다. 비록 時支가 戌
土로 왕양(汪洋)한 水를 저지한다, 하나 庚金이 설기하고 겸하여 중년 운이 辛酉
庚申으로 土의 기운을 설하고 水를 생하니 겁재와 양인이 날뛰어 이러므로 뜻을
펴기가 어려웠다.

*泛(범)－뜰 범. 넓을 범.　　　　　　　*洋(양)－큰 바다 양. 큰 물결 양. 넓을 양.
*濫(람)－넘칠 람. 뜰 람.　　　　　　　*汪洋(왕양)－넓고 큰 모양. 광대한 모양.
*砥(지)－숫돌 지. 갈 지. 평평할 지. 평정할　*肆(사)－방자할 사. 펼 사.
　지.　　　　　　　　　　　　　　　　*逞(령. 영)－왕성할 령. 쾌하게 할 령.
*汪(왕)－넓을 왕. 바다 왕.　　　　　　*伸(신)－펼 신.

역자주　砥定(지정)은 물을 막는다는 뜻인데 中流砥柱(중류지주)의 뜻이다. 하남성(河南省) 섬주(陝
州)에서 동쪽으로 사십 리 되는 황하의 중류에 있는 주상(柱狀)의 돌로 위가 판판하여 숫돌
같으며 격류 속에서 우뚝 솟아 꼼짝도 하지 않으므로, 난세에 처하여 의연히 절개를 지키는
선비의 비유로 쓰인다.

歲 運세운

휴수(休囚)는 운에 달렸는데 더욱 관계되는 것은 태세(太歲)이다. 전충(戰沖)은 무엇이 항복하는지를 보고, 화평하고 좋게 하는 것은 무엇이 마땅한지를 보아라.

*係(계)－맬 계. 매일 계.

*孰(숙)－누구 숙. 어느 숙. 부사어로는 무엇. 누구. 어째서. 어찌 등으로 해석.

*休咎(휴구)－길흉(吉凶). 복(福)과 화(禍).

*咎(구)－허물 구. 미움 구.

*降(항. 강)－항복할 항. 내릴 강.

> **역자주** 밑줄의 休囚係乎運(휴수계호운)은 휴수(休囚)는 운에 달려 있다는 말인데 이 말이 틀렸다는 것은 아니나 "길흉(吉凶)은 운에 달렸다" 하여야 뜻이 절실하다.
> 休囚(휴수)보다는 休咎(휴구)라고 하면 뜻이 더욱 확실하다. 『적천수징의』에는 "休咎係乎運(휴구계호운)"이라 되어 있다.

原注원주

日主譬如吾身. 局中之神. 譬之舟馬引從之人. 大運譬所蒞之地. 故重
일주비여오신 국중지신 비지주마인종지인 대운비소리지지 고중

地支. 未嘗無天干. 太歲譬所遇之人. 故重天干. 未嘗無地支. 必先明
지지 미상무천간 태세비소우지인 고중천간 미상무지지 필선명

一日主. 配合七字. 權其輕重. 看喜行何運. 忌行何運. 如甲日以氣機
일일주 배합칠자 권기경중 간희행하운 기행하운 여갑일이기기

看春. 以人心看仁. 以物理看木. 大率看氣機而餘在其中.
간춘 이인심간인 이물리간목 대솔간기기이여재기중

【원주】

日主는 비유하자면 나 자신과 같은 것이고, 원국에 있는 오행은 비유하자면 배나 말을 끄는 사공이나 마부이고, 대운은 비유하자면 자신이 다스리는 땅인 것이다. 그

러므로 지지를 중히 여기나 천간을 중하게 여기지 않는 것은 아니다.

　태세(太歲)는 비유하자면 만나는 사람이니 고로 천간을 중히 여기나 지지를 중하게 여기지 않는 것은 아니다. 반드시 먼저 일주를 밝히고 일곱 자의 배합을 살펴 권세의 경중에 어느 운이 기쁘고 어느 운이 나쁜지를 본다.

　가령 甲日이라면 기기(氣機)는 봄〔春〕으로 보고 인심은 인(仁)으로 보고 물리(物理)는 木으로 보는 것이니 대강의 기기(氣機)를 보면 나머지는 그중에 있는 것이다.

*譬(비)-비유할 비.
*蒞(리. 이)-임할 리. 다다를 리. 이르다. 감시하다. 담당하다. 지위. 계급. 녹. 봉록.
*嘗(상)-맛볼 상. 시험할 상.
*未嘗(미상)-부사어로 ~한 적이 없다.
*機(기)-틀 기. 실마리 기〔端緒(단서)〕.

*未嘗無(미상무)-일찍이 ~하지 않은 경우가 없다.
*氣機(기기)-기세(氣勢)의 기틀. 기세(氣勢)의 기미(機微).
*率(솔)-거느릴 솔. 소탈할 솔.
*大率(대솔)-대략. 대강.

遇庚辛申酉字面. 如春而行之於秋. 斸伐其生生之機. 又看喜與不喜.
우 경 신 신 유 자 면　여 춘 이 행 지 어 추　착 벌 기 생 생 지 기　우 간 희 여 불 희

而行運生甲伐甲之地. 可斷其休咎也. 太歲一至. 休咎卽顯. 於是詳論
이 행 운 생 갑 벌 갑 지 지　가 단 기 휴 구 야　태 세 일 지　휴 구 즉 현　어 시 상 론

戰沖和好之勢. 而得勝負適從之機. 則休咎了然在目.
전 충 화 호 지 세　이 득 승 부 적 종 지 기　즉 휴 구 요 연 재 목

　庚 辛 申 酉를 만나면 예컨대 봄이 가을로 행하는 것으로 그 生生의 기틀을 착벌(斸伐)하는 것이다. 또 기쁜 것과 기쁘지 않은 것을 보고 행운이 甲木을 생하는지 착벌하는 곳인지를 보면 그 휴구(休咎)를 가히 판단할 수 있다.

　태세(太歲)는 휴구가 즉시 나타나니 극하는지 충하는지 화합하여 좋은지 이러한 것들을 자세히 살피고 이기고 지는 것이 그 기미를 따라 마땅한지를 살펴보면 휴구가 일목요연하다.

*斸(착)-깎을 착.
*伐(벌)-칠 벌. 벨 벌.
*看(간)-볼 간. 지킬 간.
*斷(단)-끊을 단. 결단할 단. 결단 단.

*詳(상)-자세할 상. 자세히 알 상.
*適(적)-고를 적. 맞을 적. 마침 적.
*了(료. 요)-깨달을 료. 똑똑할 료. 끝날 료. 마칠 료. 어조사 료.

任氏曰임씨왈,

富貴雖定乎格局, 窮通實係乎運途, 所謂命好不如運好也, 日主如我
부귀수정호격국 궁통실계호운도 소위명호불여운호야 일주여아

之身, 局中喜神用神是我所用之人, 運途乃我所臨之地, 故以地支
지신 국중희신용신시아소용지인 운도내아소임지지 고이지지

爲重, 要天干不背, 相生相扶爲美, 故一運看十年, 切勿上下截看,
위중 요천간불배 상생상부위미 고일운간십년 절물상하절간

不可使蓋頭截脚, 如上下截看, 不論蓋頭截脚, 則吉凶不驗矣,
불가사개두절각 여상하절간 불론개두절각 즉길흉불험의

임 선생님이 말씀하였다.

부귀는 비록 격국에서 정해지나 궁통(窮通)은 사실상 운에 매여 있는 것이니 이른바 명(命) 좋은 것이 운(運) 좋은 것만 못한 것이다.

일주는 나의 몸과 같고 국(局) 중의 희신과 용신은 내가 쓰는 사람이며 운도(運途)는 내가 임한 땅이니, 그러므로 지지를 중(重)하게 여기나 필요로 하는 것은 천간이 배반하지 않고 서로 생하고 서로 도와주어야 아름답다.

고로 한 운을 십년으로 보는데 上下로 끊어서 보는 것은 절대로 안 된다. 끊어서 본다면 개두(蓋頭)와 절각(截脚)의 의미가 없어진다. 위와 아래로 끊어서 보면 개두와 절각은 논할 필요가 없게 되고 길흉도 맞지 않는다.

*實(실)－열매 실. 속 실. 참으로 실. 부사어로는 이. 이것. 여기. 확실히. 정말로. 바로. 실제로는. 사실상 등으로 해석.
*背(배)－등 배. 배반할 배.

*切(절. 체)－벨 절. 간절히 절. 온통 체.
*勿(물)－없을 물. 말 물.
*截(절)－끊을 절.
*脚(각)－다리 각. 밟을 각.

如喜行木運，必要甲寅乙卯，次則甲辰乙亥壬寅癸卯，喜行火運，
여희행목운 필요갑인을묘 차즉갑진을해임인계묘 희행화운

必要丙午丁未，次則丙寅丁卯丙戌丁巳，喜行土運，必要戊午己未
필요병오정미 차즉병인정묘병술정사 희행토운 필요무오기미

戊戌己巳，次則戊辰己丑，喜行金運，必要庚申辛酉，次則戊申己
무술기사 차즉무진기축 희행금운 필요경신신유 차즉무신기

酉庚辰辛巳，喜行水運，必要壬子癸亥，次則壬申癸酉辛亥庚子，
유경진신사 희행수운 필요임자계해 차즉임신계유신해경자

가령 木 운으로 행하는 것이 좋다면 반드시 甲寅 乙卯로 행하여야 하고, 다음으로는 甲辰 乙亥 壬寅 癸卯로 행하여야 한다.

火 운이 좋은 경우는 반드시 丙午 丁未로 행하여야 하고, 다음으로는 丙寅 丁卯 丙戌 丁巳로 행하여야 한다.

土 운이 좋은 경우는 반드시 戊午 己未 戊戌 己巳로 행하여야 하고, 다음으로는 戊辰 己丑으로 행하여야 한다.

金 운이 좋은 경우는 반드시 庚申 辛酉로 행하여야 하고, 다음으로는 戊申 己酉 庚辰 辛巳로 행하여야 한다.

水 운이 좋은 경우는 반드시 壬子 癸亥로 행하여야 하고, 다음으로는 壬申 癸酉 辛亥 庚子로 행하여야 한다.

甯使天干生地支，弗使地支生天干，天干生地支而蔭厚，地支生天
녕사천간생지지 불사지지생천간 천간생지지이음후 지지생천

干而氣洩，何謂蓋頭，如喜木運而遇庚寅辛卯，喜火運而遇壬午癸
간이기설 하위개두 여희목운이우경인신묘 희화운이우임오계

巳，喜土運而遇甲戌甲辰乙丑乙未，喜金運而遇丙申丁酉，喜水運
사 희토운이우갑술갑진을축을미 희금운이우병신정유 희수운

而遇戊子己亥，
이우무자기해

차라리 천간이 지지를 생할지언정 지지가 천간을 생하지 말 것이니 천간이 지지를 생하는 것은 음덕이 후하나 지지가 천간을 생하면 기가 설되기 때문이다.

무엇을 일러 개두(蓋頭)라 하는가? 가령 木 운이 좋을 때 庚寅 辛卯 운을 만나거나, 火 운이 좋을 때 壬午 癸巳 운을 만나거나, 土 운이 좋을 때 甲戌 甲辰 乙丑 乙未 운을 만나거나, 金 운이 좋을 때 丙申 丁酉 운을 만나거나, 水 운이 좋을 때 戊子 己亥 운을 만나는 것이다.

*甯(녕)-寧(녕)과 소. 차라리 녕. 어찌 녕.　*弗(불)-아닐 불. 떨 불.
　편안할 녕. 문안할 녕.　　　　　*蔭(음)-그늘 음. 가릴 음. 해 그림자 음.

何謂截脚, 如喜木運而遇甲申乙酉乙丑乙巳, 喜火運而遇丙子丁丑
丙申丁酉丁亥, 喜土運而遇戊寅己卯戊子己酉戊申, 喜金運而遇庚
午辛亥庚寅辛卯庚子, 喜水運而遇壬寅癸卯壬午癸未壬戌癸巳是也,

무엇을 일러 절각(截脚)이라 하는가? 가령 木 운이 좋을 때 甲申 乙酉 乙丑 乙巳 운을 만나거나, 火 운이 좋을 때 丙子 丁丑 丙申 丁酉 丁亥 운을 만나거나, 土 운이 좋을 때 戊寅 己卯 戊子 己酉 戊申 운을 만나거나, 金운이 좋을 때 庚午 辛亥 庚寅 辛卯 庚子 운을 만나거나, 水 운이 좋을 때 壬寅 癸卯 壬午 癸未 壬戌 癸巳 운을 만나는 것이 이것인 것이다.

蓋干頭喜支, 運以重支, 則吉凶減半, 截脚喜干, 支不載干, 則十
年皆否, 假如喜行木運, 而遇庚寅辛卯, 庚辛本爲凶運, 而金絶寅
卯, 謂之無根, 雖有十分之凶, 而減其半, 如原局天干有丙丁透露,
得回制之能, 又減其半, 或再遇太歲逢丙丁, 制其庚辛, 則無凶矣,

개두는 지지를 기뻐하는 것으로 운은 지지가 중(重)하니 길흉이 반감될 것이고 절각은 천간을 기뻐하는 것이니 지지가 싣지 않아 십년이 다 좋지 않다.

가령 木 운으로 행하는 것을 기뻐할 때 庚寅 辛卯 운을 만나면 庚辛은 본래
흉한 운이지만 金이 寅卯에 절지가 되고 金이 뿌리가 없어 비록 십분의 흉함이
있다 하더라도 반으로 감소된다.

또 원국의 천간에 丙丁이 투출하였다면 庚辛 金을 제극하니 또 반으로 감소하
며 다시 태세(太歲)에서 丙丁을 만나 庚辛을 제극하면 흉함이 없게 된다.

*假(가)－빌 가. 빌릴 가. 잠시 가. 거짓 가.　　*減(감)－덜릴 감. 덜 감. 빼기 감.
*假如(가여)－가령. 만약. 설령.　　　　　　　*回(회)－돌 회. 돌아올 회. 돌릴 회.

寅卯本爲吉運, 因蓋頭有庚辛之剋, 雖有十分之吉, 亦減其半, 如
인 묘 본 위 길 운　인 개 두 유 경 신 지 극　수 유 십 분 지 길　역 감 기 반　여
原局地支有申酉之沖, 不但無吉, 而反凶矣, 又如喜木運, 遇甲申
원 국 지 지 유 신 유 지 충　부 단 무 길　이 반 흉 의　우 여 희 목 운　우 갑 신
乙酉, 木絶于申酉, 謂之不載, 故甲乙之運不吉, 如原局天干又透
을 유　목 절 우 신 유　위 지 부 재　고 갑 을 지 운 불 길　여 원 국 천 간 우 투
庚辛, 或太歲干頭遇庚辛, 必凶無疑, 所以十年皆凶, 如原局天干
경 신　혹 태 세 간 두 우 경 신　필 흉 무 의　소 이 십 년 개 흉　여 원 국 천 간
透壬癸, 或太歲干頭逢壬癸, 能洩金生木, 則和平無凶矣,
투 임 계　혹 태 세 간 두 봉 임 계　능 설 금 생 목　즉 화 평 무 흉 의

寅卯는 본래 길운이나 庚辛이 개두하여 극하면 비록 십분의 길함이 있어도 역
시 반으로 감소되고 또 원국의 지지에 申酉의 충이 있으면 비단 길함이 없을 뿐만
아니라 도리어 흉하다. 또 가령 木 운이 좋을 때 甲申 乙酉의 운을 만나면 木이
申酉에서 절지(絶地)가 되니 지지가 실어주지 않은 것으로 甲乙의 운이 불길하다.

가령 원국의 천간에 또 庚辛이 투출하였거나 혹 태세(太歲)의 천간에 庚辛이
있으면 반드시 흉하니 이러므로 십년이 다 흉하다고 한 것이다. 가령 원국의 천간
에 壬癸가 투출하고 혹 태세의 천간으로 壬癸를 만나면 능히 金을 설하여 木을
생하니 화평하고 흉함이 없다.

*載(재)－실을 재. 탈 재.　　　　　　*疑(의)－의심할 의. 의심스러울 의. 의심의.

故運逢吉不見其吉, 運逢凶不見其凶者, 緣蓋頭截脚之故也, 太歲管
고운봉길불견기길 운봉흉불견기흉자 연개두절각지고야 태세관

一年否泰, 如所遇之人, 故以天干爲重, 然地支不可不究, 雖有與
일년비태 여소우지인 고이천간위중 연지지불가불구 수유여

神之生剋, 不可與日主運途之沖戰, 最凶者天剋地沖, 歲運沖剋,
신지생극 불가여일주운도지충전 최흉자천극지충 세운충극

日主旺相, 雖凶無礙, 日主休囚, 必罹凶咎,
일주왕상 수흉무애 일주휴수 필리흉구

그러므로 길한 운에도 길함이 나타나지 않고 흉한 운에도 그 흉함이 보이지
않는 것은 개두(蓋頭)와 절각(截脚) 때문이다. 태세(太歲)는 일 년의 좋고 나쁨을
관장하니 가령 사람을 만나는 것과 같은 것이다. 그러므로 천간이 중(重)한데 그렇
다고 지지를 살피지 않으면 안 된다.

비록 생극하는 오행이 있어도 일주와 운도(運途)가 충하거나 극하면 안 된다.
가장 흉한 것은 천간으로 극하고 지지 또한 충을 하는 것이다. 세운이 충극하는
것은 일주가 왕상하면 비록 흉하다 해도 별 장애가 없으나 일주가 휴수되었으면
반드시 흉하다.

*否(부. 비)-아닐 부. 막힐 비.　　*礙(애)-막을 애. 거리낄 애.
*否泰(비태)-막힘과 통함.　　*罹(리. 이)-근심할 리. 근심 리.

日犯歲君, 日主旺相无咎, 日主休囚必凶, 歲君犯日, 亦同此論, 故
일범세군 일주왕상무구 일주휴수필흉 세군범일 역동차론 고

太歲宜和, 不可與大運一端論也, 如運逢木吉, 歲逢木反凶者, 皆
태세의화 불가여대운일단론야 여운봉목길 세봉목반흉자 개

戰沖不和之故也, 依此而推, 則吉凶無不驗矣,
전충불화지고야 의차이추 즉길흉무불험의

일주가 세군(歲君)을 범(犯)할 때 일주가 왕상하면 허물이 없으나 일주가 휴수되
었으면 반드시 흉하다. 세군이 일주를 범할 때도 이와 같다. 그러므로 태세는 마땅
히 화평하여야 하는 것이니 대운 하나만 가지고 논하면 안 되는 것이다.

가령 木 운이 길한데 태세에서 木을 만나 도리어 흉한 것은 모두가 충전(沖戰)으
로 불화(不和)한 때문이다. 이러한 이치에 의거하여 추리하면 길흉이 맞지 않는

것이 없다.

$$丁 \quad 庚 \quad 丁 \quad 庚$$
$$丑 \quad 辰 \quad 亥 \quad 辰$$

$$癸 \quad 壬 \quad 辛 \quad 庚 \quad 己 \quad 戊$$
$$巳 \quad 辰 \quad 卯 \quad 寅 \quad 丑 \quad 子$$

庚辰日元, 生于亥月, 天干丁火並透, 辰亥皆藏甲乙, 足以用火, 初
경진일원 생우해월 천간정화병투 진해개장갑을 족이용화 초

運戊子己丑, 晦火生金, 未遂所願, 庚運丙午年, 庚坐寅支截脚, 天
운무자기축 회화생금 미수소원 경운병오년 경좌인지절각 천

干兩丁足可敵一庚, 又逢丙午年, 剋盡庚金, 是年進而中, 丁未又
간양정족가적일경 우봉병오년 극진경금 시년진이중 정미우

連捷, 榜下知縣, 寅運官資頗豐, 辛卯截脚, 局中丁火回剋, 仕至
연첩 방하지현 인운관자파풍 신묘절각 국중정화회극 사지

郡守, 壬辰水生庫根, 至壬申年, 兩丁皆傷, 不祿,
군수 임진수생고근 지임신년 양정개상 불록

庚辰 일원이 亥月에 생하였다. 천간에 丁火가 둘이 있는데 辰亥는 甲乙을 암장하고 있어 火를 족히 쓸 수 있다.

초(初) 운이 戊子 己丑으로 火를 어둡게 하고 金을 생하니 소원을 이루지 못하였으나 庚 대운 丙午 유년(流年)에 庚이 寅木에 앉아 절각되고 천간의 두 丁火가 하나의 庚金을 대적하고 丙午 년으로 庚金을 완전히 제거하는 고로 이 해에 급제하였다. 丁未 년에 또 연달아 급제하여 지현(知縣)에 올랐다.

寅 운은 관자(官資)가 자못 풍성하였다. 辛卯 운은 辛金이 절각(截脚)되고 국(局) 중의 丁火가 극하여 벼슬이 군수(郡守)에 이르렀다. 壬辰 운은 水가 고(庫)에 뿌리 내리어 왕상(旺相)한데 壬申 태세년으로 들어 丁火 두 개가 모두 손상되니 사망하였다.

*中(중)-중식(中式). 과거에 급제함.　　*豐(풍)-풍년들 풍. 우거질 풍.

*捷(첩)-이길 첩. 빨리 첩.　　　*截(절)-끊을 절.
*頗(파)-치우칠 파. 자못 파.　　　*庫(고)-곳집 고.

丁　庚　戊　乙
丑　辰　子　未

壬　癸　甲　乙　丙　丁
午　未　申　酉　戌　亥

庚辰日元, 生于子月, 未土穿破子水, 天干木火, 皆得辰未之餘氣,
족以用木生火, 丙運入泮, 癸酉年行乙運, 癸合戊化火, 酉是丁火
長生, 均以此年必中,

　庚辰 일원이 子月에 생하였다. 未土가 子水를 극파하고 천간의 木火는 辰未에
다 여기(餘氣)를 얻고 있으니 족히 木火를 용신으로 할 만하다. 丙 운에 입반하였
다. 癸酉 년은 乙 대운인데 癸가 戊와 합하여 火로 돌아가고 酉는 丁火의 장생이
니 다들 이 해에 과거에 급제할 것이라 하였다.

*穿(천)-뚫을 천. 꿰뚫을 천.　　　*均(균)-평균할 균. 고를 균. 두루 균(모두).

殊不知乙酉截脚之木, 非木也, 實金也, 癸酉年水逢金生, 又在冬令,
焉能合戊化火, 必剋丁火無疑, 酉中純金, 乃火之死地, 陰火長生
之說, 俗傳之謬也, 恐今八月又建辛酉, 局中木火皆傷, 防生不測
之災, 竟卒于省中,

　乙酉는 절각된 木으로, 木이라기보다는 실제는 金이라는 것을 몰라도 많이 모

르고 하는 말이다. 癸酉 년은 水가 金의 생을 만나고 또 절기가 겨울인데 어찌 계수가 戊土와 합하여 火로 돌아가는가. 반드시 丁火를 극하는 것은 의심할 여지가 없다.

酉는 金뿐으로 火의 사지(死地)인데 陰火에 대하여 장생이라는 설명은 속(俗)되게 전해진 잘못된 것이다. 두려운 것은 금년 팔월은 월건(月建)이 辛酉로 국(局) 중의 木火가 다 손상을 받으니 예측할 수 없는 재앙이 발생할 것을 예방하여야 할 것이다. 끝내 성(省) 안에서 사망하였다.

*殊(수)-벨 수. 결심할 수. 다를 수. 부사어로는 전혀. 아주. 몹시 등으로 해석.
*謬(류)-그릇될 류. 어긋날 류.
*恐(공)-두려워 할 공. 두려움 공.

*卒(졸)-군사 졸. 죽을 졸(사망함). 군사. 하인. 심부름꾼. 집단. 무리.
*省(성)-살필 성. 깨달을 성. 대궐 성. 살피다. 분명하다. 깨닫다.

역자주 | 성중(省中)에서 사망하였다는 말은 역자의 생각으로는 객사하였다는 뜻과 같다.

丁　丙　乙　戊
酉　寅　卯　子

辛　庚　己　戊　丁　丙
酉　申　未　午　巳　辰

丙寅日元, 生于卯月, 木火並旺, 土金皆傷, 水亦休囚, 幼運丙辰
병인일원　생우묘월　목화병왕　토금개상　수역휴수　유운병진

丁巳, 遺業消磨, 戊午己未燥土不能生金洩火, 經營虧空萬金, 逃
정사　유업소마　무오기미조토불능생금설화　경영휴공만금　도

出外方, 交庚申辛酉二十年, 竟獲居奇之利, 發財十餘萬,
출외방　교경신신유이십년　경획거기지리　발재십여만

丙寅 일원이 卯月에 생하였다. 木火가 같이 왕하여 土金이 다 손상되고 水역시 휴수되었다. 어릴 때 운이 丙辰 丁巳로 유업(遺業)이 점점 줄었는데 戊午 己未는 조토로 金을 생하지 못하고 火도 설하지 못하니 사업을 하였으나 만금(萬

金)을 허비하고 외지로 도망갔다. 운이 庚申 辛酉로 바뀌자 이십 년 동안에 기이하게 십여 만의 재물을 벌었다.

*消(소)-사라질 소. 사라지게 할 소.
*磨(마)-갈 마. 닳을 마. 고생할 마. 맷돌 마.
*虧(휴)-이지러질 휴.

*空(공)-하늘 공. 쓸쓸할 공. 헛되이 공.
*逃(도)-달아날 도. 피할 도. 떠날 도.
*獲(획)-얻을 획. 맞힐 획.

```
甲 丙 癸 丙
午 午 巳 申

己 戊 丁 丙 乙 甲
亥 戌 酉 申 未 午
```

丙午日元, 生于巳月午時, 羣比爭財, 逼乾癸水, 初運甲午, 刃刦
병오일원 생우사월오시 군비쟁재 핍건계수 초운갑오 인겁

猖狂, 父母早亡, 乙未助刃, 家業敗盡, 交丙申丁酉, 火蓋頭, 且局
창광 부모조망 을미조인 가업패진 교병신정유 화개두 차국

中巳午回剋金, 貧乏不堪, 交戊戌稍能立脚,
중사오회극금 빈핍불감 교무술초능입각

丙午 일원이 巳月 午時에 생하였다. 비견(比肩)과 겁재(刦財)가 많아 申金 하나를 군비쟁재하고 癸水를 말려버린다. 초(初) 운이 甲午로 양인과 겁재가 미쳐 날뛰니 부모님이 일찍 돌아가시고 乙未 운은 양인을 도우니 가업이 파진(破盡)되었다.

丙申 丁酉로 바뀌었으나 火가 개두하고 또 원국의 巳午 火가 金을 극하여 가난함이 더욱 심했다. 戊戌 운으로 바뀌어 조금이나마 안정되었다.

*羣(군)-무리 군. 많을 군. 떼질 군. 群과 仝.
*逼(핍)-닥칠 핍. 핍박할 핍. 쪼그라들 핍.
*乾(건)-하늘 건. 마를 건.
*猖(창)-미칠 창.

*狂(광)-미칠 광.
*猖狂(창광)-미쳐 날뜀.
*貧(빈)-가난할 빈. 가난 빈.
*乏(핍)-떨어질 핍. 모자랄 핍.
*稍(초)-점점 초. 작을 초. 벼 줄기 끝 초.

何爲戰.
하 위 전

무엇이 전(戰)이 되는가.

原注원주

如丙運庚年. 謂之運伐歲. 日主喜庚. 要丙降. 得戊得丙者吉. 日主喜
여 병 운 경 년 위 지 운 벌 세 일 주 희 경 요 병 항 득 무 득 병 자 길 일 주 희

丙. 則歲不降運. 得戊己以和爲妙. 如庚坐寅午. 丙之力量大. 則歲運
병 즉 세 불 항 운 득 무 기 이 화 위 묘 여 경 좌 인 오 병 지 역 량 대 즉 세 운

亦不得不降. 降之亦保無禍.
역 부 득 불 항 항 지 역 보 무 화

【원주】

가령 丙 대운에 庚 유년(流年) 운을 만나면 운이 태세(太歲)를 극벌(剋伐)하는 것이 되는데 일주가 庚金을 좋아하면 丙火를 항복시켜야 하는 것이니 戊土가 있고 丙火가 있어야 길하다.

일주가 丙火를 좋아하는 경우는 태세(太歲)가 운에 항복하지 않으면 戊己 土로 화해하여야 좋다. 가령 庚이 寅午에 앉아 있어 丙火의 역량이 크면 항복하지 않을 수 없는데 항복하여야 역시 화(禍)가 없다.

> 역자주 | 원주의 설명은 애매하다. 丙 대운 庚 유년에 일주가 庚을 좋아하면 戊土가 있어야 좋고, 일주가 丙을 좋아하면 戊己 土가 있어야 좋다고 한 말은 애매하다. "戊己 土가 있으면 不吉하다" 하여야 맞는 말이 된다.

庚運丙年. 謂之歲伐運. 日主喜庚. 得戊己以和丙者吉. 日主喜丙. 則
경 운 병 년 위 지 세 벌 운 일 주 희 경 득 무 기 이 화 병 자 길 일 주 희 병 즉

運不降歲. 又不可用戊己洩丙助庚. 若庚坐寅午. 丙之力量大. 則運自
운 불 항 세 우 불 가 용 무 기 설 병 조 경 약 경 좌 인 오 병 지 역 량 대 즉 운 자

降歲. 亦保無患.
항 세 역 보 무 환

庚 대운 丙 유년(流年) 운은 태세가 운을 극벌(剋伐)하는 것인데 일주가 庚을 좋아

하면 戊己 土가 있어 丙火와 화해하여야 길하다.

일주가 丙火를 좋아하는 경우는 운이 태세를 항복시키지 말아야 하고 또 戊己 土로 丙火를 설하고 金을 생하는 것은 불가하다. 만약 庚金이 寅午에 앉아 丙火의 역량이 크면 운이 태세에 항복하는 것이 되니 걱정이 없다.

任氏曰임씨왈,

戰者剋也, 如丙運庚年, 謂之運剋歲, 日主喜庚, 要丙坐子辰, 庚
전 자 극 야 여 병 운 경 년 위 지 운 극 세 일 주 희 경 요 병 좌 자 진 경

坐申辰, 又局中得戊己洩丙, 得壬癸剋丙則吉, 如丙坐午寅, 局中又
좌 신 진 우 국 중 득 무 기 설 병 득 임 계 극 병 즉 길 여 병 좌 오 인 국 중 우

無水土制化, 必凶, 如庚運丙年, 謂之歲剋運, 日主喜庚則凶, 喜
무 수 토 제 화 필 흉 여 경 운 병 년 위 지 세 극 운 일 주 희 경 즉 흉 희

丙則吉, 喜庚者要庚坐申辰, 丙坐子辰, 又局中逢水土制化者吉, 反
병 즉 길 희 경 자 요 경 좌 신 진 병 좌 자 진 우 국 중 봉 수 토 제 화 자 길 반

此必凶, 喜丙者依此而推,
차 필 흉 희 병 자 의 차 이 추

임 선생님이 말씀하였다.

전(戰)이란 극(剋)인 것이다. 가령 丙 대운 庚 유년(流年)이라면 운이 태세를 극하는 것이 되는데 일주가 庚金을 기뻐하면 丙火는 좌하가 子나 辰이어야 하고 庚은 좌하가 申이나 辰이어야 한다.

또 원국에 戊己 土가 있어 丙火를 설하고 천간으로 壬癸가 있어 丙火를 극하여야 길하다. 가령 丙火가 좌하에 午나 寅이 있는데 원국에 水土로 제(制)하거나 化함이 없으면 반드시 흉하다.

가령 庚 대운 丙 유년(流年)이라면 태세가 운을 극하는 것이 되는데 일주가 庚金을 기뻐하는 경우라면 흉하고 丙火를 기뻐하는 경우라면 길하다.

庚金을 기뻐하는 경우는 庚金의 좌하가 申이나 辰이어야 하고 丙火는 좌하가 子나 辰이어야 한다. 또 국(局) 중에 水土가 있어 제화(制化)하면 길하다. 이와 반대이면 흉하다. 丙火를 기뻐하는 경우도 이와 같이 추리한다.

*制化(제화)-제(制)는 극(剋)을 뜻하고, 화
　(化)는 화살(化殺)을 뜻함.

*依(의)-의지할 의.
*推(추. 퇴)-옮을 추. 밀 추. 밀 퇴.

　　　　庚　丙　甲　辛
　　　　寅　辰　午　卯

　　　戊　己　庚　辛　壬　癸
　　　子　丑　寅　卯　辰　巳

丙火生于午月, 旺刃當權, 支全寅卯辰, 土從木類, 庚辛兩不通根,
병화생우오월　왕인당권　지전인묘진　토종목류　경신양불통근

初交癸巳壬辰, 金逢生助, 家業饒裕, 其樂自如, 辛卯金截脚, 刑
초교계사임진　금봉생조　가업요유　기락자여　신묘금절각　형

喪破耗, 家業十敗八九, 庚運丙寅年剋妻, 庚坐寅支截脚, 丙寅歲
상파모　가업십패팔구　경운병인년극처　경좌인지절각　병인세

剋運, 又庚絶丙生, 局中無制化之神, 于甲午月木從火勢, 凶禍連
극운　우경절병생　국중무제화지신　우갑오월목종화세　흉화연

綿, 得疾而亡,
면　득질이망

丙火가 午月에 생하였다. 왕한 양인이 당권하고 지지는 오로지 寅卯辰으로 土
는 木의 세력을 따르니 庚辛 金이 통근하지 못하였다. 초(初) 운이 癸巳 壬辰으로
金이 생조(生助)를 받아 가업이 넉넉하고 즐거움이 자여(自如)하였다.

辛卯 운으로 바뀌어 金이 절각되어 형상파모(刑喪破耗)를 겪었고 가업이 십중
팔구 손실되었다. 庚 대운 丙寅 년에 극처하였는데 庚이 寅에 앉아 절각되고 丙寅
태세가 운을 극하기 때문이다. 또 庚이 절지가 되고 丙火는 생을 받는데 원국에
제(制)하고 化하는 오행이 없으며 甲午 월은 木이 火의 세력을 따르니 재앙이 끊
이지 않는데 결국 병(病)을 얻어 사망하였다.

*類(류)-무리 류. 같을 류.
*饒(요)-넉넉할 요. 기름질 요.

*自如(자여)-기색이 태연한 모양. 自若(자
　약)과 仝.

*裕(유)-넉넉할 유. 너그러울 유.
*樂(악. 락. 요)-풍류 악. 즐길 락. 즐거움 락.
　좋아할 요.

*耗(모)-벼 모. 덜 모.
*綿(면)-솜 면. 솜옷 면. 연이을 면.
*連綿(연면)-잇닿아 끊이지 아니함.

乙　乙　甲　辛
酉　卯　午　卯

戊　己　庚　辛　壬　癸
子　丑　寅　卯　辰　巳

乙木生于午月, 卯酉緊沖日祿, 月干甲木臨絶, 五行無水, 夏火當
을목생우오월　묘유긴충일록　월간갑목임절　오행무수　하화당

權洩氣, 傷官用刼, 所忌者金, 初運壬辰癸巳, 印透生扶, 平順之
권설기　상관용겁　소기자금　초운임진계사　인투생부　평순지

境, 辛卯運, 惟辛酉年沖去卯木, 刑喪剋破, 至庚運丙寅年, 所忌
경　신묘운　유신유년충거묘목　형상극파　지경운병인년　소기

者金, 而丙火剋去之, 局中無土水洩制丙火, 又火逢生, 金坐絶,
자금　이병화극거지　국중무토수설제병화　우화봉생　금좌절

入泮, 得舒眉曲也,
입반　득서미곡야

　乙木이 午月에 생하였다. 일주의 녹(祿)인 卯를 酉가 옆에 바짝 붙어 충하고
있다. 월간의 甲木은 절지에 임하고 오행에 水가 없어 하절의 火가 당권하여 설기
하니 상관에 비견겁이 용신이다. 그러므로 혐의가 되는 것은 金이다.

　초(初)운 壬辰 癸巳는 인수가 일주를 도와 평순(平順)하였다. 辛卯 대운 辛酉
년에는 卯木을 충거하므로 형상(刑喪)과 파모(破耗)가 있었다. 庚 대운 丙寅 년에
이르러 꺼리는 金을 丙火가 극거하고 원국에 水土가 없어 丙火를 설하거나 제하
지 않으며 火는 생을 받고 金은 절지에 임하니 입반하고 조금 여유로워졌다.

*緊(긴)-굳을 긴. 급할 긴. 팽팽할 긴.
*惟(유)-오직 유. 생각건대 유.

*舒(서)-펼 서. 조용할 서.
*眉(미)-눈썹 미.

역자주 이 사주의 설명은 조금 난삽(難澁)하다. 극설(剋洩)이 교가(交加)하는 사주인데 운이 水木
으로 흘러 초년보다 중년과 말년이 좋았던 것이다. 丙火가 생을 받고 왕해져서 입반(入泮)
하고 주름살을 폈다는 것보다는 金을 극거하고 木이 왕해져 그리된 것이라 생각된다.

何爲沖.
하 위 충

무엇을 일러 충(沖)이라 하는가.

原注원주

如子運午年. 謂之運沖歲. 日主喜子. 則要助子. 又得年之干頭. 遇制
여 자 운 오 년 위 지 운 충 세 일 주 희 자 즉 요 조 자 우 득 년 지 간 두 우 제

午之神. 或午之黨多. 干頭遇戊甲字者必凶. 如午運子年. 謂之歲沖運.
오 지 신 혹 오 지 당 다 간 두 우 무 갑 자 자 필 흉 여 오 운 자 년 위 지 세 충 운

日主喜午. 而子之黨多. 干頭助子者必凶. 日主喜子. 而午之黨少. 干
일 주 희 오 이 자 지 당 다 간 두 조 자 자 필 흉 일 주 희 자 이 오 지 당 소 간

頭助子者必吉. 若午重子輕. 則歲不降. 亦無咎.
두 조 자 자 필 길 약 오 중 자 경 즉 세 불 항 역 무 구

【원주】

가령 子 대운 午 유년(流年)이라면 운이 태세를 충(沖)하는 것인데 일주가 子를
좋아하면 子水를 도와야 하고 또 年干에서 午火를 제(制)하여야 한다. 혹 午火가
무리를 이루어 많고 천간으로 戊土와 甲木을 만나면 반드시 흉하다.

가령 午 대운에 子 유년(流年) 운이라면 태세가 운을 충하는 것인데 일주가 午火
를 기뻐하는 경우에 천간에서 子水를 도우면 반드시 흉하다.

일주가 子水를 기뻐하는데 午火는 적고 천간에서 子水를 도우면 반드시 길하다.
만약 午火가 많고 子水가 적어도 태세가 항복하지만 않으면 역시 허물은 없다.

*沖(충)-빌 충. 비다. 공허하다.　　　*黨(당)-마을 당. 무리 당. 혹시 당.
*頭(두)-머리 두. 우두머리 두. 첫머리 두.　*降(항. 강)-항복할 항. 내릴 강.
*遇(우)-만날 우. 대접할 우. 뜻밖에 우.　*咎(구)-허물 구. 재앙 구. 미워할 구.

任氏曰임씨왈,

沖者破也, 如子運午年, 謂之運沖歲, 日主喜子, 要干頭逢庚壬, 午
충자파야   여자운오년   위지운충세   일주희자   요간두봉경임   오

之干頭逢甲丙, 亦无咎, 如子之干頭遇丙戊, 午之干頭遇庚壬, 亦有
지간두봉갑병   역무구   여자지간두우병무   오지간두우경임   역유

咎, 日主喜午, 子之干頭逢甲戊, 午之干頭遇甲丙, 則吉, 如子之
구   일주희오   자지간두봉갑무   오지간두우갑병   즉길   여자지

干頭遇庚壬, 午之干頭遇甲丙, 則凶,
간두우경임   오지간두우갑병   즉흉

임 선생님이 말씀하였다.

충이란 파(破)인 것이다. 가령 子 대운 午 유년(流年)이라면 운이 태세를 충하는
것인데 일주가 子를 기뻐하면 천간으로 庚壬을 만나야 한다. 午의 천간에 甲丙을
만나도 역시 허물은 없다. 가령 子의 간두(干頭)에 丙戊가 있고 午의 간두에 庚壬
이 있으면 그것은 허물이 있다.

일주가 午火를 기뻐할 때 子의 간두에 甲戊를 만나고 午의 간두에 甲丙을 만나
면 길하다. 가령 子의 간두에 庚壬을 만나고 午의 간두에 甲丙을 만나면 흉하다.

如午運子年, 謂之歲沖運, 日主喜午, 要午之干頭逢丙戊, 子之干
여오운자년   위지세충운   일주희오   요오지간두봉병무   자지간

頭遇甲丙, 則吉, 如午之干頭遇丙戊, 子之干頭遇庚壬, 必凶, 餘
두우갑병   즉길   여오지간두우병무   자지간두우경임   필흉   여

可類推,
가 류 추

가령 午 대운 子 유년(流年)이라면 태세가 운을 충하는 것인데 일주가 午火를
기뻐하는 경우라면 午의 간두에 丙戊를 만나고 子의 간두에 甲丙을 만나면 길하
고, 가령 午의 간두에 丙戊를 만나고 子의 간두에 庚壬을 만나면 반드시 흉하다.
나머지도 이와 같이 추리(推理)한다.

何爲和.
하 위 화

무엇을 일러 화(和)라 하는가.

原注원주

如乙運庚年. 庚運乙年. 則和. 日主喜金則吉. 日主喜木則不吉. 子運
여 을 운 경 년   경 운 을 년   즉 화   일 주 희 금 즉 길   일 주 희 목 즉 불 길   자 운

丑年. 丑運子年. 日主喜土則吉. 喜水則不吉.
축 년   축 운 자 년   일 주 희 토 즉 길   희 수 즉 불 길

【원주】

가령 乙 대운에 庚 유년(流年)이거나 庚 대운에 乙 유년이면, 즉 화(和)인 것이다. 일주가 金을 기뻐하면 길하고 일주가 木을 기뻐하면 불길하다. 子 대운 丑 유년이나 丑 대운 子 유년은 일주가 土를 좋아하면 길하고 水를 좋아하면 불길하다.

任氏曰임씨왈,

和者合也, 如乙運庚年, 庚運乙年, 合而能化, 喜金則吉, 合而不
화 자 합 야   여 을 운 경 년   경 운 을 년   합 이 능 화   희 금 즉 길   합 이 불

化, 反爲羈絆, 不顧日主之喜我, 則不吉矣, 喜庚亦然, 所以喜庚
화   반 위 기 반   불 고 일 주 지 희 아   즉 불 길 의   희 경 역 연   소 이 희 경

者必要木金得地, 乙木無根, 則合化爲美矣, 若子丑之合, 不化亦
자 필 요 목 금 득 지   을 목 무 근   즉 합 화 위 미 의   약 자 축 지 합   불 화 역

是剋水, 喜水者必不吉也,
시 극 수   희 수 자 필 불 길 야

임 선생님이 말씀하였다.

화(和)란 합을 이르는 것이다. 가령 乙 대운 庚 유년이나 庚 대운 乙 유년은 합하여 化하는데 일주가 金을 기뻐하는 경우는 길하다. 합하여 化하지 않으면 도리어 기반(羈絆)이 되어 희신과 일주를 돌아보지 않으니 불길하다.

庚金을 기뻐하는 경우도 역시 이와 같다. 이러므로 庚金을 기뻐하는 경우는 반드시 木金이 득지하여야 하고, 乙木이 뿌리가 없어야 합하여 化하니 아름답게 된다. 만약 子丑 합에서 합하여 化하지 않으면 水를 극하니 水를 기뻐하는 경우는 반드시 불길하다.

*羈(기)－굴레 기. 맬 기.　　　*羈絆(기반)－굴레. 굴레를 씌운 듯이 자유
*絆(반)－줄 반. 맬 반.　　　　　를 없앰.

| 역자주 | 밑줄의 말은 애매하다. |

"庚金을 기뻐하는 경우는 木金이 득지하여야 한다"라고 원문에 되어 있는데 金을 기뻐하면서 왜 木이 득지하여야 한단 말인가. 바로 다음에 연결되는 문단에 "乙木이 뿌리가 없어야 합하여 化하니 길하다"라고 한 말과 위배된다. 여기서 木金이 득지가 아니고 土金이 득지하여야 한다는 말인데 필사 과정에서 잘못된 듯하다.

『적천수징의』에는 "所以喜庚者必要庚金得地(소이희경자필요경금득지)"라 되어 있다.

何爲好.
하 위 호

무엇을 일러 호(好)라 하는가.

原注원주

如庚運辛年. 辛運庚年. 申運酉年. 酉運申年. 則好. 日主喜陽. 則庚與
여경운신년　신운경년　신운유년　유운신년　즉호　일주희양　즉경여

申爲好. 喜陰. 則辛與酉爲好. 凡此皆宜例推.
신위호　희음　즉신여유위호　범차개의예추

【원주】

가령 庚 대운 辛 유년이나 辛 대운 庚 유년이나, 申 대운 酉 유년이나 酉 대운 申 유년을 호(好)라 한다. 일주가 양을 좋아하면 庚이나 申이 좋고 음을 좋아하면 辛과 酉가 좋다. 다른 것도 마땅히 이와 같이 추리하면 된다.

*陽(양)－볕 양. 별. 양지. 밝다.　　*例(예. 레)－법식 예. 대개 레. 보기. 대부분.
*陰(음)－응달 음. 습기. 축축함.　　*推(추. 퇴)－옮을 추. 밀 추. 밀 퇴.

任氏曰임씨왈,

好者類相同也, 如庚運申年, 辛運酉年, 是爲眞好, 乃支之祿旺,
호자류상동야　여경운신년　신운유년　시위진호　내지지록왕

自我本氣歸垣, 如家室之可住, 如庚運辛年, 辛運庚年, 乃天干之
자아본기귀원　여가실지가주　여경운신년　신운경년　내천간지

助, 如朋友之幫扶, 究竟不甚關切, 必先要旺運通根, 自然依附爲
조　여붕우지방부　구경불심관절　필선요왕운통근　자연의부위

好, 如運無根氣, 其見勢衰而無依附之情, 非爲好也,
호　여운무근기　기견세쇠이무의부지정　비위호야

임 선생님이 말씀하였다.

호(好)란 같은 무리를 말하는 것이다. 가령 庚 대운 申 유년이나 辛 대운 酉 유년은 진호(眞好)이다.

이는 지지가 녹왕(祿旺)으로 일주의 본기(本氣)가 돌아간 것이니, 예를 들자면 자기 집에 머무는 것과 같은 것이다.

가령 庚 대운 辛 유년이나 辛 대운 庚 유년은 천간에서 돕는 것으로, 예를 들면 친구가 나를 돕는 것과 같으니 결국 끝까지 좋은 관계가 이루어진다고는 할 수 없다.

반드시 먼저 왕한 운에 통근하여야 자연 의지가 되어 좋은 것이다. 가령 대운이 근기(根氣)가 없으면 힘이 약하여 의지가 되지 않으니 좋다 할 수 없다.

*類(류)－무리 류. 같을 류. 대개 류.
*垣(원)－담 원(낮은 담장).
*朋(붕)－벗 붕. 벗. 친구. 무리. 떼.
*幫(방)－도울 방.
*扶(부)－도울 부. 붙들 부.

*甚(심)－심할 심. 심히 심. 무엇 심.
*關(관)－문빗장 관. 잠글 관. 관계할 관.
*依(의)－의지할 의.
*附(부)－붙을 부. 붙일 부.
*衰(쇠)－쇠할 쇠. 줄 쇠.

貞 元정원

造化起於元. 亦止於貞. 再肇貞元之會. 胚胎嗣續之機.
조 화 기 어 원　역 지 어 정　재 조 정 원 지 회　배 태 사 속 지 기

조화(造化)는 원(元)에서 일어나 정(貞)에서 그치나 다시 정(貞)에서 원(元)으로 모아져 잉태(孕胎)하여 자손으로 이어지는 기틀이 되는 것이다.

*造化(조화)－천지자연의 이치. 또는 조물　*胚(배)－아이 밸 배. 시초 배.
　주. 대자연이 만물을 생성하고, 또 멸망시　*胎(태)－아이 밸 태. 태아 태.
　키고 하는 이치.　*嗣(사)－이을 사. 후손 사. 자손 사.
*肇(조)－비롯할 조. 시초 조. 바로잡을 조.　*續(속)－이을 속. 계속 속.
*貞(정)－곧을 정. 곧다. 정하다. 인정하다.　*機(기)－틀 기. 재치 기. 기틀 기. 실마리 기.

原注원주

三元皆有貞元. 如以八字看. 以年爲元. 月爲亨. 日爲利. 時爲貞. 年月
삼 원 개 유 정 원　여 이 팔 자 간　이 년 위 원　월 위 형　일 위 리　시 위 정　년 월

吉者. 前半世吉. 日時吉者. 後半世吉. 以大運看. 以初十五年爲元. 次
길 자　전 반 세 길　일 시 길 자　후 반 세 길　이 대 운 간　이 초 십 오 년 위 원　차

十五年爲亨. 中十五年爲利. 後十五年爲貞. 元亨運吉者. 前半世吉.
십 오 년 위 형　중 십 오 년 위 리　후 십 오 년 위 정　원 형 운 길 자　전 반 세 길

利貞運吉者. 後半世吉. 皆貞元之道.
리 정 운 길 자　후 반 세 길　개 정 원 지 도

【원주】

삼원(三元)은 다 정원(貞元)이 있다. 가령 팔자로 보면 年을 원(元)으로 하고, 月을 형(亨)으로 하고, 日을 이(利)로 하고, 時를 정(貞)으로 한다. 年月이 좋으면 전 반세(半世)가 길하고 日時가 좋으면 후 반세가 길하다.

대운으로 보면 처음 십오 년을 원(元)으로 하고 다음 십오 년을 형(亨)으로 하고 중간 십오 년을 이(利)로 하고 후 십오 년을 정(貞)으로 하는데, 원형(元亨) 운이 좋으

면 전 반세가 길하고 이정(利貞) 운이 좋으면 후 반세가 길하다. 이것이 다 정원(貞元)의 도(道)이다.

然有貞元之妙存焉. 非特絶處逢生. 北盡東來之意也. 至於人之壽終
연유정원지묘존언　비특절처봉생　북진동래지의야　　지어인지수종

矣. 而旣終之後. 運之所行. 果所喜者歟. 則其家必興. 果所忌者歟. 則
의　이기종지후　운지소행　과소희자여　즉기가필흥　과소기자여　즉

其家必替. 蓋以父爲貞. 子爲元也. 貞下起元之妙. 生生不息之機. 予
기가필체　개이부위정　자위원야　정하기원지묘　생생불식지기　여

著此論. 非欲人知考之年. 而示天下萬世. 實所以驗奕世之兆. 而知數
저차론　비욕인지고지년　이시천하만세　실소이험혁세지조　이지수

之不可逃也. 學者勗之.
지불가도야　학자욱지

그러나 정원(貞元)에는 묘(妙)함이 있으니 절처봉생(絶處逢生)뿐만 아니라 겨울이 다하면 봄이 오는 뜻인 것이다. 사람으로 말하면 수명이 끝나는 것이다. 수명이 끝난 후 운이 가는 곳이 좋으면 그 집은 반드시 흥(興)할 것이고 운이 나쁘게 가면 그 집은 반드시 쇠락할 것이다.

대저 父를 정(貞)으로 하고 子를 원(元)으로 하는 것이니 정(貞) 아래서 원(元)이 일어나는 묘(妙)함이 있으니 생생불식(生生不息)의 기틀인 것이다.

내가 이 논리를 말하는 것은 사람의 죽는 해를 알려고 하는 것이 아니고 천하만세(天下萬世)에 실제로 세상사 조짐을 확실하게 증험한 것으로 운수를 알아도 피할 수는 없음을 보여주려 이 글을 쓴 것이니 학자는 힘써 공부할 것이다.

*非特(비특)─부사어로, ~뿐만 아니라. ~에 그치지 않는다. ~뿐 아니라 등으로 해석.
*歟(여)─그런가 여(의문사. 추측사).
*興(흥)─일 흥. 일으킬 흥. 일어날 흥.
*替(체)─폐할 체. 쇠할 체.
*蓋(개)─덮을 개. 뚜껑 개. 대개 개. 부사어로는 대략. 대체로. 모두. 왜냐하면 ~때문에. 대저. 무릇 등으로 해석. 때로는 해석하지 않기도 함.

*元(원)─으뜸 원. 근원 원. 하늘 원.
*息(식)─숨 쉴 식. 호흡. 숨 한 번 쉬는 동안.
*予(여)─나 여. 줄 여.
*著(저)─나타날 저. 나타낼 저. 지을 저.
*考(고)─상고할 고. 아버지 고.
*驗(험)─증좌 험(증거). 조짐 험. 증험할 험.
*兆(조)─조 조. 조짐 조.
*奕(혁)─클 혁. 아름다울 혁.
*逃(도)─달아날 도. 피할 도.
*勗(욱)─힘쓸 욱. 권면할 욱. 勖(욱)과 소.

任氏曰임씨왈,

貞元之理, 河洛圖書之旨也, 河洛圖書之旨, 卽先後天卦位之易
정원지리 하락도서지지야 하락도서지지 즉선후천괘위지역

也, 先天之卦, 乾南坤北, 故西北多山, 崑崙爲山之祖, 東南多水,
야 선천지괘 건남곤북 고서북다산 곤륜위산지조 동남다수

大海爲水之歸, 是以水從山出, 山見水止, 夫九河瀉地, 極汪洋澎
대해위수지귀 시이수종산출 산견수지 부구하사지 극왕양팽

湃之勢, 溯其源, 皆星宿也,
배지세 소기원 개성수야

임 선생님이 말씀하였다.

정원(貞元)의 이치는 하도(河圖)와 낙서(洛書)의 뜻이다. 하도와 낙서의 뜻은 곧 선천과 후천의 괘위(卦位)가 바뀐 것이다. 선천괘는 건(乾)은 남으로 곤(坤)은 북으로 하니 그러므로 서북에 산이 많은 것이며 곤륜(崑崙)을 산의 조종(祖宗)으로 한다. 동남에 물이 많은 것은 대해(大海)는 水의 귀숙지(歸宿地)가 되기 때문이다. 이러므로 물은 산을 따라 나오며 산은 물을 보면 그친다.

대저 구하(九河)는 땅을 씻어내려 극히 왕양하고 팽배한 세력을 이루나 그 근원을 거슬러 올라가면 다 성수(星宿)에 있다.

*河圖(하도)－복희씨(伏羲氏) 때 황하(黃河)에서 용마(龍馬)가 등에 지고 나왔다는 그림으로서 주역팔괘의 근원이 된 것.

*洛書(낙서)－하우씨(夏禹氏)의 구년치수(九年治水) 때 낙수(洛水)에서 나온 신귀(神龜)의 등에 있었다는 마흔다섯 점의 무늬. 홍범구주(洪範九疇)와 팔괘의 근원(根源)이 되었다 함.

*旨(지)－맛 지. 뜻 지.

*卦(괘)－괘 괘. 점괘 괘.

*崑(곤)－산 이름 곤.

*崙(륜)－산 이름 륜.

*崑崙(곤륜)－곤륜산을 이르며, 중국 강소성(江蘇省)에 있음.

*祖(조)－조상 조. 조상. 사당. 할아비.

*歸(귀)－돌아갈 귀. 돌아올 귀.

*瀉(사)－쏟을 사. 괴울 사. 설사 사.

*汪(왕)－넓을 왕. 바다 왕.

*洋(양)－큰 바다 양. 큰 물결 양.

*汪洋(왕양)－넓고 큰 모양. 광대(廣大)한 모양.

*澎(팽)－물 부딪는 소리 팽.

*湃(배)－물결소리 배.

*溯(소)－거슬러 올라갈 소.

*溯源(소원)－물의 근원을 찾아 거슬러 올라감. 사물의 근원을 구명(究明)함.

*宿(숙. 수)－묵을 숙. 편안할 숙. 성수 수(이십팔 별자리). 성좌(星座).

夫五岳揷天, 極崇降峻險之形, 窮其本, 皆崑崙也, 惟人有祖父亦
부 오 악 삽 천　극 숭 항 준 험 지 형　궁 기 본　개 곤 륜 야　유 인 유 조 부 역

然, 雖支分派衍, 莫不皆出于一脈, 故一陰生于坤之初, 一陽生于
연　수 지 분 파 연　막 불 개 출 우 일 맥　고 일 음 생 우 곤 지 초　일 양 생 우

乾之始, 所以離爲日體, 坎爲月體, 而貞元之理, 原于納甲, 納甲
건 지 시　소 이 리 위 일 체　감 위 월 체　이 정 원 지 리　원 우 납 갑　납 갑

之象, 出于八卦, 故父乾而母坤, 震爲長男, 繼乾父之體, 因坤母
지 상　출 우 팔 괘　고 부 건 이 모 곤　진 위 장 남　계 건 부 지 체　인 곤 모

之兆, 故太陰自每月二十八至初二, 盡魄純黑而爲坤象, 坤者猶貞
지 조　고 태 음 자 매 월 이 십 팔 지 초 이　진 백 순 흑 이 위 곤 상　곤 자 유 정

之意也,
지 의 야

　　대저 오악(五岳)은 하늘을 떠받치듯 산세가 높고 험준한 형상이나 그 근본은 곤륜에 있고 사람에 있어서는 조부(祖父)가 그러하다.

　　비록 여러 갈래로 파가 나누어지고 퍼졌으나 모두가 일맥(一脈)에서 나온 것이다. 고로 일음(一陰)은 곤(坤)의 초(初)에서 나오고 일양(一陽)은 건(乾)에서 시작된다. 이러므로 이(離)는 일체(日體)이고 감(坎)은 월체(月體)이다. 정원(貞元)의 이치는 납갑(納甲)이 근원이고 납갑의 형상은 팔괘에서 나왔다. 고로 父는 건(乾)이고 母는 곤(坤)이다.

　　진(震)은 장남으로 건(乾)인 父의 몸을 이어받은 것이나 곤(坤)인 母의 형상인 것이다. 그러므로 태음(太陰)은 매월 이십팔일부터 다음달 초이틀까지 달〔月〕이 다하여 완전히 어둠이 되니 곤상(坤象)인 것이다. 곤(坤)이란 정(貞)의 뜻과 같다.

*揷(삽)－꽂을 삽(꼭 끼워 있게 함).
*崇(숭)－높을 숭. 높일 숭.
*峻(준)－높을 준. 가파를 준.
*險(험)－험할 험. 높을 험. 어려울 험.
*峻險(준험)－산세가 높고 험함.
*窮(궁)－궁구할 궁. 다할 궁. 궁할 궁.
*衍(연)－넘칠 연. 퍼질 연. 넉넉할 연.

*支(지)－가지 지. 갈릴 지. 地支 지.
*脈(맥)－맥 맥. 연달을 맥.
*兆(조)－조 조〔수(數)의 단위〕. 조짐 조. 형상 조.
*魄(백, 탁)－넋 백. 몸 백. 모양 백. 달 백. 달빛 백. 영락(零落)할 탁.

역자주　○ 五岳(오악)〔五嶽(오악)〕: 아래의 다섯 높은 산을 말한다.

동악(東嶽)＝태산(泰山), 서악(西嶽)＝화산(華山), 남악(南嶽)＝형산(衡山), 북악(北嶽)
＝항산(恒山), 중악(中嶽)＝숭산(崇山).

○ 八卦(팔괘)

- 一乾天(일건천)： 건(☰)은 아버지
- 二兌澤(이태택)： 태(☱)는 少女
- 三離火(삼리화)： 리(☲)는 中女
- 四震雷(사진뢰)： 진(☳)은 長男
- 五巽風(오손풍)： 손(☴)은 長女
- 六坎水(육감수)： 감(☵)은 中男
- 七艮山(칠간산)： 간(☶)은 少男
- 八坤地(팔곤지)： 곤(☷)은 어머니

初三光明三分, 一陽初生, 震之象也, 震者元之兆也, 初八上絃,
초삼광명삼분 일양초생 진지상야 진자원지조야 초팔상현

光明六分, 兌之象也, 兌者, 猶亨之理也, 十八日, 月盈而虧缺三
광명육분 태지상야 태자 유형지리야 십팔일 월영이휴결삼

分, 巽之象也, 猶利之義也, 是以貞元之道, 循環之理, 盛極而衰,
분 손지상야 유리지의야 시이정원지도 순환지리 성극이쇠

否極而泰, 亦此意也,
비극이태 역차의야

　초삼일은 광명이 삼분(三分)으로 일양이 처음으로 생하니 진(震)의 상(象)이다. 진은 원(元)의 형상이다. 초팔은 상현(上弦)으로 광명이 육분(六分)으로 태(兌)의 상(象)이다. 태는 형(亨)의 이치이다. 십팔일은 만월에서 삼분(三分)이 이지러지니 손(巽)의 상(象)이다. 손은 이(利)의 뜻이다.

　이러므로 정원(貞元)의 도는 순환의 이치로 성함이 극에 이르면 쇠하게 되고 비(否)도 극에 이르면 태(泰)가 되는 것이 역시 이 뜻인 것이다.

*絃(현)-줄 현. 현악기 현. 탈 현.
*弦(현)-시위 현. 초승달 현.
*否(부. 비)-아닐 부. 막힐 비. 비괘 비.
*泰(태)-클 태. 너그러울 태.
*虧(휴)-이지러질 휴.

*缺(결)-이지러질 결. 없어질 결.
*循(순)-좇을 순. 돌아다닐 순.
*環(환)-옥 환. 고리 환. 돌 환.
*循環(순환)-쉬지 않고 자꾸 돎.
*盛(성)-그릇 성. 성할 성.

역자주 上絃(상현)은 上弦(상현)의 오자(誤字)이다. 上弦(상현)이란 음력 七~八日경의 반원(半圓)의 달이고, 음력 二十二~二十三日의 下弦(하현)의 반대. 조수(潮水)가 가장 낮아 조금이라고도 한다.

觀此章之旨, 不特人生在世, 運吉者昌, 運凶者敗, 至於壽終之後,
관 차 장 지 지 불 특 인 생 재 세 운 길 자 창 운 흉 자 패 지 어 수 종 지 후

而行運仍在, 觀其運之吉凶, 而可知其子孫之興替, 故其人旣終之
이 행 운 잉 재 관 기 운 지 길 흉 이 가 지 기 자 손 지 흥 체 고 기 인 기 종 지

後, 而其家興旺者, 身後運必吉也, 其家衰敗者, 身後運必凶也,
후 이 기 가 흥 왕 자 신 후 운 필 길 야 기 가 쇠 패 자 신 후 운 필 흉 야

이 글의 뜻을 보건대 사람이 세상을 살아가는 동안 운이 길하면 창성하고 운이 나쁘면 흉한 것뿐만 아니라 수명이 끝난 후에도 운이 있어 그 운의 길흉으로 그 자손의 흥체(興替)를 가히 알 수 있는 것이다.

그러므로 사람이 수(壽)를 다한 후에도 그 집안이 일어나는 것은 일신(一身)이 몰(歿)한 후의 운이 반드시 길하기 때문이고 그 집안이 쇠락하는 것은 죽은 후의 운이 반드시 나쁘기 때문이다.

此論雖造化有定, 而數之不可逃, 爲人子者不可不知考之年, 而善
차 론 수 조 화 유 정 이 수 지 불 가 도 위 인 자 자 불 가 부 지 고 지 년 이 선

繼述之, 若考之身後運吉, 自可承先啓後, 如考之身後運凶, 亦可
계 술 지 약 고 지 신 후 운 길 자 가 승 선 계 후 여 고 지 신 후 운 흉 역 가

安分經營, 挽回造化,
안 분 경 영 만 회 조 화

이 논리는 조화(造化)는 정하여진 것으로 (그것을 안다 하여도) 운수는 피할 수 없는 것을 뜻하는 것이다. 사람의 자식으로서 부모의 돌아가신 날을 몰라서는 안 되는 것이니 그것은 부모가 하시던 일이나 그 뜻을 잘 이어가려 함이다.

만약 부모 사후(死後)의 운이 좋으면 선대에서 후손에게 이어지며 선고(先考)의 후 운이 나쁘면 분수에 맞게 경영을 하면 조화(造化)를 만회(挽回)할 수 있다.

*考(고)-상고할 고. 마칠 고. 아버지 고.
*繼(계)-이을 계.
*述(술)-말할 술. 이을 술. 좇을 술. 저술 술.
　지을 술.
*繼述(계술)-전인(前人)이 하던 일이나 뜻
　을 이어감.

*承(승)-받들 승. 이을 승.
*啓(계)-열 계. 인도할 계. 여쭐 계.
*經(경)-날 경. 지경 경. 지낼 경. 책 경.
*營(영)-경영할 영. 지을 영. 다스릴 영.
*挽(만)-당길 만. 끌 만. 말릴 만.
*挽回(만회)-바로잡아 돌이킴.

若祖宗富貴, 自詩書中來, 子孫享富貴, 卽棄詩書者, 若祖宗家業,
약 조 종 부 귀　자 시 서 중 래　자 손 향 부 귀　즉 기 시 서 자　약 조 종 가 업

自勤儉中來, 子孫享家業, 卽忘勤儉者, 是割扶桑之幹, 而接于文
자 근 검 중 래　자 손 향 가 업　즉 망 근 검 자　시 할 부 상 지 간　이 접 우 문

梓, 未有不槁者, 決渭河之水, 而入于涇川, 鮮有不濁者, 何也, 其
재　미 유 불 고 자　결 위 하 지 수　이 입 우 경 천　선 유 불 탁 자　하 야　기

本源各自不相附耳, 學者當深思之,
본 원 각 자 불 상 부 이　학 자 당 심 사 지

　만약 조종(祖宗)의 부귀가 시서(詩書)로부터 온 것인데 자손이 부귀만 누리고 시
서를 버리거나, 만약 조종의 가업이 근검(勤儉)에서 온 것인데 자손이 가업만 누리
고 근검을 망각하는 것은 이는 뽕나무 줄기를 베어서 가래나무에다 접붙인 것과
같아 말라 죽지 않은 적이 없고, 위하(渭河)의 물이 경천(涇川)으로 들어가서 탁하
지 않은 경우는 드무니 왜 그런가?

　그 근본(根本)이 각자 다르기 때문이다. 배우는 자는 마땅히 깊이 생각하여야
한다.

*享(향)-누릴 향.
*棄(기)-버릴 기.
*勤(근)-부지런할 근. 힘쓸 근.
*儉(검)-검소할 검. 넉넉지 못할 검.
*勤儉(근검)-부지런하고 알뜰함.
*割(할)-가를 할. 빼앗을 할.
*桑(상)-뽕나무 상.
*扶桑(부상)-동쪽 바다의 해 돋는 곳에 있
　다는 신목(神木). 또 그 신목(神木)이 있는 곳.

*幹(간)-몸 간. 줄기 간. 근본 간.
*接(접)-사귈 접. 이을 접. 접붙일 접.
*梓(재)-가래나무 재.
*文梓(문재)-결이 고운 가래나무.
*附(부)-붙을 부. 합사할 부.
*渭(위)-물 이름 위. 渭水는 감숙성(甘肅省)
　위원현(渭源縣)에서 발원하여 섬서성(陝西
　省)을 거쳐 황해로 들어가는 강.
*涇(경)-물 이름 경.

*河(하) - 물 이름 하. 황하(黃河)를 옛날에는 단지 '河'라 하였음.

*渭河之水(위하지수) - 위수와 황하. 위수와 황하는 물이 항상 흐림〔濁〕.

*鮮(선) - 고을 선. 날 선. 아름다울 선. 적을 선. 희소함.

*涇川(경천) - 감숙성(甘肅省) 화평현(化平縣)과 고원현(固原縣) 두 군데서 발원하여 합류한 후 섬서성(陝西省)에 이르러 위수(渭水)로 흘러들어 가는 강.

*深(심) - 깊을 심. 깊게 할 심.

*思(사) - 생각할 사. 생각. 뜻. 마음.

袁 序

壬申孟冬, 句章蘅園主人, 偕其哲嗣簠齋, 及老友陳君莘莊, 林君茹香,
因事來鎭. 乃蒙謬採虛聲. 引爲知命. 召余讌飲於李氏抱江樓上. 一見
傾心. 知爲豪傑之士. 余贈詩有句云, 相逢邂逅渾如舊. 閑話陰陽共樂
天. 簠齋工詩能文. 其酬詩有云, 媿我十年初學易. 心欣康節樂追陪.
虛懷若谷. 令人心折. 翌日, 孫君偶以精鈔本, 任鐵樵先生增註之滴天
髓闡微見示. 余披閱至再. 知其以古本滴天髓正文爲綱. 古註爲目. 古
註外, 復增新註. 闡發要旨. 並於逐條, 排列命造. 以資佐證. 學宗陳
沈. 筆有鑪錘. 理必求精. 語無泛設. 誠命學中罕見之孤本也. 及觀觀
復居士原跋. 乃知此書爲海甯陳氏藏本. 並謂安得有心人, 壽諸梨棗.
以廣流傳. 余遂起謂主人曰. 嘗聞張文襄公云, 立名不朽. 莫如刊布古
書. 其書終古不廢. 則刻書之人, 終古不泯. 且刻書者, 傳先哲之精蘊.
啟後學之顓蒙. 亦利濟之先務. 積善之雅談. 君其留意及之. 語未竟.
主人躍然曰. 此書, 論命有道. 寫作俱佳. 余早有影印出版, 公諸同好
之心. 簠齋又曰. 家大人謀印此書, 籌之熟矣. 陳君林君復謂余曰. 吾
等力任校雠. 乞先生以言弁其首, 可乎. 余頷之. 今歲初夏, 簠齋果以
是書影印本四卷, 郵寄至鎭. 並函索序言. 以踐前約. 余迴環盟誦. 至
卷二第四十五葉, 載有鐵樵先生命造, 爲癸巳, 戊午, 丙午, 壬辰. 始知
先生乃乾隆二十八年四月十八日辰時生. 觀其敍述本命有曰. 上不能
繼父志, 以成名. 下不能守田園, 而務本. 始知先生之先德, 必爲名宦.
先生之家產, 必爲中人. 又曰, 至卯運, 壬水絶地. 陽刃逢生. 變生骨
肉. 家產蕩然. 又曰, 先嚴逝後. 潛心命學. 計爲餬口. 始知先生學命之

年, 已逾三旬矣. 又曰, 予賦性古拙. 無謟態. 多傲骨. 交游往來. 落落
寡合. 所凜凜者, 吾祖若父, 忠厚之訓. 不敢失墜. 吾於是知先生之人
格, 必爲亮節高風. 安貧樂道也. 再證以卷三第十二葉, 某君癸巳命,
有曰. 余造年月日皆同. 換一壬辰時. 弱殺不能相制. 亦有六弟. 得力
者, 早亡. 其餘, 皆不肖. 以致受累破家. 吾於是知先生之友于兄弟. 困
苦不辭也. 再證以卷二第七十四葉, 某饎生壬子命, 有云. 丁巳運, 連
遭回祿. 查該生之命. 五十六歲, 始行丁運. 適在道光二十七年, 歲次
丁未. 可以知先生壽已七十有五, 猶垂簾賣卜. 勤勤懇懇. 爲人推命也.
觀復居士原跋, 謂陳君言, 任先生, 何時人. 吾生也晚, 不及知. 此殆未
觀全書, 而不諳命學之故. 至任先生里居, 原書未載. 不敢臆斷. 然觀
其書中增註. 大都採自命理約言子平眞詮約言, 爲海甯陳相國素菴著.
眞詮, 爲山陰沈進士孝瞻著. 二公, 皆浙人也. 其書世無刊本間有私家
傳鈔. 亦必浙人爲多且陳相國, 謝世於康熙五年沈進士, 通籍於乾隆四
年. 以先生乾隆三十八年誕生計之. 其相距, 遠亦不過甫逾百年. 近僅
數十年耳由是觀之. 先生殆亦爲浙人乎. 約言, 眞詮學說. 余素所服膺.
曩著命理探原, 採錄不少. 然以鐵樵先生之闡微較之. 又有泰山培塿之
判矣. 蓋先生研精覃思. 匪伊朝夕. 故能綜貫本末. 發爲文章. 其論五
行生尅衰旺顚倒之理. 固極玄妙. 而尤以旺者宜尅. 旺極宜洩. 弱者宜
生. 弱極宜尅二條. 最爲精湛. 至云, 人有厚薄. 山川不同. 命有貴賤.
世德懸殊. 此又以天命而合地利, 人事言也. 故其爲人論命. 嘗曰, 某
造純粹中和. 太平宰相. 某造仕路清高. 才華卓越. 某造經營獲利. 勤

儉成功. 某造背井離鄉. 潤身富屋. 某造貪婪無厭. 性情乖張. 某造揮
金如土. 破家亡身. 某造不事生產. 必有後災. 某造出身貧寒. 爲人賢
淑. 某造青年守節. 敎子成名. 某造愛富嫌貧. 背夫棄子. 某造若不急
流勇退. 能無意外風波. 某造蒲柳望秋而彫. 松柏經霜彌茂. 袞褒斧貶.
莫不各具若心. 大義微言. 要皆有關世道. 古之君子, 所謂旣沒而言立
者. 其在斯人乎. 讀者若徒以命學觀之. 擧一遺二. 見寸昧尺. 其亦有
負蘅園喬梓影印流傳之盛意也已.

民國二十二年歲次癸酉夏五月庚寅朔越二十有一日庚戌鎮江袁樹珊撰

袁 序 원서

壬申年 十月 구장형원(句章蘅園)의 주인이 그 아들 보재(簠齋)와 오랜 친구인 진신장(陳莘莊), 임여향(林茹香)과 함께 일이 있어 진강(鎭江)에 왔다가 내가 명리에 밝다는 헛된 소문을 듣고 나를 초대하여 李氏의 읍강루(挹江樓)에서 잔치를 베풀어 주었다.

한눈에 마음이 끌렸고 그들이 호걸지사(豪傑之士)임을 알고 기쁜 마음에 몇 구절 시(詩)를 지어 읊었다.

우연히 만났는데도 오랜 친구를 만난 듯하고,
음양(陰陽)을 논하며 천도(天道)를 즐긴다.

보재(簠齋)도 시문(詩文)에 뛰어나 응답하기를

십년의 역학 공부 오히려 부끄럽고
강절(康節) 선생을 뵈온 듯 기쁩니다.

허심탄회한 그의 마음에 사람을 움직이는 정이 있다.

다음날 손군(孫君)이 임철초(任鐵樵) 선생이 증주한 『적천수천미』 정초본을 나에게 보여주었다. 나는 거듭 읽어보니 이 책이 옛날의 적천수 정문(正文)을 벼리[綱]로 삼고 고주(古註)를 목(目)으로 하고 고주 외에 다시 신주(新註)를 더하여 그 뜻을 명백히 밝혔다.

더불어 조목마다 명조(命造)를 배열하여 징험을 돕는 자료로 하였다. 학리(學理)는 진소암(陳素菴) 선생과 심효첨(沈孝瞻) 선생의 이론을 따랐으며 글은 법도에 맞도록 쓰여졌고 이론이 정미(精微)하고 말이 군소리가 없다. 명리서 중 흔히 볼 수 없는 희귀본이다.

관복거사(觀復居士)의 원발(原跋)을 보고 이 책이 해녕(海甯) 진씨(陳氏)의 소장본임을 알겠고 또 이르길 뜻있는 사람이 이 책을 인쇄하여 세상에 널리 전하고 싶다고 하였다.

나는 자리에서 일어나 주인에게 말하길, "일찍이 장문양(張文襄)공이 말하길 이름을 세워 영원히 남기려면 고서(古書)를 간행(刊行)하여 세상에 널리 배포하는 것보다 더한 것이 없다고 하였는바, 책이 오래도록 없어지지 않는 한 그 책을 펴낸 사람의 이름도 없어지지 않을 것이며 선철(先哲)의 정미하고 깊은 뜻을 전하여 후학자의 몽매함을 깨우쳐 주는 것으로 이세제민(利世濟民)을 위해 먼저 하여야 할 일이며 적선(積善)도 되는 길이니 그대의 뜻은 어떠합니까?" 하였더니, 내 말이 끝나기도 전에 주인이 뛸 듯이 기뻐하며 말하기를, "이 책은 명(命)을 논함에 체계적으로 조리가 있고 필사한 것과 내용이 다 아름다워 이것을 영인본(影印本)으로 출판하여 그 기쁨을 동호인들과 함께할 뜻을 가지고 있었습니다"라고 하고, 보재 역시 "부친께서도 이 책을 펴낼 생각을 일찍부터 하고 계셨습니다"라고 하였다.

임(林) 군과 신(莘) 군이 다시 나에게 말하길 우리 둘이 교정을 힘써 할 것이니 선생님께서는 서문(序文)을 써 주기를 청하기에 나는 그러마고 하였다.

금년 초여름 보재(簠齋)가 이 책의 영인본(影印本) 네 권을 나에게 보내면서 먼저 약속했던 서문을 써 주십사 하는 부탁의 글도 있었다. 나는 감사한 마음에 손을 씻고서 읽어보니 2권 45쪽에 철초(鐵樵) 선생의 사주가 癸巳 戊午 丙午 壬辰이라 기록되어 있어 선생이 건륭(乾隆) 28년* 4월 18일 辰時生이라는 것을 비로소 알

---

* 「적천수천미」 원문 170쪽의 사주에는 건륭 38년으로 되어 있다. 본인도 뒤에는 건륭 38년이라 했다.

게 되었다.

선생은 자신의 명을 논하여 이르길, "위로는 아버지의 뜻을 받들어 공명(功名)을 이루지 못하고 아래로는 전원(田園)을 지키는 본분을 다하지 못하였다"고 한 것을 보고 비로소 선생의 선대는 반드시 이름이 높은 벼슬하는 집안이고 가산(家産)은 중류(中流)쯤 되는 것을 알 수 있었다.

또 이르기를, "卯 운에 이르러 壬水가 절지가 되고 양인(陽刃)이 생을 만나 골육(骨肉)에 이변이 있었고 가산이 탕진(蕩盡)되었다"라고 하고, 또 말씀하시길 "엄친이 돌아가신 후 전심으로 명리(命理)를 배워 호구지책(糊口之策)으로 삼았다"라고 한 것을 보고 선생은 30이 넘어서 명리학을 공부한 것을 알 수 있다.

또 말씀하시길, "나는 천성이 고졸(古拙)하여 아첨할 줄 모르고 뜻이 커서 벗을 사귀거나 왕래함이 별로 없었다. 내가 세파(世波)에 물들지 않고 꿋꿋한 것은 할아버지와 아버지의 충후(忠厚)의 가르침을 감히 실추(失墜)시킬 수 없기 때문이다"라고 한 것을 보고 나는 선생의 인격이 밝고 절개가 높으며 안빈낙도(安貧樂道)하신 것을 알았다.

다시 3권 12쪽에 癸巳生의 어떤 사람의 명조(命造)에 대하여 말씀하시기를 "이 사람의 사주는 나의 사주와 年 月 日이 다 같으나 壬辰時 하나만 바뀌었다. 약한 살이 극제(剋制)하지 못하니 이 사주도 여섯 형제가 있는데 힘 있는 자는 일찍 죽고 여타는 불초하여 가산이 탕진되고 형제간에 폐가 되었다"라고 재차 밝힌 것을 보고 나는 선생이 형제간에 곤고(困苦)함이 있어도 마다하지 않은 것을 알 수 있었다.

또 2권 74쪽에 壬子生인 어떤 사람의 명을 말씀하시길, "丁巳 운에 연달아 화재를 만났다"고 하였는데, 이 명조를 자세히 살펴보니 56세에 丁 운이 시작되는데 도광(道光) 27년으로 그해가 丁未 년이니 선생의 나이 75세 때로 오히려 발(簾)을 드리우고 지성으로 열심히 사람을 위해 추명(推命)하신 것을 알 수 있다.

관복거사의 서문을 일러 진(陳)군이 말하길 "임 선생이 어느 때 사람인지 내가 늦게 태어나 알지 못한다" 하였는데 이는 아마 이 글을 다 읽지 않고 명학(命學)을 알지 못한 (임 선생의 명조를 이해치 못하여) 까닭이다.

임 선생이 사신 곳에 대하여는 원서(原書)에 기재가 없어 감히 억측(臆測)할 수는 없으나, 그러나 증주(增註)를 보건대 『명리약언』과 『자평진전』에서 채택하였는데, 약언(約言)은 해녕(海甯) 진 상국(陳 相國) 소암(素菴)이 저술한 것이고, 진전은 산음(山陰) 심 진사(沈 進士) 효첨(孝瞻)이 저술한 것으로 두 분은 모두 절강성 사람들이다.

그 책은 세상에 출판되지 않고 사가(私家)에 초본으로만 전하여질 뿐인데 역시 절강성(浙江省) 사람들이 많이 가지고 있었을 것이다.

진(陳) 상국(相國)은 강희 5년에 세상을 뜨고 심(沈) 진사는 건륭(乾隆) 4년에 진사가 되었는데 선생은 건륭 38년에 태어났으니 계산하여 보면 차이가 멀다 해도 100년 정도에 불과하고 가까이는 몇십 년 차이밖에 안 되니 선생도 아마 절강 사람일 것이다.

『명리약언』과 『자평진전』은 학설은 나도 평소 마음에 두고 있었던 것으로 지난날 지은 『명리탐원(命理探原)』을 쓸 때도 거기에서 채록(採錄)한 것이 적지 않았으나, 그러나 철초 선생의 천미(闡微)와 비교하면 태산(泰山)과 언덕만큼의 차이다.

선생은 밤낮으로 정밀히 연구하고 깊이 생각하여 그 본말(本末)을 꿰뚫고 글로 나타내면서 오행의 생극(生剋)과 쇠왕(衰旺)과 전도(顚倒)의 이치를 아주 현묘(玄妙)하게 논(論)하였을 뿐 아니라, "왕(旺)한 것은 극(剋)함이 마땅하고 왕(旺)함이 극(極)에 이른 것은 설(洩)함이 마땅하며, 약(弱)한 것은 마땅히 생하여 줘야 하고 약(弱)함이 극(極)에 이른 것은 마땅히 극(剋)하여야 한다"는 이 두 가지의 이론은 가장 정밀하고 깊은 뜻이 있는 학설이다.

또 이르길 사람에 따라 후박(厚薄)이 있고 명(命)에 따라 귀천(貴賤)이 다른 것은 산천(山川)이 다르고 세덕(世德)이 다름에 있는 것이니 이것은 천명(天命)을 지리(地利)에 부합시켜 사람의 일을 말한 것이다.

그러므로 사람의 명(命)을 논함에 항상 말씀하시기를, 어떤 명조는 순수하고 중화되어 태평성대에 재상이라 하고, 어떤 명조는 벼슬길이 청고(淸高)하고 재주가 뛰어난 명조라 하고, 어떤 명조는 경영(經營)함에 이익을 얻어 근검(勤儉)하여 성공한다 하고, 어떤 명조는 고향을 떠나 타향에서 성공한다 하고, 어떤 명조는 욕심이 끝이 없고 성격이 괴팍하다 하고, 어떤 명조는 돈을 흙 뿌리듯하여 패가망신한다 하고, 어떤 명조는 생산에 힘쓰지 않아 뒤에 반드시 재앙(災殃)이 있다 하고, 어떤 명조는 출신은 빈한하나 현숙하다 하고, 어떤 명조는 청춘에 수절(守節)하나 자식을 가르쳐 이름을 얻는다 하고, 어떤 명조는 부(富)를 사랑하고 가난을 혐오하여 남편과 자식을 버릴 것이라 하고, 어떤 명조는 벼슬길에 물러나야 할 때 물러나지 않아 뜻밖의 풍파(風波)를 만난다 하고, 어떤 명조는 냇버들은 가을만 바라봐도 시드나 소나무와 잣나무는 겨울을 지날수록 무성하다 하여 추켜올리기도 하고 깎아내림에 고심(苦心)을 하지 않은 바가 없으며 큰 뜻과 정미(精微)한 말씀은 모두 세상의 도리에 관한 것들이었다.

옛날의 군자(君子)는 이른바 죽더라도 후세에 전할 말은 한다고 하더니 이 사람을 두고 한 말이 아니겠는가.

독자들이 만약 이 책을 명학(命學)으로만 본다면 그것은 하나는 얻으나 둘을 잃는 것이며 한 치[寸]는 보고 한 자[尺]는 못 보는 것이며, 이 책을 출판(出版)하여 널리 세상에 전(傳)한 형원(蘅園)의 크고 위대한 뜻을 저버리는 일이 되기도 하는 것이다.

중화민국 二十二年 癸酉년 仲夏 五月 庚寅 삭 二十一日 庚戌日 진강(鎭江)의 원수산(袁樹珊)이 쓰다.

孫 序

命理之學. 由來久矣. 古之言命者, 簡而賅. 故庖犧曰正命. 仲尼曰天命. 老聃曰復命. 類皆以得之於天. 賦之於人者. 正其性. 循其理. 以安其命而已. 後世不安於天理之自然. 旁趨曲解. 以取悅當世, 蓋鶩於理之外, 而流於術. 牽引附會. 學者遂愈趨, 而愈岐. 雖然, 以理定命者. 所謂以簡御繁. 固爲順天之正. 而以術合理者. 果能以繁就簡. 亦足探命之原. 特精斯道者之不數覯耳. 滴天髓一書. 相傳爲京圖撰. 劉誠意註. 取通神, 六親, 爲兩大綱. 自天道, 至貞元. 凡分六十二章. 析理竟原. 悉臻微妙. 第其辭旨古奧. 學者病之. 余夙好星命之學. 暇輒披覽. 亦患少心得. 去歲, 有持示是編者. 讀任鐵樵先生增註. 喜其分篇詮釋. 援格擧證. 於天地陰陽之分化. 三元五行之推旋. 反覆引申. 辭明理達. 使曩所捍格者. 固不觸類旁通. 翕歸於理. 其爲作者功臣. 而足以津梁後學, 信矣. 逮觀觀復居士書後. 始知書藏海甯陳氏. 爲觀復假於陳, 而手錄之者. 原刻, 已燬於火. 則斯篇, 已爲海内孤本. 彌可寶貴. 向使陳氏秘藏, 不以示人. 雖示人, 而無若觀復之樂爲手錄者. 是書, 安得復見於世耶. 今旣幸見之. 苟無以善其後. 終至若陳氏原本之歸於湮沒. 且繹觀復書後語意. 非廣爲流傳. 壽諸梨棗. 不大負增註者, 啟發古書之精蘊. 手錄者, 嘉惠後學之苦心乎. 爰付影印, 公諸同好. 署曰闡微, 異於眾也. 惜觀復居士, 不詳其時代姓氏. 僅於文字間. 譯其言, 而察其行. 殆亦古之安命達理. 好術數, 而邃於學. 所謂隱君子之流亞歟. 方斯人欲橫流之世, 使讀者鑒其盈虛消長之理. 示天心之黙運. 範世道於隱微. 俾頑者儆. 靡者奮. 豈不足爲覺世牖民之一助哉. 天下事. 莫非緣法. 玆編, 秘藏於陳氏有年矣. 旣得鐵樵之增註. 觀復之手錄. 復及余爲之刊行. 數子者. 生不並代. 而志同道合. 此中之展轉引致. 雖曰人事. 夫豈偶然哉.

　　　　　　　　　中華民國二十二年歲次癸酉五月蘅園主人識

孫 序손서

　명리학(命理學)의 유래(由來)는 오래되었다. 옛날의 명리학은 간단하면서도 할 말은 다 갖추고 있었다. 복희(伏犧)씨는 정명(正命)이라 하고 공자는 천명(天命)이라 하고 노자는 복명(復命)이라 하였다.

　이러한 것들은 모두 하늘로부터 사람에게 부여된 것으로 성품을 바르게 하고 이치를 좇아 운명에 순응하는 것인데 후세의 사람들이 하늘의 이치와 자연의 섭리를 이해치 못하여 불안을 느껴 옆길로 빠지고 잘못된 해석으로 사람들의 비위만 맞추려고 하였다.

　그것은 이치를 도외시하고 술수(術數)에 흘러 억지로 말을 만들어 끌어다 붙여 배우는 자들을 더욱 다른 길로 가게 하였다. 비록 그러나 명리의 이치는 간결하여 번잡하지 않으니 하늘의 뜻에 순응하여 더욱 바르게 하는 것이다.

　술수(術數)라도 이치에 합당하고 번잡한 것을 간결하게 풀어낼 수 있다면 이것 또한 족히 명(命)의 근원을 탐구할 수 있겠으나 그러나 이 방법으로 정통함에 이른 사람은 몇 명도 보기 어렵다.

　적천수는 경도(京圖)가 짓고 유성의(劉誠意)가 주(註)하였다고 전하여지고 있는데, 통신(通神)과 육친(六親)을 근간(根幹)으로 하고 천도(天道)에서 시작하여 정원(貞元)으로 끝나기까지 모두 62장으로 분류하였다.

　이치를 근원까지 분석하고 미묘(微妙)한 것을 다 밝히었는데 그 말의 뜻이 예스럽고 오묘하여 학자들은 그것을 병(病)으로 여겼다.

　나도 일찍부터 성명학(星命學)을 좋아하여 틈나는 대로 책을 보았으나 깨달음이 적은 것을 근심하던 차에 지난해에 어떤 사람이 이 책을 보여주어 읽어본바, 임철초 선생이 증주하신 것으로 편(篇)을 나누어 자세히 해석하고 격(格)을 들어 증명하시며 천지 음양의 분화(分化)와 삼원 오행의 추선(推旋)에 관하여 반복하여 펼친 것이 글이 명료하고 이치에 달통(達通)하여 지난날 막혔던 것들이 이리저리 맞춰 보면 모두 이치에 맞게 풀리었다. 그야말로 지은이는 공신(功臣)이라 하겠고 후학자들에게는 하나의 교량(橋梁) 역할을 한 것이다.

관복거사의 글을 본 뒤 이 책이 해녕(海甯) 진(陳)씨의 소장품이었던 것을 관복거사가 진씨로부터 빌려다가 손으로 쓴 것임을 비로소 알았다.

원본은 이미 불에 타 없어졌으니 이 책이 국내의 유일한 책으로 더욱 보배롭고 귀한 것이 아니겠는가. 만약 진씨가 이 책을 숨겨두고 남에게 보이지 않았거나 비록 사람들에게 보여줬더라도 관복거사와 같이 손으로 필사(筆寫)하지 않았다면 이 책이 어떻게 세상에 다시 나타날 수 있었겠는가.

지금은 다행히 나타났지만, 우리가 후일에 대한 좋은 대비책이 없이 원본을 없애버린 진씨와 같다거나 아니면 관복거사의 발문(跋文)에 말한 것처럼 이를 출판하여 널리 퍼뜨리고 오래가게 아니한다면 이것은 고서(古書)의 깊은 뜻을 계발(啓發)하기 위해 증주(增註)한 분이라든가 또 후학들에게 도움을 주려고 수록(手錄)한 분의 고심에 찬 그 고마운 마음에 크게 부끄러운 것이 아니겠는가.

이에 영인(影印)하여 모든 동호인들과 함께 기뻐하고 책 이름을 천미(闡微)라 한 것은 보통의 여러 책들과 달리 하기 위함이다.

관복거사가 어느 때 사람인지 성씨는 어떻게 되는지 알 수 없는 것이 애석하나 그가 남긴 글과 말에서 그의 행적을 살펴 조금이나마 추측할 수 있는 것은 명(命)의 이치에 통달하여 순리대로 살아가며 술수를 좋아하고 배움에 깊이 몰두하는 소위 숨은 군자(君子)이었을 것이다.

　　이 사람은 혼탁한 세상에서 이 글을 읽는 자들로 하여금 영허소장(盈虛消長)의 이치와 하늘은 말이 없으나 사시(四時)를 운행하고 만물을 기르는 하늘의 뜻을 보고 깨달아 우매하고 어리석은 사람들이 각성하고 분발하여 깨우친다면 어찌 세상 사람들을 깨닫도록 인도하는 것이 아니겠는가.

　　천하(天下)의 일은 인연이 아닌 것이 없는 것이니 이 책도 여러 해 동안 진씨가(家)에 비장(秘藏)되어 있었으나 임철초 선생에 의해 증주(增註)가 되고 관복거사가 손으로 베낀 것을 내가 얻어 간행하게 되었으니 이 몇 명은 서로 다른 시대에 태어났으나 뜻이 같고 가는 길이 같았던 것이다.

　　이러한 일이 돌고 돌아 이렇게 이르게 된 것은 그것이 비록 사람이 한 일이라 해도 그게 어찌 우연한 일이겠는가.

　　　　　　　　중화민국 二十二年 癸酉 五月 형원 주인이 쓰다.

역자 홍보환 선생님은 현재 「동인철학관」을 운영하고 있습니다.
연락처 : (02)384-5590 (010-6318-5590)

滴天髓闡微 ⓣ
적천수 천미
六親論
육친론

2011년 3월 25일 초판발행

증   주 ｜ 임철초
찬   집 ｜ 원수산
역   주 ｜ 홍보환

펴낸이 ｜ 윤영만
펴낸곳 ｜ 도서출판 西以苑

신   고 ｜ 제300-2009-99호(2009.9.3)
주   소 ｜ 서울특별시 종로구 자하문로38길 22, 1층 101호
전   화 ｜ (02) 379-5134 (010-2887-6013)
팩   스 ｜ (02) 379-5134
e-mail ｜ samhorst@hanmail.net

ISBN 978-89-964592-3-1 04150
ISBN 978-89-964592-1-7 (전2권)

값 35,000원